集美年鉴

JIMEI NIANJIAN

2018

厦门市集美区人民政府　主办
厦门市集美区地方志办公室　编纂

方志出版社
Publishing House of Local Records

《集美年鉴（2018）》编纂委员会名单

主 任 委 员：何东宁

副主任委员：陈建荣　胡亚才　林声群

委员（以姓氏笔画为序）：

王　胜　王意达　王汴玉　兰福传　吕嘉扬　孙加庆　孙永翔　杨聪敏
李玉清　李勇岩　吴吉堂　邹荣生　张长明　张志方　陈冬妮　陈向辉
陈贤玲　陈凌妙　陈锡彬　欧阳萍　林朱强　周学智　胡国才　柯振敏
施素达　郭明华　黄国荣　董建财

《集美年鉴（2018）》编纂人员名单

主　　　编：孙加庆

副　主　编：陈卫平

执行副主编：张燕红

总　　　纂：程成贵

责 任 编 辑：程成贵　张燕红

图 片 征 编：张燕红　程成贵

编　　　务：梁琳珊　陈丽河

编辑说明

一、《集美年鉴(2018)》记载时限为2017年1月1日至12月31日。

二、本年鉴坚持以马克思列宁主义、毛泽东思想、邓小平理论、“三个代表”重要思想、科学发展观和习近平新时代中国特色社会主义思想为指导，坚持辩证唯物主义、历史唯物主义的立场、观点和方法，存真求实，力求客观反映集美区自然、政治、经济、文化、社会等方面的基本情况和各行各业取得的新进展、新经验、新成就和出现的新问题，体现时代特征、地方特色和年度特点。

三、《集美年鉴(2018)》采用分类编辑法和条目体，正文部分设栏目、类目、分目、条目4个层次。全书分设区情概览、大事记、专记、中共厦门市集美区委员会、厦门市集美区人民代表大会、厦门市集美区人民政府、政协厦门市集美区委员会、法治与军事、民主党派与社会团体、农业与水利、工业与建筑业、商贸服务与旅游业、建设与环保、交通与邮政业、通信与信息业、经济管理与监督、教育与科技、文化与体育、卫生与计划生育、社会与民生、镇与街道、人物与先进名录22个栏目，下设35个类目、190个分目、1056个条目，条目为记述内容的基本单位，一事一条，标题加“【 】”标示。条目内容分项记述的，借鉴辞书体式，用序号分隔，不分自然段。后殿附录，收录区委工作报告、区政府工作报告，辑录事关全区经济建设、社会发展和人民生活的重要文献，区委、区政府重要文件的目录等。区统计局提供的统计资料纳入有关篇目。各单位提供的数据与区统计局的数据不一致的，以区统计局的数据为准。

四、《集美年鉴(2018)》辑录2017年底新任区级领导人(实职)履历和获国家级、省级、部级表彰的先进人物简介，“先进集体名录”和“先进个人名录”收录2017年市委、市政府和省直厅、委、办以上机关单位表彰的先进单位和先进个人。

五、书中单位名称首次出现用全称，后用简称。缩略语集中注释，置于“索引”之后。

六、《集美年鉴(2018)》稿件由各单位提供，并经单位负责人审核。撰稿人按篇(即一个分目)署于最后一个条目文字之后，有两名以上撰稿人的则逐条(条目)署名。图片摄影人名字附于相关图片之后。

七、本年鉴卷首设中文目录和英文目录，英文目录设至分目一级。卷末设索引，下分设条目索引、图片索引和表格索引，按汉语拼音字母排列。

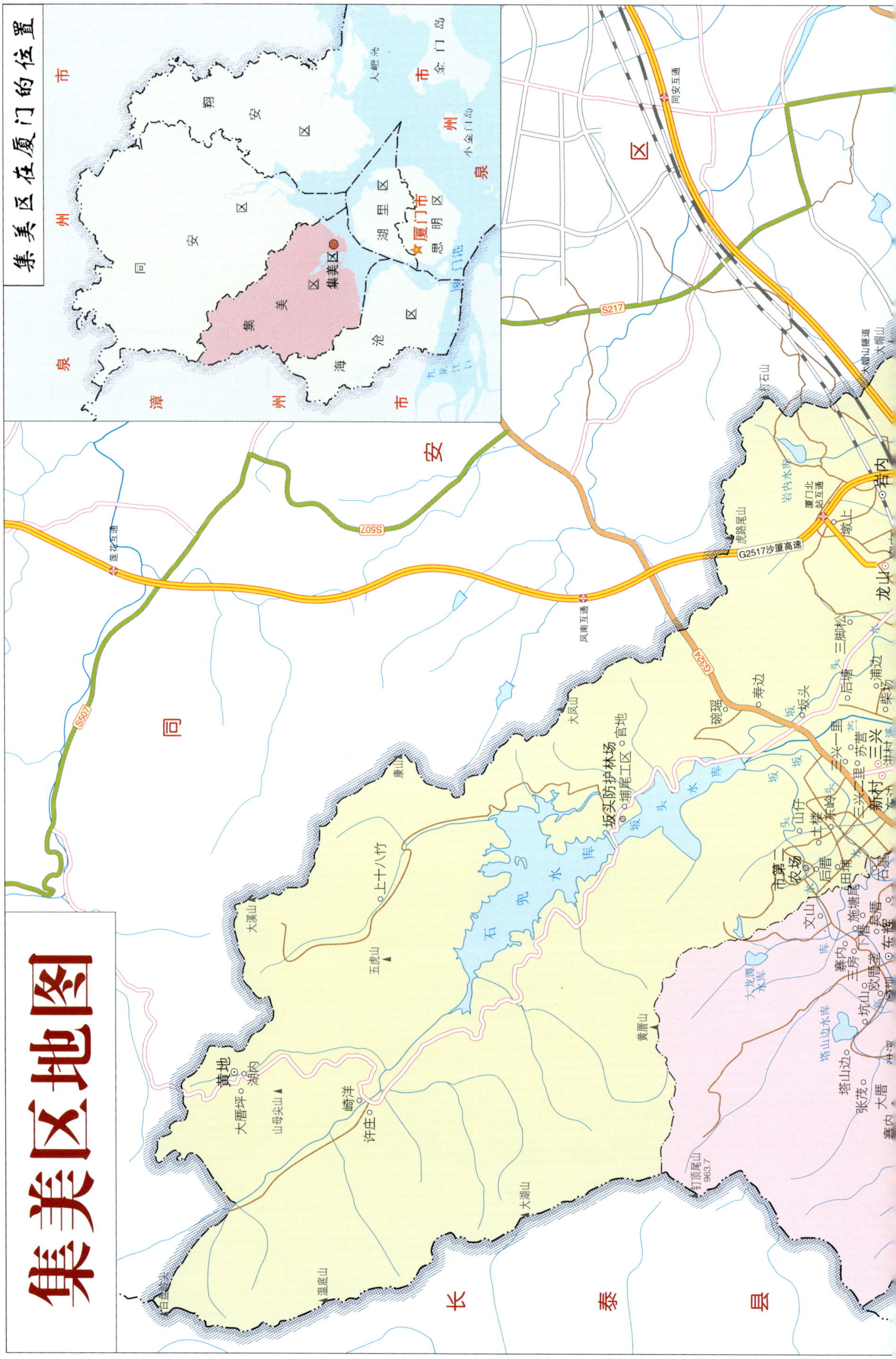
集美区地图
集美区在厦门的位置
泉州市
漳州市
同安区
翔安区
集美区
湖里区
思明区
海沧区
厦门市
金门岛
小金门岛
同安
长泰县
G2517沙厦高速
S507
S217
G324
莲花互通
凤南互通
同安互通
厦门北站互通
石兜水库
坂头水库
坂头防护林场
黄地
大厝坪
湖内
崎洋
许庄
上十八竹
五虎山
大溪山
康山
大凤山
黄厝山
大湖山
温屁山
山母尖山
钉顶尾山
963.7
官地
碗瑶
寿边
后埔
三脚松
浦边
柴场
坂头
三兴
新村
后田
文山
塔山边
张茂
大厝
岩内
敦上
龙山
虎路尾山

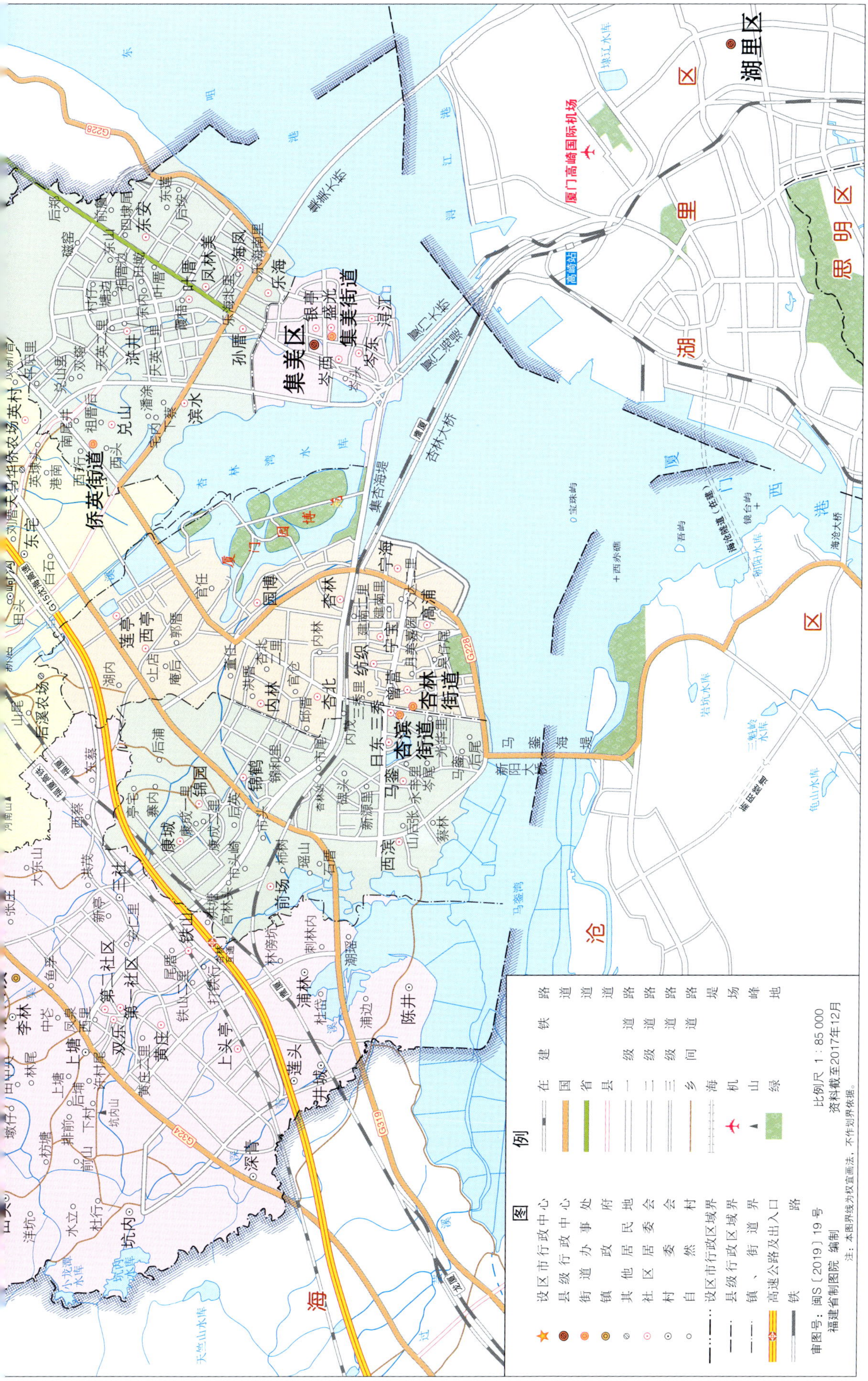
集美区
集美街道
侨英街道
杏林街道
杏滨街道
湖里区
思明区
海沧区
厦门高崎国际机场
高崎站
杏林大桥
集杏海堤
厦门大桥
厦门海堤
集美大桥
马銮海堤
新阳大桥
海沧大桥
海沧隧道（在建）
杏林湾水库
马銮湾
东咀港
后溪农场
天马华侨农场
图例
设区市行政中心
县级行政中心
街道办事处
镇政府
其他居民地
社区居委会
村委会
自然村
设区市行政区域界
县级行政区域界
镇、街道界
高速公路及出入口
铁路
在建铁路
国道
省道
县道
一级道路
二级道路
三级道路
乡间道路
海堤
机场
山峰
绿地
比例尺 1:85 000
资料截至2017年12月
审图号：闽S〔2019〕19号
福建省制图院 编制
注：本图界线为权宜画法，不作划界依据。

城区建设

2002年6月，时任中共福建省委副书记、省长习近平在厦门调研时提出“跨岛发展”战略，为厦门新世纪发展指明了方向。2003年12月，集美、杏林两区合并。2009年8月，厦门市委作出把握海西建设机遇，提升岛内，拓展岛外，推进岛内外一体化发展，沿海湾组团式推进五个新城区开发建设的决定。2010年2月25日，厦门市统筹城乡发展加快岛内外一体化建设动员大会暨集美新城奠基仪式在杏林湾商务营运中心隆重举行，集美新城建设序幕拉开。2010年8月，集美区委制订“一心（杏林湾核心区）四片（后溪片区、集美片区、杏林片区、灌口片区）”的集美城市发展新规划。经过十年的建设，集美的城市建成区超过80平方千米，逐步成为一座高颜值的生态花园城市。

同集路安置房小区与万达广场原址（雷雨亭　2007 年 9 月摄）

同集路安置房小区与万达广场全景（雷雨亭　2018 年 9 月摄）

杏滨路商住区原址（雷雨亭　2007 年 7 月摄）

杏滨路商住区全景（雷雨亭　2018 年 10 月摄）

杏滨路宁海社区商住区原址（雷雨亭　2007 年 9 月摄）

杏滨路宁海社区商住区全景（雷雨亭　2018 年 9 月摄）

厦门北站原址（王坚峰 2009 年 11 月摄）

厦门北站全景（王坚峰 2018 年 8 月摄）

灌口镇风景湖公园原址（王进法　2011 年 10 月摄）

灌口镇风景湖公园全景（雷雨亭　2018 年 9 月摄）

“美丽厦门 · 人文集美”百日行动

2016年9月15日，超强台风“莫兰蒂”正面袭击厦门，给集美区带来了严重损失，特别是对城市绿化造成了巨大破坏。为了尽快恢复家园，以最好的城市面貌迎接2017年9月在厦门举行的金砖国家领导人第九次峰会，2017年4–7月，集美区开展厦门大桥、集美大桥和杏林大桥北堍绿化景观提升百日行动，项目总造价10565万元，总绿化面积32万平方米。通过整治，3座大桥的北堍面貌焕然一新，原来土头垃圾遍地、环境脏乱的桥头变成绿意盎然的街头绿地。

厦门大桥北堍改造前景观（林志杰　2017年4月摄）

厦门大桥北堍改造后景观（林志杰　2018年9月摄）

集美旅游码头改造前景观
（林志杰 2017 年 2 月摄）

集美旅游码头改造后景观（林志杰 2018 年 9 月摄）

地铁 1 号线集美学村站周边改造前景观（林志杰　2017 年 2 月摄）

地铁 1 号线集美学村站周边改造后景观（林志杰　2018 年 9 月摄）

岑西路与集源路交叉路口改造前景观（林志杰　2017 年 1 月 20 日摄）

岑西路与集源路交叉路口改造后景观（林志杰　2017 年 7 月 20 日摄）

2017 年 1 月，岑西路沿街店面立面改造前景观（建设局　供图）

2017 年 2 月，岑西路沿街店面立面改造后景观。（建设局　供图）

同集路区政府周边改造前景观（林志杰　2017 年 3 月摄）

同集路区政府周边改造后景观（林志杰　2018 年 9 月摄）

同集路集美大学周边改造前景观（林志杰　2017 年 2 月摄）

同集路集美大学周边改造后景观（林志杰　2018 年 9 月摄）

银江路与集美大道互通立交改造前景观（林志杰 2016 年 2 月摄）

银江路与集美大道互通立交改造后景观（林志杰 2017 年 7 月摄）

集美龙舟池旅游商城改造前景观（颜志伟　2011 年 11 月摄）

2017 年集美龙舟池旅游商城拆除后，改造为南堤公园。（颜志伟　2018 年 7 月摄）

2016年9月，杏林大桥北埯铁路沿线改造前景观（建设局　供图）

杏林大桥北埯铁路沿线改造后景观（雷雨亭　2018年11月摄）

2016年9月，杏林大桥北埯杏东小学周边改造前景观（建设局　供图）

杏林大桥北埯杏东小学周边改造后景观（雷雨亭　2018年11月摄）

目　录

区情概览

大事记

专 记

中共厦门市集美区委员会

厦门市集美区人民代表大会

厦门市集美区人民政府

政协厦门市集美区委员会

法治与军事

民主党派与社会团体

农业与水利

工业与建筑业

商贸服务与旅游业

建设与环保

交通与邮政业

电信与信息业

经济管理与监督

教育与科技

文化与体育

卫生与计划生育

社会与民生

镇与街道

人物与先进名录

附　录

索　引

缩略语注释

CONTENTS

CPPCC OF JIMEI DISTRICT, XIAMEN

LAW & ARMED FORCE

DEMOCRATIC PARTIES & SOCIAL ORGANIZATIONS

AGRICULTURE & WATER CONSERVANCY

INDUSTRY & BUILDING INDUSTRY

COMMERCIAL TRADE & TOURISM INDUSTRY

CONSTRUCTION INDUSTRY & ENVIRONMENTAL PROTECTION

PUBLIC TRANSPORTATION & POST SERVICE

TELECOMMUNICATION & INFORMATION INDUSTRY

ECONOMY MANAGEMENT & SUPERVISION

EDUCATION & SCIENCE AND TECHNOLOGY

CULTURE & ATHLETICS

PUBLIC HEALTH & FAMILY PLANNING

SOCIETY & LIVELIHOOD

TOWNS & SUB-DISTRICTS

FIGURES & ADVANCED COLLECTIVES

APPENDIX

INDEX

ABBREVIATION ANNOTATION

区情概览

自然地理

【地理位置】集美区位于福建省厦门市西北部，北纬 24° 25′ ~ 24° 46′，东经 117° 57′ ~ 118° 04′，西北与漳州市长泰县交界，东北与同安区接壤，西南与海沧区毗邻，南与厦门岛隔海相望。区行政中心驻集美街道岑东路 168 号。集美原名“浔尾”，以地处浔江之尾而得名，至明代雅化为“集美”。2017 年，集美区辖灌口、后溪 2 镇和集美、杏林、侨英、杏滨 4 个街道。境域东至侨英街道东安前占社，西至灌口镇深青村，北抵尖母仑山界，南至马銮；长 24.4 千米，宽 19 千米，面积 275.79 平方千米，呈箭头状指向西北。

（区志办）

【地貌】集美区有滨海低山、丘陵、台地、平原、滩涂等多种地貌类型，地势西北高、东南低。山地分布于西、北、东部与长泰、同安交界处，为海拔 500 米 ~ 1000 米的低山和中山。高丘陵多分布在西部，海拔 300 米 ~ 500 米，坡度 20 度 ~ 30 度，主要为花岗岩和火山岩。花岗岩丘陵多呈孤立状，无植被，山体裸露，山坡石蛋发育，山顶常见蘑菇石、风动石。火山岩丘陵山顶浑圆，山坡和缓，似覆锅状，土层较厚，植被生长良好。低丘陵多分布于东、西界山附近，海拔 200 米 ~ 300 米，坡度 15 ~ 25 度，丘顶呈浑圆状。台地海拔 50 米 ~ 200 米，地表起伏，坡度平缓，零星分布于芸溪、许溪中游地带。平原主要分布于南部海岸沿线，海拔皆在 50 米以下，可分为海蚀平原和海积平原。平原外侧为海滩、沙洲和沙嘴。

（区志办）

【山脉】集美区境山脉属戴云山脉与博平岭的延伸部分，主要山脉相对集中在西北与长泰县、东北与同安区交界处。主要山峰有 62 座，其中海拔 800 米以上山峰 5 座，500 米 ~ 800 米 17 座，300 米 ~ 500 米 22 座，100 米 ~ 300 米的低丘 18 座，最高峰为海拔 963 米的钉顶尾山。

（区志办）

【河流】集美区境的河流多发源于西部丘陵山地，具有河面狭、河床浅、支流少、流程短的特点。境内较长的河流有后溪（芸溪）、深青溪和瑶山溪。此外还有北溪引水工程集美段和坂头水库的左干渠、右干渠和高干渠 4 条人工河流。后溪是境内最长的河流，发源于戴云山脉与博平岭山脉交界处的后寮仑山白帆岭，源头至后溪镇段称芸溪。与支流许溪汇合后称作后溪，注入杏林湾水库，全长 23 千米，流域面积 209.3 平方千米，河道平均坡降 8.11‰。上游建有石兜水库（库容 8500 万立方米）和坂头水库（库容 558 万立方米），年供厦门市区工业和居民用水约 4336 万立方米，灌溉农田 1333 公顷。许溪，发源于漳州市与厦门市海沧区交界的大岭，至后溪镇与芸溪交汇，全长 12.1 千米，流域面积 56.7 平方千米。深青溪，发源于仙棋山南麓，于西滨汇入马銮湾，全长 11.84 千米，流域面积 15.64 平方千米，平均坡降 10.4‰。瑶山溪，发源于小龙潭北侧山地，上源有两支，西支源于前山南侧，东支源于上塘，两支汇合后流入风景湖，于西滨汇入马銮湾，全长 10.35 千米，流域面积 15.78 平方千米，平均坡降 8.31‰，河道宽度 3 米 ~ 10 米。

（区志办）

【海域】集美区海域为厦门西部海域和同安湾海域的一部分，面积约 40 平方千米。海岸线起自东安村的后垵，经凤林美、集美、杏林、高浦、马銮至陈井，全长 21 千米。集美半岛和杏林半岛东南岸（新阳大桥以东）为侵蚀海岸，马銮湾和杏林半岛西南岸则为堆积型海岸。全区 21 个村有临海滩涂，总面积 3841 公顷。2005 年利用养殖面积 1522 公顷。2006 年起，依据市政府规划，集美区域滩涂实行禁养，滩涂养殖日渐萎缩。海域内有岛屿 2 个。宝珠屿，位于集美半岛西南海域，面积 5200 平方米。乌贼屿，东距高集海堤南端 3.6 千米，因形状得名，面积 2000 平方米，涨潮时浪可没顶。域内礁石未作调查。鳌园原为岩礁，屿上建有天妃宫（又称鳌头宫）。20 世纪 50 年代，陈嘉庚捐资填海筑堤，扩建成鳌园，与陆地连成一片。另在高浦村东南海域，呈一字排列有 3 块礁石，分别称为大菰礁、二菰礁、三菰礁，均为干出礁。大菰礁石处航道上，设有灯桩。

（区志办）

【土壤】集美区土壤母质以第四纪红色黏土为主，兼有洪积物、冲积物和海积物。土壤类型可分为砖红壤性红壤、红壤、黄壤、水稻土、盐土、风沙土 6 个土类，以下分为 15 个亚类、30 个土属、35 个土种。按垂直分布，可分为山地土壤、耕地土壤和水域滩涂。山地土壤以红壤面积最大，砖红壤性红壤次之，黄壤最少。耕地土壤分成旱作土壤和水田土壤。旱作土壤主要为砖红壤性红壤，兼少量盐土和风沙土。水田土壤可分为渗育型水稻土、潴育型水稻土、潜育型水稻土和盐渍型水稻土。渗育型水稻土多为梯田，地下水位低，属地表水型，耕作层较浅，质地以中壤为主，肥力中下，适于水旱轮作，主要用于水田及部分园地，“旱、瘠、薄”为此类水田的主要生产阻碍因素。潴育型水稻土主要分布于溪流、冲积平原和部分山垄田，分布较广，以灌口、后溪、侨英、杏林为多，质地以轻壤和中壤为主，肥力中上，乃境内稳产高产的水稻土类型。潜育型水稻土分布于山垄谷地或冲积平原的低洼地，地下水位高，排水条件差，土壤长期渍水，土温较低，亚铁等有毒物质量积累多，“冷、酸、锈”系此类土壤的主要特点。盐渍型水稻土主要分布在沿海一带的海积平原，由滨海盐土经洗盐种稻后形成，地形平坦，土层深厚，有机质丰富，但土质黏重，耕作困难，且易受海潮或地下盐分的威胁，主要生产障碍因素为“盐、碱、黏”。（区志办）

【植被】集美区属中国—日本植物亚区的华南地区，具有从热带向亚热带过渡的特点。植物以热带、亚热带的成分为主，地带型植被为南亚热带雨林。由于早期植被遭受破坏，原始森林早已绝迹，现为人工林、次生林、灌木丛、草丛、农田、果园和观赏性植被类型。林地植被，人工林、次生林林相参差不齐，结构简单，树种单一，以马尾松为主，有少量杉木，其余为相思树、桉树、木麻黄、木荷、枫香、乌桕等。灌木种类有桃金娘、黄瑞木、杜鹃、金樱子、小叶赤楠、鹅掌柴、枸骨柴等。草本种类有芒萁骨、五节芒、扇形铁线蕨、海金沙、地捻等。林地植被主要分布在山地和沿海地区，常以2～3种组成混合林，有灌木丛和草丛在其间共生。依林相可分为阔叶林、针叶林、混交林、经济林（木本栽培植被）和灌木丛、草丛。长绿阔叶林，分布于海拔200米以下的沿海丘陵、台地，面积不大，且零星分布。长绿针叶林，区内分布面积最大，多数为人工林，少数为天然更新，分布于海拔500米～900米的山地。混交林，境内呈块状分布于海拔500米以下的部分丘陵、山地。主要建群种有马尾松、杉木与木荷、杉木与柳杉、木麻黄与相思树混交。灌木丛和草丛，分布在低谷、台地、平原。盐生植被，分布于海滨滩涂，境内有盐地鼠尾栗、互花米草和南方咸蓬3个群落。水生植被，淡水生植物多分布水库、溪河、池塘等处，主要群落有风眼莲和浮萍群落、空心莲子草群落、狭叶香蒲群落和水蓼群落。栽培植被，分为木本栽培植被和草本栽培植被。木本栽培植被有人工栽培的油茶、油桐和橡胶林群落，多分布在海拔200米以下，地势开阔的缓坡地带；果树林、茶园、桑园及庭院观赏树群落则分布在海拔100米以下低丘山脚、台地、水库、村庄周围、公园和庭院。龙眼、荔枝、柑橘、杧果成片分布，其它呈散生或零星分布。草本栽培植被有粮食作物、油料作物、蔬菜作物、糖原料作物、纤维作物、饲料作物和绿化作物7个群落。

（区志办）

【资源】集美区背山面海，各种土地类型自西北向东南呈阶梯状分布。西北至东北部属低山地和高丘陵地，为林区和旅游区；中部和南部地势平缓起伏，地貌以低丘陵地和台地为主，间有盆谷地和风沙地，是工业区和果、粮、油等经济作物区；滨海有小平原及滩涂，为工业区与旅游区。中部与南部分布有溪流、坑塘、水库等水域，土地资源类型齐全，组合状况较佳。除沿海滩涂软土地段工程条件较差外，一般丘陵地抗压强度每平方厘米970千克～2190千克，工程地质条件较好；平原台地为第四纪残积物和冲积、冲洪积物组成的黏土或非黏土地段，承载力为每平方米14吨～45吨，土层厚，工程地质条件较好。全区土地面积275.79平方千米，人口密度（按户籍人口计算）每平方千米959.70人，人均占有土地1041.98平方米，属土地资源极端超载区。境内多年平均水资源总量2.17亿立方米，其中地表水1.82亿立方米，地下水0.35亿立方米。全区水能资源理论蕴藏量1926千瓦，可开发总装机容量1605千瓦。林业用地10429.73公顷（含国营坂头林场），约占土地面积的37.82%。林业用地中，有林地9747.01公顷，占林业用地的86.7%（其中经济林3266.13公顷）；疏林地8.27公顷，占0.1%；灌木林地609.73公顷，占5.8%；未成林造林地111.47公顷，占1.1%；苗圃地22公顷，占0.2%；无林地631公顷，占6.1%；生态公益林面积1731.13公顷。森林覆盖率40.7%。列入国家I级保护的陆生野生动物为蟒蛇和白颈长尾雉，国家II级保护的动物有猕猴、穿山甲、小灵猫、鬣羚（别名苏门羚）、红隼、仓鸮、草鸮、猫头鹰；列入CITES公约附录II保护的动物有眼镜蛇。其它森林野生动物尚有松鼠、白鹭、燕子、喜鹊、山猪、豪猪、獐、狐狸、野兔、白环蛇等。全区挂牌保护的古树名木294株，其中榕树249株，杧果、枫香、黄连木各11株，樟树5株，榆树2株，龙眼、伊兰、蔷薇、红豆、薄姜木各1株，树龄最长的为540岁。（区志办）

【气候】2017年，在赤道太平洋洋面由上半年偏暖转入下半年偏冷的相对正常状态下，集美区气候呈现明显反常的特点：①气温异常偏高。年平均气温22.5℃，比常年偏高1.1℃（因缺乏长期历史观测资料，常年值以同安国家基本站资料为参考，下同），属异常偏高年份。其中春雨季、雨季显著偏高，夏、秋、冬三季异常偏高。②降水显著偏少。1—12月，境内各地降水量在788.1毫米至1274.9毫米之间，降水空间分布呈东南向西北递增趋势，基本符合常年分布规律；大部月份的降水少于常年，降水在时间分布上呈现不均的特点。③日照正常，全年日照时数2004小时，比常年（1914小时）多90小时。④影响台风偏多、偏弱，年内共有影响台风7个。

（杨奇志）

2017年集美区各季（福建季）降水量和气温表

表1

季节		冬季	春雨季	雨季	夏季	秋季
降水量（毫米）	量值	152.6	189.9	405.4	334.6	38.1
	与平常年份相比	2.2 正常	−71 正常偏少	−47.5 正常偏少	−275.1 偏少	−30.4 偏少
气温（℃）	量值	15.9	18.9	26.1	294	23.1
	与平常年份相比	1.67 偏高	1.0 偏高	1.0 偏高	1.3 偏高	1.6 偏高

【自然灾害】①台风。2017年，集美区共受7个台风影响，比常年多3个，分别是2017年第2号台风“苗柏”、9号台风“纳沙”、10号台风“海棠”、13号台风“天鸽”、14号台风“帕卡”、16号台风“玛娃”和18号台风“泰利”。除“苗柏”“纳沙”和“海棠”给集美区带来相对明显的风雨影响外，其它台风风雨影响均较小，造成的经济损失相对偏轻。②暴雨：2017年，集美区全年共出现4次暴雨天气过程，其中2次为台风暴雨，2次为非台风暴雨，总数明显少于常年。③高温：2017年，集美区高温日数61天，比常年多51天，9月和10月的极端最高气温分别为39.9℃和38.3℃，强度较强。④夏旱气象小旱：8月2—19日，累计17天的降水量只有2.9毫米；夏秋气象中旱：9月28日至11月1日，累计34天无有效降水；秋冬气象小旱：11月27日至12月31日，累计35天的降水量只有1.7毫米，出现秋冬气象小旱。（杨奇志）

人文地理

【建置沿革】集美区境，商代属扬州地，周代为七闽地，春秋战国时属越地，秦属闽中郡。西汉初属闽越国，元封元年（公元前110年）属会稽郡。东汉属闽侯官县地，三国时属建安郡东安县。晋太康三年（282年），析东安县置同安县，区境隶属之。当年，同安县即废，区境属晋安县。隋开皇九年（589年）属南安县。其后，南安县先后隶属建安郡（治所在今福州）、建州、丰州、泉州（今福州）、武荣州、闽州（今福州）、长乐郡、清源郡、泉州，区境随县为其属地。后唐长兴四年（933年），闽王王审知次子延钧在福州称帝，升大同场为同安县。此后，区境随同安县先后隶属泉州、泉州路、泉宁府、泉州分省。明初改泉州分省为泉州府，区境此后一直随县为其属地。民国元年（1912年），同安县隶属南路道（民国3年易名厦门道），民国16年改直隶福建省，民国23年隶于福建省第五督察区，次年改隶福建省第四专员公署。其间，民国22年11月至23年1月福建事变时隶属中华共和国人民革命政府兴泉省，区境皆随而隶之。民国38年（1949年）9月23日，集美解放，区境随同安县隶属华东军政委员会福建省第五行政督察专员公署，1950年7月改隶福建省泉州行政督察专员公署（后改为晋江专区）。1953年11月，集美乡改隶厦门市，改设集美镇。1957年7月30日，合集美镇、灌口区的11乡及岛内禾山乡为郊区，设厦门市人民委员会郊区行政办事处。1987年7月6日，郊区易名集美区至今。（区志办）

【行政区划】2017年，灌口镇增设安仁社区，杏林街道增设莲亭社区。全区设灌口、后溪2镇，杏林、集美、侨英、杏滨4个街道，44个社区，21个建制村。另有厦门市第二农场、厦门坂头防护林场、福建省天马华侨农场、福建省天马种猪场。（区志办）

2017年集美区行政区划表

表2

镇、街	居（村）委会	
	个数	名称
灌口镇	19	第一社区 第二社区 黄庄社区 上头亭社区 铁山社区 双乐社区 安仁社区 李林村 田头村 坑内村 上塘村 浦林村 顶许村 陈井村 东辉村 双岭村 深青村 三社村 井城村
后溪镇	13	新村社区 英村社区 三兴社区 龙山社区 前进村 后溪村 东宅村 仑上村 溪西村 崎沟村 后垵村 岩内村 黄地村
杏林街道	11	宁宝社区 纺织社区 曾营社区 高浦社区 杏林社区 内林社区 西亭社区 杏北社区 宁海社区 园博社区 莲亭社区
集美街道	5	岑东社区 岑西社区 盛光社区 银亭社区 浔江社区
侨英街道	9	孙厝社区 东安社区 凤林美社区 浒井社区 叶厝社区 兑山社区 乐海社区 滨水社区 海凤社区
杏滨街道	8	马銮社区 西滨社区 前场社区 锦园社区 三秀社区 日东社区 锦鹤社区 康城社区

【人口】2017年末，集美区共有95254户，户籍人口289221人，其中当年出生5898人，出生率22.19‰；死亡1003人，死亡率3.77‰；自然净增人口4895人。户籍人口中，男性142747人，女性146474人，性别比为97.46（女性为100）；18岁以下72961人，占25.23%；18—34岁77168人，占26.68%；35—59岁104308人，占36.07%；60岁及以上34784人，占12.03%。另有暂住人口633246人。

（杨勇）

2017年集美区户籍人口变动情况表

表3

单位	户数	人口总数		按年龄分组				迁入	迁出	暂住
		人口	其中：男	18岁以下	18—34岁	35—59岁	60岁以上			
集美区	95254	289221	142747	72961	77168	104308	34784	25204	7022	633246
灌口镇	18854	56167	27530	13942	14055	20663	7507	3064	553	102802
后溪镇	14477	45707	22255	10709	12792	15949	6257	1666	1156	56798
集美街道	8858	30073	15132	6844	7857	11023	4349	1781	1520	20794
杏林街道	23559	67056	32688	17900	16801	24841	7514	8638	1257	111786
侨英街道	13875	43483	21761	10969	13796	14723	3815	5498	1725	194814
杏滨街道	15631	46753	23381	12597	11687	17109	5342	4557	811	146252

【民族】2017年，集美区户籍人口由42个民族组成，其中汉族284996人，占98.54%；少数民族41个，共4225人，占1.46%。少数民族中，畲族最多，1359人；回族次之，609人；满族第三，472人；其他依次为土家族448人，壮族276人，苗族230人，蒙古族186人，朝鲜族126人，维吾尔族84人，侗族74人，彝族55人，瑶族44人，布依族43人，白族24人，藏族22人，锡伯族16人，高山族16人，哈萨克族16人，仫佬族15人，黎族15人，仡佬族13人，傣族9人，土族7人，水族7人，毛南族7人，哈尼族6人，其他族6人，羌族6人，佤族4人，纳西族4人，京族3人，达斡尔族3人，俄罗斯3人，鄂温克3人，柯尔克孜族2人，傈僳族2人，拉祜族2人，布朗族2人，乌孜别克2人，普米族1人，鄂伦春1人，景颇族1人，裕固1人。

（杨勇）

【语言】集美区通行普通话和闽南话，党政机关、企事业单位、群众团体公务活动使用普通话，人际交流视对象而定，本地人之间说闽南话，与外地人则说普通话。民间交流基本用闽南话，近年灌口实验小学还开设有闽南话课程。闽南话可分作厦、漳、泉3个方言片区。集美原属同安，同安古属泉州，集美话属泉属同安话系统；集美地介泉、漳之间，故集美话为介乎泉漳之间的一种土语。集美话有17个声母，89个韵母，7个声调。集美话语音有以下特点：①无声母“f”，“肥”读“bui”，“飞”读“be”；②无卷舌音字，“zh、ch、sh”读同“z、c、s”，另一部分“zh、ch”读为“d、t”，“猪”读“di”，“虫”读“tang”；③普通话部分读“j、q、x”的字，集美话读“g、k、h”，“见”读“gian”，“俭”读“kian”，“喜”读“hi”；④集美话无撮口呼，普通话的撮口呼字，集美话基本上读作“u”或“i”，“军”读“gun”，“鱼”读“hi”，“讯”读“sin”；⑤集美话保留合口鼻音韵尾“m”，故全套的3个鼻音韵尾“m、n、ng”齐全，“心”读“sim”，“盐”读“iam”等；集美话保留古代入声字韵尾的读音“p、t、k”及其弱化形式喉塞尾韵“h”，“十”读“tsap”，“七”读“tshit”，“六”读“lak”，“鸭”读“ah”等。另集美话有7个声调，比普通话多3个声调。集美话文白异读现象突出，读书音和说话音自成体系。集美话内部亦稍有区别，后溪接近同安话，灌口接近海沧龙海音，杏林受厦门老市区影响较大。（区志办）

【民俗】 集美人主粮为大米，甘薯（地瓜）、小麦次之，芋头为辅。一日三餐，“两干一稀”或“两稀一干”。稀以甘薯粥为主，或以大米杂以瓜、芋、菜煮粥。粥、饭有淡、咸、甜之分。淡粥有白粥、番薯粥；咸粥有芋粥、蚝仔（牡蛎）粥、鲮鱼粥和鸭肉粥；甜粥主料为糯米和糖，以辅料不同有绿豆粥、龙眼干粥等。咸饭有菜饭和油饭之别，芋饭、菜豆饭、高丽菜（甘蓝）饭、菜头（萝卜）饭、芥菜饭，以菜为主，俗称菜饭；油饭多为肉丁、香菇糯米饭，若掺以虾仁、蚝干、莲子等则称“八宝饭”；甜饭一般为甜糯米饭，俗称秫米糕，简称米糕。菜肴有肉食、海鲜、豆制品与新鲜蔬菜，以清淡为主。灌口一带风味小吃品种颇多，有韭菜盒、油葱馃、芋包、炸五香、蚝仔煎、土笋冻、石花冻、灌口卤鸭、顶许狗肉、鱼孚肉粽、阿大水饺、三德利盐鸡盐鸭等。年节食俗，春节吃年糕，年初九吃红寿龟，二月二吃蚝仔饭，三月三和清明吃薄饼，立夏吃苋面，端午吃粽子，中秋吃月饼，重阳吃栗子糕，立冬吃“四物汤”，冬至吃汤圆，十二月十六吃“尾牙”，除夕吃火锅。集美人习惯喝茶，称茶叶为“茶芯”，称饮茶为“吃茶”，讲究茶礼。家里、店里、单位里均设有茶几、沙发，备有茶具，茶杯小巧如同酒杯。一泡茶，首冲不喝，作为洗杯之用，冲喝四五次，即将茶渣倒出，重新烫壶、烫杯。主人斟好茶，以手示意，说声“请”，请客人认杯。因杯小茶满温度高，很少端杯敬茶。客人认茶时，以手示意，说声“多谢”，或以手指轻叩茶杯放置处作为答礼。春节、婚庆以甜茶待客，祭祀亦敬清茶三杯。集美民居多为闽南式风格，歇山顶、燕尾脊，以“两落六间张”为普遍，前落两房一厅，中为两厢房夹天井，后落为两大房一祖厅，前有谷埕，旁有护厝。一般为土木结构，夯土为墙，或土坯砌墙，屋架以杉木为柱，厅房铺方砖，天井以砖或石条铺地。行业习俗，古时有祭“田公田婆”之俗，一年4次。下种前、插秧前、夏至日、开镰收割前，均需备祭品祭祀。集美渔民崇尚红色，渔船甲板刷红漆，新船下水挂红布条；旧时，渔民地位低贱，禁止海陆通婚，渔民只能自相婚嫁。渔港建有龙王宫、金王爷宫、福海宫等，供渔民出海占卜抽签朝拜之用。捕捞收网时，如遇漂尸或网里、鱼腹中存有尸体残骸，须带回渔港处理，并祭祀“田头妈”。（区志办）

【宗教信仰】 集美区宗教信仰有佛教、道教、基督教、天主教。佛教传入始于后唐五代，境内佛教信徒除出家的比丘（俗称和尚）、比丘尼（俗称尼姑）和在家修行的男女居士外，尚有在寺院带发修行的出家女，通称“菜姑”。境内信佛者多而出家者少，住僧大多来自惠安、南安等地，信徒约有6000余人。本地较有名望的僧人有宋代的孙应祖师（孙厝人）、清代的释佛化（灌口人，俗姓林），居士有集美社陈敬贤、后溪兑山李博用等；较有名望的寺院有圣果院、白虎岩、寿石岩、西竺寺等。基督教、天主教约于晚清时传入，现有基督教堂5所，活动点2处，天主教堂1所，有基督教牧师、传道等神职人员和教徒、慕道友1000余人。集美民间信仰五花八门，有神祇信仰、物灵信仰、巫术信仰和祖先崇拜等。寺庵宫庙或大或小，大者如宫殿，小者仅容一人祭拜，村中路旁、山脚田边，随处可见。供奉的神灵有保生大帝、土地公、关帝爷、真异大师、屿仔尾公、王姬娘娘等60种之多。以主祀保生大帝的庙宇为多，境内产生的神为真异大师、屿仔尾公，境内特有神为王姬娘娘、南岳圣侯、陈姓王公等。土地公在集美民间颇受尊崇，几乎村村社社均有土地庙，家家户户皆供土地像，商店店面窄小便在墙上开一小龛，供

11月27日，后溪城隍庙举行一年一度的祈安庙会。（王坚峰 摄）

奉“福德正神神位”，点燃电光长明烛。关帝在集美被视为财神，犹受商家崇祀。物灵信仰有龟、虎、石、犬、榕树、水等。龟在集美极受崇拜，民间敬龟、爱龟，但不食龟。每年正月十五日或重要祭神日，多用糯米或面粉做成“龟粿”，向神上香、礼拜后，默述心愿，祈神赐龟。墓冢亦做成龟背状。榕树枝繁叶茂，生长快、寿命长，在集美受到普遍崇拜。端午节，乡人向树祷告后，折其枝叶插于门框，以避邪、驱鬼、防疫。榕树周围严禁大小便，孩童有违者，家长须携至树前，请求宽恕。或将土地公神位安放在榕树下或树洞中，同受乡人祭拜。（区志办）

【名胜古迹】集美区地面遗存丰富，有新石器时代及历朝集美先人的生产、生活、征战遗址，有古代、近代和当代名人墓葬，有佛、道寺观和基督、天主教堂，有各姓宗族祠堂和具有闽南特色的古民居，有内容丰富的各类石刻和碑刻，有留存至今的井、塘、坊、塔和铳楼，有供人瞻仰、凭吊的名人和革命烈士陵园，有名闻遐迩的中国教育第一村——集美学村。据集美区文物部门普查资料，全区有地面文物286处，其中遗址23处，墓葬20座，寺观55座，教堂6座，祠堂39座，民居36座，校舍（集美学村早期建筑）28座，石刻6处，碑刻33块，鳌园题刻29幅，陵园2座，其他文物12处。其中国家级重点保护文物2处，市级10处，区级8处，涉台文物古迹单位9处。另嘉庚故居和陈嘉庚纪念馆保存有大量陈嘉庚工作和生活的用具、用品和照片。其中，鳌园的毛泽东等名人题刻和精美石雕，集美学村具有嘉庚建筑风貌的规模庞大的早期校舍建筑群，堪称集美文物之双绝。鳌园，占地8789平方米，由大门、长廊、纪念碑、嘉庚墓和四周石雕围墙组成。长廊两侧为雕刻历史故事的青石浮雕58幅，各长50米。纪念碑矗立于鳌园中部，坐北朝南，碑高28.6米，正面镌刻毛泽东题写的“集美解放纪念碑”七个镏金大字，背面镌刻陈嘉庚撰写并手书的284字碑文。纪念碑南侧为陈嘉庚墓，龟形墓表由13块青石构成。墓圹内侧嵌青石浮雕15块，介绍其前半生经历。墓前为长方形拜亭，穹顶、屋檐处共有青石浮雕54幅；墓后为博物观，高7米，宽30米，两面嵌石雕94幅，名人楹联穿插其间。四周围墙嵌青石雕近300幅。园内共有名人楹联、诗词、题词题刻29幅，涵盖人文历史、政治经济、社会文明、文化教育等内容的石雕数百幅，雕刻技法有镂雕、浮雕、沉雕、圆雕、影雕等，组成精美的石雕群，堪称“博物大观”。1988年，被国务院列为第三批全国重点文物保护单位。集美学村，陈嘉庚创办的集美学校所在地的总称，位于集美半岛南部。20世纪20—30年代，陈嘉庚先后捐资建成居仁、尚勇、立功、立德、立言、约礼、博文、尚忠、诵诗、敦书、即温、明良、延平、允恭、肃雍、文学、务本、崇俭、克让、瀹智、葆真、养正等校舍20余座；20世纪50—60年代，在国家支持下，陈嘉庚又筹资建成延平、南薰、黎明、道南4楼和南侨楼群，以及为教学和生活服务的公共建筑大礼堂、医院、图书馆、科学馆、音乐室等，总计70余栋，建筑面积26万余平方米，校园占地面积约2平方千米，形成誉满中外的集美学村。其中尚忠、诵诗、敦书、即温、允恭、崇俭、克让、延平、南薰、黎明、道南及南侨楼群中的13-16号楼为全国重点文物保护单位。学村建筑，古今结合、中西结合，中国式、闽南式、南洋式、西洋式多元建筑风格相互融合，形成独特的嘉庚建筑风格。1985年，美国前总统尼克松参观集美学村，对校园环境赞叹不已，说他到过世界上150余个城市，所见校园之优越，集美首屈一指。（区志办）

灵玲马戏城景区棕熊区（林志杰2017年1月摄）

【旅游景点】集美是福建省著名的旅游风景区，厦门四大游览区之一。旅游资源十分丰富，既有西北部山地生态旅游景点，又有东南部的滨海生态旅游环线；既有风光优美的自然景观旅游圈，又有底蕴深厚的人文景观旅游集群，集山、岩、谷、海、岛、潭、池、桥、瀑、动物、植物、园林、名胜古迹、特色建筑等各种景观之大成。西北部山地生态旅游景点有万宝山、越尾山、双龙潭、白虎岩、东辉大峡谷等。东南部的滨海生态旅游环线，包括陈嘉庚纪念胜地、集美学村、园博苑、龙舟池和散落其间的集美寨遗址、延平故垒、李林园、水族馆等景点。陈嘉庚纪念胜地由嘉庚公园、嘉庚故居、陈嘉庚纪念馆、归来堂、归来园、鳌园组成，总面积16万平方米，系全国中小学爱国主义教育基地、全国爱国主义教育及廉政教育基地。鳌园为国家4A级旅游风景区，园中的陈嘉庚陵墓属国家级文物保护单位。蜚声海内外的集美学村，乃陈嘉庚创办的十多所学校所在地的统称，数十栋独具嘉庚建筑风格的校舍掩映于绿树花丛之中，亭台水榭屹立在凝碧晶莹的龙舟池畔，构成独一无二的校园风光。龙舟池分外、中、内三池，总面积24万平方米。外池长800米，宽183米，池畔建有7亭，龙脊凤檐，雕梁画栋。每年端午，皆在此举行龙舟竞赛活动。园博苑，占地面积6.76平方千米（包括水面），拥有九个岛屿和两个半岛，荟萃中外园林各流派于一园，集园林展示、休闲度假、文化娱乐于一体，堪称海上花园。中部腹地人文景观，有凤山庙、山口庙、深青古桥、黄庄古桥、贞寿牌坊、深青驿遗址、笔架寨遗址、皇渡庵、皇帝井、圣果院、苎溪桥、观音院、白虎岩、寿石岩、城内城遗址等，新建景点有双龙潭生态运动景区、灵玲国际马戏城、嘉庚剧院、诚毅科技探索中心、厦门老院子民俗文化风情园等，形成一个人文景观集群。　（区志办）

【历代名人】 集美区依山临海，人杰地灵。早在五代后唐天成三年（928年），高浦的石琚即考中进士，成为境内的第一位进士。宋代，高浦石氏科甲簪缨，中进士者12人，其中石遵、石赓、石仲攸3人于皇祐元年（1049年）同登冯京榜，有“一门同榜三进士”之誉；石起宗位列榜眼，石选位列探花，均出任吏部尚书，石亘出任户部尚书，荣极一时，与地处同安东部的黄氏并称望族，时人有“东黄西石”的美谈。明、清两代，安仁里和仁德里考取的文、武两科举人121人，进士20人。明、清以降，倭寇屡次侵犯东南沿海，朝廷实行海禁政策，集美人被迫远赴东南亚各国谋生。他们凭着刻苦耐劳的精神，有的成为工商业巨子，有的成为科技精英，有的成为政界要人，涌现一批出类拔萃的人物。创业有成后，他们纷纷回乡捐资助学，兴办公益事业，为家乡的经济和社会建设作出了巨大的贡献。被毛泽东誉为“华侨旗帜、民族光辉”的陈嘉庚，倾资兴学，捐资1亿多美元，创办集美学校和厦门大学，资助和支持发展的学校达118所；又成立南洋筹赈祖国难民总会，为国筹募抗战经费30余亿元，劝募救国公债1500万元，寒衣30万件，代雇回国服务机工3200余人，是海外华侨中的杰出代表。新中国成立后，陈嘉庚当选全国政协副主席、全国人大常委会委员、全国华侨事务委员会委员、中华全国归国华侨联合会主席。陈嘉庚胞弟陈敬贤，襄助兄长经营实业，筹办集美学校，被师生尊称为“二校主”。星马“橡胶大王”和“黄梨大王”李光前，南安县人，陈嘉庚女婿，鼎力支持岳父在家乡兴资办学，先后捐资近千万元。李光前逝世后，其所创立的李氏基金又向集美大学捐资2918万元，建设体育馆、图书馆、竞武馆等项目9个。新加坡南洋大学创办人陈六使暨其兄陈文确，侨领、新加坡森林集团有限公司创办人孙炳炎，以及陈水成、陈永和、陈永进等集美侨胞，追随陈嘉庚，服务桑梓，热心公益，捐款捐物，不遗余力。另有“金刚手、菩提心”的吴县知县陈文瑞，台湾辟荒人之一陈永华，开华侨回乡办学之先河的曾广庇，民主革命先驱庄尊贤、陈飏臣、郑螺生，“爪哇糖王”黄仲涵，女中英杰李林，抗日名将李良荣、李友邦，孤胆英雄叶中央，新加坡首任民选总统王鼎昌，中国海藻学研究的奠基人、中国科学院院士曾呈奎，现代朦胧诗人汪国真等。　（区志办）

经济社会发展

经济建设

【经济运行质量】 2017年，集美区实现地区生产总值（GDP）618.51亿元，比上年增长6.5%，其中第一、第二、第三产业增加值分别为1.5亿元、305.28亿元和313.19亿元，同比分别增长−16.4%、7.4%和5.7%。人均GDP（按常住人口计算）9.2万元，同比增长9.5%。三次产业结构从上年的0.33 ∶ 48.68 ∶ 50.98调整为0.38 ∶ 48.40 ∶ 51.21。实现财政总收入112.35亿元，同比增长5.4%，区级财政收入31.27亿元，同比增长4.2%。居民收入增幅高于经济增长，城镇居民人均可支配收入4.48万元，农民人均纯收入2.47万元，同比分别增长8.9%和7.3%，比GDP增幅高出2.4和0.8个百分点。

【制造业转型发展】 2017年，全区实现规模以上工业总产值885.90亿元，比上年增长11.3%，增幅同比提高6.2个百分点；实现规模以上工业增加值253.17亿元，同比增长9.3%，占经济总量的40.8%。重点骨干企业支撑显著，全区年产值上亿元企业有127家，比上年增加12家，完成工业产值811.37亿元，同比增长13.1%，占规模以上工业总产值的86.3%，其中年产值10亿元以上企业18家，比上年增加6家，实现产值501.63亿元，同比增长13.7%。产业聚集度逐步提高，机械、电子、轻纺三大支柱产业全年完成产值670.75亿元，同比增长14.3%，占规模以上工业总产值71.4%，其中机械产业完成产值426.78亿元，增长14.1%，占规模以上工业总产值的45.4%，成为全区最大的支柱产业。企业创新能力明显提升，全区国家级高新技术企业突破200家，全年实现规上高新技术产业增加值166.88亿元，同比增长9.9%，占规上工业71%，高出全市3.1个百分点。修订出台工业转型升级扶持奖励政策措施7项，兑现扶持奖励资金近9000万元。深化与台湾“中国生产力中心”合作，推动建霖工业等10余家企业降低成本2700万元。全区获工信部“两化”融合管理体系评定证书企业11家，占全市28%。金龙客车产品全生命周期管理入选工信部制造业与互联网融合试点示范项目，金越电器入选省级智能制造试点示范企业，福大厦门工艺美院服务型制造公共服务平台入选首批省级平台。代表国内智能制造产业最高水平的“机器人超市”落户，吸引西门子、ABB等41家企业入驻。

【城市建设】 2017年，集美区“一心四片”加快互补融合，城市功能品质完善优化。城市建成区面积超过80平方千米。全年投资逾200亿元，推进集美新城161个基础设施、社会事业及产业项目建设。投资8.3亿元，推动马銮湾54个公建项目建设。集美汽车小镇建设超额完成年度投资计划，集美动漫小镇建设列入省级第二批特色小镇创建名录。轨道1号线开通试运营，轨道4号、6号线加快建设，福厦客专开工。同集路、集灌路、杏滨路等“两环八射”城市快速路完成改造。长泰枋洋水利枢纽一期工程通水，成为厦门第二水源。杏滨小学地下停车场建成，集美大学印斗校区、宁宝公园等公共停车场项目加快推进。征地拆迁强力推进，攻克国道新324线、许庄村整体搬迁、西客明珠等征拆难点，全年完成征地366.33公顷，拆迁75.5万平方米。

【现代服务业】 2017年，集美区第三产业经济总量逐渐扩增。全区实现第三产业增加值313.19亿元，比上年增长5.7%，占生产总值的比重为50.5%，经济总量列岛外四区首位。外贸进出口总额423.95亿元，同比增长12.8%，增幅列全市第三位。社会消费品零售总额129.39亿元，同比增长13.2%，增幅列全市第三位；住宿餐饮业实现营业额28.64亿元，同比增长10%，增幅列全市第二位。全区77家规模以上服务业企业实现营业收入103.73亿元，同比增长33%。市级总部企业增至6家，杏林湾商务营运中心入驻企业483家，入驻率86.3%。国贸美岁天地建成试运营，尚柏奥特莱斯签约落地。厦门车管所全面入驻，13家4S店完成汽车销售28.1亿元，同比增长24.8%。集美物流园、前场铁路大型货场等载体集聚物流企业400余家。嘉晟供应链、海翼工业物流中心等4个物流项目一期试投产，中马（普洛斯）冷链物流等3个项目开工。软件信息产业加快发展，全年实现营业收入88.17亿元，增幅达44.1%；软件园三期东片区基本成型，建成投用研发办公楼、公寓楼115万平方米，累计入驻企业616家，新增86.1%，入驻员工逾万人。雅马哈信息研发中心投用，吉比特科技、罗普特（厦门）科技园等4个项目启动建设，软件百强企业宇信科技、人工智能领军企业云知声等签约落户。推动互联网和零售业、生活服务业紧密融合，好慷家政成为全国家政领军企业。全域旅游加快推进，鳌园景区免费开放，灵玲马戏大酒店开业，举办尼斯国际嘉年华等活动，全年旅游接待总人数突破1200万人次，增幅全市第一。“集美集”影视产业总部园区获评省级重点文化产业园区。基金聚集效应凸显，引进股权投资类企业128家，注册资本94.1亿元；区产业引导基金累计投资项目45个，撬动社会资本57.7亿元，参股子基金数量及规模全市第一。

（王跃平）

2017年集美区主要经济指标完成情况表

表4

指标名称	计量单位	实绩	比增（%）	指标名称	计量单位	实绩	比增（%）
地区生产总值	万元	6185063	6.5	住宅销售面积	平方米	429377	-33.8
第一产业	万元	23374	-14.4	区财政总收入	万元	1123540	5.4
第二产业	万元	2994092	7.3	区级财政收入	万元	312708	4.2
第三产业	万元	3167597	5.9	区级财政支出	万元	564315	3.7
规模以上工业总产值	万元	8859018	11.3	合同利用外资	万美元	31717	63.9
建筑业总产值	万元	2517001	36.5	实际利用外资	万美元	22136	327
批发零售贸易业销售总额	万元	3330495	18.1	外贸进出口总额	万元	4239513	12.8
社会消费品零售总额	万元	1293930	13.2	出口总额	万元	3512613	11.0
固定资产投资额（不含农户）	亿元	3755258	-0.6	进口总额	万元	726900	22.5
新建商品房销售面积	平方米	1158778	-0.2	金融机构存款余额	万元	5346997	-0.6

续表 4

指标名称	计量单位	实绩	比增（%）	指标名称	计量单位	实绩	比增（%）
城乡居民储蓄	万元	2268372	10.9	城镇居民人均可支配收入	元	44777	8.9
金融机构贷款余额	万元	5777020	26.3	农村居民人均可支配收入	元	24681	7.3
来集旅游人数	万人次	1302.5	29.8	在岗职工平均工资	元	69662	11.7
全体居民人均可支配收入	元	41725	8.6	常住人口年末数	万人	67.4	—

招商引资

【概况】 2017 年，集美区国内招商引资 342.94 亿元，引进项目 1728 个，实际利用外资 2.21 亿美元，合同利用外资 3.17 亿美元。其中，合同外资 500 万美元以上项目 18 个，合同外资 2.86 亿美元，占 90.09%；新引进项目 98 个，合同外资 1.98 亿美元，占 62.45%；增资项目 14 个，增资 9006 万美元，占 28.39%。

2017 年集美区主要招商引资项目表

表 5　　单位：外资万美元、内资万元

	单位	资金类型	金额		单位	资金类型	金额
1	厦门市晟集翔房地产开发有限公司	内资	230000	9	厦门尚柏奥莱置业有限公司	外资	4500
2	中环建筑工程有限公司	内资	65186	10	厦门水务原水投资运营有限公司	内资	500000
3	福建省交建集团工程有限公司	内资	50800	11	厦门涌泉云创漫谷资产管理有限公司	内资	49000
4	中宏建（福建）建设集团有限公司	内资	44000	12	厦门汉富耀春投资管理合伙企业	内资	20000
5	厦门市集美区产业投资有限公司	内资	37000	13	厦门诺远缘泰投资管理合伙企业	内资	20000
6	厦门市杏林建设开发有限公司	内资	30000	14	厦门市太和欧斯威汽车有限公司	内资	10000
7	厦门涌泉资产管理有限公司	内资	23000	15	厦门跃泰置业有限公司	内资	10000
8	厦门奥佳华智能健康设备有限公司	外资	5000	16	厦门布德软件科技有限公司	内资	10000

注：1—7 为增资项目，8—16 为新增项目，12—13 为有限合伙。

【第二产业招商】 2017 年，集美区重点抓好工业的投产投建工作，加快第二产业项目落地。华懋科技、稻兴科技两个项目投建，厦晖气门嘴、宏发先科、姚明织带、艾思珂、纳丝达 5 个项目挂牌，另有立辉国际、圣格包装、捷讯汽车零部件、华懋三期等项目在洽谈。物流项目进展明显，海翼工业物流中心一、三期试投产，二期办理开工前期手续；典泰新兴海峡物流园试投产，嘉晟供应链一期试投产，二期主体建设。

【商贸业招商】 2017 年，杏林湾商务营运中心、北站商务营运中心、创业创新大厦等总部经济集聚区建设与招商工作稳步推进，已吸引包括奥佳华、北大青鸟、东娱传媒、好慷在家、惠龙集团、凤竹集团、IOI 置业、中交天航局等利税企业相继进驻办公，累计吸引 600 多家企业、超万名员工入驻。商贸业集聚速度加快，厦门北站圣果院商业中心引进王府井品牌商业，建设王府井生活广场。尚柏奥特莱斯落地，成为厦门市首个大型名品折扣购物商场；嘉庚体育馆周边国贸美岁天地整体开业，引入大润发、大地影院等多品牌、多业态，成为集美商圈新的商业聚集地。

【软件园招商】 至 2017 年年底，软件园三期通过入园审核企业 632 家（2017 年新增 87 家，新增面积 26.31 万平方米），核准面积 283.94 万平方米。其中，核准自建企业 18 家、购房企业 614 家、租赁入园企业 835 家；累计实际入驻企业 672 家，进驻办公人员 1.20 万人。软件园三期已建成面积 130 万平方米，在建面积 260 万平方米，实现营业收入 125 亿元。雅马哈完成建设并入驻，吉比特、罗普特、易尔通在建设中，网宿科技、卓翼科技研发楼交付正在做前期装修设计。东大正保、北京宇信科技明确落户软件园三期。

【自贸区招商】2017年，集美区共引进自贸区企业376家，注册资本75.4亿元。其中，内资企业358家，注册资本71.6亿元；外资企业18家，合同利用外资3.8亿元；批发零售类占43%，国际贸易类、金融类、投资管理类占23%，软件信息、文化传媒广告类占22%，其他占12%。设立产业投资公司引导基金参股子基金13支，规模38.8亿元。

【文化产业招商】2017年，落户集美的罗普特飞跃海峡和北大青鸟音乐基地项目进入用地挂牌手续办理阶段，北大青鸟星巢项目进入施工阶段，云创漫谷产业园进入装修方案设计阶段。

（许可欣）

重要改革事项

【社会信用体系建设】2017年，集美区由区社会信用体系建设工作领导小组牵头，各部门协作配合，做好社会信用体系基础数据库的整合收集和与上级数据平台对接工作，为厦门创建“全国社会信用体系建设示范城市”夯实基础。区委、区政府先后出台《集美区社会信用体系建设2017年工作要点》《“诚信集美”宣传教育工作方案》《集美区守信联合激励与失信联合惩戒办法实施细则（试行）》和《集美区信用红黑名单管理办法》等文件，指导各单位开展诚信建设工作。区信用办编制《集美区第一批社会信用信息目录（含行政许可及行政处罚信息）》，组织各单位开展信用目录编制培训，指导各单位编制信用信息目录和开展信用信息征集工作。与市信用服务中心对接，编制《厦门市集美区公共信用信息平台（一期）建设方案》，建成集美区公共信用信息平台，梳理、归集并整合全区各单位信用信息，向社会提供信用动态、行政许可、行政处罚公示、联合奖惩信息和“红黑榜”公布。全区各单位的行政许可和行政处罚“双公示”信息，实现在“信用集美”、区政府官网和各部门官方网站多渠道公示，并与“信用厦门”自动对接，基本实现全区各单位信用信息全覆盖。至年底，归集行政许可信息1000余条、行政处罚信息200余条。12月，新华网和“福建之窗”报道集美区引入大数据推动信用信息应用工作。

【健全“五个一批”项目工作机制】2017年，集美区围绕国家产业政策、重大规划、重点投向，策划生成项目，健全“五个一批”项目工作机制，加快“四个领域”补短板工作，全区各部门协作配合、齐抓共管，形成“谋划一批、签约一批、开工一批、投产一批、增资一批”滚动发展的良好态势。以区域“十三五”规划和“4+X”现代产业体系为指引，加快项目生成，强化招商，重点引进先进制造、软件信息、商贸物流、文化旅游等主导产业项目，不断扩充项目库。至年底，全区生成“五个一批”项目388个，总投资2452亿元，其中区政府为责任单位项目184个，总投资1684亿元；属地内市级部门为责任单位项目204个，总投资768亿元。策划组织实施省级工程包项目10个、市级工程包项目5个，实行“一包一策”，加快补齐各领域发展短板，做到以工程包带项目、以投资平台推项目。年度计划总投资12.35亿元，累计完成投资14.29亿元，超额15.72个百分点完成投资计划。

【实行投资项目网上备案办法】2017年，集美区贯彻国务院新公布的企业投资项目核准和备案《管理条例》《管理办法》，遵循便民、高效原则，落实企业投资自主权，规范政府对企业投资项目的备案行为，保护企业合法权益，为企业提供优质服务。自2017年9月25日起，政府不再接受企业投资项目登记业务，由项目单位自行通过全国投资项目在线监管平台进行网上备案，实行网上受理、办理、监管和服务，实现备案过程和结果的可查询、可监督，强化服务企业力度，巩固企业投资主体地位。

（王晓燕）

基础设施建设

【公园绿地建设】2017年，集美区按照“恢复加超越”的目标，突出重要线路、重点片区和节点（特别是进岛门户）的绿化，对可绿化的空间全面绿化，缺失部位进行绿化补齐。全年共实施绿化项目55个，新增和提升改造城市园林绿地面积115公顷，完成绿道建设20千米，改造提升城市公园1个、绿化道路6条、重要节点绿化1处、单位庭院绿化3个、小区绿化2个、垂直绿化8处、城市片林5处、旧城区街头小绿地5处。

【环卫设施和污水管网建设】2017年，集美区按照市政环卫绿化维护管理一体化的改革思路，加强城乡环境卫生基础设施建设。至年底，改造公厕60座，在建清洁楼2座。全区实施集中式截污纳管建设的村庄（居）138个，实施分散式污水治理的村庄70个。至年底，132个集中式截污纳管的村庄完成施工，其他6个亦基本完工，累计完成投资6.9亿元，敷设管网1025千米；实施分散式污水治理的70个村庄管网和处理设施建设全部完工，完成投资2.5亿元。

【夜景工程建设和街道立面整治】2017年，集美区围绕夜景提升“拾遗补阙”的思路，实施厦门北站、环杏林湾东岸、杏林湾西岸、集美大桥桥头片区等5处夜景建设。至年底，累计建成夜景350余处。以“六线六片”的核心地段为重点，深化灾后恢复重建工作，实施城市街区立面综合整治提升工程，打造具有闽南特色、大气精致、温馨和谐的城市风貌，全年共完成立面提升项目22个，涉及建筑942栋。

（张永桥）

重点项目建设

【概况】 2017年，集美区共安排重点项目142个。其中，前期项目20个，年计划投资195.54亿元，累计完成投资210.3亿元，同比下降9.8%，完成年度计划107.55%；省、市重点项目48个（含前期3个），已开工42个，开工率93.33%；区级重点项目98个（含前期17个），已开工61个，开工率75.31%；未开工项目23个（不含前期20个）中，市级项目1个，区级项目22个。省级重点项目14个，计划投资79.84亿元，完成投资83.89亿元，完成年度计划投资的105.07%；市重点项目34个（含前期项目3个），计划投资63.78亿元，完成投资76.69亿元，完成年度投资计划的120.24%；区级重点项目98个（含前期项目17个），计划投资51.92亿元，完成投资49.72亿元，完成年度投资计划的95.77%。重点项目投资完成序时或超序时进度项目有长泰枋洋水利枢纽工程、杏林湾商务营运中心、软件园三期、厦门稀土材料研究所等；投资滞后序时进度项目有轨道交通1号线一期工程（集美段）、轨道交通6号线工程（集美段）、集美北大道提升改造、国道324线市政化改造工程（同安集美交界—坂头大桥段）等。其中，集美区作为责任单位的省、市级重点项目17个，全年计划投资21.6亿元，累计完成投资24.74亿元，完成全年投资任务的114.54%。

【征地拆迁】 2017年，集美区共需征地480.34公顷，需拆迁面积45.44万平方米。累计完成征地面积376.16公顷，完成总任务量的78.31%；累计完成拆迁面积82.46万平方米，完成总任务量的181.48%。其中，2017年市对区下达的11个全市重点项目，计划征地238.83公顷、征收房屋面积20.69万平方米。全年累计完成征地246.67公顷，完成计划量的103.29%，完成量全市排名第四位，完成率全市排名第三位；完成拆迁50.43万平方米，完成计划量的243.8%，完成量全市排名第三位，完成率全市排名第二位。

提升改造后的龙舟池夜景工程（林志杰 8月27日摄）

【集美区青少年宫项目】 集美区新青少年宫位于集美区教师进修学校南侧，占地面积1.51万平方米，建筑面积2.7万平方米，2015年11月底开工建设，2017年11月16日竣工。项目总投资1.5亿元，分为青少年宫剧场和素质教育中心南北两座主体建筑，青少年宫剧场2层结构，素质教育中心5层，高18米。

【厦门稀土研究所项目】 厦门稀土材料研究所位于集美区杏林湾路与博知路（规划）交会处东北侧，占地面积6.47公顷，总建筑面积11万平方米，包含材料制备楼、物理工程楼、综合工程楼（产业化工程用房）、辅助工程楼、流动人员公寓楼、研究生宿舍楼等。2014年10月18日，市发展改革委批复厦门稀土材料研究所建设项目可行性研究报告；同年11月18日，市规划局批复厦门稀土所建设项目用地规划许可证。2015年10月27日，厦门稀土材料研究所项目开工建设，2017年竣工验收。该项目立足福建省稀土资源优势和厦门现有稀土企（产）业基础，以稀土功能材料开发应用为导向，布局稀土科技研发，聚集稀土科研力量，打造国家级稀土材料研发基地、稀土材料应用技术研发与产业化示范基地。

【电子城·厦门国际创新中心项目】 电子城·厦门国际创新中心项目，拟通过构建高科技产业聚集平台、创新产业聚集平台、创意产业聚集平台、科技孵化平台及创投基金平台，打造国内领先、海西第一的高科技创新产业聚集区。项目总占地面积10.33公顷，地上建筑面积40万平方米，总建设面积56万平方米，由“高科技创新产业聚集区”“创意产业聚集区”及“创E·巢”三大功能板块组成。该项目于2016年12月通过招拍挂取得用地，2017年12月开工建设。

【厦门汽车工业城零部件配套中心项目】 厦门汽车工业城零部件配套中心（四期）项目坐落于厦门机械工业集

12 月 29 日，电子城·厦门国际创新中心开工建设。图为开工仪式（林志杰 摄）

中区二期园区。近年，机械工业集中区配套日益完善，影响力逐步扩大，产业聚集效应显现，企业入驻需求强烈。配套中心（四期）用地面积 7.84 公顷，总建筑面积 22.66 万平方米。建设内容包括：厂房 10 幢（5 ～ 8 层）和倒班宿舍、零部件产品展示中心综合楼（11 层）及地下室等。项目于 2015 年 5 月动工建设，2016 年 12 月主体验收，2017 年 12 月竣工。（骆燕玲）

社会事业建设

【城市面貌提升】 2017 年，集美区实施“六线六片”景观提升工程，完成绿化提升面积 320 万平方米，立面改造房屋 967 栋，岛外第一高楼、月光环“灯光秀”等 216 处夜景工程建成投用。厦门大桥、集美大桥、杏林大桥三大桥头片区整治提升完成，景观焕然一新。市容市貌管理引进无人机航拍+地面跟拍模式，“大城管”格局形成，“两违”治理持续推进，全年拆违 104 万平方米；农贸市场占道经营、渣土运输污染、铁路沿线脏乱、杏林海岸线餐饮船市场无序等一批群众关注的热点难点问题得到破解。

【生态环境改善】 2017 年，集美区投入大气污染治理资金近 9000 万元，用于中央环保督察后的整改工作，打响蓝天保卫翻身仗。全区锅炉整治和机砖厂拆除任务完成，28 家大型餐饮单位油烟实现在线监控；全面推行河长制，流域 200 米范围内养殖场清退完毕，乡村 55 个分散式污水治理工程建成投用，138 个自然村实现污水集中纳管，饮用水源地水质稳定达标，日东湖生态修复工程成为全省黑臭水体整治成功案例。在 57 个小区和 7 个行政村推行生活垃圾分类工作，建成区垃圾分类覆盖率达到 5.64%。

【社会保障力度加大】 2017 年，集美区加大民生投入，全年民生支出 42.60 亿元，占一般公共预算支出的 78.1%。坚持创业带动就业，补贴新创经营实体 340 个，核发就业补助奖励 1.5 亿元，职业技能培训 1.2 万余人次，城镇失业人员再就业 1.3 万余人。全民参保扩面提质，全区社保参保总数 55.7 万人，比上年增长 14.4%。开展社区信息化助老服务试点，34 个社区实施居家养老专业化服务，11 家农村幸福院投入运营。支持国企参与村居集体发展项目，西亭人才公寓、三李城商业中心等集体发展项目开工，溪西村项目签约；农村土地承包经营权确权登记工作基本完成。

【社会事业日趋均衡】 2017 年，集美区出台义务教育阶段民办学校扶持补助政策，深化教育强区建设，高分通过全国中小学校责任督学挂牌督导工作创新县（区）省级验收。改扩建中小学 2 所，开办公办幼儿园 3 所，新增中小学学位 2070 个、幼儿园学位 990 个。市妇幼保健院集美院区、第一医院杏林分院新项目启动，家庭医生签约覆盖率达 30%，集美街道社区卫生服务中心获评全国百强，集美区获评省计生工作创新奖。集美学村获评省级历史文化街区，厦门（集美）对台研学旅行基地获评福建省首批对台交流基地。

【社会管理更加精细】 2017 年，集美区持续推进社会稳定工作，围绕服务保障厦门会晤，开展基础信息大排查，实现“一标四实三清”。实施“雪亮工程”，推行“小案快打”，刑事警情下降 43%，降幅为全市第一。高标准建成城市公共安全管理平台，开展“黑油黑气”“三合一”场所等专项整治，实现社区微型消防站全覆盖，全区未发生较大以上生产安全事故。全面深化文明创建，后溪镇蝉联全国文明乡镇，银亭社区、鳌园景区再次获评全国文明单位，田头等 3 个社区入围全国综合减灾示范社区，民间公益救援组织“福建省蓝天救援防灾减灾中心”挂牌，救灾志愿者组织“飞鹰救援队”成立，财政出资“巨灾保险”实现全覆盖。（王跃平）

精神文明建设

【概况】 2017 年，集美区制订《集美区文明创建长效机制建设方案》和《“大干 180 天，文明再提升”任务清单》，确定责任内容 332 条，建立“横向到边、纵向到底”“一项具体任务只有一个直接责任人”的责任体系，推动创建工作科学化、规范化、常态化。

制订《2017年集美区未成年人思想道德建设工作要点》，推动工作落实，丰富教育载体，营造有利于未成年人健康成长的社会文化环境。出台《2017年集美区社区书院建设实施方案》《集美区社区书院管理办法（暂行）》，将委托社工机构协助志愿服务日常管理和项目策划实施纳入政府购买服务内容，基层志愿服务工作趋于规范化。全区共有注册志愿者43769人。在市对区文明创建季度检查中，集美区第二季度获第三名，第三季度获第一名。（张倩莹）

厦门大桥北埭老火车站改造为铁路主题公园（林志杰摄）

【培育道德新风尚】 2017年，集美区将精神文明建设与践行社会主义核心价值观有机融合。继续开展“我推荐、我评议身边好人”活动，选树陈新杰（助人为乐好人）、李秀卿（孝老爱亲好人）等身边好人榜样，李秀卿当选“福建好人榜”孝老爱亲好人。开展向“时代楷模”陈清洲、市道德模范周育辉学习宣传活动，培养好人好报的风气。以“做有精神讲文明的新集美人”为主题，组建人文精神宣讲团，进机关、学校、企业、社区宣讲50余场。创作以“阿集”“小美”为文明使者形象的“八不行为规范”主题漫画广告，入选市文明办公益广告资料库。做好石鼓路“公益广告示范路”规划建设，建成日东公园、敬贤公园公共文明行为示范园，完成主城区主次干道机柜美化。利用集美广播电视台、《集美报》、电子屏、楼宇电视、公交车身、微信等媒体，传播“八不行为规范”“文明旅游”“树文明新风、迎金砖宾客”等公益广告，公益广告成为集美街头一道亮丽的文化风景线。（张倩莹）

【建立创建长效机制】 2017年，集美区制订《集美区文明创建长效机制建设方案》和《“大干180天，文明再提升”任务清单》，确定责任内容332条，建立“横向到边、纵向到底”“一项具体任务只有一个直接责任人”的责任体系，形成区领导带队督查、镇街主官定期检查、专业暗访团日常巡查的多方位督查机制，每月通报暗访结果，整改问题和整改情况在《集美报》曝光。按照“明察暗访—工作点评—督查—回头看”的工作机制，每月召开文明创建专题点评会，点评市容市貌和文明创建中存在的问题，并提出对策。强化宣传引导机制，利用全媒体覆盖的优势，宣传“大干180天，文明创建再提升”行动中涌现的示范单位、文明践行者、志愿服务最美人物等。（张倩莹）

【群众性文明创建】 2017年，集美区推进城市综合治理，促进城市文明程度再提升。加强交通秩序宣传，开展“礼让斑马线、文明过马路、排队讲秩序、礼仪待宾客”“文明交通我践行、安全行车我承诺、交通违法我监督”等主题活动，在全市首创“摩托车待行区”，增设违规停车自动抓拍系统。从群众反映强烈的问题入手，开展食品安全、校园周边、旅游购物市场秩序专项整治，对农贸市场进行专题调研、问卷调查、专家座谈等，摸清市场及管理情况。节假日期间，在各大景区、景点、车站和窗口悬挂文明旅游公益广告，开展志愿服务活动，参与志愿服务450余人次，时数1600小时。协同各镇街和文体协会、文联等部门，实施共同缔造以奖代补项目，举办“人文集美·你我共乒”社区乒乓球赛、“人文集美·羽我同行”社区羽毛球赛、社区足球赛、“人文集美·添彩会晤”文明宣传文艺活动、社区书院科普教学活动等，促进居民融合，变生人社区为熟人社区。（张倩莹）

【志愿服务活动】 2017年，集美区将委托社工机构协助志愿服务日常管理和项目策划实施纳入政府购买服务内容，推动志愿服务工作规范化、常态化。改造提升鳌园景区、集源路等公共场所志愿服务驿站，集源路驿站被确定为省级志愿服务驿站。开展“志愿集美、与你同行”“集美好所在，你我共呵护”“人文集美、你我同行”“周末美厦门，集美进行时”等主题活动，做到一周一主题，活跃志愿服务氛围。是年，全区有注册志愿者4.38万人，品牌志愿服务队10支，组织志愿服务培训12场，培训2000余人。5月28日，集美建设志愿服务队成立。8月26日，集美建设志愿服务队机关志愿分队、环卫志愿分队、新华夏建工志愿分队、

集美区利用节假日开展学雷锋志愿服务活动（文明办 供图）

宗顺建筑志愿分队50余名志愿者，前往共建村居西亭社区开展清洁家园志愿服务活动，清理厦门外国语学校集美分校和西亭安置房区域环境。8月31日，志愿服务队与杏林街道、宁宝社区欣悦社工，共同清理宁宝社区内散乱停放的共享单车，并对使用单车者进行宣传和劝导。同日，志愿服务队租赁大巴车，组织26名志愿者参加献血活动。（张倩莹　张永桥）

【未成年人思想道德建设】2017年，集美区印发《2017年集美区未成年人思想道德建设工作要点》《关于深入开展“我的中国梦”主题教育实践活动的通知》，推进未成年人思想道德建设。开展“小集大美——做一个有道德的人”“学雷锋，暖集美”、向国旗敬礼等主题活动。举办“十佳美德少年”推荐评选及事迹展，曾营小学谢伊获2017年“福建省美德少年”称号。举办“童心向党”歌咏比赛，杏滨中心小学表演的节目被推荐参加福建省“童心向党”歌咏比赛展演。开展优秀童谣征集评选活动，收到各校、各行业作品370余篇，4篇获市级奖。加强培育未成年人工作品牌建设，发放窗内小学“修于窗内，美于窗外”等10个未成年人工作品牌补助经费10万元。加强乡村（城市）学校少年宫建设，实现乡村少年宫全覆盖；集美鳌园景区、厦门卫星测控站等6个社会实践基地落实校馆衔接责任，共接待未成年人8.5万余人。做好未成年人思想道德建设实地专项测评工作，从镇、街抽调人员组成考评组，对随机抽取的18个社区（村居）进行测评，并督促整改。加大社会文化环境整治力度，开展互联网、网吧、荧屏、声频、出版物市场及校园周边环境整治行动6次，清理中小学校园周边电子游戏经营场所、歌舞厅、卡拉OK厅、游艺厅、台球厅等娱乐场所28家次，为青少年营造健康的社会文化环境。（张倩莹）

大事记

1月

1日 厦门首届湿地体验节在园博苑开幕。

3日 集美区村庄生活污水处理项目获全国人居环境建设领域最高荣誉奖项——中国人居环境范例奖，为全市唯一获此殊荣的项目。

5日 厦门北动车运用所投入使用。运用所占地面积72.33公顷，拥有动车组存车线27条，可同时存放动车组50余组；配备动车组检修线8条，可同时检修动车组16组。主要承担厦门至杭州、宁波、武夷山、赣州、深圳、上海虹桥、昆明等方向17对次动车组的日常运用和检修。

同日 厦门北站开往昆明南站的G1684次列车开始运行，全程12小时41分。此前，厦门至昆明仅有K230普速列车一趟，全程41小时。

10日 集美区职工服务中心揭牌。中心位于杏林文华路10号，为职工提供医疗互助保障、困难帮扶、信访维权、职工培训、文体活动等一站式服务。

11日 “集美端午龙舟赛”（传统体育、游艺与杂技）和“王审知信俗”（民俗）入选福建省第五批非物质文化遗产代表性项目名录。

19日 厦门车管所迁入新址。新所位于天水路与岩兴路交叉口处，占地面积10万平方米，设办事窗口53个，包括办证、车辆查验、安全检测、尾气检测及办理国税、环保等功能。设有大型车辆和小型车辆两个停车区域，有停车位2500多个。

23日 金龙汽车（包括厦门金龙联合汽车工业有限公司和厦门金龙旅行车有限公司）有21款车型入围工信部2017年第一批《新能源汽车推广应用推荐车型目录》。

2月

10日 集美区委启动首轮巡察，派出巡察组2个，分别巡察区农林水利局和杏滨街道办事处。

11日 集美区法院获评“全省十佳法院”。

12日 嘉庚主题邮局揭牌。邮局位于陈文确陈六使陈列馆内，为全国首家以华侨文化为主题的邮局，除经营常规国内、国际邮政业务外，还围绕华侨文化举办各类社会教育活动。

同日 后溪镇后垵村后垵社、黄地村湖内社，灌口镇李林中心村、深青村入选福建省2017年“千村整治”美丽乡村建设村庄名单。后溪镇黄地村湖内社入选全省美丽乡村示范村创建名单。

14日 集美区2017年家庭医生签约服务主题宣传周启动仪式在杏林文体中心举行。

20日 集美区退休干部郑德发获评2016年“全国老有所为先进典型人物”，全省共三人获此荣誉。

同日 厦门诚毅科技探索中心获评“全国海洋科普教育基地”。

22日 集美区燃气安全协会成立。

3月

10日 英诺天使厦门基金落户集美。基金总规模1.6亿元，其中厦门市产业引导基金和集美区产业引导基金各出资3000万元，英诺母基金出资4800万元。投资产业领域包括人工智能、消费升级、移动互联网、软件和信息服务、文化创意等。

同日 华侨大学承志车队和厦门理工学院amoy赛车俱乐部跻身2017年度中国大学生方程式汽车大赛“最具影响力车队”排行榜，分列第10名和第30名。

11—20日 全国首届中青年刻字名家作品提名展在集美新城中影星美影城展出。展览以“大美集美”为主题，共征集全国各地中青年刻字艺术家作品80件。

14日 第三届海峡两岸“肺癌微创介入诊疗新技术”论坛暨“支气管镜相关并发症的预防与处理”研讨会在厦门市第二医院召开，20多个省、市的700余位肺癌及支气管镜方面的医护人员参会。

16日 华侨大学入选福建省“双一流”建设重点支持高校名单。

18日 厦门市第二医院选送的纪录片《男妇科医生冯继良》获评第二届全国卫生计生微电影节优秀纪录片奖。

20日 集美学村入选福建省第二批历史文化街区。

23日 陈清洲和张丽岩家庭、潘登和庄一凡家庭入选由省委文明办、省妇联颁布的2017年福建省“最美家庭”名单。

25日 以“人文集美、乐动学村”为主题的2017“听见集美”厦门集美学村周末音乐会启动仪式暨首场音乐会在集美新城市民广场举行。

26日 环青海湖自行车联赛首站赛在厦门园博苑开赛，来自全国各地的300多名骑手参赛。比赛设男子公路组（50千米）、男子山地组（30千米）、女子山地组（25千米）和大众骑游组（5千米）。

30日 集美陈嘉庚纪念胜地开始免费对公众开放。陈嘉庚纪念胜地为国家4A级景区，包括鳌园、陈嘉庚纪念馆、陈嘉庚先生故居、归来堂、归来园、嘉庚公园等景点。

同日 中国首部“网红”电视连续剧《我星飞扬》在集美集影视文创园举行发布会。该剧55集，描写海归派唐果果大学毕业后进入一家知名网购公司，与其他几位网络主播的成长经历。由中视影视制作有限公司、厦门市天下集美文广传媒有限公司、东阳大唐影视文化股份有限公司联合出品。

同日 集美职业技术学校学生陈云鹏获2017年福建省职业院校技能大赛中职组机械装配技术技能竞赛冠军，同时获全国职业院校技能大赛入场券。

31日 华侨大学国际儒学研究院在华大厦门校区成立。该学院由华侨大学与中国孔子基金会联合创办，从事儒学义理研究与儒家文化传播。

同日 福建省首个小区充电设施在集美区金博水岸小区投入使用。该项目配备7千瓦交流充电桩20个，只收电费，不收服务费。

是月 集美区公、检、法机关在全市率先实现值班律师全驻点，由区法律援助中心定期安排值班律师到公、检、法机关驻点，为犯罪嫌疑人和被告人提供法律咨询和法律帮助，见证具结书、告知书等相关文书签署情况。

是月 厦门建安集团洋唐居住区保障性安居工程A11地块木工班组获评“全国工人先锋号”。

4月

1日 集美区被中国计生协会确定为国家级计生基层群众自治示范县项目点。

8日 集美大学诚毅学院组队参加2017年美国大学生数学建模竞赛与交叉学科数学建模竞赛（MCM/ICM），从上万支参赛队伍中脱颖而出，其中6支队伍获二等奖，5支队伍获成功参赛奖。

11日 集美区首块二维码门牌在鳌园安装。至6月30日，全区地址清理及二维码门牌换发工作结束。

12日 杏林湾城市湿地公园入选福建省第一批重要湿地名录，厦门市仅此一处入选。

3月31日，全省首个社区充电桩设施在杏林街道金博水岸小区启用。（林志杰摄）

13日 集美大学马克思主义学院成立。

13—17日 2017全国健美操联赛（厦门站）在厦门理工学院举行。来自全国各地学校、企事业单位、协会俱乐部的85支队伍800余人参赛。

16日 第二届南洋华侨寻根祭祖集美行活动在厦门老院子景区举行，来自缅甸、老挝、泰国、越南、马来西亚、印度尼西亚等20多个国家近400名海外华侨及在集美的南洋华侨留学生代表参加活动。

17日 唯捷物流有限公司落户集美。该公司业务覆盖国内23个主要城市，以同城物流B2B为平台，为连锁餐饮、连锁零售等消费类企业提供仓配一体化一站式服务。

18日 集美辖区的海峡两岸青少年文创交流基地、集美区高校创新创业园、厦门游戏创新中心、厦门理工学院创新创业园获评2016年度厦门市“十大众创空间”。

19日 集美大学入选“2016中国高校体育竞赛十强”榜单，排名全国第九位、全省第一位。

21日 厦门市第二医院呼吸病医院被确定为全国爱肺计划首批示范基地之一，承担为漳州、泉州、龙岩三地医疗机构培养肺癌介入治疗人才任务。

22日 歌仔戏《陈嘉庚还乡记》在厦门小白鹭金荣剧场首演。该剧通过陈嘉庚在抗战初期返乡与贪腐县长斗争的故事，展现陈嘉庚爱国爱乡爱民的情怀和嫉恶好善、激浊扬清的性格。本剧由厦门大学人文学院教授陈世雄编剧、戏剧导演韩剑英执导。

28日 厦门工学院国学院成立，厦门工学院文化与传播学院院长苏涵教授兼任国学院院长。

5月

1日 西滨路高架桥建成通车。该桥起于新阳大桥接线互通立交，终于海翔大道石厝立交，全长2.37千米，为厦门市“两环八射”快速路网中内环重要组成部分。

3 日 第六届中国创新创业大赛（厦门赛区）暨第三届“白鹭之星”创新创业大赛在厦门产业技术研究院创新大厦开赛。

4 日 集美区新增“无饮食车厢”公交线路 7 条，全区“无饮食车厢”线路增至 10 条。

5 日 集美区获评“2016 年度福建省计划生育工作先进县（市、区）”“2016 年度福建省计划生育工作创新奖”，为全市唯一同时获两项称号的单位。

7 日 集美大学诚毅学院学生欧阳译然获 2017 年福建省全民健身运动会象棋等级赛女子公开组冠军，代表福建出征第十三届全运会。

11—14 日 2017 厦门尼斯国际嘉年华在集美新城市民广场举行。法国尼斯嘉年华为世界三大嘉年华之一，被列入联合国教科文组织非物质文化遗产。此次开展的活动有精彩巡游、美食盛宴、文创市集、流动的音乐、VR 互动、“水水集美”静态展示等。

12—20 日 “一带一路”“互联网＋”泰国文化节在东盟（集美）文化艺术交流中心举行。

14 日 “体彩杯”厦门集美第六届海峡自行车公开赛在灌口双龙潭举行，参赛选手逾 300 人，另有儿童选手 180 人。

15 日 集美区首家大学科技园——厦门理工学院大学科技园开园。园区位于银亭路 28 号，由厦门理工学院与美国德克萨斯大学奥斯汀分校携手共建的“中美（厦门）国际离岸孵化器”同时落户园区，为全国首个中外高校合作共建的国际离岸孵化器。

22 日 厦门外国语学校集美分校七年级学生谢伊获评 2018 年全国首批“新时代好少年”。

23 日 后溪中心幼儿园被省教育厅确认为省示范性幼儿园，为集美区第六所省级示范性幼儿园。

26 日 集美区政协在区行政中心诚毅厅召开首次高校委员季谈会。会议以“加快集美教育现代化建设”为主题，区政协高校委员、部分教育界委员、区政协常委、辖区教育界学者等 100 余人参会。

是月 曾营小学蓝帆合唱团获“鹭岛少年”2017 年厦门市小学生合唱比赛金奖，该校为集美区唯一一所拥有管乐团的学校。

6 月 26 日，厦门飞鹰救援队成立。（冯立东 摄）

6 月

1 日 马銮湾灌新路（海翔大道—烟厂段）通车。灌新路北起海翔大道立交桥，南接海新路与翁角路立交桥，全长 5.03 千米，双向 6 车道，路幅宽 60 米，为厦门“两环八射”快速路网外环的交通要道。

6 日 厦门医学院附属医院（厦门市第二医院）与德国海德堡大学胸科医院签订战略合作协议。

15 日 《集美区实施标准化及品牌发展战略奖励办法》修订后出台，支持企业标准化和品牌建设。

16 日 软件园三期园区自盖研发中心大楼（雅马哈发动机厦门信息系统有限公司）落成。大楼占地面积 2 万平方米，建筑面积近 5 万平方米。

同日 集美区国家税务局驻区行政服务中心大厅无纸化办税体验区启用。

同日 厦门理工学院经济管理学院陈天姿、俞汇源、庄雅婷三名学生撰写的《“保姆”变“后妈”：物业企业身份错位酿成“城市病”》调查报告获第十三届“挑战杯”福建省大学生课外学术科技作品竞赛哲学社会科学类一等奖，并入围全国赛。

16—20 日 第九届海峡论坛·两岸特色庙会暨台湾县市经贸旅游推介交流会在厦门灵玲国际马戏城举行。庙会以“童享蓝天、灵动两岸”为主题，设置儿童玩乐、旅游推介、商贸交流、文创集市、主题演艺五个区域，并以两岸青少年为主体打造特色“研学”课程。

17 日 中国侨联主席万立骏、副主席乔卫参观陈嘉庚纪念馆。

18 日 杏林街道园博社区党校成立，为集美区第一所社区党校。

19 日 新加坡厦门公会林熙涞会长率参访团一行 21 人访问集美区。

24 日 华侨大学电及自动化学院林添良科研团队的“全自动滴液机研发”项目获首届中国高校科技成果交易会优秀展示奖，计算机科学与技术学院杜吉祥科研团队的“医学图像自动分析及计算机辅助诊断、手术系统”项目获成果创新奖。

26日 厦门飞鹰义务救援队在乐海公园成立，为集美区首支专业民间应急救援队。

29日 厦门建安集团西亭安置房A1-3地块项目工程建设质量管理小组研究成果《降低砼灌注桩次生泥浆消纳施工成本》，获2017年全国工程建设优秀QC小组活动成果交流会优秀成果一等奖。

是月 灌口镇入选“2016年度全国综合实力千强镇”，排名第51位。

7月

1日 同集路提升改造工程旧324国道下穿通道正式通行。至此，同集路提升改造工程全部完工通车。该工程于2015年7月开工，起点同安城区，终点集杏海堤，全长17.7千米。改造后，全线红绿灯路口由15个减至2个。

同日 中科院城市环境研究所大气环境观测超级站在集美区揭牌。该观测站为区域大气污染调控与环境改善提供技术支撑与决策依据。

同日 厦门金龙联合汽车工业有限公司“产品全生命周期管理”项目，入选工信部2017年制造业与互联网融合发展试点示范项目，为本次入选的唯一一家客车制造企业。

12日 总部位于集美区的中交一公局厦门工程有限公司，获中国建筑施工企业最高资质——公路工程施工总承包特级资质和公路工程设计甲级资质，为中国交建首家具有特级资质的三级子公司、厦门市首家拥有公路工程施工总承包特级资质的企业。

13日 集美区驻临夏州和政县劳务合作站成立。

16日 厦门市首个驻公安机关值班律师工作室在集美成立。

17日 厦门艾思珂冷链科技有限公司获第六届中国创新创业大赛暨“白鹭之星”创新创业大赛科技成长型企业组复赛第一名。

19日 厦门安妮股份有限公司入选“2017年中国印刷包装企业百强排行榜”，排名第97位。

21日 厦门建安慈善基金会副理事长陈云南捐赠100万元，设立“蜜蜂巢集团国学培训专项基金”。

同日 厦门宏发电声股份有限公司入围“2017年（第三十一届）中国电子信息百强企业”，为全市唯一入榜企业。

26日 马銮湾保障房地铁社区一期开工建设，计划安置4536户，并配套建设幼儿园、生鲜超市、老年人日间照料中心等生活设施。

8月4日，集美区平安志愿者巡防大队成立。（郭妮妮 摄）

是月 《集美区基层计生协会小组长管理办法》出台，规定小组长工作职责及奖惩办法。

8月

1日 集美公交910路8辆纯电公交车投入运营，为全区第一条纯电公交线路。

3日 厦门理工学院健美操队代表中国队参加在美国举办的第二十八届世界健美操冠军赛，获竞技五人操项目和有氧舞蹈混双项目两项冠军。队员由厦门理工学院、北京体育大学和华中师范大学健美操运动员组成。

同日 集美区再次获评福建省双拥模范区，实现“七连冠”；杏滨街道获评福建省爱国拥军模范单位；退役军人庄林获评2016年“中国双拥”年度人物提名奖。

4日 集美区平安巡防支队和平安志愿者巡防大队成立。平安志愿者巡防大队有小队31支，线上线下平安志愿者逾9万人，由各镇街、区直机关、辖区高校和国有企业等组成。

18日 “阿里巴巴诸神之战”全球创客大赛福建赛区暨全球版权投资与交易论坛在集美北海湾惠龙万达嘉华酒店举行。赛事于7月启动，16个团队进入决赛。“游仁VR学车平台”及“泊喜小巨蛋陶瓷”分获商业组和文创组冠军，参加全球总决赛。

20日 海西智能制造协同创新产业园暨机器人超市开园。园区位于灌口中路，面积逾8万平方米，德国西门子、瑞士ABB等41家企业入驻。

24日 新华社播发文章《一个人与一座城：陈嘉庚留给厦门的那些“财富”》，阐述陈嘉庚与厦门的血脉联系，为嘉庚精神“点赞”。

29日 集美区出台《关于促进建筑业加快发展实施办法》，对建筑企业中的重点企业、一般企业给予差别化扶持。

30日 厦门市第二医院和集美电

视台合作拍摄的纪录片《心理医生朱丽君：我拯救过的一个男孩》，获第四届全国卫生计生系统优秀广播影视电视类作品一等奖。该片讲述医院心理医生朱丽君帮助一个为生活所迫而抑郁绝望的男孩找回自信的故事。

9月

2日 厦门理工学院AMOY赛车俱乐部获第三届2017年中国汽车工程学会巴哈大赛冠军，并获代表中国参加美国巴哈比赛的资格。

3日 厦门工学院建筑系学生傅佳欣、王珺，在韩国首尔举行的第二十五届UIA（国际建筑师协会）世界大学生建筑设计竞赛中获荣誉提名奖。该赛事由联合国教科文组织与国际建筑师协会举办。

同日 集美大学教师陈莉琳与福州邱小如搭档，获第十三届全运会群众羽毛球C组女双冠军。

9日 集美区产业投资有限公司、新东网科技有限公司、深圳融创投资顾问有限公司共同发起的厦门乐爱融创投资管理有限公司成立。

18日 厦门理工学院“柒懿科技——生物质氢能技术研发及应用服务”项目，获第三届中国“互联网+”大学生创新创业大赛总决赛金奖。该项目为利用生物质氢能技术化人畜排泄物、厨余垃圾和秸秆等为氢能的变废为宝项目。比赛由教育部等六部委局、中国科学院、中国工程院主办，来自全国2241所高校的37万个项目参赛，入选金奖项目30个。

21日 集美集影视文创园和厦门神游华夏大剧院有限公司分别获评“福建省文化产业重点园区”和2016年度福建省“文化企业十强”。

同日 厦门理工学院和新丝路集团共同筹办的新丝路时尚学院（筹）在厦门理工学院揭牌，为中国首个具备本科学历的时尚学院。

28日 集美区召开区纪委综合派驻机构成立大会，部署纪检监察机构综合派驻改革工作。新设综合派驻纪检组6个，每组负责监督1个镇（街）和8～9个区直单位或国有企业，实现派驻监督全覆盖。

29日 厦门理工学院设计艺术与服装工程学院学生关思宇获第六十七届世界小姐中国区总决赛冠军。

10月

9日 2017年中国中小城市科学发展指数研究成果发布，集美区跻身全国综合实力百强区第58名，灌口镇位列全国综合实力百强镇第51名。

17日 集美区举行公共实训基地授牌仪式，厦门市集美智能制造产业与教育研究院有限公司、厦门软件职业技术学院、厦门兴才职业技术学院、厦门建霖健康家居股份有限公司入列集美区公共实训基地体系。

20日 集美区民政局为区红十字会颁发公开募捐资格证书。区红十字会为《中华人民共和国慈善法》实施后全市首家获得公开募捐资格的社会组织。

20—22日 2017年海峡工业设计大奖赛在集美新城举行。此次大奖赛评出产品设计金奖8个、概念作品金奖2个、产品设计优秀奖17个、概念作品优秀奖13个、优秀组织奖5个。

21日 陈嘉庚教育基金会首届陈嘉庚奖学金颁奖仪式在集美举行。陈嘉庚教育基金会的前身是厦门集友陈嘉庚教育基金会，香港集友银行于1989年设立。2017年6月，更名“厦门市陈嘉庚教育基金会”。

22日 厦门工学院商学院代表队在福建省教育厅举办的首届两岸大学生国际贸易经营实战沙盘竞赛中获一等奖。

24日 厦门市第十期全科医师与“三师”共管分享会暨首场社区家庭医师大讲堂在嘉庚纪念馆举行。

25日 集美大学诚毅学院与华为技术有限公司举行华为ICT学院授牌仪式。

26日 厦门市首个“税、法执行联动创新平台”签约会在区国税局举行。该平台由集美区国家税务局、地方税务局和区人民法院共同运作。

30日 集美区村（居）集体发展试点项目——西亭人才公寓和灌口三里城项目开工建设。

31日 集美区在全市率先实现村居行政自助服务全覆盖，服务内容涉及办事、便民和信息3大模块24项内容。

11月

2日 厦门工学院电工电子实验教学示范中心、工程坊经济管理实验教学示范中心获评省级实验教学示范中心，建筑与土木虚拟仿真实验教学中心获评省级虚拟仿真实验教学中心。

3日 云创漫谷产业园（涌泉）项目落户灌口镇，园区建筑面积18万平方米。该项目以动漫产业为载体，集动漫、影视、游戏、衍生品等为一体，打造中国动漫行业创业高地。功夫动漫、上海爱贝、中华有成、中国电影与量子云等签约入驻。

4—5日 以“闽南·YOUNG”为主题的2017龙舟唱晚集美学村音乐节在龙舟池畔举行。

8日 第六届中泰战略研讨会在华侨大学开幕，国内外100多名专家学者、政府官员参会。此次会议以“迈向共同繁荣：‘一带一路’与‘泰国4.0’”为主题，探讨新形势下中泰战略合作前景与未来。

9日 集美公安分局调研员陈清洲获第六届全国道德模范提名奖。

11—12日 2017“中国杯”赛艇多人艇公开赛暨中国赛艇大师赛在杏林湾举行。比赛项目包括八人单桨1000米、500米，四人双桨1000米、500米等，共有40支队伍500余人参赛。

14日 后溪中心幼儿园（闽南童玩）、康城小学（荷叶说唱）入选“厦门市首批闽南文化艺术特色校”。

17 日 后溪镇获评“全国文明村镇”，银亭社区和鳌园景区获评“全国文明单位”。

同日 工信部确定厦门建霖健康家居股份有限公司工业设计中心为2017 年国家级工业设计中心。

18 日 华侨大学哲学与社会发展学院学生的《“不抛弃，不放弃”——社会支持视角下中学生欺凌行为的影响机制分析》课题，获第十三届“挑战杯”福建省大学生课外学术科技作品竞赛一等奖。

18—20 日 第六届厦门国际武术大赛武术套路和跆拳道比赛分别在集美嘉庚体育馆和杏林文体中心举行，27 个国家和地区 4000 余名选手参赛。

18—22 日 集美大学诚毅学院游泳队获第十七届全国大学生游泳锦标赛丙组男子团体、女子团体和团体总分三项冠军。

19 日 集美区社区羽毛球赛在沐宇羽毛球馆开赛，参赛队伍以集美本地社区选手加非厦门籍省内选手或台湾选手的形式组队。马銮宜兰众义队、银亭鲤城羽乐队、盛光台江扬帆队分获前三名。

同日 国内首个二次元马拉松——2017 年厦门集美马拉松在集美新城举办，3000 余名选手参赛。

20 日 集美区非物质文化遗产进校园宣传展演活动首场演出在英才学校举行。

20—24 日 集美区物之联职能科技、谱识纳米科技、立马耀网络科技三家企业获第六届中国创新创业大赛行业总决赛优秀奖。

23—24 日 集美区文化馆舞蹈团表演的舞蹈《两岸一家亲》，在2017“戴爱莲杯”全国舞蹈展演活动中，获中国舞协颁发的多项大奖：舞蹈节目获“魅力之星”奖，郭勇滨、张奇玲获“魅力编导”奖，赵秀英、王丽珍获“魅力教师”奖。

25 日 集美·阿尔勒国际摄影季在集美新城三影堂摄影艺术中心开幕。来自全球的 250 余名艺术家、摄影家及策展人举办展览 40 余场。

25—27 日 集美工业学校在全国职业院校信息化教学大赛中获金牌 4 枚，位列全国第一名。

25—28 日 2017 年厦门集美中国汽车场地越野锦标赛在双龙潭举行，36 名车手进入决赛。田凤军、孙昊、荣盼盼分获柴油改装组、公开组、女子组冠军。

12 月 8 日，2017 中国综艺峰会在集美开幕。张绍刚（左三）、尼格买提（右三）、华少（左二）、路论一（右二）获评“匠心主持人”。（林志杰 摄）

27 日 中科院城市环境研究所研究员贺泓当选中国工程院环境与轻纺工程学部院士。

是月 华侨大学申报的“机电装备过程监测及系统优化福建省高校重点实验室”和“计算科学福建省高校重点实验室”获省教育厅批准开工建设。

是月 集美街道社区卫生服务中心获评 2017 年全国优质服务示范社区卫生服务中心。

12 月

1 日 厦门德益工贸有限公司、厦门美科安防科技有限公司、厦门求特新材料有限公司、蓝保（厦门）水处理科技有限公司、厦门市波生生物技术有限公司，入选省经信委、省财政厅公布的 2017 年福建省“专精特新”中小企业名单。

4 日 集美万达广场被商务部确定为 2017 年绿色商场创建单位，全市仅此一家、全省仅两家单位入选。

5 日 金龙汽车集团与国网电动汽车服务有限公司签署战略合作协议，双方各自整合优势资源，在新能源客车充电服务系统解决方案、产品开发设计及推广应用等方面开展深度合作。

8 日 2017 中国综艺峰会在集美开幕。全国各大卫视、各大平台和制作公司导演、制作团队及业内专业人士等 400 余名电视人参会。

12 日 华电厦门集美天然气分布式能源站一期工程正式投产。该能源站位于后溪白虎岩脚下，为福建省首座天然气分布式能源站，国家发改委循环经济改造示范试点项目。2015 年 12 月开工建设，总投资 3.47 亿元。投产后，年发电量可达 2.25 亿千瓦时，年供热（蒸汽）30 万吨，实现年产值 2.46 亿元。

16 日 首届海洋区域科学研讨会

12月20日，厦门北站动车组运用所建成投用。图为位于集美区境内的动车组运用所检修车间（王坚峰 摄）

暨第四届海洋经济与海洋城市创新发展论坛在集美大学举行，国家发改委国土开发与地区经济研究所、美国辛辛那提大学、北京大学、浙江大学、厦门大学等研究机构和高校专家学者与会。

同日 2017年厦门市青少年航空航天模型竞赛在厦门一中集美分校（灌口中学）举行。全市106所学校1450余名选手参赛。

19日 福建省首家民办教育集团——德文教育集团成立。集团旗下有厦门工学院、厦门工学院附属学校等6家成员单位。

20日 厦门北站动车组运用所全部建成投用，为海峡西岸最大的动车组运用所。该所占地面积72.33公顷，拥有动车组存车线27条、检修线8条，承担厦门至杭州、宁波、武夷山、赣州、深圳、上海虹桥、昆明等方向动车组的日常运用和检修工作。

21日 集美区通过国家卫生计生委考核评估，被确定为国家级慢性病综合防控示范区。

22日 由集美区委宣传部和微风乐集艺术团联合出品的本土首部流行音乐剧《生生不息》在集美嘉庚剧院首演。

26日 集美校友总会2017年奖助学金暨“21”成美基金颁发仪式在嘉庚纪念馆举行，211名优秀学生获颁奖学金、助学金36.8万元。

29日 厦门电子城国际创新中心在集美开工建设。该项目位于集美大道与杏林湾路交会处，总占地面积10万平方米，总建设规模54万平方米，直接总投资30亿元，由集美区政府与北京电子城投资开发集团股份有限公司合作建设。

是月 集美街道社区卫生服务中心获评2017年全国优质服务示范社区卫生服务中心。（张燕红）

2016年
大事补录

12月12日 集美区社会保险管理中心获人力资源社会保障部授予的“全国人力资源和社会保障系统2014—2016年度优质服务窗口”称号。

12月17日 厦门厦工中铁重型机械有限公司生产的CTE6450复合式土压平衡式盾构机，被省经信委评定为全省首台（套）智能制造装备。

12月25日 厦门老院子民俗文化风情园和诚毅科技探索中心获评国家4A级景区。

12月28日 区教育局获教育部基础教育质量监测中心授予的“2016年国家义务教育质量监测实施县级优秀组织单位”称号。

12月29日 厦门市第二医院医生柯明耀再次入选“中国名医百强”名单。

12月30日 厦门轨道6号线马銮湾片区段开工建设。轨道6号线集美境内经过马銮新城、西滨路、杏北路、杏林湾路、集美大道、同集路，长16.54千米，设站13个。

同日 2016集美·双栖青年影像季在集美新城开幕。

同日 厦门前场铁路大型货场开通运营。该货场东起集美区灌前路，西至海沧区东孚镇新国道324线，南通鹰厦、龙厦、福厦和厦深铁路线，北接沈海高速公路。规划面积353.33公顷，铁路作业区用地184.2公顷。

同日 2013年版《厦门市集美区志》获厦门市第十次社会科学优秀成果对策研究类一等奖。

同日 讲述华侨领袖陈嘉庚在延安的所见所闻的广播剧《再会吧，延安》在全球播出。

是月 灌口镇铁山社区和杏滨街道康城社区获国家减灾委、民政部授予的“全国综合减灾示范社区”称号。

（张燕红）

专　记

国家级慢性病综合防控示范区建设

【概况】2013年4月3日，集美区政府印发《关于印发集美区创建慢性非传染性疾病综合防控示范区工作方案的通知》，创建省级慢性非传染性疾病综合防控示范区工作启动。2014年5月8日，集美区通过省级慢性病综合防控示范区考评验收。嗣后，各项慢病防控工作进入制度化、常态化阶段。2016年5月3日，区政府印发《关于印发集美区创建国家级慢性非传染性疾病综合防控示范区工作方案的通知》，按常态化要求，开展死因监测、肿瘤随访登记、健康教育、全民健康生活方式行动、心脑血管事件报告、慢性病及危险因素监测等工作。按照《国家级慢病防控示范区新的考核指标体系》，逐项对照，补缺补差，一一落实。2017年6月28日，接受国家慢性病综合防控示范区建设技术评估组现场调研和技术评估。同年12月18日，国家卫计委确定集美区为第四批国家慢性病综合防控示范区。

【组织保障】2016年5月，区政府成立区长任组长、分管副区长任副组长，区政府办、发改局、财政局、卫计局、人社局等单位主要负责人为成员的领导小组，明确各成员单位职责，指定部门联络员，负责示范区建设领导工作；下设办公室，负责工作规划与计划制定、组织实施、协调管理、督导检查和考核评估。制订《集美区创建慢性非传染性疾病综合防控示范区工作方案》《集美区慢性非传染性疾病预防控制规划》《集美区全民健身实施计划（2016—2020年）》，印发《关于参保人员体检及慢性病防控有关问题的通知》等文件，探索符合集美的慢性病防控模式，建立政府主导、多部门合作、专业机构支持、全社会参与的慢性病综合防控机制。将慢性病防控工作列入《集美区国民经济和社会发展第十三个五年规划纲要》，与国民经济和社会发展同规划、同部署、同落实。保障慢性病防控示范建设专项经费专款专用。2013—2017年，区财政累计拨付经费1189.49万元，用于开展社区诊断、建设健康小屋、慢性病监测、健康教育等，为示范区建设工作提供保障。

6月28日，国家慢性病综合防控示范区建设技术评估组听取集美区慢性病防控示范区创建工作汇报。（冯立东 摄）

【宣传引导】集美区将宣传、教育、引导作为慢性病综合防控示范区创建的群众性工作，推动全民健身活动。拓宽慢性病防控宣传新渠道，依托“天下集美”“集美区卫计局”“集美疾控”微信公众号等平台，构建“互联网＋慢性病宣教”工作模式，运用集美动漫形象使者“阿集”“小美”制作《全民健康生活方式行动》《自助健康小屋》《分级诊疗》《家庭医生》《三师共管》等动漫短片，通过全区各个广场及交通要道LED广告屏集中播出，加大全方位宣传力度。开展全民健身活动，逐年举办“嘉庚杯”“敬贤杯”海峡两岸龙舟赛、集美荧光夜跑、全民健身周乒乓球男子团体赛、拔河比赛、气排球竞赛、区直机关运动会、趣味运动会等系列体育比赛活动；在全区倡导工间操、课间锻炼活动，388家机关、企事业单位每日组织职工做工间操20分钟，中小学坚持每天课间锻炼1小时制度。打造无烟环境，中小学校举办“拒吸第一支烟，做不吸烟新一代”

签名和“我爱无烟环境”手抄报比赛、征文征画比赛等控烟宣传活动，在全区开展“无吸烟学校”“无吸烟单位”“无吸烟医院”“无吸烟酒店”创建活动，公立医疗卫生机构全部禁烟，共创建“无吸烟单位”17家、“无烟医疗卫生机构”12家、“无吸烟学校”52家；开展全民健康生活方式推广活动，创建健康社区19家、健康食堂8家、健康餐厅8家、健康单位8家、健康学校8所。

【搭建防控平台】 集美区以搭建防控平台为抓手，推动慢性病综合防控示范区建设。以区疾控中心为技术核心，聘请专家成立慢性病防治技术指导组；以二级以上医院为支撑，各医疗卫生机构设慢性病防控专职人员；以村卫生所（社区卫生服务站）为基础，将防控工作延伸到村居和社区，构筑区、镇（街）、村（居）慢性病三级防控网。以满足群众就医需求为切入点，转变基层医疗卫生机构服务模式，建立基层首诊、急慢分治、上下联动的慢性病分级诊疗制度。基层医疗卫生机构建立“糖友网”“高友网”，推进家庭医生和“三师共管”慢性病签约服务。至2017年，完成家庭医生签约56901人，签约覆盖率23.46%。其中，普通人群签约40021人；高血压签约15321人，签约覆盖率41.99%；糖尿病签约6377人，签约覆盖率33.88%；65岁以上老年人签约11575人，签约覆盖率51.26%；总签约服务满意率91.67%。完善中医药基础设备设施建设，六家基层医疗卫生机构全部设置中医综合服务区，与厦门鹭燕海峡两岸药材贸易有限公司签订中药饮片品种供应、代煎、配送服务协议，中药饮片服务占比达到6.3%，满足群众对中医药的需求。集美街道社区卫生服务中心成为福建中医药大学附属康复医院医联体协作医院。推行医养结合养老模式，灌口爱欣老年公寓和集美爱欣老年公寓与基层医疗机构建立协作关系，为参加集中养老的老年人提供预防、医疗、保健、康复、健康教育等综合性医疗保健服务；推进居家养老服务，集美街道社区卫生服务中心与集美街道签订协议，街道筛选出80岁以上的老人102名，由社区卫生中心组织全科团队，为每个老人提供每月1～2次定期上门服务，定期监测相应指标。2016年，为80岁以上的老年人提供上门服务1564人次。实施“健康小屋”工程，投入600余万元，新建健康小屋44个，实现健康小屋村（居）全覆盖，全区63个村（居）居民在家门口即可享受免费的自助体检服务。

【夯实工作基础】 集美区各医疗卫生机构认真做好日常的慢病诊断、监测和随访工作，夯实慢性病综合防控示范区建设的工作基础。组织200余名工作人员进行社区慢病调查，抽取常住居民3300名，获得有效数据3297份。调查结果：各种慢病患病率，高血压18.65%，糖尿病4.37%，高胆固醇血症患病率8.55%，高脂血症患病率13.22%，高密度脂蛋白下降率2.37%，肥胖患病率8.95%。开展居民健康素养监测，以15岁以上的常住人口作为调查对象，共抽取600户，收回有效问卷593份。结果显示，2016年集美区居民健康素养水平为20.07%，其中男性健康素养水平为15.32%，女性健康素养水平为22.91%，女性高于男性；从年龄上看，30—39岁组健康素养水平最高，为27.14%；从文化程度上看，文化程度越高健康素养水平越高。开展死因监测。以辖区内医院、社区卫生服务中心（卫生院）为依托，收集慢性病基础资料。调查结果显示，2015年集美区死亡率为4.34‰，2016年死亡率4.29‰，同比下降0.05‰。前三位死因分别是恶性肿瘤、心脏病、脑血管病。落实肿瘤随访登记。依托厦门市医院信息系统，收集本辖区居民的肿瘤发病情况，2015年集美区户籍人口肿瘤报告发病率为202.34/10万。主要病种为肺癌、结直肠肛门癌、肝癌、乳腺癌、子宫颈癌、胃癌等。开展心脑血管事件报告。以辖区内医院、社区卫生服务中心（卫生院）为基础，开展心脑血管事件报告监测工作，建立信息数据库。2016年，集美区心脑血管事件报告发病率为646.93/10万。加强慢性病全程管理。加强慢性病高风险人群检出和管理，2016年高血压病人2.68万人，糖尿病1.19万人。全区50人以上每两年体检一次并开展健康指导的企事业单位覆盖率为60.20%。参与商业健康保险医疗救助3.38万人，总保费45.73万元。全面推进重点人群家庭医生签约服务工作，定期开展监测随访，为患者提供量体裁衣的个性化服务。　　（连真忠）

社区书院建设

【概况】 2017年，集美区新建社区书院17家，组建社区书院师资库。至年底，共有社区书院20家，师资库成员435人，开设课程1640门。发挥社区书院传播文化知识、协商民主共治、培育共同精神、孵化组织团队的作用，开展活动近3000场次，培育社区社团组织68个，受益群众逾8万人次。书院活动形成“理事会＋社工＋义工”模式，逐步规范化、常态化，成为有品质、有特色、有活力、有实效的居民精神文化阵地。

【书院机制建设】 2017年，集美区创新社区书院建设机制，将社区书院项目纳入政府购买服务范围，解决书院管理力量问题；出台《集美区社区书院管理办法（暂行）》，明晰参与社区书院建设各方职责，形成基层党政部门和社区“两委”指导、书院理事会管理、专业社工组织介入、社会力量支持、群众广泛参与的“理事会＋社工＋义工”的运作模式；建立社区书院服务评估体系，规范书院专业服务标准、服务质量标准、服务成效标准、

11月12日，凤山书院举办书法拜师礼。（冯立东 摄）

服务项目管理标准，采用听工作汇报、看档案资料、召开座谈会、征求群众意见等方式，开展社区书院服务情况检查评估；建立社区书院与居民需求对接制度，通过问卷调查、服务访谈、社区观察等方式，了解群众需求，增强社区书院服务的针对性和活力。

【书院资源共享】 2017年，集美区推进硬件资源共享，打造没有围墙的书院。利用社区文化活动中心、社区居委会多功能教室、绿色网吧，整合周边物业、商家、学校、老年活动中心等资源，构建“1+N+1”教学体系，摸索小书院惠及大社区的“宁海模式”。发挥区级指导中心作用，搭建社区书院交流互动平台，组建社区书院工作联络群，在集美诚毅志愿者联盟微信公众号开设社区书院专栏，交流社区书院工作方式方法。每季度举办一次社区书院沙龙，梳理工作情况，总结经验做法。通过业务培训、团建拓展、“头脑风暴”等多种方式，解决社区书院发展中碰到的难题。促进城市书院和农村书院牵手，实现各社区书院信息互通、资源共享、共同提升。

【书院特色培育】 2017年，集美区着力社区书院的特色建设，以“居民需求”为导向，科学设置“4+2+1+X”课程体系。各社区书院整合可利用资源，开展传统文化、社会主义核心价值观、家庭文化、民风习俗文化、自然科学知识的普及教育和读书活动，营造书香浓郁氛围。兑山社区书院举办“红色之旅”讲堂，整合社区红色文化资源，传承中国传统的红色文化。园博社区书院依托园博园，设置“绿色园博”公益讲堂；田头社区书院将农耕文明与书香文化相结合，开设“书香田头”讲堂，形成独特的田园文化，提升村民的生活品位。区指导中心举办社区书院成果展、社区书院风采巡礼、精品课程展示、活动成果实物及图片展、文艺晚会等系列活动，提供社区书院交流互动的机会，激发社工组织的积极性和主动性，提升社区书院的服务水平。

【书院志愿服务驿站建设】 2017年，集美区按照“一书院一驿站”要求，“以社工挖达人，达人带义工”形式，推进社区志愿服务驿站建设，挖掘达人363名，培育志愿者队伍22支。全区有社区书院志愿者组织28个，志愿者1507人，志愿服务时长6000余小时。金砖国家领导人厦门会晤期间，整合高校、讲师团和市、区两级师资力量，以“达人+社区志愿者”形式，推动居民学习礼仪、文明出行、清洁家园，以良好的东道主形象迎接金砖国家领导人厦门会晤，累计开展服务活动123场，参加服务11540余人次。（张倩莹）

“美丽厦门·人文集美”百日行动（第四批）

【概况】 2017年4月21日，集美区委办、区政府办印发文件，决定在全区开展“集美文明再提升”“加快产业落地”“三座大桥集美端绿化景观提升”“随班就读基地校特殊教育资源教室建设”“治安交通视频监控项目建设”“就业服务”6项“美丽厦门·人文集美”第四批百日行动，集中力量，在有限的时间内完成有限的工作量，通过“量变”推动“质变”，将人文集美战略落到实处。

【“加快产业落地”百日行动】 2017年3月底，集美区第四批“美丽厦门·人文集美”百日行动项目之一“加快产业落地”项目启动。本次百日行动策划产业项目19个，至6月30日，完成工作目标12个，其中挂牌项目1个、投建项目3个、完成预期目标项目4个、投产项目4个。完成工作目标的12个项目分别是：宏发先科项目完成预期挂牌工作目标，中马普洛斯冷链物流基地、北大青鸟星巢项目、罗普特科技自建项目顺利投建；宇信科技合同签订，项目落地；厦门王府井购物中心招商中心对外开放，主力店招商签约进行中；新沣奥特莱斯完成地块围挡；永兴东润通过总部企业认定。立林电控、嘉晟供应链一期、典泰新兴海峡物流园、莱顿小镇完成预期投产目标。未如期完成工作目标的项目7个，亦确定专人跟踪推进，争取早日完成工作目标。

【“三座大桥绿化景观提升”百日行动】厦门、集美、杏林三座大桥集美端绿化景观提升实施项目5个，其中厦门大桥3个，集美大桥和杏林大桥各1个，总绿化面积32万平方米，项目总造价1.06亿元。厦门大桥北堍集杏海堤道路北侧红线外绿化提升工程：面积2.83万平方米，为海堤上一带状绿地，位于园博苑南门西侧。2016年“莫兰蒂”台风后，该处乔木破坏严重。通过现有乔木的梳理和补植及中下层地被、灌木的彩化花化，营造疏密有致的立体绿化滨水景观带。厦门大桥北堍老火车站周边绿化景观提升工程和北引泵站周边绿化景观提升工程：面积13.5万平方米，通过对桥头荒地的清理、草皮和棕榈科植物组团式种植，打造厦门大桥南堍椰风海韵的亚热带滨海风情。集美大桥北端乐海路红线外两侧绿化提升工程：集美大桥北端收费站至诚毅学院入口广场，全线2.5千米，总面积5.82万平方米。乐海路红线外两侧属城市居住生活区，途经诚毅学院、孙厝村、国贸同悦、嘉庚体育馆、新华都和多个社区商业广场等重要节点。此次景观提升，从现状出发，充分考虑道路空间的美观以及与周围景观的协调性，将乐海路建设成为集美可观可赏的城市景观主干道。杏林大桥北堍桥下片区地块临时环境整治工程：项目面积9.5万平方米，包括绿化面积4.5万平方米，新建停车场5800平方米，设置停车位380个（小车位364个、大巴车位16个），建自行车慢行车道3400平方米、沥青道路9955平方米、驳岸整治铺沙和鹅卵石3.2万平方米。3月，区建设局牵头组织代建、设计、测绘等单位进行实地考察和现场测绘，编制施工方案和施工图；4月上旬，确定投资计划，开展招标工作，办理前期手续。4月16日，开始施工。其间，区建设局加强督查，对施工中存在的问题及时整改，严格把控景观绿化提升的效果。至5月底，5个项目全部竣工。6月，绿化苗木进入管养期，安排专人进行管护。通过百日行动的整治，3个桥头的面貌焕然一新，原来土头垃圾遍地、环境脏乱的桥头变成绿意盎然的街头绿地。

【“特殊教育资源教室建设”百日行动】2017年，集美区贯彻厦门市教育局、厦门市财政局《关于加强普通学校特殊教育资源教室建设的通知》精神，将“随班就读基地校特殊教育资源教室建设”作为第四批“美丽厦门·人文集美”百日行动之一，以加快推进普通学校特殊学生随班就读工作，提升全区特殊教育工作水平，促进义务教育向优质均衡发展。4月，区教育局对全区特殊教育情况进行调研，选定集美小学、后溪中心小学、杏滨小学、侨英小学、杏南中学五校为特殊学生随班就读基地校，分别建立特殊教育资源教室。各基地校对照《普通学校特殊教育资源教室建设指南》，制订工作方案，科学规划，统筹安排，合理布局和实施。至9月1日，五间特教资源教室全部建成投用，特殊教育设备、学习用具配置齐全，共投入硬件设施设备经费98.1万元。在特教资源教室建设的同时，区教育局组织特教资源教室基地校成员25人，到海沧区就特教资源教室建设、特教活动开展、特殊教育与普通教育的融合进行考察和调研。5月，委托市委党校举办集美区特殊教育骨干教师研修班，特殊学生随班就读学校骨干教师、特教资源教室分管领导和指导教师、特殊教育学校校长和骨干教师、区特殊教育资源与指导中心教师63人，围绕特教资源教室的运作和管理、普通学校特殊教育学生的融合教育等进行学习和研修。并通过政府购买服务方式，为每间特殊教育资源教室配备专职教师1名。

【“治安交通视频监控项目建设”百日行动】2017年，区委、区政府将“治安交通视频监控项目建设”列入“美丽厦门·人文集美”第四批百日行动计划，通过百日建设，实现高清视频监控网覆盖至主要路口、街道、人口密集处，提高集美区视频监控数量及质量；将全区所有财政投融资建设的监控摄像头整合在同一个管理平台上，实现资源共享使用。根据公安部“雪亮工程”的建设标准和实战需要，全区需新增视频监控1800路。区政法委、区公安局和区视频办精心制订方案，积极推进“雪亮工程”。至8月9日，实际完成2298路视频监控的建设和安装调试任务。其中，集美片区44路、杏林片区81路、侨英片区340路、杏滨片区16路、灌口片区147路、后溪片区36路、新城片区143路、治安交通视频监控1281路、安保路线视频监控210路；区财政投资的1636路，镇（街）级财政投资的662路，前者覆盖辖区主要道路和重点部位，后者覆盖社区（村）道路、学校周边、铁路沿线等。至此，集美区治安交通视频监控项目实现一类（国道、省道交叉点等及区际边界）、二类（城区内道路交叉点、过街天桥、地下通道等）及三类（各村居、小区等出入口）道路的管控覆盖，并接入到市、区视频综合管理平台，实现各级部门的资源共享使用，可为综合治理、城市管理、指挥调度、调查取证、应急处置、交通管理等多种实战应用提供及时、可靠的视频图像信息和分析，服务于实战，治安技防能力和智慧城市管理能力进一步提升。

【“就业服务”百日行动】2017年4—7月，集美区人劳局开展“就业服务百日行动”。建立“一人一企”挂钩制度，安排专人负责挂钩企业，做好重点用工企业月报表汇总及分析工作，及时掌握企业用工、人才需求变化；建立“一企一场”招聘制度，为缺工企业定制专场招聘会，缓解企业用工难；建立“一企一议”帮扶制度，根据企业的用工数量、需求结构、员工待遇

11 月 29 日，银亭社区志愿者在居民楼清理楼道乱张贴的广告。（冯立东 摄）

等情况，为企业“量身打造”用工建议书，实现对企业发展的精准帮扶。活动期间，共组织召开各类招聘会 38 场，组织 400 余家（次）企业参与现场招聘活动，发放各类宣传资料 6000 份，发布招聘信息 36 万条，服务各类劳动者 1 万余人，提供就业岗位逾 1 万个次。依托人力资源协会，举办“金蓝领”培训 3 期，共有 99 家（次）企业的 137 名中高层和基层管理人员参加学习；邀请专家举办“HR 训练营”公益讲座，吸引 20 家企业的 36 人到场听讲；督促未进行就业失业登记企业开展登记工作，合力排查隐患纠纷。至 8 月 6 日，完成登记 4783 家，完成登记 49467 人，完成率 83.83%。全区未开展就业登记或就业登记欠完善企业由 8109 家降至 3326 家，未办理就业登记人数由原来的 59026 人下降至 9559 人。坚持走出去引进来，开辟省外招聘线路，与云南会泽、巧家、楚雄 3 家人社部门签订《劳务交流合作协议书》，组织 3 批次 21 家（次）企业赴异地招聘，跨省招收员工近千人。同时，落实企业外出招聘费用补助政策，3 个月累计给 23 家次企业招聘补贴 6.99 万元。与云南楚雄技师学院签订“技能人才培养引进合作协议书”，探索设立“企业冠名班”，为企业培养高素质实用型技能人才；在云南曲靖市、临夏和政县设立劳务合作基地，建立楚雄州人力资源和社会保障局驻集美区农村劳动力转移就业劳务工作站，逐步形成稳定的人才输转机制，更好地服务企业，促进劳动力转移就业。

【“集美文明再提升”百日行动】 2017 年 3 月 24 日，“集美文明再提升，大家一起再努力”百日行动工作小组成立，并召开第一次会议，策划行动目标和方案，决定以“做有精神讲文明的新集美人”为主题，在全区开展嘉庚精神大宣讲活动。在区委讲师团的基础上，遴选 11 名讲师组建宣讲团，开展“建设人文集美，添彩金砖会晤”“学习嘉庚精神，争做集美新人”和“当代家庭美德建设的意义”等主题宣讲活动 67 场；新建社区书院 16 家，采用政府购买服务、由专业社工机构负责日常运营的模式，实现书院运作常态化、规范化；创新“以奖代补”模式，以协会组织推动社区文体活动，组织 63 个社区开展乒乓球、气排球、足球等比赛活动，共有 4000 余人次参加比赛。开展集源路文明示范街创建工作。在硬件设施建设上，拆除集源路违建 200 余平方米，建成街头绿地；拆除一段空置围墙，建成集源路与石鼓路口街心小花园；在集源路、石鼓路口安装高清自动抓拍电子设备，处罚违章停车 8496 起；设置摩托车待行区，提升路口通行率；美化集源路夜景，京闽北海湾酒店夜景提升工程成为全市重点城区夜景工程之一。在软件建设上，建成集源路志愿服务驿站，有志愿者 83 人，先后开展垃圾分类、便民服务、“门前三包”和礼让斑马线等志愿服务活动；成立集源路商家自治协会和集源路商家文明示范街创建办公室，组织集源路 134 户商家召开文明创建会议，推动商家自律自治；开展“诚信商家”星级评选活动，评选出工商银行、麦当劳等 10 家第一批“五星级”示范单位；组建“门前三包”综合工作组，与沿街 134 户商家签订“门前三包”承诺书，出动巡查人员 250 人次，纠正不落实行为 130 起；拆除户外违章搭建广告 12 块 242 平方米，整治提升户外广告 116 处；银亭、盛光社区组织开展集源路文明劝导活动 11 场，参与人数 500 余人次。

（区委办）

中共厦门市集美区委员会

重要会议

【区委八届全体会议】2017年，中共集美区八届区委共召开7次全体会议。①1月6日，区委召开八届五次全体会议。区委委员、区委候补委员参加会议，区纪委委员，区各套班子领导，区法院院长，区检察院检察长，区级离退休老干部，各镇街、文教区管委会、台商投资区管委会，区直部、委、办、局，区人大、政协各委、办、室，人民团体、区属企业、农林场主要领导，各民主党派负责人，部分省部属、市属单位、高校院所及金融机构领导列席会议，区委书记李钦辉主持会议。书面传达党的十八届六中全会、中央经济工作会议及省、市相关会议精神，书面报告2016年区委常委会工作，区委副书记、区长何东宁部署2017年经济工作，区委书记李钦辉讲话。②1月10日，区委召开八届六次全体会议。区委委员、区委候补委员参加会议，区委书记李钦辉主持会议。会议讨论通过省、市出席党的十九大代表候选人初步人选推荐名单。③2月7日，区委召开八届七次全体会议。区委委员、区委候补委员参加会议，区委书记李钦辉主持会议。会议对七名正处级领导干部进行票决。④6月2日，区委召开八届八次全体会议。区委委员、区委候补委员参加会议，区委书记李钦辉主持会议。会议对四名正处级领导干部进行票决，对镇街党（工）委书记进行岗位轮换。⑤8月17日，区委召开八届九次全体会议。区委委员、区委候补委员参加会议，区纪委委员，区各套班子领导，区法院院长，区检察院检察长，区级离退休老干部，各镇街、文教区管委会、台商投资区管委会，区直部、委、办、局，区人大、政协各委、办、室，人民团体、区属企业、农林场主要领导，各民主党派负责人，部分省部属、市属单位、高校院所、医疗部门及金融机构领导，全区副处级以上干部，集美区出席市第十二次党代会和区第八次党代会代表中的部分基层同志列席会议，区委书记李钦辉主持会议。书面传达省委十届三次全会和市委十二届五次全会精神，审议通过《中共集美区委关于加快补齐民生短板，确保全面建成小康社会的决定》和《中共集美区委八届九次全体会议决议》。⑥11月28日，区委召开八届十次全体会议。区委委员、区委候补委员参加会议，区纪委委员，区各套班子领导，区法院院长，区检察院检察长，区级离退休老干部，各镇街、文教区管委会、台商投资区管委会，区直部、委、办、局，区人大、政协各委、办、室，人民团体、区属企业、农林场主要领导，各民主党派负责人，部分省部属、市属单位、高校院所及金融机构领导，全区副处级以上干部，各村居书记，集美区出席市第十二次党代会和区第八次党代会代表中的部分基层同志列席会议，区委书记李钦辉主持会议。区委常委会向全会报告一年来的工作，会议审议通过《中共集美区委八届十次全体会议决议》。⑦12月9日，区委召开八届十一次全体会议。区委委员、区委候补委员参加会议，区委书记李钦辉主持会议。会议对一名正处级领导干部进行票决。

【全区领导干部会议】2017年，区委共召开2次全区领导干部会议。3月21日，区委召开全区领导干部会议，民主推荐副区长人选。区委委员、候补委员，区各套班子领导，区法院院长，检察院检察长，公安分局局长，换届后退出本级正职领导职务的老干部，各镇街党政主要领导参加会议。6月18日，区委召开全区领导干部会议，民主推荐交流提任到国企担任纪委书记的人选。区委委员、候补委员，区各套班子领导，区法院院长，区检察院检察长，换届后退出本级正职领导职务的老干部，各镇街党政主要领导，区纪委常委、组织部副部长参加会议。

（李婧）

执政决策

【全面从严治党主体责任专项检查】2017年3月，中共集美区委印发《关于开展2016年度全面从严治党主体责任落实情况检查的通知》，由区委常委、区政府副区长带队，抽调相关部门人员，组成10个检查小组，对14个区委直属党组织2016年度全面从严治党主体责任落实情况进行实地检查，汇总“问题清单”，对被检查单位班子成员开展集体约谈。检查工作从3月下旬开始，4月上旬结束，移交“问题清单”和“问责建议”，涉及问题178个，其中列入问责范围的27个，对问题突出的党组织负责人进行整改约谈19人次。8月，各检查小组对被检查单位“问题清单”的整改和“问责建议”的落实情况进行“回头看”，并将检查结果作为履职监督、干部考核和绩效考评的重要参考依据。至年底，2016年省、市、区主体责任检查“问题清单”

全部整改结束。

【全面实行河长制】2017年3月17日，区委、区政府执行中央、省、市部署，出台《集美区全面推行河长制实施方案》。《方案》规定：区设总河长1名、副总河长2名，分别由区政府主要领导和分管领导担任；在后溪、深青溪、瑶山溪流域各设河长1名，由副总河长兼任；后溪镇、灌口镇、杏滨街道分别设立镇（街）级河长，由政府主要领导担任；各镇（街）根据辖区内河道数量、大小和任务轻重等情况，招募设置河道专管员；区、镇（街）二级设置河长制办公室。实行党政同责，构建组织体系，明确工作责任，加强部门联动，将流域作为管理单元，统筹上下游左右岸，提高综合治理成效。实行“一河一策”，建立健全长效机制，按照“谁主管、谁负责”的要求，协调各方力量，落实属地责任。区对镇（街）、镇（街）对村（居）要层层签订河道管理保护工作责任书，把每条河流、每个河段的管理责任落实到河（段）长，形成一级抓一级、层层抓落实的责任体系。《方案》要求：①加强水资源保护。落实最严格水资源管理制度，强化水资源开发利用控制、用水效率控制、水功能区限制纳污三条红线的刚性约束，实行水资源消耗总量和强度双控行动，严格水功能区管理监督，控制排污总量和污染项目审批，落实取水许可和水资源有偿使用等制度。2017年，全区用水总量控制在1.20亿立方米以内，万元工业增加值用水量下降到12.42立方米以下。到2020年，全区用水总量控制在1.40亿立方米以内；农田灌溉水有效系数提高到0.56以上；万元工业增加值用水量下降到11.23立方米以下，工业用水重复利用率提高到70%以上，其中规模以上工业企业达到85%；公共供水管网漏损率控制在12%以内，保持国家节水型城市称号；全区水功能区水质达标率提高到87%以上。②加强水污染防治。落实《水污染防治行动计划》，实行水陆统筹，强化联防联控，加强综合治理和入河污染源排查，主要流域上游区域严控新建、扩建水污染物排放量大或排放有毒有害污染物的项目，取缔不符合产业政策、严重污染水环境的“十小”企业，改善水生态环境质量。到2020年，主要农作物化肥、农药使用量实现零增长，化肥、农药利用率均达到40%以上；城市建成区污水处理率达到90%以上。③加强水环境治理。建立健全水环境风险评估排查、预警预报与响应机制；加强黑臭水体治理、生活污水垃圾处理、饮用水水源保护区内违法建筑和排污口清理，开展饮用水源规范化建设。到2020年，全区流域水质达到或优于Ⅲ类的比例总体达到90%以上，区级以上集中式饮用水水源水质达到或优于Ⅲ类比例总体高于95%，主要湖泊水库水质达标率总体达到60%以上；全区建成区黑臭水体控制在10%以内，地下水质量极差的比例控制在10%以内；所有乡镇镇区生活污水处理设施实现全覆盖，行政村（居）生活垃圾治理常态机制基本建立，70%以上行政村（居）生活污水得到有效治理。④加强水生态修复。强化山水林田湖系统治理，加强水源涵养林和湿地公园建设。到2020年，集中式饮用水水源地全部实现水质自动监测；全区建成安全生态水系49千米，水土流失率控制在8%以内，森林覆盖率达到38.15%，完成海绵城市建设面积25.30平方千米。⑤河道养护实现全覆盖。按照“政府组织、市场运作、合同管理”模式，建立河道养护长效机制。以“四无”为标准，通过政府购买社会化服务，专业承担河道保洁养护，实现河道养护全覆盖，全区河道保洁率在95%以上，河道保洁工作基本实现“四有”。

2017年，集美区全面推行河长制。图为后溪镇河长公示牌（王坚峰 摄）

【加快补齐民生短板】2017年8月，区委八届九次全会通过《关于加快补齐民生短板，确保全面建成小康社会的决定》，并出台6份配套文件，计划总投资716亿元以上，围绕百姓需求最迫切的教育、医疗卫生、养老、住房、交通、城乡民生基础设施等领域，进行“补短板”。①补齐教育发展短板，实现学有优教。到2020年，建设幼儿园项目18个，新增幼儿园学位6210个，适龄幼儿毛入园率98%以上；建设义务教育项目20个，新增小学学位15840个、初中学位10200个，义务教育巩固率稳定在99.9%以上；建设高中教育项目1个，新增高中学位3000个，高中阶段教育毛入学率达到100%，80%以上的普通高中学生在省一级达标高中就读。职业学校毕业生“双证书”获得率90%以上。②补齐卫生医疗发展短板，实现病有良医。重点推进集美新城医院建设，支持厦门大学附属第一医院杏林分院做大做强，推动灌口镇中心卫生院提升为二级医院，启动区妇幼保健院住院部建设。到2020年，实现每万人口拥有全科医生4名，千人医疗床位6张，社会资本办医机构开放床位数和服务量占比25%以上，基层医疗卫生机构诊疗量占比比2015年提高10个百分点以上。实现家庭医生签约服务全覆盖。全区居民健康档案电子建档率达到90%以上，中医药健康管理目标人群覆盖率达到60%，孕产妇死亡率控制在12/10万人以下，婴儿死亡率控制在5‰以下。③补齐养老服务发展短板，实现老有颐养。到2020年，新增养老机构3所，新增床位1000张，总数达到1500张，完成六个镇（街）老年人日间照料中心建设，日间照料床位达到180张，每千名老人养老床位达到40张，所有养老机构能够以不同形式为入住老年人提供医疗卫生服务。④补齐住房保障发展短板，实现住有所居。健全以市场为主满足多层次需求、以政府为主提供基本保障的住房供应体系，逐步建立租售并举的保障性住房供给体系，有效解决本区居民和城镇稳定就业的外来务工人员的住房需求。到2020年，配合建设各类保障性住房2万套以上，保障性安居工程覆盖面超过25%。⑤补齐交通基础设施发展短板，实现便捷出行。到2020年，城市建成区平均路网密度达到8千米/每平方千米，道路面积率达到15%，建成辖区“两环八射”快速路网，基本形成区域“环射线为骨干、六横六纵”的路网体系。开工建设公交专用道5千米，建成软件园三期等3座交通枢纽和深青工业组团等3座首末站，新改建公交港湾式站点30座以上。新增公共停车泊位8000个以上。⑥补齐民生服务保障发展短板，实现宜居便民。2017年底前基本淘汰黄标车，2018年底前完成瑶山溪、深青溪及后溪三大流域综合整治，实现农村分散式生活污水治理常态化运行。到2020年，新增环卫公厕110座，基本达到每万人3～4座公厕的标准；供水管网漏损率控制在10%以内，管道燃气占燃气使用比例达到60%，城镇供水保证率达到95%以上。城市建成区绿化覆盖率达45%以上，20%面积达到海绵城市建设目标。全区流域水质达到或优于Ⅲ类的比例达到90%以上，饮用水源水质达到考核要求。人均体育场地面积达到2.3平方米。计划到2020年，建立与经济社会发展水平相适应、基本满足人民群众合理预期、水平和质量明显提升的公共服务体系，民生保障水平持续提升，实现“学有优教、病有良医、老有颐养、生态宜居”，教育、医疗卫生、养老、住房、交通、城乡民生基础设施等主要指标总体超过东部地区平均水平。（林起沼）

2017年，集美区补齐教育领域短板，新增幼儿园学位6210个。图为中科院集美诚毅幼儿园揭牌（冯立东 摄）

重要活动

【党的十九大精神学习活动】 2017年10月党的十九大召开期间，区委组织广大党员和干部群众集中收听收看会议实况直播，随后印发《关于认真学习宣传贯彻党的十九大精神的通知》，部署在全区开展学习宣传贯彻习近平新时代中国特色社会主义思想和党的十九大精神活动。区委理论学习中心组组织中心组成员集中学习党的十九大有关文件18次；区领导深入机关事业单位、企业、社区、农村，举行宣讲党的十九大精神报告会、座谈会20余场；区委、区政府及宣传部门组建十九大精神宣讲团1个、理论轻骑兵小分队4支，到机关、企业、社区、学校、军营开展宣讲活动35场，在社区书院开设学习宣传贯彻十九大精神专题课程；《集美报》、集美广播电视台开设“新时代、新征程——认真学习贯彻党的十九大精神”“奋力开创新时代‘五大发展’示范区建设新局面——深入学习宣传贯彻党的十九大精神”“喜迎十九大系列报道”等专版、专栏、专题，刊发报道140余篇（条）；“天下集美”公众号和人文集美APP推送发布十九大主题报道80余篇；文化部门组建戏曲宣传队，举办“新时代·新征程·新集美”——集美区十九大精神戏曲宣传活动8场，推出答嘴鼓《感恩》、荷叶说唱《新时代的航向》等文艺作品；组织创作的6集主题动漫小视频《阿集小美说“十九大”》，在省委宣传部主办的主题征集评选活动中获主题融媒体作品二等奖；举办“新时代·正青春”集美学村微电影主题创作大赛，记录辖区高校师生学习与践行党的十九大精神的生动画面；结合学习宣传党的十九大精神，组织全区41家单位开展“三下乡”活动，推动精准扶贫、惠农惠民，营造全社会学习宣传贯彻党的十九大精神的浓厚社会氛围。

【厦门会晤保障】 2017年9月3—5日，第九次金砖国家领导人会晤在厦门举行。集美区委多次召开常委会议、专题会议，研究部署厦门会晤的服务保障工作，要求全区上下动员，以最高的标准、最实的举措、最严的作风和最佳的效果，全力做好各项筹备和服务保障工作。强化安保维稳工作。开展“一标四实”信息的采集录入，其中标准地址、实有房屋访查登记率100%，实有人口核实率99.91%，基本达到“三清”要求；落实问题隐患清零，对排查梳理出的9类32项2869个治安要素，全部挂图作业、挂项销单，按时完成；坚持高压严打，开展打击“盗抢骗”“打黑恶、缉枪爆”“飓风肃毒2017”专项行动和治安、交通、消防隐患专项整治，全年刑事警情比上年下降逾40%；推进群防群治队伍建设，全区群防群治队伍在线注册9.02万人；做好信访维稳工作，筹备期间接待来访群众273批1699人次，区联席办交办14批687人次；梳理涉稳重点人员82名，落实信访重点人员稳控措施，厦门会晤期间，辖区无进京非访、集体访，无到省、市集体访。抓好环境整治提升。自2016年11月起，按照市委、市政府提出的“景观绿化优化提升、市政设施优质完善、市容环境优美有序”的总体目标，启动“六线六片”景观整治提升工作，共生成立面整治项目22个、绿化重建提升项目44个、工地整治项目92个。对田集连接线、324国道沿线、3座跨海大桥桥头片区、厦门北站和集美学村等门户地带，突出实行嘉庚建筑风格提升改造，彰显地域特色；融合重要线路、重点区域和节点（特别是进岛门户）的环境特点，按照“突出特色、一街一景”进行城市绿化和园林景观塑造；以“嘉庚文化”“嘉庚精神”为设计核心，打造和谐、统一、富有人文集美特色的夜景；借势借力攻坚克难，加大辖区“两违”整治力度，拆除违建2617起，面积97.40万平方米。深化文明城市创建和志愿服务工作。依托社区书院平台，围绕厦门会晤开展主题活动123场，服务1.15万余人次；培育“人文集美、相约会晤”社区志愿服务队伍13支，人数400余人；组织社区志愿者开展“助力金砖”文明礼仪、服务技能提升培训活动60余场次，培训4316人次，在全区营造当好厦门会晤东道主的良好氛围。（林骏斌）

纪检监察

【概况】 2017年，集美区稳步推进纪检监察体制改革，区纪委成立6个综合派驻纪检组，实现对全区59家单位的监督全覆盖。12月29日，集美区监察委员会挂牌成立。是年，区纪委监察局聚焦主责主业，运用“四种形态”管理党员和干部队伍，持之以恒纠正“四风”，强力惩治腐败现象。全年审结案件50件，其中违反政治纪律1件、组织纪律3件，违反中央“八项规定”精神和廉洁纪律15件，违反群众纪律1件，违反工作纪律3件，违反国家法律法规28件；立案查处49人，其中科处级干部7人，涉嫌违法犯罪移送司法机关处理2人，给予行政记过处分1人，党内警告11人，党内严重警告5人，撤销党内职务3人，留党察看一年1人，开除党籍17人。

【监察体制改革】 2017年9月18日，区委出台《关于纪检监察机构综合派驻改革的意见》。9月28日，召开区纪委综合派驻机构成立大会，成立6个综合派驻纪检组，实现对全区59家单位的监督全覆盖。11月28日，区委成立集美区深化国家监察体制改革试点工作小组，区委书记李钦辉任组长。同日，召开工作小组第一次会议，研究制订《集美区深化国家监察体制改革试点工作实施方案》。12月19日，举行监察体制改革转隶人员交接仪式，区检察院反贪、反渎和预防职务犯罪三个部门共12名干部整体转隶至区监察委员会。12月28日，区十二届人大二次会议选举区委常委、区纪委书记刘琦龙为集美区首届监察委员会主任。区人大常委会第十五次会议根据刘琦龙主任提名，任命张树国、陈艺松为副主任，林建爱、黄大阳、康文锦、黄毓凯为委员。12月29日，集美区监察委员会挂牌，区委书记李钦辉和区委常委、区纪委书记、区监委主任刘琦龙共同揭牌。

【纪检监察队伍建设】 2017年，区纪委监察局推进机关“两学一做”学习教育常态化制度化，建立“一训”（每年至少组织一次培训）“两考”（两次党规党纪知识测试）“三个全员参与”（系统干部全员参与跟班学习、全员参与办信办案、全员参与巡察）制度，增强干部政治理论和业务水平。加强保密纪律和审查纪律教育，规范工作制度，强化内部监管。坚决治理“灯下黑”，严肃处理履责不力、慵懒散漫、执纪违纪的纪检监察干部，约谈纪检干部6名，调整镇纪委书记和街道纪工委副书记岗位各1名。

【推动责任落实】2017 年，区纪委监察局落实市对区责任制检查问题清单整改工作，组织对区直属党组织主体责任落实情况进行专项检查，完善全面从严治党主体责任全程纪实制度。牵头成立“莫兰蒂”台风灾后重建资金专项调查小组，实地调查灾后重建资金使用情况，对贯彻落实灾后救助决策部署不力的 2 个党组织和 13 名领导干部予以问责、全区通报，并作为绩效考评及评先评优的重要指标。全年共对 3 个党组织和 24 名领导干部（其中处级干部 20 名）进行问责追责。

【运用“四种形态”】2017 年，区纪委监察局实行区管干部问题线索“大起底”，建立区管在职干部廉政档案，同时探索建立镇街、区直部门政治生态建设档案，摸清全区政治生态情况。出台《关于进一步规范谈话函询工作相关问题的通知》，督促、指导全区纪检监察机关运用“四种形态”处理党员干部 231 人次。其中，运用第一种、第二种形态处理 211 人次，占 91.3%；第三种、第四种形态处理 20 人次，占 8.7%，实现由“惩治极少数”向“管住大多数”转变。规范党风廉政意见回复工作，协助区委把好干部选拔任用、评先评优“入口关”。丰富廉政教育形式，建立“集清扬美”微信公众号，开发“阿集小美说廉洁”廉政表情包，挖掘和宣传本土家规家训，组织旁听灌口生猪退养整治贪腐窝案审判，加强警示教育，营造崇廉尚廉的清风正气。

【“1+X”专项督查】2017 年，区纪委持续开展“1+X”专项督查，紧盯重要节点，抓住关键环节，持之以恒落实中央“八项规定”精神。建立精准监督助推精准帮扶工作制度，加强对农业基础设施建设项目资金、民办学校义务教育补助款、农村小额工程建设资金等六个领域的监督检查，严查侵害群众利益的不正之风。开展国企职务消费、社区“一桌餐”、违规公款

12 月 29 日，集美区监察委员会挂牌。（林志杰 摄）

购买消费白酒专项整治，严肃查处顶风违纪和“四风”隐形变异问题。开展民俗活动大操大办专项治理，推动移风易俗工作深入开展。全年共开展各类检查 86 次，查处违反中央“八项规定”精神问题 15 起，处理 27 人，给予党政纪处分 7 人，通报 9 起 20 人，督促问题整改 57 个。

【腐败案件查处】2017 年，区纪委监察局规范信访举报工作，完善实名举报反馈制度，开展暂存信访件“起底清仓”，共受理信访举报 367 件，其中检控类 190 件、转立案 9 件、查实办结 27 件，查实率 27.84%。制订《集美区纪检监察机关问题线索管理办法》，规范问题线索管理。突出审查重点，整治侵害群众利益的腐败问题。查处某单位原党委委员黄某利用负责工程项目的职务便利，收受他人贿赂的严重违纪事实，在移送司法前完成纪律处分，成为全市首例。采取“全方位公开初核、多组同时约谈、内审外调同步开展”方式，对某公司违纪问题进行审查，24 小时内突破案件，12 天全部办结，成为快查快办、快进快出的典型案例。加强执纪审查安全管理，完善谈话室建设，健全执纪审查制度，筑牢安全底线。全年立案查处 49 人，其中科处级干部 7 人，涉嫌违法犯罪移送司法机关处理 2 人，给予行政记过处分 1 人，党内警告 11 人，党内严重警告 5 人，撤销党内职务 3 人，留党察看一年 1 人，开除党籍 17 人。镇街自办案件 19 件，在全市各区中率先实现镇街自办案件 100% 的目标。

【区委巡察工作】2017 年，区纪委监察局协助区委制订巡察工作五年规划，建立健全工作制度，深化政治巡察，突出检查区委全会、“效率提升年”活动等重大决策部署落实情况。先后开展四轮六批次常规巡察单位 20 个，在全市率先开展涉农资金和帮扶资金专项巡察。运用“大数据”比对方式开展帮扶资金专项巡察的经验做法，在全省巡察干部培训班上作经验交流。全年巡察共发现问题 155 个，移交问题线索 74 件，立案 17 件，党政纪处分 10 人。全区自办案件中，超过 50% 的问题线索来自巡察。（区纪委）

组织工作

【概况】2017 年，集美区共有基层党组织 1150 个，其中党委 54 个、党总

支41个、党支部1055个。在基层党委中，5个机关党委、1个事业单位党委、2个镇党委、16个村党委、20个社区党委、2个国有企业党委、5个非公企业党委、2个离退休党委及1个其他党委；区委派出的党工委7个，其中机关工委3个，街道党工委4个。全区共有党员15096人，预备党员314人，其中女党员6066人，占党员总数的40.18%；少数民族党员135人，占党员总数的0.89%；35岁及以下的党员6022人，36～45岁3494人，46～55岁2387人，56～60岁605人，61岁及以上2588人；研究生541人，大学本科6205人，大学专科2939人，中专1197人，高中、中技1408人，初中及以下2806人。

【“两学一做”学习教育】 2017年，集美区继续开展“两学一做”学习教育，推进“两学一做”学习教育常态化、制度化。组建精神宣讲团、戏曲宣传团、十九大理论宣讲轻骑兵小分队等6个，开展“陈嘉庚的中国梦”“十九大精神@你我他”宣讲活动，创作并播发《阿集小美漫说十九大精神》动漫视频、“喜迎十九大”闽南语歌曲，利用官方微信推出“学习十九大之映像党务”，组织各级党组织开展学习党的十九大精神和廖俊波先进事迹主题讨论8000余次。以做践学，开展“一迎双争”主题实践活动，发动全区党员签订“先锋承诺清单”，发挥带头带动作用。通过建立微信群等平台，组建党员人才专业服务团队29个、党员志愿者队伍153支，参与党员2000多人。党员李秀卿入选“福建好人榜”，陈清洲入选《八闽党旗红“两学一做”先进典型专辑》，并获评全省“群众身边好党员”。制订2017年基层党建工作“正面清单”和“负面清单”（试行），逐一量化考评，推动责任落实。成立基层党建督导组3个，深入基层督导200余次，覆盖党组织800多个。

【基层组织建设】 2017年，集美区加强党的组织建设。①农村党建。继续推进党建富民强村工程，有5个集体经济薄弱村和3个集体经济基础村“摘帽晋级”。②城市基层党建。聚焦党建引领基层治理，建立“四共”互联互动机制，将打造街道、社区党建示范点列为街道、社区党组织的“书记项目”，以区域化共建为主题，按照“九个一”标准，创建明星街道、社区9个，园博社区、创业大厦入选省、市城市基层党建工作经验交流座谈会参观考察点，15个党建微故事被全省城市基层党建工作经验交流座谈会选编推广。全区3000多名机关事业单位在职党员干部到挂钩联系社区、小区报到，报到党员根据自身技能特长组建“金牌服务”团队29支，开展金牌服务200余次，集美街道开展“金牌服务”创建活动的经验在《福建日报》刊发。③支部规范化建设。开展“党支部基本建设年”活动，打造“样板支部”27个，组织拍摄“党建微电影”27部，此做法在省学习教育《情况通报》《福建支部生活》刊载推广，发展党员微电影《小滨入党记》得到省调研督查组的肯定。组织基层党（工）委认领“建章立制”项目14个，完善细化党内制度体系。完善组织设置，升格党组织61个，新划分党小组681个。④党员教育管理。严把发展党员质量关，每季度开展发展党员征信工作，优化党员结构，全年发展党员245人。从严从实抓好“三会一课”，利用“厦门党建e家”过线上组织生活，开展党员培训200余场次，培训党员4000余人次。发挥党员示范带动作用，在全区掀起学习廖俊波、陈清洲的热潮，组建“最美党员”宣讲团，深入基层宣讲30余场，覆盖党员6000余人。

【干部教育培训】 2017年，集美区采取集中轮训和专题辅导等形式，大规模培训干部，教育引导党员、干部补足精神之“钙”。抓好全区党员干部集中轮训，选派年轻干部和一线表现较好的干部参加培训，参加春、秋季主体培训班科处级干部83名，参加省、市调训和各类专项培训36批116人次，参加千人学堂专题讲座7批213人次，不断提升干部综合素质和能力。

【干部选拔任用】 2017年，集美区严格选拔任用干部标准和程序，从严把好选人用人关，全年提出干部调配建议24批534人次，提任处级干部28人、科级干部74人；接收新考录公务员4人、选调（聘）生15人、团职以上军转干部8人。突出面向一线、注重实绩的用人导向，从镇、街提拔干部64人，其中处级干部15人。根据镇街、征拆指挥部用人需求，选派处、科级干部24人，到镇街、征拆指挥部挂职锻炼，其中16人任镇长（主任）助理，参与班子分工，承担征拆项目。推进干部交流轮岗，安排区直部门间交流任职科、处级干部15名，区直部门与镇街之间交流任职科、处级干部8名。

【人事制度改革】 2017年，集美区坚持“同型接轨”，突出镇街、区直部门不同类别、不同层次干部的特点，设置各有侧重、各具特色的考核指标，完善2016年各镇街和区直部门领导班子的差异化考核和2017年考评方案。出台《集美区一线考察干部办法》，组建7个考察小组，采用列席会议、材料分析、实地走访、交流访谈等形式，对征地拆迁和市容市貌整治工作开展专题考察，走访单位20余个，访谈200余人，掌握表现突出和表现较差干部情况，调整工作不胜任、表现不佳的处、科级干部转任非领导职务5人。

【年轻干部培养】 2017年，集美区建立年轻干部导师制，组织区建设局、商务局、经信局等部门新考录的公务员、选调生12名，选聘区发改局、文体局、集美街道等部门专业能力较强的处级干部组建导师团，分设交通、空间、产业3个项目小组，采取实地调查、专题会、“无领导小组讨论”调研模式，开展实地走访30余次，形成调研报告、项目策划方案20余份。此做法被《中国组织人事报》《八闽快讯》等媒体报道。建立年轻干部培养台账，对接年轻干部导师制、谈心谈话、一线锻炼培养等机制，将在专题项目实施中表现突出的新进干部、35岁以下科级干部纳入跟踪培养对象，定期了解、分析、研判培养对象的工作实绩、思想动态、发展方向并记录在册，实行动态管理。

【干部管理监督】2017年，集美区严格执行领导干部个人有关事项报告制度，委托核查57名干部报告的个人有关事项，年度抽查26人。对少报、未报的干部，采取谈话、函询、诫勉等措施，函询2人，谈话提醒9人，诫勉1人，取消考察对象资格1人。做好干部人事档案专项审核工作，完成302名干部“三龄两历”的专项审核与组织认定。开展干部谈心谈话活动，组织部部长与240余名处级干部、副部长与320余名科级干部分别进行面对面谈心交心，掌握干部的现实表现、个性特长、工作实绩等，对表现优异的干部予以肯定褒奖，对工作表现平庸的干部及时谈话提醒，调动干部干事创业的积极性。

【提高“引才”磁力】2017年年初，区委常委会、政府常务会专题部署人才工作，形成人才工作要点及创新任务18项。全年专题研究人才工作11次。建立党政领导干部挂钩联系人才工作机制，区领导直接挂钩39家重点企业和16名高层次人才。对照市对区人才目标责任制考核要求，印发《人才工作目标责任制责任分解方案》，明确部门任务与职责，强化各部门人才工作合力。完善引才政策，补齐教育等领域引才政策短板。立足“4+X”产业布局，修订《扶持重点产业企业人才办法》，健全以薪酬和岗位为主的人才评价机制，实行企业先兑现、政府后补助的“配额制”。根据产值向企业下达人才配额，由企业自主认定并先行兑现人才租房、购房、生活等方面扶持补助，放大企业引才用才自主权。出台《大型活动财政补助管理暂行办法》，加大创新创业活动扶持，鼓励企业、中介机构、科研院所等主体承办人才项目对接、行业人才交流培训等活动，从绩效、宣传、住宿三个方面给予最高145万元的补助。实行《企业人才房租补贴办法》，向企业中层人才、高技能人才和高校毕业生，提供600元～2000元的房租补贴，解决企业“夹心层”人才住房问题。全年兑现2426名人才的房租补贴1973万元。

【提升“育才”成效】2017年，集美区突出高端人才引育，对接各级人才计划，引进“高精尖缺”人才，新增国家“千人计划”专家1名、省“百人计划”人才10名、市“双百计划”人才41名。推进新型企业家、金蓝领人才培养工程，鼓励支持区内人才参评各类人才计划，全年入选市级以上人才计划76人。抢抓“双创”发展机遇，财政投入4500余万元，吸引微软、百度、腾讯等42家众创空间入驻运营，其中获评国家级8家、省级7家、市级23家，孵化微沃时刻等企业340余家。发挥集美、杏林两个台商投资区优势，打造厦台人才交流基地5个，其中厦门北站台湾青年双创基地获评首批省级台湾青年就业创业基地，举办研学旅行、创友会、工作营等厦台人才交流活动30多场次。全年新引进台湾创业团队25个、创业人才87人。构筑产业发展平台，配套实施入驻企业场所、装修、运营等方面的优惠政策，加快以软件园三期、杏林湾商务营运中心、创业大厦为主体的“创新城区”建设。“集美集”影视产业总部园区获评省级重点文化产业园区。通过筑平台、聚优才，全区累计集聚软件信息、机械制造、商贸物流、文化演艺四大支柱产业人才6.5万人。

【创新“助才”模式】2017年，集美区创新区域特色人才服务，探索“多规合一、一站受理”的人才服务新模式，建成创业大厦人才服务中心，打造集“综合服务＋专业指导＋创业支持＋平台保障＋成果展示”的立体式双创服务体系。人才项目成果展厅集中展示辖区重点产业、双百人才、众创空间、产学研合作四大领域的优质项目成果21个。创办优秀青年人才创业沙龙，为引进人才找伙伴，为本土青年企业家找项目，紧贴青年人才创业需求，全年举办主题为创投分析、文化创意、创客分享的优秀青年人才创业沙龙3期，邀请创投运营、文化创意、互联网等领域的“大咖”、成功创业人士10人现场“传经送宝”，吸引辖区80多位优秀创业青年人才参与。支持厦门理工学院建立大学科技园及全国首个中外高校合作共建的国际离岸孵化器，成功引进中科院厦门稀土研究所及微电子研究所等一批尖端科研机构。

【优化“留才”环境】2017年，集美区投入人才专项经费4.17亿元，占本级财政一般预算收入的9.99%。创新西亭村集体项目与区属国企合建人才房新模式，增加人才房房源。推进西亭安置房、园博公寓等片区人才房建设，新增人才房1800多套，累计3798套，在建5059套，全年兑现各类人才房租补贴2800余万元，人才房规模、房租补贴力度位居全市前列。为高层次人才提供就学、医疗等服务保障，全年政策照顾各类人才子女入学214人次。加强人才工作宣传，设计聚贤集美LOGO，编印《人才服务手册》，建立“聚贤集美”官方人才微信公众号，累计发布资讯171条。是年，集美区举办创业沙龙、建立人才住房制度等做法，被新华网、中国人才网等刊载37次。

【夯实党员电化教育平台】2017年，

区委电教中心应用“互联网＋”继续推进户外LED远教广场建设，新建集党员教育、文体活动、便民服务等为一体的户外远教党群广场4处、基层远教站点4个，升级远教站点设备86个。《集美先锋视界》广播栏目采访各行各业表现优异的党员24人，党建电视节目拍摄区级先进人物12人，制作《先锋视界》光碟350套，印发基层远教站点供党员学习。组织“映像先锋”远教巡回放映队，参加“两学一做”常态化制度化、十九大精神等学习教育宣传工作，共播放相关视频150场，覆盖党员3万余人。

【非公企业党建】 2017年，集美区以创新思维拓展非公企业和社会组织党的组织覆盖面，新组建非公企业党组织42家，覆盖非公企业373家；新组建社会组织党组织3家，覆盖社会组织11家；新组建兼合式党组织6个，实现区直部门登记的各社会团体、协会全覆盖。至年底，全区共有非公企业党组织528个、社会组织党组织66个。结合“支部基本建设年”工作，打造厦门TDK公司党委等“样板支部”4个，自编自演拍摄《老总入党记》等“党建微电影”4部。新建创业大厦等党群活动中心3个，在区党群活动中心开设党员宣誓室、便民e通站、法律服务室等功能区。提高“厦门党建e家”平台使用率，开展知识竞赛、义诊、新入党员培训、书记示范培训、重温入党誓词等活动。出台《集美区非公党建工作指导员管理办法（试行）》，规范非公党建工作指导员管理和考核工作。区选送的《大山里的婚纱照》获“全市非公党务工作者学习贯彻十九大精神诵读活动”一等奖。

【区党群活动服务中心】 2017年，区党群活动服务中心接待各地考察、调研66次，举办各类党群集体性活动110场，参与党员职工4万人次。开设非公企业党校，整合理想信念、时事政治、党建业务、涉企政策、技能素质等与非公企业党员职工相关的教育内容，搭建非公领域党员立体式学习教育平台，全年举办集中轮训、点单开讲10场，培训党员2000余人次。开展“党员之星”评选表彰活动，表彰非公企业“党员之星”9人。

【区创业大厦党建综合服务中心建设】 2017年，集美区以区委非公企业和社会组织工委牵头，后溪镇负责日常管理，联合驻区单位、服务部门，在创业大厦成立党委，建立党建综合服务中心，下设党建、人才、企业、群团、综合5个工作站，梳理服务项目清单46项75条，收集信息、阵地、文化、服务资源共享清单162项。创建“创·YI·集”党建品牌，围绕“驿站、诚毅、羽翼、义务、演绎”五个方面开展服务，举办各类党群集体性活动50场，参与人数2437人次；接待全国各地参观考察团体75个，累计2306人次；先后被列入省、市城市基层党建工作经验交流会的参观点，受到省委组织部充分肯定。（组织部）

8月30日，区创业大厦党建综合服务中心开展“金砖我先行、服务当先锋”活动。（冯立东 摄）

思想宣传工作

【概况】 2017年，集美区宣传思想文化战线学习宣传贯彻习近平新时代中国特色社会主义思想和党的十九大精神，落实意识形态工作责任制，围绕中心，服务大局，突出重点，探索创新，为在新的历史起点上实施人文集美发展战略、建设新时代“五大发展”示范区提供坚强思想保证和强大精神力量。区委宣传部获市委、市政府授予的“金砖国家领导人厦门会晤筹备及服务保障先进集体”称号，赖朝晖、王辉腾、陈季玉获省委、省政府授予的“金砖国家领导人厦门会晤筹备和服务保障工作先进个人”称号，冯立东获市委、市政府授予的“金砖国家领导人厦门会晤筹备和服务保障工作先进个人”称号。

【理论武装】 2017年，区委学习中心组制订《2017年全区各级党委（党组）理论学习中心组学习计划》，以处级以上领导干部为重点，围绕党的十八届六中全会精神、党的十九大精神、习近平新时代中国特色社会主义思想、供给侧结构性改革、东西部扶贫协作、意识形态等重点内容，组织区委中心组集中学习20次。举办“集美讲堂”5讲，邀请中国社会科学院学部委员金碚、中共中央对外联络部原副部长于洪君、中国辩证唯物主义研究会常务副会长庞元正、中国社会科学院经济研究所所长高培勇、中国人民大学国际关系学院院长杨光斌分别作题为《供给侧结构性改革推进产业转型升级》《应对国际关系新变化，打造大国外交新格局——学习习近平总书记国际关系理论与对外政策系列讲话》《学习习近平总书记治国理政新理念新思想新战略》《走入新时代的财税体制改革走向——学习贯彻党的十九大精神的体会》《国际意识形态较量与我国话语权建设》的专题报告，受到领导干部的欢迎和好评。精心组织十九大精神宣传，十九大召开当天，组织辖区劳模、道德模范、基本干部群众以及中央、省、市媒体记者 80 余人，登上集美新城核心区杏林湾营运中心最高楼，开展“跨岛发展看集美”活动；组织创作 6 集动漫视频《阿集小美说“十九大”》，以生动活泼的形式宣讲十九大精神；组建区委十九大精神宣讲团和 4 支理论轻骑兵小分队，深入机关、企业、社区、农村、学校、军营，开展对象化、分众化宣讲活动 30 余场；以“新时代、新福建、新征程”为主题，制作的十九大精神微视频宣讲《社区里有支理论宣讲轻骑兵》和《敲黑板！快来看区委宣讲团的专家划重点》分获全省三等奖和优秀奖。突出“做有精神讲文明的新集美人”主题，组建集美人文精神宣讲团，围绕“建设人文集美，添彩厦门会晤”“学习嘉庚精神，争做集美新人”等内容开展宣讲活动 67 场。结合厦门会晤目标任务，举办“当好东道主，积极参与厦门会晤”理论宣讲轻骑兵集中宣讲活动，组建“人人都是东道主，添彩厦门会晤”理论宣讲小分队，深入基层开展专题宣讲。结合“一精神三文化”集美文化特质，组织开展宣传思想文化工作课题调研，形成《基层意识形态工作责任制实践研究》《嘉庚家风家训研究》《再造与重生——集美传统文化资源挖掘、开发与利用》《基层心理健康服务体系构建研究》等调研成果。

【思想道德建设】2017 年，区委宣传部着眼构建培育践行社会主义核心价值观的长效机制，完善工作制度，通过主题实践活动、氛围营造、舆论引导等方式推动实践养成。继续坚持把弘扬嘉庚精神作为培育和践行社会主义核心价值观的特色载体，开展“嘉庚精神宣传月”系列活动、“一座城 · 一个人——嘉庚精神 · 厦门故事”系列主题活动，快闪歌舞情景剧《倾资兴学、爱乡报国》《一座城一个人 · 嘉庚精神 · 厦门故事》主题展，对话节目《华侨旗帜、民族光辉》等立意新颖的方式受到欢迎。组织策划编排嘉庚精神动漫教育戏剧课程，广泛传播“图说嘉庚精神”公益广告，印发“弘扬嘉庚精神，培育和践行社会主义核心价值观”挂历台历 1.6 万册。加强红色文化传承，落实《集美区红色文化保护、传承和弘扬工程实施方案》，挖掘整理辖区红色文化资源，为首批 18 个红色文化遗存和革命遗址挂牌、立碑，组织编写出版集美区红色资源书籍《浔江红潮》。加大红色文化宣传力度，推出《红色记忆永流传》《不能忘却的红色记忆》等宣传报道，围绕庆祝中国人民解放军建军 90 周年，举办图片展、雕塑艺术作品展、“军民携手共筑辉煌”文艺晚会等活动。继续深化“心灵绿洲”品牌，举办心理冬令营、心理健康教育讲座、基层干部心理讲座、家庭教育沙龙活动、沙盘体验活动、线上线下心理咨询等形式多样的心理健康知识宣传教育活动。举办主题讲座、文艺会演、书法展等系列活动，推进家风建设。组织开展“我推荐、我评议身边好人”活动，选树陈新杰（助人为乐好人）、李秀卿（孝老爱亲好人）等可信、可亲、可学的身边好人榜样，李秀卿当选“福建好人榜”孝老爱亲好人。以“时代楷模”陈清洲、市道德模范周育辉为重点，运用传统媒体、新媒体和社会媒介等多形式开展系列学习宣传活动，树立好人好报的鲜明导向。组织道德模范故事汇基层巡演和基层宣讲活动，营造学习先进、崇德向上的浓厚氛围。开展做一个有道德的人“小集大美”、我的中国梦、网上祭英烈、向国旗敬礼、“文明旅游我先行，当好厦门会晤东道主”等系列活动，不断丰富教育载体，拓展工作手段，深化未成年人思想道德教育工作。组织进行美德少年推荐活动，推荐的曾营小学学生谢伊获评“厦门市助人为乐美德少年”，并被推荐参加省级美德少年评选。开展全区中小学校“童心向党”歌咏比赛，杏滨中心小学的表演节目被推荐参加省“童心向党”歌咏比赛展演。组织开展优秀童谣征集评选活动，收到全区各校、各行业作品 370 余篇，成人组、未成组分别推荐 10 篇参评市级优秀童谣评选。加强未成年人心理健康辅导站建设，区心理健康辅导站全年接待未成年人咨询 113 人次，团体辅导 100 余人。

【精神文明建设】2017 年，集美区完善文明创建工作机制，以迎接第五届全国文明城市评选为契机，制定《集美区文明创建长效机制建设方案》，印发《“大干 180 天，文明再提升”任务清单》，加强督导检查，形成区领导带队督查、镇街主官定期检查、专业暗访团日常巡查的多方位督查机制。围绕“做文明有礼厦门人，当好厦门会晤东道主”主题，组织“集美文明再提升，大家一起再努力”百日行动，打造集源路文明示范街，在全市首创“摩托车待行区”，推动成立集源路商家自律协会，设置诚信驿站，开展“诚信商家”星级评选等自律自治活动。从群众反映强烈的问题入手，开展农贸市场、食品安全、校园周边、旅游购物场所专项整治行动，推进城市综合治理。利用全媒体阵地优势，宣传“大干 180 天，文明创建再提升”行动中涌现的示范单位、文明践行者、志愿服务最美人物等。开展“礼让斑马线、文明过马路、排队讲秩序、礼仪待宾客”“文明交通我践行、安全

9月13日，集美区举办"嘉庚语录心中记"中小学书法比赛。（冯立东 摄）

行车我承诺、交通违法我监督"等主题活动，提升公民文明素质。开展文明村镇、文明单位（学校、社区）、文明家庭推荐评选活动，拓展文明创建活动覆盖面。创新志愿服务政策，将镇街委托社工机构协助志愿服务日常管理和策划实施志愿服务项目纳入政府购买服务内容，推动基层志愿服务工作规范化、常态化。改造提升鳌园景区、集源路等公共场所志愿服务驿站，引导各级文明单位学雷锋志愿服务队承包对接，着力打造成为金砖国家领导人厦门会晤期间公共服务便民窗口、城市文明形象展示阵地，集源路驿站被确定为省级志愿服务驿站。创新志愿服务工作方式，推出"一周一主题"的志愿服务活动，活跃全区志愿服务氛围。持续打造集美·诚毅志愿者联盟、卢妈妈爱心队、"爱·毅起飞"系列公益活动等一批志愿服务品牌项目。着力推进社区书院建设，创新政府购买服务，专业社工机构负责日常工作的运营模式，形成社区领导、书院理事会管理、社工机构运营、社会力量支持、群众广泛参与的运营模式，20家社区书院有序运作，组建534人的师资库，开设课程2060门，受益群众超10万人次，书院"一院一品"特色逐渐形成。充分发挥公益广告在凝聚人心、道德建设和价值观培养方面的作用，在全区楼宇电视、公交车体、工地围挡、候车亭、宣传栏等媒介广泛张贴刊播"图说核心价值观""图说嘉庚精神""八不行为规范""文明旅游""树文明新风、迎金砖宾客"、垃圾分类、十九大精神主题等公益广告，以"阿集""小美"为文明使者形象的"八不行为规范"主题漫画公益广告入选市文明办公益广告资料库，在全市范围内被广泛应用。做好石鼓路"公益广告示范路"建设规划，建成日东公园、敬贤公园公共文明行为示范园，完成主城区主次干道机柜美化。

【媒体宣传】2017年，集美区各新闻单位围绕贯彻党的十八届六中全会和十九大精神、"砥砺奋进的五年""喜迎厦门会晤，建设人文集美"、实施人文集美发展战略和跨岛发展战略、第四批百日行动、全面从严治党、生态文明建设、重大文体活动等主题，开设专栏专版，在报纸、电视、广播、网络等各级各类媒体推出报道3000多篇（条）。持续加大集美城市形象营销和传播力度，中央电视台新闻频道连续两天现场连线直播海峡两岸龙舟赛，金砖国家领导人厦门会晤期间组织中外媒体记者采访集美学村，集美新城、集美学村风貌多次在央视媒体亮相。制作《嘉庚故里·人文集美》集美城市形象宣传片，在央视直播全国汽车场地越野锦标赛、集美·阿尔勒国际摄影季开幕式和"2017首届综艺节目峰会"上播出。着力提升区属媒体建设水平，推动传统媒体和新媒体融合发展，加强全媒体宣传格局建设。《集美报》基本实现每期8版，增设"文明专刊"，开设"深入学习全面贯彻党的十九大精神、奋力开创新时代'五大发展'示范区建设新局面"等特色专栏，持续改进新闻质量；集美广播电视台《集美新闻》《纪实集美》《集美先锋视野》三档自办栏目全年播出300余期，可看性进一步提升；推进集美调频广播节目改版工作，策划《校园门对门》栏目，联合辖区数十所高校广播平台，持续扩大广播节目的影响力；区属媒体官方微信"天下集美"公众号结合时下热点策划选题，第一时间传递政府决策、集美重大活动、民生热点、便民信息等，公众号订阅数超过10万，以音频为载体的夜读栏目《南熏晚风》受到欢迎。全年推送图文等各类消息1825篇，阅读总次数500余万次，点赞数超过6万个，转发分享20万次，成为集美最具影响力的政务微信公众号。推进"人文集美"手机APP功能改版提升，设立资讯、视听、游走、浔江潮四大板块和十余个子栏目，即时传播集美最新资讯，"办事预约""市民来函""就业信息"等民生板块打通便民服务"最后一公里"，网上政务服务赢得好评。

【舆论引导】2017年，集美区完善舆论引导工作机制，及时就重大事件发布信息，进行解释说明，开展精准引导、辨析引导。落实新闻发言人制度，凡举办重大活动均召开新闻发布会通报情况，全年召开新闻发布会6场。做好舆情监控、信息收集、趋势分析及后果研判，规范重大活动和重要突发事件舆情监测机制，加强对负面舆情的正面引导，密切关注厦门会晤舆情动向，协助做好正面宣传，全年处理重大活动和重要突发事件舆情监控7起。做好网上舆情监控，编发报送《网络舆情月报》5期，《集美网络舆情信息》32期，突发事件、重大活动舆情专报6期，并组织网评员开展网上引导，实现网上网下齐抓共管。

【文化建设】 2017年，集美区贯彻习近平总书记在文艺工作座谈会和中国文联十大、中国作协九大开幕式上的重要讲话精神，召开文艺工作者座谈会，推动文艺更加活跃繁荣。开展“深入生活、扎根人民”主题实践活动，组织全区文艺工作者深入群众、体验生活、创作采风5次。组织创作嘉庚题材系列广播剧第三部《一座城·一个人》，出版图书《嘉庚弟子》，创作大型交响合唱《嘉庚组歌》、情景音乐剧《生生不息》、歌曲《嘉庚之梦》等，嘉庚题材系列广播剧《陈嘉庚与南侨机工——再会吧，南洋》、摄影组照《中国大地上》获省第八届百花文艺奖一等奖，电影《侨女日记》获省第八届百花文艺奖二等奖。组织创作歌曲《轻舟》、月琴弹唱《时代楷模陈清洲》、荷叶说唱《不忘初心好民警》等讴歌陈清洲等先进人物的文艺作品。原创歌曲《厦门人》《砖心》分获2017“音乐厦门·城市之歌”全国原创作品征集活动年度十佳作品、主题原创作品特别奖。办好综合性文艺刊物《集美风》和《集美报》副刊“浔江潮”，开设“鳌园丰碑”“企业艺坛”专栏，发挥区企业文联作用，推动企业文化建设。举办集美文艺讲堂16场。制订《集美区文艺专项资金扶持奖励暂行办法》。着眼彰显集美独特人文魅力，营造百年学村文化氛围，举办海峡两岸龙舟文化节、集美·阿尔勒国际摄影季、龙舟唱晚集美学村音乐节、中国(集美)AEMI世界气球艺术节、集美新城荧光夜跑等一批品牌文化活动，品牌效应逐步彰显，活动口碑不断提升。承办第十届海峡两岸文博会集美分会场、第三届“两岸·映像纪”、世界精品版画展暨产业论坛、“一带一路”文化艺术展等配套活动，“听见集美”集美学村周末音乐会成为展现集美学村文化内涵的常态化品牌活动。加强集美闽南曲艺创作基地建设，组织集美区戏剧曲艺创作调演活动，继续开展“爱曲艺·爱闽南”闽南戏曲进村居系列文艺活动，拍摄大型实景电视歌仔戏，落实《民间文艺团体扶持办法》，给予灌口镇木偶剧团、延平闽南戏曲艺术团、凤山答嘴鼓传习中心等10支民间文艺团队演出补助，推动民间文艺团队发展，提高闽南文化的传播力和影响力。组建十九大精神戏曲宣传队，组织十九大精神戏剧曲艺作品创作，开展进农村、进社区、进学校、进企业演出活动10余场。传承弘扬“一精神三文化”，启动集美优秀传统文化传承发展系列丛书编撰工作，推进文化遗产保护传承。根据习近平总书记就厦门鼓浪屿申遗成功和保护文化遗产作出的重要指示精神，规范文化遗产保护工作，为第二批非遗项目和代表性传承人授牌，组织开展第三批区级非遗项目和代表性传承人申报评审工作，举办集美区第十二个文化遗产日宣传活动暨“人文集美、传承发展”非物质文化遗产展演、会演及摄影作品展，提高干部群众保护文化遗产的思想认识。完善提升基层综合性文化服务场所，加快推进杏林街道文化站、侨英街道图书分馆和坑内村、三社村等12个村(社区)文化服务中心的场馆改造和设施设备完善工作。实施文化惠民工程，举办“我们的节日·春节”“我们的节日·端午”等系列文化活动，开展“喜迎十九大、助力厦门会晤”书画摄影展、“新时代、正青春”集美学村微电影主题创作大赛、唱响“时代楷模”陈清洲主题音乐作品巡回分享会、“喜迎十九大、唱响嘉庚梦”嘉庚主题原创作品音乐会、“青春号召令”首届两岸青年原创乐队交流展演、“闽南古韵、唱响集美”闽南传统文化下基层巡演及非遗图片展示活动、“海丝梦、端午情”经典诵读晚会、“映画集美”集美绘画作品展，扶持和指导小型多样的群众性广场文化活动。举办第二届“人文集美·悦读季”活动，以“悦读极美、行走集美”为主题，推出行走集美、研学集美系列活动，通过读书、读人、

5月25日，“一座城·一个人——嘉庚精神·厦门故事”系列主题活动启动。图为嘉庚文化志愿者服务队成立（林志杰 摄）

读城三大板块活动，激发群众阅读热情，营造全民阅读社会氛围。全年举办文化、卫生、科技三下乡活动5场，“我的中国梦”文化进万家活动3场。

【文化产业】 2017年，集美区加强规划引导，加快资源整合，立足集美文化资源优势，持续优化文化产业结构，扩大文化产业规模，文化产业新兴业态不断涌现，逐步形成以文化演艺、影视、动漫、综艺娱乐为核心的文化产业集群。推动影视产业发展，完善集美区影视产业总部园区，加强影视拍摄、制作等方面的公共配套服务扶持，共入驻影视企业200多家，服务110个到厦拍摄剧组，带动直接落地消费5.15亿元。是年，集美集影视文创园被评为“省级重点文化产业园区”。推动音乐产业发展，考察北京国际青年营项目，学习先进经验，召开项目推进会，落实北大青鸟国家音乐产业基地建设，为打造城市演艺中心打下基础。涉足综艺产业，举办2017首届综艺节目峰会，打造国内首个综艺产业联盟，形成综艺节目及其衍生品的产业链，逐步扩大集美在综艺产业的影响力。打造海峡出版物流中心等一批重大文化产业项目。 （刘黎鹏）

统一战线工作

【概况】 2017年，集美区统一战线贯彻《中国共产党统一战线工作条例（试行）》，根据中央、省委、市委和区委关于统一战线工作的一系列重大决策部署，围绕区委、区政府中心工作，凝聚人心、汇聚力量，引导全区统一战线全体成员为“五大发展”示范区建设和人文集美发展战略凝心聚力，较好完成年度各项工作。

【巩固思想政治基础】 2017年，集美区委统战部把喜迎十九大、学习贯彻党的十九大精神作为年度工作主线，组织统战干部和统战成员收看党的十九大开幕会，组织各民主党派、工商联和无党派人士学习贯彻党的十九大精神，组织“学习十九大，贯彻我先行”专题学习讨论，深入锦园社区和纺织社区与干部群众面对面宣讲党的十九大精神，推动十九大精神学习宣传活动深入发展。围绕“不忘合作初心，继续携手前进”主题，在西安市委党校举办民主党派骨干和统战干部理论培训研讨班，在厦门国家会计学院举办统战理论培训班，通过“人文集美、同心同行”微信公众号举办面向全区统一战线成员的“不忘初心，牢记使命，画出最大同心圆”为主题的学习宣传贯彻党的十九大精神网络知识竞答活动。引导统一战线成员开展践行社会主义核心价值观主题教育活动，组织党外人士深入军营村重走习总书记走过的路，重温习总书记的叮嘱，开展“民主党派走进社区”暨“垃圾分类、你我同行”宣传活动。开展“人文集美、同心同行”系列活动，举办趣味运动会、棋牌赛、气排球赛、户外团队拓展等活动，民主党派人士、无党派代表人士等1300余人次参加活动。

【落实政党协商制度】 2017年，区委统战部全面贯彻中央《关于加强政党协商意见》的精神，围绕区委、区政府中心工作，协助落实区委多党协商制度。举办区委与各民主党派、工商联负责人和无党派代表人士协商座谈会。举办党外知识分子及“双百人才”政情通报会，通报“聚贤集美”人才引进计划、新城建设总体情况、集美区上半年经济运行情况。召开民主党派、工商联、无党派代表人士政情通报会，通报区政府2017年上半年经济运行情况和下半年经济工作重点，以及全区上半年党风廉政建设、反腐败工作情况。全年征集党外人士意见建议52条，为区委区政府科学决策、民主决策提供参考。邀请各民主党派主要负责人和无党派代表人士参加区四套班子民主生活会会前征求意见座谈会、全区政府系统廉政工作会议和区委八届十次全会等会议。推行“党委政府出题，民主党派调研”的民主党派调研模式，支持各民主党派、无党派人士围绕全区经济社会发展的重大问题深入基层开展调查研究，形成专题调研报告，为区委、区政府提供决策参考。八个民主党派基层组织共撰写调研报告41篇。其中，民盟集美总支撰写的《关于职业教育中学历证书和职业资格证书双证融通机制的探究（以厦门中等职业教育为例）》，民建集美基层委撰写的《马銮湾区流域环境整治存在的问题与对策建议》，农工党集美基层委撰写的《关于集美区新城产城融合发展的问题与建议》等，引起区委、区政府的重视。加强统战宣传信息工作，举办统战信息工作培训班，邀请专家授课，提高统战信息员的理论水平和业务素质。完善信息通报制度，定期通报信息报送和采用情况，提高信息员做好统战信息工作的紧迫感和自觉性。全年报送信息294篇，其中被“厦门统战信息”采用8篇，被市委统战部网站采用82篇。

【党外代表人士队伍建设】 2017年，区委统战部注重党外代表人士培训，组织党外代表人士学习党的十九大精神、习近平新时代中国特色社会主义思想、习近平总书记系列重要讲话精神和统一战线理论政策等内容，举办民主党派骨干与统战干部理论培训研讨班、统战理论培训班。按规定程序增补八届区政协委员9名。按照《厦门市新的社会阶层人士统战工作试点方案》要求，与区委组织部、区非公办联合印发《集美区新的社会阶层人士统战工作试点方案》，加强党建引领，在创业大厦开展新的社会阶层人士统战工作试点。

【海外、港澳台联络联谊】 2017年，区委统战部共接待来自欧美、东南亚地区的20个国家和中国港澳台地区人士25批次计500余人。做好到访集美海外人士的接待服务和中国侨联主席万立骏一行集美调研保障工作。区委常委、统战部部长范启德随市侨联出访波兰、俄罗斯、捷克等国家华侨社团，扩大朋友圈。加强与海外、港澳、台湾社团和重要侨领的沟通联络，互动交流、共享信息、共谋发展。指导帮助镇街建好侨胞之家，灌口镇、杏滨街道侨联“侨胞之家”被省侨联授予省级“侨胞之家”称号。联合区政协港澳台侨委和市第二医院神经内科，在集美街道浔江社区、886广场举办“红手环走进2017新春关爱行动”“预防卒中、你我同行”义诊活动，300余名归侨侨眷和居民享受义诊服务。发挥侨界委员参政议政作用，组织侨界委员参加调研考察，提出议案和建议5个。

（陈小玲）

政策研究

【课题调研】 2017年，区委重点课题调研围绕区委、区政府的中心工作，抓住全区经济社会发展中的重点、热点和难点问题，组织年度重点课题调研，形成有参考价值的调研报告17篇。《集美建设“五大发展”示范区对策建议研究》《优化村居集体发展项目建设的对策研究》《集美区工业转型升级研究》三篇调研报告被评为一等奖，《杏林湾国家城市湿地公园建设研究报告》等六篇调研报告被评为二等奖，《党建引领社区联建共建方面的研究》等八篇调研报告被评为三等奖。其中，《集美建设“五大发展”示范区对策建议研究》的调研成果，融入区委八届十次全会《不忘初心，牢记使命，奋力开创新时代“五大发展”示范区建设新局面》的工作报告；《优化村居集体发展项目建设的对策研究》《推进汽车小镇创建工作研究》等课题调研为集美区相关领域的工作提供了很好的借鉴。《集美区2016重点课题调研报告集》于2017年8月出版。

2017年集美区重点课题成果评审情况表

表6

奖项	课题名称	牵头单位
一等奖	集美建设“五大发展”示范区对策建议研究	区委办、发改局
	优化村居集体发展项目建设的对策研究	政府办、发改局
	集美区工业转型升级研究	人大办、政协办
二等奖	杏林湾国家城市湿地公园建设研究报告	区委办、中科院城环所
	“专业介入、全面提升”——集美区社区书院建设调研报告	文明办
	新集美建设视野下推进人大工作创新发展的调研报告	人大办、集美大学
	再造与重生——集美优秀传统文化传承发展工程研究	宣传部
	关于加快推进集美区PPP工作的研究	财政局
	集美“机器换工”发展现状及困境与出路研究	区委办、厦门理工学院
三等奖	党建引领社区联建共建方面的研究	组织部
	推进集美汽车小镇创建工作研究	灌口镇
	第三方参与信访的必要性与可行性研究	信访局
	人力资源服务需求与政府扶持政策研究	人社局
	集美区安全生产应急救援队伍建设现状与对策调研报告	安监局
	集美辖区农贸市场问题的现状、原因及对策建议	联合督查办、文明办
	提升职业教育办学层次与服务产业能力研究调研报告	教育局
	2017年集美区加强妇幼健康服务能力建设调研报告	卫计局

【文稿撰写】 2017年，区委政研室参与区委各项文稿材料起草工作，完成区委全委会议、全区经济工作会议等全区重大会议领导讲话以及各类文稿40余篇50余万字。主动向外界推介集美发展经验和取得的成就，《深化人文集美建设，争当“五大发展”示范区》《以“五大发展”示范区建设新成就努力践行新思想》《一个引擎，四轮驱动——集美区加快打造汽车特色小镇》3篇理论文章在《厦门通讯》发表。

【深改工作】 2017年，区委政研室牵头协调区改革办的日常事务工作，起草《集美区进一步深入推进全面深化改革工作的意见》，梳理《厦门市全面深化改革领导小组2017年工作要点任务督查清单》，涉及集美区两大领域七个方面任务；协助区委区政府联合督查室、区效能办等部门，推进改革督察常态化，及时掌握工作进展情况，确保有关改革举措落到实处，见到实效。（麻琳琳）

机关党建

【概况】 2017年，集美区直机关党工委学习宣传贯彻党的十九大精神和习近平新时代中国特色社会主义思想，坚持全面从严治党、管党，推进“两学一做”学习教育常态化制度化，为建设新时代“五大发展”示范区贡献力量。8月，区直机关党工委获评厦门市党内法规知识网络竞答活动优秀组织奖。至年底，机关党工委辖直属党总支10个、党支部32个，共有党员1333人，其中新发展党员10人。

【学习贯彻党的十九大精神】 2017年，区直机关党工委发动各直属党组织组织党员干部通过电视、互联网、“厦门党建e家”平台等方式观看党的十九大开幕式和闭幕式，学习参与率在90%以上。为党员订阅《十九大报告单行本》《十九大报告学习辅导百问》《十九大党章修正案学习问答》《党的十九大文件汇编》《党的十九大学习笔记》等书籍共7710册。在《集美报》上刊登各直属党组织书记学习心得1期，举办学习宣传贯彻党的十九大精神网络知识竞答和区委宣讲团区直机关报告会各1场。

【机关党的建设】 2017年，区直机关党工委制订开展“党支部基本建设年”活动实施方案，健全党支部的基本制度，强化支部建设，完成民主生活会、组织生活会和民主评议党员三项建章立制工作。加强基层党组织建设，发展新党员10名。举办党务干部培训班，对各党组织书记、组织委员等党务骨干进行为期两天的专题培训。举办入党积极分子培训班，对12名入党积极分子进行为期三天的系统培训。指导和支持区国税局第一党支部和集美城市发展有限公司建发党支部建设区直机关“样板支部”。对国企党组织党建工作开展督促检查，配合区委召开全区区属企业党建工作会议，推进国企将党建写入企业章程工作，为落实国企党建30项任务提供组织保证。指导各驻区单位落实市委组织部关于《厦门市各驻区单位城市基层党建工作建设标准》的要求，发动区直机关党员干部到所在居住社区报到。

【机关文化建设】 2017年，区直机关党工委抓好机关文化建设，凝聚和谐的机关能量。6月16日，邀请厦门理工学院科研处副处长、教授洪认清做《集美的历史底蕴和人文血脉》专题讲座，邀请集美大学退休教授陈晚生做《党的光辉历程》专题讲座，有300名党员干部参加听讲。邀请市第二医院心内科主任金哲秀博士为干部职工举办健康讲座，提高干部职工的自我保健意识。组织党员参观市纪委举办的“厦门家规家训书法展”，传递清风正气正能量。开展关爱病困党员会员活动，对因病或家庭发生重大变故的党员、会员进行慰问，营造人和事谐气正体健的文明和谐机关。元旦、春节和党的十九大召开前，慰问生活困难党员30人次，发放慰问金2.44万元。举办区直机关趣味运动会，2000多名机关干部、职工报名参加活动。

【党风廉政建设】 2017年，区直机关党工委履行主体责任和第一责任人职责，与各直属党组织主要负责人签订2017年度区直机关全面从严治党主体责任书，将压力层层下传，压实管党治党责任。加强巡查和整改落实的检查工作，处理危机人员。党工委班子成员履行分管领域党建责任，通过挂钩联系直属党组织、深入基层了解党建工作情况，夯实基层党建基础。对各直属党组织2016年度全面从严治党主体责任落实情况进行集体约谈，印发2016年党风廉政建设问题清单，加强廉政教育，筑牢拒腐防变思想防线。（高双双）

机构编制管理

【概况】 2017年，中共集美区委编制办公室继续做好行政机构改革、行政审批制度改革和行政事业单位机构编制管理工作。至年底，全区行政编制总量（含机关事业编制）499名；全区事业单位172家，事业编制总量4939名，其中财政核拨4914名、财政拨补5名、自收自支20名。

【行政机关机构编制调整】 2017年，集美区对行政机关机构及编制进行调整。根据省委编委《关于省以下地方法院检察院机构编制实行统一管理的通知》，于2月底前完成区检察院、区法院机构编制移交工作，分别移交行政编制80名、102名。根据《厦门市经济特区户外广告设施设置管理办法》，明确由区城市管理行政执法局承担辖区内户外广告设施设置管理职责。设立集美区委巡察工作领导小组办公室，行政编制4名，其中新增行政编制2名。区委组织部组织科加挂“中共集美区委组织员办公室”牌子。区委组织部增加行政编制1名。

【事业单位机构编制调整】 2017年，集美区对事业单位机构及编制进行调整。①取消区法律援助中心“为区政府政务提供法律咨询”职能。②在区突发公共事件应急中心加挂“集美区预警信息发布中心”牌子，由区气象局牵头承担预警信息发布平台的运行管理和预警信息发布相关工作的职责。③在各镇（街）综合服务中心加挂“集美区XX镇（街）燃气管理站”牌子。④在4个街道所属综合服务中心加挂“集美区XX街道党建服务中心”牌子，分别增核副主任（副科级）1名，专用于城市基层党建工作。⑤根据区委办公室、区政府办公室《关于印发〈集美区全面推行河长制实施方案〉的通知》，在区水利工作站加挂“集美区河务管理中心”牌子，增加以下职责：负责河务管理的相关调查研究和检测数据的分析统计；承担河长制相关信息工作；承担河长制办公室交办的事务性、技术性、辅助性工作。⑥在区环卫处加挂“集美区垃圾分类管理中心”牌子，承担全区垃圾分类管理等相关工作。⑦调整集美建筑设计院改制实施基准日为2017年5月31日。⑧同意成立美山中学、诚毅中学、诚毅小学、康城幼儿园、滨海幼儿园、乐海幼儿园、诚毅幼儿园。⑨在区安全生产执法大队加挂“集美区安全生产应急救援中心”牌子，增加“承担辖区内安全生产应急救援相关工作”职责。⑩从区测绘地理信息中心划转6名事业编制至区纪检监察事务中心使用。⑪根据省委机构编制委员会办公室《转发中央编办关于地方事业编制挖潜创新服务发展指导意见的通知》精神，对区环境卫生管理处、区市政园林绿化管理中心以及区机关后勤保障中心采取管理层和作业层分离方式，重新核定管理人员编制分别为6名、7名和16名。⑫调整教育系统2017—2018年度中小学、幼儿园、职业技术学校教职工编制，核定区属小学教职工编制控制数2737名、区属中学教职工编制控制数1598名、区属职业技术学校教职工控制数301名、区属幼儿园教职工控制数627名。⑬区城市管理行政执法大队增加“协助主管部门做好辖区户外广告设施设置的日常巡查、监督管理以及执法工作”职责。

【行政审批制度改革】2017年，集美区推进简政放权、放管结合、优化服务工作，转变政府职能，优化政府服务。2月，完成区直各部门行政权力清单、公共服务事项清单和责任清单的融合工作，形成“权责清单”。批复同意调整权责清单17批次，区直部门共保留行政权力事项1772项、公共服务事项146项、其他职责事项702项，镇（街）保留权责事项998项。将区级前置审批事项清单和行政审批中介服务事项清单纳入厦门市权责清单系统实行动态管理，规范清单调整程序，控制新增事项。至年底，区级前置审批事项保留59项，区级行政审批中介服务事项保留54项，比上年分别减少6项和5项。

【“减证便民”专项行动】2017年7月，集美区按照省、市关于开展“减证便民”专项行动的部署，由区审改办牵头，组织区直各部门、各镇街对涉及企业、群众办事的各种证照和“奇葩证明”“循环证明”进行全面清理，确认清理证照（卡）和证明材料27项。推行“证明事项清单”制度，组织区直各部门梳理汇总形成《集美区区直部门证明事项清单》，汇总证明材料136项。全区审批服务工作遵从“清单之外无证明”原则，各部门在办事过程中不再要求申请人提供“证明事项清单”以外的证明材料。

【监察体制改革试点】2017年，新组建的集美区监察委员会与中共集美区纪律检查委员会合署办公，共同设立内设机构，内设机构为办公室、组织和宣传部、党风政风监督室、信访室、案件监督管理室、第一纪检监察室、第二纪检监察室、第三纪检监察室、案件审理室。划转行政编制12名，用于监察委员会的组建工作。

【事业单位登记管理】2017年，集美区办理事业单位设立登记35家、变更登记47家、注销登记15家。全区党政机关和事业单位中文域名注册295个，域名注册率128%，网站挂标率103.7%。（林洁）

党校教育

【概况】2017年，区委党校举办各类培训班7期，受训学员700余人次。其中，处科级干部培训班2期，培训84人次；机关事业干部培训班2期，培训91人次；党务干部专题培训班1期，培训38人次；公务员职业道德培训班1期，培训200人次；十八届六中全会精神专题辅导班1期，培训300余人次；非公党务班1期，培训35人次。

【课程设置】2017年，区委党校紧扣主业主课布局谋篇，把理论教育同本地的发展实际结合起来，在教学过程中始终贯穿党性教育和实践特色。①凸显党性主题，设置理论专题和党性教育单元。把学习贯彻习近平系列重要讲话精神和十八届六中全会、十九大精神作为重中之重，把中央和省、市委的新决策、新部署、新要求作为培训的重要内容，开展理想信念教育、党的宗旨教育、党史国史教育、革命传统教育和反腐倡廉教育，把富有本地特色的“嘉庚精神”融入党员干部培训，结合“两学一做”教育开展党性教育和革命传统教育，组织学员到党的“一大”召开地嘉兴南湖、上海中共一大会址、上杭古田会址多个红色教育基地开展党性教育活动，传承红色基因，发挥共产党员的先锋模范带头作用。②以服务中心工作为导向，课程设置贴近区情区务。紧跟区委工作热点难点，领悟工作思路，开设领导讲坛，邀请区委主要领导和市、区部门领导到党校作报告，主动对接区委调研课题，邀请调研课题主笔人到党校讲课，结合厦门金砖会晤和深化人文集美建设、打造区域创新中心开设相关专题。③根据履职需求和干部成长的需要，开设针对性、实效性较强的实务课。以需求为导向，采取多种方式对干部教育培训需求进行摸底，根据不同培训对象、不同班次、不同学制的特点，围绕干部能力提升，按照“分级分类、全员培训、突出重点、按需施教、分步实施”的原则，实行“一班一策”，提升培训的针对性、实效性。

【教学改革】 2017 年，区委党校结合全区党员干部队伍的规模、结构和培训的实际情况，对教科研改革进行探索。①方式多元——激发学习兴趣。在着力提高“讲授式”教学水平的基础上，进一步规范案例式教学、访谈式教学和研讨式教学等新型教学方式，做精互动式、模拟式等培训方式。②校外培训——拓展培训空间。采用分段式培训，通过寻找优势教育资源，开辟特色异地委培路线等形式，满足学员在理论学习和拓宽视野方面多样化、个性化的培训需求。组织科处班到浙江大学、上海交通大学进行异地培训，增设军营村高山党校、海沧院前村、集美新城、市党风廉政教育基地等多个市内现场教学点。③科研资政——发挥智库作用。按照问题导向、实践导向和需求导向加大课堂教学改革，着力建设“学员新思考”“课后反思”“早间话题”“学员论坛”四大交流平台。全年共编印出版《学员新思考》2 辑、学员专辑 VCD4 辑。利用各级媒体反映党校工作动态、交流工作经验、展示工作成果。上报的宣传信息被各级采用 33 篇，其中省级 3 篇，市级 2 篇，区级 28 篇。

【教学管理】 2017 年，党校采取“三个从严”加强校风、学风建设。严制度，落实中组部《关于在干部教育培训中进一步加强学员管理的规定》，修订《中共集美区委党校学员管理制度》，加强学员管理、改进干部教育培训风气。严管理，实行班主任跟班管理制度，全程跟进负责授课教师的联络、研讨课及现场教学的组织、学员考勤及学员鉴定工作。严考核，制订科学实用的评估办法，及时反馈测评情况和学员需求信息，健全干部学习培训考核评价制度。 （黄淑容）

档案管理

【概况】 2017 年，集美区档案局接收 48 个单位立卷满 5 年的永久、长期档案和撤销单位的永久、长期、短期档案 4423 卷 3.13 万件，提供档案、资料利用 843 人次，查阅档案 978 卷（件），上报 2016 年档案目录数据 179 万条，涉全宗单位 53 个。“田头乡村记忆馆”项目获评福建省“乡村记忆档案”示范项目。出版《集美寻珍》（7）、《田头记忆》，启动《集美寻珍》（9）（11）和《鳌园石刻楹联》《集美歌赋》编辑工作。

【打造田头乡村记忆档案】 2017 年，区档案局协同灌口镇、田头村和鹰坑谷民俗文化园，策划和实施“乡村记忆档案”试点项目，建设田头乡村记忆馆，提出“文化点睛，全力提升美丽乡村建设水平”和“集聚乡愁，合力打造田头乡村记忆馆”的思路。项目建设取得成效：出版“一书”——村志《田头记忆》，创作“一歌”——村歌《田头之歌》，编写“一赋”——村赋《田头赋》，摄制“一片”——田头村电视宣传片《灵棋山下田园美》，举办“一会”——“诗意田头”朗诵音乐会，规范“一室”——田头村档案室，建设“一馆”——田头乡村记忆馆。9 月 28 日，田头村“乡村记忆档案”示范项目以 98 分通过省档案局验收。12 月，省档案局授予灌口镇田头村“福建省‘乡村记忆档案’示范项目”牌匾。

【续编《集美寻珍》丛书】 2017 年，区档案局继续做好《集美寻珍》丛书的编纂工作。出版《集美寻珍》（7）《田头记忆》，31.2 万字。该书记录田头村的大事、谚语和金婚夫妇、钻石婚夫妇、四世同堂家庭、五好文明家庭、寿星名录，讲述村民和睦相处、爱岗敬业、艰辛创业的故事。编辑《集美寻珍》（8）《鳌园石刻楹联》，收录鳌园楹联 67 幅，完成初稿。收集《集美寻珍》（9）（11）综合版寻珍文章 60 余篇。联合区教育局、区文化馆和镇街，启动《集美寻珍》（10）《集美歌曲》征稿活动，征集集美区（含厦门市郊区、原杏林区）工厂、学校、村居、部队及社会上健康向上的歌曲 150 余首。 （张锦瑜）

6 月 11 日，“诗意田头”朗诵音乐会在田头村举行。（冯立东 摄）

附：

田头赋

仙灵祺麓，五渠源头，林郁霞飞，恬静山乡。大岭横北廓，鹰坑护西南；祺山展胸怀，四方来客，情趣相投，聚落成村。地辟商贾稀，山民勤农桑。君不见，打铁铺里无闲郎，田头枋塘耕织忙。仙景芋头香，石洞流米仓。朴实农人有信仰，万寿宫前众祈禳；风调兮雨顺，五谷兮丰穰。造化钟神秀，嘉木百年长。“忠孝持家远，诗书处世长”，朱子题训犹在墙，淳朴古风笃崇尚。清腐起风云，志士义薄天；小刀会伙举刀拳，同盟会众“共和”创；仁人身许国，青史长留芳。忆往昔，面朝黄土背朝天，男耕女织难敷用。穷乡僻壤乱象生，自然生态失平衡；毁林喂牲畜，阡陌断纵横；截流养鹅鸭，垃圾堆水洼；楼房无序起，宅院泥水刷。欣逢盛世惠民生，科学种养，水旱轮作，术业专攻；通衢大道贯村西，南来北往觅商机。金山银山兮挣不尽，绿水青山兮弃难返。乡贤共建议，百姓齐参与；美丽家园同缔造，安居乐业代代传。君不见，花砖小径通幽处，绿树繁花夹道旁；田园阡陌直，溪底游鱼潜；青山如黛，雀鸟争鸣。民俗馆里闻丝竹，乡村舞台忆乡愁。仙岭瓜果香，奇山蜂蜜甜。钟灵毓秀，幽美家乡；同你心协力，创建小康。新屋老宅，农家乐陶陶；古老山村，旧颜换新妆。（林幼治 执笔）

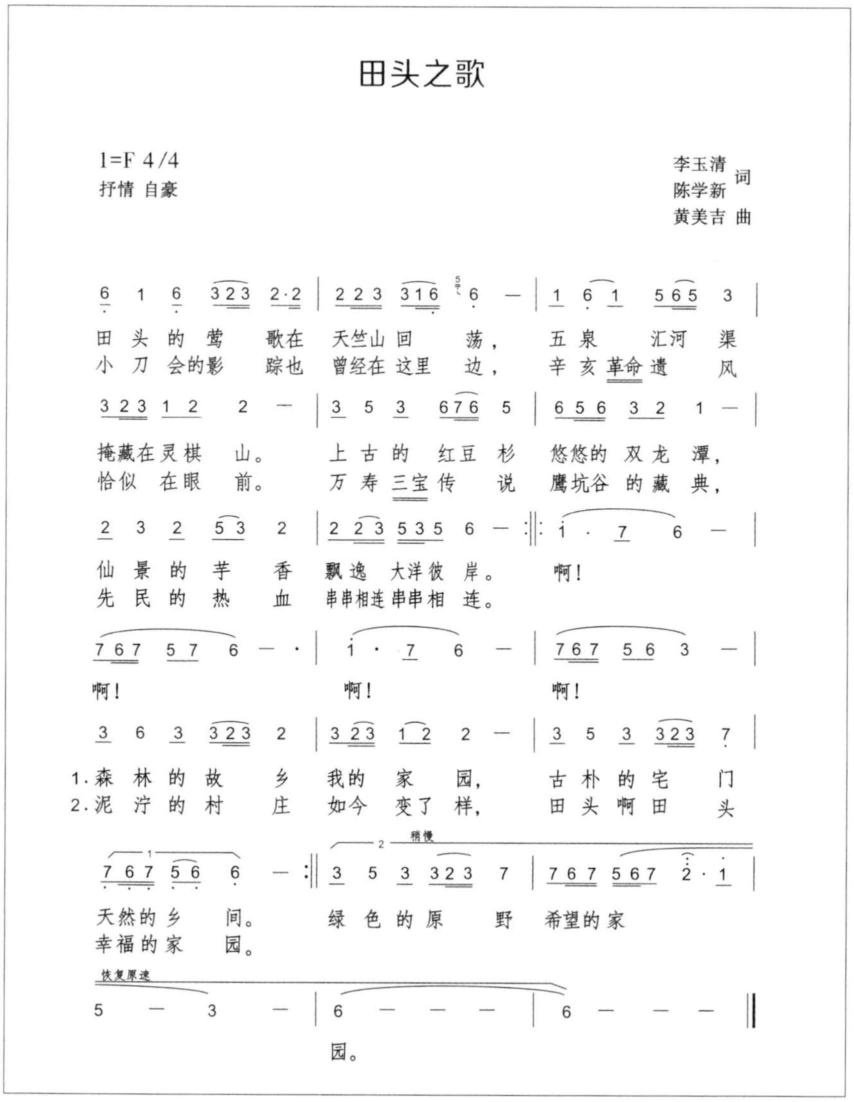

信访工作

【概况】 2017年，集美区共受理群众信访件391批2339人次，比2016年分别上升54.55%和58.68%。其中，集体访91批1922人次，同比分别上升49.18%和56.9%。发生到市集体访18批344人次，同比分别下降10%和41.99%；进京集体访1批5人次，与2016年持平；进京到非接待场所上访8批8人次，同比减少3批3人次。转送交办市长专线信访件8599件，同比下降1.08%。受理市信访局转交办件246件、省信访局转交办件90件、省长信箱转交办件33件、国家投诉办转交办件71件、人民网信访件39件。

【领导干部接访下访】 每月15日为集美区主要领导接访日。2017年接访日，区委、区政府两位主要领导共接待群众7批20人，按期办结率100%。区级和各镇街领导接访209批1641人次。在党的十九大、厦门会晤和各级“两会”等重要会议、活动期间，增加接访的频率和次数，区、镇（街）领导干部每日分别到区人民群众来访接待中心、镇（街）信访接待场所接待群众来访，将领导干部定点接访、重点约访、带案下访、上门走访、主动回访等方式结合起来，面对面地了解群众诉求，听取群众意见，解决群众困难，理顺群众情绪，及时就地化解一大批信访问题。

【信访诉求分类处理】 2017年，区信访局采取加强宣传引导、强化业务培训、依法分流等措施，推进依法分类处理信访诉求工作。开展信访业务知识培训2场95人次。依法分流涉及劳动监察、纪检监察等信访事项，当场答复引导101件893人次，出具不予受理告知书24件，引导进入司法程序15件，依法分类处理信访诉求件批次、人次同比分别上升124.44%和81.14%，避免大量应通过法定途径的问题涌入信访渠道。

【厦门会晤信访维稳】2017 年 3 月起，集美区开展矛盾纠纷大排查、大化解、大整治工作，汇总各镇街隐患风险点、突出问题 57 批 2872 人次（含集体访），交办信访突出问题 15 批 688 人次（含集体访），逐一做好疏导化解工作，确保金砖国家领导人厦门会晤期间全区社会秩序稳定。

【信访积案化解】2017 年 4 月，集美区制订《落实全市信访积案领导包案督办工作的实施意见》，落实领导包案制度。5 月，区信访工作联席办组织开展第五批疑难信访事项审议工作，抽调检察院、区重点办、国土分局、法援中心等单位的人员，对侨英街道陈某某、杏滨街道杜某某两件信访事项进行专案评审。7 月和 11 月，区信访局先后召开王某某、许某某信访事项听证评议会。综合运用法律、经济、行政等手段，推动信访积案化解。至 11 月底，市领导联系包案的 3 件积案、区领导包案的 13 件行政类积案全部办结化解。

【越级上访整治】2017 年，集美区接待、处置越级集体访 21 批 386 人次。区信访局向公安机关移送进京到非接待场所上访人员陈某某、庄某某、杨某某等 5 人 7 批次，由公安机关依法进行查处。（叶秋芽）

老干部工作

【概况】2017 年，集美区老干局管理的离退休干部 45 人，离休干部遗属 19 人。其中，区离休干部 12 人，异地安置离休干部 5 人，“5·12”干部 4 人，原区五套班子退休干部 24 人。老干局宏观管理的离退休干部平均年龄 78.9 岁，其中离休干部、“5·12”退休干部平均年龄 88.8 岁。

【落实老干部政治生活待遇】2017 年，集美区坚持每年两次政情通报会制度。组织老干部参加区委扩大会议、列席区人大会等重要会议及重大活动。落实离退休干部“两费”保障机制，确保离退休费按时足额发放，确保医药费按规定实报实销。落实区级领导挂钩联系老干部和慰问制度，全年慰问老干部及遗偶 235 人次，发放慰问品、慰问金 18.3 万元。开展老干部敬老节集体祝寿暨游园活动。

【离退休干部思想建设】2017 年，集美区通过举办学习辅导讲座、读书班、支部集中学习、上党课、加强党性锻炼等方式，组织老干部学习党的十八大、十九大精神，确保老干部思想常新。举办老干部“两学一做”知识竞赛，提升学习教育成果。用好红色资源，开展党性教育，组织老干部重走红色之路，增强老干部的党性修养，坚定理想信念。加强离退休干部党组织建设，设立区委离退休干部工作委员会。对全区离退休干部党组织进行调查，建立全区离退休党组织信息库。做好区直机关离退休干部党支部换届工作，选好配强支部班子；老干局选派一名在职干部协助支部书记开展工作，确保支部工作正常开展。落实离退休党组织书记工作补贴。协助市委组织部拍摄制作《郑德发同志先进事迹》党建专题片。

【老干部增添正能量活动】2017 年，区委老干部局组织老干部先后参观集美新城软件园三期、防空团、“六线六片”建设、军营村、白交祠村等重点项目与重大民生工程，让老干部切身感受厦门集美的发展变化。把握金砖机遇，组织引导老干部围绕中心工作，开展“喜迎十九大，助力厦门会晤”活动。区委老干部局、区关工委联合在《集美报》刊登“助力厦门会晤增添正能量”志愿服务倡议书；举办“喜迎十九大，助力厦门会晤”书画摄影展及文艺会演活动。全区 2700 多名“五老”志愿者积极投入维护治安、网吧督导、交通督导、宣讲文明、帮老扶弱、环境整治、义务讲解嘉庚精神等志愿服务活动。

【老干部服务管理】2017 年，集美区创新老干部工作，开展对老干部日常入户家访、老干部祝寿、趣味游园等活动。发出《关于利用社区资源为离退休干部提供居家养老服务的通知》，引入政府购买服务方式，在全市率先为 23 名离退休干部及遗偶提供每月 600 元或 300 元标准的居家养老服务。推进社区“四就近”工作，创建银亭、

12 月 16 日，集美区老年大学在区文体中心展演教学成果。图为《太极神韵》表演
（冯立东 摄）

盛光（省级）、日东、纺织（市级）4个社区服务老干部工作“示范点”，建立特殊困难老干部及遗偶帮扶机制，全年帮扶特殊困难老干部及遗偶20余人次。

【老干部学习活动阵地建设】2017年，集美区着力解决老年大学教学场地、经费等制约老年教育发展问题，推动教学规模不断扩大。至年底，老年大学聘请教师53人，开设109个班，学员4000余人次，基本满足老干部的入学需求。定期举办老干部习唱会、沙龙、才艺展演等文化活动，组织老年学员参加市、区各类交流展示，为老年学员搭建学乐平台。依托区老年活动中心、区老年大学、区老体协，开展趣味游园、乒乓球、羽毛球、气排球、八十分比赛等文体活动。（陈晨）

关心下一代工作

【概况】 2017年，区关工委以教育引导、关心爱护青少年为重点，推进关心下一代工作网格化服务管理工作。各级关工委共开展学习党的十九大精神等各种主题教育活动151场次，受教育青少年33658多人次；举办读书征文活动3次，收到征文作品1万余篇，评出获奖作品608篇。与民主促进会厦门市委、农工党厦门市委、诚毅科技探索中心开展共建活动，举办各种法律知识讲座62场、法制教育夏（冬）令营6场，参加活动青少年1500多人；利用各种法制教育基地开展教育活动15次，受教育青少年8100多人次；“五老”网吧监督员检查网吧1.62万次，劝阻不文明、不讲卫生314人次。联系企业开展捐资助学活动，资助贫困学生2099人336.1万元。厦门烟草集美分公司、杏苑校董基金、姚明织带教育基金等7家爱心企业受到市关工委关爱联盟表彰，区教育局第五次蝉联教育部关工委授予的“读书征文先进集体”称号。

12月10日，灌口镇关工委组织中小学生开展军事夏令营活动。（区关工委 供图）

【主题教育活动】2017年，区关工委在青少年中广泛开展学习党的十九大精神、“学党史、颂党恩、听党话、跟党走”“党史、国史”和陈嘉庚故事等主题教育活动。组织各级关工委和区、镇（街）两级关工委报告团成员到市委党校学习培训。组织两级报告团深入社区、农村、企业开展宣讲活动40次，利用各种重要时节点、冬夏令营，开展各种主题教育151场次，受教育青少年3.37万人次。在党的十九大召开前，区关工委召开区、镇街报告团成员会议，要求报告团成员加强自身学习，并做好下基层宣讲备课工作。联合区老干局，举办机关干部、全区基层关工委骨干、报告团成员和“五老”骨干学习宣传十九大精神讲座。报告团副团长冯沿江制作课件《民族女英雄李林故事》下基层宣讲。灌口镇关工委在中小学开展“党在我心中”主题教育活动。杏林街道关工委开展“喜迎厦门会晤，做文明有礼小东道主”及“弘扬嘉庚精神”主题教育活动。杏滨街道关工委携手非公企业东金电子有限公司关工委，举办“党的十九大精神鼓舞我们前进”主题宣讲活动。

【基层关工委建设】2017年，区关工委与区民政局联合印发《关于推动关心下一代工作网格化服务管理实施方案的通知》，举办基层骨干培训班，深入基层调研，并在灌口双乐社区进行试点。各镇街关工委均抓一个村（居）试点，成立网格化关工委工作小组，选派“五老”人员参与，建立工作台账，对青少年和“五失”青少年进行摸底调查，完善关工委工作机制，使关心下一代工作落到实处。全区有非公企业关工委149个。区关工委与区委党校共同举办非公企业关工委骨干培训班，明确企业关工委工作任务、工作职责和工作方法。开展非公企业关工委创“五好”活动，全区有达标非公企业关工委8家，有3家在全市非公企业关工委工作交流会上介绍经验。灌口镇关工委探索小微企业与社区联建关工委组织的新模式，解决小微企业组建关工委组织难的问题。

【关爱活动】2017年，区关工委把关爱帮扶贫困生作为关心下一代工作的重要内容。区关工委与民主促进会厦门市委、农工党厦门市委开展共建活动。民进厦门市委选定后溪中心小学为共建示范点，在后溪中心小学开展助学、助教及生理健康咨询等服务。灌口镇关工委配合农工党厦门市委开展志愿服务活动，为灌口镇学生、社区群众开展义诊咨询服务活动，送医送药下基层，并在凤山书院开展国学教育，传播中华民族优秀传统文化。区关工委与诚毅科技探索中心开展共建活动。各级关工委可组织中小学生或企业青年职工到诚毅科技探索中心参观学习和开展实践体验活动。区关工委组织185名“五老”志愿者与105名“五失”青少年结对帮扶。政法系统关工委“五老”志愿者对5名在社区矫正的未成年人进行有针对性矫正帮扶管理，承担46名未成年人监护任务。全区各机关工委全年举办各种法律知识讲座62场次，受教育青少年4600多人次；举办法制教育夏（冬）令营6场次，参加活动青少年1500多人次；利用各种法制教育基地开展教育活动15场次，参加活动青少年2000多人次。区关工委“五老”网吧监督员检查网吧1.62万人次，未发现未成年人进入网吧，劝阻不文明、不讲卫生314人次。

【捐资助学活动】2017年，集美区经关工委系统资助或配合发放助学金190余万元，资助学生986名。其中，原区委书记、区关工委顾问郑德发联系厦门建霖集团董事长吕理镇，连续九年在区关工委设立芳德助学金，每年捐资25万元，资助集美大学和厦门理工学院品学兼优贫困生62名。区关工委资助单亲家庭贫困学生77人计7.7万元。区关工委联系侨促会企业，与37名贫困生常年结对帮扶，每年资助8.4万元。区教育系统关工委资助贫困中小学生、重病学生共20万元。集美街道关工委联络永和基金、嘉麟基金、公业基金，奖教奖学、助学937人次，总金额68万元。灌口个协关工委六一儿童节、春节期间到学校开展慰问、助学活动，捐助爱心款17万元。厦门烟草集美分公司、杏苑校董基金、姚明织带教育基金等7家爱心企业受到市关工委关爱联盟表彰。

【读书征文活动】2017年，区关工委协同区文明办、区教育局、团区委、区妇联，在中小学校开展“五好小公民”主题教育“阳光校园，我们是好伙伴”读书征文活动，收到文稿近万篇，评出一等奖43篇、二等奖82篇、三等奖149篇，授予杏南中学、后溪中学等14所学校优秀组织奖。杏林街道关工委联合区少儿图书馆及周边学校，举办“从书中学到——礼让互助”读书征文活动，评出一等奖8篇、二等奖15篇、三等奖23篇。灌口镇关工委举办“文明伴我行”征文活动，832名中小学生参加，评选一等奖18篇、二等奖90篇、三等奖180篇。区教育局第五次蝉联教育部关工委授予的“读书征文先进集体”称号。（陈锡萍）

台湾事务

【概况】2017年，集美区把握两岸关系和平发展主题，深化两岸经贸、文化各领域交流合作。全年新引进台资企业44家（含增资9家），合同利用台资7453万美元；继续深化与台湾中国生产力中心合作，举办企业家二代研习班、海峡工业设计大奖赛、台湾青年创业分享会，厦门（集美）对台研学旅行基地被省台办批准为全省首批对台交流基地，厦门北站台湾青年双创基地获福建省首批台湾青年创业就业基地认定，海峡两岸青少年文创交流基地获评2016年度厦门市“十大众创空间”，厦门蓝天网科技有限公司施颖忠获2016年度福建省“台湾青年创业之星”称号。举办两岸书法家送文化进社区、两岸青年原创乐队交流展演、两岸书法名家作品展、日据时期台湾历史图文展、两岸（集美）端午文化论坛、海峡两岸龙舟文化节、“嘉庚杯”“敬贤杯”海峡两岸龙舟赛、两岸青少年研学营和金门青少年研学营、台湾电影展、第四届海峡两岸青少年新媒体文创论坛、第三届“两岸·映像季”、两岸书画交流会、海峡两岸车辆模型（越野）大奖赛、第六届海峡自行车公开赛、中国汽车场地越野锦标赛暨首届海峡两岸越野邀请赛决赛等文体活动，以及各种村里社区和民间交流活动，密切两岸往来。受理台商台胞台属求助件11起，反馈率和按时报结率均为100%。

【对台经贸合作交流】2017年，集美区新引进台资企业44家（含增资9家），合同利用台资7453万美元。继续深化与台湾中国生产力中心的合作，4月25—29日，第十四届NeST企业家二代研习班在集美举行，台湾中国生产力中心总经理张宝诚为45名台湾企业二代和集美本地企业二代授课。10月20—22日，被誉为两岸工业设计“奥斯卡”的2017年海峡工业设计大奖赛在集美新城市民广场展览馆举行，展出兼具环保、创新与实用特点的入围作品550件。

【两岸青创基地建设】2017年，在集的台湾创业团队67支，台湾创业青年208人。区财政向台湾青创团队兑现创业启动资金190万元。厦门北站台湾青年双创基地获福建省首批台湾青年创业就业基地认定，并获福建省和厦门市2017年度台湾青年创业基地专项奖励各100万元。1月11日，厦门一品威客海峡两岸青创基地与共青团福建省委发起“101台湾青年创业扶持计划”建立战略合作伙伴关系。4月7日，台企建霖集团旗下全新品牌“匠仕创客空间”开业。4月29日，海峡两岸青少年文创交流基地获评2016年度厦门市“十大众创空间”。6月15日，台湾暨南大学EMBA企业家进修班59位青创代表参观北站台湾青年双创基地。12月22日，集美区举办2017年台湾青年创业分享会，展示集美区台湾青年创业成果，搭建两岸青年创业经验分享平台。是年，厦门蓝天网科技有限公司施颖忠获2016年度福建省“台湾青年创业之星”称号。

【两岸文化交流合作】 2017年1月15日，“两岸同根、丁酉迎春”两岸书法家送文化进社区活动走进宁宝社区，台北桃园书法家连文士、金门书法学会前理事长洪明灿、金门书法学会理事洪明标、金门书法学会理事翟美珍参加活动。3月19日，台湾同胞、企业家、慈善家苏瑞东在集美举办弥勒斋免费素食活动。3月29日，2017音乐厦门——“青春号召令”首届两岸青年原创乐队交流展演在陈嘉庚剧院“吹响号角”，来自海峡两岸的四支青年乐队演唱原创歌曲19首，金门“赤后乐队”特地创作一首关于厦门与金门的闽南语歌曲。4月22日，“同文同种、文化同源”连雅堂诗词两岸书法名家作品展在集美开展。5月9日，“反殖民与台湾光复——日据时期台湾历史图文展”在华侨大学厦门校区四端文物馆开幕。5月12日，台湾中国草书学会30名书法家参观连横书画院。5月28日，第十三届海峡两岸（集美）端午文化论坛在集美举办，论坛以“端午文化和海洋文明及‘一带一路’”为主题。6月10日，联发2017海峡两岸龙舟文化节开幕，“嘉庚杯”“敬贤杯”海峡两岸龙舟赛升格为第九届海峡论坛的配套活动。6月16日，第九届海峡论坛两岸特色庙会落户集美，5天共吸引近5万人次参加庙会，其中台胞近1000人次，首次举办“知行合一两岸青少年研学营”和“金门青少年研学营”等活动。6月18日，第九届海峡论坛·海峡影视季活动之一台湾电影展拉开序幕，厦门集美集影视文创园携手福建影视文化创意产业园、惠安闽台文化创意园、海峡两岸影视制作（漳州）基地等联合发起成立的福建影视产业基地战略联盟正式签约。6月18日下午，第九届海峡论坛第四届海峡两岸青少年新媒体文创论坛，在集美北海湾惠龙万达嘉年华酒店举行。8月19—25日，曾营小学文艺队赴台参加文化交流活动。10月19日，厦门海丝慈善会携手集美大学举办中秋佳节两岸文化交流联谊活动，100余名在厦求学的台籍学生欢聚一堂，共庆佳节。11月3日，第十届海峡两岸（厦门）文化产业博览交易会活动之一的第三届“两岸·映像季”在厦门举办，先后举办厦门影视资源推介会、两岸影视企业联展、影视IP衍生品交易展、影视纪开幕式等主题活动。11月25日，由台湾中国书法学会、厦门市集美区海外联谊会、厦门雅棠文化创意传播有限公司、厦门市天下集美文广传媒有限公司和海峡两岸青少年文创新媒体交流基地联合主办的“翰墨书香、两岸桥梁”书画交流会在集美举办，23名来自台湾的书画家与7名大陆书画名家参加此次交流会，共同在长卷上书写黄遵宪、于右任、连横的《台湾行》《望大陆》等诗作，书画卷长60米，代表两岸隔绝60年；宽30米，代表两岸开放民间交流30年。

6月16—23日，第九届海峡论坛两岸特色庙会在灵玲马戏城举行。图为游客参观两岸文创市集（林志杰 摄）

【两岸体育交流合作】 2017年3月2—5日，2017灌口·三圈海峡两岸车辆模型（越野）大奖赛在位于灌口的三圈模型科技体验基地举行。5月14日，2017年“体彩杯”厦门集美第六届海峡自行车公开赛在灌口正新汽车国际文化中心越野赛场开赛，来自海峡两岸300多名运动员参赛。11月4日，由集美区体育总会、黑松商贸（苏州）有限公司主办的2017第六届海峡两岸乒乓球赛开赛，共有两岸近300名运动员参加比赛。11月28日，由中国汽车摩托车运动联合会、厦门市体育局、集美区政府共同主办的2017厦门集美中国汽车场地越野锦标赛暨首届海峡两岸越野邀请赛决赛在厦门举办，共吸引来自海峡两岸的26支车队、100余名车手参赛。

【两岸村里社区交流】 2017年6月18日，金门县村里长联谊会参访团参访集美区，杏林街道园博社区与金门金沙镇何斗里对接。12月7日，杏林街道商会组团赴金门，杏林街道西亭社区与金门金沙镇大洋里对接，杏林街道宁海社区与金门金沙镇光前里对接。

【民间交流往来】 2017年1月28日，灌口镇山口庙一行20余人前往台北山口庙等庙宇拜谒参观。3月12日，侨英街道板桥张文总等应邀出席新北市板桥区张廖简宗亲会第七届第一次会员大会暨祭祖活动。4月12日，灌口镇凤山祖庙接待台湾新北市杨梅区南天宫与嘉义市鹿草乡圆山宫信众一行。

11 月 15 日，台北霞海城隍庙信众到后溪城隍庙访问。（王坚峰 摄）

4 月 20 日，台湾张廖简宗亲总会理事长张定次率团 12 人到板桥交流。5 月 6—8 日，后溪霞城城隍庙阵头队及信众 71 人赴金门参加 2017 年迎城隍活动。5 月 28—31 日，集美区鑫华圃歌仔戏剧团赴金门县盘山村广济庙参加 2017 年“温王爷圣诞千秋”庆典。6 月 23 日，台北芦洲李氏宗亲一行 60 多人到兑山金鞍山寺寻根谒祖。7 月 9—13 日，台湾新北市张廖简宗亲会理事长简文章一行 22 人到集美参观访问。8 月 16 日，台湾张氏宗亲总会理事长张国清率团 70 人到板桥省亲祭祖。10 月 6 日，板桥张文总应邀出席台湾张氏总会成立暨创会两周年庆典大会。10 月 9 日，台湾新北市三重区山安宫组团 29 人到集美区灌口镇山口庙谒祖朝拜。

【保障台商合法权益】2017 年，区台办稳妥处置涉台纠纷和涉台突发事件，加强对台资企业治安防控的指导以及涉台案件的调处工作，强化相关部门的协调合作，共受理台商台胞台属求助件 11 起，及时处置台企在环保、用地、股权、劳资、子女就学等方面的问题，反馈率和按时报结率均为 100%。

（陈文婕）

机关效能建设

【概况】2017 年，区效能督查办发挥督查工作服务区委中心工作的助力效用，抓住全区工作重点，开展督查工作。中心工作全面督办，围绕区委主要领导批示和其他重要工作印发督查通知书 180 件，涉及具体事项 550 件；对区委领导重视的督办事项，形成领导专阅报告件 19 件，做到上级和本级领导批示查办件批必办、办必果、果必报，件件有反馈，事事有回音。专项工作重点督办，督办“六线六片”整治工作具体事项 525 项，督促任务完成 514 项，占比 98%。抓好督查整改，全程介入并跟踪中央环保督查件办理情况，做好反馈把关及事后“回头看”工作；对省、市效能通报的问题，督促整改，抓好落实。推广典型经验，总结铁路沿线杏滨段市容提升与环境整治的经验、许庄在短时间内完成村民搬迁的做法，印发各单位推广学习。

【开展效能约谈】2017 年，区效能督查办对在督查工作中发现的苗头性问题，及时与单位负责人或责任人进行效能约谈，发挥效能约谈的提醒作用。全年效能约谈相关责任人 22 人次。7 月，全市市容环境考评，集美区排名全市六区最后一名。区效能督查办约谈区执法局分管领导、六个镇街的相关领导，提出存在问题及整改要求。8 月考评，集美区跃居全市六区第一名。同时加强效能问责力度，对违反工作纪律、慢作为、乱作为的相关工作人员予以效能问责，全年效能问责 51 人。

【创新督查机制】2017 年，区效能督查办与相关职能部门主要领导逐一座谈，收集各镇街和职能部门在经济和社会发展工作中的创新做法和工作亮点，形成《集美区机制创新工作材料汇编》。其中，“集美区创新机制推进村庄生活污水治理”“集美区着力补齐学前教育短板”上报市效能督查办。“厦门市集美区创新机制推进村庄生活污水治理”被 2017 年度第三轮省效能督查专报刊载，在全省推广。

（区效能督查办）

厦门市集美区人民代表大会

综 述

【概况】2017年，集美区召开人民代表大会1次、人大常委会会议15次、人大常委会主任会议4次，听取、审议区政府及其部门、区法院、区检察院专项工作报告12项；开展执法检查1项，组织市、区两级代表专项视察8次，进行专题询问1次，作出重大事项决定、决议3项；任免国家机关工作人员33人次；督办代表提出的建议、批评和意见125件。

【决议和决定】2017年，区人大常委会审议通过重大事项决议和决定3项。3月29日，区人大常委会作出《关于加大特色公共交通建设，提升集美旅游水平的议案》的交办决定。7月27日，区人大常委会听取并审议区政府《关于2016年集美区本级财政决算的报告》《关于2016年度集美区本级预算执行和其他财政收支的审计工作报告》，作出《关于批准2016年集美区本级财政决算的决议》。11月28日，区人大常委会听取和审议区政府《关于集美区2017年1—10月财政预算执行情况和财政预算调整草案的报告》，作出《关于批准2017年区本级预算调整的决议》。

【常委会读书班】2017年，区人大常委会先后举办两期专题读书班。6月1日，举办迎“厦门‘金砖会晤’”，促“五大发展”的学习研讨春季读书班，区人大常委会组成人员参加学习。市人大常委会人事任免处处长周军应邀做题为《人民代表大会制度的特点和历史》的授课辅导。传达全省人大人事代表工作会议精神，开展迎厦门会晤、促“五大发展”学习研讨。10月30日，区人大常委会举办增强“四种意识”提升履职能力的专题辅导秋季读书班，区人大常委会组成人员参加学习。市人大常委会原财经工作委员会主任黄清河应邀做《如何开展政府全口径预算审查与监督》授课辅导，市委党校教授周明伟应邀做学习贯彻党的“十九大”精神专题讲座。（陆杰）

2017年集美区人大常委会重要决议、决定、审议意见选录

表7

时 间	题 目
3月29日	“关于加大特色公共交通建设提升集美旅游水平议案”的交办决定
5月24日	关于区法院执行工作情况报告的审议意见
5月24日	关于我区围绕地铁通车加快公共场站建设，构建公共交通体系情况专题询问的审议意见
7月27日	关于批准2016年集美区本级财政决算的决议
7月27日	关于加强城市整治提升城市精细化管理水平情况的审议意见
9月21日	关于民办幼儿园规范管理情况的审议意见
9月21日	关于区政府贯彻实施《中华人民共和国安全生产法》情况的审议意见
11月28日	关于杏林日东排洪沟、月美池污水整治和杏林污水厂扩建情况的审议意见

重要会议

【区十二届人代会第二次会议】2017年12月25—28日，区十二届人大召开第二次会议。会议听取和审议区长何东宁所作的《政府工作报告》，作出《关于集美区人民政府工作报告的决议》，决定批准该报告；审议区财政局局长胡国才受区政府委托所作的《关于集美区2017年财政预算执行情况和2018年财政预算草案的报告》，审查集美区2018年财政预算草案，作出《关于集美区2017年财政预算执行情况和2018年财政预算的决议》，决定批准该报告，批准2018年区本级财政预算；听取和审议主任陈建荣所作的区人民代表大会常务委员会工作报告，作出《关于集美区人民代表大会常务委员会工作报告的决议》，决定批准该报告；听取和审议区法院院长温文华所作的区人民法院工作报告，作出《关于集美区人民法院工作报告的决议》，决定批准该报告；听取和审议区检察院检察长彭明武所作的区人民检察院工作报告，作出《关于集美区人民检察院工作报告的决议》，决定批准该报告。会议选举刘琦龙为区监察委员会主任。

【区十二届人大常委会会议】2017年，区人大常委会召开常委会会议15次。①1月6日，区十二届人大常委会召开第一次会议。区人大常委会副主任陈清苗主持，区人大常委会主任陈建荣、副主任及委员25人出席会议。会议审议并表决同意接受贾益民辞去市十五届人大代表职务。②1月16日，区十二届人大常委会召开第二次会议。区人大常委会副主任陈来福主持，区人大常委会主任陈建荣、副主任及委员25人出席会议。会议听取市公安局集美分局《关于提请许可对集美区人大代表汪玉灿采取强制措施的报告》，根据《中华人民共和国全国人民代表大会和地方各级人民代表大会代表法》第三十二条、第四十八条和《福建省实施〈中华人民共和国全国人民代表大会和地方各级人民代表大会代表法〉办法》第二十五条、第三十二条的规定，决定许可公安机关对汪玉灿依法采取强制措施，并暂时停止其执行代表职务。③2月17日，区十二届人大常委会召开第三次会议。区人大常委会副主任陈来福主持，区人大常委会主任陈建荣、副主任及委员26人出席会议，区委常委、区长何东宁，区委常委、组织部长肖峰，区法院院长温文华，区检察院检察长彭明武列席会议。会议讨论并表决通过《集美区人大常委会会议电子表决器使用应急预案》。会议听取并审议区政府何东宁区长提请关于孙加庆等同志任职的议案，表决通过该任职名单；会议举行颁发任命书仪式，并组织被任命人员向宪法宣誓。④3月29日，区十二届人大常委会召开第四次会议，区人大常委会副主任邱晓晖主持，区人大常委会主任陈建荣、副主任及委员24人出席会议，区政府副区长林声群，区法院院长温文华，区检察院检察长彭明武，集美街道办事处党工委书记郑小妍、主任李勇全列席会议。会议听取并审议区人民法院院长温文华关于提请任命詹锦林等任职的议案和区人民检察院检察长彭明武关于提请林朝晖等免职的议案，表决通过任免名单；会议举行颁发任命书仪式，并组织被任命人员向宪法宣誓。会议听取并审议区人大科教侨台工委所作的《关于加大特色公共交通建设，提升集美旅游水平议案审议结果的报告》，决定将“关于加大特色公共交通建设，提升集美旅游水平”的议案转为区人大常委会议案，交由区政府办理。会议讨论并表决通过《区人大常委会2017年工作要点》。会议审议并表决通过区十二届人大代表资格审查委员会名单、区人大各工作委员会聘任委员名单和各街道工作委员会聘任委员名单。区人大法制内司工委书面报告2016年度规范性文件备案审查工作情况。⑤4月26日，区十二届人大常委会召开第五次会议。区人大常委会副主任丁加生主持，区人大常委会主任陈建荣、副主任及委员25人出席会议，区委常委、区长何东宁，区委常委、组织部长肖峰，区法院院长温文华，区检察院检察长彭明武列席会议。会议听取并审议区长何东宁提请关于李大出任职的议案，表决通过决定任职名单；会议举行颁发任命书仪式，并组织被任命人员向宪法宣誓。会议听取法制内司工委主任余清岩所作的关于调整审议议题的报告，审议并同意法制内司工委5月份承办的常委会议题按照省市区三级人大联动监督的要求进行调整。⑥5月24日，区十二届人大常委会召开第六次会议。区人大常委会副主任陈清苗主持，区人大常委会副主任及委员24人出席会议，区政府副区长林声群，区法院院长温文华，区检察院检察长彭明武，区政法委副书记杨聪敏，区公安分局副局长李晓斌列席会议。会议听取并审议区法院院长温文华所作的关于执行工作的情况报告，作出《集美区人大常委会关于区法院执行工作情况报告的审议意见》，交由区法院处理。其后，会议进行专题询问。区人大常委会副主任丁加生主持，区人大常委会副主任及委员24人出席会议，区政府副区长吴金平，区交通运输局副局长陈金平，区道安办陈金茂，区轨道办黄云腾列席会议。会议听取副区长吴金平代表区政府所作的《关于我区围绕地铁通车加快公交场站建设，构建公共交通体系情况的报告》，并就公共交通相关问题进行专题询问，形成《集美区人大常委会关于我区围绕地铁通车加快公交场站建设，构建公共交通体系情况专题询问的审议意见》，交区政府处理。⑦6月2日，区十二届人大常委会召开第七次会议。区人大常委会副主任陈清苗主持，区人大常委会主任陈建荣、副主任及委员25人出席会议，区法院院长温文华，区检察院检察长彭明武列席会议。会议审议并表决通过关于依法罢免郭清泉厦门市第十五届人民代表大会代表职务的决定。⑧6月27日，区十二届人大常委会召开第八次会议。区人大常委会副主任陈来福主持，区人大常委会主任陈建荣、副主任及委员22人出席会议，区委常委、常务副区长孙建辉，区委常委、组织部长肖峰，区法院院长温文华，区检察院副检察长叶榕勤列席会议。会议听取并审议区政府提请关于叶德传免职的议案，表决通过免职名单。会议审议并表决同意接受陈肖玲辞去区十二届人大代表职务。⑨7月27日，区十二届人大常委会召开第九次会议。区人大常委会副主任邱晓晖主持，区人大常委会主任陈建荣、副主任及委员22人出席会议，区委常委、常务副区长孙建辉，副区长林声群，区法院院长温文华，区检察院检察长彭明武，区财政局局长胡国才，区审计局副局长蔡爱兰，区城市管理行政执法局局长熊志伟，区城管办副主任黄国华，集美交警大队综合科科长洪发庭列席会议。会议举行聘任书颁发仪式，区人大常委会主任陈建荣向常委会各工作委员会聘任委员颁发聘任书。会议听取并审议区财政局局长胡国才受区政府委托所作的《关于2016年集美区本级财政决算的报告》、区审计局蔡爱兰副局长受区政府委托所作的《关于2016年度集美区本级预算执行和其他财政收支的审计工作报告》。经过审议，会议通过区人大常委会《关于2016年区本级财政决算的审议意见》，同意区政府《关于2016年集美区本级财政决算的报告》，决定批准2016年集美区本级财政决算。会议听取并审议区政府副区长林声群代表区政府所作的《关于加强城市整治，提升城市精细化管理水平情况的报告》，作出《集美区人大常委会关于加强城市整治，提升城市精细化管理水平情况的审议意见》，交区政府处理。⑩9月21日，区十二届人大常委会召开第十次会议。区人大常委会副主任李梅英主持，区人大常委会主任陈建荣、副主任及委员23人出席会议，区政府副区长黄颖、李宗泽，区法院院长温文华，区检察院检察长彭明武，区政府办副主任陈卫平，区教育局副局长黄世明，区安全生产监督管理局局长庄晓东列席会议。会议听取并审议区政府副区长黄颖代表区政府所作的《关于民办幼儿园规范管理情况的报告》，作出《集美区人大常委会关于民办幼儿园规范管理情况的审议意见》，交区政府处理。会议听取并审议区政府副区长李宗泽代表区政府所作的关于《中华人民共和国安全生产法》贯彻实施情况的报告和区人大常委会副主任陈来福代表区人大常委会执法检查组所作的《关于检查〈中华人民共和国安全生产法〉实施情况的报告》，作出《集美区人大常委会关于区政府贯彻实施〈中华人民共和国安全生产法〉情况的审议意见》，交区政府处理。会议审议并表决同意接受杨建东辞去区十二届人大常委会委员职务。⑪11月28日，区十二届人大常委会召开第十一次会议。区人大常委会副主任丁加生主持，区人大常委会主任陈建荣、副主任及委员24人出席会议，区政府副区长林声群，区法院院长温文华，区检察院检察长彭明武，区政府办主任孙加庆，区财政局局长胡国才，区建设局局长邹荣生，市环境保护局集美分局副局长李志胜，杏林污水处理厂厂长李玮，区文体旅游局局长吴吉堂，区交通局副局长陈金平，集美街道办事处主任李勇岩等列席会议。会议听取并审议区财政局局长胡国才受区政府委托所作的《关于集美区2017年1—10月财政预算执行情况和财政预算变更草案的报告》，决定批准2017年区本级预算变更草案。会议听取并审议区建设局局长邹荣生受区政府委托所作的《关于杏林日东排洪沟、月美池污水整治和杏林污水厂扩建情况的报告》，作出《集美区人大常委会关于杏林日东排洪沟、月美池污水整治和杏林污水厂扩建情况的审议意见》，交区政府处理。会议听取并审议区政府《关于加大特色公共交通建设，提升集美旅游水平议案办理情况的报告》。会议听取并审议区政府副区长林声群代表区政府所作的《关于区十二届人大一次会议代表建议办理落实情况的报告》，审议并通过《关于补选区十二届人大代表的决定》，决定补选集美区第十二届人民代表大会代表2名。会议听取并审议区人民法院院长温文华提请关于王玉静等任职的议案，表决通过决定任职名单；听取并审议区人民检察院检察长彭明武提请关于吴晖等任免职的议案，表决通过决定任免名单；会议举行颁发任命书仪式，并组织被任命人员向宪法宣誓。区政府书面报告关于1—10月集美区国民经济和社会发展计划的执行情况。⑫12月12日，区十二届人大常委会召开第十二次会议。区人大常委会副主任陈清苗主持，区人大常委会主任陈建荣、副主任及委员24人出席会议，区政府副区长林声群，区法院副院长刘鹭育，区检察院副检察长李志勇列席会议。会议研究区十二届人大二次会议召开时间及有关事项，决定十二届人大二次会议于12月25—28日召开；表决通过依法列席和决定列席区十二届人大二次会议人员名单，主席团和秘书长

9月21日，区人大常委会听取并审议区政府关于《中华人民共和国安全生产法》贯彻实施报告。图为区长何东宁（左）带队检查林德气体（厦门）有限公司安全生产管理情况。
（冯立东 摄）

建议名单、财政经济审查委员会组成人员建议名单、议案审查委员会组成人员建议名单、各代表团召集人建议名单、代表资格审查委员会名单。会议讨论并原则同意《集美区人民代表大会常务委员会工作报告（建议稿）》，由区人大办公室进一步修改后提请大会审议。⑬12月18日，区十二届人大常委会召开第十三次会议。区人大常委会副主任陈来福主持，区人大常委会主任陈建荣、副主任及委员24人出席会议，区法院院长温文华，区检察院检察长彭明武列席会议。会议审议并投票补选华侨大学党委副书记刘斌为市十五届人大代表。⑭12月22日，区十二届人大常委会召开第十四次会议。区人大常委会副主任李梅英主持，区人大常委会主任陈建荣、副主任及委员23人出席会议，区法院院长温文华，区检察院检察长彭明武列席会议。会议听取区十二届人大常委会代表资格审查委员会主任委员陈清苗所作的《关于区十二届人大代表变动情况及补选代表的代表资格审查报告》，审议通过该报告，提交区十二届人大二次会议备案。⑮12月28日，区十二届人大常委会召开第十五次会议。区人大常委会副主任邱晓晖主持，区人大常委会主任陈建荣、副主任及委员25人出席会议，区委常委、区纪委书记、区监察委员会主任刘琦龙，区法院院长温文华，区检察院检察长彭明武列席会议。会议听取并审议区监察委员会主任刘琦龙提请关于张树国等任职的议案，表决通过任职名单；会议举行颁发任命书仪式，并组织被任命人员向宪法宣誓。会议审议并投票补选区委常委、区纪委书记、区监察委员会主任刘琦龙为市十五届人大代表。

【区十二届人大常委会主任会议】 2017年，区人大常委会召开主任会议4次。①4月26日，区十二届人大常委会召开第二次主任会议。区人大常委会主任陈建荣主持，副主任陈清苗、陈来福、李梅英、邱晓晖、丁加生，党组成员黄云茜，人大办主任颜建艺出席会议，区政府副区长李大出，集美规划分局副局长许海生，集美区马銮湾新城开发建设领导小组办公室曾文清、林毅，灌口镇、后溪镇人大主席，杏林街道、侨英街道、杏滨街道人大工委主任，区人大常委会相关委室负责人列席会议。会议听取集美规划分局副局长许海生受区政府委托所作的《关于马銮新城集美片区公共设施规划情况的报告》，关于区人大常委会组成人员联系区人大代表名单的报告，传达学习市区人大常委会主任座谈会精神。②6月27日，区十二届人大常委会召开第三次主任会议。区人大常委会主任陈建荣主持，副主任陈清苗、陈来福、李梅英、邱晓晖、丁加生，党组成员黄云茜，人大办主任颜建艺出席会议，区政府副区长石扬，区卫生和计划生育局局长林云建，区机构编制委员会办公室主任胡国进，区财政局调研员林素厅，市环境保护局集美分局调研员颜海炜，灌口镇、后溪镇人大主席，杏林街道、侨英街道、杏滨街道人大工委主任，区人大常委会相关委室负责人等列席会议。会议听取副区长石扬代表区政府所作的《关于基本公共卫生服务项目落实情况的报告》。③8月4日，区十二届人大常委会召开第四次主任会议。区人大常委会主任陈建荣主持，副主任陈清苗、陈来福、邱晓晖，党组成员黄云茜，人大办主任颜建艺出席会议，区政府副区长林声群，区公安分局局长王嘉兴，区信访局局长杨志伟，区卫生和计划生育局副局长王振和，区民政局调研员林胜利，区司法局局长王在军，区交通运输局副局长陈金平，区安全生产监督管理局局长庄晓东，灌口镇镇长柯振敏，杏林街道办事处主任林朱强，集美街道办事处主任李勇岩，侨英街道办事处主任庄源源，杏滨街道办事处主任王意达，灌口镇、后溪镇人大主席，杏林街道、集美街道、侨英街道、杏滨街道人大工委主任，区人大常委会相关委室负责人列席会议。会议听取集美公安分局局长王嘉兴所作的关于集美区厦门会晤安保工作情况的报告。④10月20日，区十二届人大常委会召开第五次主任会议。区人大常委会主任陈建荣主持，副主任陈清苗、陈来福、李梅英、邱晓晖、丁加生，党组成员黄云茜，人大办主任颜建艺出席会议，区政府副区长黄颖，区检察院检察长彭明武，区人大法制内司工委兼职委员黄进勤、余清凉、肖金发、王瑞华，区检察院办公室副主任陈佳，灌口镇、后溪镇人大主席，杏林街道、集美街道、侨英街道、杏滨街道人大工委主任，区人大常委会相关委室负责人列席会议。会议听取区人民检察院检察长彭明武所作的《关于刑事执行检察工作情况的报告》。（陆杰）

监督工作

【民生监督】 2017年，区人大常委会针对集美区旅游发展迅猛，区内旅游景点多而分散，缺乏资源整合和规划，没有串联所有景点的旅游专线，不方便居民出行和游客换乘等问题，决定将代表提出的“关于加大公共交通投入，提升集美特色旅游”的议案转为区人大常委会议案“关于加大特色公共交通建设，提升集美旅游水平的议案”，交区政府办理。区政府成立“集美铛铛车旅游专线”工作小组，制订工作方案，并推动落实，取得一定进展。但因车辆生产企业车辆未能按时交付使用，致使议案无法按期办结。区人大常委会要求区政府加大协调力度，加快办理进度，确保该议案尽早全面办结。议案办理相关工作由科教侨台工委继续跟踪，确保工作持续稳步推进。同年，区人大常委会听取和审议区政府《关于加强城市整治，提升城市精细化管理水平情况的报告》，督促区政府以实现“精细化管理”为目标，在管理体制改革、长效机制建设、保障机制完善和宣传上下功夫，努力实现城市管理水平全面提升。听取和审议区政府《关于民办幼儿园规范管理情况的报告》，督促政府有关部门要认真贯彻落实中央和省委、市委、区委关于“补齐民生短板，确保全面建成小康社会”的指示，加快推进教育事业发展，树立科学办园理念，强化民办幼儿园规范管理，促进民办幼儿园良性发展。听取和审议区政府《关于杏林日东排洪沟、月美池污水整治和杏林污水厂扩建情况的报告》，督促区政府要加快推进杏林日东排洪沟、月美池污水整治和杏林污水厂扩建提标工程建设，完善截污纳管工程，强化长效管控，巩固提升整治成效。听取区政府《关于马銮湾集美片区公共设施规划情况的报告》，对进一步加强和完善马銮新城集美片区公共设施规划提出要求。听取区政府《关于基本公共卫生服务项目落实情况的报告》，要求区政府继续采取有效措施，促进全区基本公共卫生服务工作的平稳健康发展。

【经济监督】2017 年，区人大常委会继续加强对经济运行的监督，强化财政决算、预算执行、审计工作的审查监督，听取和审议区政府关于 2016 年财政收支决算的报告、关于 2016 年财政预算执行情况和其他财政收支的审计工作报告、关于 2017 年 1—9 月财政收支预算执行情况的报告、关于 2017 年 1—9 月国民经济和社会发展计划执行情况的报告等，确保有限的区级财政资金发挥最大效益，助推经济持续健康发展。

【司法监督】2017 年，区人大常委会依法履行各项职权，推动行政部门依法行政和司法机关公正司法，维护法律权威。听取和审议区法院《关于执行工作情况报告》，就建立和完善联动机制提升执行工作合力、采取有效措施加大执行力度、加强执行队伍建设提高执行能力、加大宣传力度优化执行环境等提出意见。组织开展《中华人民共和国安全生产法》贯彻实施情况执法检查，吸收基层一线代表参加，拓展执法检查的广度和深度。根据执法检查结果，要求区政府切实加大对《安全生产法》的宣教力度，完善安全生产管理责任体系，加强安全生产监管执法，加大对安全隐患的排查治理力度，抓好安全生产事故防控工作，保障人民群众生命和财产安全，促进经济社会持续健康发展。听取区检察院《关于刑事执行检察工作报告》，对加大刑事执行监督力度维护公平公正、完善刑事执行监督工作机制提升监督实效、加强刑事执行检察机构和队伍建设夯实监督基础等提出改进要求与建议。听取区公安分局《关于厦门会晤安保工作情况的报告》，要求公安机关要完善各项预案，抓紧抓实抓细，及时发现、排除和处置存在的各种隐患，全力保障厦门会晤期间社会安全稳定，营造安定和谐的社会环境，确保厦门会晤安保工作万无一失。继续推进规范性文件备案审查工作，审查规范性文件 18 件，确保规范性文件的合法性、严肃性。

【代表建议督办】区十二届人大一次会议期间，与会代表依法向大会提出建议、批评和意见 113 件，闭会期间另交办 12 件，共计 125 件，其中重点建议 3 件。所提建议选题广泛，内容涉及全区经济和社会生活的各个方面。区人大常委会坚持“办前联系、办中沟通、办后回访”的工作机制，强化议案建议督办力度，采取专题调研、跟踪检查、专项视察、专题询问等方式集中督办一批重点建议。召开建议办理座谈会，与代表面商会谈、征询意见，对办理单位重视程度、答复情况、办理效果进行评价。代表对办理情况不满意的建议，常委会督促承办单位重新办理，要求承办单位加强与代表联系沟通，提出解决问题的办法，据实向代表解释说明。经过各方共同努力，125 件建议全部按办理要求答复代表，答复率 100%，办理满意率 98%。

【信访工作】2017 年，区人大常委会适应涉法涉诉信访改革要求，健全信访工作制度和案件督办机制，提高信访办理的质量和成效，通过信访更好地了解社情民意，联系人民群众，有针对性地开展监督工作。常委会领导坚持亲自接访，办公室安排专人负责

9 月 15 日，区人大代表视察农村养老幸福院建设情况。图为灌口镇铁山社区幸福院老人在做健身活动（冯立东 摄）

5月24日，区人大常委会专题询问共享单车管理规范问题。图为集美街道为共享单车划定专用停车区域（郭妮妮 摄）

做好信访工作，定期对信访情况进行汇总和协调，促进信访反映的典型和共性问题得到解决。全年受理群众来信10件，接待群众来访48批119人次，办理省、市人大信访转办件3件，督促有关部门依法处理，推动一批信访问题得到解决。（陆杰）

重要活动

【代表视察】2017年4月14日，区人大常委会组织部分市、区人大代表，视察集美大桥、厦门大桥、杏林大桥三座大桥桥头绿化情况，召开座谈会，组织区政府相关部门听取人大代表意见建议，督促区政府加强绿化建设。5月11日，区人大常委会组织部分市、区人大代表，视察集美大道、孙坂北路、后溪碗瑶、孙厝路口等处沿街建筑立面改造、环境整治情况，召开座谈会，督促区政府加强城市精细化管理。9月11日，区人大常委会组织部分区人大代表，视察侨英街道辖区民办幼儿园，实地了解民办幼儿园的办学情况，为常委会听取和审议区政府关于民办幼儿园规范管理情况的报告作准备。9月，区人大常委会与同安区人大常委会共同组织市人大代表跨区视察、交叉视察。14日，市人大代表集美代表小组视察同安区莲花镇军营村、白交祠村，了解同安区乡村旅游建设发展情况；26日，市人大代表同安代表小组视察集美区水上运动中心、环杏林湾景观、集美新城市民广场、软件园三期等地，了解集美新城、软件园三期建设情况。通过跨区视察、交叉视察，有助于人大代表开阔视野、拓宽思路、取长补短，跳出既有思维模式，履职实践更接地气。9月15日，区人大常委会组织部分区人大代表，视察灌口镇铁山社区、双岭社区和后溪镇溪西村农村养老幸福院建设情况，召开座谈会，督促区政府加强养老设施建设，努力补齐民生短板。11月22日，区人大常委会组织部分区人大代表，视察杏林街道日东池黑臭水体整治、地下停车场建设、村集体发展用地规划建设等情况，为常委会听取区政府关于区十二届人大一次会议代表议案、建议办理落实情况的报告作准备。12月19日，区人大常委会组织市人大集美代表小组，视察地铁1号线园博苑站、厦门医学院、软件园三期人才公寓，为即将召开的厦门市人民代表大会做准备。12月22日，区人大常委会组织部分区人大代表，视察金龙公司“铛铛车”样车，了解常委会相关议案办理进度及情况。

【专题询问】2017年5月24日，区人大常委会第六次会议听取区政府《关于我区围绕地铁通车加快公交场站建设，构建公共交通体系情况的报告》，并就辖区地铁站点公共场站、停车场等配套设施规划问题，中小学校公共交通线路、站点建设问题，新建城区和社区公交问题，公共交通体系后续运营管理问题，自行车系统道路建设和共享单车的管理规范问题等进行专题询问。7月25日，区人大常委会组织140余名区人大代表，分组听取区政府关于“六线六片”整治工作开展情况和文化产业、旅游业发展情况的通报。区建设局、执法局、城管办和文体旅游局等部门负责人列席政情通报会，现场回答人大代表的询问。

（陆杰）

厦门市集美区人民政府

重要会议

【区政府全体成员（扩大）会议】2017年2月20日，集美区人民政府召开全体成员（扩大）会议。会议决定2017年在政府系统开展"效率提升年"活动，转变政府机关工作作风，提高政府机关运行效率。

【区政府常务会议】2017年，区政府共召开20次常务会议，即十二届人民政府第二次至第二十一次常务会议。①1月22日，区长何东宁主持召开第二次区政府常务会议，研究2017年第一批财政性建设项目、景观整治提升工作、促进股权投资类企业发展暂行办法、地质灾害治理实施方案等议题。②2月20日，区长何东宁主持召开第三次区政府常务会议，研究体育工作"十三五"发展规划和全民健身计划（2016—2020年）、完善计生奖励扶助政策的意见等议题。③3月6日，区长何东宁主持召开第四次区政府常务会议，研究安全生产工作、安全生产执法工作计划、安保维稳工作科技信息化建设相关项目等议题，决定给予陈志毅记三等功。④3月20日，区长何东宁主持召开第五次区政府常务会议，研究河长制实施方案、法制政府建设实施方案、2017年重点项目计划，2016年度镇街和部门党政领导生态文明建设与环境保护目标责任制考核情况，2017年度区政府领导班子及成员全面从严治党主体责任清单等议题。⑤3月27日，区长何东宁主持召开第六次区政府常务会议，研究2017年第二批财政性建设项目、第一批集美区科技计划项目经费、安置房建设与管理暂行规定和流域周边家禽养殖退养等议题。⑥4月7日，区长何东宁主持召开第七次区政府常务会议，研究配合中央环境保护督察工作方案、第一批老旧小区改造提升工作和义务教育阶段民办学校扶持补助办法等议题。⑦4月21日，区长何东宁主持召开第八次区政府常务会议，研究模具产业园开发建设、鼓励物流业发展扶持办法、生活垃圾分类工作实施方案、首批生活垃圾分类示范小区和垃圾直运实施方案等议题。⑧5月8日，区长何东宁主持召开第九次区政府常务会议，研究区政府领导成员工作分工、房屋安全管理、配合中央环保督察、支持区属国企参与村（居）集体发展项目合作开发措施、防止畜禽养殖回潮长效监管、鳌园景区免费开放、增设安仁社区居委会等议题。⑨5月23日，区长何东宁主持召开第十次区政府常务会议，研究2017海峡两岸（集美）龙舟文化节暨"嘉庚杯""敬贤杯"海峡两岸龙舟赛筹备工作、2016年度纳税大户表彰奖励、公共租赁住房管理办法、卫生计生工作等议题。⑩6月5日，区长何东宁主持召开第十一次区政府常务会议，研究工业转型升级奖励办法、实施标准化及品牌发展战略奖励办法、社区居家养老服务工作、调整园博社区规模及成立莲亭社区、2016年区绩效考评结果及应用、2017年绩效管理工作方案、"扫黄打非"工作、两岸特色庙会及台湾县市旅游推介交流会筹备工作等议题。⑪6月29日，区长何东宁主持召开第十二次区政府常务会议，传达学习习近平总书记关于扶贫开发、对口帮扶的重要讲话精神及邓小平"两个大局"的著名论断，研究区政府工作规则、防洪防台风应急预案、财政性投融资建设项目预决算管理实施办法、2017年第三批财政性建设项目、对口帮扶工作等议题。⑪7月10日，区长何东宁主持召开第十三次区政府常务会议，传达学习习近平总书记关于全力做好防灾抗灾减灾工作的重要指示，研究防灾抗灾减灾工作、社会面火灾防控工作、红色文化遗存和革命遗址挂牌立碑、2016年区本级预算执行和其他财政收支审计、2016年集美区本级财政决算等议题。⑫7月31日，区长何东宁主持召开第十四次区政府常务会议，研究食品安全举报奖励办法、安全生产工作、社会面火灾防控工作、落实国务院扶贫办东西部扶贫协作任务分解方案、生态环境损害赔偿工作方案、工业招商引资工作方案、道路交通事故应急抢救费用专项资金设立及实施办法、区级部门延伸服务事项、市级高新技术企业备案奖励、与中国科学院幼儿园合作办园等议题。⑬8月16日，区长何东宁主持召开第十五次区政府常务会议，研究加快补齐民生短板确保全面建成小康社会的决定、加快医疗卫生事业、教育事业、养老事业、城乡基础设施建设、保障性住房建设、交通基础设施建设的实施意见，促进建筑业加快发展的实施办法，2017年第四批财政性建设项目等议题。⑭8月21日，区长何东宁主持召开第十六次区政府常务会议，研究安置房项目规划选址、社会面火灾防控、2016年度招商引资工作考核情况等议题。⑮9月21日，区长何东宁主持召开第十七次区政府常务会议，研究"集美节"

2017 年，集美区政府加快交通基础设施建设。图为改造提升后的同集路孙厝路段
（林志杰摄）

品牌推广营销、2017 年中国（集美）AEMI 世界气球艺术节活动筹备工作、加强村（居）统计工作的实施方案、规范性文件清理工作、生产安全事故灾难应急预案、危险化学品事故灾难应急预案和安全生产事故隐患举报奖励实施办法等议题。⑯ 10 月 23 日，区长何东宁主持召开第十八次区政府常务会议，研究 2017 年第五批财政性建设项目、2017 年度第三批科技计划项目及经费等议题。⑰ 11 月 14 日，区长何东宁主持召开第十九次区政府常务会议，传达省政府统计工作视频会议精神，研究推进农业供给侧结构性改革加快培育农业农村发展新动能的实施意见、2017 年厦门集美中国汽车场地越野锦标赛暨首届海峡两岸越野邀请赛筹备工作、2017 集美•阿尔勒国际摄影季筹备工作、贯彻落实中央环保督察反馈意见整改方案、2017 年度镇街部门党政领导生态文明建设和环境保护目标责任制考核细则、2016 年度社会治安综合治理领导责任制考评情况、2017 年 1-10 月财政预算执行和财政预算调整等议题。⑱ 11 月 24 日，区长何东宁主持召开第二十次区政府常务会议，研究完善中小学校责任督学挂牌督导工作、深化供销合作社综合改革的实施意见、2017 年美丽乡村项目投资计划等议题。⑲ 12 月 7 日，区长何东宁主持召开第二十一次区政府常务会议，学习《中华人民共和国消防法》相关内容，传达近期北京、天津重大火灾事故教训及相关火灾防控文件精神，研究区《政府工作报告》起草、第二轮城市改造提升项目、2017 年财政预算执行情况和 2018 年财政预算安排等议题。（方碧勇）

人事工作

【概况】 2017 年末，集美区共有党政机关公务员 667 人，参照公务员管理的事业单位工作人员 319 人；事业单位工作人员 4820 人，其中管理人员 535 人、专业技术人员 4348 人（包括同时聘在管理岗位上的人员 198 人）、工勤人员 135 人。

【人员招录】 2017 年，区属卫生事业单位补充编内人员招聘面试首次采用电子评分系统，实现考官与考生抽签分组电子化、成绩计算网络化、考场监控全程化。通过公开招聘，全年共招考政府系统公务员及参照公务员管理事业单位工作人员 3 人，事业单位编内人员 43 人，其中事业单位编内卫生技术人员 26 人。组织补充编内卫生技术人员招聘面试 1 场、区属国有企业及非在编雇用人员招聘考试 2 场、政府购买服务人员招聘考试 2 场、社区工作人员招聘考试 1 场、非公党组织员招聘面试 1 场。

【事业单位职称管理】 2017 年，集美区继续推行区属事业单位岗位设置、聘用制管理和初级职称评审确认及中高级职称的推荐评审工作。共办理毕业生初级专业技术任职资格确认 312 人；推荐卫生系统评审正高级职称 5 人（其中基层卫生系列 3 人）、副高级职称 12 人（其中基层副高系列 8 人）；推荐评审正高级教师 1 人、副高级教师 10 人；推荐评审高级农艺师 1 人；推荐评审工程师 1 人。

【工资福利和离退休管理】 2017 年，集美区落实“1+X”专项督查机制，在元旦、春节、清明、五一、端午、中秋、国庆期间开展津补贴、奖金发放情况专项检查。完成法官、检察官工资制度改革工作，其中员额内法官工资套改 39 人，员额内检察官工资套改 31 人。做好机关事业单位从非公有制单位和临时工中招收录（聘）用的工作人员工龄重新计算工作，全区符合重新确认连续工龄条件的 140 人。完成 2014 年 9 月 30 日前（含）已退休的原编内合同工和“178 号文新人”移交机关管理和发放工作，共移交 73 人。审批正常晋升级别 183 人、正常晋升级别工资档次 97 人、正常增加薪级工资 4288 人；审批到龄退休 82 人、死亡抚恤金 45 人、高龄补贴 82 人、遗属补助 4 人。

【编外用工管理】 2017 年，区人社局参加《集美区公务用车制度改革司勤人员分流安置工作总体方案》《集美区公务用车制度改革司勤人员择优留

用方案》及《集美区公务用车制度改革司勤人员转岗安置方案》的制订工作，协助做好非在编司勤人员择优留用及转岗安置工作。规范政府购买服务人员的招聘及管理，协调推动政府购买服务人员统一承接主体、统一收费标准、统一工资支付工作。

【人事代理】 2017年，集美区共办理毕业生接收手续2177人次，办理调动手续163人次，转出档案260份。接收毕业生报到手续217人，接收整理集美区未就业毕业生档案1631份，与483家企业签订立户人事代理协议，新增签订立户人事代理协议企业163家。

（人社局）

【聚贤集美】 2017年，新对接落户的厦门市“双百计划”人才33人，其中领军型创业人才A类2人、B类5人、C类26人。至年底，全区累计落户厦门市“双百计划”人才95人，其中领军型创业人才A类10人、B类18人、C类67人，包括国家千人计划专家4人、福建省“百人计划”人才7人，其中80人设立企业并开始运营。是年，分批次向落户集美区的60名厦门市“双百计划”人才及人才创办的企业兑现项目配套扶持、补贴和奖励资金2104.72万元，其中区级配套扶持资金1290万元，区级补贴资金754.72万元，区级人才奖励60万元。

（许可欣）

行政服务

【概况】 至2017年年底，集美区行政服务中心共进驻单位59个、工作人员485人。中心设办事窗口108个，可办理事项988项，其中行政审批事项455项、公共服务事项533项。全年累计受理事项105.66万件，比上年增长8.6%。其中，即办件8.16万件，承诺件23.30万件，其他7519件，日均办件量4243件，即办率77.24%。政府采购办集中交易项目437个，节约采购资金6867.54万元；建设工程交易中心集美分中心施工招标项目151个，节约建设资金8818.45万元。中心非税缴款额57628笔1158.34万元，同比下降1.4%。

【优化服务行为】 2017年，区行政服务中心联系市住房公积金管理中心，引进住房公积金提取审核业务。7月3日，住房公积金窗口正式对外服务，办理住房公积金提取审批业务23项。至年底，收件3142件，办结率100%。7月30日始，对不动产登记、住房公积金、医保社保、婚姻登记和公安的户籍、交警、出入境管理等群众需求迫切、办件频率高的7个部门17个窗口115个事项实行周末轮班制度，实现群众办事无休日，全年办件25861件。

【优化营商环境】 2017年5月8日，海关集美监管科入驻区行政服务中心并对外服务，方便辖区企业就近报关，结束集美区无海关办理业务的历史。至年底，共办件631件。是年，中心完善惠企平台建设，在中心微信公众号每周定期推送惠企政策办事指南，将全部惠企事项生成二维码并进行分类，编印《惠企政策e码通》手册和宣传单，分发给辖区规模以上企业和各镇街。办事者扫二维码即可获取所需惠企惠职政策的相关信息和办事指南，并能链接网站下载相关表格。惠企窗口全年收件1.53万件，同比增长45.2%，办结1.50万件，惠及企业3092家计29.74万人次，补贴总金额2.44亿元。

【推进“互联网+政务服务”】 2017年，集美区投入近400万元，整合社保、公安、税务等自助服务平台、非税收入平台、银联便民缴费平台，开发打造服务深度融合、信息高度聚合的一站式自助服务终端，在镇街便民服务中心、村居便民服务代办点安装多功能自助一体机85台，推行全区通办、双向预约和无纸化办事，实现各部门业务信息共享、管理互助，优化政务服务方式。投入57.6万元，建成24小时自助服务区，供群众办理不动产登记中心自助查询、非税自助缴费、便民缴费、国地税自助办税4类20个事项。8月22日投入使用，至年底共办理事项1.45万件。

5月15日，国务院“放管服”督查组在区行政服务中心检查工作。（马嘉宁 摄）

【推行“跑一趟”和“不用跑”】2017年，区行政服务中心推进电子证照库和无纸化办事体验区建设，推行全程网办“最多跑一趟”和“一趟不用跑”事项清单和邮政速递送达服务。中心梳理行政许可和公共服务即办事项、全程网办“最多跑一趟”事项1231项、“一趟不用跑”事项276项，共1507项，占总事项的97%。同时推动“跑多趟”事项转化为“跑一趟”和“不用跑”事项，年底转化率超过50%。中心和各部门梳理审批过程中生成的证照目录及对其他部门证照信息的调用需求，编制部门证照目录清单和共享调用其他部门证照信息的需求目录清单，通过系统或用手工方式实时生成电子证照，做好电子证照存量数据入库工作，完成区审批系统和电子证照库的对接。至年底，各部门审批过程中生成证照（批文）目录292项，其中区属单位180项。并以国税为试点，在大厅设置无纸化办税体验区，纳税人在此可进行78项无纸化办事操作体验，以提高无纸化办事的比例。同时，与邮政部门配合，推动网上办事大厅、实体办事大厅及EMS邮政速递平台的融合，为企业、群众提供审批结果的邮政速递送达服务。至年底，入驻区行政服务中心的22个区属单位中，建立快递制度的18个；部署在省网上办事大厅595个事项中，实行快递服务的416项。开通快递制度后，实际采用快递的办件量11.41万件。

【镇街便民服务中心建设】2017年，区行政服务中心为统一、规范镇街便民服务中心及村居代办点事项，更好地便民惠民，完成全区6个街道应入驻便民中心的依申请类事项的梳理。其中，街道梳理出权责清单中依申请类事项及区级部门延伸服务事项90项，镇梳理出权责清单中应入驻便民中心的依申请类事项及区级部门延伸服务事项99项。至年底，全区6个镇街均完成服务事项入驻省网上办事大厅的工作。协调区级业务主管部门，协助镇街制作办事指南，到各个镇街开展网上审批系统及实际业务操作培训，加强镇街便民服务中心的标准化建设。

（吴晨雪 陈仲兴）

外事与侨务

【交流往来】2017年，集美区先后举办法国尼斯国际嘉年华、泰国文化节、中国（集美）AEMI世界气球艺术节、第三届集美·阿尔勒国际摄影季等涉外重大活动，区外事侨务办邀请和接待重要外宾8批计300余人次，因公出访团组12批计18人次。

【为侨服务】2017年，集美区规范为侨公共服务事项，将华侨在闽定居、“三侨生”升学照顾身份证明、华侨归侨侨眷身份确认3项为侨服务事项入驻区行政服务中心和网上办事大厅，共办理华侨到闽定居认定4人，开具“三侨生”升学照顾身份证明3份，开具不予受理定居通知书21份。开展关爱侨界活动，春节期间走访慰问贫困归侨30户，发放慰问金1.5万元。开展归侨低保户、遭遇重大疾病归侨及2017年升读高校的贫困归侨侨眷学生调查摸底工作，认定低保归侨、遭遇重大疾病归侨和贫困归侨侨眷学生各3人，按规定进行困难补助2.1万元。对辖区1969年12月31日前回国的归侨情况开展摸底调查。提升办事效率，压缩办事流程，方便华侨华人和归侨侨眷办事，华侨到闽定居事项，由原来3个工作日压缩至2个工作日办结。

（陈艺玲）

对口支援

【概况】2017年，集美区继续加强与甘肃省和政县，福建省清流县、漳浦县的对口帮扶活动，制订帮扶计划，投入帮扶资金4900万元，其中东西部扶贫资金3100万元，省级扶贫开发资金1500万元，山海协作帮扶资金300万元。

【东西部协作】2017年，根据《厦门市落实国务院扶贫办东西部扶贫协作任务分解方案》，集美区结对帮扶和政县。6月，在和政县挂牌成立厦门市集美区—临夏州和政县劳务合作站。8月，区政府副区长李宗泽带队前往和政县签署《厦门市集美区对口帮扶和政县开展东西部扶贫协作框架协议》及镇街、部门协议12份。9月，集美区委书记李钦辉与和政县委书记李国辉在和政县共同主持召开集美区—和政县东西部扶贫协作党政联席会议。给予资金支持，集美区援建临夏州资金3100万元。其中，上缴市财政扶贫资金1000万元，支持和政县项目建设及贫困村的到户项目；拨付扶贫资金400万元，支援甘肃省临夏州专项教育；拨付扶贫资金300万元，支援甘肃省临夏州智慧城市建设项目；拨付扶贫资金200万元，支援甘肃省东乡县道路建设项目；支援甘肃省临夏州工作经费100万元；筹集镇街、国企资金1100万元，扶持集美区结对贫困村建档立卡贫困户发展种植养殖项目。给予人才支援，选派医生、教师30人次，到和政县支医、支教。开展产业合作，推动集美区属国企杏林建设发展有限公司到和政县注资1000万元注册登记“集和兴”贸易公司参与扶贫开发。开展劳务协作，为临夏州、和政县培训劳动力802人，招聘临夏籍员工430人到集美区新凯、正新、优力播等企业就业。开展携手奔小康活动，组织6个镇街、杏林建发公司、集美城发公司等8个单位及其村居（子公司），与和政县的8个乡镇及其下属16个贫困村开展结对帮扶。

【省内帮扶】2017年，集美区拨付1500万元，支援福建省清流县“集美—清流共建产业园区”建设。安排灌口镇与清流县里田乡实行一对一、点对点帮扶，灌口镇拨付帮扶资金50万元，支援里田乡“红色文化旅游基础设施建设项目”和“光伏扶贫项目”建设。

【山海协作】2017年，集美区落实与漳浦县签订的山海协作协议，拨付山海协作资金100万元，支持漳浦县社会事业发展项目和经贸协作项目；拨付资金200万元，援助漳浦县湖西畲族乡“河道整治征地配套及民族华侨中学毽球馆”建设。（林慰）

民族、宗教管理

【概况】2017年，集美区有少数民族居民35398人。其中，户籍人口3783人，占总人口数的1.36%；流动人口31615人，占流动人口总数的6.32%；少数民族群众经营个体户31家。有佛教、道教、基督教、天主教宗教场所11座，区级民间信仰活动联系点20处，在省民宗厅备案的10平方米以上民间信仰点295处，其中省、市级文物4处，涉台文物2处，供奉的神祇、物灵20余种。马銮有应宫庵、灌口凤山祖庙、山口庙、福山宫、瑞塘宫、后溪真德殿、城隍庙、铁炉宫八家场所先后举办文化节等活动，数百名港、澳、台、侨胞回乡谒祖；西竺寺、孙厝云龙岩、马銮有应公庵、杏北基督教活动点等场所开展公益慈善活动，全区宗教界募集善款近60万元，用于敬老、助学、扶贫等公益慈善事业。4月12日，召开全区宗教工作会议。

【民族团结进步工作】2017年7月，对特定少数民族遭歧视的情况进行全区摸底排查，未发现存在针对特定少数民族的“拒住”“拒载”歧视现象。9月，开展民族团结进步宣传月活动，在杏林社区举办民族专场文艺会演，推动民族团结进步试点社区创建，推进各民族居民交流融合。协助集美中学做好全国民族团结进步先进集体申报工作。

【挂钩帮扶工作】2017年，集美区安排专款200万元，支持漳浦县湖西畲族乡河道整治和民族华侨中学毽球馆建设，拨款额超过省里要求100%，较上年增长25%。7月，协调市眼科医院与湖西畲族乡开展支部对接活动，为畲族乡群众提供优质的医疗帮扶。副区长黄颖率区民宗局干部、职工到湖西畲族乡调研走访，了解2017年挂钩帮扶项目进展情况，提高挂钩帮扶成效。

【宗教事务管理】2017年，区民宗局落实市政协第十二届四次会议关于灌口堂异地重建及加强新城宗教场所规划布局建议的落实工作。5月，进行区级民间信仰联系点财务管理状况摸底调查，规范宗教场所、民间信仰活动场所财务管理制度，为换证工作奠定基础。6月，联合市民宗局排查宗教活动场所安全隐患，确保场所及人员安全。8月，联合区文化执法大队开展宗教及民间信仰活动场所非法出版物整治活动，规范宗教出版物市场，收缴涉港、涉台、涉藏非法出版物100余册。12月，举办宗教工作系统专题政策法规培训活动，向宗教界和宗教工作干部宣传新修订的《宗教事务条例》，营造尊法学法守法用法的良好氛围。是年，区民宗局在对宗教和民间信仰活动场所大排查中，发现基督教私设聚会点3处，依法予以整治。联合公安部门处理涉藏活动1起，收缴非法出版物2册，对3名涉事人做好教育、劝离工作；查处境外渗透校园传教活动1起，对4名涉事人做好解释、劝离工作。

【服务厦门会晤】2017年，集美区按照“横向到边、纵向到点”的要求，组织各镇街对宗教和民间信仰活动场所开展排查和整治，化解民宗系统矛盾纠纷和安全隐患，做好金砖国家领导人厦门会晤的安全保障工作。举办民宗领域反恐安全讲座，邀请区公安分局反恐大队授课，引导宗教和民间信仰活动场所负责人树立“知恐”“防恐”“反恐”意识；落实重大活动报备制度，各宗教和民间信仰活动场所每逢重大活动均及时报备，确保活动安全；指导协调各镇街为宗教和规模较大的民间信仰活动场所配备反恐安全设备；协助有关部门做好穆斯林斋月（5月）和厦门会晤期间维稳安保工作。（钟静怡）

政协厦门市集美区委员会

重要会议

【区政协八届二次会议】 2017年12月25—27日，政协第八届厦门市集美区委员会召开第二次会议。会议听取并审议同意区政协主席胡亚才所作的常委会工作报告和副主席纪永强所作的提案工作报告；听取区政府工作报告、财政工作报告、区人民法院工作报告和区人民检察院工作报告；听取区政协重点提案办理情况报告和6名委员的大会发言；协商通过区政协八届二次会议提案审查情况报告和区政协八届二次会议决议。区委书记李钦辉代表区委在大会上讲话，希望区政协和全体委员始终坚持围绕中心、服务大局、为民履职；始终坚持立足新时代、担当新使命、再创新业绩。（沈琦）

【区政协八届常委会会议】 2017年，区政协八届常委会共召开6次会议。①2月23日，区政协主席胡亚才主持召开第一次常委（扩大）会议。会议组织学习《中国人民政治协商会议章程》；通报《八届区政协领导班子成员分工安排》和《关于贯彻区委李钦辉书记在区政协八届一次会议上讲话精神的意见》；研究确定八届区政协设立提案委员会、经济发展委员会、城市建设与管理委员会、科教文卫委员会、社会服务与保障委员会、港澳台侨委员会6个专委会，并通过各专委会主任、副主任名单；审议通过《集美区政协专委会工作制度》《集美区镇街政协工作联络组工作职责》《集美区政协主席、副主席联系常委，常委联系委员制度》《集美区政协委员履职量化考核办法》，协商通过《集美区政协常委会2017年工作要点》。②10月17日，区政协主席胡亚才主持召开第二次常委（扩大）会议。会议围绕“加快集美海岸线景观化建设”进行专题协商议政。会上，各民主党派常委代表所在党派调研组作重点发言。各位常委根据前期调研情况，从加强海域生态保护、加强滨水空间立面建设控制、畅通海岸交通、构建海岸生态景观、在海岸生态景观建设中突出“一精神三文化”体现集美特色、促进旅游业发展等方面建言献策，提出加强统筹协调、注重整体规划、坚持生态优先、突出特色亮点四个方面的建议17条，并形成区政协常委会建议案，供区委、区政府决策参考。③12月7日，区政协主席胡亚才主持召开第三次常委（扩大）会议。会议听取区政府副区长林声群关于区政协八届一次会议提案办理情况的通报，区政府办主任孙加庆关于区《政府工作报告》（征求意见稿）的内容介绍，协商讨论区《政府工作报告》。④12月14日，区政协主席胡亚才主持召开第四次常委（扩大）会议。会议协商通过区政协常委会工作报告和提案工作报告；决定区政协八届二次会议于2017年12月25日召开；协商通过区政协八届二次会议主要议程、日程、提案截止时间、执行主席分组名单、秘书长、副秘书长名单；协商通过关于授权主席会议审议区政协八届四次常委会未尽事宜的决定。⑤12月22日，区政协主席胡亚才主持召开第五次常委会议。会议协商通过有关委员调整事宜，因工作岗位变动，决定增补陈振能、彭海防、谷世平、薛树清、牛建平、林小芬、郑超、陈亚贤、陈强9人为政协第八届厦门市集美区委员会委员，熊志伟、陈振麟、白著、琚若圩4人不再担任政协第八届厦门市集美区委员会委员。⑥12月25—27日，区政协主席胡亚才主持召开第六次常委会。会议听取区政协八届二次会议各讨论小组（专委会）关于区政协常委会工作报告和提案工作报告的审议情况；听取区政府工作报告、区财政工作报告、区人民法院工作报告、区人民检察院工作报告协商讨论情况的汇报；协商通过八届二次会议决议（草案）和提案审查情况报告（草案）。（陈晓珍）

主要工作

【提案工作】 2017年，区政协八届一次会议期间共收到政协委员、各民主党派、工商联、各人民团体提案209件，审查合并后立案140件，确定重点提案3件。在已立提案中，经济建设方面17件，占12.1%；城市建设与管理方面66件，占47.2%；科技、教育、文化方面35件，占25%；人劳、政法等方面22件，占15.7%。按照“分级负责，归口办理”的原则分别交由政府部门办理，各承办单位均在规定的时间内办复，共收到提案复函142件（含分办单位复函件4件）。提案人意见反馈，表示满意、基本满意的138件，满意率占97.5%；表示不满意、不太满意的4件，占2.5%。经提案委员会研究后报政协主席办公会议审定，决定将4件不满意提案退回承办单位重新办理。提案重办后，提案人表示理解和满意。承办单位回复的142件复函件中，提案所提建议得到采纳、问题已经解决或基本解决的A类提案50件，占提案办理数的35.21%；列入计划逐步落实解决的B类提案82件，占提案办理数的57.75%；受客观原因影响暂缓解决或不可解决的10件，占提案办理数的7.04%。提案办理期间，区政协制订《对区交通局重点提案办理情况进行评议及促进我区交通工作建言献策的方案》，评议区交通局提案办理工作，对优化集美区交通体系建设提出具体建议11条，报区委、区政府作为决策参考。对区政协八届一次主席会议确定的《关于构建智慧交通体系，优化道路通行的建议》《关于强化食品安全监管，确保我区食品安全的建议》《关于提升集美新城品质，增强核心集聚功能的建议》3件重点提案，区政协提案委组织提案委委员、提案人、提案承办单位进行现场视察督办，围绕提案建议进行面对面协商座谈，达成一致意见，推进提案办理的落实。区政协八届二次会议上，3个重点提案承办单位分别向全体会议报告重点提案办理情况。（王新苗）

【课题调研】 2017年，区政协围绕区委、区政府工作大局，组织开展"集美区工业转型升级"和"探索集体经济有效实现形式，推进城乡融合发展"两项重点课题调研，并形成调研成果。组织区政协各专委、各镇（街）政协工作联络组和各民主党派、工商联、人民团体开展课题调研，形成调研报告31篇，其中《关于厦门市社区书院发展的几点建议》等11篇在区政协八届二次会议上发言。（沈琦）

【社情民意信息收集】 2017年，区政协将社情民意信息作为民主监督、参政议政的有效手段，建立微信公众号专栏、微信群委员信息交流平台，鼓励委员收集并反映社情民意信息。全年收集有价值的社情民意信息422篇，采用148篇，编印工作动态期刊18期、社情民意专刊33期。其中，《我省出口水产品喹诺酮类药物残留超标应引起重视》等两篇信息获省领导批示，《关于做好集体发展预留用地指标的落实和使用的建议》等13篇信息获区委、区政府主要领导批示。（沈琦）

2017年政协集美区委员会调研报告目录

表8

单　位	课　题　题　目
经济发展委	关于推动（灌口）机械工业集中区转型升级的建议
城市建设委	探索集体经济有效实现形式，推进城乡融合发展
科教文卫委	集美区产业技术创新能力和机制的现状与对策
科教文卫委	打造高浦历史文化旅游街区的调研
社会保障委	集美区年轻干部队伍存在的问题、原因及对策分析
港澳台侨委	面对在厦台资企业新的发展动向所应采取的建议
灌口镇联络组	进一步建立征地拆迁廉政风险防控体系的建议
后溪镇联络组	后溪镇农村精神文明建设调研报告
杏林街道联络组	以城镇化为引领加快推进城乡发展一体化
集美街道联络组	关于厦门市社区书院发展的几点建议
侨英街道联络组	关于推进社区垃圾分类减量工作的对策研究
杏滨街道联络组	关于进一步推进杏滨街道职工文化建设的实践与思考
民革集美总支	加强厦门革命遗址资源的开发利用以弘扬红色文化
民革集美总支	助力"三农"，深化农村便民支付建设
民盟集美基层委员会	关于中职学校实行准军事化管理的调研与建议
民盟集美基层委员会	关于职业教育中学历证书和职业资格证书双证融通机制的探究
民建集美基层委员会	关于马銮湾区流域环境整治存在的问题与对策建议
民建集美基层委员会	推进绿色发展，建设厦门生态文明先行示范区的建议
民建集美基层委员会	促进厦门台商投资区产业升级的对策建议
民进集美基层委员会	从教育供给侧检视集美学前教育的未来发展——关于集美学前教育未来发展的专题调研报告
农工党集美基层委员会	关于集美区新城产城融合发展的问题与建议
致公党集美总支	发挥社会力量，共同培育居民对社区的认同感
致公党集美总支	人文集美视角下集美居民幸福感研究
致公党集美总支	集美社区工作者现状及其管理研究
致公党集美总支	推动集美水污染整治 保护厦门水生态环境
九三学社集美基层委员会	推进制造业和物流业两业联动，加快集美制造业转型升级
台盟集美总支	打造便捷顺畅的集美区域自行车骑行体系
台盟集美总支	鉴台湾经验，促进集美区民宿发展问题研究
台盟集美总支	厦门光伏经济的布局与思路
区侨联	关于设立集美侨胞众创基地的建议
区工商联（商会）	关于扶持促进中小微科技企业创新发展的对策建议

重要活动

【专题视察】 2017年，区政协围绕全区经济社会发展大局和人民群众普遍关注的热点、难点问题组织专题视察11次，其中常委视察1次、专委视察9次、全体委员视察1次。4月26日，区政协组织政协常委、社会服务与保障委员会委员视察社会治安防控立体化建设情况，并提出着力建设长效机制、抓好隐患整治、提升物防人防水平等建议。5月17日，区政协组织港澳台侨委员会委员视察集美侨乡博物馆（集美塔）建设情况，并提出认识要到位、定位要准确、内容要“专”、形式要“精”、推进要“快”的建议。6月8日，区政协组织城市建设与管理委员会委员视察“六线六片”市容环境整治提升情况，并提出落实长效机制、健全协调机制、坚持精细管理、征拆要到位、工程验收要严格等建议。6月13日，区政协组织政协常委视察后溪镇溪西村生活污水处理工程、杏林湾截污工程和324国道改线工程，并提出要聚焦后续管理、强化环境污染整治、建立巡查制度、加大监管执法力度，加强农村污水处理和杏林湾截污工程后续管理，以新的理念解决324国道改线工程安全问题等建议。6月23日，区政协组织经济发展委员会委员视察全区机械制造产业发展情况，并提出提高土地利用率、盘活闲置资源、促进企业优化升级、完善共享扶持配套政策、帮助解决企业员工停车难问题等建议。7月6日，区政协组织科教文卫委员会委员视察集美新城全民健身活动中心项目规划建设情况，并提出相关职能部门要支持配合，克服困难，积极推动落实的建议。9月14日，区政协组织经济发展委员会委员视察软件园三期产业空间拓展及集美集影视总部园区建设情况，并提出围绕产业布局、政策扶持、人才体系等方面，全力拓展软件园三期产业空间，从发挥比较优势、加大政策扶持力度、形成产业性效应、完善软硬件配套服务等方面加强区影视总部园区建设的建议。9月22日，区政协组织科教文卫委员会委员视察新城医院和灌口新医院建设情况，并提出高度重视、加大投入、加快建设、创新机制等建议。10月19日，区政协组织港澳台侨委员会委员视察马銮湾新城集美片区开发建设情况，并提出要优先注重生态、先行配套民生事项、以新城开发带动临近老城区公共配套、改造提升片区内保留村庄、强化土地征用的后续管理等建议。11月16日，区政协组织社会服务和保障委员会委员视察社会治安防控立体化“雪亮工程”建设情况，并提出要充分发挥城市公共安全管理指挥中心的平台作用、强化数据信息共享应用、优化工作机制、加大宣传力度等建议。12月15日，区政协组织全体委员视察城市建设与管理情况，对地铁1号线园博苑站、厦门医学院及宁宝地下停车场建设提出具体建议。（罗春林）

6月23日，区政协委员视察厦门工程机械有限公司。（寇亚南 摄）

【民主监督】2017年6月22日，区政协组织对集源路文明示范街创建情况进行专项民主监督。区政协主席，区政府分管领导，区政协副主席、秘书长，区政府办、区委文明办、城管办、公安分局、市场监督管理局、集美街道等相关部门领导及设计单位相关人员，区政协专项民主监督小组成员和政协机关相关工作人员参加民主监督活动。参加活动的人员实地察看集源路形象改造节点，听取集美街道关于集源路文明示范街形象改造规划方案、集美交警大队关于交通专项整治行动方案、集美区市场监督管理局关于诚信商家星级评选工作方案、区城管办关于市容市貌专项整治方案的情况介绍，并就相关工作方案提出广泛宣传、优化方案、综合整治交通秩序、常态开展“诚信商家”评选、严格执法管理等建议。

【港澳委员座谈会】2017年9月11—12日，区政协召开走访深圳港澳委员人员座谈会，通报集美文化旅游发展情况及2017年区政协工作情况。区政府副区长黄颖，区政协副主席陈小强、陈友谊出席座谈会。港澳委员对集美区近年经济社会快速发展表示欣喜，对今后的发展前景看好，并结合自身专业，围绕教育、交通、人才引进、慈善等方面提出具体的意见和建议。（沈琦）

【高校委员季谈会】2017年，区政协探索创新委员活动新形式，立足集美高校多的特点，建立高校委员季谈会制度，搭建高校委员为助推集美经济社会发展献智出力的新平台，打造政协委员履职特色品牌。5月26日，区政协召开第一次高校委员季谈会，区政协主席、副主席、秘书长、常委，科教文卫委员会主任、副主任，全体高校委员、部分教育界委员，区政协机关各办（室）主任出席会议；邀请区委、区人大、区政府有关领导，区委办、区政府办、编办、教育局、财政局、人力资源和社会保障局等部门及各镇街领导，非政协委员的部分专家学者，区教育局机关有关工作人员和部分中小学校长出席会议。会议围绕“加快集美教育现代化建设”开展专题协商议政，委员们从优化教育发展环境、提升教育质量、加快教育信息化进程、发挥高校资源等方面，提出建议45条，形成主席会议建议案，供区委、区政府决策参考。8月29日，区政协召开第二次高校委员季谈会。区政协主席、副主席、秘书长、常委，经济发展委员会委员、全体高校委员、部分教育界委员，区政协机关各办（室）主任出席会议；邀请市政协专职常委、区政协原主席洪成，区委、区人大常委会、区政府领导，区委办、区政府办、发改局、经信局、科技局、财政局、人力资源和社会保障局、商务局和文体旅游广电出版局等相关部门领导出席会议。会议围绕“加快集美新兴产业发展”开展专题协商议政，委员们从理念方向、发展路径、营商环境三个方面，提出建议16条，形成主席会议建议案，供区委、区政府决策参考。12月6日，区政协召开第三次高校委员季谈会。区政协主席、副主席、秘书长、各专委会主任、副主任、全体高校委员、科教文卫委员会委员、区政协机关各办（室）主任和非政协委员的部分专家学者出席会议；邀请区委、区政府相关领导和区委办、区政府办、区委宣传部、区委文明办、发改局、教育局、建设局、文体广电出版旅游局、执法局、规划分局及各镇街主要领导出席会议。会议就“如何培育集美人文环境”开展专题协商议政，委员们从弘扬嘉庚精神、传承优秀传统文化、提升城市公共艺术、促进文化产业发展四个方面，提出建议13条，供区委、区政府领导决策参考。（罗春林）

10月31日，区政协委员汪彩莲（中）在园博社区开设“花样生活”讲堂。（林伟彬 摄）

【委员进社区活动】 2017年，区政协开展“政协委员进社区”试点工作。组织委员在园博社区开设“委员社区讲堂”，实行“委员值班日”制度。城市建设与管理委员会组织开展“暖心三月、情系民生”委员进社区活动，港澳台侨委员会组织开展“红手环”走进2017新春关爱行动。创新“委员进社区”服务模式，以高浦社区为试点，选派科教文卫委委员到社区调研，提出“加快高浦文化建设，促进文化旅游发展”的建议。至年底，此建议进入相关部门调研落实阶段。（沈琦）

【委员培训】 2017年8月1—4日，区政协举办以“加强民主监督，提升履职水平”为主题的暑期读书班，专题学习《闽西地区在中央苏区革命根据地建设中的作用》和《关于加强和改进人民政协民主监督工作的意见》，利用瑞金苏维埃临时政府旧址、古田会议纪念馆、才溪乡调查纪念馆等红色资源开展现场教学活动。12月14—15日，区政协举办全体委员培训班，邀请市政协党组副书记、副主席高玉顺，市委党校常务副校长林朝晖分别作《政协委员如何提出高质量提案》和《新时代、新思想、新征程——学习十九大精神体会》专题辅导。

（陈晓珍）

附：

关于培育集美人文环境的建议

12月6日，区政协召开第三次高校委员季谈会，与会委员就“如何培育集美人文环境”主题提出13条建议，供区委、区政府决策参考。

1. 进一步整合、扩大陈嘉庚研究会，建议“集美陈嘉庚研究会”更名为“陈嘉庚研究会”，研究会人员由集美扩大到海内外相关领域的专家、学者。通过嘉庚论坛等形式，在更高层次研究“嘉庚精神”；继续推进嘉庚精神进校园、进社区、进企业、进机关的主题教育实践活动，在更广范围传播“嘉庚精神”；继续组织创作嘉庚题材的影视、歌曲、戏剧、动漫等文艺作品，用多种形式弘扬“嘉庚精神”。

2. 大力培育以社会主义核心价值观为指导、以“嘉庚精神”为核心内容的集美社区精神，不断增强居民对社区的归属感、认同感和凝聚力，把社区建设成为居民相互守望、共同依归的生活共同体和精神共同体。

3. 建立文明创建管理“负面清单”制度、亮点打造机制以及严管重罚、共建共管机制，开展“集美好公民”评选活动，大力倡导“来了就是集美人”的城市观念，打造文明包容和谐集美。

4. 对辖区文化资源进行全面系统的盘点整理，编撰集美优秀传统文化保护传承系列丛书，完善集美非物质文化遗产保护名录，编制传统村落保护名录、集美历史名人名录、红色文化保护名录。与高校合作，建设集美文物资源地理信息GIS管理系统、侨乡民间文化资料库与海外华侨华人史资料库，为开展对外文化交流提供资料基础与决策依据。

5. 推动传统文化进课堂、进校园活动；加强优秀侨乡文化作品整理出版；推进基础文化设施建设，发挥社会教育功能；利用农村文化礼堂、城市文化公园、高校文化校园、社区文化家园、社区书院和企业文化俱乐部等文化阵地和场所，开展传统文化教育普及活动。开展集美传统文化文学创作，推出一批反映集美历史文化传统和“乡愁”系列的长篇小说和报告文学；开展传统文化美术、书法、音乐创作，创作更多具有地方特色与时代精神的优秀作品。

6. 建设闽南和侨乡生态文化园区，开展闽南和侨乡文化体验、传习、交流、传播活动；强化村庄风貌保护，突出保护特色民居和侨房等古建筑，结合安置房建设和农村居住社区化，突出“嘉庚建筑”“闽南乡情”地方建筑特色；挖掘乡土文化资源，建设新乡贤文化，培育和扶持乡村文化骨干，提升乡土文化内涵，形成良性乡村文化生态。

7. 城市规划设计突出“人文集美”特色，在广场、公园、街景、雕塑等景观设施和标志性建筑上展示嘉庚故里文化内涵，新实施的城建工程，应植入集美文化符号。

8. 城市景观和空间突出雕塑、壁画、音乐艺术，营造城市的美感和艺术氛围。以集美学村、集美新城为核心，打造一批以华侨旗帜、学村风范、闽南传统为主题的城市雕塑；利用城市建筑的外立面，通过壁画形式，表现城市人文风情、历史风物和城市精神；改造公共空间的音响设施，播放闽南歌曲、戏剧及集美本土音乐，提升学村人文品位；每两年举办一次集美原创音乐大赛，积累优质本土音乐，丰富公共空间音乐内容，在潜移默化中根固集美品牌。

9. 借鉴宁波经验，在项目建设投资总额中按比例提取公共文化资金，用于公共文化设施建设。设立集美区公共文化计划建设指导委员会，负责重大公共文化项目建设的决策和实施、公共文化交流活动的指导和协调、公共文化项目的评估和质量把关等。

10. 试行“城市闲置立面托管”计划，区政府与城市文化墙经营公司签订合同，将全区墙体立面交给给经营公司进行美化和管理维护。其中大部分作为公益墙体，承担城市壁画、城市形象宣传及文化展示功能；部分墙体制作各类广告，进行商业化运作。

11. 以集美新城嘉庚剧院、老院子景区、诚毅科技探索中心、灵玲马戏城和正在建设中的北大青鸟国家音乐产业基地等为重点，打造城市“演艺中心”。运用“互联网+”、VR、网络直播、社交平台实现产业线上线下互动，打造完整演艺产业链。完善演出场馆周边交通基础设施，解决好交通接驳及夜间交通问题。

12. 建设以杏林湾为核心的文化旅游、文化创意基地，发展创意设计、影视制作、音乐产业等附加值高的新兴产业，构建创意产品展示和交流平台；构建以娱乐文化、休闲文化、饮食文化为主体的集聚性场所，推进文化娱乐集团化发展；开展声乐、美术、舞蹈等艺术培训，培育艺术中介服务机构，推进艺术品商业化经营和产业化生产；加快集美动漫小镇建设，常态化举办集美节、龙舟文化节、学村音乐节等特色文化品牌活动。

13. 完善符合我区实际的文化人才选拔、培养、评价、激励政策，将吸纳高端文创领域人才纳入厦门市“双百计划”；开办高级文创人才研修班，采取继续教育、挂职锻炼、跟班学习等形式，培养一批文化产业的创意、创作及经营管理类人才；发挥当地大师、名家和文化领军人物的引领作用，为优秀作品的创作生产和传播营造浓厚氛围。

法治与军事

社会管理综合治理

【概况】 2017年，集美区出台《关于加强新时期群防群治工作实施意见》，在“互联网+”群防群治基础上，加强新时期群防群治及重要时期社会防控工作。构建由区群防群治工作组和治安巡逻队、防范宣传队、访查防控队、应急处置队“一组四队”群防群治组织指挥体系，做好“一标四实”信息采集和社会矛盾纠纷调处工作，紧盯问题短板，强化督导检查，确保各项工作按时序进度完成，为服务保障厦门会晤和党的十九大召开，为建设“五大发展”示范区营造安全稳定的社会环境。

【厦门会晤安保】 2017年，区综治办会同集美公安分局，制订《关于加强新时期群防群治工作实施意见》，加强新时期群防群治及重要时期社会防控工作。打造以镇街综治分管领导为总协调，派出所所长为总指挥，镇（街）综治办、社区（村居）负责人和社区民警为成员的群防群治工作组，和治安巡逻队、防范宣传队、访查防控队、应急处置队“一组四队”群防群治组织指挥体系。厦门会晤期间，全区有在线注册群防群治队伍9万人，社会防控巡防力量6.01万人，62个社区（村）、11491个群防点位、2.86万个群防岗位全部勤务定岗到位。区综治办制发“平安志愿者”红袖标10万余个，志愿者小红帽、红马甲、反光马甲等近万套，上岗志愿者100%佩戴红袖标。7月15日始，发动楼长1519人、中心户长3017人，安排红袖标志愿者3784人，在全区546个公交站点巡防。8月31日至9月5日，组织900余名平安志愿者，参与22条进岛公交线路1.17万个班次防控平安志愿服务。

【社会治安网格化建设】 2017年，区政法委、综治办、公安分局和区电子政务中心互相协作，依托集美区网格化平台，整合各类信息系统和资源，共同打造“互联网+”社会治安治理体系，提升公共安全管理水平。至年底，社区网格、社区矫正网格和消防网格完成网格信息化。社区网格以400—600户为一网格，按照小区界线、楼栋分布或自然村分布情况，将辖区64个社区（村）划分为385个网格，设网格员1184名，形成“横到边、纵到底、全覆盖、无缝隙”的网格管理机制。其中，灌口镇123个网格，后溪镇50个网格，集美街道24个网格，杏林街道64个网格，侨英街道54个网格，杏滨街道70个网格。每个社区（村）由书记、主任任总网格长，每个网格设网格长1人、网格员1～2人，与网格内的居民小组长、党员、协警、志愿者、物业等共同组成网格管理队伍。社区矫正网格改变社区工作人员靠手工台账管理社区服刑人员和刑满释放人员的方式，可对服刑人员实行跟进、掌握、定位和管理，使监督管理更加到位，教育帮扶更有成效，最大限度地预防和减少重新违法犯罪。消防网格为区、镇街、社区（村）消防协管员提供安全检查、隐患整改、事件上报等功能，可采集网格内各类单位、场所的基本信息，对群众反映的火灾隐患、消防违法行为、消防安全诉求等信息进行收集、整理、统计和上报。

【区公共安全管理中心成立】 2017年，集美区城市公共安全管理领导小组成立，区委常委、政法委书记杜刚任组长，区政府副区长林声群任第一副组长，集美公安分局局长王嘉兴任常务副组长， 区委政法委副书记杨聪敏，区委政法委副书记、综治办主任郭明标，区发改局局长陈锡彬，区财政局局长胡国才，区经信局局长董建财任副组长。下设城市公共安全管理中心。中心设调度、勤务、综合、图侦、夜班、通保6个组，共有民警15人，雇用编外用工38人。中心集成政务内外网、公安网、视频专网、公安互联网及专线互联网等多种网络，依托公安分局二级指挥情报中心，整合“110”联动、“12345”平台、网络化平台、数字城市管理等区级指挥中心，实行政府与公安无缝联动机制。在大厅设置指挥决策、公共安全管理、指挥调度、视频巡查、网络舆情、合成专班及技术保障等功能区。依托各类网络，实现政务网的公共安全管理平台、网格化平台、数字城管平台，以及部、省、市及区的各类执法办案、信息查询及业务应用40余种系统接入。中心统筹协调全区公共安全管理指挥相关工作，包括公共安全、城市管理、网格化管理、“110”联动等各类城市事件处置、日常联动调度、突发事件应急指挥调度等工作，建立值班值守、指令处置和信息报送等保障机制。开展公共安全重点事件（对象）与综合风险分析研判、预警，对事件处置过程进行监督，对各类事件进行统计分析等工作。全区186家行政机关、企事业单位作为中心的事件处置联动单位，接受中心的指令调度和事件督办，

3月4日，区综治办入校园开展基础信息大排查知识宣传活动。（林志杰摄）

共同完成集美区城市公共安全管理的各类事宜。

【基础信息大排查】 2017年，集美区执行全市统一部署，在全区开展“一标四实”基础信息采集工作。共登记标准地址74.40万条、实有人口91.09万人，采集实有房屋71.03万幢、实有单位4.51万家、从业人员44.03万人、物品43.72万件。其中标准地址、实有房屋的访查登记率100%。对排查梳理出的9类32项2869个治安要素，按照“问题清零、隐患穷尽”的要求，坚持挂图作业、挂项销单、挂责推进。开展“集安”行动13次，出动警力1.24万人次，检查出租房屋1.01万间、沿街店面3830家、行业场所3094家，抓获犯罪嫌疑人211人。查处治安案件6779起、违法人员1507人，清查收缴枪支19把、子弹1402发。

【“雪亮工程”建设】 2017年，区政法委、区公安分局和区视频办统筹规划，推进“雪亮工程”建设。工程项目由公安和交警部门进行点位审核，区视频办负责方案评审、视频接入、项目验收和运维管理。2016—2017年共评审项目44个，评审总金额2.83亿元。其中，2016年评审项目30个，评审金额1.94亿元，区级财政投融资1.11亿元，镇街财政投融资0.83亿元；2017年评审项目14个，评审总金额8912.1万元，区级财政投融资5371.4万元，镇街财政投融资3540.7万元。区级财政主要投资主干道和重点区域的视频监控覆盖，镇街财政主要投资社区（村）、校安、海域和铁路沿线等范围的视频监控覆盖。由区视频办进行全区视频综合平台顶层设计，建设区级视频综合平台，整合治安、交通、社会等监控摄像资源，实行资源共享，避免重复建设。在各路口和学校建设汇聚支点，汇聚周边200米范围内的视频监控和交通设备，统筹网络和取电工作。至年底，共建一类、二类道路高清视频监控5126路，其中4294个枪（包括110个人脸识别、148个车辆微卡口以及车辆卡口和电警设备）、789个球、39个鱼眼、4个5千米高空瞭望球，一类视频监控高清率达到100%。建汇聚点697个，每年可降低链路租用费75%以上。区数据中心视频云存储容量6.05PB。整合寄递业、铁路沿线、重点仓库、危化学企业及其他企事业、行政单位等三类社会资源监控1669路。

【平安建设宣传】 2017年，区综治办制订《集美区2017年创建平安集美“综治宣传月”活动的实施方案》《“平安集美信息采集”宣传方案》。加大宣传经费投入，投入专项经费953.2万元，向厦门市天下集美文广传媒有限公司购买服务，在全区开展基础大排查宣传；投入专项经费30万元，通过电视机高清机顶盒进行广告宣传。利用辖区的20块户外LED屏、500块户外宣传栏、30辆公交车车体、40个公交车候车亭、100座楼宇电梯，投放基础大排查宣传海报。结合平安“三率”宣传活动，在各镇（街）组织大型宣传活动6场，在各村（居）放映宣传影片64场，将平安知识送至千家万户。在“天下集美”微信公众号发布微信8期，人文集美APP同步更新。制作发布“平安集美”视频4期。在《集美报》刊登“平安集美”专题报道6期，在集美广播播放“平安集美信息采集”答嘴鼓等宣传节目。从4月中旬开始，在广电网络开机画面播放“阿集小美”平安宣传动画视频。至10月底，共计发放“平安集美”海报6万张、宣传单60万张、宣传画册10万册、入户采集装备3000套、无纺布袋10万个、宣传帽2万顶，阿集小美钥匙扣、冰箱贴、手机壳各2万个。（张新星）

法治政府建设

【执法监督】 2017年，区政府执行行政执法公示、人员管理、监督检查、案卷评查、备案审查五项行政执法制度，实行检查过程公开公示、“双随机一公开”和“一抽查一通报”，将抽查计划、抽查通知、检查对象和检查人员的随机抽取结果以及检查结果及时对外公布，主动接受社会监督。组织区直部门制订“一单、两库、一细则”和执法检查计划，安装笔录室视频控制系统和执法记录仪，推行执法全过程音像记录，增加执法透明度。开展2017年度行政执法卷宗检查，对检查发现的问题进行通报，责令相关单位进行整改，并将检查结果作为各单位绩效考核评分的依据。运行行政执法平台和“两法衔接”平台，全年按要求录入“两法衔接”平台175件。

【依法决策】2017年，区政府贯彻《厦门市人民政府重大行政决策若干规定》，落实重大行政决策听取意见、听证、合法性审查、集体讨论、实施情况后评价和责任追究试行制度以及规范性文件管理制度。将区政府规范性文件作为重大行政决策管理，建立由法律顾问初审、区法制办二审的规范性文件审查双重机制，提高依法决策水平。对2016年12月31日前以区政府或区政府办公室名义发布的现行有效的规范性文件进行清理，公布继续有效的规范性文件47件，待修订的规范性文件5件，废止和失效的规范性文件31件。

【行政复议】2017年，区政府收到行政复议申请73件，受理54件，不予受理和其他处理19件，办结40件。其中，因信息公开不服申请复议11件，占总数15.06%；因行政处罚不服申请复议42件，占57.53%；因行政不作为不服申请复议1件，占1.37%；因工商打假举报处理不服申请复议11件，占15.07%；其他类型8件，占10.96%。以区政府为被申请人的行政复议案件1件，市政府作出维持的行政复议决定。

【行政应诉】2017年，以区政府为被告的行政诉讼案件20件。其中，涉及土地房屋征收9件，占总数45%；涉及行政复议决定6件，占30%；其他5件，占25%。落实行政机关负责人出庭制度，杜绝委托律师单独出庭情况。加强对各部门行政应诉工作的指导，聘请法律顾问对案情进行分析研究，要求与案件相关的部门领导干部出庭旁听。区政府保持府、院良性互动，主动配合法院开展案件沟通协调工作，预防化解行政争议，法治政府建设工作得到漳州市中级人民法院的肯定。

【政府法律顾问】2017年，区政府法律顾问室出具各类法律意见书110份，参与区政府常务会、各类专题会议52场次，协助审查规范性文件31件，发挥法律顾问在重大行政决策、重大合同签订、重大行政执法及制度建设等工作中的作用。执行区政府法律顾问工作日轮值制，确保区政府法律顾问值班日到岗到位，及时处置值班日的政府法律事务。根据《集美区政府法律顾问工作规定》以及具体计费办法，采用购买服务方式聘请政府法律顾问助理，增强区政府及相关部门法制工作力量，提升依法行政水平。

（方碧勇）

【政务公开】2017年，集美区在严格进行保密审查的基础上，全面公开政府机构职能、领导简介及分工、内设机构、工作动态、法律法规等相关文件。至年底，主动公开1542件，累计公开14629份。并在网站上设置索引界面，方便市民查询；设置“依申请公开”，市民可在网上直接申请公开政府信息，并查询相应的办理情况和结果。至年底，接到“依申请公开”政府信息文件110件，累计388件，均全部予以答复。全面推进政务公开、村务公开、校务公开、医务公开、厂务公开和公共服务公开，全年发布政务公开信息2.56万条、村务公开4999条、校务公开1550条、医务公开801条、厂务公开145条、公共服务公开149条。完善公开载体，在各办事大厅和镇（街）、村（社区）放置触控一体机，以供市民就近查询，政务公开工作走上经常化、制度化、规范化轨道。（周鹭艳）

公 安

综 述

【概况】2017年，集美公安分局紧扣党的十九大和厦门会晤安保主题，开展集中打击盗抢骗、“打黑恶、缉枪爆”“飓风肃毒2017”、打击制贩假证（章）等专项行动，受理各类警情10645起，破案2575起，抓获刑事作案成员2112人，打掉团伙87个，逮捕550人，侦破现行命案3起，打掉涉恶

3月24日，区综治办开展平安集美建设宣传活动。图为群众学习平安集美建设相关资料（林志杰 摄）

11 月 15 日，集美区公安分局召开退赃大会。图为受害群众认领被盗的摩托车

（林志杰 摄）

窝点“路易 ONE 酒吧”，抓获嫌疑人 16 名。以问题清零、隐患穷尽为目标，建立“标准化管理、菜单式督导、对抗式测试、闭环式整改”治安管理机制，开展“打四黑、除四害”“禁娼禁赌”“治安问题清查”等专项整治，共查处治安案件 1.05 万起、违法人员 2578 人，收缴枪支 24 把、子弹 336 发、仿真枪 11 把、管制刀具 6265 把，“打黑恶、缉枪爆”专项工作排名全市第一。建立多警种武装设卡盘查机制，核查重点人员 2378 人，抓获犯罪嫌疑人、网上逃犯等违法犯罪人员 311 人，辖区社会治安态势总体平稳。厦门会晤期间，共出动警力 1.61 万人次，检查车辆 12.26 万辆，核查人员 43.27 万人，查获非法入境、逃犯、吸毒人员和其他违法犯罪人员 137 名，驻点督导安检快件 819.4 万件，发现异常件 3600 余件，完成厦门会晤等重大活动的安保任务。加强公安队伍建设，2 个集体和个人立二等功，64 个集体和个人立三等功，29 人获评市局“安保之星”，340 个先进集体和优秀个人受到通报表扬；刑侦大队获颁“福建省五一劳动先锋号”，盗窃犯罪侦查中队获评全省综治先进集体，巡特警反恐大队获评厦门市青年突击队。

【公安队伍建设】 2017 年，集美公安分局出台《“三级督导”工作方案》，实行单位自查常态督导、职能督察重点督导和安保督察核心督导；强化党风廉政建设，制订《基本建设项目管理规定》《科技信息化项目建设管理办法》《特情耳目特费管理办法》《群防群治经费管理办法》《社区工作经费使用管理办法》，从源头上杜绝基建项目、信息建设工程、特别业务经费使用“三超”等廉政风险；落实倒查问责机制，先后约谈 8 个单位主要领导或班子成员，问责责任民警 32 人、责任领导 8 人，政纪处理 3 人，效能问责 2 人。全年提任调整处科级干部 72 人、岗位交流科级非领导职务民警 23 人。有 2 个集体和个人立二等功，64 个集体和个人立三等功，29 人获评市局“安保之星”，340 个先进集体和优秀个人受到通报表扬；刑侦大队获颁“福建省五一劳动先锋号”，盗窃犯罪侦查中队获评全省综治先进集体，巡特警反恐大队获评厦门市青年突击队。举办辅警培训班 27 期，受训 1003 人，结业 973 人，评选优秀班长 1 人、优秀学员 7 人。在中央、省、市、区媒体发表各类报道 530 余篇，选树“扫毒先锋”陈智达、“救命警察”郭圆等先进典型 13 个，6 名民警的先进事迹在《人民公安报》、人民网、人民警察网报道。

【指挥情报中心提升改造】 2017 年，集美区投入资金 4678 万元，对标市级平台，围绕“三大职能、四个方向、五大体系”，对分局指挥情报平台进行顶层设计和硬件部分提升改造。在整合市级平台和区级行政部门数据基础上，进一步拓宽社会信息资源的获取渠道，对各类信息资源进行深度整合应用；建立集中研判、合成作战、情报评估、宣防指导、情勤对接五项机制，推行信息预警、情报研判与勤务部署一体化运作。完成辖区 350 兆警用数字集群基站建设与升级改造，配置终端设备 767 台、车载及基地台 84 台；与相关联动单位协作，从源头上分流非警务类警情 2207 件，电话分流 334 件。

【视频网络系统建设】 2017 年，集美公安分局落实区委、区政府关于“雪亮工程”建设的要求和区视频建设三年规划，牵头组织厦门会晤安保视频监控建设项目，增建视频监控 3799 路；实施区治安交通视频监控系统基到 GIS 建设项目，完成集美片区“两环八射”及周边路网视频监控系统安装任务；整合寄递物流业、铁路沿线、重点仓库、危化学企业及其他企事业、行政单位社会监控 1669 路，超额 11% 完成任务；完成涉及厦门会晤安保工作的 16 家重点场所视频整合接入和市局到分局的万兆双链路升级改造任务。通过视频图像研判各类案件线索 396 条，抓获犯罪嫌疑人 214 人。

【执法规范化建设】 2017 年，集美公安分局实行刑事案件法制部门“两统一”和行政案件全流程网上审批流转制度。在全市率先进行政法共享协同平台试点，实现区级公检法在刑事案件办理换押手续中平台操作。自主研发涉案财物公安内网管理系统，着手建设“公检法一体化涉案财物管理中心”。创新刑案侦办工作方法，与区法院、检察院、司法局联合制订《关于实施刑事案件认罪认罚从宽“321”机制的办法(试行)》，节约司法成本；在全市率先成立法律援助律师值班室，由法律援助中心安排值班律师，促进依法办案、公正用权；11 月起，每周一晚上开办法制夜校，邀请有关专家对执法中的突出问题举办法律讲座，年内开办 7 场，受训 600 余人。

【行政服务效能建设】 2017 年，集美公安分局完善网上办事服务平台机制，简化办事流程，围绕户籍管理、行业管理服务，进一步减少审批环节，缩短审批时间，简化办事程序，推行便民服务措施，提供错时、延时、预约服务。全年办理二代身份证 21.59 万张、市民出国境申请 3.66 万人次，提供电话咨询、现场咨询 2.92 万人次，采集人像 1.83 万人次。开展身份证异地受理、挂失申报、丢失招领业务，办理异地制证 8484 张。落实流动人口居住证制度，设置居住证受理点 26 个、居住证制证点 9 个，受理居住证申报材料 26.26 万份，制发居住证 23.88 万张。

（杨勇）

重大活动安保

【概况】 2017 年，集美公安分局紧扣党的十九大和厦门会晤安保主题，树立主战主责意识，成立厦门会晤安保工作领导小组、“迎接十九大忠诚保平安”主题活动领导小组及相应工作专班，坚持“绝对安全、绝对放心、绝对干净”三个标准，实现“三个不发生”“四个满意”和“五个坚决防止”的工作目标，完成党的十九大、厦门会晤等重大活动期间的安保任务。

【厦门会晤安保】 金砖国家领导人厦门会晤期间，集美公安分局成立厦门会晤安保工作领导小组，设市际检查站 3 个、市际临时治安检查站 2 个、区际检查站 5 个、寄递物流分拨中心和集美长途车站岛外集中下客安检点 7 个、治安岗亭 30 处、日常盘查卡点 24 处。区公安分局根据任务要求，精准投放警力，严密组织勤务，严格查控措施，共出动警力 1.61 万人次，检查车辆 12.26 万辆，核查人员 43.27 万人，查获非法入境 13 人、逃犯 3 人、吸毒人员 34 人、其他违法犯罪人员 87 人，遣返严重精神病患者 23 人，收缴管制刀具 19 把、危险化学物品乙烯 25 千克、81 式自动步枪子弹 8 发。对 6 家寄递分拨中心派驻民警跟班作业，共安检快件 819.4 万件、异常件 3600 余件，确保无一可疑人员、可疑物品从集美区流入岛内。

【大型活动安保】 2017 年，集美公安分局强化大型活动安保工作，在引入市场化模式运作、由主办方购买安保服务的基础上，集约投放警力，引入科技手段，使用“人证核验、人脸识别及手机 WiFi 采集系统”，配合承办单位安检门进行安全检查，实现对有前科的扒窃高危人员及其他安全隐患及时发现和预警。全年审批各类大型活动 14 场，投入安保力量 5389 人次，完成 2017 海峡两岸(集美)龙舟文化节暨“嘉庚杯”“敬贤杯”海峡两岸龙舟赛、第九届海峡论坛、中国(集美)AEMI 世界气球艺术节、张杰“我想”世界巡回演唱会(厦门站)、两岸特色庙会暨台湾县市经贸旅游推介交流会等大型活动安保任务。（杨勇）

反恐维稳

【概况】 2017 年，集美公安分局主动适应新常态下反恐维稳形势，把握反恐维稳主动权，坚持底线思维、源头防范、主动打击，以深化国保战略支撑点建设为契机，加强维稳信息员队伍建设，拓宽情报信息渠道，落实敏感时期和节点维稳反恐情报专班会商研判制度，推动辖区高校维稳安保工作；围绕境内外敌对分子渗透、破坏活动，辖区重点人、关注人员、邪教人员管控，不稳定因素摸排、重点群体动向、网上不当言论处置等，开展不稳定因素和重点人排查稳控，共搜集上报各类情报信息 1104 条，管理监控重点对象 318 人、重点阵地 11 个。

【反恐处突】 2017 年，集美公安分局推进反恐怖工作机制建设，发挥市局反恐平台技术支撑延伸功能，建立辖区关注人员数据库，落实“五见四知”和“视频＋信息员＋监控＋后台”管控措施，加强日常网上巡查和分级管理。辅警反恐小分队扩编至 180 人，加强 9 个派出所反恐处突力量；建立多警种武装设卡盘查机制，实行“3 分钟反应圈”勤务，共核查重点人员 2378 人，抓获犯罪嫌疑人 274 人、网上逃犯 13 人、其他违法犯罪人员 24 人。宣传贯彻《中华人民共和国反恐怖主义法》，健全反恐防范重点目标台账，采取公开检查和暗访测试结合形式，与反恐重要目标业主单位签订反恐责任状，落实反恐责任。对杏林湾大酒店未按规定登记关注人员入住信息的违法行为处罚 10 万元。在辖区学校、重点目标单位、人员密集场所开展反恐防范宣传和应急培训演练 75 场。

【重点人员稳控】 2017 年，集美公安分局落实重大活动风险评估和情报会商研判机制，协调区相关部门，建立镇街主导、派出所兜底、群防群治力量参与的“三位一体”重点人管控模式，创新微信群三级管控措施，确保实时掌握人员动态。加强对重性精神障碍患者的排查管控，协调街镇综治、卫计等部门，对 121 名评定三级以上危险患者实施管控或送医收治。中共十九大期间，公安机关分别在北京、湖北黄冈、江西吉安、福建莆田拦截或异地稳控重点人4名，实现辖区列管重点人“零滋事”。

【矛盾纠纷排查化解】2017年，集美公安分局制订维稳专项工作方案，健全覆盖全局的维稳专项组织领导架构体系，落实社会稳定风险评估和矛盾纠纷滚动排查化解工作机制，对9类4907名重点人员进行排查，逐一核实建档，实行分级分类管控，定期网上巡查。调动全警资源，依法妥善处置各种突发群体性事件，配合有关部门关停无证“三峡网吧”22家。开展涉法涉诉信访化解工作，创新信访化解“五项机制”，化解厦门会晤期间上级下发的首批信访积案21件，实现省公安厅、市委政法委、市公安局交办的信访积案完成率三个100%。（杨勇）

打击犯罪

【概况】2017年，集美公安分局开展集中打击盗抢骗、“打黑恶、缉枪爆”“飓风肃毒2017”、打击制贩假证（章）等专项行动，打击严重暴力、涉黑涉恶、多发性侵财犯罪及社会关注的敏感案件。全年受理刑事警情5389起，比2016年下降45%；盗窃类警情3199起，同比下降49%；诈骗警情2026起，同比下降33%；“两抢”类警情31起，同比下降72%；破案2575起，同比持平；抓获犯罪嫌疑人2112人，同比上升20.8%；打掉团伙87个，逮捕550人，移送起诉1064人，追赃170.4万元。快速侦破“黄再忠故意杀人案”等现行命案3起。打掉涉恶窝点“路易ONE酒吧”，抓获犯罪嫌疑人16人。

【打击盗抢骗犯罪】2017年2月15日至3月31日，集美公安分局开展集中打击盗窃犯罪专项行动，破获盗抢骗案件454起，完成指标的217%；发生盗窃摩托车警情60起，同比下降27.71%；入室盗窃警情132起，同比下降20.48%；扒窃警情84起，同比下降24.32%。

【打黑恶、缉枪爆】2017年1—5月，集美公安分局立“九类”涉恶案件37起，同比下降52%；破案35起，破案率94.6%，同比上升11.5%；打掉涉恶犯罪团伙24个，超额完成14个；刑拘涉恶犯罪嫌疑人187人，同比上升49.6%；抓获“九类”案件年前逃犯36名，到案率65.5%，超过市局下达的40%的任务目标；收缴枪支16把，其中火药枪1把、气枪15把、子弹4651发、制作气枪铅弹的磨具2个、气枪配件20个、仿真枪11把、管制刀具6127把。专项工作战果在市公安局排名第一。

【“飓风肃毒2017”会战】2017年，集美分局在全省“飓风肃毒2017”会战中，抓获毒品犯罪嫌疑人142人，破获部级、省级毒品目标案件各1起，缴获各类毒品85千克，查处吸毒人员233人次，抓获本地涉毒逃犯4人，协助外地抓获部督逃犯4人，会战综合成效全市第二名。

【打击经济犯罪】2017年，集美公安分局围绕服务经济建设工作重心，加大对重点建设工程领域违法犯罪的打击力度，畅通与企业的信息沟通渠道，落实企业安全主体责任，掌握经济犯罪线索；推进防范和打击经济犯罪的预警、防控和协作三大机制建设，开展“5·15”打击和防范经济犯罪宣传活动，提升社会各界对非法集资和其他经济违法犯罪的防范意识和能力；加大对经侦涉稳风险的排查力度，对涉众型经济犯罪受损人员的排查工作实现100%。侦破郭某等人利用“普惠金融”投资平台组织传销活动案，查明受害人员5000余名，涉案金额3000余万元。（杨勇）

治安管理

【概况】2017年，集美公安分局紧盯辖区治安突出问题，落实打防管控措施，完善社会治安立体化防控体系，提出“小案快打、以打促防”的工作理念，建立“刑侦部门牵头、指挥中心主导、四侦联动（刑侦、合成专班、技术、图侦）、全警巡防”压控案机制，警情持续大幅下降。

【“互联网+”群防群治】2017年，集美公安分局对接镇街，构建以派出所所长为总指挥，镇街综治领导、社区（村居）负责人和社区民警为成员的群防群治工作组和治安巡逻队、防范宣传队、访查防控队、应急处置队“一组四队”的群防群治组织指挥体系。在厦门会晤期间，实行以勤务点位图、力量部署表、人员花名册、岗位职责卡、每日一检查、每日一通报的“六个一”工作机制，发动组织群防群治力量12.7万余人参与厦门会晤安保工作。推动网格员定人、定岗、定责、定编工作，明确网格员职责，建立以网格员、房东、用工单位负责人为主体的良性滚动排查机制，全区义务申报人注册“厦门百姓APP”5.16万人，超过总数的70%，注册率名列全市前茅。

【治安整治】2017年，集美分局以问题清零、隐患穷尽为目标，建立“标准化管理、菜单式督导、对抗式测试、闭环式整改”治安管理机制，压实企业主体责任，严格监管治安要素，依法整治乱点。组织开展“打四黑除四害”“禁娼禁赌”“治安问题清查”等专项整治，全年共查处治安案件10535起，查处违法人员2578人；收缴枪支24把、子弹336发、仿真枪11把、管制刀具6265把，“打黑恶、缉枪爆”专项工作排名全市第一。开展易制爆危险物品和寄递物流安全管理整治专项行动，发现各类安全隐患175处，会同邮政主管部门关停无证寄递网点 64 家。开展重要军事设施周边环境治安隐患整治，查处案件 3 起，调处矛盾纠纷 2 起，督促整改隐患 1 处。加强 24 家剧毒化学品仓库、2 家炸药仓库安全监管，发出整改通知书 19 份，督促集美大学整改剧毒化学品管理隐患。

【创新“三必”机制】 2017 年 11 月，集美公安分局建立对三类警情、三类前科人员实行必访、必查、必处的“三必”工作机制。至年底，各单位回访警情 329 起，开展围村行动 4 次、围楼行动 188 次，排查重点前科人员 35 人，处罚房东 186 人，破获黄赌案件 17 起，拘留 22 人，黄赌警情同比下降 23.3%，环比下降 37.3%。

【基础排查管控】 2017 年，集美公安分局开展“一标四实三清”基础大排查，登记标准地址 74.40 万条、实有人口 91.09 万人，采集实有房屋 71.03 万幢、实有单位 4.51 万家、从业人员 44.03 万人、物品 43.72 万件。坚持挂图作业、挂项销单、挂责推进，以最高标准组织开展治安要素大排查，排查梳理出治安要素 9 类 32 项 2869 个、重点人员 4907 人、重点单位 630 家、重点场所 248 家、重点隐患 517 处，取缔查封关停无证旅馆 337 家、洗浴按摩 211 家、汽车租赁 30 家，断网下线无证旅馆网上发布经营信息 7901 条，基础信息采集率、准确率、录入率均为 100%。

【安全防范宣传】 2017 年，集美公安分局开展防拐、防盗、防火、防毒、防诈骗、防溺水、防交通事故等宣传工作，针对诈骗案件多发高发的特点，建立社区、企业、高校等微信群，开展点对点宣传。分局微信公众号向 2.02 万个微信群发布防诈骗宣传材料，群员总计 109.34 万人。针对明星演唱会门票、网络购物退款、冒充公检法办案等诈骗形式，协调集美区政务信息中心发送防诈骗预警短信 76.5 万条。

1 月 10 日，集美公安民警向群众宣传防骗知识。（林志杰 摄）

此外，各单位举办安全防范宣传讲座 135 场次，微信平台共推送防诈骗类信息 138 期 267 条。全区共发生电信网络诈骗警情 1416 起，比上年下降 22%。

（杨勇）

消 防

【概况】 2017 年，集美消防大队从班子和队伍建设、思想政治教育、社会火灾防控、应急救援水平、后勤保障能力、社会化宣传与服务等方面入手，抓措施落实，抓风险防控，完成金砖国家领导人厦门会晤、党的十九大等重大活动期间的消防安保工作，实现部队管理和火灾形势“双稳定”。全年，消防接警出动 846 次（含增援），出动消防人员 9621 人次、消防车 1670 辆次，抢救被困人员 145 人，疏散人员 32 人，抢救财产价值 380.8 万元。消防大队被推荐为福建消防总队 2017 年度执法质量达标基层单位，获市委、市政府授予的“市级文明单位”称号，被区委、区政府评为“国际性重大活动安保维稳先进集体”“社会管理综合治理和平安建设先进集体”；杏林中队被省公安厅记集体三等功一次，有 31 名官兵获总队、市局及市、区各级政府记功嘉奖。

【基层火灾防控建设】 2017 年，全区各镇街、各行业主管部门、各警种通力合作，严查、严管、严控各类单位场所，摸清全区单位数 4.42 万家，整改隐患单位 8572 家。重大活动消防安保期间，全区共发动 3000 余名消防群防群治力量，24 小时看护全区“不放心区域”“不放心单位”及高层建筑 984 栋。各镇街、重点单位在提升微型消防站建设的同时，再建社区（村）巡防队 65 支，中小学、幼儿园校内外巡防队 426 支，实行 24 小时巡查看护。是年，消防大队运用“行政拘留、临时查封、责令三停”等强力执法方法，震慑消防违法行为，共检查单位 3383 家，督促整改火灾隐患 2337 处，印发责令改正通知书 1256 份、行政处罚决定书 201 份，临时查封 35 家，责令“三停”64 家，罚款 288.67 万元，拘留 3 人。

【社会化消防监管】 2017 年，消防大队落实消防安全重点单位监管职责，约谈重点单位 234 家，推动“户籍化”系统录入、“四个能力”建设、“7+1”措施、微型消防站建设等工作。全区重点单位“户籍化”完成率 100%，“四个能力”建设达标 100%，落实“7+1”措施 228 家，完成“体检式”检查 234 家。同时，以微型消防站为支点，建立消防安全区域联防组织18个，涵盖重点单位234家。教育、商务、安监等13个行业主管部门组成联合检查组20余个，随机抽查商场、市场、社会福利机构、文物古建筑、易燃易爆危险品等单位场所，巩固消防安全排查整治成效。建立健全6个大网格、65个中网格、444个小网格的网格体系，发动522名网格员在全区范围内开展“九小场所”“三合一”场所、出租屋、居民住宅小区、高层建筑排查整治，夯实基层火灾防控基础。

【消防队伍建设】2017年，消防大队按标准建设消防队伍。全区有乡镇专职消防队2支、重点单位微型消防站228个、社区（村）微型消防站63个。选派骨干进驻灌口镇、后溪镇专职消防队，指导规范执勤训练、接警出动、车辆器材管理，采取跟班轮训、现场指导、联合训练、协同演练、拉动测试、比武竞技等多种形式，推进专职消防队、微型消防站联勤联训工作，并配备应急对讲终端，完善“三知四会一联通”指挥调度通信。全年专职消防队和微型消防站参与处置初期火灾和抢险救援145起。

【岗位练兵】2017年，消防大队以体能技能、合成操法练习为训练重点，制订全年训练计划，逐人逐项明确任务要求，提升重点目标攻坚能力和联合作战能力。制订作战训练方案，分岗位、分层次确定训练计划、内容、目标和标准，开展战术、器材装备和应用体能训练；通过讲解示范、交流研讨、现场操作、推演作业、实兵实装拉动等形式，提高训练质量。修订辖区重点单位、缺水区域等重点场所灭火救援预案；编印手册，强化学习，确保人人都是“活地图”。与自来水、燃气、电力等单位建立沟通联络机制，适时开展联合演练。

【消防宣传】2017年，消防大队投入200万元，开展各种消防宣传工作。组建消防宣传服务队，依托消防志愿协会，举办大型消防宣传巡回演讲；开展“消防伴我成长”三年行动和社区、重点单位微型消防站大比武及“119”消防宣传月等活动300余场次，完成2183名民警、5397名微型消防站队员、1.7万名企事业员工及4.99万名群防群治力量消防培训，提升全民消防技能。联合高校，举办集美区首届消防创意作品征集活动；开展“全民消防我代言”大型公益行动。印发、张贴、悬挂宣传海报1500份，编印消防安全宣传手册、海报32.3万份，群发消防安全提示短信720万条、微信334条、微博1670条。

7月29日，集美区开展微型消防站技能竞赛。（叶婷婷 摄）

【为民服务】2017年，消防大队坚持做到执法程序、自由裁量、案卷标准“三规范”，提升执法质量。组织经验丰富的建审、验收业务骨干，主动上门服务，为企业提供各类消防技术咨询和指导。消防服务窗口落实优化审批便民利民的相关举措，深化“多规合一”信息联动管理平台，与发改、规划、环保等多个部门实行“一表式”受理、“一站式”审批，年内共办理行政许可345件、备案抽查360件，收到建设工程消防审批告知承诺书183份，接受群众咨询2878次。工作人员在接待中做到“三声三办”，执行一次性告知制度，避免群众多次往返，群众满意度达到100%，实现窗口“零投诉”目标，窗口被评为“红旗窗口”。

（叶婷婷）

边　防

【概况】2017年，集美边防大队围绕为中共“十九大”和金砖国家领导人厦门会晤创造安全稳定边防环境总目标，一手抓政治建警，一手抓沿海管防，保持边防辖区和部队内部双稳定。全年共接处警5182起，同比下降14.74%；受理刑事案件605起，同比下降38.01%，破案201起，破案率33.22%。受理行政案件1019起，同比下降77.45%，查处716起，查结率70.26%；刑事拘留99人，逮捕40人，起诉53人，抓获网上在逃人员34人，打掉恶势力团伙2个，破获毒品案件12起，查处吸毒案件22起，抓获吸毒人员26人，缴获冰毒7.53克、K粉2克，抓获“三非”外国人4人，破获部督张南进系列诈骗案、“5·23”部督生产销售伪劣假烟案、龙绪凤涉恶团伙聚众斗殴案等一批有影响的案件。马銮湾所被公安部边防管理局评为安保先进单位，凤安所被评为公安部边防总队执法示范单位、厦门市公安机关执法示范科所队，3 人分立一、二、三等功，12 人受到嘉奖，5 人获评安保先进个人。

【沿海管防】 2017 年，集美边防大队协调集美公安分局出台《厦门会晤安保集美区海岸线管控勤务实施方案》和《厦门市公安局集美分局厦门会晤沿海岸线群防群治力量防控勤务工作方案》，协调集美区政府采取购买服务方式，率先实现小型船舶防越线系统安装率和上线率双 100% 的目标。在原有 18 个沿海高清监控探头的基础上，新建高清探头 15 个，加密的 26 个高清探头开始建设。破获“12・18”成品油案，查获柴油 34.68 吨，案值 23.8 万元。无偷私渡、被台抓扣等海上重大案件发生。

【规范执法】 2017 年，集美边防大队规范执法办案场所的管理和使用，在基层单位增设办案区管理系统和指纹识别、语音提示等功能，修缮物证室，购配警械装备，保证基层单位日常办案需要。组织两个单位执法民警分批到集美公安分局刑侦、法制大队跟班学习，官兵参训率 100%，参考率 98.7%，执法资格考试申报和通过率 100%。凤安所被总队评为“执法示范单位”，获市局授予的“全市公安机关执法示范科所队”称号。未发生因执法违规引发的上访、信访事件。

【政治建警】 2017 年，集美边防大队落实战时政治工作制度，全面实行党建挂图作战，8 个党小组实体化运作。与驻军某部直属汽车队、集美区委组织部建立教育协作机制，凤安所、马銮湾所军民融合联创联建工作受到区委领导批示肯定；与区检察院签署警检共建协议，实行预防犯罪、执法监督、党团建设协作，部队违纪“零发生”，其经验被《边防警察报》头版头条报道。完成三年典型培树规划，两个集体和两名个人纳入培树对象，凤安所获省级“青年文明号”立项，庄伟雄获评总队优秀共产党员。向各新闻媒体发稿 165 篇，其中中央媒体采用 8 篇，省、市新闻媒体采用 118 篇，优质稿件占 37.6%。

7 月 26 日，凤安边防派出所开展出租房屋集中区域夜查统一行动。（潘伟芬 摄）

【爱民固边】 2017 年，集美边防大队结合重大安保任务，开展大走访活动，摸排辖区存在的矛盾纠纷和不稳定因素，做到责任到人，积极化解，辖区保持和谐稳定。大队与侨英街道共创爱民固边模范街道，爱民固边工作深化。全年共走访慰问孤寡老人 64 人次，救助走失儿童、老人 32 人。开通户籍绿色通道，办理证件 24 本，送证上门 36 本。（卢毅敏）

检　察

【概况】 2017 年，集美区人民检察院批捕各类刑事案件犯罪嫌疑人 547 人，提起公诉 1239 人，立案侦查职务犯罪案件 14 件 23 人，涉案金额 1121 万元；立案侦查处级以上干部 1 人，百万元以上案件 2 件。执行证据裁判规则，决定不批准逮捕 366 人；监督公安机关立案、纠正漏捕漏诉 11 人，监督纠正侦查违法行为 7 件次。强化刑事审判活动监督，提出量刑建议 953 件，涉及 1084 人，建议采纳率 98.2%；提出抗诉 1 件，涉案 1 人，获上级院支持。开展“清积净手”工作，成功劝返在逃犯罪嫌疑人 1 人，追缴追赃 238.9 万元。结合案件向涉案单位发出检察建议 26 条，推动相关部门堵漏建制。灵活运用司法救助、检调对接等方式，受理群众来信来访 162 件，对 8 名生活陷入困境的被害人发放司法救助金 74 万元。维护金砖国家领导人厦门会晤期间辖区平安，加强涉稳风险案件稳控工作，发出案件风险预警 19 件次。2017 年，该院获省级“文明接待室”、省级“优秀预防项目”表彰，干警获“全省检察机关先进个人”“全国检察机关侦防骨干人才”“全省检察新媒体优秀编辑”“金砖国家领导人第九次会晤筹备和服务保障工作先进个人”“全市基层院建设先进个人”等称号 18 人。1 个精品案件入选“全国羁押必要性审查优秀案件”，2 个精品案例入选“集美区首届以案释法优秀案例”，2 篇优秀课题获评《厦门检察》十佳文章。

【刑事检察】 2017 年，区检察院依法批准逮捕各类刑事案件犯罪嫌疑人 547

人，提起公诉1239人。起诉各类破坏社会主义市场经济秩序犯罪28人，批准逮捕破坏环境资源犯罪4人，提起公诉11人。严格执行证据裁判规则，决定不批准逮捕366人；深化羁押期限检察监督，防范和纠正超期羁押，提出变更强制措施建议32人次。完善“保护性办案、恢复性司法、社会化帮教、多元化普法”的未成年人检察工作体系，开展心理疏导、法律援助活动，实行附条件不起诉和犯罪记录封存33人。

【职务犯罪查处和预防】 2017年，区检察院重视查办发生在社会保障、征地拆迁、支农惠农等民生领域的职务犯罪，查办职务犯罪14件23人，同比上升130%，涉案金额1121万元。查办大案要案，立案侦查处级以上干部1人，百万元以上案件2件。查办以权谋私、贪赃枉法、司法不公和失职渎职等行为，对7名行政执法、司法人员和农村基层工作人员立案侦查。查办生猪退养补偿、军粮供应等领域的职务犯罪案件10人。到国税、地税、农林水利局、行政执法局等国家机关、企事业单位，开展警示教育17场次，受众5000余人次。发挥行贿犯罪档案查询在构建诚信体系中的作用，推动查询便民化，提供查询1764次。

【诉讼监督】 2017年，区检察院纠正有案不立、有罪不究、以罚代刑等问题，监督公安机关立案、纠正漏捕漏诉11人，纠正侦查违法行为7件次。强化刑事执行和监管活动监督，防范和纠正超期羁押，提出变更强制措施建议32人次。强化刑事审判活动监督，提出量刑建议953件，涉及1084人，建议采纳率98.2%；提出抗诉1件，涉案1人，获上级院支持。调查有关生态环境资源和国有资产保护等公益诉讼线索12件20次，向相关行政执法部门发出诉前检察建议书5份，推动行政机关主动履职纠错。

【司法行为规范】 2017年，区检察院推进检察人员分类管理，开展员额检察官遴选、检察辅助人员和司法行政人员分类定岗工作，司法人力资源配置向办案一线倾斜；细化检察官权力清单，落实入额院领导办理案件制度，对入额检察官进行绩效考核，做到“谁办案、谁决定、谁负责”。科学界定办案权限，实现扁平化管理与专业化建设相结合。不断强化自身监督，健全案件管理工作机制，对办案全程进行动态监督，开展案件质量评查活动5次197件。及时向区人大及其常委会报告工作和重要事项，落实人大代表、政协委员提出的建议，举办检察开放日活动，邀请代表、委员视察评议检察工作，促进检察工作与社会公众良性互动。

【推进机制创新】 2017年，区检察院开展认罪认罚从宽制度试点工作，探索“321”阶梯式工作机制，实践精准量刑建议，推进案件繁简分流，对自愿认罪认罚的610名被告人适用该制度，占同期受案人数的43.1%。健全公益诉讼制度，建立以村居网格员为主体的“集美生态环境公益微信群”，村居网格员成为公益诉讼的“眼睛”。创新预防方式，丰富预防载体，与中国邮政集团公司集美分公司合力推广预防职务犯罪“宣传邮路”，营造风清气正的政治生态。完善刑事立案和侦查的法律监督机制，推动对公安派出所刑事侦查活动监督动态化、常态化，在全市率先实现驻派出所检察室全覆盖。开展预警协查、法律咨询宣传等工作，举办各类主题法治宣讲4场次。

（高娜伶）

审判

【概况】 2017年，集美区人民法院受理案件1.07万件，审执结案9601件，同比分别上升13.11%和16.91%，新收案件增幅全市第一，结案数增幅全市第二，一审判决改判发回重审率、实际执行率、执行标的到位率位居全市基层法院首位。开展普法工作，举办新闻发布会、公众开放日、小法官夏令营等活动6次，组织法官进社区、学校、企业宣讲10次，发放宣传资料3000余份。是年，区法院获全省十佳法院、集体二等功、全省法院案件繁简分流机制改革示范法院、全省法院刑事审判工作先进集体等集体荣誉15项，连续六届被评为省级文明单位，司法宣传工作连续五年获最高法院通报表扬，干警获全国审判业务专家、全省优秀法官等荣誉46人次。

9月，区人民检察院在全市率先实现派驻公安派出所检察室全覆盖。图为授牌仪式
（叶少斌 摄）

【刑事审判】2017年，区法院审结各类刑事案件1133件，判处罪犯1351人。严惩故意伤害等恶性暴力犯罪243件383人。严惩贪腐，审结职务犯罪8件10人，坚持受贿行贿一起查，规范行贿罪量刑标准。审结盗窃、抢劫等侵犯财产类犯罪133件151人，其中电信网络诈骗犯罪28件47人。惩处危害公共交通安全类犯罪481件482人。在少年案件审判中，强调柔性司法、人性帮扶，为未成年犯提供心理咨询引导，推进“暖法护航”。开展以审判为中心的刑事诉讼制度改革，实施非法证据排除制度，严防冤假错案。

9月21日，集美区法院在北京查扣被执行人名下车辆28辆。（李松荣 摄）

【特大交通事故案审结】2017年10月，区法院审结黄某某特大交通事故案。4月8日，被告人黄某某驾驶小型汽车，行驶至杏滨路与杏林东路交叉路口时，因误踩油门致车辆加速失控，冲上交叉路口安全岛，后与行人傅某某、廖某某等及多辆机动车连续发生碰撞，造成3人轻伤和一家祖孙三代3人死亡的特大交通事故。交警部门认定，被告人黄某某负事故全部责任。经区法院多次组织调解，被告人家属就民事赔偿问题与死者家属达成赔偿协议，赔偿死者家属450万元，死者家属对被告人表示谅解。区法院判决被告人黄某某犯交通肇事罪，判处有期徒刑3年，缓刑4年。

【民商事审判】2017年，区法院推进家事审判改革，实行多元调解、心理干预、人身保护等措施，塑造重恢复、促和谐的家事审判模式，审结家事、劳动、医疗、住房、交通等民事纠纷案2678件。深化民商事审裁方式精简化改革，强化简单案件要素式、令状式、表格式庭审和文书运用，推行要素式调解“四步法”，适用要素式审裁的案由接近常见民商事案由的80%。探索复杂案件全程争点式审理模式，组建金融审判团队，推进金融审判专业化。实行审判辅助事务集中办理，成立集约送达小组，专司民商事案件排期开庭及送达，使法官专注审判业务，提高审判效率。全年审结商事案件2388件，标的额5.28亿元。其中，涉公司股权转让、公司决议纠纷案34件，商品货物交易纠纷案516件，借款、担保、保险等涉金融纠纷案150件。

【行政诉讼案件审判】2017年，区法院受理行政案件248件，同比增长66.44%。其中，审结消防管理、税收征管、诉请“红头文件”合法性审查等新类型案件，审理拆违、非法占地等非诉案件183件。以协调撤诉方式解决争议92件，协调撤诉率48.6%。召开新闻发布会、座谈会，举办庭审观摩、专题法治讲座，向相关部门发送司法建议1份，连续四年发布《行政审判白皮书》。

【推出阶梯式从宽量刑机制】2017年，区法院在全国率先推出“321”阶梯式从宽量刑机制，审结认罪认罚案件809件，占比70%，办案效率提高。“321”机制系根据被告人认罪阶段不同，设定不同的刑罚减让量，促进量刑从宽的标准化、合理化。该项举措获最高法院认可，被最高法院改革专报专题报道。

【化解“执行难”】2017年，区法院开展执行积案清理专项行动，建立执行信息中心和公检法联络机制，运用三级网络执行查控系统，采用冻结划扣银行资金账户、在“集美法院执行在线”公众号曝光“老赖”、通过网络平台进行财产拍卖等手段，加大打击拒执行为力度，司法拘留86人，移送案件线索29件36人，清积率100%；执行结案2827件，执行到位金额1.41亿元，执行重要指标及失信惩戒力度均居全市前列。

【建立税法执行联动平台】2017年10月26日，区法院与区国税局、地税局联合召开“税法执行联动创新平台”构建签约大会，通过信息共享、执法联动、联合失信惩戒等措施打造税、法联动新常态。区法院推送企业破产及拍卖信息，协助税务机关参与执行分配、收取税费；国税局协助调查被执行人对公账户、资产数据、财务报表等信息，冻结出口退税等款项；地税局协助查询被执行人服务处所、社保缴交情况等信息，保障国家税收及社保资金顺利回笼。

【强化多元解纷机制】2017年，区法院建立“1+3”模式诉调对接中心和法援律师参与调解、信访接待机制，诉前化解纠纷927起。加强交通事故调处中心交警、保险、诉讼的诉调衔接，快速化解交通事故纠纷，撤诉率89.62%。深化“五位一体”医患联调机制，探索诉前鉴定办法，以医疗保险为切入点，加大医患纠纷化解力度。

【涉大王椰树行政纠纷调解】 2017年，区法院审结涉大王椰树保护行政处罚案件。2016年4月，厦门某小区业委会在养护树木时，砍伐大王椰树2株，园林部门处以罚款10900元，并要求赔偿损失5000元，行政复议维持原决定。业委会不服处罚，起诉区行政执法局、区政府及市区两级园林局。案件焦点在于涉案大王椰树被砍伐前的存活状态，双方提交的专家意见各执一词。区法院特邀动植物检验检疫行业、植物学界的三名专家召开论证会。经过沟通协商，各方最终根据法院特邀专家组意见达成一致处理方案，由小区业委会在原处复种小叶樟2株。此为区法院首次邀请专家参与论证，出具的首份行政调解书。

【提升诉讼服务品质】 2017年，区法院建立统一立案、立案登记制度，当场立案率95.2%。提升诉讼服务中心软硬件配置，提供智能查询、自助立案、诉讼指引等司法服务。畅通老弱病残孕等特殊群体绿色通道，加大对确有困难当事人的司法救助力度，为49名当事人缓、减、免诉讼费13.6万元。推进审判流程、庭审、裁判文书、执行信息四大公开平台建设，通过法院官方外网、微信、微博发布法院工作动态、案件审理及执行信息，推行庭审直播、裁判文书上网、发布失信被执行人信息，促进阳光司法。是年，法院获评省级文明单位、省级巾帼文明岗。

【深化智慧法院建设】 2017年，区法院配备实时监控、人脸识别等系统，加强安防及人员管控；优化出警机制，强化联防联动，提升应急处突能力；互联押解车配备防逃脱系统，实现押解场所全软包，提升执勤保障水平。开发要素式智审平台，配置典型案由庭审笔录及判决书模板，当事人登录互联网在线可查阅案件信息，并自动抓取信息辅助生成庭审笔录，调取笔录中的相关要素辅助生成裁判文书。开发集约送达及排期开庭智能管理系统，对接区社会治理综合平台，可查看受送达人户籍、暂住、联系方式等信息，提高送达效率。开展电子卷宗信息化改革，实现随案同步生成。开发“卷宗流转智能管理系统”微信程序，实现卷宗流转全程留痕。

【法官队伍建设】 2017年，区法院完成法官的等级确定、职务晋升、待遇落实和第二批法官入额工作，任命科级干部5人，提任书记员为法官助理6人，组建未成年犯罪、家事、医患、金融、破产、执行等审执团队20个。继续实行“三进四同”机制，推进“心灵绿洲”“法之晨辉”等品牌建设，举办民商事疑难案件研析、“寻找送达的金钥匙”沙龙等业务研讨26场，组织业务培训31场。开展精品庭审和文书评选工作，获市中院2016年度“十大精品庭审”及“十大精品文书”各1项。黄湧撰写的《民事审判争点归纳》一书由法律出版社出版。区法院司法宣传工作连续五年获最高法院通报表扬。

（李晨）

司法行政

【概况】 2017年，集美区施行“谁执法谁普法”和国家工作人员学法用法制度，推进国家工作人员学法用法制度化、规范化。推出普法志愿者动漫形象“宣宣”，制作普法宣传动漫短片4部，新增法治教育基地3个，举办法治微电影大赛、中小学法治格言软笔书法大赛、以案释法优秀案例征集、“十佳”人民调解案例评选和普法亲子活动，法治教育生动活泼。开展人民调解员等级评定工作，评定人民调解员46名，全年排查调处矛盾纠纷2079起，比2016年增长62%，3篇案例入选全国行业性专业性典型案例“500佳”。社区矫正中心教育展示厅扩建工程竣工并投入使用，全年开展社区服刑人员入矫辅导、心理测试、心理排查、心理矫正736人次。厦门会晤期间，共排查走访社区服刑人员、刑满释放人员、双列管对象1735人，下落不明刑满释放人员查找率100%。区法律援助中心驻区检察院、公安分局值班律师工作室挂牌，三个工作室（包括驻区法院工作室）共为适用认罪认罚从宽制度当事人提供法律帮助1983人次。村（社区）法律顾问为村、社区居民委员会提供法律咨询2534人次，举办法制讲座75场次，提供法律意见92条，办理法律援助案件32件，处理信访、矛盾纠纷和其他涉法事务206件。区公证处开拓新的公证业务领域，开始办理法院执行案件执行前财产清点证据保全公证和债权文书强制执行效力公证业务，全年办结各类公证836件。开展“放管服”改革，“最多跑一趟”公共服务事项占比91.7%。

【法治教育】 2017年，集美区出台《关于实行国家机关“谁执法谁普法”责任制实施意见》，与31家区直机关签订“七五”普法期间区直机关落实法治宣传教育工作责任状，落实“谁执法谁普法”责任制。制订《关于完善国家工作人员学法用法制度的实施意见》，推进国家工作人员学法用法制度化、规范化。推出首个普法志愿者动漫形象——“宣宣”，并以此为载体，制作普法宣传动漫短片4部；新设立集美区青少年法治教育基地、厦门市法治夏令营活动示范点、交通安全法治教育基地，加强对青少年的法治教育。开展以案释法优秀案例征集活动，选用优秀案例50篇，汇编成册；举办第二届“法治集美、阳光生活”法治微电影大赛和中小学法治格言软笔书法大赛，营造全区上下学法、用法、尊法、守法的良好氛围。在全市首次举办创意普法亲子活动，有35个家庭近百人参加活动。金砖国家领导人厦门会晤期间，在厦门电视台移动电视XM6频道、5000辆公交车、BRT电视终端，每天6次、连续7天播放“迎接厦门会晤，我们共同行动”动漫宣传片；运用微信公众平台、全区LED普法宣传屏展播“厦门会晤”公益宣传片。

【推出普法志愿者动漫形象“宣宣”】 2017年3月，区司法局、区依法治区办推出首个普法志愿者动漫形象——“宣宣”，并配套推出宣宣表情包系列，宣宣身着粉色连衣裙及写有“集美普法”字样的红色马夹，头戴集美手势发夹，形象活泼可爱。以宣宣为载体，制作完成普法宣传动漫短片4部：《迎接厦门会晤，我们共同行动》，介绍“金砖”常识，倡导会晤期间的文明行为；《谁执法谁普法》，宣传“谁执法谁普法”责任制知识；《垃圾分一分，环境美十分》，提倡做好垃圾分类，共同美化家园；《上学路上》，向青少年宣传上学路上的交通安全、食品安全等注意事项。

【新设法治教育基地】 2017年，区司法局、区依法治区办新设法治教育基地3个。3月28日，与厦门市第十中学成立集美区第5个青少年法治教育基地。该基地将禁毒警示教育、校园安全教育、法治宣传教育有机结合，提高青少年自我保护意识和保护能力，着重培育青少年法治观念，树立青少年法治信仰；4月20日，在厦门市启明学校成立厦门市法治夏令营活动示范点。该示范点用艺术形式展示法的元素，对青少年进行生动形象的法治教育；4月26日，携手集美交警大队，依托集美区交通安全宣传基地，成立交通安全法治教育基地。该基地占地约400平方米，分为室内和室外两部分。室外设置一块大型LED显示屏，全天分时段滚动播放道路交通安全知识、典型交通事故案例分析以及交通安全宣传教育公益片；室内设置乘车交通安全体验区、模拟出行互动体验区、交通安全知识学习区和交通规则互动体验区，免费开放。7月，3个法治教育基地分别开展中小学生法治夏令营活动5场。

【以案释法优秀案例征集】 2017年5月，区司法局、区依法治区办启动集美区首届以案释法优秀案例征集活动。在《厦门日报》《厦门晚报》“天下集美”微信公众号、“法治集美”微信公众号面向社会各普法责任主体征集以案释法优秀案例。至9月，共征集案例85篇，以专家评审方式，选出社会关注度高、与群众利益密切相关，具有普遍警示教育意义的典型案例50篇，汇编成《法治集美，阳光生活——集美区首届以案释法优秀案例集》，印刷500册。案例集内容涉及中华人民共和国民法通则、合同法、婚姻法、刑法、未成年人保护法、公司法、等多部法律，包括法官、检察官、律师办理的典型案例和基层司法所调解的具有指导作用的案例。

【第二届法治微电影大赛】 2017年5月，区司法局、区依法治区办启动第二届“法治集美、阳光生活”法治微电影大赛，面向社会，公开征集以宪法法律知识、法治故事等为表现对象，内容健康向上、弘扬法治精神的微电影原创作品。至10月，征集到微电影作品35部，在“法治集美”微信公众号和“天下集美”微信公众号上展播，并进行公众投票。据统计，网上评选点击量21.37万次，浏览50余万次。比赛采用网上投票与专家评审相结合的方式，于11月底评选出《送爱回家》《子非鱼》《沿街》等获奖作品10部。

【中小学法治格言软笔书法大赛】 2017年5月，区司法局、区依法治区办启动第二届“独角兽杯”法治格言软笔书法大赛，向全区中小学生征集法治格言软笔书法作品。至9月，共收到参赛作品250份，采用专家评审方式，评出小学组一等奖10名、二等奖24名、三等奖37名、优秀奖若干名；中学组一等奖5名、二等奖10名、三等奖21名；优秀指导老师15名，组织奖5名。

【创意普法亲子活动】 2017年5月28日，区司法局、区依法治区办在全市首次举办普法亲子活动。通过微信公众号“法治集美”公开招募参与家庭，共有35个家庭近百人参加活动。活动内容有组织参观集美法治文化苑、交

5月28日，集美区创意普法亲子活动在月美池公园举行。（司法局 供图）

通安全法治教育基地，举办法治讲座、观看区法治微电影、动画宣传片和法治文艺演出，活动中穿插“寻宝答题”“有奖问答”等环节，调动家长和孩子的学法积极性，寓教于乐。

【调解工作】 2017年，区司法局开展人民调解员等级评定工作，评定人民调解员46名，其中二级8名、三级31名、四级6名，杜朝明被市司法局评定为厦门市一级人民调解员。全年排查调处矛盾纠纷2079起，比2016年增长62%，未发生因调处不及时或不当造成“民转刑”案件或群体性上访事件。厦门会晤期间，成立人民调解工作应急指挥部和人民调解志愿者服务队，组建人民调解攻关组和应急组，制订专项工作方案，全员备战，开展全覆盖、无盲区、无遗漏的拉网式大排查大调解活动，完成安保维稳任务。10月，在全区开展“十佳”人民调解案例评选表彰活动，《移机人员高空坠亡，厘清责任定纷止争》等10篇被评为“十佳”案例。同时，将各司法所2014—2016年调处成功的32篇人民调解典型案例汇编成册；《村民阻挠重点工程施工，人民调解平纠纷保重点》《业主物业起矛盾，公平调解息纷争》《主动靠前，化解征地拆迁历史遗留问题》3篇案例，入选中华全国人民调解员协会、人民调解杂志社举办的行业性专业性典型案例全国“500佳”。

【十佳人民调解案例评选】 2017年10月，区司法局在全区开展十佳人民调解案例评选表彰活动。从当年全区依据或参照《中华人民共和国人民调解法》设立的各类人民调解委员会人民调解员成功调解的纠纷案件中，选取具有典型性，反映社会热点难点，具有一定影响力，涉及人数较多或法律关系相对复杂，调解难度大的各类调解案例参评，要求案例的卷宗规范完整、材料齐全、协议完全履行、实现案结事了。由各司法所择优推荐上报，区司法局组织评审组，从22篇推荐案例中择优评定。评选出的十佳人民调解案例为：《移机人员高空坠亡，厘清责任定纷止争》《绿化工作飞来横祸，人民调解定纷止争》《承揽广告安装不慎摔亡，调解构筑防线终得赔偿》《医疗事故起争议，司法调解化干戈》《台风无情人有情，鱼水情深化干戈》《非因工死亡起纠纷，人民调解化纷争》《建筑女工坠亡引纠纷，人民调解巧化解》《市场改造引发争议，多方联调化解矛盾》《意外死亡引纠纷，全力调解化干戈》《突发疾病引纠纷，耐心调处促和谐》。

【人民调解案例汇编】 2017年，区司法局将各司法所2014—2016年调处成功的32篇人民调解典型案例汇编印制成册，内容涉及征地拆迁、婚姻家庭、宅基地、土地租赁、意外事故、人身损害、邻里纠纷、医患纠纷、消费纠纷、合同纠纷等，贴近实际，易于借鉴，具有典型性和示范性。全书7万字，发行1000册。

【社区矫正工作】 2017年，集美区加强社区教育中心的硬件和软件建设。年底，社区矫正中心教育展示厅扩建工程竣工并投入使用。教育展示厅建筑面积400余平方米，陈列社区矫正工作图片500余张。矫正中心依托集美区网格化平台、视综平台、政务可视化决策平台，整合各类信息系统和资源，拓宽社区矫正的“长度”和“宽度”。通过可视化决策系统和人脸识别系统，及时观察社区服刑人员的日常工作、生活情况，对每名社区服刑人员进行精准定位、实时监控，对犯罪类别进行数据分析，就近安排到视频监控点报到，矫正工作效率和质量提高。实行政府购买社区服刑人员教育矫正和心理矫治服务办法，在入矫、常规、解矫三个不同阶段设置不同的课程。入矫阶段注重队列训练和法律法规学习，强化社区服刑人员的认罪悔罪意识和身份意识；常规阶段开设法律、道德系列教育及安全驾驶等专题课程，强化社区服刑人员遵规守纪意识；解矫阶段进行职业生涯规划教育、就业技能培训，使社区服刑人员更好地回归社会。全年开展入矫辅导258人次、心理测试193人次、心理排查157人次、心理矫正128人次，对9名未成年社区服刑人员进行心理矫治55次、集中教育61次。厦门会晤期间，共排查走访社区服刑人员、刑满释放人员、双列管对象1735人，下落不明刑满释放人员查找率100%。

【法律援助工作】 2017年1月19日和7月5日，集美区法律援助中心驻区检察院值班律师工作室和驻集美公安分局值班律师工作室先后挂牌，并对驻区法院律师工作室的职能进行调整。三个工作室面向全市招募法律援助值班律师，要求在三个工作室的值班律师具有执业两年以上的经历，且已办理至少10件以上刑事案件。至年底，三个工作室共配置值班律师26人，实现从侦查、审查起诉到审判三个阶段均有值班律师为适用认罪认罚从宽制度的当事人提供法律帮助，共为适用认罪认罚从宽制度当事人提供法律帮助1983人次。法律援助中心全年共受理指派法律援助案件1209件。

【村（社区）法律顾问】 2017年，集美区有村（社区）法律顾问40人。全区村、社区法律顾问共提供法律咨询2534人次，举办法制宣传教育讲座75场次，协助处理重大敏感和群体性案件20件，协助起草、审核、修订自治组织章程、村规民约以及其他规章制度23件，为村（社区）重大经济、民生和社会管理方面的决策提供法律意见92条，协助处理信访问题23起，为村（居）民办理法律援助案件32件，调解矛盾纠纷93起，处理其他涉法事务90件。

（司法局）

军事

人民武装

【概况】2017年，集美区人民武装部按照中央军委国防动员部提出的“五部”建设标准，做好基层武装部规范建设和民兵整组工作，强化民兵训练，做到基层人武部、各类专业技术分队结构与战时兵员动员、支前保障需要相适应，确保编组科学，人员落实。挖掘“三红”资源，开展国防教育进学校、进社区和拥政爱民活动，完成厦门会晤安保、民兵训练和征兵等各项任务。

【民兵建设】2017年，区人武部按照厦门警备区部署，做好民兵整组和队伍建设工作。将现有基干民兵员额整组为应急队伍、支援队伍、储备队伍三大类若干个分队，做到各类专业技术分队结构与战时兵员动员、支前保障需要相适应，确保编组科学、人员落实。重点抓好民兵应急分队建设，以退伍兵为主，编实配强区重点应急连，落实编组、配齐装备、强化训练，确保招之即来、来之能战。民兵训练按照真打实备的要求，分为专武干部、民兵骨干和专业分队三个层次，先后组织专武干部民兵营（连）长、民兵信息员、海上救护分队骨干、防汛救灾骨干等专业集训和反恐处突训练6批次，训练时间25天，集训人数100余人次。

【基层武装部建设】2017年，区人武部做好基层武装部规范建设工作。在办公设施上，要求所有基层人武部和民兵营（连）部按规范化建设标准配齐各类办公设施。基层人武部做到“三职责、四制度、一表、一图、一板”（详见《索引·缩略语注释》，下同）上墙，民兵营（连）部做到“二职责、三制度、一园地”上墙，同时做到“七有”，统一配置电脑，个别有条件的武装部增配投影仪等设备。在资料管理建设上，要求基层武装部建立“四案”“五簿”“八册”“九表”“十盒”，民兵营（连）部建立“四表”“四簿”“六盒”“七册”；建立民兵预备役资料数据库，密级的方预案、图表实行微机化管理。在物资器材库建设上，要求各镇街按一个应急建制排基数标准，配备军事训练指挥作业箱、野战生存和抢险救灾器材及必要的个人携行物资，包括背囊、铁锹、铁镐、盾牌、警棍、钢盔、砍刀、炊事用具和对讲机等。建立健全物资器材登记、出入库等管理制度，所有物资分门别类上架入柜，摆放有序，并按建制定人定物，标识清楚。

【国防教育】2017年，区人武部挖掘集美区“三红”资源，开展国防教育进学校、进社区活动。组织国防教育讲师团宣讲6场次，听众3000余人；结合八一建军节、国防教育日和国庆等节日，开展形式多样的军地联谊文化活动。在征兵宣传月期间，制作“阿集小美参军去”动漫片，印制宣传画册1.5万份；区征兵办邀请优秀大学生士兵到辖区各高校举行巡回报告会，现身说法，进行现实生动的国防教育。当年征兵工作继续保持连续39年无责任性退兵记录。

【拥政爱民】2017年，区人武部主动与地方政府联系，走进村居，开展义务植树、法律服务、维护社会治安等共建活动。厦门会晤期间，全区成立以民兵为主要力量的应急队伍7支、低慢小侦测队6支、保交护路队2支、治安巡逻队6支，共560人，全时在位、全员执勤，共发现并处理风筝等低慢小情况80余起、劝离反制点位垂钓人员10多人次、移交公安疑似精神病人员2人，保障辖区安全稳定，完成厦门会晤安保任务。部党委继续与后溪镇黄地村结对帮扶，三次深入该村调研，指导村委党建工作，支持扶助资金7万余元，改善村工会建设，慰问受灾家庭，资助贫困学生和教师。

（强成松）

人民防空

【概况】2017年，集美区人防工作坚持“与经济建设协调发展、与城市建设相结合”的原则，把确保厦门会晤安全作为首要政治任务，严格按照准备、备战、实战、决战四个阶段，构建人防工程、防空防护、指挥通信、应急疏散、宣传教育人防体系。审批结建项目31个，收取民防易地建设费178.6万元。发放人民防空宣传材料3.5万份。

【人防宣传教育】2017年，集美区结合厦门会晤人防安保维稳工作，通过“5·10”防空警报试鸣日、“12·5”法制宣传日活动，利用网络、广播、电视、报纸等媒体和知识橱窗、横幅标语、宣传手册等形式，开展人防宣传活动。全年悬挂人防标语条幅120条，向市民发放《人民防空知识宣传手册》等宣传材料1.5万份，向全区中学初一新生（含市属中学2所）发放《人民防空》知识读本5000册，发放人防法规知识宣传册1.5万册。

【人防应急演练】2017年5月10日，集美区人防办按照“能打仗，打胜仗”核心要求，以人防军事斗争准备需求为牵引，以服务厦门会晤为主线，在集美街道盛光社区开展第十七次人民防空演练活动。演练突出“警钟长鸣、增加人防意识，居安思危、共建平安厦门”主题，组织近1000人进行疏散演练，全区43台警报器同时拉响。

【人防工程建设】2017年，集美区人防办依法“结建”工程审批，严把“结建”工程图纸资料审核关，落实告知承诺制和限时办结制，加大易地建设费征收和人防工程建设监管力度。

（张永桥）

民主党派与社会团体

民主党派

【民革集美区总支】 2017年，中国国民党革命委员会集美区总支发展新党员3名。至年底，总支下设集美第一支部和集美第二支部，有党员60人。其中，女性24人，拥有高级职称的41人；担任市政协委员、区政协常委、市民革副主委、市民革委员各1人，区政协委员4人，区人大代表2人。八届一次区政协会议期间，总支政协委员提交《建议在厦门市公共场所配置自动除颤仪》《关于田集高速连接线完善出口的建议》《建议完善集美区农村失地农民养老保险制度》等提案8件。政协委员周立新报送的社情民意《关于制止同集路桥墩喷绘广告行为的建议》、徐干远报送的《维护陈嘉庚等伟人形象的建议》，获区委书记李钦辉批示。是年，总支完成调研报告6篇：《加强厦门革命遗址资源的开发利用以弘扬红色文化》《在新的形势下更要全方位地遏制“柔性台独”》《面对在厦台资企业新的发展动向所应采取的建议》《积极探索集美经济有效实现形式，促进城乡一体化发展》《加快构建具有集美特色的海岸线生态景观》《助力“三农”，深化农村便民支付建设》。组织党员撰写《关于厦门商家价格明示的建议》《关于教师获取执教资格的建议》《关于整顿共享单车乱象，迎接厦门会晤的建议》《关于规范社区内垃圾运送车的建议》《关于集美区率先整顿共享单车乱象的建议》《建议政府关注厦门市养老院收费》《智能转型对中国和谐发展的启示》《建议将抗生素环境污染指标纳入监管》等信息多条。《关于争取更多国家在厦门设领事馆的建议》和《关于修改厦门市体育中考仰卧起坐动作标准的建议》获市政协采纳。支部党员杨柳提交《应该允许中国国民党健康力量参与祖国统一历史进程》《厦门金砖国家峰会令台湾黯然失色》等涉台信息11条。杨柳撰写的论文《孙中山先生民族主义思想在营造两岸民族情感的作用》获省民革征文活动一等奖，文史稿《茅山与陶弘景》在《国家地理杂志》附刊《博物》2017年第2期发表，主编有《浔江潮涌——集美红色记忆》《厦门革命遗址》，《用好革命遗址资源，弘扬集美红色文化》入编2017年集美区社科论坛汇编，另撰有《集美区红色文化点碑牌文字说明》《厦门华侨纪事（集美篇）》等；其个人事迹载于《厦门日报》（11月9日）和《厦门晚报》（11月2日、11月9日）。是年，支部委员黄国栋被聘为中国职业技术教育学会教育工作委员会第三届理事会职业教育通识文化课类数学研究中心（中职数学）委员。支部党员徐干远创业、参政故事被《集美政协》、集美电视台《纪实集美》和《集美报》公众微信号“天下集美”栏目报道。支部党员徐卫勇兼任国家林业局野生动物保护协会常务理事、福建省杂技家协会副主席。 （杨冶）

【民盟集美区委员会】 2017年，民盟集美基层委下设公共支部、教育支部、集美工业学校支部、第二医院支部、厦门十中支部、集美中学支部和企业支部，有盟员188人，其中担任第十二届区人大代表5人、第八届区政协委员9人。是年，民盟盟员、区人大代表韦向年提交人大建议《关于增设集美区杏林公交线路的建议》，民盟界别的政协委员提交政协提案多个；提交区政协和区统战部课题调研报告6篇：《我国学前教育发展现状及问题对策》《防治校园暴力事件的对策与建议》（基层委）《中职校实行准军事化管理的调研与建议》《关于职业教育中双证融通机制的探究》（集美工业学校支部）《在闽台湾农民创业园发展现状分析及提升投资环境的相关建议》（民盟企业支部）《开发乡村旅游对农村经济发展几点思考》（民盟公共支部）；提交社情民意信息123篇，有2篇被省政协采用，多篇被区政协采用。是年，集美工业学校支部和集美企业支部获评民盟厦门市委会课题调研与提案工作先进集体，集美工业学校支部、集美企业支部和厦门十中支部获评民盟市委会宣传信息工作先进集体，另有23人次获评民盟市委会调研及宣传信息工作先进个人。 （郑永辉）

【民建集美区委员会】 2017年，民建集美区基层委员会新入会会员6人，转入1人，转出1人。至年底，有支部5个、会员135人。其中，本科以上学历93人，大专学历27人；中级职称44人，高级职称32人；平均年龄50岁；男会员98人，女会员37人；区人大代表2人，区政协委员10人。是年，基层委提交人大建议4份、政协提案22份，其中《关于提升集美新城品质，增强核心聚集功能的建议》《关于构建智慧交通体系，优化道路通行的建议》《关于强化食品安全监管，确保我区食品安全的建议》3件提案被区政协列为重点提案和评为优秀提案。完成《促进厦门集美台商投资区产业升级的对策建议》《关于扶持促进中小微企业科技创新发展的对策建议》《马銮湾区流域环境整治存在的问题与对策建议》《加快推进厦门灌口特色小镇建设的对策建议》《厦门街道社区利用互联网探索垃圾处理新模式的建议》《构建强有力的厦门食品安全防护网》等调研报告9篇，受到民建市委、区政协、区统战部表彰奖励。其中《构建强有力的厦门食品安全防护网》转化为厦门市民建界别提案，被评为2017年度市政协优秀提案，由市领导亲自督办，获副市长、政协副主席批示。全年向上级和民建系统上报各类信息97篇次，其中苏清海撰写的《构建以大数据智慧医疗为核心的大健康信息共享平台以有效推进我市医疗整体水平》、王进法撰写的《关于扶持中小微企业发展的建议》《关于加快厦门三维智能产业发展的建议》被列为市政协大会发言书面材料，确定为民建市委重点课题，相关信息被民建省委、市政府、市政协采用。王进法采写的社情民意《关于整改灌口农贸市场周边道路交通环境的建议》《关于将集美最高楼命名为集美嘉庚大厦的建议》2条信息获区委书记和区长批示。各支部分别开展“文明交通、消防安全知识”宣讲、“垃圾分类、你我同行”宣传、“民建情——文化自信八闽行”调研、“书写中国梦，墨洒灌口情”青少年书画比赛、集美新城海绵城市（湿地公园项目）调研考察等社会服务活动。是年，基层委和各支部加强自身建设，组织会员分别到潮汕、重庆、漳州和闽东革命老区进行爱国主义和革命传统教育。基层委举办“不忘合作初心，继续携手前进”专题教育和党派知识、民建会史等知识竞赛活动，修订《民建集美基层委参政议政工作管理和奖励办法》。集美支部、杏林二支部获民建市委授予的“参政议政先进支部”称号，王进法、苏清海获评参政议政先进个人和信息工作先进个人，王进法获民建省委授予的“宣传工作先进个人”称号。林欲晓、王旭明获评民建市委社会服务工作优秀会员，林欲晓获评民建省委社会服务工作先进个人。（王进法）

9月7日，民建集美区委员会在厦门和丰利干冰除污设备科技有限公司调研。（王进法 摄）

【民进集美区委员会】 2017年，中国民主促进会厦门集美基层委员会发展会员4名。至年底，共有会员101名，其中拥有中高级职称的占82%，本科以上学历会员占89%，文化教育界会员占90%。是年，民进集美基层委提交课题调研报告3篇。其中，《厦门新城新兴社区现代化治理研究》《从供给侧改革看厦门学前教育的未来发展》入选民进厦门会市委重点课题，并获表彰，《从供给侧改革看厦门学前教育的未来发展》并在市政协会议上口头发言。《从供给侧结构性改革入手，着力补齐我区学前教育短板》在区政协八届二次会议上做大会发言。先后组织会员参观厦门市统一战线“喜迎十九大”书法作品展，参加集美区统战理论培训班、民进厦门市委会组织的“不忘合作初心，继续携手前进”专题教育演讲会和党的十九大理论培训班学习，组织会员参加集美区海岸景观设计实地调研和杏滨街道组织的辖区政协委员参观调研活动。厦门英才学校支部被评为民进厦门会市委先进基层组织，会员马蔚斌被评为参政议政积极分子，参加民进福建省第七次代表大会，当选民进福建省委教育专委会副主委。（叶霞）

【农工党集美区委员会】 2017年，农工党集美区基层委新发展党员16人。至年底，下设支部7个，有党员178人，其中博士4人、硕士11人、大学以上113人、大专及以下50人；医卫界86人，教育界41人，环保、人口资源与科技界8人，其他界别43人；担任区人大常委会副主任、常委、代表各1人，区政协常委1人、委员4人。各支部上报区委统战部、市委会信息30条。其中，综合支部主委吴青和文教支部党员陈庆照撰写的《关于在集美区高浦海滨建造人工沙滩浴场及岸上配套设施和文化景观的调研报告》，得到区委书记李钦辉的批示。区基层委丁加生、周素敏、陈琳、杨远让、吴青和集大总支陈玉慧所做的课题《关于集美新城产城融合发展的问题与建议》，文教支部陈庆照所做课题《关于厦门市公交系统存在的问题及改革建议》获统战系统课题评审一等奖。是年，基层委举办基层骨干培训班2期，分别研讨基层组织工作职责和开展革命传统教育。推荐1名党员参加市社会主义学院培训班学习，推荐15名新党员参加市委会举办的新党员培训班学习。党员刘涛获中国通信企业协会通信网络运营专业委员会“2015—2016年度通信网络运维管理先进个人”、福建省“金砖国家领导人厦门会晤筹备和服务保障工作先进个人”称号，傅清青获评福建省2016年度职业病防治项目工作先进个人，邹家梅获《知音》杂志编辑部的“《知音》功勋作者”金奖。基层委组织第二届气排球比赛，林艺忠举办个人画展。（陈琳 丁加生）

【致公党集美区总支】 2017年，致公党集美总支发展新党员7人，转他区支部1人。至年底，总支有党员123人，分属集美综合、杏林、华文教育、集美小学和集美中学5个支部，担任区政协委员4人（其中常委2人）、人大代表3人。总支主委李碧慧任致公党厦门市委常委。是年，李碧慧、陈宏东、连明富、陈民委当选致公党福建省第九届代表大会代表，并出席代表大会。集美综合支部获评中国致公党坚持和发展中国特色社会主义学习实践活动基层组织先进集体，总支副主委陈艳芳获评致公党福建省2012—2016年度优秀党员，杏林支部副主委薛立获评致公党福建省2012—2016年度社会服务先进个人。总支支委王元震在厦门会晤期间获省委、省政府表彰。综合支部党员杨永贵被评为第六届全国分子影像研究与应用高层论坛优秀青年学者，并获中华医学会第25次全国影像技术学术大会演讲比赛影像技师长优秀论文二等奖，被聘为《磁共振成像》杂志专家评审和《波学杂志》专家编辑委员会青年委员。是年，集美总支向区委统战部提交调研报告8篇、信息30篇；完成致公党厦门市委会调研课题4个，提交信息和宣传稿22篇。其中，华文支部陈秀琼撰写的信息《把心理健康检查纳入外国人入境体检项目的建议》被致公党福建省委采用，《加强外籍生在厦非法就业的管理的建议》获致公党中央2016年度参政议政优秀成果奖；华文支部主委陈宏东撰写的简讯《华文教育支部党员陈秀琼开展心理健康讲座》被致公党中央网站采用；集美综合支部杨永贵的建议“增设影像报告诊断费收费项目”被《中国统战部》及《零讯》综合采用；集美小学支部主委张丽霞撰写的信息《教师减负亟待从“打假”开始》被致公党省委、中央评为优秀信息。向区政协提交信息、调研报告各4篇。在区“两会”期间，7位人大代表和政协委员共提交提案建议14篇，4篇调研报告参加大会书面交流，连明富登上《委员风采录》。总支委员华文支部支委陈秀琼利用周末为社区开心理健康讲座12次；集美小学主委张丽霞到前埔社区致公学校做专题讲座2场，支委庄来香常年进社区开展心理咨询、讲座。杏林支部在志愿者服务月期间为社区居民提供医疗服务；集美综合支部与集美街道妇联合作举办大型家教讲座、幼小衔接家庭讲座和小升初家庭教育讲座；党员李淑珍入社区做现场急救培训。厦门会晤期间，各支部组织志愿者参与社区整洁环境活动。集美区纺织社区致公学校全年开办讲座10场。（陈宏东）

【九三学社集美区委员会】 2017年，九三学社集美委员会设有5个支社，社员82名，平均年龄52岁，主要分布在科技、教育、医卫界。其中，本科以上学历77人，占94%；高级以上职称58人，占74%；任区政协委员5人、常委1人、区人大代表3人、常委1人，市人大代表和市政协委员各1人。是年，九三学社集美委员会向区政协及有关方面提供提案和建议10篇，主要有《推进制造和物流“两业”联动，加快集美制造业转型升级》《关于完善集美区公共自行车机场设施的建议》等。（陈丽娴）

【台盟集美区总支】 2017年，台盟集美总支新增盟员1人，共有盟员31人。完成课题调研4篇：《借鉴台湾民宿业发展之经验打造我市民宿产业》《厦门光伏经济的思路与布局》《打造便捷顺畅的厦门自行车骑行体系》《运用网络共享概念打造厦门智能停车系统》。参与政协专题协商，完成《加快集美海岸景观化建设海域生态保护》调研报告。撰写社情民意4篇：《加快推动公共部门提供手机支付服务的建议》《关于切实解决集美区杏北空气污染问题的建议》《“文化盛宴”下的几点隐忧值得注意》《对进一步加强财政性投融资项目管理效率的建议》。是年，总支选派干部参加中央、省、市社会主义学院举办的民主党派骨干培训班及进修班，参加台盟市委组织的暑期学习班，组织盟员到集美陈嘉庚纪念馆和大田集美第二学村参观学习，提高盟员的政治理论水平。台盟集美总支被台盟厦门市委评为“2017年活力支部”，集美第一支部、第二支部获评参政议政先进集体，4人获评参政议政先进个人，1人获评参政议政积极分子。（郭海峰）

集美区工商业联合会（商会）

【概况】 2017年，集美区工商联（商会）有镇街基层商会6个、行业协会1个、异地商会1个，直属会员企业522家，其中担任区政协第八届委员会委员41人、区第十二届人大代表15人。是年，区工商联被评为全国“五好”（领导班子好、会员发展好、商会建设好、作用发挥好、工作保障好）县级工商联、福建省“五好”县级工商联。

【青年工作委员会成立】 2017年5月3日，区工商联在集美区新城人才培训中心举行集美区工商业联合会青年工作委员会成立大会，选举青委会委员30人，区工商联副主席、厦门涌泉集团有限公司副总裁赖鹭挺当选青委会主任。成立大会上，青委会启动“悦读极美，筑梦青春”公益品牌行动，开展“百书百生百家”阅读活动，计划分批向百名学生赠阅百册图书，让阅读走进百户家庭。并举行首批图书捐赠仪式，向杏南中学捐赠图书200册，共建“杏南书苑”。此外，青委会还与集美区产业投资有限公司签订融资战略合作协议。

【与国税、地税签订共建协议】 2017年4月7日，区工商联联合区国税局、地税局举办“深化税收改革，助力民营企业发展”座谈会。会上，区工商联、民营企业、银行代表与国地税联合征管员及财会专家学者，就如何抓住“营改增”机遇推动民营企业转型升级等话题进行座谈。区工商联与国、地税局签署合作协议，通过建立联席会制度、召开民营企业座谈会、开展重点课题调研、建立信息交流制度等，为企业反应诉求、解决困难提供渠道。

【会员企业帮扶贫困村】 2017年1月20日，区工商联5家会员企业吉兴集团、康柏集团、味友公司、立林公司、姚明织带公司，分别挂钩帮扶后溪镇黄地村、前进村、灌口镇东辉村、双岭村、杏滨街道马銮社区5个贫困村，为139个困难家庭送去新春慰问红包25万元。10月20日，区工商联走访灌口、后溪2镇贫困家庭，为35名在读贫困家庭子女送上慰问金7万元。

【东西部协作帮扶】 2017年7月12—16日，区工商联组团到甘肃省临夏州和政县考察援建项目建设和对口帮扶工作，就深化东西部协作和对口帮扶工作进行交流。考察团先后走访古动物化石博物馆、富农花海、松鸣特色小镇、复兴厚中藏回医药产业园、综合农贸市场、嘉庚幼儿园、八八集团、贫困农户家庭等，与和政县企业进行座谈，就古动物化石展览、鲁冰花种植、农产品销售、中草药种植加工、电商运营、助学扶贫等项目达成合作意向。12月12日，区工商联及会员企业向和政县125名困难学生捐赠扶贫助学款25万元。

7月12-16日，区工商联组团考察甘肃省临夏州和政县援建项目和对口帮扶工作。

（林小芬 摄）

【赴上杭工商联考察交流】 2017年8月17—18日，区工商联组织骨干企业到上杭县工商联交流学习，参观考察该县紫金矿业集团、太阳铜业公司等民营企业，与非公企业代表就产业链的布局方式、统筹兼顾创新与环保、社会效益与经济效益、校企联合、产学研嫁接等进行座谈交流。19日，在上杭古田举办“弘扬古田会议精神，坚定理想信念”为主题的学习班，区工商联骨干企业、青委会骨干、工商联机关干部20余人参加学习。

（林伟聪）

集美区总工会

【概况】 2017年，集美区总工会依托“党建带工建”机制，拓展工会组建和职工入会渠道。全年新组建工会组织353家，发展工会会员4174人。至年底，全区共有基层工会组织5162家，覆盖基层单位7012个，会员总数15.37万人。举办精益生产管理培训7期，参训人员300余人次。开展岗位练兵、技术比武、“安康杯”竞赛活动，8.1万名职工参加各种比武和竞赛活动。举办第十二届企业职工文体节，8700余人次参加象棋、广播操、健步行、羽毛球、八十分扑克牌和趣味活动。开展“金秋助学”“平安返厦”和慰问职工、劳模活动，发放助学款2.4万元、车费补助款345.81万元、慰问款80万元。成立区和镇街志愿服务队，开展“服务金砖保安全”“变废为宝、爱在集美”垃圾分类宣传等志愿服务活动19次。

【引领职工建功立业】 2017年，区总工会围绕“践行新理念、建功十三五”主题，开展职工岗位练兵、技术比武等活动。分别与区人社局、区卫计局联合举办西式面点和心肺复苏临床技能竞赛；依托基层工会组织，在姚明织带饰品有限公司、国安达消防科技（厦门）有限公司、卓毅建筑工程有限公司、吉顺芯电子有限公司、朗美（厦门）健身器材有限公司、区行政服务中心等8家单位举办技术比武，比赛项目50多个，1500余名一线员工参加比赛。

围绕服务在厦门召开的金砖国家首脑会议，开展立功竞赛活动，四大赛区11家单位申报竞赛项目19个，参与职工2.49万人，营造“当好东道主、奉献在岗位”的浓厚氛围。组织500家单位5.53万名职工参加“安康杯”竞赛活动，深化劳动保护工作。以创先争优、立功竞赛活动为载体，选树各类先进集体和先进个人。推荐评选市劳动模范14名，省五一劳动奖状1个（集体）、奖章1名；市五一劳动奖状1个（集体）、奖章6名；省级工人先锋号3个（集体）、市级工人先锋号62个（集体）；全国厂务公开民主管理先进单位1个，省职工职业道德建设先进单位1个。

【助力企业转型升级】 2017年，区总工会继续与霖普管理咨询公司、中科精益管理咨询有限公司合作，通过征集培训课程计划，开展菜单式培训。全年举办中小在线企业管理知识、人力资源战略、世界级精益仓库等精益生产管理类培训7期，参训人员300余人次。

【改进职工维权工作】 2017年1月，区总工会启用区职工服务中心，设立业务咨询、困难帮扶、信访维权等窗口，建立谈心室、宣泄室、阅览室和实操间等功能室，为职工提供一站式普惠服务。区职工服务中心法律维权窗口全年受理来电、来访300余人次。开展集体协商“要约行动月”活动，发出要约569份，应约346份，覆盖企业381家，惠及职工2.40万人。至年底，全区单独签订工资专项集体合同企业147家，覆盖职工3.46万人。

【开展普惠帮扶活动】 2017年元旦、春节期间，区总工会走访慰问困难职工、劳模166人，发放慰问金34.8万元；夏季高温期间，慰问“六线六片”等一线职工8831人，发放慰问品44.86万元。开展“金秋助学”活动，为11名家庭困难学生发放助学款2.4万元。开展“平安返厦”活动，为21646名外地来厦务工人员发放车费补助款345.81万元。提高医疗保障补助比例，对办理工会卡的非公企业职工给予医疗补助，促进医疗保障和工会卡的扩量升级。至年底，全区参保企业325家，参保职工6.90万人，参保金额390万元，参保率同比提高14%。建立日东、东海两个“工会爱心驿站”，为户外劳动者用餐、饮水、休息提供场所。在杏滨街道日东社区、杏林街道园博社区建立职工活动中心，为辖区职工提供活动场所。

5月13日，集美区200余名新团员在集美中学举行入团宣誓仪式。（冯立东 摄）

【职工文体活动】 2017年，区总工会举办第十二届企业职工文体节，开展象棋、广播操、健步行、羽毛球、80分扑克牌和趣味活动，六个镇街工会也相应举办形式不一的趣味专场活动，各项活动参与职工8700余人次。与市职工服务中心共同举办“渔歌晚唱”大型交友联谊会，为单身青年提供交友平台。向职工免费发放厦门老院子景区《闽南传奇》夜场票12万余张，丰富职工业余文化生活。依托微信公众号平台，开展抢电影票、有奖问答、免费公益课等活动，参与互动的职工近万人。

【职工志愿服务】 2017年，区总工会成立志愿服务大队，六个镇街工会成立志愿服务支队，区建设局、司法局、卫计局工会分别成立专业服务队。联合区政协、区安监局等单位开展“法律宣传进社区”“安全生产月咨询日”“如何当好一名志愿者”“服务金砖保安全”等主题志愿服务活动。协同区委组织部、团区委组织志愿者开展“变废为宝、爱在集美”垃圾分类宣传进社区、进厂区、进校区活动。全年开展志愿服务19场次。（赖玉银）

共青团集美区委员会

【概况】 2017年，共青团集美区委下设基层团组织551个，其中团（工）委17个、团总支68个、团支部466个，共有团员6061人。各级团组织围绕“打造区域创新中心，建成美丽厦门示范区”，举办优秀青年创业沙龙，设立创业大厦群团工作站，发放创业贴息贷款，支持青年创业；依托大学生志愿者协会、青年突击队、“青年文明号”等“青”字号品牌，开展服务金砖国家领导人厦门会晤、垃圾分类等志愿活动；探索家庭、学校、社区与社工“3＋1”青少年服务模式，实施“暖心、逐梦”重点青少年群体帮扶项目，启动“暖心逐梦·助学和政”公益募捐，帮助青少年健康成长。是年，全区共有5个基层团组织和12名个人分获市级“五四青年奖章”“五四红旗团委”“五四红旗团（总）支部”“优秀共青团员”“优秀共青团干部”等荣誉称号。

【支持青年创业】2017年，团区委联合区委组织部举办区优秀青年创业沙龙3期，邀请创业大咖和本土成功创业者，为“创二代”青年代表及青年创业者做主题演讲和项目路演，为创业青年人才打造学习、交流、交友、提升、合作的创业“朋友圈”；完善社区青年创业中心考核清退制度，委托中介机构为入驻项目提供免费工商注册、税务登记及财务记账等专业服务，共有康城及周边社区27名青年报名入驻，20个项目通过审核，实际入驻17家。社区青年创业中心被评为2016年厦门市众创空间；高校创新创业园共有华侨大学、集美大学等8所学校的27家团队及9家自主引入的社会团队入驻，签订订单304万元。联合产投公司以F3沙龙室为活动阵地，举办创业培训、园区座谈、众创项目评审、创客集美、政策宣讲等活动12场，并根据创业青年需求不定期举办创业一对一辅导活动；联合工会、妇联等组织设立创业大厦群团工作站，开展“创客在路上，我心在集美”系列活动，结合重要节日，设立每月一主题驿站，定期开展青年人喜闻乐见的活动，在活动中交流感情，为青年创客提供一个有归属感的工作站。是年，有92名青年申请创业贴息贷款2650万元，上半年审核通过40名青年贷款1140万元。2015—2017年，共有174名青年的4343万元贷款通过审核，实际向112名青年发放贷款2703万元。

【关爱青少年成长】2017年，团区委通过探索家庭、学校、社区与社工“3＋1”青少年服务模式，在西滨小学和杏北小学实施“暖心、逐梦”重点青少年群体帮扶项目。全年开展活动72场次，服务1.13万人次。其中，开展学业辅导、亲子活动、行为规范等专题社区活动18场，“萤火之光”夏令营10场次，木偶戏失范小组、自信心提升小组、情绪管理小组等专业小组活动37节次；实施重点行为偏差辅导29人，接受咨询37人，通过专业小组和成长工作坊辅导172人，共帮助191人解决生活、学习遇到的困难。在西滨小学和杏北小学分别建立“四叶草”“小水滴”志愿服务队，发动小志愿者185人次，志愿服务460小时，80%以上的受助青少年在人际交往、学习态度、家庭关系甚至社区融入主动性等方面均有改善。联合农行厦门分行团委、和欣社工服务中心，在杏北小学“七彩驿站”青少年社会工作室设立“小积分、大梦想”关爱书架，举办“慧悦读、大梦想”公益赠书读书活动。联合农行厦门分行团委开展农行信用卡积分捐赠活动，为外来务工人员子女购买书籍215本。携手区烟草专卖局、中交一公局厦门工程有限公司、区羽毛球协会与和欣社工服务中心，在区特殊教育学校建立爱心书架，举办“以书载梦，爱洒星空” 六一儿童节关爱活动，募集爱心图书700余册。联合和政相关部门，共同制订“暖心逐梦、助学和政”精准扶贫计划，依托《集美报》、“天下集美”等区属媒体及相关部门微信公众号，刊登《助力贫困山区孩子放飞梦想》《为贫困孩子撑起一片蓝天》《我想通过读书改变命运》等报道，发起公益募捐活动，共募得捐款16万余元，给予80名中学阶段建档立卡贫困学生每人每年2000元补助。

【青少年文体活动】2017年，团区委依托区青年联合会，邀请高校、众创空间、“双百人才”企业及区直各部门举办2017年集美区校地企羽毛球团体邀请赛，为校、地、企之间的青年搭建交流平台；联合诚毅学院团委，举办“喜迎厦门会晤，共建和谐社区”2017校园文化社区行活动，将校园志愿服务与提升社区文化品质联系在一起，丰富社区群众生活，引导在校大学生回馈社会。联合集美街道团工委，举办以“喜迎十九大，相聚团旗下，永远跟党走”为主题的团史知识竞赛，共有20支代表队参加比赛。举办以关爱生命、关注安全、感恩、科普、环保等为主题的辅导活动及夏令营60场，5000余人次受到教育。

【青少年志愿服务活动】2017年，团区委依托基层团组织、大学生志愿者协会、青年突击队、青年文明号等“青”字号品牌，成立金砖国家领导人厦门会晤保障青年志愿者队伍，利用各种新媒体营造厦门会晤的浓厚氛围，引导团员青年服务厦门会晤，争当社会文明的表率。厦门会晤期间，依托厦门北站大学生志愿服务驿站，组织40名大学生志愿者，每人每天在厦门北站片区志愿服务8小时，协助做好行李安检、交通疏导和安全保障工作。联合区委组织部、区工会，开展“变废为宝，爱在集美”垃圾分类宣传进社区、进厂区、进校区活动。成立由台湾老师、志工组织和区台湾创业青年等组成的区垃圾分类青年志愿宣传队，走进姚明织带、TDK公司、NEC东金电子、康城社区、滨水社区、集美旺角大学城等单位，进行垃圾分类和废品重新包装利用宣讲，共有633人参加，影响上万人次。举行“践行垃圾分类，保护母亲河”集美区“河小禹”青年志愿护河队授旗仪式，来自厦门理工学院、杏北小学的学生和居民代表近70人参加此次活动。在厦门北站搭建大学生志愿服务驿站，共有1628名大学生志愿者在北站提供志愿服务。联合镇街团工委、市烟草专卖局（公司）团委等团组织，组织大学生、返乡青年、社区青年和大学生村干部等组成志愿者队伍，在节假日和重大赛事期间提供各类便民志愿服务2000余人次。

（苏烨娴）

集美区妇女联合会

【概况】 2017年，集美区启动基层妇联组织区域化改革，出台《集美区妇联关于全区镇街妇联组织区域化建设和农村妇代会改建妇联工作的实施意见》《集美区妇联改革实施方案》，打破藩篱，放开选人视野，注重从热心妇女工作的妇女社团负责人、女干部、女能人、女带头人等优秀妇女中选用妇女干部。加强基层妇联主席、兼职副主席和执委力量配备，提高一线组织和单位妇女代表的人数和比例，发挥优秀妇女典型引领作用。至7月底，全区基层妇联组织区域化改革结束，各镇街、村居共增补妇联兼职副主席127人、执委1141人。全区共有镇、街、场妇联8个，村、居妇联63个，妇女干部79人，其中区妇联5人，镇、街、场妇联11人，村、居妇联63人。

【拓展妇女创新创业渠道】 2017年，区妇联围绕集美区经济建设和打造宜居宜业新城区发展目标，打造资源平台，激活女性双创基因，在经济社会发展中发挥妇女半边天作用。携手福建省巾帼众创基地——乐爱众创空间，为创业妇女量身打造“start+她，创梦绽放”巾帼众创服务项目，将集中培训升级为送培训到基层，根据培训对象设置基础班和提高班，并提供创业实例诊断分析、方案辅导等服务。全年共举办培训及主题沙龙12期，约1500人次参训。组织创业女性到软件园三期、“好家中国”等参访交流，分享创业心得和创业经验，开展交流互动，拓展创业资源。协助举办第二届中国（福建）女大学生创新创业大赛，通过预赛、决赛，涌现出一批优秀青年女创客，以“她才华”“她魅力”引领双创热潮。承办市妇联妇女职业技能公益培训，开办手工编织、育婴员、保健刮痧、美甲师、插花5类培训，共培训待业妇女300人。申请农村妇女小额贴息贷款7人共130万元。

【寻找“最美家庭”】 2017年，区妇联以家庭为工作阵地，优化家庭文明建设，鼓励妇女群众争当家庭文明传承者、家庭美德践行者、优秀下一代培育者。持续开展寻找“最美家庭”活动，评选出市级“最美家庭”10户、市级“十佳最美家庭”1户、省级“最美家庭”2户，陈清洲家庭获评“全国最美家庭”。开展“喜迎十九大，传承最美家风”巡讲活动，邀请省“最美家庭”代表张勇和市“最美家庭”代表谢晓青与妇女姐妹讲述他们幸福家庭的故事，各镇街（场）妇联主席、部分“最美家庭”代表、各社区（村）妇联主席、区妇联机关干部、集美街道群众代表共100多人参加巡讲活动。举办家庭教育讲座，全年各镇街共举办讲座10场。与区文明办等部门联合开展“助力厦门会晤，做文明有礼小东道主”活动，通过“学礼仪，知礼仪”“把文明礼仪带回家”“争当文明小白鹭”等活动，提升未成年人的思想道德水平和文明礼仪素养。举办庆“六一”亲子趣味运动会，小朋友和家长、老师共600多人参加游戏活动，让儿童在游戏中感受家庭关爱，提高实践能力。组织20位“爱心妈妈”与困难家庭儿童结对，参加市妇联组织的结对仪式。全年区妇联慰问留守、流动、困难儿童100人，共发放慰问金5万元。

11月29日，区妇联举办平安家庭创建文艺会演。图为群众参与知识竞猜互动（冯立东 摄）

【维护妇女合法权益】 2017年，区妇联构建多渠道维权帮扶体系，为妇女疑释解惑，化解家庭矛盾。全年通过12338维权热线和现场接访，共承办信访件45件，其中家庭暴力问题12件、婚姻家庭类咨询28件、子女抚养及财产分割问题4件、其他类1件。对于婚姻家庭矛盾纠纷采取从下而上、层层排查的方式，按照“特重大、重大、较大、一般”四级分类，发现问题及时上报和调解，避免重大矛盾冲突的发生，维护妇女在婚姻家庭中的合法权益。举办“幸福婚姻大讲堂”，市七五讲师团成员、秋生律师所律师叶丽虾，从法律的角度讲解婚姻关系中的妇女权益保护，并就妇联在维权中常遇到的难点问题进行解答。区妇联举办“共创平安家庭，共建和谐集美”文艺会演2场，用群众喜闻乐见的艺术形式宣传家庭和睦、社会和谐的意义；发送《“七无一好”（无家庭暴力，无吸食毒品，无非法宗教信仰活动，无赌博，无邻里纠纷，无家庭成员参与“黄”、“丑”行为纠纷，无违法犯罪，安全防范好）平安家庭创建标准》60万份次，提高群众安全防范意识和文明和谐自觉性；“两节期间”帮扶困难妇女114人计8.48万元，为15名妇女申请“四癌”（乳腺癌、宫颈癌、卵巢癌、子宫癌）救助金11.85万元，1人获大病救助金3000元。

【巾帼志愿服务活动】2017年，区妇联制订《“厦门会晤”，志愿同行，巾帼志愿服务实施方案》，完善志愿服务体系，鼓励更多妇女群众加入巾帼志愿者队伍。在厦门会晤开始前，各巾帼文明岗开展垃圾分类、洁净家园、文明交通督导等志愿服务活动50余场。“三八”节前夕，举办“迎厦门会晤，垃圾不落地”主题讲座，邀请省环保协会张森户作垃圾分类讲解，银亭社区、区妇幼保健院等优秀文明岗作经验交流发言，区妇联向全区妇女和家庭发出“垃圾不落地”倡议，各镇街、场妇联主席、各级巾帼文明岗负责人共200人参加活动。制订《集美区妇联生活垃圾分类实施方案》，利用区妇联微信公众号、妇联微信群、巾帼文明岗微信群等新媒体平台，宣传垃圾分类常识，推广各地垃圾分类的新做法。发挥“妇女之家”、巾帼文明岗的阵地作用，先后到田头村、陈井村等村居开展宣传活动。组织妇女群众参与“寻找最美阳台（庭院）”、建设“巾帼美丽家园”等活动，激发广大妇女及家庭成员更加热爱生活，促进城乡环境绿化。（蔡樱思）

集美区科学技术协会

【概况】2017年11月15日，集美区科学技术协会召开代表大会，与会代表103人。选举产生区科协第六届委员会委员39人，选举杨良杰为区科协第六届委员会主席，王玉孝、何宏舟、张云波、张长明、张厚安、颜昌宙为副主席，郭希平为秘书长。是年，集美区安排科普专项经费137万元。建设社区、学校科普e站15个，举办“诚毅科普大讲堂”3场、科普下乡进基层活动8场、进校园进社区科普讲座86场、科普夏令营21场，科普画廊出刊432期，电子科普画廊播放2742小时，发送科普书籍3000余册，参加省、市级科技培训57人次，获国家级科技竞赛奖项20个、省级奖项82个。

【拓展科普阵地】2017年，集美区改造提升科普画廊11个。54座科普画廊全年出刊432期；3个电子科普画廊每天播放3小时，全年播放2742小时。采用示范带动模式，推动15个社区、学校科普e站建设，拓展科普服务新通道。“集美科普”微信公众平台全年推送图文60篇，常年“粉丝”关注量5000余人，阅读人数2万余人次。在全国食品安全周活动期间，微信公众平台发送科普微信朋友圈5000人次。与诚毅科技探索中心科普教育基地合作举办“诚毅科普大讲堂”3场，受众300余人次。

【科普宣传活动】2017年，全区开展各种科普宣传活动118场。1月11—17日，在灌口镇广场、后溪镇城隍庙、杏林街道文体中心、杏滨街道杏美文化广场、侨英街道北区广场开展文化、科技、卫生“三下乡”活动5场，以图片展览、有奖知识问卷填写、现场咨询、科普书籍分发等形式，向居民、外来人员宣传科普知识，发放《地震灾害与预防》《低碳节能365》《常见慢性病防治》《饮食安全与健康小常识》等科普书籍3000余册，受众1000余人。5月23日，在高浦社区参加政协进基层活动，以知识问答、发放科普书籍等方式，向400多名居民宣传科普常识。5月全国科技工作日和科技活动周期间，展出全国科技工作者日主题挂图20期，电子宣传栏播放科普相关内容30小时，科普画廊出板报40期。9月全国科普日，以“创新驱动发展、科学破除愚昧”为主题，结合集美诚毅志愿者联盟举办的“预防卒中、你我同行”红手环科普公益活动和集美新城荧光夜跑，开展科普宣传活动，有1.5万人次参与活动；志愿者走进校园举办“智能机器人”“创新发展技术在生活中的运用”等科普讲座4场，受众297人次。全年组织学校师生举办科普夏令营21场，共有2495名青少年参与活动；举办“智能科技、助力梦想”“文明礼仪、喜迎金砖”“垃圾分类、从我做起”等讲座82场，受众8378人次。

【青少年科技教育】2017年，集美区加强中小学科技教育队伍的建设，采取多种途径，组织学习培训。参加省级以上科技专项培训15人、市级科技辅导员培训42人；组织教师撰写青少年科技教育论文，鼓励青少年发明创作，参加厦门市青少年趣味科学竞赛、福建省青少年科技创新大赛等6项赛事。厦门一中集美分校石进德的论文《以核心素养培养为目标的高中生物STEM项目活动设计》获第26届福建省科技教育论文评选一等奖；李林小学李惠媛的论文《微课变革科学——微课在小学科学教学中的实践探究》和杏北小学傅碧贞的论文《依托校园生态环境积极创设科学教育实践活动》获第二十六届福建省科技教育论文评选二等奖。是年，全区获国家级奖项20个，其中一等奖5个；省级奖项82个，其中一等奖22个。厦门一中集美分校的“鱼骨形衣架”获第二十二届全国发明展览暨第二届世界创新论坛发明创业奖项目奖铜奖。在厦门市第三十三届青少年科技创新大赛中，集美区有12个创新项目入选复赛。其中，灌口中学石进德的科技展教项目“碟归——探究蝴蝶科技教育活动”，灌口中心幼儿园幼儿郑梓辰的科幻画《生物乐园》，三社小学学生毛坤祥的《奇异百果树》分获市一等奖。在集美区小学信息竞赛中，获一等奖7人、二等奖9人、三等奖8人，优秀辅导教师3人。集美二小青少年创新项目“带自动清刷功能的捕虫灯”获2017年卢嘉锡青少年科技创新奖。（陈汉杰）

集美区归国华侨联合会

【概况】 2017年，集美区归国华侨联合会接待来自20个国家和地区的侨胞25批500余人次、海外知名人士30余人次，筹措并争取各级各界扶贫帮困及慈善资金49.7万元，600多名侨界群众受益。接待处理涉及侨房保护、寻亲认祖、侨权侨益的来信来访8起11人次。3月3日，区侨联七届五次全体委员扩大会议在灌口镇召开，区侨联委员、青年委员和侨务人员60人参观灌口小城镇建设，观摩灌口镇“侨胞之家”建设成果。5月18日，承办省、市、区三级侨联党组织联合开展的“向廖俊波同志学习”主题实践活动。6月17日，中国侨联党组书记、主席万立骏到集美区调研，中国侨联副主席乔卫、福建省侨联主席陈式海、厦门市侨联主席王德贤、集美区委书记李钦辉、区委常委统战部长范启德、区政协副主席侨联主席陈友谊陪同，集美高校侨联领导、侨联基层代表、老归侨代表、新侨代表30余人参加调研座谈会。是年，区侨联获评省、市侨联系统先进集体，灌口镇、杏滨街道侨联获评省级“侨胞之家”，集美街道、杏滨街道、灌口镇侨联和后溪镇珩山华侨联谊会、侨英街道滨水社区侨联小组获评市侨联先进基层组织，蔡罗莎、王旭明、李碧慧、牛建平、康宁、林淑玲被为市先进归侨侨眷。

【联谊联络】 2017年，区侨联接待来自美国、加拿大、德国、委内瑞拉、土耳其、斯里兰卡、斐济、安哥拉、新加坡、马来西亚、泰国、菲律宾、印尼、缅甸、老挝、蒙古、朝鲜等17个国家的侨胞25批500余人次。知名人士有泰国杨陈翠玲、杨羽腾、周美珠，马来西亚李雅和、陈锡远、关和贵、陈瑜莹、陈美容，加拿大高淮河、马在新，新加坡陈立人、陈君宝、林熙涞、杨松鹤、汪家裕、陈嘉谋、陈嘉涧、苏诗琳、魏毓辉、魏达人、曾士生、林瑆琍，德国何侃等。2月5—13日，马来西亚李雅和等21人先后到访。5月21日，举办海外华裔学生联谊座谈活动，37人参加。6月22日，新加坡厦门公会会长林熙涞率21人到访。9月14日，新加坡陈嘉庚基金、怡和轩俱乐部、新中友好协会、南洋理工大学组成的访闽交流团10人到访。9月20日，汪家裕率新加坡侨商访问团一行13人到访。10月24—29日，举办第二届“嘉庚风、中华情”华裔学生看集美活动，来自15个国家和地区的200名华侨大学华文学院留学生参加。10月30日，陈文确陈六使家族第三代陈嘉禾伉俪率团一行22人到问。11月27日至12月5日，举办第十一届海外华裔子女冬令营暨新加坡陈文确陈六使家族后裔三项基金颁奖活动，文确六使家族后裔及其亲友共16人参加。

6月17日，中国侨联主席万立骏（左二）率团参观陈嘉庚纪念馆（王昌泽 摄）

【帮侨护侨】 2017年，区政府下拨帮扶贫困归侨和侨界失依儿童专项资金25万元，区侨联筹措慈善济困资金24.7万元，帮扶贫困归侨和侨界失依儿童188人计16.12万元，补助重大疾病患者13人2.6万元。元旦、春节期间，走访慰问侨界群众240人，发放省市侨联慰问金、黄仲咸教育基金会慰问金和区政府专项资金共12.7万元。中秋节、重阳节，慰问归侨侨眷78人，发放慰问金7.32万元。六一儿童节，向集美小学、集美二小、集美幼儿园师生发放李厚、汪渊等奖学奖教基金14.2万元。12月，向集美社34名重大疾病患者、19名低收入家庭在校生、17名中高考成绩名列前三名的优秀毕业生发放11万元。携手厦门第二医院先后在集美街道浔江社区、886广场举办“红手环走进2017新春关爱行动”“预防卒中、你我同行”义诊活动，为归侨侨眷与居民义诊300余人次。全年接待处理涉及侨房保护、寻亲认祖、侨权侨益的来信来访8起11人次，办结率100%。

【参政议政】 2017年，区侨联组织侨界人大代表、政协委员、侨联委员参加调研考察4人次，提出《关于加强对辖区港澳台学生和国外留学生服务的建议》等议案、提案、建议5个，完成市侨联重点课题《关于设立集美侨胞众创基地的建议》《关于创建集美侨乡“嘉庚情、南洋缘”文化活动周的调研报告》2篇。8月24日，区政府召开特色侨房保护工作会议，部署特色侨房保护调研工作。全年组织13批310多人次海外侨胞和归侨侨眷参观考察集美新城，编印侨情简讯22期，被媒体采用49篇，其中国家级媒体10篇、省级16篇、市级23篇。

（王昌泽）

集美区残疾人联合会

【概况】2017年，集美区残联以加快推进残疾人小康进程为主线，贯彻执行“十三五”加快残疾人小康进程规划纲要，开展残疾人就业、康复、教育、扶贫、文体、维权等工作，推动残疾人事业又快又好发展。12月29日，区残联召开第六次代表大会，选举产生新一届主席团领导班子，石扬任主席，孙加庆、吴萱萱任副主席；聘请赖朝晖为名誉主席，邱晓晖、陈小强为名誉副主席；吴萱萱兼任残联理事长。各镇街残联亦于10月先后换届。是年，区残联受理残疾人证业务等596件。至年底，全区有持证残疾人5779人。

【残疾人康复服务】2017年，区残联牵头制订《集美区残疾人精准康复服务行动实施方案（2016—2020）》，举办“残疾人精准康复服务行动”业务培训，开展“残疾人康复进社区”活动。与市残疾人辅助器具适配中心联合开展入户个性化辅具评估和居家无障碍改造工作。继续实施残疾人“心灵绿洲”计划，提供20万元，向资质机构购买服务，完善区残疾人心理援助站，开展各类心理志愿服务；实施残疾人康复体育进家庭项目，扩大试点范围，投入经费25万元，为灌口镇顶许村、三社村，后溪镇溪西村，杏滨街道前场社区、马銮社区残疾人家庭提供康复体育器材、康复体育方法、康复体育服务的“三进服务”。全年为48名接受托养的重度残疾人提供补助18.36万元，为区福乐家园和镇街残疾人职业援助中心193名学员提供劳动津贴、出勤补贴每人每月30元，为713名精神类残疾人减免每人每月300元药费和检查费用，为87名残疾儿童申请市残疾儿童康复救助88.9万元，为67名残疾儿童提供区残疾儿童抢救性康复补助24.7万元。

【残疾人扶贫帮困】2017年春节期间，区残联走访慰问困难残疾人家庭257户，发放慰问金7.15万元；第二十七次全国助残日，慰问残疾人417人，发放慰问金11.25万元，赠送2户多残困难残疾人家庭洗衣机各1台；六一儿童节期间，慰问残疾儿童119人，发放慰问金2.44万元；国际残疾人日，慰问各类残疾人124人，发放慰问金6.2万元。开展针对贫困残疾人“进村入户、访困问需、访贫问计、志愿服务、心理服务、康复服务”的“一进二访三服务”活动，走访贫困残疾人125人。

【残疾人教育就业】2017年，集美区投入资金16.9万元，扶持46名残疾人自主创业；落实厦门市关于残疾人个体工商户参加职工基本养老保险和职工基本医疗保险经费补助的政策，为70名个体工商户残疾人提供“两险”补贴53.42万元；扶持残疾人和困难残疾人家庭子女就学，全年补助招收残疾儿童的幼儿园6所，补助残疾学童290人次，共补助金额47.86万元；全国助残日，在灌口镇人力资源市场举办残疾人就业推介会，达成就业初步意向21人次。与区教育局在区特殊教育学校联合举办集美区第七届特殊教育学生劳动技能展示活动。

【残疾人文体活动】2017年，区残联举办残疾人健身周活动、残疾人趣味运动会、残疾人联络员专场趣味运动会。选送18幅作品参加市残联“小康情、自强梦”残疾人书画摄影展览。8名残疾人运动员参加市残联组织的2017年全省残疾人体育比赛运动员选拔活动，7名运动员通过初选推荐。12名残疾人运动员参加市特奥会。开展集美区无障碍设施督查，发现主要道路、场所问题20处，报市残联协调整改。

（李志坚）

集美区计划生育协会

【概况】2017年，集美区有镇（街）计生协会6个、农场计生协会2个、村（居）计生协会65个、村（居）协会小组868个、企业计生协会354个，会员2.09万人。409家企业组建计生协会354个，组建率86.55%；237家百人以上企业组建计生协会222个，组建率93.67%，形成横向到边、纵向到底的计生群众工作网络。继续开展计生协会“四联创”活动，评选先进镇（街）计生协会4个，一流村（居）计生协会45个，“五好”协会小组676个。是年，集美区被中国计生协会确认为第四批全国计生基层群众自治示范县项目点。

【计划生育宣传】2017年，集美区新建“婚育新风园”2座，印制发送“生育关怀”宣传材料20万份，制作流动人口计生法规和科普知识系列宣传折页35万份，更换、修补、优化户外宣传标语480条、宣传栏260个、大型宣传画55幅，向手机用户发送宣传短信60万条。通过集美区政府门户网站“在线访谈”栏目，与群众在线交流，为网友答疑解惑。组建计生协QQ群、微信群，依托“八闽生育关怀”“鹭岛生育关怀”“天下集美”“集美卫计局”微信公众号等平台，拓展“互联网+计生协会”宣传途径，加强协会工作人员和小组长、协会会员之间的联系。全年在新闻媒体刊发稿件74篇，其中国家级3篇、省级6篇、市级65篇。5月27日，区计划生育协会联合侨英

5 月 23 日，集美区开展“青春健康校园文化节”活动。（计生协会 供图）

街道办事处，在北区文化广场开展“深入推进计生协改革发展，全面落实六项重点任务”为主题的文艺会演活动。5 月 29 日，区计生协会在第二农场举办中国计生协计生基层群众自治示范县项目启动仪式暨纪念“5·29”计生协会会员宣传服务活动，总结两年来创建省级计生基层群众自治示范区的成绩和不足，提出在巩固 18 个国家级、21 个省级“六好”示范村（居）建设的基础上，逐步实现全区“六好”村（居）全覆盖，推进中国计生协基层群众自治示范县项目建设。

【生育关怀行动】 2017 年，全区各级计生协会着眼“六项重点任务”，深化拓展生育关怀服务体系，为计生群众提供精细服务和精准帮扶。区生育关怀领导小组会议决定，确定农村计生帮扶 94 户共 47 万元（每户 5000 元，含市级帮扶 50 户 25 万元），另灌口镇配套 1 户 2000 元；“幸福工程”帮扶 33 位贫困母亲共 9.9 万元（含后溪镇配套 3 户，每户 3000 元，其中流动人口 4 户）。为 3 户已到期并完成还贷的计生户贴息 1.55 万元，补助 3 户大龄不孕不育症对象每户 5000 元。实行紧急救助 3 批，审核计生困难家庭 106 户，发放救助金 33.1 万元。制订《集美区金秋助学资金使用管理暂行办法》，市、区、镇发放助学金 38.14 万元，资助学生 108 名。

【“集爱浔畔”行动】 2017 年，集美区有失独家庭 50 户 83 人。区计生协会继续实施“暖心工程”和“集爱浔畔”特殊家庭关怀帮扶服务项目。将试点从杏滨街道扩大到集美街道，开展经常性探访、节日慰问、家政服务、情感慰藉和医疗体检等服务活动，帮助计生失独家庭解决家庭发展、生育与领养、医疗与养老以及生活等方面的困难，提升失独家庭生活质量和幸福指数。

【计生家庭意外伤害保险服务】 2016 年 12 月至 2017 年 6 月，全区投入 184.37 万元，为 3.69 万户自愿投保的计划生育家庭办理意外伤害保险，实现个人自愿投保的计生家庭全覆盖，惠及 9.80 万人。半年接报案 118 例，理赔 96 例，赔付金额 153.99 万元（其中身故 8 例，赔付 108.75 万元），简单赔付率 83.5%。下半年，全区投入 370.14 万元，为 3.70 万户 9.78 万人自愿投保的计划生育家庭办理意外伤害保险。全年接报案 163 例，理赔 148 例，赔付 282.21 万元，赔付率 76.24%。

【生殖健康和优生优育指导】 2017 年，集美区继上年集美大学理学院计生协会青春健康俱乐部获颁“中国计生协青春健康教育示范基地”牌匾后，再次申报全国高校青春健康项目。5 月 23 日，在集美大学理学院举办“星夜相伴、志愿同行”青春健康志愿者之夜晚会；9 月，集美大学以《成长之道——青春健康人生技能培训指南》为选题范围，紧扣性与生殖健康、性病艾滋病预防、青年参与、人生规划等内容，开展以“我青春，我健康”为主题的演讲活动；9 月 29 日，进入决赛的 12 名参赛选手，用精彩的演讲传播“我青春，我健康”的理念。区计生协会拨款 1 万元，在杏滨中心幼儿园建立早教基地，联合开展早教工作。另外，区计生协会印发《关于开展不孕不育症治疗帮扶工作的通知》，开展不孕不育症对象摸底工作。

【法律援助维权服务】 2017 年 7 月，区计生协会与区司法局联合下发《关于开展计划生育法律援助维权服务的通知》，成立集美区计划生育协会法律援助维权服务站，各镇（街）成立计生协会法律援助维权联络点，形成区法律援助中心为主导、区计生协会法律援助维权服务站为基础、镇（街）计生协会法律援助维权联络点为补充的计生法律援助维权网络。

【计生基层群众自治】 2017 年，集美区将后溪镇溪西村、灌口镇上塘村、集美街道银亭社区、侨英街道乐海社区、杏林街道曾营社区、杏滨街道康城社区作为计生基层群众自治重点，引领各镇（街）计生基层群众自治活动的开展。年初，申报第四批全国计生基层群众自治示范县项目点，中国计生协会 4 月 1 日发文确认。全区 65

个村（居）全部实行计生基层群众自治，获市计生协会发文确认的示范村（居）49个，占全区村（居）数的75.38%。

【流动人口计生协建设】2017年，区计划生育协会、区财政局联合下发《关于给企业流动人口计生协会专（兼）职人员发放工作补贴的通知》，在全市率先规范企业计生协会专（兼）职人员补贴。全年下达企业流动人口计生协会专（兼）职人员工作补贴经费64.2万元。8月26日，为探索企业流动人口计生协会工作方式，区计生协会、区卫计局、企业计生协会共同举办“青春有约，缘来是你”联谊活动，路达工业有限公司、姚明织带饰品有限公司、TDK有限公司3家企业的40名男女青年参加活动。（濮文昌）

集美区文学艺术界联合会

【概况】2017年，集美区文学艺术界联合会编辑出版《集美风》4期，主办或参与主办各种文艺活动21场，举办“集美文艺讲堂”13期。组织参与创作微广播剧《一座城·一个人》，出版图书《嘉庚弟子》，创作大型交响合唱《嘉庚组歌》，创作编排音乐情景剧《生生不息》。区文艺工作者创作的广播剧《陈嘉庚与南侨机工——再会吧，南洋》、摄影《中国大地上》组照、电影《侨女日记》、中国画《蔡伦造纸》、油画《隆庆开海》获福建省百花文艺奖。

【编印《集美风》期刊】2017年，区文联编辑出版《集美风》4期，共刊登作品97篇、画作和摄影作品109幅。《集美风》注重陈嘉庚重大题材的挖掘，每期在头条栏目推出集美学村早期校友的纪实文章，以翔实的资料、生动的笔触，讲述集美校友一段段传奇式的故事；在“星光璀璨”栏目中，刊载报道厦门理工学院教授张军民、华侨大学音乐舞蹈学院党委书记马海生、集美大学音乐学院教授周宇博的文章，介绍他们在各自领域取得的成就。是年，《集美风》原主编、集美区文联副主席卢建瑞因病逝世，第四期“星光璀璨”栏目辟出“卢建瑞先生纪念专辑”，编发其遗作和悼念文章。在“文学岛”栏目里，推出长篇小说《红茶式情歌》，作者以独特的审美趣味和审美方式记叙当代大学生的校园生活。一年一度的海峡两岸（集美）龙舟文化节诗歌日活动于端午节期间举行，《集美风》第四期选登部分诗作，让读者感受诗人笔下的乡愁。

【举办文艺活动】2017年，区文联共参与主办或指导文艺活动18场：厦门TDK“好声音”元旦晚会、“活力杏滨、情系正新”文艺晚会、“中华情·两岸亲”两岸书法家百副春联展暨两岸书法家送春联进社区活动、集美区庆新春闽南曲艺进村居公益演出、“我们的中国梦”文化进万家活动暨2017年集美区庆元宵文艺晚会、“住在云朵里的梦”集美大学教师教育学院学前教育专业2017届学生手工作品展、“鹭岛之声”首届大学生新作品合唱展演节、2017“我们的节日·端午”集美区经典诵读晚会、2017海峡两岸（集美）龙舟文化节、“诗意田头”朗诵音乐会、集美区戏剧曲艺创作调演决赛、“人文集美·添彩金砖”文明宣传文艺活动、庆祝中国人民解放军建军90周年雕塑艺术作品展、“喜迎十九大，共筑中国梦”集美区庆祝建国68周年文艺晚会、庆国庆喜迎十九大暨‘大美集美’摄影作品展、“喜迎十九大·唱响嘉庚梦”主题原创作品音乐会、“闽南古韵·集美传承”文化惠民演出、“不忘初心、牢记使命”学习十九大精神书法作品展。其中参与主办大型文艺活动3场，分别是“时代楷模”陈清洲主题音乐作品分享会、“军民携手铸辉煌”庆祝中国人民解放军建军90周年文艺晚会、2017集美·阿尔勒国际摄影季。4月25日，“时代楷模”陈清洲主题音乐作品分享会走进华侨大学，向青年学子讲述陈清洲感人事迹。演出剧目有厦门寻梦乐团的《轻舟》、著名作曲家许善飞创作的《我就等在你回来的路口》等，此歌曲由陈清洲的同事演唱，表达战友对陈清洲的问候和祝福。8月1日，集美区“军民携手铸辉煌”庆祝中国人民解放军建军90周年文艺晚会在嘉庚剧院举行。晚会分为峥嵘岁月稠、军民鱼水情、携手铸辉煌三个篇章，以歌曲、舞蹈为主，辅以诗词朗诵、古琴演奏等多种表演，深情颂扬人民解放军捍卫国家主权的革命精神和钢铁意志。区文化馆潮大妈舞蹈队演出歌舞《我家门前过大军》，表现了战火纷飞中人民群众与解放军相扶互助的军民鱼水情。11月25日至1月3日，2017集美·阿尔勒国际摄影季在集美新城市民广场展览馆与三影堂厦门摄影艺术中心举行，来自世界各国的250多位艺术家的作品及包括“年度阿尔勒”单元展作品参展。

【举办集美文艺讲堂】2017年，区文联举办“集美文艺讲堂”13期，内容涉及诵读、文学、小说、诗词、礼乐、书画、摄影等。主讲人有厦门广电集团广播中心副主任宋康主，厦门大学中文系教授、博导林丹娅，市文联全委会委员袁雅琴，市摄影家协会副主席王鹭佳，乐安中学语文教师郑文权，绍兴市柯桥区作家协会副主席吕瑜洁，集美大学音乐学院院长、香港中文大学哲学（音乐人类学）博士臧艺兵，集美区教师进修学校教研员高艺玲，市作家协会副主席、厦门大学客家学研究中心副主任吴尔芬，中国摄影家协会会员、市摄影家协会副主席兼秘书长、区摄影家协会主席杨景初，集美大学文学院教授、省民间文艺家协会副主席、市作家协会副主席夏敏，集美大学党委宣传部副部长、集美区文联副主席、集美区作家协会主席华晓春。

2017年集美文艺讲堂活动情况表

表9

期数	举办时间	主　　题	主讲人	举办地点	参加人数
第28讲	1月12日	不同文体的诵读技巧	宋康主	集美小学	100
第29讲	2月26日	中国现代才女之魅	林丹娅	集美大学新华书店	100
第30讲	3月19日	小说中的鼓浪屿藏着什么样的故事	袁雅琴	诚毅学院	200
第31讲	3月26日	摄影，我们的生活	王鹭佳	三影堂	200
第32讲	4月21日	写诗，是一种幸福	郑文权	集美大学	100
第33讲	5月15日	成长比成功更重要	吕瑜洁	集美小学	100
第34讲	5月23日	礼乐文明和我们的生活	臧艺兵	海蛎空间	100
第35讲	6月2日	赏析“大社元素”获奖短片	主讲人点评	集美集影视文创园	50
第36讲	6月6日	以画释美、以美育人	高艺玲	兑山艺术区	50
第37讲	7月23日	雕版印刷与海上丝绸之路	吴尔芬	集美区	100
第38讲	8月13日	手机摄影速成	杨景初	集美区文化馆	200
第39讲	11月30日	旅行美学与旅行写作	夏敏	集美大学新华书店	100
第40讲	12月28日	学村的诗意表白	华晓春	龙舟池畔蘑菇书店	50

【创作成果】 2017年，集美区文艺界创作成果丰硕。区文联参与组织创作微广播剧《一座城·一个人》，出版图书《嘉庚弟子》，创作大型交响合唱《嘉庚组歌》，创作编排弘扬嘉庚精神、反映百年学村文化的音乐情景剧《生生不息》，组织拍摄40集大型实景电视歌仔戏《顾靖尧与林湘君》。创作歌曲《砖心》《浪漫鼓浪屿》《厦门人》《阳光里，风雨里》、答嘴鼓《感恩》、芗剧《社区大嫂学报告》等十九大主题和厦门会晤等文艺作品。广播剧《再会吧，延安》获2016年度中央人民广播电台优秀节目一等奖。广播剧《陈嘉庚与南侨机工——再会吧，南洋》、摄影《中国大地上》组照获福建省百花文艺奖一等奖，电影《侨女日记》获福建省百花文艺奖二等奖。此外，集美辖区艺术家创作的中国画《蔡伦造纸》、油画《隆庆开海》分别获荣誉奖。

12月22日，原创青春流行音乐剧《生生不息》在集美嘉庚剧院首演。（林志杰 摄）

【广播剧《一座城一个人》开播】 2017年9月1—9日，区文联参与创作的陈嘉庚系列微广播剧《一座城，一个人》在中央人民广播电台“神州之声”开播。广播剧选取陈嘉庚生平事迹中的九个典型故事为创作蓝本，讲述其情系桑梓、倾资兴学、爱国爱乡、造福国社的伟大一生，展现其为厦门的城市建设发展作出的卓越贡献。该剧由广播剧导演权胜执导，中国广播剧研究会理事薛伟强编剧，演员云集国内一线演播艺术家、影视名角，由中央电视台、集美区委宣传部、集美区广播电视台联合策划出品。

【首部本土音乐剧《生生不息》上演】 2017年12月22日，由集美区创作，反映学村文化的流行本土音乐剧《生生不息》在嘉庚剧院首演。该剧由《我来自中国》《集美之歌》《四季如春》《唱自己的歌》等20余首原创流行歌曲组成，包括大合唱、重唱、对唱、单人独唱等数种形式，以及抒情、民谣、嘻哈、中国风、温情主旋律、爵士、慢摇等音乐类型。用陈嘉庚的教育兴国梦、台湾音乐人的中国梦、百年学村的青春梦、舞台音乐梦四条主线串联，通过五位相遇在集美学村的年轻学子的成长和追梦经历，让当代师生感受百年学村的人文之美。

【广播剧《陈嘉庚与南侨机工》获奖】 2017年，集美区委宣传部携手中央人民广播电台，组织创作的嘉庚精神广播剧"三部曲"——《再会吧，南洋——陈嘉庚与南侨机工》获福建省百花文艺奖一等奖。该剧由薛伟强、权胜编剧，权胜、金文俊导演，讲述在著名爱国侨领陈嘉庚的号召下，南侨总会通过滇缅公路抢运抗战物资的爱国壮举，再现南侨机工为中国人民抗日战争和世界人民反法西斯战争胜利做出的不可磨灭的贡献。

【摄影《中国大地上》获奖】 2017年，集美区摄影协会副主席雷雨亭创作的摄影《中国大地上》组照获福建省百花文艺奖一等奖。作者以在城市建筑工地上进行作业的物与人为对象，通过俯拍、平摄、调整光圈等拍摄技巧及后期处理，探索人、事、物与城市的融合和冲突的关系。该组照风格硬朗，色调饱满，对比度强，具有强烈的立体感和空间深度感。

【电影《侨女日记》获奖】 2017年，由集美区委宣传部与厦门皓月文化传媒有限公司联合摄制的电影《侨女日记》获福建省百花文艺奖二等奖，并入选教育部、国家新闻出版广电总局等向全国中小学生推荐优秀影片片目。该影片为纪念抗日民族女英雄李林为国捐躯73周年、陈嘉庚创办集美学校100周年而摄制，是一部讲述当代校园青春励志故事，再现李林感人事迹及其精神的主旋律电影。

【中国画《蔡伦造纸》获奖】 2017年，集美辖区艺术家王新伦、赵胜利创作的中国画《蔡伦造纸》获福建省百花文艺奖荣誉奖，并被国家博物馆永久收藏，入选"中华文明历史题材美术创作工程"。该画作描述的是蔡伦通过剪切、沤煮、打浆、抄造、定型干燥等一系列工序进行造纸的情景。赵胜利曾到湖南蔡伦的故乡采风，三易其稿，最终创作出《蔡伦造纸》画作。画中人物风格归于朴实，技巧臻于至境。娴熟的笔墨语言的驾驭与行云流水般的线条，构建了一个个形象生动的人物形象。肯定的用笔、写实的造型展露生命的阳刚之气，画作以水墨本身的变化来展现传统文化的氤氲特质。

【油画《隆庆开海》获奖】 2017年，集美辖区艺术家麻显钢创作的画作《隆庆开海》获福建省百花文艺奖荣誉奖，并作为中国百个历史重大题材之一入选"中华文明历史题材美术创作工程"，被中国国家博物馆收藏并永久陈列。《隆庆开海》背景为明朝时期，隆庆皇帝宣布解除海禁，调整海外贸易政策，允许民间私人远贩东西二洋。画作展示海禁解除后，福建商人从漳州月港出海的情景。为完成这幅作品，作者多次深入龙海、平和、华安、南靖等地采风、写生，力图穿越沧海桑田的巨变，挖掘漳州"海丝"内涵，再现漳州"海丝"的历史风貌。该画作以现实主义的表现手法和鲜明的艺术风格见长，画作基本功扎实，绘画技艺熟练，艺术语言独到。（张洪波）

集美区社会科学界联合会

【概况】 2017年，集美区社会科学界联合会根据集美区经济社会发展的重大实际问题，对基层意识形态工作责任制、基层心理健康服务体系构建开展课题研究，邀请社科专家进军营举办"金砖五国政治合作基础及新思维发展"讲座，举办"传承优秀传统文化，坚定集美文化自信"社科论坛、海峡两岸（集美）端午文化论坛和社科志愿者进基层服务等活动，宣传普及哲学社会科学知识。

【课题研究】 2017年2月，区社科联与华侨大学华文学院共同组成课题组，就贯彻落实习近平总书记关于加强意识形态工作的指示，围绕基层意识形态工作责任制问题开展课题研究。5月，《基层意识形态工作责任制实践研究》结题，调研报告认为意识形态工作责任制是落实"党要管党、从严治党"的具体体现，是确保意识形态工作常抓不懈取得实效的有力保证，是从制度机制层面推动意识形态工作目标任务落实的重要举措。根据中宣部、国家卫计委《关于加强心理健康服务的指导意见》，结合集美区"心灵绿洲"工程的实践，对基层心理健康服务体系构建课题进行研究。12月，《基层心理健康服务体系构建初探》研究报告结题。报告认为要加强基层心理健康服务体系，需要实行以政府为主导，高标准建设基层心理辅导站，整合专家资源，打造专兼职心理教师队伍，依托新媒体资源，提供便捷的基层心理科普渠道等策略。

【社科论坛】 2017年11月8日，区社科联在集美区行政中心诚毅厅举办主题为《传承优秀传统文化，坚定集美文化自信》社科论坛。来自高校的五位教授和专家就集美学村传统文化的传承和发展、闽南侨乡文化资源保护、用好革命遗址、弘扬集美红色文化等议题进行讨论。集美大学航海学院党委书记林斯丰研究员，集美大学马克思主义学院教授肖仕平，集美大学教授杨广敏等，分别作题为《用好革命遗址资源，弘扬集美红色文化》《闽南侨乡历史文化资源保护》和《再造与提升：集美传统文化的挖掘、开发与利》等报告。

【端午文化论坛】 2017年5月28日，以“端午文化和海洋文明及‘一带一路’”为主题的第十三届海峡两岸（集美）端午文化论坛在集美举办。此次论坛由厦门市政协、市社科联、市社科院、集美区委宣传部主办，集美区社科联、厦门市中华传统文化研究会承办。海协会原副主任、厦大新闻传播学院院长张铭清等市人大常委会、市政协、市委统战部、市工商联、市委办公厅、市委宣传部、集美区委宣传部和金门县文化局负责人出席论坛。来自两岸的100余名学者，结合现实国情和区域文化，围绕端午文化的软实力研究、端午节习俗与海丝经济、端午文化与区域文化研究等13个议题进行讨论。会议收到论文20余篇，6位作者在论坛上发言。

【社科专家进军营办讲座】 2017年7月6日，区社科联邀请厦门大学军事教研室谢素蓉教授，到武警水电六支队为官兵举办题为“金砖五国政治合作基础及新思维发展”讲座。谢素蓉分别从中国、俄罗斯、巴西、印度和南非五国角度看世界的政治格局，讲述五国的外交关系，1000余名官兵出席讲座。

【心理健康宣传培训】 2017年厦门会晤期间，集美区社科志愿分队、集美区“心灵绿洲”志愿服务队到社区开展“厦门会晤、志愿同行”暨集美区“心灵绿洲”活动。本次活动发挥本地心理健康工作优势资源，开展系列社区居民心理健康工作，关注社区居民心理健康，帮助社区居民掌握心理学健康知识，提高心理健康水平和心理素质，确保厦门会晤期间社会稳定。

【生态文明宣传活动】 2017年11月5日，由区委宣传部、市环保局集美分局、集美区社会科学界联合会主办，厦门市天下集美文广传媒有限公司承办的“守护青山绿水，建设清新集美”十九大精神学习宣传进基层暨生态文明宣传教育活动在灌口风景湖公园举行，用答嘴鼓、荷叶说唱、朗诵、有奖问答、游戏等方式宣传生态文明建设。（王玉国）

厦门市集美校友总会

【概况】 2017年，集美校友总会认真学习贯彻习近平总书记给集美校友总会回信精神，弘扬嘉庚精神，坚持办会宗旨，广泛联络、团结、服务各地、各校校友。编辑出版会刊《集美校友》6期，每期发行1万册。《集美校友》主编陈经华撰著的长篇文学传记《嘉庚弟子》由福建人民出版社出版，在海内外读者中引起热烈的反响。是年，新增轮机人助学金和吴炳煌助学金，全年发放助学金近30万元，受助学生170人次；颁发奖学金7.7万元，奖励学生42人次。

【编辑出版《集美校友》】 2017年，《集美校友》编辑出版6期，刊登各类文章451篇。常设栏目《嘉庚风》刊有《陈嘉庚和厕所革命》《陈嘉庚作序的〈民族歌声歌集〉》《陈嘉庚和鳌园景区》《永远的陈嘉庚》；《诚毅之光》报道艺术大师黄永玉到集美的活动，刊发刚去世的知名校友王毅林、吕维穆、俞昌旋、萨兆钤等生前事迹的文章；《让金字招牌更加闪亮》刊登有关集美学校所属各校发展变化的报道和文章，其中有《周宇博是集美大学的一张名片》《为金砖志愿者点赞》《华文学院组织“一带一路”沿线国家留学生体验闽南文化》；《闽海之滨》报道集美学校所在地集美区开展“一精神三文化”活动的情况和经济社会发展动态；《浔江听浪》刊登海内外文艺家和文艺爱好者关于陈嘉庚、集美、集美校友的作品。

【《嘉庚弟子》出版】 2017年10月14日，集美区委宣传部与集美校友总会举行《嘉庚弟子》首发暨赠书仪式。《嘉庚弟子》为长篇人物文学传记，全书40万字，插图100幅，作者陈经华。该书以主人公集美校友总会永远名誉会长任镜波为主线，串联起陈村牧、叶振汉、李尚大、李陆大、庄重文、蔡继琨、官宏光、施金城、秦祥东等杰出的集美校友，讲述他们的故事，展现他们的风采，塑造出一群真实、生动、感人的嘉庚弟子的形象。《嘉庚弟子》是老一辈嘉庚弟子的故事集成，也是老一代集美传人的历史记录，内容真实感人，在海内外引起广大集美校友的热烈反响。该书曾于2014年11月24日起在《集美报》连载40期，每期2500字，共10万字；后又在《集美风》连载4期，每期2.5万字。此后作者在连载文本的基础上，重新构思，充实加工，写成长篇人物传记，于2017年9月由福建人民出版社出版，全书40万字。

【服务厦门会晤】 2017年9月，金砖国家领导人第九次会晤在厦门举行。集美校友总会会长陈呈、永远名誉会长任镜波，应邀参加厦门卫视“喜迎金砖——《一座城·一个人》嘉庚精神·厦门故事”系列主题活动之《华侨旗帜 民族光辉》谈话节目，从不同角度解读嘉庚精神、讲述厦门故事。《集美校友》主编陈经华，分别在中央电视台新闻移动网直播和美国彩虹电视台纪录片拍摄中，义务担任出镜嘉宾，分别用中、英文向海内外介绍集美学村。校友总会还组织陈嘉庚研究人员为厦门会晤志愿者做岗前培训。

【联络校友】 2017年11月24日，集美校友总会会长陈呈陪同中国侨联原主席林军，出席安溪县集美校友会在安溪隆重举行的集美学校内迁安溪80周年纪念活动，陈呈在会上讲话。12月2日，集美校友总会会长陈呈、永远名誉会长任镜波、秘书长颜如璇一行6人，赴香港参加集美大学航海学院香港校友会第三届理监事会就职典礼暨集美大学香港校友会成立大会，并拜访香港集美校友会会长李凤翔等。是年，陈呈、任镜波、颜如璇等，还先后参加厦门、泉州、安溪、福州、广州、上海、汕头等地集美校友会的活动，对北美集美校友会第二届理监事会就职典礼表示祝贺。

【颁发奖助学金】2017 年，集美校友总会新增轮机人助学金和吴炳煌助学金。轮机人助学金由原集美航海学院党委书记陈泰灿赞助设立，为集美大学轮机工程学院部分海上专业的贫困生提供无偿资助，每年资助贫困生 5 名，每生 3000 元，计划实施 4 年。吴炳煌助学金是吴炳煌教授的家属遵照其遗愿设立的专项助学金，为集美大学航海学院和轮机工程学院部分贫困学生提供无偿资助，每年资助航海学院和轮机工程学院贫困生各 5 名，每生 2000 元，计划实施 3 年。是年，集美校友总会颁发的助学金有陈村牧助学金、嘉泽助学金、杜成国助学金、林树德助学金、泉州集美校友会吴金凡助学金、莆田水产校友助学金、陈英如助学金、官宏光孙竞男助学金、轮机人助学金和吴炳煌助学金 10 项，有 170 名学生获得资助，资助金额近 30 万元。颁发奖学金 2 项：林启仁奖学金和 21 成美基金奖学金。莆田集美校友会会长林启仁 2012—2014 年在集美校友总会设立林启仁助学金，每年捐资 5 万元，资助贫困学生 25 名。2017 年起，改设为奖学金，每年奖励厦门（集美）海洋职业技术学院学习优秀、表现突出、身心健康、具有创新创业精神的学生 15 名，每生奖励 2000 元。21 成美基金奖学金奖励参加全国性的竞赛获得第一名的学生。2017 年，有集美工业学校和集美大学诚毅学院、体育学院、文学院共 27 人获此奖学金，奖励金额 4.7 万元。（陈丽兰）

12 月 26 日，集美校友总会为集美学村学生颁发助学金。（冯立东 摄）

集美区红十字会

【概况】 2017 年，集美区红十字会召开第五次会员代表大会，选举产生新一届理事会。开发在线募捐与积分兑换系统及区红十字会微信公众号平台，筹建应急救护技能培训基地，取得公开募捐资格证书。举办社区红十字志愿者应急救护技能培训、防空防灾演练、“5·8”博爱文化周宣传活动、应急救护技能公益培训、红十字体验式生命教育培训班等 65 场次，培训 1.17 万人次。筹集人道救助基金 109.21 万元，发放款物 67.83 万元，救助大病患者 90 人 69.81 万元。

【区红十字会换届】2017 年 5 月 5 日，区红十字会召开第五次会员代表大会，选举产生新一届理事会。新一届理事会理事 42 名，石扬当选区红十字会第五届理事会会长，陈仲兴当选常务副会长，孙加庆、庄鹏当选副会长，柯志宏当选秘书长，聘请区委书记李钦辉、区长何东宁为区红十字会第五届理事会名誉会长。第五届常务理事会第一次会议研究修改并通过《集美区红十字会特大病救急资金使用管理办法》。

【红十字会建设】2017 年，区红十字会积极争取政府及相关部门的支持，开发区红十字会在线募捐与积分兑换系统及区红十字会微信公众号平台，共投入财政资金 25 万元，完成专业评估、招投标工作。在区青少年宫建设区红十字会应急救护技能培训基地，完成前期测量、设计及经费预算工作。依法向区民政局申请公开募捐资格，并取得公开募捐资格证书。

【人道救助】2017 年，区红十字会依托红十字博爱超市，常年开展募捐、接受社会捐赠和捐赠物资发放工作。收到社会各界爱心人士、企业捐赠物资折款 36.08 万元。发放款物 39.90 万元，其中物资计 34.75 万元，2846 户（次）得到帮扶。开展元旦、春节“红十字博爱送万家”活动，慰问低收入困难家庭 1633 户，发放款物 27.93 万元。其中，通过 6 个镇街红十字组织慰问 1600 户，发放款物 27.52 万元，其中物资折价 22.37 万元；慰问困难职工 30 户，发放物资折价 3786 元；区红十字会入户慰问 3 户，发放物资折价 378.6 元。区红十字会依托街镇、社区和企业开展红十字救助行动，施行各类大病患者人道救助 90 人，提供救助款69.81万元。其中包括集爱基金救助24人，用款43万元；区大病救助33人，用款6.6万元；厦门建霖有限公司大病救助专项基金救助19人，用款3.8万元；厦门建霖有限公司爱心互助基金救助14人，用款16.41万元。

【爱心捐款】2017年，区红十字会积极募集人道救助基金。坚持项目牵引带动筹资，加强与企业捐赠人交流合作，深入企业、社区宣传筹资，设立冠名专项基金。全年筹集人道救助基金109.21万元。其中，集爱基金募集49.97万元、爱心捐款3.24万元、大病救助专项基金33万元（建霖有限公司23万元，永昕实业有限公司10万元）；爱心企业定向扶贫助学困难户用款23万元（吉兴集团建设有限公司3万元、味友餐饮管理有限公司5万元、立林科技有限公司5万元、康柏机械集团有限公司5万元、姚明织带饰品有限公司5万元）。

【社区红十字志愿服务】2017年，区红十字会先后开展社区红十字志愿者应急救护技能培训、防空防灾演练、“5·8”博爱文化周宣传活动、应急救护技能公益培训、应急救护“六进”宣传活动。3月，市公安局交警支队车管所入驻集美，区红十字会及时跟进服务，每周三定期到车管所对被扣满12分参加继续教育的驾驶员进行应急救护技能培训，共培训35场8072人次。5月8日，举办博爱文化周宣传活动，各镇（街）社区运用网站、板报、宣传栏和有线电视等形式，宣传红十字知识、“红十字掌上学堂”应用，以及无偿献血、捐献造血干细胞、捐献遗体和器官等“三献”知识。5月10日，各镇（街）组织社区志愿者参加全市防空防灾演练。5月15日，组织各镇（街）新增加未取得急救员证的红十字应急救护志愿者52人，参加由市红十字会培训中心举办的救护员培训班培训并通过考核获得初级急救员证。8月6日，与全省同步举办“六进”活动启动仪式，对100多名区园林公司员工进行应急救护知识培训。8月8—15日，在六个镇（街）开展社区红十字志愿者应急救护培训，共培训志愿者400余人。9月8日，组织杏滨街道30名社区红十字志愿者，参加市红十字会在集美区人武部举行的模拟台风应急演练活动。12月1日，在侨英街道霞梧广场举办纪念国际志愿者日暨应急救护“六进”宣传活动文艺晚会和红十字相关知识的宣传活动。

5月11日，集美区红十字会工作人员到英村小学开展应急救护培训。（侯瑞心 摄）

【红十字体验式生命教育】2017年，区红十字会举办红十字体验式生命教育培训班2期，组织区属学校德育、体育、卫生、生管老师和班主任等进行培训，共培训110多人次。组织对区属32所中小学9000多名师生进行以心肺复苏、止血、包扎、固定、防灾避险、自救互救为主要内容的应急救护培训。邀请市水上救护队人员到区属15所学校巡回授课，讲解自救互救、预防溺水淹亡知识，受益人数7500多人。各学校还结合“5·12”防灾减灾日，举办防灾减灾知识讲座、竞赛，组织火灾、地震应急疏散逃生演练；组织开展捐书活动，共捐赠各类书籍4000多册。（侯瑞心）

集美区慈善会

【概况】2017年，集美区慈善会共募集款物206.10万元，开展安老、扶孤、帮残、助学、济困、救灾等活动，发放救助款物201.47万元。

【安老扶孤助残】2017年春节，市、区两级慈善会慰问福利中心老人3.1万元，并邀请福利中心老人、福乐家园残疾学员、孤儿共用年夜饭，送新春红包共2.19万元；5月20日助残日，区慈善会给福乐家园学员送慰问品计4914元；中秋节，区慈善会给福乐家园和福利中心老人送上节日祝福，共5994元；重阳节，区慈善会为福利中心老人和散居供养老人送慰问品1.01万元，每季度为9名60周岁以上低保老人在杏林街道慈善超市购买生活用品共1350元；市慈善总会为集美区散居的60周岁以上老人发放慰问金1.6万元。

【救灾济困】2017年，区慈善会协同市慈善总会、南普陀寺等爱心团体开展迎新春慈善慰问活动，向1345户次贫困家庭发放善款及物品计62.59万元。区慈善会向15名重病困难群众提供医疗救助6.55万元，为4个镇街慈善超市购置生活用品7万元。区民政局、区慈善会向甘肃省临夏州和政县困难群众送去慰问品计18.1万元。

【助学】2017年，区慈善会协同市慈善总会、区委文明办、省市级文明单位、侨促会、爱心单位、爱心人士等，结对帮扶贫困生370人次，发放帮扶款76.8万元。开展金秋助学活动，市慈善总会向57名考上本科、大专应届（往届）困难学生提供教育救助24.5万元；爱心人士谢永丹夫妇资助5名孤困儿童学费、生活费1.7万元，并承诺资助至大学毕业。某爱心人士助学一名贫困生600元。

2017年集美区慈善会捐助活动情况表

表10

时间	捐助项目、活动或单位	捐助对象	捐助金额或物品
春节	区慈善会、市慈善总会、南普陀寺、石室禅院、永辉超市新春送温暖	困难家庭350户	慰问金35万元
春节	市、区慈善会新春慰问	困难户950户	年夜饭400份、罐头250份、调味品300份
春节	区慈善会新春关爱退休困难人员	企业退休困难人员20户	慰问金2万元
春节	区慈善会新春走访慰问	困难户5户	5000元
1月4日	市、区慈善会新春送温暖	慰问福利中心老年人31户	慰问金3.1万元
1月10日	“雨露育青苗”项目	市慈善总会帮扶孤困儿童104人	20.8万元
1月11日	区“三下乡”活动	困难户20户	慰问年货2400元
1月13日	爱心人士助学	贫困生1人	助学金600元
1月17日	区慈善会新春慰问	福利中心老人、孤儿、福乐家园学员	共进年夜饭
1月17日	区慈善会、西竺寺慈善分会新春慰问	福利中心老人31人、孤儿5人、残疾学员30人	慰问金2.19万元
2月10日	“雨露育青苗”项目	省、市级文明单位、爱心人士帮扶孤困儿童74人	16.2万元
2月12日	区侨促会16位爱心人士结对帮扶助学金	贫困生36人	7.2万元
5月17日	助残日慰问	残疾学员30人	慰问物资4914元
5月	“雨露育青苗”项目	爱心单位、爱心人士帮扶孤困儿童1人	帮扶款2000元
8月24日	“雨露育青苗”项目	市慈善总会帮扶孤困儿童83人	16.6万元
8月24日	“雨露育青苗”项目	省、市级文明单位、爱心人士帮扶孤困儿童72人	15.8万元
8月25日	谢永丹夫妇	孤困儿童5人	1.7万元
秋季	市慈善总会	考上本科、大专的应届困难学生23人	13.8万元
秋季	市慈善总会	考上本科、大专的往届困难学生34人	10.7万元
中秋	区慈善会中秋节慰问	福乐家园残疾学员，福利中心老人	每人月饼1盒，计5994元
重阳	市、区两级慈善会	散居供养60岁以上老年人16人	1.6万元
重阳	区慈善会重阳节慰问	福利中心老人、散居供养老人	每人慰问品一份
重阳	区慈善会杏林街道慈善超市扶老助老	杏林街道低保户60岁以上	慰问品每人150元
12月	东西部扶贫（和政县）	和政县困难对象	购买物资18.1万元
全年	区慈善会	重病困难群众15人	医疗救助6.55万元
全年	区慈善会	为4个镇街慈善超市购置生活用品	7万元

（高月清）

厦门建安慈善基金会

【概况】2017年12月3日，厦门建安慈善基金会召开换届大会暨第三届第一次理事会议，孙吉龙连任基金会理事长。厦门贵信投资集团有限公司、蜜蜂巢科技有限公司董事长陈云南捐款100万元，在基金会设立“蜜蜂巢集团国学培训专项基金”。基金会全年共收到善款（物）计352.70万元，其中接收社会捐赠现金180.19万元、捐赠物资折合人民币172.51万元；开展助学、助困、扶贫等公益活动46次，共发放款物300.98万元。

【助学】2017年，建安慈善基金会开展助学活动30次，计捐款物91.66万元。受助对象包括集美区乐安小学、长汀县教育局、长汀县第一中学、长汀县什锦南安小学、安溪县第八中学、宁化县淮土镇孙坑村学校等单位；资助扬州大学陈佳豪、湖北大悟中学颜奥林、永春第一中学颜巧镕、永春第二中学颜发妹、安溪县举溪中学李淑琼、安溪县玳堤小学李淑真、李世林等贫困学生7人。

【济困】2017年，建安慈善基金会先后走访和慰问甘肃省甘南区夏河县曲奥乡清水行政村贫困村民、南安市梅山镇灯埔村贫困户、宁化县淮土镇孙坑村贫困村民、安溪县龙涓乡玳堤村七旬老人李桃花、翔安区刘五店村孤寡老人和贫困儿童，以及工地农民工和外来务工人员等近百人，资助善款188.64万元。支持长汀县慈善总会、思明区蓝天救援队、思明区慈善会、思明区海滨街道等单位开展慈善公益活动款物计20.66万元。

2017年厦门建安慈善基金会捐助公益事业情况表

表11

时间	捐助对象	金额和物品
1—6月	广东省湛江市贫困学生孙浩科每月生活费	现金4800元
7—12月	湖北省大悟县贫困学生颜奥林每月生活费	现金3000元
8—12月	永春县贫困学生颜发妹、颜巧镕每月生活费900元	现金4500元
9—12月	安溪县玳堤村贫困学生李世林、李淑真、李淑琼每月生活费	现金4000元
1月3日	思明区蓝天救援队	现金4.66万元
1月5日	宁化县淮土镇孙坑村贫困村民	西装、衬衫8套计4800元
1月19日	思明区慈善会	现金3万元
2月4日	厦门市印尼归侨联谊会	现金1万元
2月13日	孙嘉櫶教育基金奖学金	现金3.56万元
2月17日	梅山镇灯埔村民委员会修建灯埔大桥	现金2万元
3月3日	宁化县淮土镇孙坑村贫困村民	胶鞋计12.25万元
5月31日	集美区乐安小学	笔记本、蜡笔计2355元
6月19日	陈君煌	现金5000元
8月3日	翔安刘五店村孤寡老人和贫困儿童	现金13.80万元
9月1日	扬州大学陈佳豪	现金6800元
9月29日	集美区乐安小学	书籍计4500元
10月19日	长汀县慈善总会	现金80万元
10月23日	三明贵溪洋安置房道路工程项目部贫困工人	羊毛衫、夹克外套计48.35万元
11月1日	长汀县第一中学	书籍、篮球计5.27万元
11月1日	甘肃省甘南区夏河县曲奥乡清水行政村民委员会	衣服计4.07万元
11月3日	建安集团工地贫困工人	衣服计44.90万元
11月16日	建安集团工地贫困工人	衣服计35.92万元
12月14日	建安集团工地贫困工人	衣服计28.22万元
12月14日	弘壹文化传播有限公司	现金10万元

（叶薇）

农业与水利

农业

综述

【概况】 2017年，集美区农林牧渔业总产值3.08亿元，比上年下降16.8%。其中，农业产值1.42亿元，林业1628万元，牧业6809万元，渔业2516万元，农林牧渔服务业5670万元。实有耕地1749.33公顷（2.62万亩）。有仍在耕作的村社22个、农场1个（厦门第二农场）。主要种植水稻、蔬菜、水果、甘薯、花生、油菜等农作物。农民人均可支配收入2.47万元，比上年增长7.3%。

【土地确权工作】 2017年，集美区土地确权前期工作通过省部级验收。确地到户10个村（灌口镇双岭村、田头村、东辉村、顶许村、李林村、上塘村，后溪镇前进村、溪西村、后溪村、黄地村），完成二轮公示10个，二轮公示率100%；实测调查面积1796.46公顷（2.69万亩），调查地块2.06万块，调查户数5187户，入户调查率100%；签订合同4980份，合同签字率96.01%。确大四至14个村（灌口镇深青村、坑内村、三社村、浦林村，后溪镇三兴社区、新村社区、英村社区、崎沟村、仑上村、后垵村、岩内村，杏滨街道锦园社区、前场社区、西滨社区），完成调查面积173.37公顷（2600.50亩），调查地块395块；公示14个村（居），公示率100%；签订合同14个村（居），合同签订率100%。同时，区确权办协同市国土资源与房产管理局集美分局，组织各镇（街）、村（居）和省地质测绘院厦门分院，对被征地村（居）现有耕地情况逐一进行比对确认，确定18个村8个小组无耕地，并将调查统计资料印制成册上报市确权办。

【特色休闲观光农业】 2017年，集美区休闲农业有成规模项目24个，年收益604万元，带动就业381人。实施古樾山庄、鹰坑谷“以奖代补”建设项目21个，完工17个，在建4个，投资1550万元，完成90%。策划实施灌口镇休闲农业项目、侨英果乐园区等休闲农业示范项目。古樾山庄被评为省级休闲农业示范点；鹰坑谷、悦来农庄、金玲珑果蔬专业合作社被评为市级休闲农业示范点。

【惠农与移民直补】 2017年，集美区发放各种惠农与大中型水库移民直补资金671.86万元。其中，农业支持保护补贴资金197.16万元，伏季休渔补贴46.45万元，渔业燃油补贴165.26万元，农业机械购置补贴5.72万元（其中中央补贴3.82万元、省补贴1.90万元），大中型水库移民直补293.22万元，移民生活困难补助10.50万元。

【农业执法检查】 2017年，区农业执法大队对辖区农资经营户进行地毯式排检，共出动执法人员458人次，检查农资经营店132家次，其中农药经营店41家次、兽药（含渔药）经营店32家次、饲料生产企业29家次、肥料经营店30家次；抽检蔬菜61批次、兽药9批次、农药10批次、肥料5批次、饲料6批次，蔬菜、农药、兽药、肥料合格率100%，查处饲料相关案件2起，罚款1.46万元。另突击检查蔬菜、草莓种植散户11家次，未发现有违法使用国家禁限用农药的行为。

【农业执法宣传】 2017年1月、3月和6月，区农林水利局开展“三下乡”、放心农资下乡、食品安全生产宣传周活动，先后在灌口凤泉广场、后溪镇城隍庙、杏林街道文化中心广场、杏滨街道杏美文化广场、侨英街道霞梧北区广场开展农业法规宣传，内容涵盖农药、饲料、兽药、渔业、农产品安全生产、农机安全生产、农业安全监督等，发放宣传材料4270份。6月26日，参加市农业局组织的农机安全生产月咨询日活动，接受咨询96人次。

【农民专业合作社】 2017年，集美区新登记专业合作社24家，累计登记注册专业合作社265家，比上年增长35%；社员4851户，同比增长9.8%；注册入股资金8.76亿元，同比增长69.6%；带动农户2230户，同比增长12.1%。其中，获国家、省、市级示范社等荣誉称号11家。

2017 年集美区农村主要经济指标对比表

表 12

指标名称	单位	2016 年	2017 年	对比增减数	增减（%）
农林牧渔业总产值（当年价）	万元	37005	30785	−6220	−16.8
其中：农业产值	万元	14369	14162	−207	−1.4
林业产值	万元	332	1628	1296	390.4
牧业产值	万元	11984	6809	−5175	−43.2
渔业产值	万元	4670	2516	−2154	−46.1
农林牧渔服务业产值	万元	5650	5670	20	
粮食产量	吨	2121	2143	22	1.0
其中：稻谷产量	吨	1805	1817	12	0.7
油料产量	吨	487	450	−37	−7.5
其中：花生产量	吨	487	445	−42	−8.6
蔬菜产量	吨	15221	20084	4863	31.9
水果产量	吨	4033	3604	−429	−10.6
其中：柑橘类产量	吨	1371	1554	183	13.3
食用菌产量	吨	713	38	−675	−94.7
花卉播种面积	亩	7695	7943	248	3.2
肉类总产量	吨	4233	1909	−2324	−54.9
生猪出栏数	头	27979	8266	−19713	−70.5
家禽出栏数	只	1366219	1171346	−194873	−14.3
奶类产量	吨	112	115	3	2.7
禽蛋产量	吨	1298	979	−319	−24.6
水产品产量	吨	226.5	1527	−738	−32.6
海水水产品产量	吨	253	229	−24	−9.5
淡水水产品产量	吨	2012	1298	−714	−35.5
其中：鱼类产量	吨	1576	1099	−477	−30.3
淡水虾产量	吨	430	196	−234	−54.4

2017 年集美区农民专业合作社注册情况表

表 13

企业名称	注册资本（万元）	地址	成立日期	法定代表人
兴榕发生态农业专业合作社	300	灌口镇上塘村上塘社 282 号之二	1 月 18 日	林灿鑫
易祥顺生态农业专业合作社	100	灌口镇坑内村水立社 30 号之一	1 月 18 日	白培植
厦芋香谷物专业合作社	2.5	灌口镇双领村顶寮 55 号	1 月 20 日	刘丁溪
歆玥农产品专业合作社	500	后溪镇前进村郭厝巷 168 号	1 月 24 日	陈建遵
家海鑫养殖专业合作社	100	灌口镇李林村李林社 916 号之一	2 月 15 日	庄珣鹏
佳木秀果蔬专业合作社	250	后溪镇第二农场东岭村 22 号	2 月 21 日	陈水林
山兜生态农业专业合作社	100	灌口镇东辉村东寨社 36−1 号	2 月 23 日	高旺永
曼斯塔中药材专业合作社	500	灌口镇环美北路 169 号之二	3 月 3 日	卢志斌
铁尖石山果蔬专业合作社	100	后溪镇新村小学里 9 号	3 月 15 日	肖民生
土迪果蔬专业合作社	100	灌口镇东辉村东寨社 48 号之一	3 月 24 日	林英结

续表 13

企业名称	注册资本（万元）	地址	成立日期	法定代表人
井福养蜂专业合作社	200	后溪镇前进村西井三里 18 号之八	5 月 10 日	陈福来
兴奇岭养殖专业合作社	100	后溪镇第二农场后厝社 146 号	5 月 15 日	杨值奇
二二四果蔬专业合作社	100	后溪镇英村村何山埔里 111 号	6 月 8 日	林木桂
磊山亿果蔬专业合作社	100	后溪镇第二农场后厝社 158 号	7 月 6 日	黄海明
碗之瑶果蔬专业合作社	400	后溪镇第二农场碗瑶社 116 号	7 月 7 日	王延海
惠风畅果蔬专业合作社	500	后溪镇黄地村一组 81 号	7 月 12 日	陈淑慧
龙之秋果蔬专业合作社	100	后溪镇新村小学里 51 号 101 室	7 月 25 日	肖春木
沃地果蔬专业合作社	200	灌口镇顶许村大东山社 260 号之二	8 月 2 日	蔡青松
侨英街道兑山社区股份经济合社	32	兑山里 23 号 3 楼	8 月 25 日	李水团
景宝盈果蔬专业合作社	50	灌口镇田头村洋坑社 395 号	8 月 29 日	高速清
蔬益厅果蔬专业合作社	100	灌口镇田头村洋坑社 638 号之一	10 月 16 日	周金城
亿梁山园林专业合作社	200	灌口镇三社村洪茂社 316 号	11 月 3 日	陈飞虎
烟菊香水产养殖专业合作社	160	后溪镇村官地里 12 号	12 月 13 日	蔡水烟
艾芗土果蔬专业合作社	500	灌口镇双岭村前墩社 163 号之一	12 月 28 日	杨佳星

（陈靖 曾其五）

种植业

【概况】 2017 年，集美区农作物播种面积 2256 公顷（3.38 万亩），比上年增长 13.57%。其中，粮食作物 382.47 公顷（5737 亩），总产量 2143 吨，分别增长 0.49 % 和 1.0%；油料作物 156.27 公顷（2344 亩），总产量 450 吨，分别下降 13.53% 和 7.5%；蔬菜 1060.73 公顷（1.59 万亩），总产量 2.01 万吨，分别增长 20.07% 和 31.9%；水果 1733.33 公顷（2.6 万亩），总产量 3604 吨；花卉 529.53 公顷（7943 亩），增长 3.2%。是年，推广蜜柚、脐橙和阳桃套袋 422.35 万个，面积 266.67 公顷（4000 亩）。全区补贴耕地面积 1668.63 公顷（2.50 万亩），共补贴资金 197.16 万元。

【农业基础设施建设】 2017 年，集美区完成市、区两级农业基础设施项目 21 个，总投资 5887.74 万元，其中财政投资 4072.83 万元、自筹资金 1814.91 万元。建温室大棚 16.01 万平方米、生产道路 8.42 千米、排水沟 1131 米、蓄水池 1 个、挡土墙 2569.18 立方米、引水管 2054 米。

【测土配方施肥】 2017 年，集美区在小流域免费推广有机肥和配方肥，以减少化肥污染，改善地力，增强农作物防御能力。区财政投入 15.38 万元，中央财政投入 40 万元，采购配方肥 141.86 吨，推广测土配方施肥技术面积 1533.33 公顷（2.3 万亩），推广使用有机肥 1400 吨，平均每亩 246 千克。

【农作物病虫害防治】 2017 年，集美区红火蚁危害面积继续扩大，鼠害密度较高。全区红火蚁灾害防治面积 4808.53 公顷（7.21 万亩次）；病虫草鼠害发生面积 1.17 万公顷（17.57 万亩次），防治面积 1.26 万公顷（18.99 万亩次），挽回农作物损失 2608.61 吨。其中，病虫害发生面积 3853.33 公顷（5.78 万亩），防治面积 5720 公顷（8.58 万亩），挽回农作物损失 987.31 吨；草害发生面积 1986.67 公顷（2.98 万亩），防治面积 1920 公顷（2.88 万亩），挽回农作物损失 1222.3 吨；鼠害发生面积 5873.33 公顷（8.81 万亩），投药挽回农作物损失 396 吨。使用各类农药（商品量）36.17 吨。

【农技培训与宣传】 2017 年，区农林水利局以“12316”农业服务热线为平台，开展农业科技培训活动。全年举办科技培训班 10 期，其中农产品质量安全培训 2 期、测土配方施肥培训 2 期、农作物科学用药用肥技术培训班 2 期、水产品质量安全宣传培训 4 期。“12316”农业服务热线接受咨询 930 余人次，其中来电咨询 151 人次、来访咨询 288 人次、科技下乡现场咨询 500 多人次。组织现场指导、调研 211 人次，举办技术培训班 10 场，参加培训 246 人次。

（陈靖 曾其五）

林　业

【概况】 2017 年，集美区绿化造林 5150 亩（343.3 公顷），完成造林当年秋季抚育 6700 亩。全区森林覆盖率 41.41%，实现全区连续 12 年无火灾。查处林业行政案件 21 起，罚款 30.59 万元。审核林地征用 7 件，征地面积

40.98 公顷；发放林木采伐许可证 309 份，采伐面积 1516.2 公顷，采伐林木蓄积量 6.78 万立方米。

【造林绿化】2017 年，区农林水利局重点生态区位林分修复造林 333.3 公顷，造林以稀疏林分补植和林分改造提升为主，树种有木荷、枫香、山杜英、香樟、福建山樱花、丹桂等。完成 5 千米、10 公顷的生物防火林带种植工作。完成辖区内 31 集团军文艺队、孙坂消防中队、集美区人武部、武警水电第六支队三大队 4 个部队营区绿化工作，共种植香樟、火焰木、桂花、大叶紫薇、凤凰木、高山榕等树种 700 余株。

【病虫害防治】2017 年，全区用白僵菌粉炮预防马尾松松毛虫 351 公顷，清除马尾松枯死木 3445 株。办理木材调运检疫 1131 件，材积量 2.77 万立方米。办理产地检疫 4 件。

【森林防火宣传】2017 年，区防火办开展以“防森林火灾，护美丽厦门”为主题的防火宣传活动。春节、清明、厦门会晤期间，在区电视台滚动播放《福建省森林防火条例》和高森林火险橙色预警；出动防火宣传车 640 台次，到森林防火区进行流动宣传，散发传单 6 万份；在主要路口、林区景点、村宣传栏和人流集中地段张贴防火警示标语 1500 张，悬挂横幅 72 条。清明前夕，区防火办制作森林防火宣传环保袋 4000 个、塑封宣传单 1000 份，购买矿泉水 4800 瓶，置放于林区每座墓前，劝告扫墓者禁用火烛、文明祭扫。同时，借助“天下集美”文广传媒平台，发送森林防火和安全避险常识 6 次，发送短信 1.54 万条，收看 30 万人次。

【林政管理】2017 年，区农林水利局查处林业行政案 21 起，罚款 30.59 万元。审核林地征用 7 起，征地面积 40.98 公顷，发放林木采伐许可证 309 份，采伐面积 1516.2 公顷，采伐林木蓄积量 67761 立方米。其中，主伐 185.5 公顷，抚育采伐 28.08 公顷，低产低效林改造采伐 841.81 公顷，更新采伐 159.29 公顷，其它采伐 301.53 公顷；签发木材运输证 1131 份，材积 2.84 万立方米；发放林木种子生产经营许可证 2 份。全区有公益林 1609.73 公顷。

（陈靖 曾其五）

畜牧业

【概况】2017 年，集美区生猪出栏 8266 头，比 2016 年下降 70.46%；牛存栏 624 头，出栏 442 头，同比分别增长 10.83 和 −16.76%；羊存栏 772 头，出栏 761 头，同比分别下降 58.6% 和 50%；家禽存栏 20.09 万羽，出栏 117.13 万羽，同比分别下降 48.35% 和 14.27%；肉、蛋、奶总产量 3003 吨，其中肉类 1909 吨、蛋 979 吨、奶 115 吨，同比分别增长 −45.84%、−53.83%、−24.58%、2.7%，产蜂蜜 12 吨，同比下降 33.33%。

【动物防疫】2017 年，区财政安排动物防疫、检疫、畜产品质量安全及动物卫生监督等专项经费 113.04 万元。其中，动物防疫、检疫 30 万元，畜产品质量安全监管及动物卫生监督执法 1 万元，村级防疫员补贴 23.52 万元，检疫申报点工作经费 3 万元，“瘦肉精”检测配套费 12.6 万元。发放疫苗 100.12 万毫升，其中高致病性流感疫苗 99.40 万毫升、生猪口蹄疫疫苗 100 毫升、牛羊口蹄疫苗 7100 毫升。全年共防疫高致病性禽流感 175.67 万羽次、牛口蹄疫 801 头次、羊口蹄疫 1517 头次，免疫密度 100%，四种重大动物疫病的群体免疫密度全部在 90% 以上。

【动物检测】2017 年，集美区动物卫生监督所开展动物血清学检测。检测高致病性禽流感 7 次，在 71 家养殖户采样 1486 份，检测合格 1486 份，合格率 100%。春防督查抗体检测高致病性禽流感，采样 218 份，检测合格 218 份，检测合格率 100%；秋防督查检测高病致性禽流感，采样 90 份，检测合格 90 份，合格率 100%；四种重大动物疫病抗体检测结果均在合格以上。

【畜禽检疫】2017 年，集美区接受家禽养殖产地申报 4334 羽，申报受理率 100%。牲畜屠宰检疫申报 1.14 万批次，

1 月 17 日，区动物卫生监督所工作人员在白泉农贸市场开展肉类食品安全检查。

（邵培根 摄）

检疫生猪31.13万头、牛1.51万头、羊1.30万头，申报受理率100%。无害化处理染疫死猪431头，处理肉品、内脏1622.25千克。

【动物疫情监控】2017年，区动物卫生监督所组织兽医技术人员、区执法人员，对辖区各养殖场、动物治疗机构、兽药经营企业及乡村兽医进行专项检查。出动执法人员144人次，监管饲料生产企业36家次；出动执法人员28人次，监管奶站12次；出动执法人员32人次，监管动物诊疗机构8家次；出动执法人员32人次，监管兽药生产企业8家次；出动执法人数36人次，监管兽药经营企业9家次；出动执法人员48人次，监管畜禽养殖场16场次。快速检测沙丁胺醇、盐酸克伦特罗、莱克多巴胺醇1.12万头份，合格率100%。在动物H7N9禽流感防控期间，采样检测禽棉拭子270份，送市疫控中心进行动物H7N9禽流感检测流行病学调查。全区日常巡查无害处理猪9头、猪肉25千克、羊14只、死狗56只、鸭67袋、鸡13袋25羽。

（陈靖 曾其五）

渔　业

【概况】2017年，全区从事渔业生产559户计2236人，渔业生产总值2516万元，比上年下降46.1%。全年水产品总产量1527吨，其中海洋捕捞229吨、淡水养殖1298吨，分别下降32.6%、9.5%和35.5%。淡水养殖面积159公顷。有饲料加工企业1家，年产饲料3.65万吨，产值2.57亿元。全区渔业经济总产值2.81亿元，其中渔业收入2459万元、渔业工业和渔业建筑收入2.57亿元、渔业流通和服务业28万元。

【水产品安全宣传与检测】2017年，区农林水利局制订《水产品质量安全监管工作方案》和《水产品质量安全监测工作计划》，加强水产品质量安全检测工作，配合上级部门抽检8批次，区级委托第三方集美大学对水产品产地风险监测6批次。举办水产品质量培训4期，受训人数30余人次。分发科技宣传资料1800余份，推荐农民2人参加2018年新型职业农民水产养殖专业专科学历教育。（陈靖 曾其五）

农业机械

【概况】2017年，集美区拥有各类农业机械4021台（架、套）。其中，拖拉机341台，割灌机微耕机381台，施耕机42台，植保机械219架（手动式施药机械未计）。年末，在册拖拉机341台，拖拉机年检250台，年检率73%；拖拉机驾驶证从业人员341人。

【农机管理】2017年，区农机部门落实农机惠民政策，免费检验拖拉机250台，转移5台，换证5本，免费粘贴拖拉机反光警示牌5000张。6月29日，组织拖拉机手46人参加市农业局举办的农机事故应急演练。出动执法人员24人次，配合区交警整治上道路行驶拖拉机违法行为，检查拖拉机15台次。

【农机安全生产宣传】2017年，区农机部门发放农机安全生产宣传材料1500余份，开展农机安全生产宣传4次；举办农机手安全生产知识竞赛和互动问答等形式的宣传活动，设置农机安全咨询台1处，接受咨询96人次。

（陈靖 曾其五）

水　利

水利建设与管理

【概况】2017年，集美区水利工程总投资7306万元，其中河道治理7000万元。投资4500万元，治理田李溪河道3.83千米，年内基本完成项目建设；投资2500万元，治理东李溪河道3.61千米，年内基本完成项目建设。投资农田水利建设306万元，实施农田水利基础项目8个，完成排灌沟改造、蓄水池建造工程。完成5条小支流安全生态水系方案设计。另完成全区12座小二型水库汛期防洪调度运用计划审查、审批工作，组建抢险救灾区级、镇（街）级应急抢险队伍21支，共1421人。

【水环境保护与监督】2017年，区农林水利局按照“查全、查细、查实”的要求，组织各相关单位开展汛前安全大检查。检查水库、堤坝、水闸等水利工程20处（海堤1条、水库12座、水闸5座、在建水利工程2处），对存在问题和安全隐患登记造册，限期整改。落实防汛责任人，对重大水利工程（堤坝2条、水闸4座和小二型以上水库12座）实行市政责任人制度和防汛安全管理责任人制度。完成12座小二型以上水库汛期防洪运用计划审查、审批工作，修订完善集美区防洪防台风应急预案和地灾、气象、村居等各类预案121份。进行水土保持监督检查11次。受理办结水土保持方案29件。完成地质灾害点及高陡边坡整治28处、挂牌洪涝点整治4处，清理城区排水管网50余千米，清理雨水口7600个（每月一次）；修剪清理超高树（竹）114处，发现整改缺陷52处，完成2座站房电缆沟积水、15座站房孔洞封堵不严的整治；巡查河道等水利设施53次。通过2016年市对区水资源管理考核，获得优秀等次。

【小流域整治】2017年，集美区实施三大溪流控源截污工程，重点集中在许溪上游灌口段、许溪支流湖里溪、西井溪，深青溪铁山段、瑶山段，后溪支流鹭埭溪、港头溪等8处。推进截污控源，共发现解决问题1753起，牵头组织执法890起，多部门联合整治违规排放污水的工业小作坊125家。投入7.48亿元的56个村庄生活污水集中纳管及70个村庄生活分散式污水治理项目建成并投入运行。整治侵占河道现象，组织养护人员166人、保洁船14艘，清理土头垃圾56.21万立方米，河道种植物7.2万平方米，建筑垃圾4223车；集中打击非法采砂，巡查处理各流域周边洗沙、采砂点16处，拆除河岸违建等占地面积7080平方米。投入溪流养护经费790余万元，保洁河道57.9千米。通过2017年市对区安全生态水系建设考核，获全市第二名。

【水土保持】2017年，区农林水利局审批生产项目水土保持方案29件，征收水土保持补偿费88.38万元。对获批并开工的19个项目水土保持方案落实情况进行检查，大部分项目均能按照报批方案落实水保措施，对存在问题的个别项目，责令限期整改，整改后均达到水土保持要求。全年进行河道、水库水土保持监督检查18次，未发现水保违法行为。在水土流失治理方面，向市水利局申报市级水土流失治理项目3个，年末获批2个。黄地铁尖山水保工程竣工验收，此项目地位于石兜水库上游西侧，片区内山体坡面较高且坡度陡，表层裸露，植被覆盖较差，遭遇强降雨天气极易造成严重水土流失，严重污染饮用水源地石兜水库，危害山路交通安全。工程的实施改善了该片区石兜水库库区水质，减少石兜水库上游水土流失，保障饮水安全。黄地村林上水保工程进入施工阶段，该项目地处集美区后溪镇黄地村，位于石兜水库上游，现状山体坡面较高且坡度陡，表层裸露，植被覆盖较差，遭遇强降雨天气极易造成严重水土流失，危害道路交通安全及下游石兜水库的蓄水。工程的实施将改善石兜水库库区周边生产生活环境，减轻水土流失，降低环境恶化对石兜水库正常运行的不利影响，减少石兜水库上游水土流失。进行水土保持宣传，在全区主要路口悬挂水土保持宣传横幅7条，举办中小学水土保持讲座8课时，受教育学生200多人次。

【防汛抗旱】2017年，影响集美区的台风（或热带风暴）8个，分别是6月13日2号台风“苗柏”、7月30日9号台风“纳沙”、7月31日10号台风“海棠”、8月23日13号台风“天鸽”、9月3日16号台风“玛娃”、9月6日17号台风“古超”、9月10日18号台风“泰利”。是年，全区气候总体平稳，平均气温偏高，降水较往年偏少。入汛后，遭遇多次短时强降雨天气，造成部分城区、道路短时积水。据各雨量站点数据统计，全年降雨量1064毫米，比2016年少1208毫米（56.2%），比常年少25.4%，最大降雨量1274.9毫米（许庄站点），最大日降雨量85毫米（6月14日小龙潭水库站点），最大3小时降雨量41.7毫米（6月2日侨英站点）。汛期，除坂头水库外，11座小型水库无溢洪，水库、水闸总泄水量6922万立方米，比2016年少1亿多立方米。三条主要河道未出现超警戒水位。4—7月，出现多次短时强降水过程，均未造成严重洪涝灾害损失。全年启动防御暴雨洪水应急响应14次，其中防御暴雨洪水二级响应2次、防台风三级响应4次、二级响应1次。汛期，受台风、暴雨影响，全区累计转移各类危险地带人员5107人次。

【防汛培训与宣传】2017年，集美区结合世界水日、世界水周、集美区防灾减灾宣传活动周和集美区安全生产月活动，发放“集美区防洪防台风应急预案”和“防台风暴雨公众防御指南”2000余册，通过微博、短信发送防灾减灾安全信息22.86万条，印发安全宣传材料1.2万份，发送“致家长一封信”11.24万封，台风期间发送手机短信30.97万条。4月，区防汛指挥部召开防汛业务知识培训会，组织区防汛成员单位、镇（街）、村（居）、水利基层站所、水库有关人员170多人，学习《中华人民共和国防洪法》等法律法规，邀请市气象专家和防汛部门负责人授课。6月，会同厦门警备区和集美区武装部，组织防汛应急骨干近100人，在杏林湾水库进行为期3天的水上救援操舟演练。7月，区防汛指挥部组织应急处突大队、各镇（街）应急民兵和水电武警六支队三大队100多人，在杏林湾水库水上运动中心开展防汛抢险救援演练。（陈靖 曾其五）

整治后的后溪流域白石段（王坚峰8月31日摄）

河长制工作

【概况】集美区有小流域1个（后溪）、溪流2条（深青溪、瑶山溪），溪流养护长度69.32千米，其中灌口镇32.4千米、后溪镇34.32千米、杏滨街道2.6千米。2017年3月，区委、区政府出台《集美区全面推行河长制实施方案》，启动河长制工作。开展流域污染源调查，编制“一河一档一策”，进行河道和小流域整治治理，打击生猪退养回潮行为，实施安全生态水系建设，采用“查、封、堵、打、治”五字工作法，初步形成共治共享、共建共管的水资源保护治理格局。

4月14日，河道养护工在许溪流域清理浮萍。（刘平 摄）

【组织建设】 实行分级河长制，区设总河长1名、副总河长2名，领导全区河长制工作。设后溪、深青溪、瑶山溪流域河长3名，灌口镇、后溪镇、杏滨街道各设河长1名。成立区、镇（街）河长办公室，区级河长制办公室设在区农林水利局，农林水利局局长兼任办公室主任，设常务副主任1名，区农林水利局、环保局抽调1位副局长级干部担任专职副主任，区建设局抽调一位副局长级干部担任兼职副主任。采用政府购买服务方式招募河务管理人员5名，河道专管员12名。落实河长制工作专项经费205.4万元，其中河长办公室开办费8万元、污染源调查经费70万元、河务管理中心人员经费18万元、“一河一档一策”编制费44万元、河道专管员工资费用65.4万元。至年底，召开河长制工作会议16次、河长办公室工作联席会11次，制订《集美区河长制工作考核办法（试行）》《集美区河道专管员管理办法》等规章制度8项。河道专管员累计发现问题1542个，协助执法786次。

【河道整治】 区、镇（街）河长办公室成立后，聘请三家第三方调查单位开展流域污染源调查。查明全区有家禽养殖230处、乱搭建223处、乱堆垃圾与乱种植363处、生活污染源137处、小作坊工业废水排放102处。委托厦门市科水水利设计咨询有限公司，编制后溪流域、深青溪、瑶山溪分别编制河道治理和生态建设规划，实行一河一档一策。区河长办公室印发整治督办责任清单15批，提出整改项目1092个，完成整改项目1078个，完成率98.7%。巡查发现解决问题1753个，牵头组织执法890次，整治违规排放污水小作坊125家；组织养护人员166人、保洁船14艘，清理土头垃圾56.21万立方米、河道种植作物7.27万平方米、建筑垃圾4223车；查处流域周边洗沙、采砂点16处，拆除河岸违建7080平方米。至年底，计划安排中小河流治理项目4个，完工3个，长度9148米，小流域治理工作初见成效。

【生态水系建设】 河长制实施后，安全生态水系建设加快步伐。至年底，投入6670万元的许溪上游段和田李溪、东李溪河道治理工程竣工，许溪等7条水系安全生态建设工程完工。56个村庄集中式污水治理工程竣工，建成管网960千米；70个村庄分散式污水治理项目，有55处完工投入运行。投入717万元的日东湖水体治理项目全面完工，进入养护期。集美新城片区九天湖综合整治和杏林湾环湾截污工程竣工，杏林湾湿地一期工程有序推进。

【畜禽养殖治理】 河长制实施后，进一步整治畜禽养殖回潮现象。至6月30日，流域200米范围内家禽养殖清退工作完成，清退养殖场29个（灌口镇16个、后溪镇9个、杏滨街道3个、第二农场1个）、家禽14.60万羽；清退生猪养殖场41个，生猪2616头。制订防止养殖回潮举报奖励办法，接到举报件4起，清退生猪101头。

【河长制宣传】 区、镇（街）河长办公室成立后，制订《集美区河长制信息报送制度（试行）》，规范信息报送工作。利用报刊、广播、电视、网络、微信等各种传媒，广泛开展河长制宣传工作。设置河长公示牌82块，印发《关于改善镇（街）辖区内溪流污染的倡议书》1.5万份，发放村民心愿卡1000份。收集村民整治建议44条，发放满意度调查问卷100份。与团区委联合开展大学生志愿者暑期社会实践“河小禹”专项行动，成立“河小禹青年志愿护河队”，开展大学生志愿者护河工作。（陈靖 曾其五）

工业与建筑业

工 业

【概况】2017年，集美区有规模以上工业企业444家，实现规模以上工业总产值885.90亿元，比2016年增长12.76%；规模以上工业增加值226.02亿元，同比增长8.16%。年产值超亿元工业企业127家，实现工业总产值811.37亿元，同比增长13.08%，占全区规模以上工业总产值的86.34%；年产值超10亿元企业18家，实现工业总产值501.62亿元，同比增长16.66%，占全区规模以上工业总产值的53.37%。年度纳税亿元以上工业企业5家，纳税5000万元至1亿元工业企业9家，纳税1000万元至5000万元企业41家。

2017年集美区主营业务收入2000万元以上工业企业主要经济指标表(一)

表14

项目	企业个数	工业总产值	工业销售产值	资产总计	营业收入	年均从业人员	工业增加值
总计	444	8859018	8441950	9829669	8796345	135876	2260157
有限责任公司	87	1124606	1045541	1141261	1052986	17192	314099
股份有限公司	9	735353	683801	1644643	975111	6817	150110
私营企业	177	1324462	1253000	1082397	1239271	23213	320383
港澳台商投资企业	88	2115617	2026922	2457730	2078366	38163	633529
外商投资企业	83	3558980	3432686	3503638	3450611	50491	842036

2017年集美区主营业务收入2000万元以上工业企业主要经济指标表(二)

表15

项目	企业个数	工业总产值	工业销售产值	资产总计	营业收入	年均从业人员	工业增加值
总计	444	8859018	8441950	9829669	8796345	135876	2260157
农副食品加工业	6	144614	140503	49230	138123	509	20864
食品制造业	5	27803	26421	17410	26859	287	6859
酒、饮料和精制茶制造业	1	1646	1619	3208	2414	47	462
纺织业	23	592973	550561	553752	551912	7596	151176
纺织服装、服饰业	28	390642	312786	414453	320519	9077	157600
皮革、毛皮、羽毛及其制品和制鞋业	8	42380	39601	37350	42714	1824	13177
木材加工和木、竹、藤、棕、草制品业	1	2367	2367	2494	2284	65	631
家具制造业	11	81869	71415	85338	81406	1972	24113
造纸和纸制品业	8	75521	75305	52418	66328	907	17754
印刷和记录媒介复制业	8	46443	48564	79787	46808	1169	11151
文教、工美、体育和娱乐用品制造业	19	269266	267136	250788	266701	8957	89674
化学原料和化学制品制造业	13	127389	133655	115939	133631	1744	28995

续表 15

项　目	企业个数	工　业总产值	工业销售产值	资产总计	营业收入	年均从业人员	工　业增加值
医药制造业	1	10281	10281	15018	10232	130	3383
化学纤维制造业	2	11409	9683	11580	9167	197	2318
橡胶和塑料制品业	47	900856	914130	1244156	925053	15615	225858
非金属矿物制品业	8	117133	112947	104644	108540	1177	22317
黑色金属冶炼和压延加工业	5	48094	47119	29640	47275	233	10946
有色金属冶炼和压延加工业	8	579184	544489	580012	511204	5953	159334
金属制品业	54	883534	860509	863171	904942	12125	186697
通用设备制造业	26	258941	224720	301042	229135	3831	64510
专用设备制造业	32	590739	507466	1066376	729722	6748	153904
汽车制造业	28	1072980	1110192	1473415	1222091	13420	219972
铁路、船舶、航空航天和其他运输设备制造业	8	115761	119210	221007	121183	1604	25871
电气机械和器材制造业	42	842502	769934	622198	769210	12187	229458
计算机、通信和其他电子设备制造业	35	1289349	1230477	1384584	1222571	24184	373114
仪器仪表制造业	6	255467	231173	114075	223430	2580	36687
其他制造业	8	38461	38273	46340	37081	1377	9084
电力、热力生产和供应业	2	36556	36556	53840	31949	306	13627
燃气生产和供应业	1	4861	4859	36405	4861	55	625

2017 年集美区年主营业务收入 2000 万元以上工业企业产品产量表

表 16

名　称	计量单位	2017 年	2016 年	增长（%）
饲料	吨	70133.1	65580.78	6.9
鲜、冷藏肉	吨	22523.0	20707.00	8.8
精制茶	吨	740.0	760.00	−2.6
纱	吨	8050.0	13434.00	−40.1
布	万米	14103.0	12941.00	9.0
印染布	万米	2653.9	3773.54	−29.7
服装	万件	321.6	348.47	−7.7
纸制品	吨	20657.9	11869.32	74.0
硫酸（折 100%）	吨	139200.0	154950.00	−10.2
涂料	吨	4047.0	2233.00	81.2
橡胶轮胎外胎	条	16425529.0	15163313.00	8.3
塑料制品	吨	27722.0	24716.00	12.2
商品混凝土	立方米	469443.4	373375.57	25.7
钢结构	吨	3700.0	4943.00	−25.1
滚动轴承	万套	952.0	890.00	7.0

续表 16

名 称	计量单位	2017 年	2016 年	增长（%）
建筑工程用机械	台	8443.0	6054.00	39.5
模具	套	435.0	475.00	-8.4
医疗仪器设备及器械	台	275000.0	307777.00	-10.6
客车	辆	29809.0	30499.00	-2.3
改装汽车	辆	919.0	363.00	153.2
摩托车整车	辆	126893	109518.00	15.9
锂电子电池	只（自然只）	1868816	500971.00	273.0
原电池及原电池组（折R20标准只）	万只	47623.5	57685.76	-17.4
电光源	万只	4100.0	6530.00	-37.2
移动通信手持机（手机）	台	40215	25023	60.7
集成电路圆片	万片	19.5		191.0
电子元件	万只	710.0	849	-16.4
工业仪表	台（个）	88.8	87.47	1.5
眼镜成镜	副	5380293.0	6063315.00	-11.3

【推进企业转型升级】 2017 年，集美区继续以卓越创新中心为平台，深化与中国生产力中心（台湾）合作。举办 NeST 企业家二代研习班，课程以企业的传承与发展为主题，为 45 名来自台湾、集美两地企业二代提供学习交流平台，培养合格、优秀的“创二代”。首次开设企业中阶管理培训班（90 人），授课首次采用双向沟通、实例实做、团体讨论方式，以提升企业基层干部在实际工作中的管理技巧，为企业培育中坚干部。举办企业高阶管理培训班（38 人）和精益生产培训班（36 人），借助“中国生产力中心”（台湾）61 年顾问实务经验，传授企业管理系统和精益生产知识，为企业培育经营管理专家和生产管理专家。举办企业领袖培训班，课程围绕物联网时代转型关键、企业经营与创新管理、打造卓越的研发引擎、企业永续经营等内容，为辖区 30 名企业家在生产经营理念转变、模式转型和路径创新上提供指导和帮助。区经信局联合“中国生产力中心”（台湾）、区科技局为集美区第一届、第二届领袖班 55 名学员举办专利知识、创新系统、一带一路专题座谈交流会。组织领袖班学员到日本开展为期 7 天的标杆企业参访交流，学习借鉴日本标杆企业成功经验，探讨永续经营基石及转型创新做法。配合“中国生产力中心”（台湾）专家顾问，做好服务跟踪工作，有 9 家企业进行全面诊断，15 家企业进入深度辅导。

【扶持企业稳健发展】 2017 年，集美区多措并举，扶持企业稳健发展。整合原有增产增销、开拓市场、技术改造等相关政策，出台《集美区工业转型升级奖励办法》，汇集增产增销、开拓市场、技术改造、智能制造、增产用电、规下转规上和小微企业“专精特新”等奖励措施。重新修订出台《集美区实施标准化及品牌发展战略奖励办法》，增加行业标准制订奖励、提高市级品牌奖励标准、续评奖励等扶持措施。落实惠企政策，全年兑现企业扶持资金 5570.3 万元。其中，增产增销奖励 954.09 万元，出口信用保费补助 1492.90 万元，灾后重建流动资金贷款贴息补助 467.4 万元，成长型工业企业技改和厂房补助 993.67 万元，展位费补助 83.60 万元，房产税和土地使用税奖励 31.95 万元，两化融合贯标奖励 80 万元，两化融合项目补助 457.06 万元，转型升级辅导和诊断补助 268 万元，智能制造专项补助 32.41 万元，正新公司蒸汽补贴 709.22 万元。

【汽车制造业】 2017 年，全区汽车制造业企业 30 家，产值 137.66 亿元，比上年增长 4.71%。其中龙头企业厦门金龙联合汽车工业有限公司产值 94.38 亿元，占行业的 68.56%，同比增长 1.07%。金龙联合汽车公司主要生产客车，大中型客车国内市场占有率 5.5%，国内排名第五位。是年，金龙联合汽车工业公司出口市场销售旺盛，海外销售产品数量和金额（不含轻客）均位居行业第二位。销往沙特 771 台，销售额逾 4.8 亿元，同比增长 80%；销往菲律宾 240 辆，销售额逾 1.3 亿元；销往俄罗斯 174 台，销售额突破 1 亿元，同比增长 226%；销往玻利维亚轻客 3426 台，销售额 2.36 亿元。国内轻客销量和销售额逆市增长，全年销售 1.28 万

厦门 TDK 有限公司生产车间（王进法 摄）

台，同比增长 8.23%；销售额 9.84 亿元，同比增长 8.12%。龙威Ⅱ代纯电动 XMQ6127BY 和城市之光纯电动公交 XMQ6850G 获“2017 年度最佳新能源客车奖”；金龙客车新能源远程监控系统获“2017 年安全技术创新奖”“中国客车工业六十周年卓越贡献奖”“十大客车品牌”“十大新能源客车品牌”，获工业和信息化部授予的“国家级 2017 年服务型制造示范项目”“国家级 2017 年制造业与互联网融合发展试点示范项目”称号，并获奖金 100 万元；客车侧翻缓冲器及客车抗侧翻系统，获国家知识产权局颁发的“第十九届中国专利优秀奖”。在全国第 39 次质量管理小组代表会议上，金龙客车获“全国质量管理小组活动优秀企业”称号，“务实致远 QC 小组”获金奖和国优称号，“畅通 QC 小组”获第二届全国质量创新大赛一等奖。

【计算机、通信和其他电子设备制造业】2017 年，全区计算机、通信和其他电子设备制造业企业 27 家，产值 124.74 亿元，比 2016 年增长 10.13%。其中，厦门宏发电声股份有限公司产值 31.91 亿元，占行业总产值的 25.57%，同比增长 15.94%；厦门 TDK 有限公司产值 22.89 亿元，占行业总产值的 18.35%；厦门宏发电力电器有限公司产值 13.32 亿元，同比增长 5.2%。2017 年，厦门宏发电声股份有限公司被确定为福建省专利导航试点企业，获扶持资金 20 万元；继电器产品世界市场占有率 12.5%，其中智能电表继电器、家电继电器世界市场占有率第一名，成为国内最大、世界第二大继电器制造商，入围中国电子信息百强名单；获评全国单项冠军示范企业，实现厦门在全国制造业单项冠军企业名单中零的突破。

【纺织、服装、服饰业】2017 年，全区有纺织业、纺织服装、服饰业 50 家，产值 104.62 亿元，比 2016 年增长 19.95%。龙头企业世纪宝姿（厦门）实业有限公司产值 29 亿元，同比增长 13.18%，占行业总产值 27.72%，在全国拥有宝姿男装、女装等店铺 300 余家，是全国唯一一家被授权生产宝马系列服装、可以使用 BMW 商标的厂家。际诺思（厦门）轻工制品有限公司扩大高端寝具用品生产规模，完成年产值 24.14 亿元，同比增长 100%，占行业总产值的 23.07%。华懋（厦门）新材料科技股份有限公司是国内汽车安全气囊及整体安全系统行业的龙头企业，采用安全气囊袋智能化生产线，生产驾驶安全气囊、侧气囊、帘式气囊、膝部气囊、乘员气囊等不同产品，完成年产值 11.36 亿元，同比增长 13.92%。

【橡胶和塑料制品业】2017 年，全区有橡胶和塑料制品业企业 39 家，实现产值 104.56 亿元，比 2016 年下降 1.16%。厦门正新橡胶工业有限公司投资 7000 余万元，加大环保治理力度，努力生产绿色环保高附加值产品，实现年产值 53.64 亿元，占行业总产值的 51.3%，生产的摩托车、自行车轮胎国内市场占有率 15%，国内排名第一。厦门建霖健康家居股份有限公司为集美区第一家通过工信部认定的国家级工业设计中心，2017 年加强自主研发，实施 MES 项目建设，导入厨卫产品从智能成型到智能绿色表面处理到智能组装的 MES 制造执行系统，完成工业机器人等设备通过工厂网络接入 SCADA 数据采集系统及 MES 系统，提高劳动生产率，实现年产值 20.60 亿元，占行业的 19.70%。

【金属制品业】2017 年，全区有金属制品业 45 家，实现产值 90.09 亿元，比 2016 年增长 12.88%。龙头企业路达（厦门）工业有限公司建于 1990 年，为亚洲最大的卫浴五金专业制造商。近年，公司联合机器人行业巨头 ABB、思尔特，共建机器人及数控技术应用研发平台，着力技术创新，加速企业转型升级，变“制造”为“智造”，做行业工业化和信息化深度融合的先行者，加快发展智能制造步伐。在第十二届中华技能大奖获得者、全国技术能手及国家技能人才培育突出贡献奖单位表彰会上，获授“国家技能人才培育突出贡献奖单位”称号，是该届获奖单位中福建省唯一获此称号的单位。2017 年，实现产值 47.97 亿元，占总行业的 53.24%，同比增长 3.96%。

【企业、产品年度获奖】2017 年厦门制造业企业十强排行榜，集美区入围的企业 1 家：厦门正新橡胶工业有限公司（第 6 名）；2017 年厦门市 100 强企业排行榜，集美区入围的企业 8 家：厦门正新橡胶工业有限公司（第 17 名）、厦门 TDK 有限公司（第 19 名）、路达（厦门）工业有限公司（第 26 名）、NEC 东金电子（厦门）有限公司（第 29 名）、钛积光电（厦门）有限公司（第 67 名）、信华科技（厦门）有限公司（第 86 名）、厦门宏发电声股份有限公司（第 93 名）、厦门新凯复材科技有限公司（第 94 名）；2017 年，集美区获得两化融合管理体系评定证书的企业 22 家：厦门建霖工业有限公司、厦门姚明织带饰品有限公司、厦门日上集团股份有限公司、厦门新长诚钢构工程有限公司、圆兴（厦门）精密工具有限公司、厦门富全钢铁有限公司、厦门富钢工贸有限公司、厦门宏发电力电器有限公司、厦门利德宝电子科技股份有限公司、厦门水大卫浴洁具有限公司、厦门兴全龙机械有限公司、厦门新凯复材科技有限公司、厦门立林高压电气有限公司、厦门伊科电子有限公司、三达膜科技（厦门）有限公司、凯联高（厦门）科技有限公司、厦门美科安防科技有限公司、厦门求特新材料有限公司、伟裕（厦门）电子有限公司、立胜（厦门）塑胶管材有限公司、厦门路桥信息股份有限公司、厦门宇诠复材科技有限公司。

【智能制造企业名录】2017 年，国家发改委办公厅公布第二批再制造企业试点验收。三立（厦门）汽车配件有限公司通过验收，可继续标识国家发改委、工商总局发布的再制造产品标志，按照规定申请中央财政资金补助，享受国家支持再制造产品推广等相关政策。2017 年市级智能制造企业试点示范企业 13 家，其中集美区 2 家：厦门航天思尔特机器人系统股份公司（项目名称：机器人装备的智能生产试点示范）、厦门厦工中铁重型机械有限公司（项目名称：盾构机大规模个性化定制模式）。厦门建霖健康家居股份有限公司通过国家级工业设计中心认定，是集美区唯一一家获得工信部认定授牌的企业。

【成长型中小微企业名录】2017 年，集美区评选出厦门市 2017—2018 年度最具成长型中小微企业 11 家：厦门金龙汽车空调有限公司、中骏电气（厦门）有限公司、厦门宏远达电器有限公司、厦门市波生生物技术有限公司、奥新（厦门）轴承有限公司、厦门宏达洋伞工业有限公司、厦门蓝斯通信股份有限公司、厦门利德宝电子科技股份有限公司、厦门迈斯磁电有限公司、蓝保（厦门）水处理科技有限公司、厦门市科力电子有限公司；成长型中小微企业 26 家：厦门锐腾电子科技有限公司、厦门立林电气控制技术有限公司、厦门安妮企业有限公司、裕兴螺丝（厦门）工业有限公司、国际铝业（厦门）有限公司、厦门捷讯汽车零部件有限公司、厦门兴全龙机械有限公司、厦门栢科富翔彩印有限公司、石川岛中骏（厦门）建机有限公司、厦门华晔精密模具有限公司、厦门安妮股份有限公司、合锋卫浴（厦门）有限公司、厦门普利得汽车电子有限公司、厦门华锂能源股份有限公司、厦门天重钢结构有限公司、厦门立林高压电气有限公司、厦门富堡复合材料股份有限公司、厦门市杏林振利华工贸有限公司、厦门允扬服装饰品有限公司、厦门维达斯服饰有限公司、厦门市杏林意美包装有限公司、厦门马恒达汽车零部件有限公司、伟裕（厦门）电子有限公司、西恩威（厦门）金属实业有限公司、广鑫（厦门）钢绳索具有限公司、厦门辉煌机械有限公司。

【成长型工业企业名录】2017 年，集美区评选成长型工业企业 21 家，其中新入选企业 10 家：西恩威（厦门）金属实业有限公司、厦门洪海机械有限公司、厦门蓝斯通信股份有限公司、厦门永信隆塑胶包装有限公司、厦门通利彩印有限公司、合锋卫浴（厦门）有限公司、厦门市杏林意美包装有限公司、兴雪莱（厦门）体育用品有限公司、厦门市波生生物技术有限公司、厦门宇诠复材科技有限公司，蝉联企业 11 家：华懋（厦门）新材料科技股份有限公司、厦门建霖健康家居股份

立林科技有限公司对讲机生产车间（林志杰 摄）

公司、春保森拉天时硬质合金（厦门）有限公司、春保森拉天时精密钨钢制品（厦门）有限公司、厦门海莱照明有限公司、厦门新凯复材科技有限公司、际诺思（厦门）轻工制品有限公司、厦门三圈电池有限公司、朗美（厦门）健身器材有限公司、厦门厦杏摩托有限公司、厦门智欣建材有限公司、厦门民兴工业有限公司、客贝利（厦门）休闲用品有限公司、信华科技（厦门）有限公司、厦门宏达洋伞工业有限公司、厦门瑞新热电有限公司、厦门厦晖橡胶金属工业有限公司、厦门顺峰包装材料有限公司、林德气体（厦门）有限公司。（林秀龄）

厦门春保森拉天使有限公司钨钢烧结炉生产技术车间（王进法 摄）

有限公司、厦门立林科技有限公司、厦门金汇峰新型包装材料股份有限公司、厦门市科力电子有限公司、厦门宏发汽车电子有限公司、厦门广开电子有限公司、厦门迈斯磁电有限公司、厦门力巨自动化科技有限公司、厦门万新橡胶有限公司、厦门捷讯汽车零部件有限公司。

【厦门市重点工业企业名录】2017 年，集美区有厦门市重点工业企业 40 家：宝宸（厦门）光学科技有限公司、宸展光电（厦门）有限公司、厦门金龙联合汽车工业有限公司、厦门金龙汽车车身有限公司、厦门正新橡胶工业有限公司、厦门金鹭特种合金有限公司、厦门虹鹭钨钼工业有限公司、厦门宏发电声股份有限公司、厦门宏发开关设备有限公司、厦门宏发电力电器有限公司、厦门宏发汽车电子有限公司、厦门金越电器有限公司、路达（厦门）工业有限公司、厦门厦工机械股份有限公司、厦门厦工中铁重型机械有限公司、世纪宝姿服装（厦门）有限公司、厦门ＴＤＫ有限公司、厦门建霖工业有限公司、厦门英仕卫浴有限公司、厦门新长诚钢构浪板有限公司、厦门日上车轮集团股份有限公司、华懋（厦门）新材料科技股份有限公司、华懋（厦门）特种材料有限

建筑业

行业管理

【概况】2017 年 8 月，集美区出台《促进建筑业加快发展实施办法》，鼓励引导企业用好用足政策，提升企业资质，扩大营业范围，拉长产业链，提升企业核心竞争力。至年底，注册地在集美区的施工企业 93 家，其中施工总承包企业 40 家（一级 5 家、二级 9 家、三级及以下 26 家）、专业承包企业 12 家。全区建筑业企业建安产值 249.9 亿元，比 2016 年增长 50%，其中 10 家施工总承包特级及一级企业产值 219.9 亿元，占 88%。

2017 年集美区总承包和专业承包建筑业企业生产情况表

表 17

项 目	单 位	数 量	项 目	单 位	数 量
企业个数	个	52	房屋建筑竣工面积	平方米	1499267
建筑业总产值	万元	2517001	其中：住宅房屋	平方米	425945
房屋建筑施工面积	平方米	4692218	直接从事生产经营活动的平均人数	人	73958
其中本年新开工面积	平方米	1129790	其中：工程技术人员	人	7897

【建筑行政审批】2017 年，集美区建设行政主管部门承办街道建筑立面整治、夜景工程、绿化提升、老旧小区改造项目施工许可审批，以及区管工程的业绩核查、业绩补录、施工图审查备案、建筑工程施工许可证、工程竣工验收备案、墙改基金及工资保证金等行政审批工作。全年办理施工许可证 54 件，总建筑面积 200 万平方米，总造价 44 亿元。核发建设工程竣工备案证明书 43 份，竣工面积 219 万平方米，同比下降 14%；总造价 41.6 亿元。办理退工资保证金 44 件，合计 1093 万元。办理返还新型墙体材料专项基金初审审批 44 件，合计 1469 万元。整顿非法混凝土搅拌站，发放整改通知书 6 份。

【优化审批服务】2017 年，集美区建设行政主管部门贯彻落实“放管服”改革精神，按照区政府《关于印发全面提升行政服务效能不断增强群众获得感实施方案的通知》要求，压缩审批环节，将办理过程统一设置为受理、审查、决定三个环节，提速提效、优化服务，做好权责清单、前置审批、中介服务的动态管理工作，提升群众获得感。10 月起，“物业服务合同备案”“机动车停车场经营备案”改为全程网办事项，11—12 月办结项目 14 个，实现“一趟不用跑”。至年底，进驻窗口的 21 个项目均为福建省网上办事大厅“三星级”以上项目，其中“四星级”项目 14 个、“五星级”项目 1 个，四星级及以上项目占 71%；“一趟不用跑”3 项，“最多跑一趟”14 项，共占 81%，超过 80% 的指标要求。同时，继续开展减证便民服务，在原基础上新取消证明材料 4 个；推进电子证照服务，编制建设系统信用信息目录；实行快递服务，有 13 个项目开通申请材料快递收取服务，16 个项目开通办理结果快递送达服务，减少群众跑腿次数。

【招标投标管理】2017 年，集美区建设行政主管部门按照“放管服”改革要求，推进招投标监管和改革。4 月，执行住房和城乡建设部关于取消城市园林绿化企业资质的要求，在园林绿化工程招投标工作中，取消资质等级要求，并创新城市园林绿化市场管理方式，探索建立园林绿化企业信用评价、守信激励、失信惩戒等管理制度，将建筑施工企业和工程监理企业信用综合评价分值应用于施工招标投标活动，并加强事中事后监管，维护市场公平竞争秩序。同时，深化建设工程电子招投标的应用，创新招标交易机制，降低制度性交易成本，提高资源配置效率。12 月 10 日起，房屋建筑和市政基础设施工程建设项目申请领取施工许可证，建设单位通过省公共资源交易电子行政监督平台的工程建设项目报建系统即可。全年共办理进场招投标中标备案项目 197 项，其中公开招标 138 项、区内公开招标 18 项、邀请招标 41 项；预算总价 8.72 亿元，招标控制价 8.02 亿元，中标总价为 7.72 亿元，降低造价 1 亿元，降低造价率 11%，中标工期比定额工期缩短 10%。

【质量监督审批】2017 年，集美区建设行政主管部门受理建设工程质量监督申报项目 56 个、单位工程 128 个，外立面景观提升项目 23 个，夜景景观提升项目 7 个，绿化景观提升项目 41 个，老旧小区改造项目 3 个，住宅加装电梯 24 台，工程总造价 52.99 亿元，建筑面积 159.27 万平方米，受理开工备案 154 份；受理建筑起重机械使用登记备案 153 份，其中施工电梯备案 87 份、塔吊备案 66 份。竣工项目 55 个、单位工程 102 个，竣工面积 128.71 万平方米，工程造价 24.28 亿元，出具监督报告 55 份。

【行政处罚管理】2017 年，集美区建设行政主管部门运用信用激励和约束手段，加大对诚信主体激励和对严重失信主体惩戒力度，促进建筑市场主体依法诚信经营，维护市场正常秩序。行政处罚工程施工中违法违规行为 4 起，处罚金额 11.5 万元；约谈施工单位 53 家，记入不良行为记录 32 次，其中 P5 档次 3 次、P6 档次 29 次，记入良好行为 93 次。建设工程质量安全动态管理，累计对 204 人次项目经理违规行为计分 3362.55 分，204 人次总监理工程师违规行为计分 1930.95 分，发出安全隐患整改通知单 225 份，工程质量问题责令整改通知单 318 份，其中局部停工整改 3 份、限期整改 540 份。（张永桥）

施工管理

【概况】2017 年，集美区建设主管部门突出重点工程、重要部位，开展建筑工地工人实名制、除“四害”、地质灾害等专项整治和安全生产大检查、消防大检查，落实企业安全生产主体责任，防范和遏制建筑领域安全事故。全区区管建筑工程质量情况处于受控状态，未发生一般及以上安全生产责任事故。

【施工工地安全检查】2017 年，集美区建设主管部门围绕全区重点项目建设，对城市景观提升立面工程、夜景工程、绿化工程进行排查整治。全年受理监督立面整治项目 23 个，发现问题 201 个，发出整改通知单 60 份，责令改正（局部停工）通知单 1 份，不良行为预告书 5 份；受理监督绿化提升项目 45 个，发现问题 189 个，发出整改通知单 45 份；受理监督夜景提升项目 5 个，发现问题 28 个，发出整改通知单 11 份，确保城市景观提升项目安全生产和文明施工。制订建筑工地消防检查实施方案，对 41 个区管在建工程的消防安全管理人员履职、消防设施配备、临时活动用房阻燃等级、特种作业人员持证上岗等情况进行消防检查。全年区管工程未发生火灾事故。

【工地食堂安全抽检】2017年，集美区建设主管部门制订《工地食堂食品安全隐患大抽检大排查大整治严打击专项行动方案》。6—7月，巡查工地食堂23个，其中房屋建筑工地食堂21个、市政道路工地食堂2个。发现个别建筑工地食堂食品安全管理不规范、无食品安全管理制度、未办理卫生许可证及炊事员健康证等问题，印发整改通知书，要求立即整改，及时消除隐患。7月28日至8月30日，开展两个“一次”、三个“一批”的工地食堂安全隐患整治专项行动。采用企业自查、重点检查、暗查暗访、投诉举报、社会监督等方式，对工地食堂食品安全隐患进行全面排查。建设行政主管部门抽检工地食堂112个次，占全区建筑工地食堂总数的70%。对隐患风险进行分析研判，梳理出一批食品安全风险隐患问题，制订整改方案，列出清单，明确责任，落实整改措施。约谈违规工地食堂的开办者，明确整改期限，落实整改措施。

【地质灾害专项检查】2017年，集美区建设主管部门安排全体监督员，对区管工程厦门2013JP03地块（永同昌广场）基坑支护与土方工程、水晶湖郡C区南组团商业地块等8个基坑工程、2个临山工程进行巡查。区管各在建工程密切配合，建设（代建）单位组织施工、监理单位进行全面自查自纠，对深基坑、高边坡、脚手架、建筑起重机械、临时用电等重大危险源，以及正在施工的地下室支护结构、临时工棚、简易宿舍、围墙（围挡）等重点部位安全隐患逐一排查。对个别工程基坑支护喷锚不及时、个别项目现场监测资料时效性差等问题及时整改，区管工程预防地质灾害隐患安全处于受控状态。

【渣土运输整治行动】2017年，区建设主管部门共组织1205组3373人次，检查在建项目1205个（次），发出责令改正通知单354份，发现问题821项，全部整改完毕。对其中存在问题较大的39个项目的82家责任主体单位进行约谈，并将其中存在污染的13个项目的25家责任主体单位记入不良行为档案，另有1个项目的3家责任主体单位由市建设局记入不良行为档案。

【双随机检查】2017年，集美区建设主管部门采用“双随机”办法，开展质量安全文明施工监督执法检查，共检查工地151个次，检查塔吊92台、施工电梯69台，委托第三方检测单位抽检塔吊15台、电梯9台；现场抽检钢筋原材105组、机械接头11组、电渣压力焊接头13组、砂11组，现场对29个项目的混凝土构件进行回弹检验。发现安全隐患984条，发出安全隐患整改通知书155份、责令改正通知单3份。对3个混凝土构件回弹强度值达不到设计要求的，要求其委托有资质的检测单位进行取芯送检。对141名总监理工程师、141名项目经理予以动态管理记分处理，总监理工程师记1372.35分，项目经理记2507.53分；给予141家施工单位记2260.65分、141家监理单位记1284.6分；约谈单位73家，给予3家责任主体单位记入不良行为记录P5档次，20家责任主体单位记入不良行为记录P6档次。各项目部均按照相关规范要求对隐患问题进行整改，整改率100%。

【质量监督检测】2017年，集美区建设行政主管部门落实“安全第一、预防为主、综合治理”方针，加大施工现场质量安全监管力度，督促建设各方主体质量安全责任落实到位。对施工中违法违规行为实施行政处罚6起，约谈单位110家次，记入不良行为记录41次；给予292人次项目经理和289人次总监理工程师违规行为计分，共计7059.09分；发出安全隐患整改通知单253份，工程质量问题责令整改通知单315份。加强工程实体质量监督抽检，对建筑原材料钢筋、水泥和预拌砼试块进行监督抽检，新建建筑工程均通过节能审查及节能验收，节能标准执行率100%；新开工保障房受监工程覆盖率100%。

【安全生产大检查】2017年6月起，集美区建设行政主管部门开展全区安全生产大检查。检查区管在建工程项目110个，参加监督巡查677人次。抽查参建各方责任主体质量安全行为、工程实体质量与安全、文明施工状况、扬尘污染控制措施、消防安全、防汛备汛等，督促各责任主体执行工程建设法律、法规和强制性标准。共检查塔吊69台、施工电梯55台，发现安全隐患691条，发出安全隐患整改通知书131份、责令改正通知单1份。给予106名（次）项目经理动态监管记分1909.32分，20名（次）总监理工程师动态监管记分1037.45分，20家（次）施工单位动态监管记分1674.7分，20家（次）监理单位动态监管记分941.89分，1家相关责任主体单位记入不良行为记录P5档次，7家相关责任主体单位记入不良行为记录P6档次。各项目部均按照相关规范要求对隐患问题进行整改，整改率100%。

【工地扬尘污染治理】2017年，集美区建设行政主管部门加强建设工地扬尘治理，抑制建设工程扬尘污染。各项目按照《厦门市建设工程施工现场围挡图集》要求，做好工地围挡。区管91个在建基础、主体、装饰装修工程，共配置喷雾水炮236台、围挡喷雾系统91道，231个单位工程设置外架喷淋系统533道。区管施工现场做到工地围挡、工地砂土覆盖、工地路面硬化、出工地车辆车轮冲洗和暂未施工及停工超过3个月以上工地绿化或覆盖5个100%。工地大门设置洗车台、冲洗设备、三级沉淀池和排水设施，对出工地车辆进行冲洗，确保净车上路，土方车辆均做到平斗密闭运输。厦门

IOI 棕榈城建设工地使用雾炮车降低扬尘污染（蒋少杰 摄）

恒大帝景项目首期（二标段）主体及配套建设工程、IOI 棕榈城（2012JP01）D1 地块基坑支护及桩基工程、内林社区琦珏商业中心及外口公寓（集体发展项目 A 标段），受到《厦门晚报》“厦门市城市综合管理考评台”通报表扬。厦视直播室对 IOI 棕榈城（2012JP01）D1 地块基坑支护及桩基工程扬尘防尘工作进行报道。厦门直播室“今日视区”栏目、《集美报》《厦门日报》、厦视新闻等媒体亦对集美区工地扬尘污染控制工作进行报道。（张永桥）

质量安全教育

【安全生产月活动】2017 年 6 月，集美区建设行政主管部门及各建筑企业围绕“全面落实企业安全生产主体责任”主题开展形式多样的“安全生产月”活动。6 月 17 日，举办施工用电安全管理、“莫兰蒂”台风起重设备受损情况分析讲座暨施工用电样板观摩会，全区在建工地 200 余名项目负责人、安全员、机管员、电工、监理到场听讲。6 月 22 日，在厦门嘉庚剧院演艺厅举办质量安全“双随机”检查要点及现阶段安全生产形势分析讲座，全区在建工地约 200 名在建项目现场负责人、现场安全员、安全监理员、安全资料员到场听讲。6 月 25 日，以“普及传播安全理念和安全知识”为主题，在内林小学举办“卓毅杯”安全生产知识竞赛。6 月 28 日，在杏林街道内林社区琦珏商业中心及外口公寓（集体发展项目）I 标段举办质量安全文明施工标准化观摩会，学习五个“100%”等先进管理经验。

【质量月活动】2017 年 9 月，集美区建设系统开展以“大力提升质量，建设质量强市”为主题的“质量月”系列活动。9 月 15 日，市建设局、市质量技术监督局、市人力资源和社会保障局、市总工会主办，市建筑行业协会承办的厦门市第二十三届职工技术比赛“闽南建筑杯”工程测量员岗位技能竞赛在区管 IOI 棕榈城工地举行，共有 48 支企业代表队参与现场角逐，产生优胜队伍 18 支。9 月 23 日，“鹏诚力天杯”电气控制箱电路故障排查技能竞赛在区管宁宝公园配套项目工地举行，来自辖区内 24 家监理单位、建筑施工企业的 72 名电工参赛。9 月 26 日，住宅工程质量常见问题防治技术讲座在杏林台商投资区服务中心举办，受邀质量管理专家围绕“厦门市住宅工程质量常见问题防治若干技术措施”，通过案例图片分析建筑工程常见问题存在的原因，讲解规范要求和正确做法，辖区内施工企业、区管在建工程 150 余人参加听讲。9 月 28 日，“飞阳卓毅杯”砌筑工岗位技能竞赛在区管琦珏商业中心项目工地举行，来自辖区 22 家建筑施工企业的 44 名砌筑工参赛，同时组织区管在建工程各泥水班组观摩学习。9 月 30 日，集美区质量安全文明施工现场观摩会、第三季度质量安全形势分析会及国庆中秋“十九大”期间安全生产工作部署会在国贸天悦 J2014P01 地块五号地块举办，来自区属企业、辖区在建工地的 300 余名代表参加会议。通过现场观摩，交流建筑工程质量通病防治、施工现场扬尘防治和安全文明施工的经验和做法。

【国家宪法日宣传活动】2017 年 11 月 29 日，由区建设局主办，区建设工程质量安全监督站、厦门市吉兴集团建设有限公司承办，厦门裕欣保险经纪有限公司协办的“加强建筑施工主要重大危险源管控”宣贯培训会及“国家宪法日”宣传活动在杏林湾大酒店会议厅举行。来自全区 54 个在建项目、15 家无在建项目的区属企业 296 人参加活动。（张永桥）

商贸服务与旅游业

商贸服务业

综　述

【概况】2017年，集美区国内贸易流通快速增长，社会消费稳中向好。全区完成批发零售贸易业销售总额333.05亿元，比上年增长18.1%，增幅居全市第四位。其中，限额以上商品销售企业销售额224.81亿元，同比增长23.53%；住宿餐饮业营业额27.33亿元，同比增长10%，增幅居全市第二位；社会消费品零售总额129.39亿元，同比增长13.2%，增幅居全市第三位。

【商圈布局】2017年，集美区随着“一心四片”加速融合，城市配套日趋完善，商业发展提速，新兴商圈壮大，传统商圈亦抓住改造建设的机遇提高商业规模化、信息化水平。集美新城片区，味友、真百味、节奏者、悦鼎会、三里汇、华谊兄弟等品牌入驻，商业配套已涵盖餐饮、娱乐休闲、银行等方面，品牌规模逐渐形成，诚毅书城、大明广场、地下商业街、科技馆西侧等商业空间招商亦在策划中；后溪片区，厦门北站圣果院商业中心加快改造升级，王府井奥莱生活广场雏形初现，尚柏奥特莱斯正式落地，成为厦门市首个大型名品折扣购物商场；集美片区，嘉庚体育馆周边国贸美岁天地整体开业，引入大润发、大地影院等品牌和业态，正在成为集美商圈新的商业聚集地；杏林片区，万科里、欣荣泰等中小型购物中心日臻成熟，凤凰花城综合体建成招商。

【总部经济】2017年，杏林湾商务营运中心、厦门北站商务营运中心、创业创新大厦等总部经济集聚区建设与招商工作稳步推进，三大总部经济集聚区逐步形成。至年底，奥佳华、北大青鸟、东娱传媒、好慷在家、惠龙集团、凤竹集团、IOI置业、中交天航局等利税企业相继进驻办公，累计吸引企业600余家、逾万名员工入驻。其中，杏林湾商务营运中心入驻企业490家，纳税3.3亿元；厦门北站商务营运中心入驻企业106家，纳税1700万元；创业创新大厦入驻企业88家，纳税逾6000万元，三大总部经济集聚区创税逾4亿元。

【新兴服务业】2017年，集美区推进重点电子商务载体建设，以杏林湾商务营运中心、北站商务营运中心、软件园三期、集美物流园电商基地为依托，引进电子商务企业，引导电商产业集聚发展。着力发展电商龙头企业，东东东、一品威客、咪咕动漫等电商平台企业发展迅速，全年实现营业额61亿元。全区纳入统计的电子商务应用企业52家，电子商务销售金额36.96亿元，同比增长6.79%；实现营业收入101.13亿元，同比增长10.32%。推动互联网和零售业、生活服务业融合，好慷家政实现营收4.2亿元，成为全国家政领军企业。同时，抓住服务外包发展引擎，开发检验检测、工业研发设计、软件开发等相关服务外包领域。全区纳入统计的服务外包企业服务外包执行额4565.4万美元，同比增长497.18%；离岸执行额349.98万美元，同比增长18.51%。

【现代物流业】2017年，集美区继续依托集美物流园、厦门北站片区和前场铁路大型货场，推进物流服务载体和项目建设，重点发展冷链物流、汽车物流、电商物流。其中，冷链物流初具规模，有冷库容积14万立方米，

集美新城杏林湾商务营运中心全景（王坚峰 8月3日摄）

可存放冷冻食物9.8万吨；汽车物流年营收31.73亿元。集美物流园一期水电路等基础设施配套逐步完善，中马（普洛斯）、典泰新兴、电商谷、海翼工业物流中心、嘉晟供应链等项目建设顺利，园区已有跨越、百世、优速等30多家物流企业入驻。厦门汽车物流中心、海西汽车城等项目共有18家汽车4S店入驻，15家4S店开业运营，销售捷豹、路虎等以上汽车品牌17个。

2017年集美区限额以上批发和零售法人企业情况表

表18

指标名称	法人企业数（个）	年末从业人员数（人）	商品购进额（万元）	商品销售额（万元）	年末商品库存额（万元）	年末零售营业面积（平方米）
合计	199	7372	2252654	2488885	185723	203516
一、批发业	151	3884	1786078	1963856	127673	13295
农林牧产品批发	12	136	126921	131641	15742	60
食品、饮料及烟草制品批发	4	234	52832	55287	4929	1700
纺织、服装及家庭用品批发	30	648	198200	245434	10824	3100
文化、体育用品及器材批发	5	153	30664	36635	1464	—
医药及医疗器材批发	3	190	27862	29326	4703	—
矿产品、建材及化工产品批发	54	785	574540	609768	35763	3050
机械设备、五金交电及电子产品批发	41	1693	765945	846945	53082	5385
其他批发业	2	45	9075	8820	1167	
二、零售业	48	3488	466576	525029	58050	190221
综合零售	4	161	7583	9495	3133	10119
食品、饮料及烟草制品专门零售	1	165	1528	4186	143	11145
纺织、服装及日用品专门零售	2	1107	54029	88490	19765	78034
医药及医疗器材专门零售	3	356	11111	14875	1204	7610
汽车、摩托车、燃料及零部件专门零售	26	1335	367419	379344	28496	79457
家用电器及电子产品专门零售	2	102	5394	5707	1285	240
五金、家具及室内装修材料专门零售	4	121	12253	13430	1710	3175
货摊、无店铺及其他零售业	6	141	7259	9503	2315	450

2017年集美区重点批发零售企业主营业务收入情况表

表19　　单位：亿元

企业名称	主营业务收入	企业名称	主营业务收入
住重中骏（厦门）建机有限公司	20.93	厦门森那美信昌机器工程有限公司	8.55
厦门厦工国际贸易有限公司	14.72	永兴东润（中国）服饰有限公司	8.51
厦门信息集团商贸有限公司	11.76	厦门建发凯迪汽车有限公司	6.26
厦门闽亿源工贸有限公司	9.60	厦门顶斌实业有限公司	5.77

【零售业态】2017年，集美区零售业态逐渐丰富。以集美万达广场、国贸·美岁天地等为代表的大型购物中心，以新华都购物广场、祥发百货等为代表的中型百货商店，以杏林万科里为代表的社区型购物中心，以永辉超市、大润发等为代表的大型综合超市，以闽篮超市、世纪华联、夏商民兴超市等为代表的中型超市、生鲜超市，以见福、美宜佳、悦士等为代表的便利店，以及各类专业店、专卖店等，业态优势互补、互为特色的商贸流通格局逐步成熟。是年，国

贸商城美岁天地正式运营，大润发、大地影院、宝乐迪等多品牌商家入驻，带动嘉庚体育馆商圈发展。IOI棕榈城、中交·和美新城、龙湖春江郦城等综合体建设进展顺利。全市首个奥特莱斯——尚柏奥特莱斯落户集美，将与周边的王府井购物中心形成新的商圈，带动北站片区的商业繁荣。

【“菜篮子”销售网点全覆盖】2017年，集美区重视“菜篮子”工程建设和保障市场供应工作。全区蔬菜种植面积1060.73公顷，实现产量16672吨。推进农副产品销售网点建设，全区有新建在建项目19处，交付生鲜商品空间12处，开设生鲜超市7家，城区共有生鲜超市20家，基本实现“菜篮子”销售网点全覆盖。推进农贸市场建设标准化、管理信息化、环境整洁化、服务优质化，启动农贸市场改造提升建设，杏林宁宝市场、灌口市场改造工程竣工。

【优化商贸发展环境】2017年，集美区通过兑现扶持政策、加强商贸企业安全生产基础建设，打击假冒伪劣侵权违法行为，优化商贸发展环境，支持企业做大做强，促进商贸业持续健康发展。是年，根据集美区鼓励商贸业发展扶持办法，奖励商贸企业711.25万元、住宿餐饮企业15.55万元，发放商贸物流企业灾后补助443.42万元。全年出动检查督查人员300余人次，督查商贸企业130家次，建立商贸企业安全生产联系机制，发放各类宣传材料4万余册，发送各类安全生产信息90余条，整改一般隐患40多处。全区各行政执法部门累计出动执法人员6913人次，检查生产经营单位4478家次，查处各类涉烟违法案件167起，查获各类违法卷烟99.76大箱；立案查处侵犯知识产权和制售假冒伪劣商品案件30起，破获部督国际网络案件2起，捣毁假烟贮存、运输销售窝点4个，查获假烟及其他涉假案金额527.95万元；查处发票违章企业26户，涉及票面金额1604.23万元。

【酒类行业管理】2017年，集美区坚持日常监管与集中整治相结合，依法依规开展酒类流通行业监督管理。推广应用厦门市酒类商品监管服务平台和酒类流通电子追溯单，探索构建酒类溯源管理体系和诚信体系，规范酒类经营行为。实行酒类流通“双随机”抽查制度，规范酒类流通秩序。开展关爱未成年人健康专项检查活动，重点督促中小学校周边酒类经营单位在显著位置设置“请勿向未成年人售酒”标识。全年共发放各类宣传资料520余份，出动执法人员483人次，检查酒类经营单位246家次。（戴燕婷）

【住宿餐饮业】2017年，集美区新增住宿餐饮单位55家、客房2323间、床位2970张。至年底，全区有住宿餐饮经营单位157家、客房9928间、床位1.46万张。157家单位中，星级饭店7家，客房1270间，床位2099张；商务150家，客房8658间，床位数1.25万张。住宿单位共接待277.3万人次。

2017年集美区限额以上住宿餐饮法人企业经营情况表

表20

指标名称	法人企业个数	年末从业人员数	营业额（万元）	客房数（间）	床位数（个）	餐位数（位）	年末餐饮营业面积（平方米）
总计	32	4457	80101	3456	5427	40135	105316
一、住宿业	17	1930	41911	3284	5162	5698	42934
1. 按住宿行业分							
旅游饭店	10	1717	38242	2481	3920	4452	31542
一般旅馆	6	185	3225	682	1110	1246	11392
其他住宿业	1	28	443	121	132	—	—
2. 按登记注册类型分							
内资企业	17	1930	41911	3284	5162	5698	42934
国有企业	3	534	13042	788	1257	2000	10548
有限责任公司	5	452	8457	667	977	2260	18224
私营企业	9	944	20412	1829	2928	1438	14162
3. 按控股情况分							
国有控股	4	587	13511	876	1414	2800	20548
私人控股	12	1320	28078	2327	3636	2798	22086

续表 20

指标名称	法人企业个数	年末从业人员数	营业额（万元）	客房数（间）	床位数（个）	餐位数（位）	年末餐饮营业面积（平方米）
其他	1	23	321	81	112	100	300
4. 按经营形式分							
独立门店	11	1347	28304	2233	3612	4990	38688
连锁门店	4	96	2363	528	830	146	392
其他	2	487	11243	523	720	562	3854
5. 按单位规模分							
大型	2	884	22113	1043	1574	1562	12402
中型	3	577	12153	791	1279	1990	11840
小型	12	469	7644	1450	2309	2146	18692
6. 按星级分							
五星	1	459	10801	402	588	562	3854
四星	2	140	3558	397	621	270	1966
三星	3	179	2485	244	400	1500	11000
其他	11	1152	25067	2241	3553	3366	26114
二、餐饮业	15	2527	38190	172	265	34437	62382
1. 按餐饮行业小类分							
正餐服务	13	2042	31455	172	265	32944	60182
快餐服务	2	485	6735	—	—	1493	2200
2. 按登记注册类型分							
内资企业	15	2527	38190	172	265	34437	62382
国有企业	1	400	6256	—	—	12660	9900
有限责任公司	6	1025	16887	—	—	8733	18800
私营企业	8	1102	15048	—	—	13044	33682
3. 按控股情况分							
国有控股	2	442	7368	—	—	16560	19900
私人控股	12	1709	27189	—	—	16544	40482
港澳台商控股	1	376	3633	—	—	1333	2000
4. 按经营形式分							
独立门店	8	1062	16314	172	265	6334	26454
连锁直营店	1	293	5744	—	—	750	1300
连锁加盟店	1	109	3102	—	—	160	200
其他	5	1063	13032	—	—	27193	34428
5. 按单位规模分							
中型	7	1848	30069	64	113	18603	25044
小型	8	679	8121	108	152	15834	37338

2017年集美区星级酒店接待情况表

表21

酒 店 名 称	星 级	客房数	床位数	接待情况（人天数）
合计	—	1270	2099	438876
厦门北海湾万达嘉华酒店	五星	402	623	145482
厦门日东花园酒店	四星	212	340	77618
明珠海湾大酒店	四星	319	514	115340
厦门山水宾馆	三星	132	245	30947
杏花村酒店	三星	87	131	20861
华舒酒店	三星	68	98	19428
集美大学国际学术交流中心	三星	80	148	29200

（吴悦）

粮食购销

【概况】2017年，集美区粮油市场继续保持购进和销售良好态势。粮食企业购进粮食29万吨（原粮，下同），其中从省外购进20.5万吨；支出粮食29万吨，其中销售口粮18.6万吨、工业用粮1.2万吨、饲料用粮5.8万吨；期末社会库存粮食3.4万吨。食用植物油经营企业购进食用油9896吨，销售9785吨，期末社会库存食用油111吨。粮食、食用油市场价格基本保持平稳。

【粮食产销协作与交流】2017年6月18日，厦门市粮食局第二分局组织金香穗米业公司等3家粮食企业，参加在福州海峡国际会展中心举行的第十三届粮食产销协作福建洽谈会、第十六届省内产销区粮食购销协作洽谈会和粮油产品及设备技术展、第十五届中国海峡粮油项目成果交易会。签订粮食购销合同，协议购粮12.1万吨，其中国有储备粮公司购进1.1万吨，用于国有粮库储备粮轮换。

【储备粮管理】2017年，集美储备粮有限公司坚持绿色储粮和节能减排理念，不断提升储备粮管理水平。坚持季度储备粮库存检查制度和月度应急成品粮库存检查制度，按照“有仓必到”“有粮必查”的要求，进行日常检查、抽查和上级粮食部门组织的春秋两季的粮食仓库检查，辖区储备粮实物（含应急成品粮）库存账账相符、账实相符，质量符合国家粮食质量标准中等以上质量要求，辖区粮食安全得到保障。

【粮食质量安全监管】2017年，粮食二分局对辖区粮企下达最高、最低库存量指标，配合市粮食局、市粮油质监站，开展辖区季度粮食质量检查考评工作，协助抽检各类粮油7批次、样品25份，受检样品合格率100%。区市场监督管理局利用“双随机一公开”系统，对全区食品生产、餐饮、流通环节的食品经营企业实行监督检查，防止不符合食品安全标准的粮食流入口粮市场或用于食品生产。加强对餐饮单位采购粮食单据的检查，防止掺杂使假、以次充好的粮食流入市场。金香穗米业公司继续保持国家粮食行业协会授予的“全国放心粮油示范企业”称号、国家粮食局和教育部授予的“全国爱粮节粮教育社会实践活动基地”称号。

【粮食应急体系建设】2017年，集美区制订《粮食应急预案》和《粮食质量安全事故（事件）应急处置预案》，成立区粮食应急工作指挥部和粮食质量安全事故应急处置领导小组，组织参加市粮食应急演练和粮食质量安全应急演练。粮食二分局依据《厦门市粮食应急体系建设专项资金管理暂行办法》《厦门市引粮入厦奖励实施方案》的精神，组织辖区粮食企业申报厦门市粮食应急体系建设专项资金，补助引粮入厦企业3家，投资补助企业4家。复核确认粮食应急体系重点企业17家，新确认粮食应急体系重点企业9家，共有应急体系重点企业26家。

【粮食安全宣传】2017年6月和10月，粮食二分局在辖区组织两场粮食安全宣传活动。6月，结合安全生产月，举行爱粮节粮及“放心粮油进社区”活动，现场发放爱粮节粮宣传手册500册。10月，举行纪念第37个“世界粮食日”及放心粮油进社区活动，利用LED大显示屏滚动播放《粮足民安》宣传片，组织10多家粮油企业现场销售名优粮油产品，邀请市粮油质监站专家到现场为市民提供粮油质量咨询，为市民服务。（余智毅）

烟草专卖

【概况】2017年，集美区烟草专卖局（分公司）按照“1545”工作思路，坚持需求驱动，把握问题导向，落实“五保”和“五线并进”卷烟经营指导思想，圆满完成全年工作任务。全年累计销售卷烟5.46万箱，比上年增长3.41%；税利5亿元，同比增长9.65%；查处各类违法案件166起，破获部督国标网络案件2个，查获违法卷烟86.94箱、烟丝1.9吨，拘留涉案嫌疑人7人，逮捕7人，判刑58人。是年，区烟草专卖局（分公司）获评2015—2016年度集美区综治和平安建设工作先进集体。

【卷烟营销】 2017年，区专卖局（分公司）发挥主观能动性，实现卷烟销量稳中向好、卷烟结构持续提升、重点品牌稳健发展。在提升销量方面，抓住厦门会晤的市场需求，在重点区域开展“迎金砖、靓终端”主题活动，刺激消费增长；抓住新兴商圈的市场需求，开展“微支付”和“蓝钻”扫码抽奖活动，释放消费潜力；抓住建设工地的市场需求，开展驻店助销活动，注重消费引导；抓住新品卷烟的市场需求，加强推介指导，实现销量快速增长。在提升结构方面，依托最小市场单元网格化管理，根据类别、区位、环境等因素，对零售客户进行筛选归类，对有共同特征的客户群实行品牌定向培育，开展“莲塘两岸情、地道厦门味”等“五大营销”活动25场，实现一类、二类烟销量环比增长20%以上。在终端建设方面，重视优质终端的示范引领作用，全年累计投入终端建设经费30万元，改造店堂形象41户，打造明星街区12个，建立价格自律小组219个，引导零售客户自我管理、自我监督，共同维护市场价格稳定。

【市场监管】 2017年，区专卖局（分公司）围绕打假防控、护航厦门会晤、大户整治等重点工作，努力提升专卖市场监管水平。筑牢打假防控体系，继续强化政府主导、联防联控工作机制，建立卷烟打假微信专属号，落实责任防区排查工作责任制，连续26个月保持辖区内卷烟制假零发案；与公安、邮政、物流协会等部门协作，加强对物流寄递企业的监管检查，引导物流业主自律经营，举报涉烟违法线索；运用中国移动短信平台，向居民发送打假宣传短信300万条；依托凤安、马銮边防派出所进村入户排查，发放打假传单5000余张；与区政协、区市场监督管理局等职能部门联合，开展“迎金砖、促和谐”普法宣传活动5场。突出市场监管重点，开展重点户的摸查和整治，筛选确定监管大户78户，开展集中检查485户次，行政约谈58户，行政警示25户，签订规范经营承诺书48份，依职权取消经营资格1户，引导注销4户，打击大户的违法违规行为；出台以随机抽查监管为重点的日常监管办法，加大对行政处罚、黑名单等负面信息的披露力度；运用专卖“三合一”系统，开展“双随机一公开”监管工作，实现卷烟市场行为的实时、动态监管，促进网下巡查和网上监管的有机统一。（李佳玮）

对外和港澳台贸易

【概况】 2017年，集美区进出口贸易稳步向好，全年进出口总额423.95亿元，比2016年增长12.9%，增幅居全市第三位。其中，出口总额351.26亿元，同比增长11.1%，高于全市水平5.9个百分点；进口总额72.69亿元，同比增长22.5%，增幅分别居全市第三位和第四位。从贸易结构看，一般贸易出口总额221.77亿元，同比增长21.1%，占全区出口总额的63.13%；加工贸易出口总额129.48亿元，同比下降2.8%，占全区出口总额的36.85%。从出口市场看，美国仍然为集美区主要出口市场，出口贸易额141.55亿元，同比增长16.1%，占全区出口总额的40.28%；其次为日本、德国，加上销往中国的香港、台湾地区，总额均在10亿元以上，除销往香港的总额下降外，其余地区均较上年有所增长；从商品品类看，出口额前三位的为水龙头、阀门及其零件，家具及其零件，服装。

【出口企业信保】 2017年，区政府继续与厦门出口信用保险公司合作，按照“政府牵头、信保支持、企业获益”的模式，发挥出口信保政策性功能，在风险补偿、保障业务、支持融资、助力小微企业等方面，为出口企业构筑风险防范屏障，并加大对投保企业出口信用保险费、资信调查费的扶持力度。全年参加出口信保企业134家，同比增加14家，其中投保小微企业53家，同比增加13家；累计投保出口金额19.75亿美元，同比增长7%，占全区出口总额36%。新增受理区内可损案件18宗，撤损案件6宗，赔付案件7宗。全年赔款总金额534.24万美元，约合人民币3526万元，赔付率处在较高水平。支持厦门元保运动器材有限公司、信华科技（厦门）有限公司、厦门涌泉集团有限公司、厦门金龙联合汽车工业有限公司等企业通过出口信用保险融资平台实现融资2320万美元，提供海外买家资信调查超过3000份。114家（次）企业获得出口信用保费、资信调查费财政补贴1631.92万元。

2017 年集美区重点外贸企业进出口情况表

表 22 单位：亿元

企业名称	进出口总额	其中	
		出口额	进口额
路达（厦门）工业有限公司	40.01	38.88	1.13
厦门正新橡胶工业有限公司	29.08	14.14	14.94
际诺思（厦门）轻工制品有限公司	25.42	24.12	1.3
厦门 TDK 有限公司	19.67	15.16	4.51
厦门宏发电声股份有限公司	17.77	15.53	2.24
厦门金龙联合汽车工业有限公司	15.15	14.24	0.91
厦门建霖工业有限公司	12.73	11.8	0.93
宸展光电（厦门）有限公司	11.95	9.06	2.89

（戴燕婷）

物业管理

【概况】 2017 年，集美区共办理既有住宅增设电梯施工许可 24 件，竣工验收备案 3 件，拨付财政补助资金 64.5 万元。办理物业合同备案 60 件。开展全区高层建筑消防安全隐患排查工作，共排查物业小区 80 个。

【老旧小区改造】 2017 年，集美区继续开展老旧小区改造提升工作。至年底，集美街道地震中心住宅小区 1 号、2 号楼基本完工。杏林街道工商银行宿舍主楼 1 ~ 3 号楼外墙面腻子工序完成。杏滨街道荣坪片小区 1 ~ 4 号楼外墙清洗、刷漆完成，小区道路改造施工中。杏滨街道日东新村生活区改造控制价审核中。灌口镇安仁大道 522 号和大路墘路 383 号等栋号，杏滨街道杏西片小区、荣坪片小区二期 4 个项目进入方案设计阶段。

【物业管理服务】 2017 年，集美区建设行政主管部门强化物业服务企业的资质初审、办理物业合同备案、指导全区既有住宅增设电梯、承办国有企业职工家属区“三供一业”分离移交等工作，规范物业管理行为，提高物业服务水平，保障住宅小区物业服务质量。全年共办理既有住宅增设电梯施工许可 24 件，竣工验收备案 3 件，拨付财政补助资金 64.5 万元。办理物业合同备案 60 件。

【高层建筑消防检查】 2017 年，集美区建设行政主管部门加强物业小区高层建筑消防安全管理。8 月，与消防部门联合召开全区物业小区消防工作会议，通过对以往火灾案例进行讲解分析，要求各物业小区做好管辖项目的火灾隐患排查工作。厦门会晤期间，开展全区高层建筑消防安全隐患排查，共检查物业小区 80 个，清理小区消防通道、楼道堆杂物，对小区消防系统进行故障排查，督促物业企业做好消防工作。（张永桥）

旅游业

综　述

【概况】 2017 年，集美区共接待游客 1302.5 万人次，比 2016 年增长 29.82%；实现旅游收入 66.55 亿元，同比增长 32%。旅游景区接待 945.2 万人次，增长 30.25%。其中主要景区集美鳌园接待 168.1 万人次，园博苑接待 71.8 万人次，老院子接待 248.9 万人次，诚毅科技探索中心接待 32./8 万人次，灵玲国际马戏城接待 86.2 万人次，双龙潭生态运动景区接待 55.5 万人次，天沐温泉接待 18.3 万人次；住宿设施接待过夜游客 277.3 万人次，同比增长 18.67%；举办厦门尼斯嘉年华、海峡两岸龙舟赛、海峡论坛两岸特色庙会、世界气球艺术节、二次元半程马拉松、集美—阿尔勒国际摄影季、“中国杯”赛艇多人艇公开赛、荧光夜跑、人文集美悦读季等大型文体旅游活动，接待游客 80 万人次。向《人民日报》《中国旅游报》等平面媒体和网络媒体发稿 294 篇，全网累计覆盖精准客群超过 1 亿人次，集美旅游关键词信息超过 277 万条。6 月和 10 月，集美旅游微信公众号两次居福建省旅游政务类微信影响力榜首。2 月 13 日，南顺鳄鱼园因园区地址被征用而闭园停业。2 月 14 日，集美首家区属国有旅行社厦门集美国际旅行社有限公司正式营业。

【春节旅游营销】 2017 年春节期间，集美区加大旅游宣传营销力度，设计制作集美明信片、旅游桌游等宣传品；推出亲子游、家庭游、自驾游等旅游主题路线；开展“我在厦门集美等你”微博话题、“晒照赢大奖”“私人订制拜年”线上明信片等微信活动，新媒体阅读量超 2200 万人次，微博话题持续社会类榜首。春节期间，集美旅游景区共接待游客 46.5 万人次，同比增长 76.6%；宾馆饭店共接待住客 6.62 万人次，同比增长 21.3%。

【鳌园景区免费开放】 2017 年 3 月 30 日起，集美鳌园景区免费对外开放，不再收取门票。集美鳌园景区总面积 18 万平方米，建筑面积近 3 万平方米，是国家 4A 级旅游区、福建省首批爱国主义教育基地、全国中小学爱国主义教育基地、全国爱国主义教育示范基地、中国侨联首批爱国主义教育基地以及福建省文明风景旅游区示范点。免费开放后，2017 年全年共接待游客 168.1 万人次，比上年增长 201.8%。

【首届集美大学生旅游志愿者大赛】 2017 年 5 月，集美区文体广电出版旅游局联合厦门理工学院主办首届集美区大学生旅游志愿者选拔大赛。大赛通过创新的方式，全面解读和诠释集美的景区景点，以赛促训，提升集美区旅游接待服务水平，为集美区打造一批优秀的旅游志愿者。比赛综合考查参赛选手基本的导游知识及导游词创作能力、讲解能力及个人才艺，激发大学生了解集美地方文化、积极传播文化的热情。同时成立厦门市集美区旅游志愿者中心，鼓励一批高水平高素质的志愿者加入集美旅游业，向游客传播“美丽厦门，人文集美”，引导游客“文明旅游”。

【厦门尼斯国际嘉年华】 2017 年 5 月 11—14 日，厦门尼斯国际嘉年华在集美新城市民广场举行。此次嘉年华由尼斯市政府及厦门市政府指导，厦门市旅发委、集美区政府与厦门市外侨办主办，厦门文广传媒集团、集美城发公司承办。本次嘉年华巡游引进法国尼斯嘉年华标志性大型彩车 4 辆、中型彩车 8 辆、花车 6 辆，每天巡游两场，另设美食盛宴、文创市集、流动的音乐、VR 互动、“水水集美”静态展示等五大配套活动，是集美区首次引入世界三大嘉年华活动。活动期间，现场观演人数 5.47 万人次，线上同步观看嘉年华直播 840 万人次，微博话题互动 616 万人次。

【第九届海峡论坛两岸特色庙会】 2017 年 6 月 16—20 日，第九届海峡论坛两岸特色庙会暨台湾县市经贸旅游推介交流会在集美区灵玲国际马戏城举办。此次庙会由厦门市政府、福建省政府台湾事务办公室主办，集美区政府承办。活动以“童享蓝天、灵动两岸”为主题，现场设置两岸童玩区、两岸经贸旅游推介区、两岸商贸交流区、两岸文创集市区、两岸主题演艺区 5 个区域。活动首次融入“研学元素”，来自台湾的两岸青少年知行合一研学营和来自金门的金门亲子研学团，以及在厦台商子女、台湾创业青年家属子女应邀参加活动。研学活动依托闽台优势，立足集美本地特色资源，通过创新活动形式，邀请两岸童玩制作大师、传统手工匠人、烹饪大师等代表人物亲临现场开办课程，以寓教于乐的方式，为两岸青少年交流搭建富有童趣、相互学习、同心协作、共享快乐的交流平台，共吸引来自两岸的游客近 5 万人次。（吴悦）

5 月 11-14 日，厦门尼斯国际嘉年华在集美市民广场举行。图为彩车巡游（林志杰 摄）

集美鳌园景区

【概况】 2017 年 3 月，集美鳌园景区免费对公众开放，游客量激增。全年共接待游客 168.1 万人次，同比增长 221.3%。其中，清明小长假 3 天接待游客 3.35 万人次，同比增长 384%；五一小长假 3 天接待游客 3.15 万人次，同比增长 359.81%；中秋和国庆长假 8 天接待游客 7.60 万人次，同比增长 454.61%。完成全国人大常委会副委员长艾力更·依明巴海、国侨办副主任郭军、外交部部长助理秦刚、中宣部副秘书长郑宏范、海南省政协副主席陈成、香港工联会理事长吴秋北和加拿大华商报社社长马在新等贵宾接待任务。2017 年 11 月，集美鳌园景区再获“全国文明单位”称号。

【景区服务】 2017 年 3 月 30 日开始，鳌园景区取消门票（30 元），免费对公众开放。景区实行“入园免费，服务不打折，强化社会教育功能”的方针，制订景区管理方案，从景区维护、景观展览、园容园貌、安保管理、文物保护、志愿服务等方面提升景区的软硬件水平。继续修复 2016 年“莫兰蒂”台风损坏的绿化景观，进行景区苗木补植，提升嘉庚公园竹林景观，改造景区厕所，整修景区道路，安装公园出入口智能计数器。6月1日始，嘉庚公园开放时间延长至零点。是年，鳌园景区入选金砖国家领导人厦门会晤百个“志愿服务驿站”和重要外宾接待备选点。

【景区活动】2017年，鳌园景区参与举办多项文化和宣传活动。3月，在鳌园举行“人文集美·你我同行”嘉庚精神宣传活动。4月，在归来堂举办“嘉风嘉训”主题展览，展出陈嘉庚遗训、陈嘉庚语录及集美校友的书法、绘画作品。同月，在归来园和鳌园命世亭举办“嘉庚颂”诗朗诵活动。6月，在嘉庚公园文化长廊举办奇石展览，集美芗剧团在嘉庚公园举行南音、芗剧演出活动。10月24日，在鳌园景区开展第二届“嘉庚风·中华情”华裔学生看集美活动。此外，在“五一”“十一”“雷锋日”、嘉庚精神宣传月、金砖国家领导人厦门会晤期间，与有关单位配合，在景区开展文明旅游志愿服务活动。（陈兴冠）

陈嘉庚纪念馆

【概况】2017年，陈嘉庚纪念馆先后举办“一座城·一个人——嘉庚精神·厦门故事”等展览9场；增设“习近平总书记回信”展示栏。主办首届“嘉庚杯”志愿者讲解比赛暨志愿者论坛、厦门市陈嘉庚教育基金会2017年度奖教奖学颁奖大会暨大型交响组歌《南侨颂》演出，承办2017年度“嘉庚讲坛”暨陈嘉庚科学奖报告会；出版《世纪辉煌——集美学校百年历史图集》；获捐集友银行总行叫号牌等文物；与武警厦门市消防支队、厦门海堤纪念馆缔结共建单位；全年人工讲解800场次，接待海内外嘉宾461场次，实现观众“零投诉”。

【中华奇石展】2017年2月12日，由集美街道、陈嘉庚纪念馆和集美鳌园景区共同举办的“中华奇石展”在嘉庚公园展出，展览分为九龙壁长廊和九龙壁展厅两部分，展期3年。

【乾隆书法刻石拓片篆刻展】2017年2月28日，“云路鹏程——诗人乾隆书法刻石拓片篆刻展”在陈嘉庚纪念馆开展。此次展览展出乾隆皇帝书法刻石拓片17件、北京石刻艺术博物馆于连成篆刻的乾隆诗词印章32枚。

【陈嘉庚生平事迹展巡展】2017年4月16日，陈嘉庚纪念馆、北京鲁迅博物馆主办的“华侨旗帜、民族光辉——陈嘉庚生平事迹展”在北京鲁迅博物馆开展。7月，移送香港庆祝集友银行70周年活动场馆展出；同月，移送漳州市平和县桂竹村展出。

【嘉风嘉训——传世瑰宝展】2017年4月29日，陈嘉庚纪念馆承办的“嘉风嘉训——传世瑰宝展”在集美归来堂展出。展览由“艰苦创业”“倾资兴学”“勤俭处事”和“精神永存”4个部分组成，以数十帧历史图片和数十件艺术作品诠释陈嘉庚家族治家教子、修身处事的朴素要义与内涵。

【鲁迅的读书生活展】5月18日，“鲁迅的读书生活展”在陈嘉庚纪念馆开展。展览内容由300余幅图片配以文字组成，从鲁迅儿时开始，包括社“戏台”“三味书屋”等大众熟悉的内容，展示出鲁迅辉煌的著述生涯和高雅的生活情趣。

【丰子恺漫画特展】2017年7月7日，“敝帚自珍——丰子恺漫画特展”在陈嘉庚纪念馆展出。展出丰子恺作品101幅，分为“童心”“世相”“朋情”“物我”4个部分，展示丰子恺的艺术风格。

【“嘉庚精神、厦门故事”主题展】2017年10月15日，“一座城·一个人——嘉庚精神·厦门故事”主题展览在陈嘉庚纪念馆开幕。展览分为“忠公奉献、教育为本”“认识嘉庚、认识厦门”和“弘扬嘉庚精神、凝聚奋进力量”3个部分，展现陈嘉庚情系桑梓，为祖国为家乡的城市建设和社会发展做出卓越贡献的光辉一生。

【“喜迎十九大”书法作品展】2017年11月16日，厦门市委统战部主办、陈嘉庚纪念馆协办的“厦门市统一战线‘喜迎十九大’书法作品展”在陈嘉庚纪念馆开展。展出厦门市100位统一战线党外书法家作品100幅，作品内容包括历代党的领导人关于统一战线的重要论述。

【京津冀年俗年画展】2017年12月28日，由河北习三内画博物馆、衡水内画艺术博物馆与陈嘉庚纪念馆联合主办的“大过新年——京津冀年俗年画展”在陈嘉庚纪念馆开展，展出年画近百幅。作品线条单纯、色彩鲜明，囊括春牛图、戏婴图等多种题材，颇具地域文化特色。

【厦门会晤纪念邮票首发式】2017年8月19日，《金砖国家领导人厦门会晤》纪念邮票发行新闻发布会暨首发式在陈嘉庚纪念馆举行。此次发行的纪念邮票1套1枚，面值为1.20元，同期发行配套绢质小版票。邮票以“2017年金砖国家领导人厦门会晤”标识为设计元素，与“G20杭州峰会”和“一带一路”高峰论坛纪念邮票构成系列专题邮票。

【大型交响组歌《南侨颂》】2017年10月25日，集美校委会、陈嘉庚纪念馆共同策划主办的厦门市陈嘉庚教育基金会2017年度奖教奖学颁奖大会暨大型交响组歌《南侨颂》演出在集美福南堂举行。《南侨颂》为我国首个以交响组歌形式展现南侨机工回国抗战史的文艺节目，由云南滇西抗战历史文化研究会南侨机工学会根据南侨机工回国抗战史创作而成。

【“嘉庚讲坛”暨陈嘉庚科学奖报告会】 10月30—31日，陈嘉庚纪念馆等承办的2017年度“嘉庚讲坛”暨陈嘉庚科学奖报告会在陈嘉庚纪念馆报告厅召开。陈嘉庚青年科学奖获得者、北京大学化学与分子工程学院教授陈鹏以《活细胞上的精准化学》为主题，提出进入21世纪以来的诺贝尔化学奖研究领域多是基于对重要生命科学问题的化学本质的阐释。

【《集美学校百年历史图集》出版】 2017年8月，陈嘉庚纪念馆研究图书《世纪辉煌——集美学校百年历史图集》由人民日报出版社出版。该书包括“百年沧桑、春华秋实”“三育并重、全面发展”“英才乐育、蔚为国光”“嘉庚精神、立校之本”及附录5个部分，以图集的方式回顾集美学校100年的发展历程，向读者展示陈嘉庚倾资兴学的壮举。

【《陈嘉庚画传》编撰启动】 2017年7月，陈嘉庚纪念馆正式启动系列研究丛书之《陈嘉庚画传》（暂名）编撰工作。该书是以陈嘉庚生平为主线，系统介绍其传奇一生的影像画集，兼具研究、宣教功能。预计2018年出版。

【首届“嘉庚杯”志愿者讲解比赛】 首届“嘉庚杯”志愿者讲解比赛由陈嘉庚纪念馆、集美鳌园管理处等主办。12月10日，34名志愿者参加决赛，产生一等奖5名、二等奖10名、三等奖19名、优秀奖12名。

【文物征收与保护】 2017年4月24日，陈嘉庚纪念馆获捐集友银行总行叫号牌（26号）1枚；6月28日，高振福伉俪向陈嘉庚纪念馆捐赠“厦门大学自誌”粉彩果盘1个；同月，获捐集友银行上海分行叫号牌15枚，“嘉庚”号帽子1顶，集友银行理财卡、储蓄卡、商业

2017年陈嘉庚纪念馆接待来宾情况表

表23

时间	来宾
2月23日	九三学社中央组织部部长杨玲
2月26日	北京石刻艺术博物馆馆长郭豹一行7人
3月7日	杭州市政协副主席张鸿建一行17人
3月19日	中央第三巡视组副组长王新光一行13人
3月29日	陈嘉庚后裔陈铭一行2人
3月29日	李尚大后裔李龙羽一行20人
4月12日	中国侨联原主席庄炎林一行4人
4月15日	韩国国会事务处立法次长陈正九一行10人
4月18日	陈嘉庚后裔陈俊一行4人
4月20日	中央党校新疆班学院一行70人
4月27日	湖南党史陈列馆馆长朱习文一行5人
5月2日	致公党中央常务副主席蒋作君一行24人
5月10日	国侨办副主任郭军一行11人
5月11日	致公党厦门市委、泉州市委、漳州市委一行20人
5月12日	中国闽台缘博物馆馆长林建春、泉州华侨历史学会会长陈小钢一行6人
5月24日	中国电视艺术家协会副主席赵多佳一行6人
6月7日	国侨办人事司司长李辉一行3人
6月17日	全国侨联主席万立骏一行15人
6月19日	中央巡视办主任黎晓宏一行20人
6月19日	北京鲁迅博物馆常务副馆长黄乔生
6月21日	中共中央对外联络部原副部长于洪君一行5人
8月7日	省委常委、市委书记裴金佳，市委副书记、市长庄稼汉
8月18日	市委常委、统战部部长张灿民，常务副部长何秀珍
8月21日	中国侨联副主席李卓彬一行6人
9月5日	厦门会晤场外记者采访团4人
9月12日	国家税务总局司长袁继军一行11人
9月14日	新加坡怡和轩俱乐部副主席杨松鹤一行8人
9月15日	省侨办副主任林建华一行10人
9月20日	尼泊尔反腐败措施与实践研修班一行30人
10月2日	中央统战部一行10人
10月8日	国务院国资委一行4人
10月13日	香港集美中学校友会会长陈伟民一行82人
10月17日	山西省人大常委会副书记胡苏平一行15人
10月21日	陈嘉庚基金会会议嘉宾一行150人
10月26日	加拿大华商报社社长马在新一行5人
10月17日	山西省人大副主任胡苏平一行15人
10月27日	最高法院审判长李晓光一行3人
11月7日	苏州市政协副主席陈雄伟一行11人
11月25日	菲律宾集美校友会理事长曾燕菲一行2人
12月2日	海南省政协原副主席陈成一行8人

续表 23

时间	来　宾
12月2日	中宣部副秘书长郑宏范一行8人
12月2日	香港工联会理事长吴秋北一行19人
12月2日	陈文确、陈六使家族后裔一行16人
12月5日	青海省政协原主席桑结加一行5人
12月8日	中国文联副主席胡占凡一行4人
12月10日	福建省侨联专职副主席张瑶一行50人

（洪扬扬）

卡各1张；10月26日，南侨机工后裔捐赠行军床1张，以及一批南侨机工奖状、临时护照等；通过多种途径征集到《我国行的问题》《集美誌》《南洋英属海峡殖民地誌略》等珍贵文献。

【员工队伍建设】2017年2月10日，陈嘉庚纪念馆特邀上海科技馆科学传播与发展研究中心副主任、上海市科普联席会副会长宋娴博士举办《博物馆与学校合作的有效模式》讲座；5月8—10日，组织员工到故宫鼓浪屿外国文物馆参观学习；5月19日，副馆长陈群言参加第二届海上丝绸之路国际学术研讨会；10月16日，举办嘉庚文化志愿者百场公益讲座之“解读《习近平用典》”学习会；11月8日、22日，分别举办首场及第二场嘉庚文化志愿者“道南讲堂”讲座。

【社会教育活动】2017年1月30日至2月6日，陈嘉庚纪念馆协办的“习艺术瑰宝、传嘉风嘉训”青少年教育体验系列活动在鳌园景区与集美大社举行；5月13日，举办“乾隆书法刻石拓片篆刻展”配套社教活动；6月10—11日，承办海峡两岸（集美）龙舟文化节之博物馆主题教育活动；7月5日，协办“魅力龙舟、弘扬传统”模型科技夏令营；8月18日，协办“厦门会晤、邮趣厦门”文化夏令营。

【志愿者活动】2017年6月9日，陈嘉庚纪念馆和集美区朗诵艺术协会共同主办的“嘉庚书苑朗读者”志愿者团队授旗仪式在归来园驿站举行；11月3—6日，陈嘉庚纪念馆组织嘉庚文化志愿者参与第十届海峡两岸（厦门）文化产业博览交易会。

园博园

【概况】2017年，厦门市园博园景区管理处设办公室、园容物业管理部、投资经营部、旅游开发部、工程设备维护部、综合后勤保障部，有干部职工328人。1—4月，园区继续进行灾后修葺，其间先后举办首届湿地体验节、仿真恐龙展览、郁金香花展、海洋岛大地花卉展和“多彩园博、欢乐元旦”“金鸡贺岁、园博纳春”两场主题活动。5月1日，园区重新向游客开放，至年底共接待中外游客71.80万人次。

【灾后恢复提升】2016年9月15日，园博园遭受“莫兰蒂”台风袭击，受灾惨重，部分园区暂停对外开放，新兴修复和改造提升。该园的98个景观园原由不同城市的园林部门设计和建设，施工工艺复杂且为当地专家掌握，修复困难很大，管理处邀请有关专家参与修复方案的论证、制订和参加修复工作。除对原有景点、绿化进行修复外，还对部分景点进行改造提升，并新建一批景点。原作为苗木生产基地的D岛，改造后成为果蔬培育、苗木培育的科普园地和水禽观赏林地，游客到此游览，可识苗木、辨果蔬，看水禽嬉戏。海洋岛改造后成为以海螺为造型的城市菜园，游客在此可亲手栽培蔬菜，体验田园意境。民族风情园新植卡特兰、石斛兰、万代兰等品种的兰花17种，在林间小溪上新建栈桥和凉亭，装置雾森系统，成为雾霭弥漫的“情人谷”。法国园新栽红帽、冰山、仙境、金凤凰、梅朗口红、帕卡斯特等月季6种，形成“月季花海”。4月30日，园区灾后修复提升工程竣工，重建土建面积10.61万平方米，绿化面积27.53万平方米，新植乔木1379株、灌木球1516丛，杏林阁、月光环修复如初，新建观鸟长廊、金贝观鸟厅和以鹦鹉、乌龟、松鼠、垂耳兔为观赏主体的生态馆，新置观光小火车3辆。

【景区品牌活动】2017年，园博园结合节日举办主题活动6场。元旦节，举办“多彩园博、欢乐元旦”活动；春节，在空明桥举办“金鸡贺岁、园博纳春”活动；五一节，在民族风情园举办“浪漫五一、烟雨园博”活动；端午节，以“游园戏水、梦幻端午”为主题，举办园博园首届“亲水嘉年华”活动；国庆节，举办“缤纷国庆、欢乐园博”活动；9月23日至10月23日，在主展馆二楼举办“峥嵘岁月、大美园博”十周年展。

【举办三大花展】2017年春节期间，园博园举办以“恋香”为主题的郁金香花展及海洋岛大地花卉展，展出郁金香品种31个、洋水仙品种10个、风信子品种5个，以及中国水仙、洋水仙、大丽花、圣诞红、孔雀草、虞美人、波斯菊、油菜花等花卉。国庆期间，举办向日葵花展，展出向日葵品种14个，种植面积4000平方米；在D岛科普基地举办花卉科普展，展出矮牵牛系列、长春花系列、观赏草系列、美人蕉系列、观赏辣椒等品种120多个。

【首届湿地体验节】2017年元月1日至4月30日，市湿地保护中心（园博园景区管理处）协同市森林公安局，在园博园举办首届湿地体验节。湿地体验节以“多彩园博、魅力湿地”为主题，举办了“鸡年话鸡”（紫水鸡）暨“鸟与湿地”主题摄影展、湿地生物及风景摄影作品展、观鸟导赏、乐高机器人拼鸟、拼图找鸟、有奖知识问答等活动。

【恐龙梦公园开展】2017年1月15日，园博园恐龙梦公园开展，4000余名少年儿童成为该园首批游客。恐龙梦公园占地4万平方米，100余只1∶1比例的仿真恐龙，通过电、声、光数字技术，可行走、摇头、摆尾、嘶吼。孩童们在此与“恐龙”合影，骑恐龙电动车，听关于恐龙的故事，在互动中感知这些两亿年前占领地球海陆的巨大生物，了解恐龙演化史，接受生动的科普教育。（肖印红）

双龙潭生态运动景区

【概况】2016年9月15日，双龙潭生态运动景区遭受“莫兰蒂”强台风侵袭，景区场地和设施严重受损，运动、拓展、休闲三大板块营业项目全部停业，进行内部灾害治理与恢复改造。2017年1—4月，景区仍处于游客接待暂停状态。2017年4月29日，双龙潭生态运动景区恢复营业，滑草、滑索、滑道、攀岩、射箭、真人CS、台地拓展、帐篷露营等主要运动、拓展、休闲场地陆续对外开放接待游客。2017年4月29日至12月31日，双龙潭生态运动景区进入游客54.08万人次，场地接待游客8.32万人次，实现营业收入194.04万元。

【景区开发与维护】2017年，集美区财政拨付经费，对双龙潭生态运动景区进行提升改造，对景区大门入口段的景观、道路、绿地、停车场地等进行修缮、美化和提升改造。将景区大门前移，重新设置游客进出景区的独立步行道和车辆专行道，采取进出分流、人车分流办法，改变原来进出混行、人车混流状况，提升景区大门整体观感，改善游客通行安全。同时，对停车场、防护栏杆、绿地等进行修缮，将公交车停车场移位改造，从整体上改善游客的旅游休闲空间。

【灾后恢复与改造】2016年9月15日，双龙潭生态运动景区在遭受超强台风侵袭后，景区全部停业，进入为期7个多月的灾后恢复与改造期。2017年1月起，通过前期的场地设施损害情况的摸排、清点、踏勘、统计，以及修复改造方案的规划、设计、测算、提报、批复等审批手续后，由集美区财政统筹，投入概算资金897.75万元，对景区遭受破坏的公共场所与旅游设施进行恢复重建与改造更新。先后实施景区大门改造、水库攀岩侧道路边坡处理、水上木屋南侧边坡处理、登山步道修复、景区入口旁池塘修复、景区停车场及入口修复、景区出口道路水沟整治、景区配套用房及相关服务设施修复、滑草场区域修复等地质灾害治理与恢复性更新改造工程。至2017年4月底，上述主要工程项目基本完工。（陈宏）

诚毅科技探索中心

【概况】2016年12月，诚毅科技探索中心获评国家AAAA级景区。2017年，景区举办“心灵时空站”、厦门市青少年电脑机器人大赛、厦门市“5·12”防震减灾科普活动周、厦门市科技活动周、教育信息化建设研讨会、首届两岸青少年知行合一研学营活动6场，全年接待游客32.8万人次，实现营业收入1164.65万元。

【景区活动】2017年3月26日，诚毅科技探索中心携手集美区未成年人心理健康辅导站、集美区涉诉青少年心理调适中心，共同打造心理科普基地——“心灵时空站”。2017“心灵时空站”以爱为主线，每月举办一次不同主题的心理科普活动，包括亲子素拓、向校园欺凌说不、感恩教育、职业生涯规划等，通过亲子素质拓展、心理大剧场、心理讲座等形式，寓教于乐，促进亲子之间的沟通交流和亲子关系的和谐发展，提升青少年的心理健康水平。4月8日，中心承办市科协、市教育局主办的厦门市青少年电脑机器人大赛，比赛内容有综合技能、WER工程创新赛、VEX挑战赛、FLL挑战赛、创意比赛五个项目，有44所学校的114支代表队256名中小学生参赛。5月12日，中心连续三年举办厦门市“5·12”防震减灾科普活动周，包括“小宝当家”防震减灾训练营、防震减灾科普进社区及校园等活动。活动形式有线上线下知识竞赛、图文展、专家科普知识讲座、舞台剧等。5月20日，中心举办主题为“科技强国、创新圆梦”厦门市科技活动周，集中展示厦门市科技成果转化带来的新技术、新产品和新产业，科技创新的新进展、新成效。活动现场有乐高机器人拼装、机器人对抗赛、智能制造、航天航空、消防及食品安全等展位30个，以及科技创新成果展示、发放科普宣传品等活动。6月，中心与集美大学、江苏中毅联合主办“弘扬嘉庚精神，推动教育信息化建设研讨会”，教育部原部长朱新均等教育界领导及厦门中小学校的60余名嘉宾参加研讨会。6月16—18日，中心举办首届海峡两岸青少年知行合一研学营，开展海峡两岸研学活动，研学营主题为“中华六艺”——礼、乐、射、御、书、数，设置六艺文化互动课程、户外实践、体育竞技等内容。（吴悦）

建设与环保

城乡建设

城乡规划

【概况】2017年，集美规划分局通过区“多规合一”平台，理顺使用区财政专项经费开展的规划编制工作机制，召开“多规合一”专题会议5次，统筹全区规划编制计划，牵头提出使用区级财政专项经费的年度规划编制计划。全年开展非法定规划编制49项，完成规划审批642件，编印《集美规划分局简讯》6期。协调市规划委，调整规划14项。

【规划审批】2017年，集美规划分局不断提升服务效能，优化营商环境，通过“多规合一”平台策划生成项目240个；办理各类审批642件；发出规划违法联系单及协助认定复函50件，涉及建设项目20余个；办理各类公文1509件、群众信访344件，市、区人大建议、政协提案19件。

【规划编制】2017年，集美规划分局编制集美区海绵城市专项规划、集美区排水防涝专项规划、集美区中心街区城市设计、杏林老工业区更新改造规划、集美区城市双修项目策划（2020年）等项目49项，为集美区经济社会建设发展提供规划依据。按照区委关于“补齐民生短板，确保全面建成小康社会”的决定，推动民生项目建设，加强对重点片区的建设统筹。发挥规划统筹作用，提前谋划集美区2018年度项目空间实施规划，多次召开专题讨论会，并通过“多规合一”平台，征求集美新城指挥部、各镇街及相关部门意见，基本确定2018年度包括经营、事业、道路及交通设施和市政设施项目4类121项。2017年，集美区动漫文化小镇入选福建省第二批特色小镇名录。

【规划招商】2017年，集美规划分局配合市土地开发总公司、区国投公司，做好土地农转用、收储工作；配合区商务局做好项目招商规划对接工作，提供拟招拍挂地块用地边界和周边规划建设情况，为开发商提供前期规划咨询策划服务。继续推进大型项目的策划和招商，促进重大片区开发建设和功能提升。组织编制公开出让规划设计31件，其中工业用地8宗、商服用地11宗、居住用地6宗、其他用地6宗。

【规划监督】2017年，集美规划分局落实《厦门市建筑工程规划实施过程事中事后监管办法》，加强建设工程规划实施过程中的事中事后监督，召开市政类项目部分代建单位及设计单位座谈会，做好建筑工程规划实施过程中的监督检查和“双随机”抽查工作。对群众举报和在事中事后监督检查、项目竣工核实过程中发现的违法建设损害群众利益问题，分局领导及经办人员到违法建设项目现场进行勘查核实，协助区执法局对涉嫌违规的建设项目进行认定，联合区执法局对违法行为责成建设单位整改，或移送行政执法局查处。全年共发出违法建设联系单及协助认定函50件，涉及建设项目20余个。

【规划执法】2017年，集美规划分局开展规划遥感图斑的排查工作。对疑似违反总规强制性内容的5个图斑和49个一般图斑逐一核实，对存在问题的及时移送区执法局处理。至年底，涉及强制性内容的一处违建项目已整改到位。监督商品房项目售楼处和样板房占用城市公共绿地的拆除和整治工作，占用杏锦路绿化带建设的龙湖春江郦城样板房及售楼处，租用城市公共绿廊绿地建设售楼处及样板房的中航城·国际社区临时建筑和招商海德公园二期小区，占用公共绿地的围墙均被拆除。（吴川英）

城市建设与管理

【概况】2017年，集美区统筹协调改善城市环境、深化文明创建、提升城市管理、增强防灾减灾能力等工作，加快园林绿化、市政设施、夜景工程建设和街区立面景观改造提升速度，打造高品质的跨岛发展新城区。实施绿化项目55个、街区立面提升项目22个、夜景项目5个、美丽乡村建设项目4个，新增和提升改造城市园林绿地面积115公顷；138个村庄（居）集中纳管截污工程竣工，70个村庄完成分散式污水治理；新建停车场6个，增加车位866个；57个小区、7个行政村实行生活垃圾分类，165家餐饮单位实行餐厨垃圾集中收运，实现建成区生活垃圾分类覆盖率56.4%、行政村三分之一的目标。日东公园水体整治、杏林湾水库（含九天湖）和灌口风景湖截污工程竣工。区建设局被评为厦门会晤筹备和服务保障工作省级先进单位，质安站站长、村镇站站长等3人被评为省级先进个人。

【市政园林建设】 2017年，集美区落实厦门市市政园林局制订的城市景观提升方案的要求，加快“四绿”工程建设。至年底，杏东路白泉市场段人行天桥、大学康城天桥、乐海路人行天桥、软件园三期周边、东林路（古榕公园）挡土墙、盛光路（市二院对面）挡墙、盛光社区公园、风景湖西大门围墙周边等21个项目全部完工。新增和提升改造城市园林绿地面积115公顷，超额完成市级下达的100公顷任务。建设绿道20千米、城市片林5处、旧城区街头小绿地5处，绿化道路6条、重要节点1处、单位庭院3个、小区2个，垂直绿化8处，改造提升公园1个。

【环卫设施建设】 2017年，集美区借鉴海沧模式和经验，按照市政环卫绿化维护管理一体化的改革思路，加强城乡环境卫生基础设施建设，推行生活垃圾分类处理、餐厨垃圾集中收集转运等工作。按照“日产日清”要求，强化清扫收集转运能力建设，提升辖区环卫管理水平，营造美好的人文环境。对2016年度考评成绩较差、环境卫生比较薄弱的村居进行重点整治，侨英街道兑山社区，灌口镇东辉村、双岭村通过整治，环境卫生面貌改善。同时，加大环卫设施建设力度，采购大件物品运输车4辆、后压缩车2辆、高压冲洗车2辆、120升垃圾容器1000个。至年底，全区已投用的清洁楼39座、在建清洁楼3座、拟建清洁楼10座；建设改造公厕60座。21个行政村共配备环卫作业车辆（包括后压缩转运车、垃圾收集车、清扫车等）35辆、农村清洁楼15座。

【污水管网建设】 集美区城乡污水控源截污工程建设始于2015年。根据村庄分布现状，结合村庄地形、人口规模、周边开发和可提供用地情况，将村庄按照标准化日处理量分为50吨、100吨、150吨等8个类型，采用集中式截污纳管方式的村庄（居）138个，实施分散式污水治理的村庄70个。至2017年年底，138个采用集中式截污纳管方式的村庄（居）完成施工的133个，基本完工的5个，敷设管网1025千米，完成投资6.95亿元；70个实施分散式污水治理的村庄管网和处理设施建设全部竣工，完成投资2.5亿元。2016年，集美区村庄生活污水处理项目获“中国人居环境范例奖”。

2017年，在第三轮省效能督查中，集美区“建立生活污水治理长效机制，推进人居环境改善”的经验受到表扬推广。

2017年，集美区实施城市街道机箱外观整治。图为杏林街道杏东路改造后的街道机箱
（林志杰 摄）

【美丽乡村建设】 2017年，集美区实施美丽乡村建设项目4个，后溪镇后垵村后垵社、黄地村湖内社，灌口镇李林中心村、深青村，跻身福建省“2017年千村整治、百村示范美丽乡村建设工程村庄名单”，后溪镇黄地村湖内社入选全省美丽乡村示范村创建名单。在整治建设中，各村结合村庄历史沿革和文化传承，对村庄房屋立面、房前屋后、卫生死角进行清理，建设基础配套设施，规整弱电缆线，建立垃圾收集清运机制。四个村共投资750万元，完成投资1649万元，铺设雨污水管网25.2千米，绿化房前屋后6000平方米，整治房屋立面2000平方米。

【公共停车场建设】 2017年，集美区利用新、改、扩建的广场、学校、垃圾站、公园绿地、公交场站等公共设施地下空间，同步建设公共停车场6个，总车位866个，计划总投资7594万元。至年底，6个停车场全部竣工。其中，祖厝边停车场车位33个，集美大社公共停车场车位141个，杏林街道办事处停车场车位13个，杏林大桥桥下片区停车场车位380个，杏滨中心小学地下停车场车位215个，神游华夏园停车场车位84个。

【绿化整治提升】 2017年，集美区遵循“适种、经济、美观”的原则，落实“近期与长远相结合、重建与提升相结合”要求，突出抓好重要线路、重点片区和重要节点（特别是进岛门户）的绿化，对可绿化的空间全面绿化，缺失部位进行绿化补齐。全年共实施绿化项目55个，总投资7.8亿元。其中，市属项目15个，计划投资2.2亿元；区属项目27个，计划投资3.9亿元；新城片区平衡项目13个，计划投资1.7亿元。至年底，55个绿化项目基本完工。厦门大桥北堍“四化”后呈现出椰风海韵的迷人景致；集美大桥北堍以流动的波浪曲线为基调，打造出色调明快且高低错落的绿化效果；乐海路两侧增植花坛、乔木、香樟，成为可观可赏的城市景观主干道；杏林大桥北堍以蓝花楹、木棉等高大绿植为主，搭配三角梅、桂花、碧桃、四季桂等植被，景观香化彩化，形成植被、园路、景观平台等层次分明的公园景观。

【街区立面整治】 2017年，集美区围绕全国文明城市创建、厦门会晤，以“六线六片”的核心地段为重点，突出田集连接线、324国道沿线、3座跨海大桥桥头片区、集美学村等门户地带，以嘉庚建筑风格和闽南特色为主基调，立足于“莫兰蒂”台风灾后恢复，实施城市街区立面综合整治提升，塑造具有闽南特色、大气精致、温馨和谐的城市风貌，改善人居环境，打造人文集美。实施立面提升项目22个，涉及建筑942栋，总投资1.87亿元。重点进行建筑外立面改造（包括外墙改造，建筑外窗、阳台、露台修饰，建筑外置设备、设施、防盗网规范），规范户外广告、店牌店招，拆除违章建设，规整各类管线等。至8月底，22个项目全部完工。

【夜景整治提升】 2017年，集美区夜景提升遵循“整体提升、突出重点”的原则，以“嘉庚文化”“嘉庚精神”为核心理念，整体设计以黄、白两色为主色调，做到主次分明、动静结合，对建筑立面的轮廓线条、照明手法、灯饰装饰、色调亮度等进行整治提升，打造和谐、统一、富有人文集美特色的夜景。重点突出三座进出岛大桥周边的夜景照明效果，对“六线六片”范围内夜景照明项目进行统一设计。共实施厦门北站、环杏林湾东岸、杏林湾西岸、集美大桥桥头片区等夜景项目5个，总投资1.29亿元。至8月底，集美大桥北堍片区，环杏林湾东岸、西岸的桥梁夜景、湖面夜景，园博苑片区、马戏城、六大公建、营运中心、软件园三期，以及华侨大学、滨水小区等处100余幢建筑完成亮灯调试。

【临时占道管理】 2017年，集美区修订《关于进一步做好市政维护工程及临时占用（挖掘）道路、绿化施工围挡、防尘降尘措施的实施意见》，执行临时挖掘（占用）城市道路及园林绿化的审批手续，明确各类施工规范，对施工现场的安全围挡进行规范指导，提高文明施工水平。全年查处违法占用、破坏市政园林设施行为437件，发放责令整改通知书83件，处理投诉1654起。通过现场巡查、责令整改等方式，制止挤占道路影响交通的行为，保障市民正常通行。

【生活垃圾分类】 2017年，集美区成立以区长为组长的生活垃圾分类工作领导小组，领导小组下设办公室，指导全区垃圾分类工作；设立区垃圾分类管理中心，各镇街设立生活垃圾分类专门机构。全区分两批推行垃圾分类工作，首批为机关事业单位，村、小区示范点6个，大中小学、幼儿园示范校22个；第二批，小区30个，村6个。至年底，实现生活垃圾建成区分类覆盖率在40%以上，三分之一的村推行生活垃圾分类。年初，区教育局选定6所市级学校和16所区级学校为试点，建立“家庭+学校+社区”的联动模式，通过“小手拉大手”、孩子影响家庭，使垃圾分类走入千家万户。5月，首先在乐海小学开展生活垃圾分类试点，总结可复制经验，在全区中小学、幼儿园进行推广。集美街道国建东海岸小区、侨英街道海凤社区泉舜泉水湾小区、杏滨街道康城社区康城二里、杏林街道宁海社区万科一期、灌口镇黄庄社区外口公寓、后溪镇溪西村下庄里等6个首批示范点，制作宣传栏210个、分类公示牌或指示牌340块，首批采购的2000个家庭垃圾分类桶、250个户外垃圾分类桶配置于泉舜泉水湾小区。集美、新城、杏林三个行政中心办公场所设置垃圾分类桶1317个，分发垃圾分类袋8.18万个。集美大学、华侨大学等高校率先启动餐厨垃圾直运线路，配置户外分类垃圾桶2000个。至年底，垃圾分类知晓率试点中小学生达到100%，幼儿园在90%以上。全区有57个小区、7个行政村实行生活垃圾分类，实现建成区生活垃圾分类覆盖率56.4%、行政村三分之一的目标。

2017年，集美区推行生活垃圾分类工作。图为居民参加垃圾分类知识宣传活动
（冯立东 摄）

【餐厨垃圾收运】集美区餐厨垃圾收集转运工作始自2016年3月10日，机关、学校、企事业单位食堂首先试行。初时一天一班，5—12时。随着餐厨收运单位的增加，餐厨垃圾量增大，2017年5月1日起，杏林片区改一天一班为一天两班，增加13—20时下午班。从各餐厅收集的垃圾送往厦门市东部固废填埋场中国节能瑞科技再生能源有限公司。至年底，集美大学（18个餐厅）、欣绿尔康餐具、集美区政府、机关事务管理局（杏林）、杏林中心幼儿园、集美中心幼儿园、厦门（杏林）舒心餐饮有限公司、厦门大学附属第一医院杏林分院等165家餐饮单位实行集中收运。餐厨垃圾收集转运量日最高32吨，月均850吨。

【农村生活垃圾治理】2017年4月12—13日，集美区组织各镇（街）开展第一轮家园清洁行动，全面排查辖区内垃圾处理情况，彻底清理道路两侧、卫生死角、垃圾堆放点的垃圾和杂物，共出动4500人次，清除卫生死角2000余处，出动垃圾运输车辆200车次，清除各种垃圾1500余吨。8月1—31日，开展农村生活垃圾集中整治行动，全区累计出动5345人次，清理卫生死角、房前屋后、明沟7214处，清理土头、大件物品720吨，清理小广告、乱涂写8100余处。

【道路清洗】2017年，集美区配备专职道路清洗保洁员，对辖区主次干道每天清洗一次，背街小巷每周清洗一次。规范保洁模式，提高道路洗、扫、冲、收保洁一体化作业率，主干道机扫率93%，小巷机扫率78.9%。投入使用的洗扫冲收车21辆、洒水车7辆、雾炮车5辆、护栏清洗车2辆、路面养护车4辆，配备驾驶员67名。全年共出动道路洗扫冲收一体车12394车次，耗水量46056吨；路面养护车11620车次，耗水量33689吨；洒水车道路清洗15134车次，耗水量123355吨。

【黑臭及污染水体整治】2016年12月，集美区制订《黑臭水体整治工作实施方案》，开展控源截污、周边景观提升改造及黑臭水体治理，计划在三年内完成30处黑臭水体及受污染水体整治任务。至年底，日东公园水体整治、杏林湾水库（含九天湖）和灌口风景湖截污工程竣工；月美池、宁宝公园、敬贤公园、龙舟池、全总湖、集美街道大社池塘等水体整治工程亦在编制和前期运作中。日东湖生态修复作为全省黑臭水体整治的成功案例，得到国家环保司、省住建厅的认可。220家二次供水单位完成建档工作，23家二次供水单位完成市级评定挂牌。

【工地景观综合整治】2017年，集美区制订《工地景观整治提升工作方案》，开展在建工地、收储用地景观整治提升整治工作。全年整治项目92个，以严于省、市施工优良项目的标准，对在建工地大门、围挡、主体立面、工地现场4个方面进行整治提升，45个区管工地、30个市管工地完成整治提升任务，17个收储地块完成围挡砌筑美化任务，场地铺绿网覆盖或撒草籽临时绿化。

【垃圾处理费征收管理】2017年，集美区征收垃圾处理费720万元，其中原渠道征收420万元，超额3%完成年度征收任务。安排专人负责垃圾排放申报登记工作，全年登记企事业单位600余家，年产垃圾约22万吨。

（张永桥）

2017年集美区城市基础设施情况表

表24

项　目	单位	数据	项　目	单位	数据
道路：城市道路长度	千米	94.45	供电：全年用电总量	万千瓦小时	426747
城市道路总面积	万平方米	324.93	工业用电	万千瓦小时	257153
建成区面积	平万千米	80	居民生活用电	万千瓦小时	112598
园林：公园个数	个	34	平均日生活用电量	万千瓦小时	308
公园面积	公顷	1281	供水：供水企业	个	3
建成区绿化覆盖率	%	43	综合生产能力	万吨／日	32.50
环保：城市污水排放量	万吨	5204.62	自来水管道长度	千米	558.00
城市污水处理量	万吨	4985.43	供水总量	万吨	8160.67
污水处理率	%	95.80	售水总量	万吨	7680.73
环卫：生活垃圾清运量	万吨	22	生产用水量	万吨	2220.58
公厕数量	座	274	生活用水量	万吨	4433.12
环卫机械总数	台	181	家庭用量	万吨	2968.76
垃圾车	台	120	平均日供水量	万吨	22.36

城市管理行政执法

【概况】2017年，集美区城市管理行政执法局开展“两违”综合治理和市容整治活动，共拆除违建2617起，纠正各类市容违章行为为3.79万起，受理群众来电投诉件、“110”转办件、督办信访件等各类投诉件22390件，办结率100%，获评全省“两违”综合治理表现突出单位、金砖国家领导人第九次会晤筹备和服务保障工作先进集体。

【市容市貌管理】2017年，区执法局针对多个市容顽疾点和群众投诉重（热）点，结合每月市容考评和城区文明程度指数测评，加强市容动态管理。多次与属地镇街协调，采用现场调研、考察选址、数据分析等方法，逐个解决市容“顽疾”。对渣土车，打破八小时常规工作制，控源头、查路段、打时差，建立临时查扣停车场，强化动态执法检查，加大渣土车整治执法力度。对占道经营、露天烧烤及流动摊点，按照“重要路段严禁，次要路段严控，一般路段严管”的要求，突出落实“门前三包”，采取异地错时执法进行管理。

【环境保护管理】2017年，区执法局按照集美区开展环境质量提升行动、清洁空气行动计划，开展扬尘污染、垃圾焚烧、餐饮油烟、生猪养殖、噪音污染整治和饮用水源保护行动，共查处乱倾倒（垃圾、污水、渣土、废弃物）761起，车辆泄漏、遗撒污染行为254起，施工噪声、粉尘污染2983起，社会生活噪声、振动污染2515起，焚烧废弃物667起，餐饮油烟扰民1072起，夜间大排档占道经营、露天烧烤及占道行为4540起，受理环保类投诉7104件。接办中央环保督查信访件21件（含重复件3件），整改完成16件，正在整改的5件。集美中队对“集美区盛光路13号餐饮店面污水油烟噪声扰民”投诉件，及时处理解决，做到关停、取缔、监管到位。

【“两违”综合整治】2017年，区执法局制订《查违网格落实责任管理办法》，明确各级查违网格职责和网格人员的工作要求，逐步配齐各级网格长，对全区查违网格系统工作进行五次梳理、三次季度考评，进一步完善网格化管控机制。制订《“两违”整治提升行动工作实施方案》，成立“两违”综合整治小组，统筹协调“两违”提升整治；与六个镇（街）紧密配合，对“六线六片”重点区域进行现场调查，下达五轮“六线六片”拆违和三轮重要路段拆违任务，先后组织大型拆违行动269起。杏滨街道，开展铁路沿线路段强拆攻坚，搬迁企业114家，拆除违建5.3万平方米，腾空土地20.2万平方米。全区完成“两违”治理2617起，拆违总面积100万平方米，腾出土地面积126.65万平方米。2016年，集美区有疑似违法图斑104个，占地面积18.78万平方米。2017年，区执法局坚持按照高标准、高要求整改，全区卫片履职率99.04%，整改率74.04%。

【广告店招整治】2017年，区执法局成立户外广告设施及招牌专项整治工作领导小组，制订《集美区户外广告设施及招牌整治提升实施方案》，以厦门会晤为契机，组织各执法中队、机关科室负责人参加市执法局举办的户外广告设施及招牌执法管理系统培训，开展户外广告设施及招牌排查整治工作。印发“违法户外广告整治告知书”2500余份，上门宣传、集体约谈30余次，拆除户外广告设施1936处，拆除面积60414.95平方米，其中拆除LED显示屏184处，拆除面积1058平方米。

【土方车整治】2017年12月，区执法局联系集美区国有资产投资有限公司等部门，在天马路与华陵路交叉处建设占地面积23180平方米的暂扣渣土车停车场，制订停车场使用细则，并投入使用。牵头组织区渣土办、建设、交通、交警、环保、综合执法、城发等部门，召开联席会议，制订《集美区渣土车联合整治行动工作实施方案》，向在建工地分发《致集美辖区在建工地、企业的一封信》300份。至年底，查扣渣土车489辆，立案39起，罚款26050元。

【露天烧烤整治】2017年，区执法局针对夜间烧烤占道经营屡禁不止问题，

11月1日，区行政执法部门依法拆除海翔大道后浦立交段的违建铁皮房。（冯立东 摄）

对各夜间烧烤点进行摸底调查，联系各镇街主官，研究破解油烟烧烤难题。11月底，制订《开展露天烧烤及烧烤店跨店经营整治工作方案》，开展集中整治行动。局机关成立夜间督查组，在夜间19:00—23:00时段，采取随机巡查办法，对夜间烧烤行为进行常态化督查。对发现的问题要求相关中队立即整改、及时反馈。至年底，共出动执法人员3154人次，取缔露天油烟烧烤行为984起，查扣烧烤工具472件，杏林文达路、集美印斗路、厦门理工学院周边等多处老大难问题得到解决。

【铁路沿线顽疾治理】2017年6月20日起，区执法局杏滨中队依法依规对辖区铁路沿线进行集中整治，逐个攻破长期以来存在的“顽疾”。共清理油罐车、水泥搅拌车、集装箱货柜车、微型面包车等685辆，建筑塔吊构件、桩基套桶等大型铁件、施工材料及废铁1.5万吨，搬迁大型汽修厂5家、物流公司5家、孔雀养殖园1处、家禽养殖区2处、管材堆场3个，拆除铁皮及砖混搭盖37处、活动帐篷12处、活动房及集装箱153个、违章建筑114处，面积5.3万平方米，腾空土地面积20.2万平方米。

【小区周边引摊入市】杏林街道文达路连接杏滨路和建南路，金海湾、宁宝花园、宁宝世家、宁安里、文康花园、文华小区、幸福园、海湾华庭8个大型住宅小区分列道路两侧，宁宝小学坐落于此，人口密集，车流量大。原有300余个摊点棚亭分布于道路两侧，市容杂乱无章，环境脏乱差，群众出行受阻，车辆通行困难，周边居民怨声载道。2017年，区执法局联合杏林街道，协调有关方面，在文达路与建南路交接点附近新建宁宝便民市场，引导摊点退路进场，取缔文达路临时菜场，该路段脏乱差问题得到彻底解决，实现既方便群众生活又规范环境容貌的“双赢”。

【背街小巷再提升】集美街道盛光社区8号小区周边区域为老旧居民区，长期以来，流动摊贩占道经营、跨店经营、乱悬挂、乱堆杂物、餐饮店油烟扰民等脏乱差现象严重，影响市容观瞻和社区居民的正常生活。2017年，集美执法中队联合集美街道、集美派出所、集美交警中队等9个职能部门，对盛光社区8号小区石鼓路、集源路、盛光路、塘埔路一带区域及背街小巷进行集中整治，改善社区环境。同时结合集美历史文化，打造彰显集美人文韵味和历史内涵特色的背街小巷。

【水晶湖郡C南片区装修零违建】侨英街道水晶湖郡C南片区有高层住宅4幢、住户719户，别墅32幢。2017年，住户装修刚开始，即接到违建投诉多起。区执法局侨英中队协调物业公司从源头上进行管控，严控钢筋、模板运进小区；发现不按房屋设计图进行装修的，物业管理人员现场予以制止并报执法中队，由执法中队开具责令整改文书，拒不整改者强制拆除。同时，依托业委会对小区进行监督管理，利用微信和“QQ”群宣传相关法规，增强业主法规意识。执法队员按章办事、从头严管，将小区违建之风扼杀苗头阶段。全年装修300余套，未再发现违建现象。（梁梦露）

集美新城建设

【概况】2017年，集美新城建设完成固定资产投资201.2亿元，占年度任务的134.13%。累计入驻企业1622家，完成生产总值183亿元，占全区生产总值的29%；完成税收33.79亿元，占全区税收总额的30%。强化城市管理，基本实现在建、待建工地及收储用地的规范管理，环境质量持续向好，生态环境全面优化，功能配套日趋完备，城市承载力和宜居度提高，成为厦门跨岛发展的新样板。

【集美新城奠基七周年】2017年2月25日，集美新城奠基七周年。七年来，集美新城根据“高起点、高标准、高层次、高水平”的“四高”要求，紧盯“一年全面启动，三年初具规模，五年基本建成，十年集聚成城”的建设目标，先后推进四批百亿工程，实施“六大亮点工程”（绿化“提升工程”、道路“联网工程”、新城“亮灯工程”、社区“精品工程”、商气“集聚工程”、城市“管家工程”），打响“六大攻坚战”（碧水蓝天净化攻坚战、彩化美化提升攻坚战、城市演艺营销攻坚战、宜居环境完善攻坚战、项目落地推进攻坚战、众创生态建设攻坚战）。经过7年的开发建设，集美新城累计土地出让收入超过260亿元，累计投入开发资金超过160亿元，带动社会投资近千亿元，完成固定资产投资1200余亿元。

【开建项目】2017年，集美新城新增开工项目88项，主要有：白石片区市政道路二期，总长2295米，红线宽度12米～30米，其中博学路长626米、文竹路长511米、文荷路长497米、文琴路长488米、支一路长173米。核心区市政道路六期，位于海翔大道以北片区，道路8条，总长4110米，均为城市支路，总用地面积10.51万平方米，道路用地面积7.85万平方米。IOI地块周边市政配套道路，位于集美大道以南滨水片区，包括湾东路、纵二路等道路11条，总长5441米。春叶线110千伏架空线缆化，路径沿集美大道—孙坂路—英瑶路布置，总长1700米，采用两排DN800排管布设。轨道交通1号线周边市政改造及景观提升配套（岛外段），为轨道交通车站周边市政及景观提升改造工程，涉及轨道1号线集美新城范围内10个站点和1个车辆基地。厦门（新）站片区特勤消防站，位于厦门北站片区，用地面积1.09万平方米，建筑面积5399.93平方米。集美二手车交易市场，位于厦

集美大道220千伏架空线缆化后，电力部门正在拆除旧的高压线铁塔。
（王坚峰 5月22日 摄）

门北站片区，二手车交易及相关配套工程。电子城国际创新中心，位于集美大道以北白石片区，用地面积10万平方米，总建设面积56万平方米。富春通信厦门研究中心，位于软件园三期片区，用地面积1.6万平方米，建筑面积5.1万平方米。

【竣工项目】 2017年，集美新城新增竣工项目48项，主要有：杏林湾环湾截污项目，建设内容为管道、截流井、提升泵站、初雨调蓄池、顶管等，包括田集连接线段、滨水西岸段、核心区段、集美大道段工程。核心区公交首末站及配套项目，用地面积6162平方米，建筑面积2.99万平方米，地下2层、地上8层。集美区青少年宫，位于集美大道以南滨水片区，用地面积1.51万平方米，建筑面积2.76万平方米，建设内容有素质教育中心、多功能教室、文化活动中心、室外工程及相关配套设施。厦门市环境监测综合大楼及三局驻集美区分局综合楼项目，位于集美大道以南、集美北大道以东，用地面积4.74万平方米，建筑面积9.75万平方米，地上4栋4～23层建筑。中科院二期项目，城市污水和固体废弃物处理技术工程化实验研究平台，位于集美大道城市环境研究所园区内，用地面积1.08万平方米，建筑面积1.99万平方米。诚毅书城项目，位于核心区，地上6层，地下2层，建筑面积1.14万平方米，为福建省最大体量书城。厦门稀土材料研究所项目，位于集美大道以北白石片区，由中科院海西研究院、市政府和厦门钨业投资设立，建设稀土材料研究所和新材料研究中心，用地面积6.4万平方米，建筑面积11万平方米，建设内容包括产业工程化基地、材料制备楼、物理工程楼等。集美新城商务中心项目，位于核心区，用地面积3.4万平方米，建筑面积10.12万平方米，地下1层，地上15层。中烟技术中心科研用房二期项目，位于集美大道以南滨水片区，用地面积7453平方米，建筑面积1.72万平方米，为中烟研发中心。

【投用项目】 2017年，集美新城新增投用项目29项，主要有：锦亭北路，位于核心区，包括锦亭北路（杏锦路—诚毅中路段）、锦亭北路（诚毅中路—集美大道段），总长1800米。核心区市政道路四期项目，位于核心区，包括纵十五路、纵十三路、纵十四路、和任路、九天湖北路，总长2755米，宽度12米～24米，均为城市支路。西亭110千伏输变电、甫公山110千伏输变电、浔江变电站110千伏电缆进线（杏林湾路、集美大道段）；西亭110千伏输变电主变容量1×63兆伏安，线路2.6千米；甫公山110千伏输变电主变容量2×50兆伏安，线路4.7千米；浔江变电站110千伏电缆进线（杏林湾路、集美大道段）线路4千米。厦门北动车运用所，位于厦门北站片区，是海峡西岸最大的动车运用所，集动车维修、清洗、储存等功能于一体。雅马哈信息研发大楼，位于软件园三期片区，是软件园三期首个自建项目，规划面积3万平方米，集信息系统研发、嵌入式软件研发、大型数据中心、培训等功能为一体，是雅马哈发动机集团全球唯一的信息系统离岸研发基地。

【策划生成项目】 2017年，集美新城策划生成项目36项，主要有：软件园三期片区一号、二号、三号公园，一号用地面积19万平方米，包括6号地块北侧水系和宁漳货专沿线绿化带；二号用地面积9.4万平方米，三号用地面积5.2万平方米。软件园三期片区幼儿园，规划18个班，建筑面积6000平方米。软件园三期片区消防站，用地面积6000平方米，建筑面积4800平方米。软件园三期片区污水处理站，用地面积3000平方米，日处理量8000立方米。营运中心市政天街，位于核心区，总长1200米，建筑面积6000平方米。

【演艺中心人气集聚】 2017年，集美新城文化演艺中心人气不断集聚，全年共吸引游客472.75万人次，实现旅游收入25.76亿元。厦门嘉庚剧院，共演出130场，接待10.5万人次。诚毅科技探索中心，接待32.75万人次，获“全国海洋科普教育基地”称号。厦门老院子景区，大剧院共演出800多场，景区接待253万人次。厦门灵玲国际马戏城，承办第九届海峡论坛重要配

嘉庚剧院（颜志伟　2017 年 8 月摄）

套活动——2017 两岸特色庙会，表演马戏 390 场，接待 86.29 万人次。市民广场，先后举行 2017“听见集美”厦门集美学村周末音乐会、厦门尼斯国际嘉年华、中国（集美）AEMI 世界气球艺术节、海峡工业设计大奖赛、厦门集美半程马拉松、集美•阿尔勒国际摄影季、荧光夜跑等活动，吸引近 20 万人参与。

【产业园区日趋繁荣】2017 年，集美新城产业园区日趋繁荣。软件园三期研发楼、公寓商业配套项目 75.9 万平方米建成交付使用，新开工建设 84 万平方米，中控中科联合实验室签约入驻，吉比特、罗普特等 4 个项目启动建设；全年新增注册企业 578 家，新增入驻企业 352 家，员工 1.2 万人，落地企业注册资本金 45.69 亿元，实现营业收入 125.1 亿元，同比增长 61.77%；实现税收 2.9 亿元，同比增长 108.63%；新增签约宇信科技、网宿科技、卓翼科技、中控智慧、正保教育等龙头企业和 1 条专线（首条软三园区接驳车）、2 条进出岛快线：990 路（软件园三期—市行政服务中心）、991 路（车驾管服务中心—梧村公交场站）。以办公楼宇为载体，引入高端商务企业，杏林湾商务营运中心入驻企业 497 家，入驻面积 29.16 万平方米，入驻率 85.2%；北站营运中心入驻企业 106 家。车驾管办证服务中心投用，11 家 4S 店完成汽车销售收入 23.9 亿元，同比增长 27%。

【环境质量优化提升】2017 年，集美新城环境质量优化提升。生态环境全面优化：持续巩固新城生态优势，九天湖综合整治和环湾截污工程全面完成，待验收移交；积极打造“城市绿肺”，杏林湾湿地工程一期开工建设，杏林湾国家级湿地公园作为厦门市唯一项目入选福建省首批重要湿地名录。配合金砖国家领导人厦门会晤保障工作，海翔大道、集美大道、杏锦路、杏林湾路等 12 个灾后重建和环境提升工程完成；推进厦锦线等缆化工程，新城范围内下地缆化 15.8 千米；策划建设核心区、白石片区等环村道路；全面摸排地铁 1 号线新城范围内 10 个站点，实施站点周边景观绿化提升及环境整治。功能配套日趋完备：片区交通更加便捷，福厦高铁开工建设，地铁 1 号线正式开通。民生配套项目加快实施，公共租赁房珩琦、园博公寓开工建设；园博等 5 个社区服务中心正式启用；西亭社区卫生服务中心建成，集美新城医院前期工作展开。社会事业项目有序推进，诚毅图书馆二装工程、集美区青少年宫等进入施工收尾阶段，软件园三期体育馆主体工程开始施工，市环境监测综合大楼、中科院二期、稀土研究所等基本建成，诚毅幼儿园投入使用。

【城市管理创新升级】2017 年，集美新城城市管理创新升级。紧扣新城“工地＋城区”的特点，继续实行“全面围挡”四项制度等措施，基本实现在建、待建工地及收储用地的规范管理。工地和道路粉尘污染得到控制，完成厦门会晤期间环境质量保障工作，片区空气质量保持优良，环境空气质量综合指数全市领先。加强部门联动执法，片区内占道经营、随意张贴、无审批破路施工等破坏城市景观行为得到遏制；开展土方车集中整治执法行动，全年查扣污染路面土方车 148 辆，查处不按指定地点倾倒土头垃圾车辆 112 辆。

【新城地块出让】2017 年，集美新城出让地块 2 宗，出让土地收入 18 亿元。2016JG04 地块位于软件园三期集美北大道与杏锦路交叉口西北侧，总用地面积 2.23 万平方米，总建筑面积 6.34 万平方米，土地用途为软件研发。2017JP03 地块位于杏锦路与海翔大道交叉口东北侧，总用地面积 2.02 万平方米，总建筑面积 5.65 万平方米，土地性质为商住用地。（江燕青）

马銮湾新城集美片区建设

【概况】2017 年，马銮湾新城集美片区开工建设项目 26 个，完成投资 8.66 亿元。12 月，完成交地 96.87 公顷，拆迁（非主宅、含鱼塘管理房）12 万平方米，生态修复（一期）工程用地全部提交代建单位施工。基本完成集美岛和中心岛集美片区的围堰吹填施工。路网建设全面铺开，光明路扩建和楼山路、蔡林中路、蔡林东路、屿仔尾路、屿仔尾东路 6 条道路建设竣工。同步推动保留村庄环境改造提升，村庄污水治理与美丽乡村建设9项工程上半年完工。

【规划制订】2017年，市马銮湾新城建设指挥部在原有1个控规和区域水系及生态修复、交通系统、市政、地下空间开发、竖向5个专项规划基础上，进一步深化完善控规和专项规划内容，制订市政道路、综合管廊、环卫设施、行道树种、慢行（自行车道）系统、公交线网、智慧城市、村庄发展用地、岸线景观、湿地公园、产业发展等专项规划或概念方案，并预留拓展空间。控规编制阶段同步进行区域水系及生态修复规划属全国首创。根据新城开发体制，马銮湾新城规划由市级统筹，区领导小组召开规划专题会议，协调推动片区综合管廊、岸线绿廊、道路优化、教育配套和村庄发展用地等规划，完成马銮湾新城集美片区产业规划、旅游发展规划和蔡林、西滨、陈井、潮瑶、浦边五个村庄提升改造规划评审，以及蔡林村2017—2019年一期、二期提升改造建设项目设计方案。

【生态修复】生态修复是马銮湾新城开发建设的基础性工程。通过生态修复和造地，形成一“心”、两岛（中心岛、集美岛）、六个生态岛，重造新城水陆边界。建设内容包括清淤、围堰、场平、排水、围墙等工程。生态修复面积1646公顷，其中集美772公顷。清淤1600万立方米，吹填中心岛、集美岛及生态岛面积约415公顷，两区陆域回填场平363公顷，总计土方2173万立方米、砂900万立方米，总投资20亿元。2017年，推进中心岛、集美岛、生态岛屿的围堰及吹填施工，同步推进陆域范围骨干路网路基及地块场平施工。至年底，基本完成集美G地块场平、集美岛和中心岛集美片区的围堰吹填施工，并移交厦门市土地开发总公司收储。

【路网建设】马銮湾新城处于全市“两环八射”主路网直接覆盖区，地铁线网密度全省第一，慢行道路密度全市第一。新城骨干路网规划为“五横六纵”，其中城周“两横两纵”（“两横”为海翔大道、翁角路，“两纵”为孚莲路、西滨路＋新阳大桥）、城内“三横四纵”（“三横”为孚莲东二路＋环湾大道、东孚西路＋东孚东路、东孚西二路＋东孚东二路＋新阳大道，“四纵”为东孚北路＋东孚南路、马銮湾西路＋西园路、灌新路、马銮湾东路＋新景路）。2016年，“两横两纵”完成提升改造；2017年，马銮湾新城集美片区起步区路网建设全面启动。

【光明路】位于马銮湾新城集美片区，起于西滨路，与蔡林南路相交，终于外湾东路，道路等级为城市支路，总长682米，其中旧路改扩建374米，红线宽度22米，机动车道宽9米，两侧为非机动车道、人行道、绿化带。非机动车道各宽2.5米，人行道各宽2米，绿化带各宽2米。建设内容包括道路、交通、路灯、绿化、给水、排水、有线电视（土建）等工程，项目总投资1855万元。其中，建安工程费1398万元，其他费用156万元，建设期贷款利息31万元，征地拆迁费270万元。至2017年年底，完成投资1717万元，铺设路缘石957米、透水砼928米。

【蔡林中路】位于马銮湾新城集美片区蔡林路与光明路中间，起于西滨路，与蔡林南路相交，终于外湾东路，设计道路等级为城市支路，总长388米，其中原旧路106米，红线宽度为7米。建设内容包括道路、交通、路灯（含新建箱式变压器）、给水和排水等工程，项目总投资634万元。其中，建安工程费338万元，其他费用47万元，建设期贷款利息8万元，征地拆迁费241万元。至2017年年底，完成投资294万元，完成项目的临时搭设。

【屿仔尾路】位于马銮湾新城集美片区，规划道路等级为城市支路，总长462米，红线宽22米，其中机动车道宽9米，两侧为非机动车道、人行道、绿化带。非机动车道各宽2.5米，人行道各宽2米，绿化带各宽2米。建设内容包括道路、交通、路灯、绿化、给水、排水、缆线沟、燃气、中水工程等，项目总投资1894万元。其中，建安工程费1111万元，其他费用126万元，建设期贷款利息26万元，征地拆迁费631万元。至2017年年底，完成投资1715万元，完成路基3%水稳施工1575平

杏林湾湿地公园慢行系统景观工程一隅（林志杰 摄）

方米、路基整平 2583 平方米、防水墙 348O 米、绿地砾石和土工布 348 米。

【蔡林东路】 位于马銮湾新城集美片区蔡林路与屿仔尾路中间，设计道路等级为城市支路，总长度 463 米，红线宽度 22 米，机动车道、非机动车道、人行道、绿化带设计宽度同屿仔尾路。建设内容包括道路、交通、路灯、绿化、给水、排水、缆线沟、有线电视（土建）、通信、燃气、中水工程等，项目总投资约 2323 万元。其中，建安工程费 1519 万元，其他费用 168 万元，建设期贷款利息 35 万元，征地拆迁费 601 万元。至 2017 年年底，完成投资 2146 万元，完成综合管线铺设及路基 5% 水稳施工 4485 平方米。

【蔡林北路】 位于马銮湾新城集美片蔡林村，设计道路等级为城市支路，总长 1293 米，其中宽 22 米长度为 865 米，宽 14 米长度为 425 米，建设内容包括道路、交通、路灯、绿化、给水、排水、缆线沟、有线电视（土建）、通信、燃气、中水工程等，项目总投资 5380 万元。至 2017 年年底，完成投资 90 万元。

【蔡林南路】 位于马銮湾新城集美片区蔡林村，设计道路等级为城市次干道，总长度 2592 米，宽度 30 米，机动车道、非机动车道、人行道、绿化带设计宽度同屿仔尾路。建设内容包括道路、交通、路灯、绿化、给水、排水、缆线沟、有线电视（土建）、通信、燃气、中水工程等，项目总投资约 8950 万元。至 2017 年年底，完成投资约 100 万元，前期手续等相关工作正在办理中。

【外湾东路】 位于马銮湾新城集美片区西滨村，设计道路等级为城市支道，总长 2784 米，宽 22 米。建设内容包括道路、交通、路灯、绿化、给水、排水、缆线沟、有线电视（土建）、通信、燃气、中水工程等，项目总投资约 13408 万元。至 2017 年年底，完成投资 911 万元。

【望山路】 位于马銮湾新城集美片区西滨村，设计道路等级为城市次干道，总长 346 米，其中宽 30 米长度为 146 米，宽 40 米（二分路）长度为 200 米。建设内容包括道路、交通、路灯、绿化、给水、排水、缆线沟、有线电视（土建）、通信、燃气、中水工程等，项目总投资 4313 万元。至 2017 年年底，完成投资 70 万元，开始水泥搅拌桩施工。

【柏涛路】 位于马銮湾新城集美片区西滨村，设计道路等级为城市次干道，总长 2784 米，宽 22 米。建设内容包括道路、交通、路灯、绿化、给水、排水、缆线沟、有线电视（土建）、通信、燃气、中水工程等，项目总投资 13408 万元。至 2017 年年底，完成投资 580 万元，开始水泥搅拌桩施工。

【浦銮路】 位于马銮湾新城集美片区浦銮村，设计道路等级为城市次干道，总长 1900 米，宽 76 米（二分路）。建设内容包括道路、交通、路灯、绿化、给水、排水、缆线沟、有线电视（土建）、通信、燃气、中水工程等，项目总投资 12400 万元。至 2017 年年底，完成投资 75 万元。

【马銮湾东路】 位于马銮湾新城集美片区北部，设计道路等级为城市次干道，总长 1178 米，宽 30 米。主要建设内容包括道路、交通、路灯、绿化、给水、排水、缆线沟、有线电视（土建）、通信、燃气、中水工程等，项目总投资 7100 万元。至 2017 年年底，完成投资 75 万元。

【屿仔尾东路】 位于马銮湾新城集美片区，设计道路等级为城市支路，总长 376 米，红线宽 22 米，机动车道、非机动车道、人行道、绿化带设计宽度同屿仔尾路。建设内容包括道路、交通、路灯、绿化、给水、排水、缆线沟、中水工程等，项目总投资 1914 万元。其中，建安工程费 1198 万元，其他费用 135 万元，建设期贷款利息 29 万元，征地拆迁费 552 万元。至 2017 年年底，完成投资 1779 万元，左侧人行道及非机动车道土方平整，级配碎石、平缘石安装，透水混凝土铺设、路灯埋管作业结束。

【楼山路】 位于马銮湾新城集美片区，规划道路等级为城市支路，总长 195 米，红线宽 22 米，其中机动车道宽 9 米，两侧为非机动车道、人行道、绿化带。非机动车道各宽 2.5 米，人行道各宽 2 米，绿化带各宽 2 米。建设内容包括道路、交通、路灯、绿化、给水、排水等工程，项目总投资 655 万元。其中，建安工程费 334 万元，其他费用 46 万

集美岛围堰吹填施工工地（曾文清 2017 年 12 月 摄）

元，建设期贷款利息8万元，征地拆迁费267万元。至2017年年底，完成投资341万元。

【蔡林路】位于马銮湾新城集美片区，规划道路等级为城市支路，总长408米，红线宽30米，其中机动车道宽9米，两侧为非机动车道、人行道、绿化带。非机动车道各宽2.5米，人行道各宽2米，绿化带各宽2米。建设内容包括道路、交通、路灯、绿化、给水、排水等工程，项目总投资约2606万元。至2017年年底，完成投资570万元，开始水泥搅拌桩施工。

轨道6号线一期工程集美岛站建设工地（曾文清 2017年12月 摄）

【堤岸路】位于马銮湾新城集美片区，规划道路等级为城市支路，总长378米，其中宽30米长度为264米，宽22米长度为114米，建设内容包括道路、交通、路灯、绿化、给水、排水等工程，项目总投资约2467万元。至2017年年底，完成投资1730万元，开始水泥搅拌桩施工。

【马銮立交】马銮立交又称西滨路与新阳大桥接线立交，位于马銮湾新城集美片区，为三层定向互通立交，改造西滨路及杏滨路长830米，其中新建西滨路NY主线桥450米，桥宽9米；新建匝道长1622米，其中桥长350米，匝道桥宽10米；新建辅道长297米，车行道宽5米；马銮海堤加宽改造长155米；新建人行天桥2座、人行地道1座。建设内容包括道路、交通、路灯、绿化、雨水、给水、排水等工程，项目总投资11958万元，其中建安费9297万元。至2017年9月，各项工程完工，完成投资13541万元。

【轨道6号线一期工程】位于马銮湾新城集美片区，含集美岛站和西滨路口站，线路全长4.3千米。建设内容：主体土建工程，给排水永临结合工程及人防工程。项目总投资概算93868万元，其中建安工程费75566万元，其他费14029万元，基本预备费4273万元。至2017年年底，完成投资7000万元，完成集美岛站及西滨路口站主体围护结构及主体结构施工。

【厦杏排洪沟迁改及回填】位于马銮湾新城集美片区杏滨街道蔡林村东，起于西滨路南侧现状排水暗涵出口，止于规划马銮湾岸线处，设计流量每秒18.42立方米，总长550米，底宽5米，项目总投资约2079万元。对现状排洪暗涵和土渠进行改造，其中复合断面明渠长521米，矩形箱涵长25米，断面5×2.5米；休闲步道长990米，宽2米；污水截流井断面5×4×7.7米；排洪渠两侧绿化6000平方米，生态挡墙垂直绿化4100平方米。至2017年年底，完成投资880万元，开始基础验槽浇筑。

【截污排污】马銮湾新城集美片区内保留村庄5个。2015年10月始，按区、镇8∶2财政比例，对马銮湾新城灌口镇保留村庄实施农村污水收集排放。其中，灌口镇陈井污水治理工程（A），投资780万元，铺设污水管网11246米，建设分散式污水治理处理设施1座；灌口镇陈井污水治理工程（B），投资600万元，铺设污水管网15198米，建设分散式污水治理处理设施1座；灌口镇浦林村潮瑶社污水治理工程，投资600万元，铺设污水管网8060米，建设分散式污水治理处理设施1座；灌口镇浦林村浦边社污水治理工程，投资632万元，铺设污水管网14580米，建设分散式污水治理处理设施1座；西滨社区西滨片区排水系统提升改造工程，投资612万元，建设管网总长3500米。

【蔡林小学建设】位于马銮湾新城集美区蔡林村东侧，计划办学规模48班，总用地面积23948平方米，总建筑面积26329平方米，其中地上建筑面积17922平方米、地下建筑面积8407平方米。建设内容包括新建教学楼、实验综合楼、食堂、体育馆、室外运动场及相关配套设施、地下公共停车场（含人防工程），项目总投资12581万元，其中建安费10672万元，其他费1119万元，征地拆迁费790万元。至2017年年底，完成投资约1320万元。

（黄真鸿）

环境保护

【概况】2017年，集美区生态环境保护投入2626万元，同比增长3%；区财政拨付给区环委办的经费700万元，同比增长 91.53%。全区空气质量优良率 87.12%，空气细颗粒物浓度等 6 项污染物指标达标率 100%，坂头—石兜水库饮用水水源地水质达标率 100%，区域噪声 55.9 分贝，交通干线噪声 67.4 分贝，一般工业固体废物综合利用率 94.45%，危险废物处置利用率 98.84%。全年累计办理行政许可 1506 件。

【环境质量】2017 年，坂头—石兜水库水质符合《地表水环境质量标准》（GB3838-2002）中Ⅲ类标准要求，饮用水水源地水质达标率 100%。全区总体水质状况与 2016 年相比略有下降，高锰酸盐指数（COD_{Mn}）、五日生化需氧量（BOD_5）、氨氮（NH_3-N）、总磷（TP）、粪大肠菌群五项指标监测年均值与 2016 年相比均有上升。空气质量指数（AQI）优的天数 115 天，良的天数 203 天，轻度污染 47 天，空气质量优良率 87.12%，优级率 31.51%。空气中主要污染物 SO_2、NO_2、CO、PM_{10} 年平均浓度分别为 0.007 毫克 / 立方米、0.034 毫克 / 立方米、0.9 毫克 / 立方米、0.054 毫克 / 立方米，优于《环境空气质量标准》（GB3095-2012）二级标准（SO_2 年平均浓度 0.06 毫克 / 立方米、NO_2 年平均浓度 0.04 毫克 / 立方米、CO 年平均浓度 4 毫克 / 立方米、PM_{10} 年平均浓度 0.07 毫克 / 立方米），比 2016 年（SO_2 年平均浓度 0.011 毫克 / 立方米、NO_2 年平均浓度 0.038 毫克 / 立方米，CO 年平均浓度 1.1 毫克 / 立方米、PM_{10} 年平均浓度 0.063 毫克 / 立方米）均有所降低；O_3、$PM_{2.5}$ 年平均浓度分别为 0.155 毫克 / 立方米、0.028 毫克 / 立方米，达到国家二级标准（O_3 年平均浓度 0.16 毫克 / 立方米、$PM_{2.5}$ 年平均浓度 0.035 毫克 / 立方米）。区域环境质量噪声 55.9 分贝，交通干线噪声 67.4 分贝。

【大气污染治理】2017 年，集美区制订《2017 年进一步提升空气质量工作方案》，修订《厦门市集美区大气污染不良天气应对办法（第三版）》，完善空气质量指标考核办法，健全环境质量会商工作机制。全年启动轻微污染天气一级响应 93 次、二级响应 135 次、三级响应 184 次，协调区相关部门落实应对措施。开展汽车修理、医院、餐饮业、加油仓储、干洗业等五类生活源的挥发性有机物专项调查；完成汽修、印刷行业、涂装行业的 VOCs 整治，有 65 家企业通过整治验收。开展锅炉及工业窑炉专项整治，关停机砖厂 11 家，推进集中供热企业瑞新热电燃煤锅炉超低排放改造。推动空气质量污染源监管能力建设，加强与科研院所开展项目合作研究，委托开展大气污染源解析；建成全市首个区级网格化大气污染监控平台和 20 个空气质量微型监测站并投入使用。加强机动车污染管控，扩大黄标车限行区域，淘汰黄标车 325 辆。探索餐饮油烟治理，完成 28 家大型餐饮单位共 29 套餐饮油烟浓度在线监控安装和调试工作。加强机动车污染管控，共拦查机动车 59 辆，查处超标车 14 辆。加强城市工地扬尘、道路工地扬尘督导管控，提交相关部门进行查处，并持续跟进整改情况。

【水污染治理】2017 年，根据《厦门市全面推行河长制实施方案》要求，设立区级河长，成立河长制办公室，配置河道专管员 12 名，开展涉河违法行为巡查工作，共发现问题 1542 起，协助执法 786 起。完成三条溪流流域的污染源排查。加强工业污染防治，开展流域工业企业整治，严厉打击违法企业，坚决取缔“十小”企业，共查处涉水环境违法企业 137 家，完成水污染重点工业企业达标治理。推进农村污水处理设施建设，全区 208 个村庄中，完成集中式截污纳管施工的 132 个，基本完工的 6 个，完成管网敷设 1025 千米；70 个村庄实行分散式污水治理，污水管网铺设全部完成，55 个处理设施全部完工并投入运行，实现全区农村分散式生活污水治理覆盖率 100%。开展水环境污染源解析。强化饮用水安全保障，加强坂头—石兜水库巡查，制止和查处违法行为；开展饮用水源地突发环境事件应急演练，完成金砖国家领导人厦门会晤饮用水源安全保障。率先在全市开展畜禽养殖清退，出台《集美区流域周边家禽养殖退养实施方案》，划定家禽养殖禁养区，流域 200 米范围内家禽 6 月底全部退养完成，流域 200 米范围外清退率 97.60%。

5 月 17 日，后溪镇后溪村一家五金加工厂因污水排放不达标被环保部门查封。（刘平 摄）

【环境监管执法】2017年，集美区强化环境执法力度，围绕厦门会晤环境质量保障、中央环保督察整改等重点工作，结合环境执法专项督查、执法大练兵、“四个配套”亮剑执法等专项工作，保持环境执法高压态势，行政处罚案件立案数和罚没款居全省前列。全年累计检查企业2583家，出动次数7749次，双随机检查150家次。依法立案行政处罚390起，行政处罚罚款1010万元，依法查封扣押30起，移送公安行政拘留14起，刑事移送1起，停产限产1起，征收排污费682万元。积极回应环境信访投诉，全年共受理环境信访投诉件3682件，各项投诉均得到妥善处理，全部按时按要求反馈。

【环境风险防范】2017年，集美区加强环境安全管理，对液氨使用单位、化工、涉重金属、核与辐射等行业开展环境安全大排查大整治工作。完成厦门会晤环境安全保障工作，辖区未发生较大以上突发环境事件和一般突发环境事件。推进辖区环境风险企业突发环境事件应急预案的修编、评估和备案工作。加强环境安全应急物资储备库建设，将相应物资分发给各镇街，并与企业签订应急物资共享协议，提高辖区环境应急能力。加强核与辐射监督管理工作，组织监测机构对16家放射源使用单位进行监督监测，强化辖区核与辐射单位环境安全管理。加强涉重金属企业监管，投资522万元，在全省率先进行“重金属企业环保智能化监控项目”试点。开展饮用水源地废机油非法倾倒、厦门旺墩冷冻仓储有限公司液氨泄露突发环境事件应急演练，提升突发环境事件应对能力。

【生态文明建设】2017年，集美区深化环保目标责任制考核，完成对辖区6个镇街和9个部门2016年生态文明建设和环境保护目标责任制工作情况考核；区委书记、区长与主要部门、各镇街、重点企事业单位签订《集美区2017年度党政领导生态文明建设和环境保护目标责任书》。健全“一月一调度，二月一汇总，一季一督查”工作机制，及时梳理工作进展。建设区级生态文明建设评价考核平台，完善环保目标考核评价和环境资源司法保护机制，制订《集美区生态环境损害赔偿工作实施方案》。环保部门主动参与探索生态环境损害赔偿体制改革，与区检察院联合制定《关于加强环境保护法律监督与依法行政协作机制的实施意见》，建立联席会议制度，健全环境资源保护行政执法与司法无缝衔接机制，推动环境资源源头保护、损害赔偿、责任追究的落实，以及环境公益诉讼、环境资源案件查处等制度的完善。（曾慧君）

2017年集美区“三废”排放、处理、综合利用情况表

表25

项　目	单　位	实　绩	项　目	单　位	实　绩
工业废水排放量	万吨	677.14	工业粉尘（粉）排放量	吨	37.31
工业废水排放达标量	万吨	677.14	工业粉尘（粉）排放达标量	吨	37.31
工业废水排放达标率	%	100	工业固体废物产生量	万吨	9.28
工业废气排放总量	亿标立方米	184.73	工业固体废物贮存量	万吨	0.06
二氧化硫排放总量	万吨	0.06	工业固体废物处置量	万吨	1.86
二氧化硫排放达标率	%	100	工业固体废物综合利用量	万吨	7.41
工业烟尘（粉）去除量	万吨	3.60	工业固体废物综合利用率	%	80

交通与邮政业

交通运输业

公路建设与管养

【概况】 2017年，集美区交通运输局和集美公路分局共同承担境内公路建设、管理和养护任务。区交通运输局管养农村公路97条，总长163.07千米，其中县道21.32千米、乡道57.85千米、村道83.90千米，桥梁36座（中桥13座、小桥23座），投入养护资金81.21万元；管养路灯17300余盏，路灯亮灯率90%以上。集美公路分局管养干线道路16条，总长94.45千米，其中国道25.50千米（G324线、集灌路）、省道9.33千米（同集路）、县道54.04千米（滨海西大道、天马路、海翔大道等），乡道5.58千米（集美大道），桥梁21座。道路人工保洁面积59.37万平方米，机械保洁总里数396.1千米，绿化面积141.41万平方米，路灯8000余盏，实现干线养护机械化、路灯管理智能化、绿化养护专业化，干线公路技术状况指数（MQI）95以上，机械清扫率95%以上，路灯亮灯率92%以上，绿化率94%。（林成良 王建明）

【规划编制】 2017年，区交通运输局牵头编制《集美区公交线网近期规划》《集美区公交场站近期规划》，形成与轨道1号线、BRT等骨干线网配套、各种交通方式无缝衔接、满足各类需求的多层次公共出行网络规划。开展《轨道一号线（集美段）通车后沿线交通配套实施规划》《集美新城近期断头路完善规划》等规划编制工作。同时，依托全区主干路网提升，聚焦北站、滨水小区等重点片区交通问题，开展滨水小区周边片区、厦门北站车管所周边片区、厦门北站片区圣果院地块和集美大道沿线交通影响分析和规划的编制工作。（林成良）

2月，同集路提升改造工程天马路下穿通道试通车。（林志杰 摄）

【道路改造】 2017年，集美区实施涉及厦门市快速路系统中"两环八射"路网的项目8个：集灌路集杏海堤段提升改造工程、集灌路集美北大道—G324线段提升改造工程、集灌路杏林大桥—沈海高速段提升改造工程、海翔大道与田集连接线立交工程、西滨路与新阳大桥接线立交工程、同集路提升改造工程、西滨路提升改造工程、杏滨路提升改造工程。至年底，8个项目主体工程基本完成，全年共投资5.85亿元。其中，同集路投资3.20亿元，集灌路集美北大道—G324线段和集灌路杏林大桥—沈海高速段投资1.17亿元，杏滨路投资7343万元，西滨路投资1384万元，海翔大道与田集连接线立交工程投资3020万元，集灌路（集杏海堤段）投资1217万元，西滨路与新阳大桥接线立交工程投资1798万元。6月28日，灌口东部新城金龙东路、渔孚路、学府路、安仁干道等断头路打通。（林成良）

【城市次干路及支路加密和优化】 2017年，区交通运输局完成集美北部片区路网完善项目策划，推进新324线、灌口中路、集美新城白石片区、前场铁路大型货场等区域周边市政道路建设和海凤南路、凤安中路、乐天路等5个项目前期工作。龙湖环集美湖项目周边规划道路和J2010P06地块北侧、东侧规划道路开工建设；研究策划仙棋路、灌新路、九天湖路锦园西路—董任路段、田集连接线厦门大桥—集美大道段、学院路环山路—凤南路段、天马路、滨海西大道下穿工程、杏林湾路北延伸接白云大道等项目前期工作。（林成良）

【农村公路建设】2017年，区交通运输局继续推进灌口镇灌田线至忠塔线道路改造、环山风景道等工程建设；启动县道416、乡道Y313、村道C105、Y303、C026等11条农村公路“白改黑”、路面拓宽、破损路面修复、完善标志标线改造提升工程，县道X416线、白虎岩C026线财政性建设项目投资计划下达，其余9条农村公路设计方案编制完成。C026线4处塌方路段地质灾害治理完成。（林成良）

【道路绿化提升】2017年，集美公路分局对同集路、杏锦路、海翔大道实施绿化提升工程。同集路绿化景观全长1840米，绿化面积28503平方米。主要树种为香樟、秋枫、凤凰木、黄花风铃木、大花紫薇等10余种色叶或开花乔木，共2308株；绿篱地被以花叶鹅掌柴、毛杜鹃、龙船花、翠芦莉为主，面积计1万余平方米，马尼拉草坪11493平方米，2017年6月底完工。杏锦路杏林互通—后埔立交段绿化景观全长3780米，绿化面积14407平方米。主要植物有火焰木、小叶榄仁、木棉、菩提树、鸡蛋花等，共500余株，灌木以红花三角梅、恢莉球为主，2017年11月底完工。海翔大道三南路—天马山隧道段绿化景观全长7600米，绿化面积25000平方米。主要树种为华棕、火焰木、大腹木棉、蓝花楹等，共789株；绿篱灌木以黄金榕、红绒球、三角梅、龙船花等彩化植物为主，共18645平方米，马尼拉草坪3589平方米，2017年11月底完工。（王建明）

【公路管理】2017年，集美公路分局路产路权管理科受理路政许可申请24件，批准21件，收取路产赔（补）偿费99.6万元；处理路产赔（补）偿案件25件，收取路产赔（补）偿费11.5万元。协同区交通综合执法大队，对道路运载土方车辆和非交通标志牌进行专项整治；对国道324线灌口菜市场占道经营行为进行劝导整治，与相关部门协调，制订疏导方案，予以搬迁安置。路政巡查一中队和二中队坚持主次干道每天至少巡查两次，其它道路每天至少巡查一次，全年累计上路巡查1491人次、467车次。（王建明）

【厦门会晤保障】2017年，集美公路分局成立重大活动保障工作领导小组，下设三个网格化巡查小组。制订“一路一预案”，坚持每天上路巡查，针对发现的问题，形成督查通知，要求按时整改。配合公安等部门，建设检查站、信息屏、交通安防、安保视频监控系统，涉及管辖路段200多个点。厦门会晤期间，共出动人员310人次、清扫车620车次，对主次干道进行洗扫作业，耗水量2263吨；出动洒水车992车次，对主次干道进行洒水及清洗，出勤992人次，耗水量11532吨；出动工具车651车次，出勤3100人次，确保路网畅通、路况良好、环境优美。（王建明）

2017年集美区公路里程表

表26

指标	单位	里程	指标	单位	里程
一、公路通车里程	千米	94.45	乡道	千米	5.58
其中：等级公路（一级）	千米	70.44	三、晴雨通车里程	千米	94.45
高级公路（二级）	千米	24.01	四、绿化里程	千米	94.45
二、道路等级	—		五、公路桥梁	座	26
国道	千米	25.50	公路桥梁长度	米	2919.16
省道	千米	9.33	互通式立交桥	座	14
县道	千米	54.04	互通式立交桥长度	米	11709.10

公路运输

【概况】2017年，区交通运输局办理道路运输经营许可5件。其中，普通货物运输经营1件，一、二类汽车整车维修3件，摩托车维修经营许可1件。至年底，全区有客运企业6家，货运企业77家，租赁企业1家，维修企业38家，驾培机构9家。完成行业大排查大整治调查摸底工作，核实辖区道路运输企业134家，从业人员5145人，道路运输车辆3431辆。摸清所辖交通运输高危企业9个、重点企业3个、一般性企业风险点687个。

【客货运输】2017年，集美区有客运企业6家（不含出租车和公交车公司）。其中，长途汽车客运站2家，旅游客运企业3家，长途客运企业1家，有客运车辆82辆3445座。年客运量73.77万人次，客运周转量14150.67万人次；出租车企业2家，出租车200辆1000

座，年客运量85.6万人，年运营总里程682.6万千米；公交客运企业1家，在营公交车辆669辆，公交线路68条，运营线路总里程4993.6万千米，客运量11078.81万人次。货运企业77家（其中危险货物运输企业5家），货运车辆1902辆，总吨位14212.35吨，货运量117014.36万吨，货运周转量102.23万吨。

【公交线路优化】2017年，集美区新增常规公交线路3条。1月9日，开通990路（软件园三期—市行政服务中心），作为947路高峰时段补充线路。同期开通991路（车管所—梧村公交场站）公交线路。6月26日，开通494路（厦门北站BRT场站—杏南中学后溪校区），满足车管所及周边民众出行需求。鉴于东安公交场站建成投入使用，对902路（厦门医学院—东安公交场站）进行调整，双向延伸至厦门医学院和东安公交场站始发，满足厦门医学院师生及东安片区海上五月花小区民众出行。延伸调整916路、917路至杏南中学后溪校区始发，满足学校师生出行需求。对950路、951路等线路进行微调，对992、910、946、954、955、956路等公交线路进行车型更换，增加营运车辆。（林成良）

道路交通管理

【概况】2017年，集美区道路交通安全形势总体平稳，交通事故、死亡、伤人、直接财产损失4项指数全面下降。全年发生立案道路交通事故737起，比上年减少25起，下降3.28%；死亡51人，同比减少7人，下降12%；受伤756人，同比减少45人，下降5.56%；直接财产损失255万元，同比减少98万元，下降27.81%。区道路交通事故一体化调处中心受案1620起，调结1436起，落实到位赔付款6453.84万元，其中公安行政调解受案189起，调结189起，调结率100%，落实到位赔付款1375.11万元。区交警大队查纠现场严重交通违法行为69332起，其中酒后驾驶764起、醉酒驾驶506起、涉证16873起、涉牌19093起、货车超载30%以上1898起、车辆超员3420起、现场超速2756起。

【交通隐患治理】2017年，区政府、镇街两级投入3000万元，提升改造各处路口红绿灯控制系统，增设闯红灯抓拍和违停抓拍系统，刷新交通标线，安装震荡线、减速带、反光道钉（柱）、护栏、警示禁令标志、爆闪灯等，初步建成区、镇（街）、村（居）三级交通监管网络。区委、区政府、区委政法委、区公安分局领导多次召开现场办公会，研究集美大道与滨水小区交叉路口等9处道路交通安全隐患整改工作。区财政追加经费4100万元，建设交通监控设备21处，新建红绿灯系统5套，提升改造红绿灯系统10套，建隔离护栏19808米、标志牌1689面、标线92908平方米。交警大队约谈施工单位责任人92人次，销毁逾期未处理摩托车8686辆，发出整改通知书89份。走访客货运企业451次，检查客货运车辆9000余辆次。至年底，辖区五类重点车辆（校车、旅游客运车、营转非旅游客运车、危化品运输车、公路客运车）检验率均达100%。

【车辆驾驶人管理】2017年，集美交警大队办理车管业务43111起、驾管业务50887起。民警到签订带牌销售协议的55家车行，发放号牌6851副，办理带牌销售摩托车注册登记6448辆，带牌销售率99.9%。（吴心怡）

铁路运输

【厦门北站】厦门北站位于集美区后溪镇珩圣路，有站台6座，旅客列车到发线12条，站房总建筑面积10.9万平方米，候车厅面积2万平方米，最高聚集人数6300人/小时，出站人行地道2处。车站设有售票窗口16个、自动售票机20台、自助取票机12台、自助检票闸机52台、扶梯36部、直梯11部、实名制验证口18个、安检查危仪12台。2017年年底，厦门北站共开行图定旅客列车始发58对、经停动车157趟。全年发送旅客1583.53万人，完成运输收入17.40亿元。强化铁路安保工作，先后投入300余万元，强化车站安保设施设备；邀请厦门铁路公安处反恐支队培训反恐防范知识，现场教授员工反恐警械警具的使用方法、操作技巧等。党的十九大期间，实行

集美交警大队在斑马线后设置摩托车待行区，为全市首创。图为集源路和浔江路交叉路口摩托车司机在待行区等待红绿灯（林志杰 摄）

超常规安检措施，对所有进京列车旅客实行专区候车、二次安检，确保将危险、违禁品堵在站外车下，完成厦门会晤核心安保区和十九大期间的各项安保任务。（段婧 林平超）

轨道交通建设

【概况】据厦门市轨道交通建设规划，途经集美区或在集美区设有终点站的地铁有1号线、4号线、6号线3条，高铁1条。其中，地铁1号线于2017年12月底通车试运营；地铁4号线和6号线计划分别于2020年和2021年试运行；福厦高速铁路计划2022年试运行。

12月31日，厦门地铁1号线通车试运营。（林志杰 摄）

【1号线通车试运营】2017年12月31日，厦门地铁1号线通车试运营。地铁1号线起于岛内镇海路，终于厦门北站北广场，全程30.3千米，设站24座。其中，集美段长13.6千米，设车辆基地1个和岩内、厦门北站、天水路、集美大道、集美软件园、诚毅广场、官任、杏锦路、杏林村、园博苑和集美学村11站。集美段共征收土地130.75公顷，征收房屋总建筑面积23.45万平方米。2013年10月，1号线集美段开工建设；2016年年底，集美段土地和房屋征收任务全部完成。至2017年年底，1号线全线通车试运营。

【4号线建设】厦门地铁4号线起于海沧嵩屿，终于翔安机场，全程71.2千米。途经集美区境马銮新城、灌新路、灌中路、厦门北站、海翔大道，长10千米。一期工程集美段土地征收任务30.6公顷，拆迁房屋总建筑面积（红线内）8.24万平方米。至2017年年底，完成征收并提交用地22.86公顷，房屋征收9274平方米。2016年12月底，一期工程开工建设。

【6号线征地拆迁】厦门6号线起于海沧林棣，终于同安新店仔，总长45.43千米。途经集美区境马銮新城、西滨路、杏北路、杏林湾路、集美大道、同集路，长16.54千米，设站13个。集美段征地任务45.81公顷，征拆房屋17.58万平方米，其中住宅6.3万平方米、非住宅11.28万平方米。至2017年年底，首开段（马銮中心站至西滨路口站）完成征收并提交用地4.51公顷，征收房屋2.3万平方米。

【福厦客专建设】福厦高速铁路，北起福州，南至漳州，正线全长278千米，其中集美段长13.9千米，设站1座。福厦客专在集美区需征地98.19公顷，拆迁房屋24.41万平方米，其中住宅11.56万平方米，非住宅12.85万平方米。2017年9月底，全线开工建设，计划2022年建成通车。（汪中华）

物流业

物流园区

【概况】2017年，集美区依托集美物流园、厦门北站片区和前场铁路大型货场，推进物流服务载体和重点项目建设，重点发展冷链物流、汽车物流、电商物流，其中冷链物流初具规模，冷库容积14万立方米，可存放冷冻食物9.8万吨；在建的中马（普洛斯）冷链物流园，规划建设储量2万吨单层信息化钢构冷库1座。汽车物流年营业收入31.73亿元。

【前场铁路大型货场】2017年，前场铁路大型货场项目完成各项投资2.54亿元，市政配套工程基本满足园区运行需求。集美区累计完成征地81.91公顷，征迁房屋51栋。货场铁路作业区一期2016年12月通车试运营。物流功能区5栋仓库及综合办公楼12月竣工，园区开闭所项目完成验收投入使用。园区开发企业厦门东南智慧物流港有限公司、厦门铁路物流投资有限公司与中远海运、普洛斯、菜鸟、盛辉、德邦、顺丰等企业洽谈招商。

【集美物流园】2017年，园区一期水、电、路等基础设施配套逐步完善。园区主要市政道路有浦林路、前潮路和杏美路3条，浦林路由集美区国有资产投资有限公司负责建设，3月底通车；前潮路、杏美路由象屿集团负责建设，8月底通车。至年底，园区落户项目6个，典泰新兴项目竣工试运营，电商谷、海翼工业物流中心、嘉晟供应链项目一期竣工试运营、二期在建，中马（普洛斯）项目在建，顺通达项目未开工，累计建成仓储设施20.5万平方米，有跨越、百世、优速等30多家物流企业入驻。入驻物流企业全年纳税263.86万元，同比增长45%。

【厦门北站片区】 2017年，厦门北站片区继续推进厦门汽车物流中心、海西汽车城等项目建设，共有18家汽车4S店入驻，15家开业运营，销售捷豹、路虎等汽车品牌17个。纳入统计的11家4S店全年实现销售额23.86亿元，同比增长26.82%，累计完成税收1011.13万元，同比增长4.4%。经营二手车业务的建发易手车公司入驻运营，汽车物流产业加速聚集，汽车商圈形成。（周益敏）

物流企业

【概况】 2017年，集美区物流企业纳税5679万元，比上年增长16.57%，其中纳税100万元以上的物流企业11家，年纳税额3657.26万元，同比增长29.68%。纳入统计的物流企业18家，物流营业收入11.08亿元，同比下降13.72%。其中，营业收入过亿的有全程德邦4.74亿元、杏林永顺1.27亿元、联冠1.11亿元3家。典泰新兴项目被市物流办认定为市级重点物流项目，联冠物流7月21日"新三板"挂牌上市。5月12日，区政府出台《集美区鼓励物流业发展扶持办法》，从鼓励企业落户、纳入统计、经营贡献、创新提升、物流安全生产标准化达标建设等方面给物流企业予以奖励，促进物流产业加快发展。奖励德邦运输企业27.57万元，受理金龙汽车物流、旺墩冷储申报灾后补助。

【厦门电商谷】 厦门电商谷位于集美物流园区，占地面积12.5公顷，建筑面积28万平方米，总投资10亿元。2015年12月，一期工程竣工，2016年5月完成验收。2017年，一期建筑面积11.4万平方米竣工，完成6—10号楼4.4万平方米招商，入住企业56家，其中物流企业4家、商贸和众创企业52家。二期项目1—5号楼取得工程规划许可证，29号楼工程规划许可证办理中。

【海翼工业物流中心】 海翼工业物流中心位于集美物流园区，占地面积5公顷，建筑面积5万平方米，总投资1.3亿元。2017年，一期工程建筑面积0.8万平方米竣工，投资额0.42亿元，由厦门众诚百川物流有限公司租赁运营。三期1.1万平方米建设商贸配送平台（物流库房）办理专项验收手续，与百世物流签约租赁运营。二期项目办理开工手续，拟建设电商业务专用物流库房3万平方米，建设工期380天，由海翼物流自营。

中马（普洛斯）冷链物流园仓储设施建设工地（周益敏 2017年12月摄）

【嘉晟供应链物流基地】 嘉晟供应链物流基地位于集美物流园，占地面积19万平方米。2017年，一期建筑面积4.7万平方米竣工，投资额1.5亿元，由跨航、优速等30家物流企业租赁试运营。二期13.8万平方米，投资额3亿元，5号、6号楼封顶，7号、8号楼主体在建，11号基础在建，9号工程验桩，计划2018年11月底竣工，部分租赁，部分自营跨境电商等业务。

【中马冷链物流园】 中马冷链物流园位于集美物流园，占地面积5.6万平方米，建筑面积3.3万平方米，总投资1.56亿元，建设内容包括储量2万吨的单层信息化钢构冷库、储量2万吨的三层干货仓库、10层干货仓库、16层综合管理大楼各1座，以及配套设备用房。2017年6月进场施工，1.8万平方米干货仓库和0.6万平方米附属楼、0.9万平方米冻库正在建设中。

【典泰新兴海峡食品物流园】 典泰新兴海峡食品物流园位于集美物流园区，占地面积3.7万平方米，建筑面积3.6万平方米，总投资8000万元。2017年，0.75万平方米配套楼房和1.1万平方米A库投用试营运，1.6万平方米B库（4层）办理综合验收手续。

【厦门汽车物流中心】 厦门汽车物流中心位于后溪镇圣果路与岩昌路的西北侧。兆翔临港置业（航空港）项目地上总建筑面积23.45万平方米，主要建设汽配城、整车仓储、汽车4S店、汽车展示厅、汽车文化传播中心、公共服务中心等。2017年，汽配城、整车仓储和11家汽车4S店项目建成。4S店共有14家，其中致和、明至、信达通瑞、信达北克、新成功瑞集、万国、新五菱、雪沃、以德、润锦行、利星11家建成开业，钧盈4S店通过竣工验收，富饶进口起亚、国戎现代2家办理开工前期手续。建发汽车项目由汽车4S店和二手车交易市场两大部分组成，项目总用地面积7.73万平方米。其中汽车4S店用地面积3.23万平方米，众骋、建发凯迪、捷路3家建成开业，奥迪项目正在办理开工前期手续，欧行尚未入驻；二手车交易市场完成设计招标，项目用地面积4.5万平方米，总建筑面积14.7万平方米，计划投资6亿元，建设二手车交易商铺400个，以及机动车登记服务站、车辆检测中心等配套服务设施。

2017年度集美区纳税百万元以上物流企业纳税情况表

表27　　单位：万元

企业名称	年纳税额	比上年增长(%)	企业名称	年纳税额	比上年增长(%)
厦门全程德邦物流有限公司	700	10.99	联冠物流（福建）股份有限公司	593	31.48
厦门金龙汽车物流有限公司	500	15.25	厦门市杏林永顺运输有限公司	363	36.71
德邦（上海）运输有限公司厦门分公司	316	−12.28	厦门峰砾物流有限公司	311	101.79
泉州顺路物流有限公司厦门分公司	300	127.93	厦门勇腾仓储有限公司	172	11.28
跨越速运集团有限公司厦门分公司	153	87.87	厦门嘉信发运输有限公司	140	36.46
厦门智欣物流有限公司	109	101.30	合计	3657	29.68

（周益敏）

邮政业

【概况】 2017年，集美邮政分公司下设邮政营业网点（所）14个、储汇网点7个、便民服务站168个、投递道段79个，邮路总长4725千米。共有员工144人，全年完成业务收入5041.31万元，服务窗口规范达标率100%。快递业有独立许可企业26家，分支机构98家，末端网点135个，从业人员1875人。5月12日，集美区政府印发《集美区鼓励物流业发展扶持办法》，对在集美区设立分拨中心的快递企业，按其租用场所发生的实际租金的30%给予补助。

【邮政业务】 2017年，集美邮政分公司平常函件进口量836.39万件，比上年下降19%；出口量30.40万件，同比下降24.09%。给据函件进口量324.55万件，同比下降25%；出口量4.18万件，同比下降15.85%。

【邮政安全管理】 2017年，海沧邮政管理局按照守土有责、守土尽责的要求，认真履行监管职责，加强邮政安全管理。在“一带一路”高峰论坛期间，出动安检人员211人次，检查进京邮快件7.8万件，未发现违禁品。金砖国家领导人厦门会晤期间，各寄递企业共拦截查获各类疑似违禁（管控）物品27件，其中仿真枪8支、管制刀具16套、易燃易爆剧毒物品1件、其它（管控）物品2件。对进入警戒区邮件快件实行三次安检，共检7545件。寄递业运行平稳有序，未发生寄递安全事故。

【嘉庚主题邮局成立】 2017年2月12日，全国首家华侨文化主题邮局嘉庚主题邮局在集美成立。该邮局位于集美区浔江路167—1号华侨建筑文确楼，即陈文确陈六使陈列馆。陈文确、陈六使兄弟是东南亚杰出的华人企业家、华社领袖，抗战期间曾支持陈嘉庚筹款救国，长期资助陈嘉庚在家乡创办文教事业，陈六使还是新加坡南洋大学的创办者。嘉庚主题邮局所在地邮编为“361021”，后4位数字为陈嘉庚诞辰日（10月21日）。陈六使后裔陈锡远受聘担任嘉庚主题邮局荣誉局长。嘉庚主题邮局除开展常规国内、国际邮政业务外，还围绕华侨文化举办各类社会教育活动，协助海内外华侨华人研究机构收集整理有关华侨华人的史料和华人社会的新变化，助力华侨华人历史文化研究。秋季新学期开学时，嘉庚主题邮局作为集美小学、集美第二小学两校的教学实践基地，开展学生之间沟通交流及中文书信知识等集邮社团活动。（林彩蓉）

电信与信息业

通　信

中国电信公司集美分公司

【概况】2017 年，中国电信公司集美分公司聚焦网络智能化、业务生态化和运营智慧化，推动翼支付、互联网+、物联网、云计算等新兴业务与集美区经济发展的结合，以服务社会民生为理念，提升网络质量及装维服务水平，满足客户的信息消费需求。全年完成全业务经营收入 2.53 亿元，年末天翼用户 15.88 万户，高清 ITV 用户 6.09 万户，宽带用户（含纯接入）18.09 万户。

【优化小单元承包机制】2017 年，集美电信分公司深化市场经营小单元承包机制，推进“倒三角”支撑与营维一体，持续提升企业运营效率。按照市场化机制，对小单元承包网格进行资源配置，优化各承包经营单元资源穿透及动态调整机制，调动承包人员积极性，持续推进“倒三角”支撑体系，发挥综合销售服务的枢纽作用，建立“一点响应”的问题解决和督办机制，推动相关流程、制度的优化改进。同时，提升小装维承包单元运作能力，强化装维接触点营销，深化营维一体机制，深入社区快速响应客户需求。

【销售渠道建设】2017 年，集美电信分公司强化社区店建设，拓展翼支付商圈。优化社区店网点布局，规范社区店运营机制，提高社区店服务能力，扩大社区店在业务发展、销售体验、服务感知、品牌宣传等方面的作用，强化一线经营单元为周边居民服务的功能。借势互联网金融，加快翼支付生态圈建设，重点加强杏林文达路和集美石鼓路翼支付一条街建设。同时，拓展辖区大中专院校校园周边翼支付商户，通过校园卡充值优惠、商超折扣等活动，加大翼支付宣传，为学生用户提供生活消费便利。

【量身打造市场服务】2017 年，集美电信分公司细分市场，提高市场服务能力。在政企行业客户市场，侧重存量客户维系、基础业务及 ICT 业务拓展，推荐企业上云、物联网等新兴业务，拓展业务领域；在商业客户市场，围绕集美各产业园区和入驻企业，量身打造，提供一站式服务、基础电信服务及各类信息化产品应用，满足客户需求；在校园市场方面，发挥学子公司及多元化承包优势，根据校园市场特点创新营销机制及服务方式，助力校园市场发展；在公众客户市场方面，融入社区，强化客户关怀，推行社区清单化销售服务和主动上门服务，联合居委会、小区物业、公益团队等，提供社区公益服务水平。

【厦门会晤安全保障】2017 年，集美电信分公司全力做好金砖国家领导人厦门会晤期间的通信保障工作。在安防措施上，强化杏西电信大楼高清视频监控设施，强化通信机房出入实时监控，严格访客制度，确保闸机通道、微型消防站、电子围栏、防冲撞柱的运行安全稳定可靠。同时以“每日一查、每周一练、每月一会”以及“逢人必核，逢车必查”的管控要求，严格把关；台账安管上，根据公安机关管理模板，依据“一点一账”基础进行台账管理；目标演练上，着重提升安保人员素质，协同驻地派出所、反恐办进行实战背景的综合演练，提升保安人员的处突、联防联动机制快速响应能力；隐患防范上，发挥安全纠察队的作用，对公司范围内各类场所、重点目标实行每天纠察，定期发布检查通报，对发现的问题限时有效完成整改，实行闭环管理。（朱婵静）

中国移动通信公司集美分公司

【概况】2017 年，中国移动通信集团福建有限公司集美分公司内设综合室、市场室、政企室、网络室，共有员工 76 人。是年，公司以坚持“稳增长、强能力、促协同”为原则，保持 4G 领先优势，夯实业务发展基础，加快数字化服务创新，推进整体协同发展，增强企业发展合力，在新时代实现公司的新发展。公司获评福建省三八红旗集体、厦门市青年文明号、集美区综治和平安建设先进集体等多项荣誉。

【巩固 4G 网络基础建设】2017 年，集美分公司跟进集美区域地铁轨道建设，实现地铁车站的语音、数据、物联网通信全覆盖，为地铁用户提供高清视频、高速下载等极致体验。首次采用单个场景五个频段网络同时覆盖和双向隧道独立小区建设，单个车站可满足约 3360 人的通话及上网需求，保证用户的良好通信感知。站点整体覆盖良好，容量充足，现场测试候车厅、售票厅、广场、出入口等区域，平均下载速率可达 55 兆比特 / 秒，平均上传速率达6.6兆比特/秒；站台客户感知下行速率20兆比特/秒以上，上行速率2.7兆比特/秒以上。公司全年累计开通站点566个；实现厦门北站3D MIMO（指多路天线同时用于源发射器和目的地接收器）全覆盖，保障居民和旅客在客流高峰期间的通信网络感知；完成NB-IoT（NB-物联网）网络建设，实现集美区域的全面连续覆盖，保障人流密集区域的通信联络。

【拓展网格平台智能应用】2017年，集美分公司在2015年与集美区政府共同打造基于市、区、镇街、社区村四级数据共享的社区网格化平台基础上，抓住“互联网+”发展窗口期，利用大数据推出“民生集美”应用，拓展网格化平台，将社区服务信息通过互联网、无线城市APP客户端、12580等平台向集美区居民开放，打造智慧城市应用亮点。在“平安集美”建设的基础上，公司持续创新提升，完成杏林、杏滨、后溪三个街镇的校园安全监控和铁路监控二期等项目，完善集美区视频监控系统，助力平安城市建设；为区教育局、少儿图书馆建设WIFI（一种允许电子设备连接到无线局域网的技术）和专线项目，进一步完善基础网络建设，保障高效优质的信息化服务；与区卫计局深化远程医疗项目合作，推广“医保云”“医疗云”等项目，推动“智慧医疗”辐射至社区医院，为集美居民提供更快、更好、更优质的智能化医疗服务；为区政务信息中心建设群防群治项目4G专网，协助区政府完成厦门会晤的前期安全保障工作；为集美街道、杏林街道建设海防监控项目，实现街道网格全面渗透；与集美国贸商城、中国稀土研究院开展全业务合作项目。

【推动校园信息化合作创新】2017年，集美分公司持续推动集美高校信息化建设，致力于辖区高校在校园信息化建设、助学实践、智能化服务、行业共建等领域深入合作。与华厦学院签订实践基地等合作协议，与学校开展学生实践合作，深化整体合作基础，进一步实现信息化全方位合作；实现厦门医学院灌口新校区4G信号全覆盖，与校方合作建设“学工管理系统”“校园视频监控”“图书馆无线网络覆盖”等项目，在校园智能化建设及信息通信项目方面实现共建；与滨海工贸学校合作项目取得突破，为学校提供互联网专线服务；延续和拓展与集美工业学校的合作关系，共同创建“智慧校园”试点项目，为学校新校区建设及旧校区改扩建提供支持；在与集美达学校宿舍宽带建设合作的基础上，在学校的信息化、日常营销及勤工俭学等方面实现全面合作；与软件学院、兴才学院合作关系获得突破，促进校企项目共建；与工艺美术学院在往年各项合作基础上，紧跟新建教学楼施工进度，同步布网施工，新增固话20部、1.5G互联网专线1条；完善嘉华学校网络基础建设，推进校园专网建设，实现学校办公、教学、生活智能化与便捷化并存管理。延续2015年与华侨大学合作的信息化项目，2016年双方续签合作协议书，2017年在现有校园网基础上延伸和扩展，整合现有资源，完成一卡通、配套软硬件系统建设，实现移动一卡通、移动办公、移动教学、移动计算和移动监控，为全校师生在教学科研与学习生活上提供优质高速无线上网服务。

【推进有线宽带快速发展】2017年，集美分公司坚持宽带发展战略，推进有线宽带快速发展。全面开展高标准、高品质宽带建设，打造精品小区。以全覆盖精品接入及全100M接入能力为标准，全面完成未实施光改区域的宽带建设，新建站点316个，扩容超站点3851个。不断提升网络服务品质，坚持“网络升级，服务到家”，通过改造老旧线路解决带宽不足、光纤无法入户等问题，为小区住户及物业管理提供优质的信息化网络服务。配合区公安局整治城中村黑宽带市场，规范城中村宽带经营及管理。推出智慧家庭多形态终端产品，通过宽带与视频、家庭与手机等大小屏的互通使用，实现“智慧家庭，多屏互动”，为家庭数字化、智能化注入新动力，让用户更加便捷地体验智慧家庭终端产品，不断提升品牌价值。（潘远澜）

中国联通公司集美分公司

【概况】2017年，中国联合网络通信有限公司集美分公司下设政企网格3个、建维网格1个、社区网格6个、营业厅13个，有员工103人。建设3G基站35个、4G基站124个，完成15个新建小区的宽带接入，累计建设公共宽带端口3304个，辖区所有联通宽带均完成光纤到楼或光纤到户的升级改造。有手机用户12.8万户、宽带用户3.5万户，完成收入1.63亿元。

【优化网络服务】2017年，集美分公司通过载波扩容、传输带宽扩容、流量话务热点区域TDD基站建设及无线天馈优化等多种方式，提高信号传播速率。LTE定点测试峰值速率154兆，平均速率88兆。对低速率小区，进行后台参数修改及优化调整，提升小区用户速率。对大学城、住宅小区、工业园区，进行网络扩容，开通高校区域TDD站点及UL2100站点补充，调整盘活设备，提高网络资源利用率，集美大学、华侨大学、理工学院、工学院等院校开学后3/4G数据流量剧增等问题得以解决。对城中村区域，进行专项优化，通过小巷道步行测试，投诉信息收集汇总分析，排查城中村站点，发现整改优化问题基站，提升用户感知。

【厦门会晤通信保障】2017年9月，金砖国家领导人厦门会晤央视直播的通信保障工作由中国联通独家承担。

集美联通分公司参与福建联通、厦门联通的保障工作，配合各区分公司，按照福建联通制订的“人、地、事、物”工作任务清单，打造世界级的4G网络。通过四轮优化，厦门区域联通网络实现“两个领先”：网速领先，厦门重点区域下载速率63Mbps（每秒兆比特，下同），嘉宾住宿酒店网速81Mbps，核心场馆下载速率142Mbps，上行均值达44Mbps；感知领先，视频流媒体卡顿占比低于0.2%，视频流媒体初始缓存时延低于2.1秒，各项指标全部达到基本优秀，重保区域实现“零故障”，完成厦门会晤央视直播保障任务。

（黄聪毓）

软件信息业

信息化建设

【**概况**】2017年，集美区围绕人文集美发展战略，构建安全、畅通、高速的信息化基础网络，推进数字集美智慧城市建设。3月31日，区政府与中国电信股份有限公司厦门分公司签署《共同推动“十三五”智慧城市建设战略合作框架协议》。同时，加大4G网络覆盖、光宽带提速改造及无线宽带网络（WiFi）等信息基础设施建设力度，推动宽带网络优化升级和应用创新，助力“无线城市”“智慧城市”建设。

【**信息基础设施建设**】2017年，集美区加大财政资金投入，推进移动、电信公司加快无线4G网络提升、光纤网络改造和公共WiFi覆盖。①4G网络基础建设。集美移动分公司累计投资7.5亿元，建成TD-LTE站点1350个，全区4G网络整体覆盖率超过98%，其中高铁、地铁和高校、党政军所在地百分之百覆盖，以宏站+室分的方式解决跨海段地铁4G信号覆盖。有移动4G用户近53万户，占比近70%，用户月均流量近3G。集美电信分公司在集美区域建成LTE站点514个，全区4G网络整体覆盖率逾97%，实现城区到乡镇4G网络的无缝衔接。其中区政府、商务运营中心等主要场所、区域内主要道路、主要景区4G网络覆盖率均达到100%。同时，重点推进800兆重耕，利用频段优势推进NB-IOT物联网建设，率先实现物联网全区全覆盖。②光纤网络建设。集美移动分公司实现350个小区和城中村的线路覆盖，新增宽带覆盖小区近100个，宽带用户12万余户，基本实现光纤入户。集美电信分公司全年投资3.75亿元，进行重点项目建设、无线网络建设及光纤网络改造。其中中国电信海峡通信枢纽项目2亿元、无线网络建设1.29亿元、光改4610万元。9月29日，海峡通信枢纽东南云基地落成启用。该基地总投资8亿元，总建筑面积11万平方米，其中一期建筑用地面积4.35万平方米，包括海峡通信枢纽楼、省信息化中心、能源中心三幢建筑，可提供服务器机柜近4000个。至年底，ADSL（非对称数字用户线路）光纤网络改造2.43万部，光宽占比92.75%（FTTH），平均带宽80兆，位居全市第一。③公共WIFI建设。在全区6个镇（街）及64个社区（村）行政服务中心办事大厅、社区卫生院、双龙潭景区和电商谷物流园，进行面向公共的免费无线WiFi覆盖建设，为办事群众提供便利。

【**公共服务平台建设**】2017年，集美区遵循“平台化、一体化，共享性、协同性”的原则，依托网格化服务管理平台，整合各类信息系统和资源，提升公共安全管理和社会治理水平；以群众需求为导向，以政务创新和延伸为理念，推动数据信息资源和不同条线指挥平台共享，实行部门业务网格化管理，提高部门办事效率和事件快速处置能力。①网格化管理平台。以社区网格为基础网格，逐步推动各部门的业务网格化管理。完成网格信息化的有社区网格、食药网格、社区矫正网格、“两违”网格、环保网格、燃气安全网格、医疗网格、消防网格。至年底，平台共有常住人口102.15万人，其中户籍人口29.51万人、流动人口72.64万人；楼宇14万栋，房屋95.33万幢。6个镇（街）64个社区（村）分为385个网格，网格员1184名。②城市公共安全管理平台。成立集美区城市公共安全管理中心，整合“110”联动、“12345”、网格化、数字城管、公安情报中心等指挥中心，采用集约化建设模式，实现多中心合一。全区186家行政机关、企事业单位作为中心的事件处置联动单位，接受中心的指令调度和事件督办，共同完成城市公共安全管理的各类相关事宜。至2017年年底，平台共受理市公共安全平台、市长专线、市“110”联动、市数字城管、区数字城管、区官方网站政民互动、区官方微信、互联网舆情、纪委举报、各类城市巡查员和社区（村）工作人员巡查上报等各类事件28.38万件，平均每日受理115件，其中2017年受理5.31万件，平均每日受理149件。③网上政务服务平台。2017年，集美区继续完善行政审批和便民服务的运作流程，方便百姓就近办事。市民和企业可网上查看办事指南，提交电子档材料进行预审批，网上预约办事，查询本人或本企业的所有办理情况。通过微信和绑定的手机短信查看叫号排队情况，并可对办理的事项进行服务评价等。整合区所有行政办事预约取号、证明打印、居住证办理、非税缴费、医疗预缴金、就业查询、信息公开、气象服务、水电缴费等各项办事、便民和信息类业务。统一便民自助终端，为百姓提供24小时自助服务。采用分级管理模式，建设全区统一的网站群。网站群覆盖区级行政机关、镇（街）、社区（村）及部分企事业单位的网站。网站群除信息公开和办事服务外，基于“i厦门”统一身份认证体系，整合包括网上审批、办事预约、教育积分、人才招聘、企业缺工登记、工伤报备、招聘摊位预订、产学研、政民互动、爱心奉献、政协提案等各项区级业务系统，实现各业务系统的数据共享和业务协同。④集美区“雪亮工程”。建设区级视频综合平台，统一网络和平台建设，整合全区各类监控摄像头，实现各级业务部门资源共享；在各个路口和学校建设汇聚支点，汇聚周边200米范围内的视频监控和交通设备，统筹网络和取电工作。至2017年年底，全区共建汇聚点697个，每年可减少链路租用费75%以上。依托区政务信息数据中心机房，将包括公安、交警、镇（街）和业务部门建设的财政投融资视频监控数据汇聚存储，加强视频数据和设备的有效管理。推动“雪亮工程”向执法部门、建设局、环卫处、城管办等部门和镇街社区渗透应用，提高各部门的管理水平。2017年，全区新增高清视频监控4127个，其中区级财政投融资的3281个，镇街财政投融资的846个，实现全区联网一类视频监控100%高清，区数据中心视频云存储容量6.05PB。

【信息应用示范建设】2017年，集美区继续做好信息应用示范建设工作。①公共监控视频应用示范。依托视综网和互联网，整合一、二、三类联动视频监控5000多路。视频充分应用到各业务职能部门，提升各单位的管理水平。②人才补贴申报应用示范。启动建设全区人才各类补贴统一管理平台，重构补贴申报流程，为人才补贴的发放提供有关数据系统自动查询审核的便利。③在线入学教育管理平台应用示范。梳理和整合积分入学相关材料的部门流程和数据接口，外来务工人员子女网上申请即可完成除省外人员计生证明外的所有事项的申报，自动获取积分。同时，户籍生源的入学也通过平台进行报名派位。通过“i厦门”平台实名注册，实现全程网办，所有教育资源由数据说话，力争最大程序地做到公平化和透明化。至2017年，共有户籍学生10677人、外来务工人员子女20207人通过在线入学教育申请平台完成入学注册。其中2017年，外来务工人员子女6947人，户籍学生4209人。④人社和民政业务平台应用示范。通过与市人社部门的信息共享，实行对居民就业情况进行动态跟踪，及时掌握居民的就业工作状态；实现新增退管人员接收、反馈、迁出的协同业务；通过人社、公安、社保、工商注册等部门数据共享，实行就业困难人员网上申请和审核；通过民政部门残疾、低保数据共享，加强社区对低保与残疾人员的管理。⑤食药品管理应用示范。划分食品药品网格，通过专业网格员，依托各业务部门的共享数据，对食品生产、食品销售、餐饮服务、小作坊、保健食品、药店、医疗器械、医疗机构、化妆品九大类食品药品商事主体进行监督检查，实现食品药品全覆盖监管。至2017年年底，共核实全区注册的食药法人1.92万家，实际经营1.36万家。

（黄世凤 谢茗）

软件园三期

【概况】2017年，集美区围绕市委、市政府“要迅速壮大软件信息业”的要求，促进产业转型升级，创新工作举措，加快园区建设。新增签约宇信科技、网宿科技、卓翼科技、中控智慧、正保教育等龙头企业；跟进百悟科技、祥源文化、智明星通等企业落地。参加中国软博会、中国贸洽会、深圳高交会、海峡两岸经贸交易会、北京闽商互联网大会、TFC泛娱乐大会、厦门国际动漫节等大型展会招商，软件园三期新增入园审核企业578家、入驻企业352家、入驻员工5021人。至年底，累计通过入园审核企业1467家，工商注册企业1180家，入驻企业672家，入驻企业员工12038人，落地企业注册资本金45.69亿元。全年营业收入125.1亿元，比上年增长61.77%。其中限额以上软件信息业20家，实现产值74.39亿元，同比增长45.32%；软件信息业税收总收入2.15亿元，同比增长92.15%。园区三期建成研发办公楼、公寓楼23栋，面积130万平方米，在建260万平方米。

【园区配套服务】2017年，软件三期园区新增餐饮、超市、诊所、休闲娱乐等服务配套40家，累计服务配套64家；新增公寓楼1760套，累计投用公寓楼2770套；新增公交线路1条（990

位于厦门软件园三期的一品威客有限公司研发中心（王进法 摄）

路），开通园区高峰期接驳车（公寓楼—起步区），累计有公交线路17条。全年组织政策宣讲、沙龙讲座、人才招聘会、篮球赛、单身联谊等活动59场，吸引1.27万人参加；驿站新增业务6项，累计为32个部门代办业务69项1.83万笔，其中政务业务1.01万笔、园区业务0.81万笔；协助园区198家企业完成项目资金申报，扶持资金4223万元；引进饮料机、取餐机、ATM机、快递柜等自助服务设备18台。园区有众创服务及平台服务机构40家，其中法律服务机构4家、金融服务机构2家、公共平台7个、财务服务机构11家、税务服务机构1家、知识产权服务机构7家、人力资源服务机构3家、创业大厦服务机构5家，为园区企业提供全方位服务。

【创新园区建设】2017年，软件园三期园区推进“智慧园区”建设，依托先进的信息化技术，建立园区基础环境和服务管控体系，完善智能管理、智慧灌溉、智慧公寓、全景监控等设施，WiFi覆盖园区公共区域2万平方米。立足园内“创＋驿站”，搭建“创＋在线”，通过厦门软件园综合展示系统等信息服务平台，为园区提供企业入园、政策申报、公寓租赁、智慧停车及缴费等多项服务。成立发展战略咨询委员会（简称SAC），打造火炬高新管委会、集美区政府、园区企业、园区管理单位共谋共商管理机制，促进园区企业间的合作和交流。

【产业集聚效应突显】2017年，软件园三期园区核准购买研发楼企业87家，面积26.31万平方米；租赁入园企业491家。至年底，累计核准自建企业18家，核准用地157.58万平方米；购买研发楼企业614家，面积126.38万平方米；租赁入园企业835家。首个自建项目雅马哈信息研发大楼入驻运营，中国电信海峡通信枢纽中心设备安装完成并开始招商；中国移动手机动漫基地一期工程、中国数码港海西运营中心、罗普特（厦门）科技园、厦门吉比特集美园区等在建项目进展顺利；百度国家级创新中心、富春通信厦门研究中心、厦门国家创新中心等项目开工建设；网宿科技、宇信科技、卓翼科技等公司交房装修。软件园三期园区产业集聚效应突显，软件信息规模以上企业营业收入快速增长，园区聚集了大数据人工智能、数字创意、电子商务、智慧城市及行业应用与移动互联等五大板块产业；咪咕动漫参与制定的手机动漫标准，成为国家文化领域的首个国际技术标准。至2017年年底，园区共有上市企业18家，占园区企业总数的2.6%；营业收入超亿元企业16家，占比园区企业的2.4%；营业收入超1000万元以上企业76家，占比园区企业的11.3%；高新技术企业37家，占比园区企业的5.5%。云知声、青瓦众创、凤凰谷、中科院微电子研究所、中兴一品威客等一批优质项目落地。园区有众创服务空间17家，其中国家级众创空间5家、市级众创空间11家、申报中的众创空间1家；园区众创空间累计孵化项目549项，创业人数1826人，台湾团队89支，台湾创业者170人，在孵团队180支。

（黄世凤）

信息产业

【企业年度获奖】2017年，厦门物之联智能科技有限公司被中国创新创业大赛组委会评为国家级高新技术企业，并取得ISO27001、CMMI3资质；厦门中控智慧信息技术有限公司获中国版权保护中心评为2017CPCC十大中国著作权人专家特别提名奖；厦门一品威客网络科技股份有限公司被商务部评为电子商务示范企业；厦门一品威客投资管理有限公司被科技部评为国家级众创空间备案企业；厦门路桥信息股份有限公司被中国安防展览网评为2017年度中国安防十大品牌（停车场系统类）、2017年度中国安防新锐领袖；厦门集微科技有限公司被福建省互联网协会、工业和信息化部信息中心评为福建省互联网企业最具创新型奖。

【云知芯公司】2017年9月，云知声信息技术有限公司在软件园三期注册成立全资子公司——厦门云知芯智能科技有限公司。北京云知声公司成立于2012年6月，总部位于北京，在上海、深圳设有分公司，是国内在白色家电领域唯一落地出货的芯片供应商、国内首家推出医疗云服务并完成近百家医院系统测试的语音服务商；是专注物联网人工智能服务，拥有完全自主知识产权、世界顶尖智能语音识别技术的高新技术企业，拥有算法、计算能力、芯片能力全技术链条的人工智能企业。有员工200余人，其中博士占比超过45%，团队成员多次获NIST、MIREX、“863”等国内外专业语音技术评测第一名。合作伙伴数量超过2万家，用户数量超过2亿家，其中语音云平台覆盖的城市470余个，覆盖设备1亿余台。

【宇信鸿泰公司】2017年3月，北京宇信在软件园三期注册成立全资子公司——厦门市宇信鸿泰科技有限公司。北京宇信科技集团股份有限公司是中国金融IT行业规模最大的企业之一。集团总部位于北京，员工总人数近6000人，总部员工1500人。2010年起，北京宇信连续6年稳居中国银行业IT解决方案整体市场占有率第一位。是国家规划布局内重点软件企业、中国软件收入百强企业、中国软件和信息服务十大领军企业，是中关村第一批“十、百、千”企业。拥有高新、系统集成大型一级、CMMI3级、ISO9001、ISO20000、ISO27001等重要资质。宇信科技注重自有知识产权的研发与维护，拥有软件著作权175项、产品专利13项。

（黄世凤）

经济管理与监督

经济管理

发展计划管理

【概况】2017年，集美区发展和改革局发挥经济管理部门的职能作用，做好年度主要经济发展目标、财政性投资计划的制订和审批工作；推行“多规合一”，办理建设项目策划意见通知函62项，完成“可研”评估论证及批复52项；跟踪落实省、市级重大项目15个，完成投资76.8亿元，完成年度计划的120.08%；出台惠企政策64项，推动产业转型升级和有条件的企业上市；落实创新创业扶持措施，向192家创新创业企业拨付创业启动扶持资金1159万元；制订支持区属国企参与村（居）集体项目合作开发的措施，引导市、区国企参与村居集体项目建设，推进全区经济建设健康协调发展。

【主要经济指标制订与实施】2017年，区发展和改革局在调查研究、客观分析的基础上，提出全区主要经济发展年度预期目标，为区委、区政府制订年度经济发展目标提供决策依据。全区继续推进跨岛发展战略，持续深化供给侧结构性改革，加快产业转型升级，强化创新驱动，促进有效投资，全区经济建设健康协调发展。至年底，全区累计完成生产总值619.97亿元，比2016年增长6.5%，总量位居全市第三名；规模以上工业增加值235.17亿元，同比增长9.3%，增速位居全市第二名；全社会固定资产投资375.53亿元，同比下降0.6%，总量全市排名第三位；社会消费品零售总额129.39亿元，同比增长13.2%，增速位居全市第三名；住宿餐饮业营业额27.33亿元，同比增长10%，增速位居全市第二名；合同利用外资21.61亿元，同比增长69.1%，增速位居全市第一名；实际利用外资14.90亿元，同比增长344.1%，增速位居全市第二名。

【财政性投资计划制订与审批】2017年，区发展和改革局继续围绕基础设施、生态环保、民生改善等薄弱领域加大投资力度，并按照项目建设的轻重缓急和前期工作的实际情况，策划并拟定2017年财政性投资建设项目投资计划5个批次，计划总投资24.57亿元，努力补齐发展短板。规范基建项目审批行为，简化审批手续，缩短审批时限，批复政府投资项目226项，批复总投资概算27.52亿元。办理土地收储类项目前期工作函39项。

【推行“多规合一”】2017年，区发展和改革局落实市多规办关于《进一步推进“多规合一”建设项目审批流程改革的实施意见》精神，按照《集美区“多规合一”建设项目可研批复及用地规划许可阶段牵头协调管理暂行办法》和《厦门市集美区财政性投融资项目可研联评联审暂行办法》规定，推进基建项目审批流程再造，缩短审批时限。办理下达“多规合一”建设项目策划意见通知函62项；完成“可研”评估论证及批复52项；策划并拟定财政性投资项目前期工作计划11批次，共安排建设项目46项。为简化项目审批流程，列入计划的项目不再报批项目前期建议书或前期工作函。

【基建项目概算审核】2017年，区发展和改革局进一步规范投资管理，强化基建项目概估算审核工作，提升财政性投资决策科学水平，提高投资效益。严格禁止项目单位擅自扩大规模、提高标准、增加建设内容，故意漏项和报小建大等。共完成概（估）算项目审核258项，送审金额37.59亿元，审定金额30.05亿元，核减7.54亿元，核减率20.05%，有效节约财政资金。

【重大项目建设】2017年，区发展和改革局跟踪落实省、市级重大项目15个，年度投资计划63.95亿元；完成投资76.8亿元，完成年度计划的120.08%，超序时20.08%。其中，集美区作为责任单位的项目6个，年度计划5亿元，完成投资6.46亿元，完成年度计划129.2%；集美区其他属地项目9个，年度计划投资58.95亿元，完成投资70.34亿元，完成年度计划119.31%。

【推动产业转型升级】2017年，区发展和改革局构建“4+X”现代产业体系，立足区域资源禀赋和功能定位，依托软件园三期空间载体、综合性交通枢纽区位优势和“一精神三文化”人文资源，重点推动软件信息、商贸物流、文化旅游等现代服务业发展，加快打造产业结构高端化、优势产业集聚化的现代产业体系。杏林湾商务营运中心、软件园三期起步区等一批产业载体建成投用，厦门演艺城初步成型。产学研一体化加快推进，全省首个国际化离岸孵化器落户。36家众创空间为6500多名创新创业青年提供早期办公场所，成功孵化微沃时刻等企业340多家。建成全市首个机器人及数控技术应用研发平台。区域性产业扶持政策“洼地”初步成型，出台惠企政策64项。国际一流营商环境建设扎实推进，多规合一、商事登记等改革顺利开展。

【推动有条件企业上市】 2017年，区发展和改革局把推动企业上市作为加快地方经济发展和转型升级的重要抓手，按照“改制一批、培育一批、上市一批”的思路，落实《集美区人民政府关于推动企业上市的意见》，主动对接服务企业，推动有条件的企业上市。至年底，共扶持企业10家，兑现奖励1420万元，额度位居全市第一。

【推进大众创新创业】 2017年，区发展和改革局举办创新创业项目评审会3场，向192家创新创业企业拨付创业启动扶持资金1159万元。借助举办“诸神之战——中国·福建”创业大赛、第六届中国创新创业大赛（厦门赛区）暨第三届“白鹭之星”创新创业大赛等系列赛事，吸引优秀创业项目落户集美区，引导众创空间加快构建专业化、集成化的创业服务体系，为创业团队提供早期办公、创业辅导培训、投融资等服务。至年底，为投入运营的36家众创空间1300多个团队6500余名创新创业青年提供早期办公场所。

【推动国企参与村居集体项目建设】 2017年，区发展和改革局结合全区集体发展用地开发成熟度，重点跟踪推进杏林街道西亭社区、灌口镇三社和李林村、后溪镇溪西村3个村（居）集体发展项目试点先行，同时策划侨英街道兑山社区、东安社区等村（居）集体发展项目。制订《关于支持区属国企参与村（居）集体发展项目合作开发的六项暂行措施》，对区属国企及村（居）集体开展合作给予资金补助和建设扶持，调动区属国企和村（居）集体合作积极性。引入市属国企，对接厦门建发集团，就引入市属国企参与集体发展用地项目开发建设进行协商，为市、区属国企和相关镇（街）搭建沟通平台。

【“6·18”项目成果征集】 2017年6月18日，区发展和改革局会同相关部门及辖区50多位企业代表及专家，参加第十五届中国·海峡项目成果交易会。征集对接项目148项，总投资7亿元；征集参展企业21家，确定参展企业5家。举办各类对接活动10场，邀请省外专家6名，推荐典型对接项目2个，征集技术需求5个。（王晓燕）

国土资源管理

【概况】 2017年，厦门市国土资源与房产管理局集美分局调整土地利用总体规划，新增建设用地1028公顷，永久基本农田保有量由原来的866.67公顷调整为633.33公顷，完成高标准农田建设20公顷。全年划拨用地63宗，面积136.2公顷；出让用地2宗，面积3.2公顷，供地率49%。处置闲置土地18宗，面积60.84公顷，占比50.60%。组织土地巡查6186人次，发现并制止土地违法行为250起，面积31.13公顷；拆除违法建设面积87.56万平方米，腾出土地126.69万平方米。土地卫片整改立案46宗，非立案处理58宗，履职到位率100%，整改到位率75.82%。7处地灾点整治结束。办理各类信访件75件、政务信息公开15件，处理用地、权属纠纷13件。建设用地信息数据库和移动化平台建成并投入使用。房地产市场平稳运行，住宅销售回落，价格稳定，调控初见成效。全年共销售商品房13660套，销售面积11.59万平方米，销售金额20.35亿元，分别占全市总数的28.38%、32.38%、29.73%，每平方米均价17559元；其中，销售住宅3765套，销售面积42.94万平方米，销售金额13.06亿元，均价每平方米30420元，为全市均价的111.72%。是年，集美区被省国土资源厅评为“国土资源节约集约模范县”，分局、国土所4人次获评三等功。

【土地利用总体规划调整】 2017年，集美分局按照省、市关于开展土地利用总体规划（2006—2020年）调整工作的部署，协调区政府及规划、发改、建设、教育、国投等部门，先后三次征求调整意见，逐项协调，优先安排马銮湾新城片区用地指标，将城市总体规划确定为城乡建设用地范围，在土地利用总体规划中全部调整为允许建设区。集美区规划建设用地总规模由104.29平方千米调整为108.24平方千米，2015—2020年新增建设用地1028公顷。

【基本农田保护】 2017年，集美分局按照优先保证流域两侧、山海通廊范围内优质耕地的原则，划入基本农田408.18公顷。天马种猪场6.81公顷为城市周边应划定的基本农田，因客观原因受到破坏，恢复原貌难度大。分局上报区政府，确定责任单位，三天内完成复耕，通过上级的验收。根据要求，将坡度较大、耕地质量低、分布零星以及不符合划定条件的176.64公顷耕地调整出永久基本农田，全区永久基本农田保有量由原来的866.67公顷调整为633.33公顷。与三明市所属县市协商，达成异地购买耕地意向，区政府批准支出3.31亿元，异地购买补充耕地86.67公顷（增减挂钩）指标，完成2016年和2017年度市政府下达的任务，且结余23.8公顷。对接区农林水利局，落实高标准农田建设任务，明确责任部门、责任人，主动参与项目建设、工程验收，完成高标准农田建设20公顷，占市下达任务的43.17%。向区政府申请专项经费7.56万元，制作并安装永久基本农田保护牌2块、界桩30块。

【保障用地供应】 2017年，集美分局办理用地预审55宗，面积366.64公顷；

办理国家、集体建设项目用地80宗，面积168.58公顷；拟发征地通告16份，面积30.07公顷。建立部门协调、镇街落实的工作机制，及时化解无法供地难题，尽快实现项目供地。联合区政府办、联合督查办，定期跟踪落实情况，及时开展效能督查。全年共划拨用地63宗，面积136.2公顷；出让用地2宗，面积3.2公顷，供地率49%，较年初提高8个百分点。

【闲置土地处置】2017年，集美分局强化用地批后动态监管，开展批而未用项目用地集中清理，组织国土所结合执法巡查，跟踪已批项目开竣工情况，对未按时动工的项目，采取及时提醒、跟踪督促等方式促其开工建设，共有37宗、141.3公顷用地在分局的提醒和督促下开工建设。对逾期未动工项目区分原因，依法依规分类处置。全区共有闲置土地21宗，面积120.25公顷，完成处置18宗，面积60.84公顷，占50.60%。其中，已动工11宗，撤销用地批文6宗，办理延期1宗，正在处置3宗，面积59.41公顷，占49.40%。

【土地巡查治理】2017年，集美分局加强土地执法动态巡查。全年组织巡查6186人次，发现并制止各类土地违法行为250宗，面积31.13公顷（包括怡鹭公司临时用地3.45公顷、路桥公司临时用地2.37公顷），其中耕地面积5.5公顷。为行政执法部门出具用地复函1824份；配合区执法局，拆除违法建设面积87.56万平方米，腾出土地126.69万平方米。2017年，金砖国家领导人厦门会晤和党的十九大召开期间，配合区政府开展专项检查，排查经营性预拌混凝土搅拌站36家，其中有批准手续的3家、无批准手续的19家、非搅拌站14家。调查核实违法建设316宗，打击非法矿山及稀土违法违规行为，处理投诉件5件。

【土地卫片整改】2017年，集美分局加强2016年度土地卫片执法监督检查，协调区政府及相关镇街、执法部门，采取措施，按标准开展违法图斑整改工作。经国土资源部认定，2016年全区有疑似违法图斑104个，占地面积18.77公顷（含耕地5.36公顷），立案46宗（其中已整改19宗），非立案处理58宗，履职到位率100%，整改到位率75.82%。做好全天候遥感监测图斑核查工作，第一季度核查153宗，其中公建2宗、合法批文25宗、设施农用地2宗、特殊用地2宗、伪变化83宗、违法39宗。第二季度，核查图斑79个，其中合法批文24宗、违法用地10宗、设施农用地4宗、伪变化41宗。年度中期卫片图斑479个，核查分割为604个，其中合法用地24宗、违法用地388宗、其他用地192宗。

【地质灾害防治】2016年，集美区因14号“莫兰蒂”台风影响引发多起滑坡、崩塌等地质灾害，其中7处严重威胁到群众的生命财产安全，被列入市政府2017年度为民办实事项目。2017年，集美分局协调有关部门，制订整治方案，争取专项经费573万元，组织治理施工，7处地灾点全部整治结束。同时，加强日常防灾减灾、群测群防，设置警示标志牌18处，发放防灾、避险“明白卡”44份。联合灌口、后溪镇政府，组建边远山区地灾抢险小分队，开展地灾应急演练。组织228人次，定期对8处地灾点、29处高陡边坡进行跟踪监视，落实汛期24小时值班和领导带班制度，及时播报台风暴雨消息，做到汛前全面排查、汛中重点巡查、汛后跟踪检查，全年没有人员伤亡险情发生。

【房地产市场】2017年，集美区房地产市场平稳，住宅销售有较大回落，价格稳定，调控初见成效。销售商品房13660套，占全市销售总数的28.38%，比上年下降13.22%；销售面积11.59万平方米，占全市销售总数的32.38%，同比下降0.2%；销售金额20.35亿元，占全市销售总额的29.73%，同比下降5.56%；每平方米均价17559元，为全市均价的91.84%，同比下降5.38%。其中，住宅3765套，占全市总套数的26.12%，同比下降27.74%；销售面积42.94万平方米，占全市总面积的28.22%，同比下降33.78%；销售金额13.06亿元，占全市总额的31.52%，同比下降18.56%；均价每平方米30420元，为全市均价的111.72%，同比上涨22.98%。商品房总存量144万平方米，其中住宅31万平方米、商业34万平方米、办公13万平方米、车位65万平方米、其他1万平方米。

【房地产市场管理】2017年，集美分局加强与房地产开发企业的联系，编印集美区房地产项目分布图和经营性用地、房地产开发项目手册，编印房地产市场运行信息简报12期。推动区政府成立房屋安全管理领导小组，制订《集美区房屋安全应急抢险预案》，成立区危房抢险值班中心，核定政府购买服务指标人员6名，组建集美城市发展有限公司应急抢险队伍。组织各镇（街）、村（居）进行房屋普查，收集疑似危房信息4012条，制作“两卡”（防灾明白卡、避险明白卡），指导危房当事人采取适当排险措施。开展汛前在册危房排查排险、城市房屋使用安全排查整治和农村危房改造等活动，发放在册危房警示牌500块。台风暴雨期间，处理房屋险情9起，向房屋管理责任单位发函1件。配合市局，开展辖区房地产市场和中介机构检查工作，进一步规范房地产市场运行秩序。组织调查“恒大帝景”涉嫌未取得商品房预售许可证进行销售的违规行为，对开发商及世联房产中介分别处以警告、罚款3万元的行政处罚；约谈“理想城”项目负责人，告知未取得商品房预售许可证严禁进行销售，严禁擅自改变土地和规划用途；立案查处欣易居中介服务部违规行为，处以罚款2万元；调查益律饲料有限公司涉嫌改变土地用途，将工业用地改为商住用地，以“中环广场”项目进行宣传销售的行为，并函告区规划分局。

【不动产统一登记】2017年，集美分局开展农村土地房屋权属登记工作。开展地籍产籍调查45宗；办理权属登记36宗，登记土地面积2.49万平方米，建筑面积5.46万平方米；办理新村外口公寓产权登记，登记土地面积2.02万平方米、房屋建筑面积4.84万平方米；办理房屋抵押登记2宗，抵押金额710万元；销毁原各类土地房屋权证（含空白证、废证）17077本。开展年度土地变更调查，核实监测图斑270个、面积171.41公顷，整改疑问图斑53个。2016年度遥感监测与土地变更调查工作通过省厅验收。做好三项资金管理工作，征收土地收益金8901户、107.17万元；完成6宗房改房维修资金使用提取审核，支取维修资金34.55万元；配合做好市局住改业务综合管理系统集美端口的管理，查询住房档案信息520宗。

【用地信息管理系统建设】2016年，集美分局向区政府申请专项经费50万元，委托图智策划公司，建立建设用地信息数据库和移动化平台。经10多次论证、审查、调试，2017年12月，系统一期建成投用，真正实现“以图管地”目的。该系统以土地规划、城市规划、生态规划、基本农田保护等图层为基础，进行数据处理，具有地图基本操作、空间量算、图层管理，城规、土规、现状、农转用、已供土地、商品房模糊查询、叠加查询等功能。使用该系统，可随时随地了解某地块的土地利用、权属、批准、供应等情况，为各级和相关业务部门领导决策、土地招商、城市更新、用地监管、土地执法等提供适时、全面、准确的数据。（邱国清）

国有资产管理

【概况】2017年，集美区完成固定资产投资55.78亿元，其中工程建设投资1.81亿元、土地购置费53.97亿万元；实现营业收入4896.10万元、净利润225.76万元，缴纳税费1670.66万元。办理土地储备前期工作函项目30个，土地面积78.21公顷。出让用地10宗，土地面积32.18公顷，成交总价47.30亿元。存量资产总建筑面积200467.9平方米，租金总收入3609.09万元，比2016年同期增加510.93万元，增长16.5%。

【土地储备】2017年，区国投公司在政府统筹安排的基础上，持续推动土地储备工作，共办理前期工作函项目30个，土地面积78.21公顷。其中，收储项目9个，土地面积25.54公顷；预收储项目21个，土地面积52.67公顷。申报规划意见函项目7个，土地面积22.17公顷。其中，批复5个，土地面积20.54公顷；未批复2个，土地面积1.63公顷。收储红线批复项目8个，土地面积10.14公顷。委托镇（街）征收预收储项目18个，土地面积49.95公顷；向区重点办申请委托项目征收业主单位收储项目3个；镇街提供征地补偿协议项目7个，土地面积7.2公顷，全部为预收储项目。

【土地挂牌出让】2017年，区国投公司根据区建设用地招拍挂出让计划，办理区级商住用地、产业用地和工业用地的出让工作，并跟踪落实辖区内市级招拍挂地块出让进度，共完成出让用地10宗（区级用地3宗、市级用地7宗），土地面积32.18公顷，成交总价47.30亿元。区级用地出让3宗，土地面积5.27公顷，成交总价24.40亿元。其中，商住用地2宗，土地面积4.06公顷，建筑面积9.56万平方米，成交总价24.33亿元；工业用地1宗，土地面积1.21公顷，成交总价0.07亿元。市级用地出让7宗，土地面积26.91公顷，建筑面积75.38万平方米，成交总价22.90亿元。

【资产存量壮大】2017年，区国投公司及时接收新增资产，盘活存量资产。至年底，存量资产总建筑面积200467.9平方米，租金总收入3609.09万元，比2016年增加510.93万元，增长16.5%。其中，自有资产租金收入1731.12万元，托管资产租金收入1199.3万元，土地租金收入678.67万元。新增存量资产项目7个，其中已完成招商的项目有：联发欣悦湾项目鱼福二里413号102单元连锁便利店，建筑面积50.94平方米；龙湖春江郦城项目杏北七里22号生鲜超市，建筑面积1511.11平方米；万科金域华府项目宁海一里59号生鲜超市，建筑面积1503.29平方米；宁海一里15号生鲜便利店，建筑面积109.11平方米。正在招商的项目有：灌口龙湖三期项目生鲜超市便利店及连锁便利店各一处，建筑面积分别为103.03平方米及50.83平方米；正在挂牌招租及向区政府申请办理资产划拨手续的项目为集美段旧城改造安置房一期、二期商场，总建筑面积26548.84平方米。

【资产运营管理】2017年，区国投公司努力完成重大资产经营事项，保障资产顺利运营，完成的项目有：同集路集美段旧城改造安置房一期、二期商场项目移交，正按程序进行招租；新村外口公寓项目产权证办理；西华家具、锡华木业项目的不动产权证书办理；英村安置房地下停车场交接并正式投入运营；厦门软件园三期高速路以北研发区一期工程A15号楼201～208至2201～2208单元研发楼房产交房，正办理项目招商手续；永祥新城仁德里42号01单元大商场交付，承租方开业；完成铁山公租房（620套）分配方案制订工作。

【工程项目建设】2017年，区国投公司做好重点建设项目的代建、出让地块的整理、电力杆线的迁改和市政配套工作。完成后溪医疗用地、环东海域4—13号地块、原三一机械用地等涉及“六线六片”收储地块共11个项目景观整治提升工程的建设任务；基本完成灌口东部24号和25号地块排水工程、七甲路和横二路道路工程。正新第一模块用地的场平、供水管网、有线电视、通信杆线和电力杆线迁改完成，拐仔溪改造竣工验收。推进机械工业集中区三期启步区和后溪拓展园区场平进度，机械工业集中区三期启步区场平工程总面积41.47公顷，完成场平面积39.33公顷，占总量的95%；集美国投安仁产业园(一期)工程完成场地清理、人员机械台班进场、外架搭设等工作。至2017年年底，3号楼落架完工；深青公交场站完成地下室底板混凝土浇筑；集美区中小学生教育实践基地、灌口医院、软件园三期研发楼(集美区)装修工程、铁山公租房装修工程正在办理前期手续。（陈婕）

市场监督管理

【概况】2017年，集美区市场监督管理局以保障人民群众饮食用药安全、服务经济社会发展为目标，强化监管措施，落实工作责任，创新工作方法，守住“不发生重大食品药品安全事件”的底线，较好完成各项工作任务，被评为全省工商行政管理系统先进集体、第十三届省级文明单位。在2017年全市食品安全工作绩效综合考评中，集美区位居全市各区第二名。

【推进简政放权】2017年，区市场监管局持续推进“五证合一”改革，推广全程电子化登记和企业名称自主申报。实行“简易注销”办法，为未开业或者无债权债务的商事主体提供便捷的退出方式；扩大独任审核权限，对简易登记事项实行注册官独任审核，减少审批环节；逐渐增加“一趟不用跑，最多跑一趟”服务事项，优化登记流程，简化申请材料，巩固和扩大改革成效。

【商事主体增长】2017年，集美区新设立各类商事主体16057户，同比增长31.23%。其中，私营企业新增6716户，同比增长32.26%；个体工商户新增9137户，同比增长29.73%；外资企业新增127户，同比增长58.75%。至年底，全区实有各类商事主体63863户。

【信用监管】2017年，区市场监管局开展年报攻坚行动，利用报纸、办事大厅、网络、微信、电话、短信、制作年报操作指南等手段，向商事主体宣传和督促做好年报工作，全区企业年报率93.40%。开展“双随机”抽查，上半年抽查商事主体239户，发现异常企业86户，立案查处3起。下半年，启动企业2016年度年报信息和经营行为随机抽查，检查企业317户。加强信用约束，加快推进部门联动响应、信息共享和联合惩戒机制。全年对外公示失信企业信息11264条，对载入经营异常名录满三年的7752户商事主体作出剔除名称的行政决定。

【商标注册】2017年，区市场监管局加强商标注册引导，通过巡查、走访、宣传等方式，为商标注册人提供商标咨询、注册申请、使用指导等服务，引导企业进行商标注册。全年商标注册申请4038件，成功注册1615件，累计有效注册商标总数11508件。7月10日起，根据省、市工商局通知，省、市著名商标认定工作暂停。

【执法稽查】2017年，区市场监管局加强执法稽查，立案166件，罚没款323.43万元。其中，查办“四品一械”案件43件，罚没款163.39万元；商标侵权、假冒伪劣违法行为16件，罚没50.26万元。联合农业、公安等部门，捣毁生猪私宰窝点4处，缴获未经检疫的猪肉15.54吨；查获无票据运输的肉品和肉类制品6车，假冒啤酒536箱、啤酒瓶盖17.4万个，涉嫌侵权建材2.3万米。对辖区在售楼盘进行全面检查，检查购房合同58份、房地产广告39种，提出整改意见15条。

【消费维权】2017年，区市场监管局加大消费维权工作力度，处理各类消费投诉举报3269起，挽回经济损失443.98万元。防范、处置群体性消费舆情事件，针对近年辖区汽车消费群体性风险较高问题，通过走访劝导、推广，一批汽车经销企业改用汽车买卖格式合同示范文本；针对某健身会所未能按期开业，引发100余名消费者群体性投诉事件，协调处理，平息纠纷。该案被市消委会评为2017年度“厦门市十大消费维权典型案例”之一。

【厦门会晤保障】2017年金砖国家领导人厦门会晤期间，区市场监管局开展食品药品安全隐患排查，累计排查食品生产经营单位1653家次、学校食堂182家次、“三品一械”经营企业396家次，责令停产停业6家；发现食品安全隐患510处，逐一责令整改，及时消除风险隐患，未发生重大食药安全事故。派出20余名干部进驻会议保障酒店，保障餐饮食品安全，确保各国元首和参会人员的饮食安全。14名干部分别被省、市政府和市场监管系统评为厦门会晤保障工作先进个人。

【无证餐饮整治】2017年，区市场监管局采取“摸底排查、宣传发动、疏堵结合、综合治理”的方法，借助食药网格化监管系统，组织协管员对全区餐饮服务单位进行摸排整治，历时近一年，做到依法规范一批、整改达标一批、督促整规一批、依法查处一批，实现全区餐饮证照齐全率98.68%，基本扭转无证餐饮普遍存在的现象。

【校园食品安全整治】2017年春秋两

季，区市场监管局组织多部门联合行动，检查学校、校园周边食品餐饮经营户逾1000户次，下达责令整改通知书30份；检查学校食堂228家，将发现的问题反馈给学校，督促学校进行软硬件整改提升。对学校食堂75家供餐和原材料供应单位进行抽检，消除供应环节食品安全隐患。召开200多名学校负责人专题会议，落实食品安全主体责任；对120多名学校食堂管理人员开展食品安全培训，强化食品安全意识。

【推进明厨亮灶工程】2017年，区市场监管局以集体食堂等高风险供餐单位为突破口，创建“明厨亮灶”示范群，以点带面推广“明厨亮灶”。落实“以奖代补”，补贴实施“明厨亮灶”改造的经营单位86家，发放奖金90.42万元。至年底，全区完成“明厨亮灶”工程餐饮服务单位3996家，完成率68.9%，实现学校食堂、大型餐馆、集体用餐配送单位、重大活动接待单位“明厨亮灶”全覆盖。

【健全网格化监管体系】2017年，区市场监管局依托区社会治理综合管理平台，建成集美区食品药品网格化监管系统和监管大数据库，实现食品药品分类分级、动态闭环监管，利用该系统摸清食药商事主体底数。全区19250家食药商事主体全部完成GPS定位、图像采集和经营状态跟踪，监管效能大幅提升。11月，区市场监管局在全省食品药品网格化监管工作推进会作经验汇报。12月，全市网格化监管现场会在集美区召开。（赖基伟）

★链接

集美区个体劳动者协会
集美区私营企业协会

2017年底，集美区个体劳动者协会和私营企业协会（简称“个私协会”）有个体工商户会员33608户、私营企业会员22396家。是年，协会组织灌口小吃参加厦门尼斯国际嘉年华等大型配套活动3场，为灌口小吃提供展示平台；举办个私企业会员普法知识竞赛，提高会员守法意识。配合区市场监管局进行非公党建动态调查，帮助3家企业申报成立党支部和培育选树3家新的非公企业党建示范点，协助组建集美旺角商业街联合支部委员会。春节前夕，组织慰问特困个体户15家；灌口分会与农工党厦门市委联合举办“红红火火过大年”活动，为群众免费书写春联200多副。六一节前夕，灌口个协关工委到集美区特殊教育学校和集美区新亭幼儿园开展慰问活动。

（赖基伟）

10月11日，区市场监督管理局工作人员在集美中学食堂检查留样食品。（冯立东 摄）

价格管理

【概况】2017年，集美区物价主管部门（发改局）注重监督，强化市场调控，为全区经济稳增长、调结构、促改革、惠民生创造良好的外部环境，实现将居民消费价格涨幅控制在3%左右的调控目标，全年居民消费价格比上年上涨2.0%，其中，服务项目价格上涨4.5%，消费品价格上涨0.4%。是年，在浔江社区设立集美区首个价格争议调解处理工作站，对机动车停放服务收费和酒店价格实行双随机抽查。

【行政事业性收费监管】2017年，集美区有收费单位51家、收费项目45个，全年收费7.93亿元，比2016年增加2791万元，增长3.65%。其中，教育类收费7.54亿元，占全部收费金额的95%；行政管理类收费2649.49万元，占3.3%；考试类收费1112万元，占1.4%；资源补偿类收费141.61万元，占0.3%。涉企收费单位3家，收费项目4个，全年收费2455.03万元。与2016年比较，收费总额增加的项目为：法院各项诉讼费2134.8万元，增加2050.69万元；公安局证照办理及考试收费85.77万元，增加27.74万元；建设局人防办防空地下室易地建设费178.62万元，增加11.82万元。与2016年比较，收费总额减少的项目为：教育类收费7.54亿元，减少400万元；农林水利局水土保持补偿费（水资源费）141.61万元，减少43.04万元；区疾控中心委托性卫生防疫服务费1.54万元，减少5.76万元。

【价格与收费管理】2017年9月22日，

区政府印发《关于贯彻落实国务院在市场体系建设中建立公平竞争审查制度意见的通知》，建立由区发改局、财政局、商务局、市场监督管理局等20个部门和6个镇街组成的集美区公平竞争审查工作联席会议制度，指导、协调推进全区公平竞争审查工作，为公平竞争审查有序实施提供政策和制度保障。9月29日，召开联席会议第一次全体会议，明确由区法制办会同牵头部门，对2017年区政府出台的政策措施进行审查。是年，区政府出台涉及公平竞争制度的规范性文件5件。区发改局、商务局、建设局、经信局、法制办对照审查标准，归纳文件中可能违反公平竞争制度的条款，形成《关于〈集美区鼓励物流业发展扶持办法〉等5份文件的公平竞争审查情况反馈函》，反馈至区公平竞争审查工作联席会议办公室和各个文件起草部门的上级主管部门。是年，区发改局贯彻财政部、国家发展改革委《关于清理规范一批行政事业性收费有关政策的通知》等3个文件精神，配合区财政局、经信局、教育局梳理2017年清理规范行政事业单位和涉企收费清单，加强收费的事中、事后监管，督促收费单位做好收费公示工作，确保政策落实到位，不让政策变成一纸空文。

【价格投诉举报执法】2017年，区发改局价格部门受理价格咨询、投诉、举报145件。其中，“12358”价格监管平台受理投诉78件，“鹭价通”投诉38件，市长专线咨询17件，专函咨询2件，政民互动咨询10件。按行业类别分，网络购物方面的咨询投诉51件，商品零售20件，停车收费20件，物业管理16件，医疗价格14件，宾馆酒店6件，社会服务5件，交通运输4件，旅游4件，教育3件，房地产1件，其他1件。主要问题：停车收费方面，咨询市政道路停车收费标准及新的停车场收费标准，反映个别停车场无建设局备案及收费告示牌设置不规范等问题；网络购物、商品零售方面，反映个别商家明码标价不规范等问题；药品和医疗服务方面，反映药店药品价格偏高等问题；宾馆与餐饮业方面，反应景区部分餐饮店价格高，大排档标价不规范等问题。价格部门调查后，对存在问题的有关单位分别给予提醒告诫、责令整改处理，并予以回复。

（洪毅忠）

质量技术监督管理

【概况】2017年，厦门市质量技术监督局第二分局（简称“市质监局二分局”），结合保障护航金砖国家领导人厦门会晤，推进质量强区、品牌和标准化战略实施工作。累计出动执法人员860人次，检查特种设备使用单位296家次，下达安全监察指令书6份；工业企业证后日常检查65家次；计量监督检查41家，其中安全防护专项15家、加油站26家、定量包装产品监督抽检7家14批次；办结投诉举报件148件，办结行政处罚案件7起，罚没款68476.8元。

【推进“质量强区”建设】2017年，市质监局二分局推动集美区修订《集美区实施标准化及品牌发展战略奖励办法》，在全市率先对省名牌、市优质品牌续评企业进行奖励，加大对各级质量奖的奖励力度。推动区政府启动客车及零配件产业全国知名品牌示范区创建工作，申报材料通过质量强省办公室同意，上报国家质检总局。沟通协调集美区政府、灌口镇、田头村做好地理标志产品培育工作，联系市质检院对仙景芋进行抽样检测，探索仙景芋的特征性指标，为申报地理标志做好基础性工作。贯彻落实《中共中央国务院关于开展质量提升行动的指导意见》，与杏林检验检疫局签署共同促进质量提升合作备忘录，通过“四联合四建立”，共同提升企业质量发展水平。

【产品质量安全监管】2017年，市质监局二分局加强厦门会晤期间产品质量监管，召开危险化学品、食品相关产品、重点消费品、消防产品及电线电缆等重点企业产品质量安全专题部署会，向企业发放企业产品质量安全责任告知书，要求企业签订企业产品质量安全责任承诺书。部署企业开展自查自纠，要求企业严守产品质量安全底线。开展打击“地条钢”专项行动，通过镇（街）安监站排查钢铁和金属制品企业名单，联合镇（街）、市质检院检查企业8家，未发现生产、使用“地条钢”行为。检查食品相关企业23家，对检查中发现的台账不全、检验设备超期未检及现场管理存在的问题，督促11家问题企业落实整改，消除重点安全隐患1个。对3家危化品生产企业进行检查，针对检查中发现的7个A类、4个B类及1个C类质量问题，约谈、回访问题企业2家，确保企业整改到位。对取得生产许可证或3C强制性认证的6家电线电缆生产企业进行检查，检查无证生产等违法生产行为。处理计量举报投诉7起，立案查处计量违法案件4起，罚款16554元。

【特种设备安全监察】2017年，集美区在册特种设备使用单位1775家、设备13918台。市质监局二分局先后开展“两节”“两会”和厦门会晤期间特种设备、大型游乐设施和危险化学品专项安全治理工作，制订《集美区护航厦门会晤特种设备安全大排查大整治行动方案》，召开动员部署会，向有关单位发放主体责任告知书和自查自纠表，要求落实特种设备安全主体责任，开展自查自纠，并签订厦门会晤特种设备安全保障工作承诺书。累计检查使用单位296家次，下达监察指令书6份，督促4家电梯维保单位落实整改等级评价中存在的问题，及时处理群众投诉举报199件。联合区经信局、安监局、各镇街，开展压力容器压力管道联合排查，共排查使用单位68家。联合区

8月31日，市质监局第二分局工作人员检查腾龙特种树脂（厦门）有限公司生产车间的压力管道。（曾威龙 摄）

安办、街道、社区，开展电梯使用安全知识宣传活动；联合市特检院，在华侨大学举办入学新生电梯使用安全讲座6场，2000多名师生接受培训。

（蔡碧芬）

安全生产监督管理

【概况】 2017年，集美区共发生各类生产安全事故64起，死亡16人，受伤2人，直接经济损失436万元。未发生较大以上生产安全事故，安全生产形势持续保持平稳态势，在全市年终安全生产目标责任制考评中取得优秀成绩。区安监局获省委、省政府授予的“金砖国家领导人厦门会晤筹备和保障工作先进集体”称号；区安全生产执法大队获市总工会授予的“工人先锋号”称号，副大队长曹国臣被福建省委、省政府评为先进个人。

【健全安全生产责任体系】 2017年6月6日，区委办、区政府办联合印发《安全生产“党政同责 一岗双责”工作机制》，进一步明确安全生产目标责任管理、议事协调、齐抓共管、履职报告点评通报、重点工作跟踪落实、挂牌督办、“一票否决”等7个方面工作机制及23项制度措施。加强党委对安全生产工作的领导，突出党政同责齐抓共管，强化安全监管“三个必须”，增强安全生产重点工作的跟踪落实，健全安全生产挂牌督办机制，强化责任追究，实现从区委、区政府到6个镇（街）、63个村（居）“三级五覆盖”。

【厦门会晤安全保障】 2017年1月6日，区安委会制定印发《集美区护航厦门会晤安全生产大排查大整治行动方案》《集美区安全生产大检查工作实施方案》和《关于开展厦门会晤安全生产大排查大整治调查摸底的通知》，召开各类动员部署会议30余场次，各镇（街）、各行业主管部门召开动员部署会议430余场次，1600家生产经营单位签订“重大活动期间安全生产管理责任承诺书”。各镇（街）、行业主管部门、村（居）共排查高危企业205家、重点企业451家、一般性企业4001家，确保“底数清、情况明”。按照“列清单、排计划、明责任、查隐患、抓整改”的思路，指导、督促企业落实主体责任，开展隐患自查自纠自报，有4913家企业上报隐患自查自纠情况，上报隐患10672条，整改10445条，整改率97.87%，投入整改资金601.26万元。全区各级各相关部门共检查各类生产经营单位11919家次，发现隐患8087条，整改7766条，限期整改1314家，停产停业整顿39家，关闭取缔59家，罚款420.66万元。安监部门对辖区8家危化生产企业、25家加油站和23家粉尘涉爆企业开展全面检查，并安排专人实施24小时驻点盯防；对3个“不放心单位”、984栋高层建筑、1个“不放心区域”实行专人24小时值守，对65个村（居、场）进行不间断巡查。在厦门会晤期间，全区实现安全生产“零爆炸、零火灾、零事故、零死亡”的目标。

【重点领域整治】 2017年，集美区持续开展重点领域专项排查整治工作。①道路交通安全监管。结合道路客运专项整治“春雷一号”行动和春节旅游客运市场专项整治，开展源头隐患排查和“逢三六九”惩治严重违法统一行动，累计查处“五类十项”严重交通违法行为61063起，其他违法行为28888起；查处各类营运车辆、土方车辆非法违法行为1561起，污染公路行为476件，处罚金额46.9万元。②危化品和烟花爆竹安全监管。组织开展危爆物品专项检查，检查民爆单位、工地、仓库和剧毒化学品仓库563家次，查处非法销售、储存烟花爆竹案件20起，行政拘留20人，收缴各类烟花爆竹600余件；检查危化企业232家次，现场检查记录172份，下达整改指令书60份，罚款45.3万元。立案查处超量储存烟花爆竹（10箱）违法行为1起、非法储存危化品行为3起，转移13类危化品7.5吨，扣押油漆54桶，查扣气罐139瓶。③燃气与油气输送管道安全监管。开展瓶装燃气“打非治违”行动，检查供应站点232次，开具整改通知书8份，查处“黑气”窝点15

个，查扣钢瓶 819 个，行政拘留 3 人。开展油气输送管道安全排查 30 次，巡查全区陆上石油天然气管道46.9千米，整治施工隐患 3 处。④消防安全监管。开展“九小场所”、居住出租房及住宅小区、人员密集场所、易燃易爆危险品场所、消防安全重点单位、火灾高危单位等重点行业、单位火灾隐患整治，共检查单位 14990 家次，督促整改火灾隐患或违法行为 19162 处，下发责令改正通知书 11005 份、行政处罚决定书 212 份、当场处罚决定书 38 份，临时查封 29 家，责令“三停”33 家，罚款 244.75 万元，拘留 3 人。⑤建筑施工安全监管。巡查工程项目 151 个，发现安全隐患 984 条，发出安全隐患整改通知书 155 份、责令改正（局部停工）通知单 3 份。现场抽取钢筋原材 90 组、机械接头 11 组、电渣压力焊接头 13 组、建筑用砂 11 组进行氯离子检测，现场对 21 个项目的混凝土构件进行回弹检查。检查立面改造和绿化提升项目 21 个，发现问题 201 条，发出整改通知单 60 份，约谈区管工地负责人 4 人。⑥职业健康和有限空间安全监管。开展职业健康专项执法检查，检查用人单位 55 家，开具现场检查记录 55 份，下达责令限期整改指令书 23 份，约谈企业 1 家；开展粉尘涉爆企业专项检查，检查企业 23 家，开具整改指令 19 份，约谈企业 1 家，责令停产停业整顿 3 家；查有限空间作业企业 14 家，开具现场检查记录 14 份、责令限期整改指令书 9 份。⑦特种设备安全监管。检查特种设备使用单位 202 家次，办理投诉举报件 91 件，发现并消除安全隐患 91 处，开具特种设备安全监察指令书 5 份，移交特种设备违法案件 1 起。检查危险化学品企业特种设备 11 家次、大型游乐设施 4 家次、气瓶充装单位和加气站 12 家次、自动扶梯和人行道安全 11 家次。⑧文化旅游安全监管。检查监管企业 1278 家次，取缔各类无证经营场所 73 家，查扣用于非法经营的电脑 175 台，行政处罚 58 万元。⑨醇基液体燃料安全监管。排查使用醇基液体燃料餐饮单位 371 家，掌握醇基燃料供应单位 54 家；检查醇基液体燃料经营企业 63 家次、危化运输企业 10 家次，查处非法储存醇基液体燃料 1 起，立案查处非法运输醇基液体燃料 5 起，罚款 14 万元。至 2017 年 8 月 5 日，辖区 371 家餐饮经营单位全部停止使用醇基燃料。⑩其他领域安全监管。开展寄递企业专项检查，检查快递企业 420 家次，下达责令改正通知书 77 份，约谈企业 5 家，整改隐患 164 个，关停末端网点 161 个，责令停业整顿 2 家，立案查处 25 起，罚款 32.04 万元；排查证照不全搅拌站 19 家，依法拆除 8 家，正在拆除 11 家；排查工业管道 16.07 千米、公用管道 10.27 千米、在用压力容器 4178 台，检查压力容器 117 台、压力管道 39.34 千米，发现隐患 13 处，开具整改指令书 5 份；检查医疗机构 33 家次，立案查处无证行医 1 起，罚款 1 万元；查获“两非”案件 9 起，罚款 13 万元；排查水利工程 21 处、在建工地 86 个、立面工程 350 个、地质灾害易发点及高陡边坡 34 处、易涝点 19 处、危房 200 余座、地下通道 7 处、地下车库 33 个、市政排水管网 50 余千米、避灾安置点 90 个。

【创新安全监管监察机制】 2017 年，集美区创新安全监管监察机制。①推行重大安全风险和重大危险源管控机制。在高危行业推行风险分级管控、隐患排查治理双重预防机制，强化源头和风险管控，完善技术工程支撑、智能化管控、第三方专业化服务的保障措施，实现企业安全风险自辨自控、隐患自查自改。摸清危险化学品、烟花爆竹、金属冶炼和涉爆粉尘、涉氨制冷等相关行业领域重大风险、重大危险源基本情况，建立工作台账，分类实施有效管控。至年底，完成 300 余家企业较大危险因素辨识与管控工作，完成年初下达的 265 家目标。②构建源头管控和安全准入“五位一体”体系。制订印发《集美区落实遏制重特大事故工作指南，全面加强安全生产源头管控和安全准入工作实施意见》，构建规划设计、重点行业、生产工艺、特殊场所、从业人员“五位一体”源头管控和安全准入体系。③推动工贸企业安全生产一体化管理。选择 16 家规模较大、基础较好、安全管理较完善的工贸企业进行试点，开展较大危险因素辨识管控、安全生产标准化建设、隐患排查治理体系建设、职业卫生、专项整治和日常监管等工作，预防和

6 月 23 日，区安委办在侨英街道兑山安置房小区举行高层住宅火灾事故应急救援综合演练。（胡朝光 摄）

遏制各类事故发生。④推进风险分级管控和隐患排查治理双重预防机制建设。帮助标杆企业构建双重预防机制，开展粉尘涉爆、有限空间、涉氨制冷、金属冶炼、危险化学品、烟花爆竹等行业领域企业调查，划分企业风险等级，为绘制风险管控电子地图，实行风险预警管控提供依据。排查涉危化品企业284家，分级分类284家。⑤不断完善道路交通基础设施建设。投入698.46万元，整治白虎岩路不稳定边坡4处、临水临崖隐患路段9处；计划投入4597万元，整治亡人事故点隐患10处、较大道路交通安全隐患16处和学校周边及部分道路零星隐患110处；各镇（街）计划投入资金4767万元，整治道路交通隐患点115处。⑥加强微型消防站和简易消防设施建设。共投入资金2000余万元，建成村（居）微型消防站65个，达标31个，建成率100%，达标率57.4%；建成消防安全重点单位微型消防站228个，达标146个，建成率97.44%，达标率64.32%。⑦加强生产安全应急能力建设。完成《集美区生产安全事故应急预案》和《集美区危险化学品事故灾难应急预案》修订工作，完善全区应急管理体系建设。在安全生产月活动期间，全区共组织各类演练50余场，参与人数1.4万余人，动用演练装备102台次，投入演练资金24.6万元。⑧持续推进安全生产标准化建设。259家工贸企业完成安全生产标准化建设工作。向评审达标的24家冶金等工贸行业大中型企业发放奖金30万元。⑨创新燃气安全监管方式。成立由6家燃气企业及所属25个供应站点、80余家餐饮商等相关单位和个人为会员的集美区燃气安全协会，开展瓶装燃气入户调查，累计入户安检115903家，完成率100%。

【安全生产宣教培训】 2017年，集美区强化安全生产宣教培训工作。区安委办组织开展中共中央、国务院《关于推进安全生产领域改革发展的意见》宣贯培训周活动，邀请市安全生产协会专家，向生产经营单位负责人和安全生产管理人员宣讲文件精神，800余人参加活动。编发《集美区安全生产大排查大整治工作简报》8期，联合区委宣传部在《集美报》、集美广播电台开设护航厦门会晤安全生产宣传专栏，报道护航厦门会晤工作动态；利用“天下集美”“集美安全生产”微信订阅号，推送安全生产资讯52条。各镇（街）、各部门举办大型安全生产月咨询日活动7场，投入经费84.8万元，悬挂横幅364条，展出宣传板410块，发放各类宣传品、宣传资料30.8万份，发送安全提示和问候短信76万条，放映安全宣教电影28场。组织开展进社区、进企业、进学校宣教培训活动，有93家单位开设消防安全知识课。联合燃气协会，开展餐饮用户燃气安全知识培训宣传活动20场次，发放宣传资料20万份，推送宣传短信10万条，组织燃气安全培训9次、燃气安全应急演练7次，受训人员10200人次。在杏南中学举行以“珍爱生命、安全第一”为主题的区第22个“全国中小学生安全教育日”和第10个“福建省学校安全教育周”活动启动仪式，发放《致家长一封信》112384份，制发安全宣传材料8203份。开展烟花爆竹限放宣传和职业病防治法宣传周活动，在杏林文化广场举办烟花爆竹限放查非宣传活动，发放《集美区人民政府关于限制燃放烟花爆竹的通告》和《集美区禁止违规燃放烟花爆竹告村（居）民一封信》3000余份，累计600余人参加活动。在灌口镇开展职业病防治法宣传周活动，发放宣传资料2000份，1000多名工友参加活动。开展防范未成年人溺水宣传，印发中小学生防溺水安全教育卡片88000份、挂图4000张，巡查水坑、池塘、湖泊、鱼塘、溪河等水体1000余处，增设安全警示牌1600余块。在杏林文体广场组织开展全国第一个《中华人民共和国安全生产法》咨询活动，发放宣传资料9000余份，解答咨询600余人次。

（曹国臣）

进出口商品检验检疫

【概况】 2017年，杏林检验检疫局受理出境报检4610批，金额1.75亿美元；入境报检596批，金额0.77亿美元；签发各类检验检疫证书904份；办理无纸化通关3756份，无纸化率99.26%；签发各类产地证书21342份，金额6.93亿美元，同比分别增长11.53%和11.23%。

【普及国门安全知识】 2017年，杏林检验检疫局制作知识性和趣味性兼具的国门生物安全宣贯视频、知识宣传展示板40余幅、宣传手册数百份，分别在曾营小学、厦门五中、杏林文化广场、前场社区以及30多家企业开展外来有害生物知识讲座、有害生物标本展示、有害生物监测观摩等活动，向市民和中小学生宣传国门安全保护、维护生态和谐知识。

【进境粮食后续监管】 2017年，杏林检验检疫局制发“粮食调运注意事项告知书”，明确储备库、运输车队及粮食加工厂在粮食调运过程中的疫情防控职责；严格调运管理，审核企业调运计划，办理进境储备粮运输车辆和运输路线备案手续，确保进境储备粮运往指定加工厂；严格防疫管理，确保运输车密闭性符合要求，在装卸、运输环节不撒漏、不夹带，及时清理现场，对地脚料实施无害化处理；严格疫情监控，在指定粮库及加工厂定期开展杂草等检疫性有害生物监测与调查，要求企业铲除厂区及周边杂草和自生苗。全年监管进口储备粮出库22批14276吨，进境大麦调运后续监管11批6037.7吨，均创历史新高。

【输美木制品法规培训】 2017年9月，杏林检验检疫局组织检区30余家企业就如何应对美国复合木制品的甲醛释放标准举办培训会，围绕美国复合木制品甲醛释放标准的要求、实施时间、可能造成的负面影响以及如何应对等问题，与企业进行探讨，提醒企业加强与客户沟通，准确把握该标准中规定的各类不同产品的甲醛释放限量要求和实施期限，适时调整产品种类和生产计划；引导企业开发新的国际市场，降低市场过度集中带来的风险，及时与国外客户沟通，通过合同条款明确双方责任，避免造成损失。

【推动出口汽车质量示范区建设】 2017年，杏林局牵头组织由检验检疫、厦门大学、集美区经信局组成的调研团队，对以大金龙为代表的厦门客车及其零部件行业企业发展实际状况和需求进行调研，组织编写《厦门市出口汽车及其零部件质量调研及提升报告》，确定质量提升帮扶举措，助力检区客车及其零部件生产企业提升产品质量，推动厦门出口汽车及其零部件质量安全示范区建设。与市质量技术监督局第二分局签署共同促进质量提升合作备忘录，推动集美客车及其零部件品牌发展战略。

【处罚违法违规行为】 2017年，杏林检验检疫局查处一批货值14.8万美元的进口旧机电设备不实申报违法案件，对当事企业进口旧机电设备以旧报新、逃避监管的违法行为，依法处以行政罚款7.7万元、2台国家严格管控设备予以强制退运的处罚，并将该企业信用等级由A级降为C级，分别在金宏网、杏林局网站上公开处罚信息；对3家报检违规企业进行诚信约谈和降级。

【推行“定制式”原产地证帮扶服务】 2017年，杏林检验检疫局制作“自贸协定政策及原产地证申领辅导需求征询表”，通过走访、产地证服务窗口、网络平台，征询企业意向，了解企业需求；以征询表为“服务菜单”，让企业按需“点菜”，自行选择服务业务项目、内容、时间、地点、方式；定期对企业“点菜菜单”进行分类和梳理，对有共性需求问题的产地证备案新企业、新产地证申领人员进行2场全景式专门培训。对频遭印尼海关产地证退证的企业给予风险预警提醒，做好退证动向信息的收集工作，引导出口企业尽量规避退证雷区；并对原产地证退证查询货物和企业进行情况跟踪，适时提供政策指导和咨询，提升已生效贸易协定的实施效果，确保集美区企业出口产品关税顺利减免。

【参与集美区食品安全示范城市建设】 2017年，杏林检验检疫局参加集美区食品安全示范城市建设。开展食品安全隐患“三大一严”重点隐患整治活动，举办企业质量体系培训3场。帮助出口备案企业建立实施HACCP体系，加强出口食品种植养殖基地监管，规范出口食品生产企业食品添加剂管理，规范境外食品生产企业、食品进口商、出口商、代理商名称和备案编号登记及进口和销售记录。开展食品安全进学校、进社区宣传活动，在厦门十中、前场社区举办食品安全知识讲座2场。

【推动企业“三同”上线】 2017年，杏林检验检疫局根据对企业需求的分析，结合年初企业年度报告审核及日常监管工作，筛选出确有质量管理提升和内销转型需求的出口食品企业，作为帮扶对象。成立帮扶小组，实行“一企一策”，制订帮扶计划和帮扶措施。指导企业建立和运行具有食品防护功能的HACCP管理体系，帮助企业获得HACCP管理体系认证，实现质量安全管理升级。共有4家出口食品生产企业登录国家认监委“同线同标同质”信息公共服务平台。 （曾威）

统计管理

【概况】 2017年，集美区统计局按照国家统计工作规定，做好全年农业、工业、固定资产投资、建筑业、房地产业、贸易业、住宿餐饮业、劳动工资、服务业、文化产业等专业统计工作，完成各项统计任务。开展统计用区划和城乡划分代码调整、基本单位清查、主要畜禽生产调查、规模以下工业整群抽样调查、工业生产者价格调查、农村固定资产投资抽样调查、限下贸易业整群抽样调查、城乡住户一体化调查、农民工抽样调查、劳动力调查、人口抽样、小微企业调查等抽样调查工作。完成第三次全国农业普查登记和工业企业市场占有率调查任务。协助区效能办开展2017年度集美区绩效管理考评工作，协助省统计局对科技年度报表、劳动力调查表开展验收、调研工作。

【农业普查】 第三次全国农业普查时点为2016年12月31日24时，时期资料为2016年年度资料。2016年8月，区统计局牵头组建普查机构，做好人员、办公经费、办公设施等前期准备工作，参加上级业务部门培训，培训普查指导员和普查员，指导各镇街开展普查工作。从各村（居）选调普查指导员100名、普查员226名，划分178个农业普查小区，进行地图绘制、入户清查摸底等工作。2017年1月1日起，区统计局开始第三次全国农业普查正式登记工作。此次登记涉及灌口、后溪2镇和杏林、侨英、杏滨3个街道的普通农户13048户，规模农业经营户315户，农业经营单位357家。由调查员使用手持电子终端（PDA）进行数据采集。普查内容包括：农业从业者情况；土地利用和流转情况；农业新型经营主体情况；农业现代化进展情况；农业生产能力和结构情况；粮食生产安全情况；农产品销售与农村市场建设情况；村级集体经济与资产状况；乡村治理情况；乡镇社会经济发展状况；农民生活状况；建档立卡贫困村与贫困户情况；主要农作物种植等空间分布情况。根据《关于开展全市农业普查专项统计执法检查的通知》，配合市局执法组到灌口镇田头村开展农业普查专项统计执法抽查，抽查农户、规模农业经营户及农业经营单位，未发现违反《统计法》和《全国农业普查条例》的情况，普查数据符合客观实际。

【劳动力调查】2017年，区统计局根据国务院办公厅《关于建立劳动力调查制度的通知》，开展全国月度劳动力调查工作。劳动力调查的次数为月度。调查范围为抽中的全国大陆地区的城镇和乡村地域上居住的人口。劳动力调查以户为单位进行登记，包括家庭户和集体户。被抽中户登记的人为调查时点居住在本户的人和本户家庭成员中离开本乡、镇、街道不满半年的人。月度劳动力调查的标准时间为每月10日零时，入户登记时间为每月10—14日。调查方式为劳动力调查员使用手持电子终端（PDA）进行样本管理、任务分配和数据采集，并由调查员利用PDA通过联网直报平台将调查数据直接报送国家统计局。集美区共抽中调查户160户，涉及4个镇（街）8个社区、村（居）。

【统计服务】2017年，区统计局利用统计数据信息资源，提供各种统计服务。收集专业、网络资讯，挖掘统计数据价值，撰写统计政务信息13条；从统计的角度，研究各种经济现象，加强统计分析，全年撰写各种分析材料30余篇；为市局、区委、区政府、区地方志等部门提供文字和数据材料，为各有关部门和社会各界提供统计咨询服务共100余人次；为企业申报名牌、评优等活动提供统计数据核对332个（次）。编印《厦门市集美区统计年鉴（2017）》，全面反映集美区2016年国民经济和社会发展概况。

【统计宣传与执法】2017年，区统计局利用“9·20”统计开放日、“12·4”法治宣传日、“12·8”统计法宣传日和各项抽样调查，在全区开展统计宣传活动，印发《统计法》1000册、统计知识问答和传单300份，在LED电子屏幕播出统计知识9次，发布统计知识微信100余条。按照“双随机”办法，开展日常统计监督检查，检查单位78家，未发现违法单位。执行《统计行政处罚自由裁量权裁量标准》，按照法律法规规定的权限、职责、标准、条件和程序实施行政管理和行政处罚，保证统计行政处罚的公平公正和适当合理。按照省、市、区统一布置，全面清理整合权力清单、责任清单，融合成“权责清单”40项，其中行政处罚8项、行政监督检查6项、其他职责事项26项。（高凌）

审计管理

【概况】2017年，集美区审计局内设综合科、审计科，在岗公务员7人。下设审计事务中心，事业单位，在岗工作人员3人。任命区审计局副局长、副调研员各1名，同时免去副局长职务1名，调出2人，调入1人，挂职1人，审计事务中心调出1人。全年完成审计项目18项，查出问题金额4943万元；查出非金额计量问题52项，审计处理处罚金额3069万元。提交审计报告及专项审计调查报告23篇，提出审计建议54条，提交审计信息48篇。吴旭芳被市委办公厅、市府办授予“金砖国家领导人厦门会晤筹备及服务保障工作先进个人”称号，卢伟萍和吴秀英分获市审计局举办的“讲述审计人故事”征文比赛二、三等奖。

2017年集美区审计工作综合情况表

表28

指标名称	计量单位	审计结果	指标名称	计量单位	审计结果
一、审计单位	个	18	七、审计处理情况	—	—
审计	个	18	审计处理处罚	万元	3069
专项审计调查	个	0	其中：应上缴财政	万元	2749
二、审计查出主要问题金额	万元	4943	应归还原渠道资金	万元	306
违规金额	万元	2842	应调账处理金额	万元	13
管理不规范金额	万元	2101	八、审计处理结果落实情况	—	—
三、损益（收支）不实	万元	52	审计促进整改落实资金	万元	1561
四、审计发现非金额计量问题	个	52	其中：增收节支	万元	1547
五、审计期间整改金额	万元	0	已上缴财政	万元	1241
六、审计报告和专项审计调查报告	篇	23	已归还原渠道资金	万元	306

续表 28

指标名称	计量单位	审计结果	指标名称	计量单位	审计结果
已调账处理金额	万元	13	审计专题、综合性报告	篇	2
九、审计成果利用情况	—	—	信息简报	篇	46
审计提出建议	条	54	被批示、采用审计信息	篇（次）	47
被采纳审计建议	条	46	被批示、采用信息简报	篇（次）	45
提交审计信息	篇	48	十、被审计领导干部	人	5

【审计业务】2017 年，区审计局完成审计项目 18 项（含市局委托 2 项）。共查出问题金额 4943 万元，其中违规问题金额 2842 万元，管理不规范金额 2101 万元；查出非金额计量问题 52 项，审计处理处罚金额 3069 万元，促进整改落实资金 1560 万元，其中上缴财政 1241 万元、归还原渠道资金 306 万元、调账处理金额 13 万元。提交审计报告及专项审计调查报告 23 篇，获批示 1 篇；提出审计建议 54 条，被采纳 46 条；提交审计信息 48 篇，获批示 2 篇。

【预算执行审计】2017 年，区审计局组织对区财政局实施 2016 年度区本级预算执行情况和其他财政收支情况进行审计，重点审计区本级预算收支情况、其他财政收支情况，同时对 6 家区直部门及 4 项专项资金进行延伸审计。出具审计报告 2 篇，查出主要问题金额 4396 万元，其中违规金额 2694 万元、管理不规范金额 1702 万元，非金额计量单位 11 项，提出审计建议 5 条。

【经济责任审计】2017 年，区审计局持续推动经济责任审计工作向纵深发展。对 5 位领导干部进行经济责任审计，含市审计局委托项目 2 项，其中政府部门项目 2 项、检察机关 1 项、国有企业 1 项、区政协 1 项。查出主要问题金额 82 万元，提交审计报告 10 篇。

【财政财务收支审计】2017 年，区审计局借助社会审计力量，下沉一级，对长期未审计的卫生院、学校进行审计，扫除审计盲点，扩大审计覆盖面。全年开展财政财务收支审计 12 项，其中镇街项目 2 项、中小学及幼儿园项目 6 项、社区卫生院项目 4 项，提交审计报告 12 篇。

【审计监督管理】2017 年，区审计局配合上级审计机关及区直相关部门开展各类检查工作。结合日常和节假日重要时间节点，有序开展“1+X”专项督查工作，移送问题线索 19 条；配合区委巡察工作，抽调 7 人次参与 4 轮巡察；配合区纪委开展“莫兰蒂”风灾后重建资金专项督查，推动政策落地；配合开展津补贴、“三公”经费检查和全面从严治党检查；完成省审计厅交办的厦门会晤活动经费（集美区）使用情况专项审计、福建省分级诊疗建设情况（集美区）专项审计调查、集美区财政资金信息化管理情况专项调查等项目。（傅伟滨）

财政税务管理

财政管理

【概况】2017 年，集美区财政总收入 112.35 亿元，完成调整后预算的 100.03%，同比增长 5.36%。其中区级财政收入 31.27 亿元，完成调整后预算的 100.16 %，同比增长 4.2%。全区政府性基金收入 39.31 亿元，完成预算的 93.58%；全区国有资本经营收入 0.6 亿元，完成预算的 100%。

【推动产业转型升级】2017 年，集美区整合优化产业扶持政策，推进软件信息、商贸物流和文化旅游主导产业集聚化规模化。规范企业扶持政策兑现审核办法，兑现各类扶持企业资金 1.94 亿元，其中用于众创空间、人才引进等的资金 0.78 亿元。出台厦门市首个区级《促进股权投资类企业发展暂行办法》，对落地集美区的股权投资类企业及企业高管给予多项扶持奖励，吸引 128 家股权投资类企业入驻。是年，集美区融资担保公司的担保总额 8.19 亿元，其中企业类担保总额 6.69 亿元，未发生代偿，担保企业总户数 196 家。集美区产业引导基金理事会累计批复设立子基金 22 支，总规模 70.34 亿元，区产业引导基金合计承诺出资 11.7 亿元，为财政资金杠杆 6 倍。参股子基金数量和基金规模列全市六个区第一名。

【实施积极的财政政策】2017 年，集美区实施减税降费政策，加大减税降费力度，落实增值税简并税率、扩大享受减半征收企业所得税优惠的小微企业范围、实施科技型中小企业研发费用税收优惠等政策。全面清理规范政府性基金和涉企行政事业性收费项目，进一步清理规范经营服务性收费，减轻企业负担。有序开展“放管服”工作，依据新《中华人民共和国会计法》，及时调整修订与会计从业资格认定相关的权责清单、办事指南等。小额贷款公司开业申请受理和初审等 5 项业务实现区级审批平台电子证照共享应用。

【保障和改善民生】2017年，集美区健全与经济发展相适宜的民生投入增长机制，民生支出占一般公共预算的76.87%。①教育支出15.95亿元，促进教育均衡发展。实施新一轮学前教育三年行动计划，加快公办幼儿园建设，新开办幼儿园3所，新增学位990个。完善民办学校补助政策，出台《集美区义务教育阶段民办学校扶持补助办法》，鼓励多元化办学。②医疗卫生与计划生育支出3.65亿元。施行差别化财政投入政策，改善基层医疗机构设施设备，提升就医环境。深化基层医疗机构运行机制改革，落实基本药物制度和公共卫生服务项目，加快推进家庭医生签约服务机制和分级诊疗改革。③文化体育与传媒支出1.85亿元。支持文化遗产保护利用，提升集美文化形象，办好“嘉庚杯”“敬贤杯”海峡两岸龙舟赛、国际气球节、阿尔勒国际摄影季、“中国杯”多人赛艇公开赛、全国汽车场地越野赛等具有影响力的品牌活动赛事。出台《集美区大型活动财政补助管理暂行办法》，规范全区各类大型活动资金使用管理。④社会保障和就业支出5.06亿元。落实各项民生兜底补助政策。加快社会福利体系建设，支持已建成的农村幸福院投入运营，推进老年人日间照料中心建设。实行创业就业能力培养计划，落实“金蓝领人才培养工程”，鼓励高校毕业生、农村转移劳动力、城镇困难人员和退役军人就业创业。⑤城乡社区支出9.28亿元。其中投入2亿元用于加强农村基础设施建设。

【深化预算绩效改革】2017年，集美区改进预算编制管理，在前期试点基础上，扩大三年支出中长期预算规划编制部门和范围，强化中长期预算规划约束机制。实施支出经济分类科目改革，进一步规范财政支出分类核算，提高财政支出信息质量。健全绩效管理制度，出台绩效目标、事中绩效监控和事后绩效自评管理办法。委托第三方机构对预算单位的支出绩效目标申报表重新梳理，涉及项目979个共计11.7亿元，绩效目标资金覆盖率95%。开展项目支出事中绩效监控试点，选取部门整体支出类、财政支出政策类、重点支出项目类13个项目开展绩效评价，推进绩效管理结果应用。

2017年，集美区教育支出15.95亿元。图为杏东小学图书馆（冯立东 摄）

【优化财政体制机制】2017年，集美区推进国库集中支付电子化管理改革、行政事业单位公务卡结算方式改革和政府采购管理改革。2017年7月1日起，全区启用福建省政府采购网上公开信息系统。完善政府资产管理平台，实现政府资产管理体制与实际操作管理平台有机融合。出台《集美区财政性投融资建设项目预决算管理办法实施办法》，完善预算审核、控制价审核、结算审核、竣工财务决算、资金拨付等环节的材料要求、审核内容、审核程序、审核时限等。加强竣工财务决算，促进建设项目资金尾款清算及时办理，上缴结余资金，核销支出，进行资产移交或者形成固定资产，加强建设项目监管。

【财政监督管理】2017年，集美区增加财政收支检查、会计检查、小额贷款公司监督检查3项随机抽查事项，“双随机”抽查范围进一步扩大。全年共有27名行政事业干部通过全市统一考试，获得行政执法证。抽取15家行政事业单位，开展2017年度会计信息质量和专项资金监督检查工作。制订《集美区“三公”经费使用管理常规检查工作制度》，全年开展“三公”经费检查5次，检查单位40家，发现问题线索11个。开展精准监督助推精准扶贫专项检查，对2016年农业灾后重建资金及农业基础设施建设项目资金进行重点检查，检查单位4家，发现问题线索6个。（徐杨璇）

国家税务管理

【概况】2017年，区国税局设办公室、政策法规科、收入核算科、纳税服务科（办税服务厅）、征收管理科、人事教育科（含党建办）、监察室、税源管理一科、税源管理二科、财务管理科、稽查局、杏林税务分局、灌口税务分局13个科室，正式在职人员132人，其中公务员127人、事业干部及工人5人。完成税收收入67.27亿元（含车购税收入及免抵调库），比上年增长24.66%；其中自征收入51.65亿元（不含车购税收入），完成市国税局下达任务的106.27%，超序时进度6.27个百分点。

【税收征管】2017年，区国税局税务登记总户数61730户。按纳税人类型分，单位纳税人36897户，个体工商户24381户，其他纳税人（指国家机关、事业单位、社会团体等，下同）452户；按主要税种分，增值税纳税人45131户，其中增值税一般纳税人13906户；企业所得税纳税人26763户，其中居民企业所得税纳税人27757户；消费税纳税人90户。按纳税人状态分，2017年度正常营业45422户，非正常2372户，注销户9366户，非正常户注销1647户，停业1户，报验户1167户，核销报验户1697户，清算52户，其他6户。与2016年同期相比，正常营业户数增长25.77%，非正常户数增长10.74%，注销户数增长5.12%，清算户数增长62.5%。是年，区国税局深化国地税合作，落实合作事项51项，推进联合办税厅六大类25项涉税业务服务深度融合，实行非正常户认定信息实时共享和应对风险合作，实现入库税款增收2亿元。联合深化税校合作被市局列为创新项目。加强各税管理，引导电商、电信、金融、公用事业等重点行业134户企业申领使用电子发票。推行增值税简并税率，完成4批申报数据加计扣除、企业税负变化的核实和2016年度企业所得税汇算清缴工作，申报率与汇算清缴面均达到100%。贯彻国务院公布的六项减税政策，做好培训、宣传、服务工作，确保政策落实到位。与15户“走出去”企业进行座谈，推行大企业个性化服务，受到纳税人点赞。落实增值税小微企业优惠政策，累计减免税额0.76亿元；落实所得税优惠政策，累计减免企业所得税额0.17亿元，实际受惠面100%。为74户高新技术企业、8户软件企业办理所得税优惠政策服务，分别减免企业所得税2.38亿元和0.13亿元。规范出口退税管理，审核免抵税额22.18亿元，办理退税额16.09亿元。

【依法治税】2017年，区国税局依法治税，推进法治建设。完善清理欠税督办机制，开展欠税追缴专项行动，构建国税与法院、人行的信息交换渠道，与区政府有关部门签订信息共享协议17份，第一时间掌握企业情况，加强与各机构、各部门沟通交流，与区法院建立全市首个“税、法执行联动创新平台”，防止税款流失，维护税法尊严。全年共清理欠税1867项，追缴税款5959万元。及时防范税收风险，提升税收管理质效，营造健康公平的税收环境，全年完成风险应对任务708户，累计风险管理成效3.24亿元。打击虚开发票、骗税和发票违法犯罪行为，立案检查150户，审结119户，查补金额1.09亿元，其中税款8712万元、滞纳金132万元，没收非法所得54万元，罚款1994万元；入库0.57亿元，其中税款5081万元、滞纳金206万元、罚款369万元。

【出口退税】2017年，区国税局加强出口退税管理，严格执行出口退税规定，完善出口退税风险防控链条，将风险防控重点转移到事前、事中环节，强化风险预警、评估和核查。按照“严控风险、企业自愿”的原则，对出口退（免）税分类管理类别为一类、二类、三类的生产性出口企业，推行申报无纸化管理。全年审核免抵税额22.18亿元，办理退税额16.09亿元。

【纳税服务】2017年，区国税局优化办税环境，开设便捷办税体验区，增设清卡、扣缴税款、打印纳税证明等简易办理事项，推进“马上就办”落到实处；改造升级网上办税平台，优化不同办税点功能切分，扩大办税服务点的延伸范围，实现办税服务网点与电子税务局的无缝对接；提速多元化办税，推广无纸化办税、“厦门国税掌上办税厅”微信小程序、二维码便捷开票等新办法，满足多样化办税需求。全年通过无纸化办税系统办理涉税业务31877户次，分流比为95.45%，其中证明开具业务比例100%。深化保障机制，进行纳税人需求调查，共收集意见建议32条，制定改进措施；深化信用体系建设，联合评价A级纳税人690户、B级9114户、C级752户、D级251户，复评10户，补评1户，推进守信激励失信惩戒措施的落实；开展“银税互动”活动，帮助32家小微企业贷款4165万元。强化税收宣传，开设纳税人学堂26场，为纳税人提供最新政策解读和热点业务辅导。首推“税收政策互动直播间”，打造政策辅导“实体授课＋网络直播”相结合的新型培训形式，延伸税收服务触角。开展营改增专题辅导，举办座谈会12场、纳税人课堂7次，邀请集美大学、厦门理工学院、华侨大学等高校财务负责人作“营改增”专题辅导1次，入户调研3次，发放辅导材料5200份，帮助纳税人增强对“营改增”的理解和掌握有关政策。在2017年全国纳税人满意度调查中，区国税局在全国99个县区级国税系统中排名第三位。（林丽萍）

地方税务管理

【概况】2017年是地方税务全面落实“营改增”后的第一个完整年，是重塑地税收入结构基数之年。区地税局按照“稳收入总量、稳序时进度、稳税源基础”原则，组织税收收入479583万元，增收12174万元，增长2.6%，占区财政总收入的42.68%；区级税收收入入库128199万元，减收5635万元，下降4.21％，占全部区级财政收入的41%，完成收入预算目标；非税收入33.22亿元，增长2.21%。

【年度税收特点】2017年，区地税局税收收入呈现三个特点：基本消化“营改增”转出税基带来的减收效应，全年税收收入同比仅减收0.09亿元，下降0.17%，若剔除营改增因素，则比增8.14亿元，增幅17.68%。重塑地税收入结构，企业所得税和个人所得税入库27.5亿元，占收入总量的50.75%，增收6.04亿元，增长28.16%，两项所得税增量占收入总增量的80%以上。与房地产业相关的地税收入保持良性增长态势，土地增值税收入首次超过10亿元，占比18.5%，成为仅次于企业所得税的第二大税种和影响收入走势的重要因素；契税入库7.66亿元，增长61.63%，为增长最快税种。

【税收征管改革】2017年，区地税局贯彻国家税务总局《关于转变税收征管方式，提高税收征管效能的指导意见》，12月1日正式启动转变税收征管方式、提高税收征管效能改革。根据集美区纳税人规模和税源结构，将辖区内企业纳税人分为大企业、重点税源和一般税源三类，实行重点、一般税源管理与评估并重的新征管模式。组建灌口分局为重点税源管理分局，调整集美分局、杏林分局、杏滨分局和后溪分局为一般税源管理分局，侨英分局继续作为专职评估分局，履行纳税评估职能。在办税服务厅设置审核审批岗，将38项涉税事项前移至审核审批岗审核办理，实行征管权限“内分离”。推行风控应对团队管理，在征管法规科增设风控中心岗，组建包括征管法规、税政、稽查、管理分局等各业务部门骨干在内的风控应对团队，履行内控审核、案源选案等职责，提升风险管理应对能力。

【提升征管效能】2017年，区地税局按照税费并举的原则，做好征管效能提升工作。抓实税种管理，开展企业所得税汇算3234户，清缴入库6.46亿元，个人所得税年度申报9181人次，完成土地增值税清算审核项目8个，清算税款1.04亿元。强化“以地控税”，做好土地使用税、房产税的申报审核，完善二手房交易和国税代开票税费征缴。加强基础管理，开展税源巡查和管户清理，推进库存发票缴销960户311万份，做好征管资料和第三方涉税信息收集，实现与国税12万多条次涉税财务报表信息的共享。强化以评促管，将纳税评估作为管、查衔接和征管质效提升的有效途径，建立团队式评估和主辅评机制，评估349户次，存在问题320户次，补税及加收滞纳金4303万元。完善社保费征缴办法，持续推进社保扩面，参保人数增长11.47%，清理欠费6830万元，“五率”指标处较高水平。

【税收法治建设】2017年，区地税局持续推进税收法治建设，转变执法理念，落实行政管理、税收征管等9个内控机制，促进征管、执法、服务的规范实施。开展税收执法监察和执法大督察检查反馈问题的自查整改，强化过错责任追究，增强法治意识。执行新修订税务行政处罚裁量权基准，实施稽查过程影音记录，推行说理式执法文书，规范税收执法行为。强化涉税风险防控，全年推送风险应对806户次，提示提醒442户次，发现问题率96.33%。加强国地税联合稽查执法，深化涉税信息分析，开展重大案件查处，全年办理立案和涉税举报案件22件，其中国地税联合立案5件，结案20件，查补税款及加收滞纳金罚款1.35亿元。推进历年重、难积案审结，实现审理环节无积案。加大行政执法公示力度，发布欠税行政处罚等涉税事项、信息网上政务公开198条，涉及192家企业和纳税人。建立“税·法执行联动创新平台”，实现国税、地税、法院互通联动，加大税收司法保障力度，健全失信惩戒机制。与华懋、路达等大企业签订税收遵从协议，征纳双方共倡诚信纳税。

【纳税服务】2017年，区地税局深化“放管服”改革，优化简并办税流程，梳理行政许可与公共服务清单事项102项，首批确认“一趟不用跑、最多跑一趟”事项82项，占审批服务事项的80.39%，平均提速32.5%。建立绿色通道、VIP服务等7项工作机制，突出大企业管理，开展拟上市民企政策辅导、互动直播间、创业分享会等活动，满足服务需求。加强国地税纳税服务合作，联合建立服务站、维权点，开展纳税信用等级联评和纳税人学堂办学联训，加大联合办税和委托代征力度，减少纳税人“两边跑”。在全市系统率先试行全预约实名取号办税，纳税人现场等候时间下降30%；实行办税厅周末轮班制，方便纳税人；纳税人满意度取得历史最好成绩，在国家税务总局纳税人满意度测评中位居全国34个测评单位第五名；加大“1+4+6”系列减免税和减税降费政策应享尽享力度，累计减免各税5814万元，社保降费减负4.08亿元。（侯鹏程）

教育与科技

教 育

综 述

【概况】2017年，集美区新建幼儿园3所，增加幼儿园学位990个；新改扩建中小学2所，增加中小学学位2070个。完成固定资产投资5亿元。24所学校通过义务教育管理标准化省级评估验收，6所学校入选省义务教育教改示范性建设学校。至年底，全区有公民办幼儿园157所，在园幼儿31244人；小学45所（其中民办4所），在校学生51248人；中学15所（完中6所，初中4所，九年一贯制学校4所，十二年一贯制1所），在校学生26831人（初中生18388人、高中生8443人）；中等职业技术学校7所，在校学生19997人；成人培训机构5所（含教师进修学校），学员7131人。继续实施外来务工人员随迁子女积分入学政策，共接纳6150人。随迁子女在公办学校和政府购买服务的民办学校就读比例93.43%。免除符合统筹条件的民办校进城务工人员随迁子女学费11459人次2345.79万元；对不符合统筹条件的随迁子女给予减免学费、课本费、簿籍费，减免7124人次304.65万元。民办园分级补助受惠幼儿24062人次2388万元。有教职工10886人，其中专任教师8046人。引进高层次教育人才2人，入选市第九批拔尖人才1人，被确认为省学科带头人培养人选4人、省“十三五”名校长后备培养培训人选9人、市级学科带头人14人，获厦门市第四批基础教育课程改革课题评选立项17项。12月，集美区通过“教育强区”省级认定和“两项督导”评估。

2017年集美区各级各类学校情况表

表29

学校类型	学校数	在校学生数				教职工数				
		计	其中			计	专任教师			
			小学	初中	高中		计	小学	初中	高中
总计	230	145180	59900	18388	8443	10886	8046	2995	1310	696
一、基础教育	218	115052	59900	18388	8443	9668	7094	2995	1310	696
1. 中学	15	26831	—	18388	8443	2529	2006	—	1310	696
完全中学	6	20895	—	12640	8255	1879	1557	—	881	676
十二年一贯制学校	1	249	—	61	188	88	33	—	13	20
初级中学	4	3564	—	3564	—	336	273	—	273	—
九年一贯制学校	4	2123	—	2123	—	226	143	—	143	—
2. 小学	45	59900	59900	—	—	3196	2995	2995	—	—
3. 特殊教育	1	54	—	—	—	32	15	—	—	—
4. 幼儿园	157	31244	—	—	—	3911	2078	—	—	—
5. 成人小学扫盲班	—	23	—	—	—	—	—	—	—	—
二、中等职业教育	12	27128	—	—	—	1218	952	—	—	—
1. 中等职业学校	7	19997	—	—	—	1147	893	—	—	—
2. 成人培训机构	5	7131	—	—	—	71	59	—	—	—
职业技术培训机构	4	792	—	—	—	43	34	—	—	—
教师进修学校	1	6339	—	—	—	28	25	—	—	—

【“讲述集美教师的故事”宣讲活动】2017年9月起，集美区从近年获全国、省、市、区管理奖、师德奖、新秀奖、杰出教师、优秀党员等荣誉称号者中，遴选好党员、好校长、好教师的代表性人物25人，分别组成“岗位先锋”“管理达人”“教学能手”“德育模范”“教坛新秀”5个宣讲报告团，在教育系统内开展以“砥砺奋进，不忘初心——讲述集美教师的故事”为主题的宣讲活动。报告团先后走进数十所校园，为3000多位教师讲述集美教师的美丽故事。

【对口帮扶和政县教育工作】2017年8月，集美区与甘肃省临夏州和政县教育部门经过协商，签订《厦门市集美区对口帮扶临夏州和政县教育工作协议》。协议要求集美区在未来三年内，通过学校结对帮扶、校长跟岗学习、骨干教师和班主任培训、送培送教送课、教育资源共享等形式，帮助和政县提升教育工作。至12月，集美区派出支教骨干教师8人，送教送培到县17人次，与该县12所学校签订结对帮扶协议，接受16名校长和骨干教师到集美区跟岗学习。（苏燕婷）

幼儿教育

【概况】2017年，集美区新建幼儿园3所：侨英街道乐海幼儿园，9个班；杏林街道诚毅幼儿园，12个班；杏滨街道滨海幼儿园，12个班，总建筑面积10800平方米，新增学位990个。至年底，全区有各类幼儿园157所（公办25所）、1114个班，在园幼儿31244人，适龄儿童入园率97.7%。其中普惠性幼儿园109所，享受分级管理财政补助幼儿12219人，占民办、集体办在园适龄儿童总数的51.1%。共有教职工3911人，其中专任教师2078人。

【诚毅幼儿园与中科院合作办学】2017年11月1日，集美区诚毅幼儿园与中国科学院幼儿园签订三年合作办园协议，诚毅幼儿园加挂“中国科学院幼儿园厦门集美诚毅实验园”牌子。双方议定，通过挂职跟岗、参观交流、观摩研讨等途径，在办学特色形成、幼儿园管理、科技创新活动、文化建设、名师培养等方面进行交流，共同提高学前教育水平。中科院幼儿园发挥自身办园理念、幼儿园管理、课程设置、教师队伍建设等方面的先进经验和办学特色，加强对诚毅幼儿园的指导，打造兼具中科院幼儿园及集美地域特色的幼儿园，力争诚毅幼儿园在协议合作期满时达到厦门市示范性幼儿园水平。（苏燕婷）

【集美幼儿园】2017年，集美幼儿园分设总园和岑东分园，有教职工105人，其中区级学科带头人培养对象1人、市级骨干教师6人、在培市级骨干教师2人、教坛新秀1人。2月设班21个，在园幼儿697人；9月设班24个，在园幼儿796人。是年，幼儿园被确定为教育部幼儿园园长培训中心实践教学基地，园长陈卫红被聘为教育部幼儿园园长培训中心实践教学指导专家；同时被确定为福建省保教改革建设幼儿园和厦门市多元目标多元策略学科基地校。申报课题《幼儿园主题活动与区域游戏整合的研究》被确认为厦门市“多元目标多元策略研究基地校”课题，围绕“什么样的课程是幼儿需要的”“如果我是幼儿，我会喜欢什么样的活动”主题，联系实际开展研讨活动。邀请共建单位后溪中心幼儿园和片区内民办园到园参加教研活动，全年开放12次，人数407人。接待甘肃、广东、龙岩等地幼儿园参观考察、教师跟岗学习85人次。12月，甘肃平凉市幼儿园一行16人到园，围绕“主题与区域融合促进幼儿深度学习”主题，进行3天的联合教研活动。是年，幼儿李燕妮获闽台渝三地小歌手赛总决赛银奖，教师陈般的活动设计“推理大师”获厦门市优质活动评选二等奖，幼儿参加区“竹韶杯”美术绘画、故事大王、小歌手、小主持人、科幻画比赛，获一等奖1个、二等奖4个、三等奖2个；教师在《福建教育》等刊物发表论文1篇，区级汇编7篇。（许碧莲）

【集美区实验幼儿园】2017年，集美区实验幼儿园设班12个，在园幼儿447人。有教职工70人，其中专任教师30人。专任教师中，省骨干教师、市学科带头人、区教坛新秀各1人，市骨干教师、区教学新秀各2人。是年，幼儿园进行课程改革，实行户外混班游戏，由幼儿自主选择喜欢的游戏区域和游戏的同伴，可自由转换游戏区域，由幼儿自己生成游戏主题，以此提高幼儿的自主游戏能力、与同伴合作能力，培养幼儿团结友爱的良好品质。在教研上，吴集芬主持的省级重点课题子课题《幼儿园美术活动中生活化材料的探索和运用》、陈晓清主持的区级微型重点课题《3～6岁幼儿情绪管理的影响因素及策略的研究》开题，区级课题《〈指南〉背景下自主性区域游戏中美术活动的指导策略》进入第二阶段。课题组撰写的论文《幼儿园美术教学的新方法——“讨论墙”》入选《课程教育研究》2016年第32期汇编。幼儿园发挥省级示范性幼儿园的辐射作用，组织英村（兑山）幼儿园、瑞吉欧幼儿园、耶鲁幼儿园，先后开展集中教育教学片区研讨和幼儿户外自主性混班角色游戏观摩活动。是年，幼儿参加区级比赛，分获幼儿经典诵读比赛二等奖、朗诵比赛二等奖、棋类大赛团体三等奖、小主持人大赛二等奖和三等奖、青少年科技创新大赛科幻画比赛一等奖，参加市幼儿能力大会暨亲子家庭运动汇“宝贝最棒”照片征集活动，获最美照片奖。吴晓翔撰写的教学设计《垃圾不落地，厦门更美丽》获厦门市中小学幼儿园垃圾分类知识读本教学设计评比二等奖，其执教的“消防自救我会做（安全防护）”获厦门市中小学校、幼儿园消防安全教育优秀教学示范课评比三等奖。陈晓清获市新秀奖，黄毅娟获区教师基本功大赛一等奖。（陈燕菁）

【杏林中心幼儿园】2017年，杏林中心幼儿园设一个总园和金博、寰宇两个分园。秋季，寰宇分园开园，设班6个。三园共设班27个，在园幼儿874人，教职员工117人，其中市级学科带头人2人、市级骨干教师3人。《海洋文化背景下幼儿园主题活动实践研究》被立项为市教育科学“十三五”规划2017年度课题。金博分园利用地域优势，在环境、教育、区域游戏中合理运用海洋资源，创设融入海洋精神文化特色的主题环境，构建具有海洋文化特色的园本课程，以“海纳百川、扬帆起航”为园训，培育“阳光、灵动、自信、博学”的海之娇娃。全园开展丰富多彩的主题月活动：3月，以“美丽的春天”为主题，开展“歌唱春天歌咏比赛”“我们植树去”“帮助别人真快乐”等主题活动；4月，结合“环保月”，开展“绿海鸥在行动”“变废为宝”等活动，引导幼儿形成垃圾分类的环保意识；5月，结合“五一”劳动节，开展“劳动真光荣”“我爱妈妈”“我真能干”等活动，帮助幼儿养成劳动习惯；6月，结合“六一”儿童节，举办六一自助餐、自主游戏开放日、大班毕业欢送会等活动；9月，举办早操会演，培养幼儿热爱集体的团队精神；10月，举办“快乐的国庆”“我们的祖国真大”“我爱祖国”“我是中国人”等活动，激发幼儿热爱祖国的情感；11月，举办“运动会嘉年华”活动，强健幼儿的体魄；12月，举行庆元旦、迎新年联欢活动。本着“人人参与，多元发展”的原则，让幼儿参与活动设计、布置环境，提高幼儿的合作能力、动手能力、表达和表现能力。是年，金博水岸分园被确认为区级示范性幼儿园；幼儿和教师参加各类比赛，幼儿获市级奖励11人次、区级奖励15人次，教师获市级奖励3人次、区级奖励6人次。（林倩）

9月19日，杏林街道社区卫生服务中心医生为杏林中心幼儿园幼儿进行龋齿防治。（林倩 摄）

【灌口中心幼儿园】2017年，灌口中心幼儿园设黄庄总园和幸福分园，24个班，在园幼儿816人；教职工102人，保健医生2名，其中省级骨干教师1人，市级骨干教师3人，区级学科带头人培养对象1人。本年度，幼儿园承担面向全市幼儿园开放研讨活动的任务，“十三五”课题《幼儿园户外自主游戏的实践研究》和《〈指南〉背景下幼儿探索性活动区游戏的实践研究》形成阶段性成果。幼儿园鼓励孩子们收集瓶罐、石头、瓦片、木片、吸管等生活常见物品，引导他们动手动脑，制作成各种作品，在楼梯拐角、走道上，设置“陶泥区”“彩绘涂鸦区”“小木匠区”等“创意作坊”，再现农家的生活用品、风俗习惯，让幼儿在游戏中亲身体验印红龟、磨豆浆、蒸年糕、刺绣等闽南习俗。幼儿在游戏中自主选择游戏材料、游戏内容、游戏伙伴，自主制定游戏规则，提高了自主能力、合作能力、交流能力和竞争意识。是年，老师、幼儿参加省、市、区组织的各种比赛，获省奖1项，市一等奖1项、三等奖2项，区一等奖1项、二等奖3项、三等奖4项，其中王秀萍老师参加省中小学教师信息技术应用比赛，获优秀应用成果奖。（朱丽真）

小学教育

【概况】2017年，全区有小学45所，其中民办学校4所，在校学生59900人，毕业7487人，一年级招生10716人，外来进城务工人员子女进公办中学比例90%以上。有教职工3196人，其中专任教师2995人。杏南中学、灌口中心小学等17所学校通过义务教育管理标准化省级评估验收，集美小学、曾营小学等6所学校成为省义务教育教改示范性建设学校。

【义务教育教改示范性建设学校评估】2017年12月26日，根据省教育厅关于遴选义务教育教改示范性建设学校的要求，在学校自评申报、区级核查推荐、市级遴选申报的基础上，经专家组评审，集美小学、曾营小学、灌口小学、宁宝小学、乐海小学、侨英

11 月 8 日，集美小学叶卫红老师获厦门市小学语文部编教材现场教学评比活动一等奖。图为教学比赛现场（集美小学 供图）

小学 6 所学校成为福建省首批“义务教育教改示范性建设学校”。教育教改示范性学校将落实立德树人根本任务，加强学校内涵建设，发展学生核心素养，持续推进教育管理和教学方式改革，构建符合教育教学规律、体现时代特征、充满活力的育人机制，全面提升教育质量，为全省基础教育改革发展发挥实验示范作用，推动义务教育优质均衡发展，满足群众“上好学”需求。（苏燕婷）

【集美小学】 2017 年，集美小学设教学班 36 个，在校学生 1684 人，在编教职工 76 人，其中高级教师 7 名。是年，学校获“全国足球特色校”称号，被省教育厅确认为省首批义务教育教改示范性建设学校和首批义务教育管理标准化学校，以高分通过“厦门市文明校园”验收。学校参加省教育科学“十二五”规划课题“‘诚毅教育’融入小学各学科教学的实践研究”、省级基地校课题“运用汉字学于识字和阅读教学的微课程研发”均结题。叶卫红获市小学语文部编教材现场教学评比活动一等奖；王雅怡获区小学语文单元试卷编制比赛一等奖，王茼最获二等奖；高明、吴婵媛获区数学学科单元试卷编制比赛一等奖，叶秋月、郭桂蓉获二等奖；王雅怡、郭丹雯获区小学语文微课制作比赛一等奖。学校重视学生个性特长培养，以“提升素质、培养习惯、发掘潜力”为主线，举办“爱校主，传诚毅”主题活动及“诚毅”奖章评选、104 周年校庆、春季田径运动会暨小运会 100 周年纪念、成立“厦门市校园小记者站”等各种社团和特色品牌活动，学校少先队获省“陈嘉庚红色先锋大队”称号，舞蹈《爷爷的心校园》获区“鹭岛花朵”少儿文艺会演比赛金奖、市赛银奖，合唱队获区“鹭岛少年、童心向党”合唱比赛金奖，舞蹈队《新四季歌》参加厦门电视台 2018 年少儿春晚演出。学生参加区小学生棋类锦标赛，获团体总分第一名、乙组第一名；参加区第二届中小学生羽毛球锦标赛，获团体总分第二名；吴以恒获省规范汉字书写大赛一等奖，陈承恩获市规范汉字书写大赛二等奖，吴以恒、邬宗桦分获市现场绘画书法现场比赛一等奖和二等奖，邓楠获市首届小学生阅读比赛二等奖，冼升昊、林皓、易诗琪、沈滟晴、王斯婧获市青少年航天航空模型竞赛一等奖，郑静萱、赖睿涵、杜煜祺、邬宗桦、曾昱泽获市青少年建筑模型竞赛一等奖，黄茗心、郭智雅获市“学礼仪、知礼仪”网络知识竞赛一等奖，陈钊恺获市“做文明有礼小东道主”书画作品大赛一等奖。是年，学校与厦门市曾营小学、乐海小学、窗内小学，杭州市竞州小学、周浦小学，甘肃省和政县西关小学、龙泉小学共同举办“学思知行、诚毅求知”闽浙甘三地八校大型教学观摩研讨活动；承办厦门市嘉庚精神动漫戏剧活动启动仪式；与甘肃省和政县西关小学、安溪慈山学校、京兜小学签订共建协议，校长陈志良赴甘肃和政县为全县校长举办讲座，教导主任叶卫红与慈山学校骨干教师签订带教协议，多次赴慈山学校上示范课；先后接待“千课万人”全国校长和骨干教师组成的“办学特色与内涵探寻”综合考察团、甘肃省临夏州教育局局长张居贵率领的所属八县教育局局长参访团、甘肃和政县李国辉书记一行及广东佛山市顺德区容贵育美教育集团等考察和参访活动。

（陈志良 易姗娜）

【曾营小学】 2017 年，曾营小学设教学班 41 个，在校学生 1920 人，教职工 102 人，其中专任教师 97 人，副高及中级职称教师 51 人。是年，学校以市、区教师技能大赛和课堂教学展示为契机，组织教师进行差异教学的校本作业研究，教师差异作业设计在厦门市作业设计比赛中获一等奖。进行课前预习改革，建立学科课前预习检测题库，采用 APP 推送方式，为课堂教学提供依据，提高课堂效率。新开发《咱厝的歌》《书海漫步》等校本课程。邀请从事医生、厨师、警察、律师等职业的学生家长走进班级传授相关知识，帮助学生掌握不同技能。学校受邀参加厦门旅游广播 FM94.0《好好学习》栏目，直播“曾营小学德育那些事”，受到社会好评。选派 3 名骨干教师前往国家重点贫困县临夏州和政县开展支教活动，学校发动全体师生和家长捐款 131070 元，为该县贫困学生购买冬令取暖物资，为农村学校建流动图书馆和教师书库。组织教师参加省、市、区各类比赛，获市“下水文”比赛二等奖，市中小学班主任专业能力大赛一、二、三等奖和市读书征文比赛一等奖各1人；学生参加各级各类比赛，共获奖项63项，其中市级奖28项，区级奖35项，象棋棋手获省锦标赛男子儿童乙组第二名，足球队获首届厦门市中小学师生体育能力大赛二等奖，合唱团、戏剧组获市比赛一等奖，舞蹈队获市比赛银奖。学校获评集美区“三风一训”展示交流优秀学校、厦门市家长示范学校、福建省义务教育管理标准化学校。（王荣）

【集美第二小学】 2017年，集美第二小学设教学班37班，学生1713人，教师92人。学校树立“以德树人，以爱育爱”的办学理念，秉持“办一所有爱的学校，让学生在爱的教育中，拥有七彩童年，走向幸福人生”的办学思想，努力搭建教师发展平台，开展各项教学技能比赛，促进教师专业成长。弘扬嘉庚精神，打造集美二小“爱的教育”文化品牌。以高雅校园、阳光德育、魅力教师、智慧课堂、七彩课程、温情管理、多元评价为七大支柱，构建集美二小“爱的教育”体系，促进师生成长和学校发展。是年，学校获评福建省义务教育管理标准化学校、“五一先锋号”，厦门市文明校园、示范家长学校、健康学校、“四星级”工会、优秀少先队大队等荣誉。教师获市级以上奖项8人次，区级集体荣誉奖2项。学生获市级以上集体奖3次、国家级个人奖3人次、市级以上个人奖85人次、区级以上个人奖97人次。陈闫睿哲、胡晏彤、肖琬琪制作的“带自动清刷功能的捕虫灯”获福建省青少年科技创新大赛一等奖。11月，学校开展“学会分享，学会爱”活动，师生为甘肃省和政县西关小学捐献图书5651册。（蒋诗凡）

【厦门实验小学集美分校】 2017年，厦门实验小学集美分校（灌口小学）设教学班47个，在校学生2149人。有编内教职工91人，编外24人。其中，省级骨干教师、省学科带头人、省名师培养对象各1名，厦门市学科带头人4名、专家型教师1名、专家型培养对象2名、十佳班主任1名、杰出教师1名，市级骨干教师30名、高级教师11名。3月，由区教师进修学校和厦门实验小学共同主办、厦门实验小学集美分校承办，主题为“十年新启航、多元育素养”的青年教师课堂教学展示活动在学校举行，9门学科，总、分二校24位教师同台竞技，兄弟学校800多位同行到校观摩。5月，厦门实验小学总、分二校19位教师分别到后溪学区东边小学、新村小学开展送教活动；学校举办师能竞赛活动。10月，青年教师10人赴温州道尔顿小学开展教育教学交流活动。11月，12名年轻教师前往昆明书林二小开展为期两天的课堂教学交流研讨活动。是年，语文组市级课题《立足课堂，加强随文练笔的有效性研究》结题，学校被市教育科学研究院确定为“多元目标多元策略”基地校，语文、数学、音乐教研组市级课题“多元目标多元策略”开题。教师承担省、市、区级公开课、观摩课78节次，在《福建教育》《小学教学》等刊物发表论文9篇，获区技能比赛一等奖4个、二等奖1个、三等奖3个，市教师技能竞赛三等奖4个；参加国家、省、市、区“一师一优课”、省第十三届“三优联评”活动等比赛，获奖项69人次。15名教师分获市、区、镇优秀教师等称号。学生参加区级以上各类比赛，获奖278人次。其中，黄子琪获第二十届全国青少年五好小公民“阳光校园，我们是好伙伴”主题教育读书活动征文比赛小学组特等奖，周骏迪的作品《小小的温暖》获第十二届“老百晓”杯全国小学生原创作文大赛六年级组三等奖。学校被评为“福建省义务教育管理标准化学校”和“福建省义务教育教改示范性建设学校”。（郭宏君 苏小燕）

【集美区特殊教育学校】 2017年，集美区特殊教育学校设教学班5个，在校学生56人，另有送教上门学生6人；有教职工21人，其中编内16人，顶编4人，校医1人，另配保育员、保安及后勤人员14人。教职工中，研究生1人，本科13人，大专7人，学历达标率100%。学校按照《福建省特殊教育标准化学校评估标准》建设，设功能室24间，各室配备齐全，达到省级一类标准。坚持课堂教学与个别教育训练相结合，注意吸收现代医学和康复技术新成果，探索“医教结合”新模式，满足不同学生的发展需求。全面实施素质教育，组织学生走进敬老院、走进电影院、走入大自然，开展“垃圾分类”教育、夏令营等社会实践活动；与厦门理工学院、华侨大学、厦门医学院等开展“手拉手”志愿者活动，举办体育节、艺术节，坚持“两操一课”及大课间活动，保证学生每天有一小时活动时间，促进学生身心健康发展。开展“基于脑力式身心语言潜能检测工具下自闭症儿童个性化教学策略的实践与研究”（“十三五”区级重点课题），努力提高自闭症学生的教育教学成效。成立集美区特殊教育资源与指导中心，为全区特殊儿童家庭提供免费教育咨询与跟踪服务。承办集美区特殊教育学生劳动技能展示嘉年华活动。组织学生参加厦门市特殊教育学生生活与劳动技能展示活动，获一等奖3个、二等奖9个、三等奖8个；参加厦门市第二届特奥运动会，获二等奖6个、三等奖3个。教师参加省、市、区各项比赛活动，获省一等奖、市一等奖、市二等奖各1项，其中陈淑凤获福建省自闭症教学研讨课一等奖；3位教师分获集美区优秀教师、优秀班主任、先进德育工作者称号。学校获评集美区特教学生劳动技能展示活动优秀组织单位、集美区文明学校。（吴进财）

普通中学教育

【概况】 2017年，集美区新建中学1所（美山中学），新增学位1800个。年底，辖区内共有普通中学15所。其中，市属中学4所（集美中学、英才学校、启明学校、厦门工学院附属学校），区直10所（厦门十中、杏南中学、灌口中学、乐安中学、上塘中学、后溪中学、杏东中学、集美中学附属滨水学校、集美中学附属园博学校、集美中学附属西亭学校），民办1所（英贤学校），共设班586个，在校学生26831人。有教职工2529人，其中专任教师2006人。

【义务教育管理标准化学校评估】 2017年，根据“义务教育管理标准化学校”建设与评估要求，在学校自评、区级核查推荐、市级评估申报的基础上，经省教育评估研究中心组织专家审核和实地抽查，集美区厦门十中、杏南中学、灌口中学、乐安中学、灌口中心小学、杏苑小学、窗内小学、后溪中心小学、锦园小学、康城小学、李林小学、内林小学、西滨小学、杏东小学、美山小学、新亭小学、坑内小学17所中小学通过省“义务教育管理标准化学校”评估验收。

【灌口中学校友为母校设立奖学基金】 2017年10月，灌口中学91届毕业生陈伟贤校友向学校捐赠10万元，成立以其母亲姓名命名的“白云教育奖学基金”，作为学校国际部品学兼优学生的奖学金。厦门一中集美分校校长迟建伟与陈伟贤签署“白云教育奖学基金”协议，并为陈伟贤颁发厦门一中集美分校国际部荣誉主任聘任书。灌口中学是厦门市9所普通高中教育国际化首批试点学校之一，学校成立国际部，开辟语音教室，聘请外籍教师授课，全程实行英语教学。灌口中学国际部成立之初，时任国际毛皮协会中国区副主席的陈伟贤即捐赠英文书籍1000册，并协助国际部举办闽南俗语翻译大赛、英语征文大赛。

（苏燕婷）

【集美中学】 2017年，集美中学设教学班99个，在校学生4500人。有在编教职工377人，其中专任教师331人。专任教师中，特级教师4人，高级教师89人，占27%；中级教师112人，占34%；省教学名师1人，省学科带头人12人，市专家型教师4人，市学科带头人12人，硕士以上学历71人。是年高考，本一录取率57%，本科录取率98%，中考成绩区第一名。是年，学校召开第十二届一次教代会，通过《福建省厦门集美中学章程（修订稿）》，选举产生第十二届工会委员会；集美中学校友会第六届理事会成立。承办福建省初中历史、生物教学工作研讨会和厦门市青少年建筑模型竞赛暨嘉庚建筑纸模型比赛；参加集美学校内迁安溪80周年纪念活动，与安溪培文中学、安溪五中签订结对帮扶协议。接待香港九龙五区家长教师福建参访团、香港教师福建考察交流团、马来西亚华校董事联合会总会（董总）访华团、泰国邦高皇家圣谕中学师生团；迎接省首届文明校园检查、省一级达标校复评、省首批示范高中校申报检查，学校被确认为省教育科研基地、省青少年校园足球示范校，高中生物学科被省教育厅评为省普通高中优质学科课程项目，学校获省田径冠军赛暨中学生联赛高中组总分第一名（一等奖）、市中小学生田径锦标赛团体总分冠军；庄小荣被评为省首届名校长、省最美劳动者，汪秀春被评为省优秀教师，张玉、罗文明被评为省基础教育教师培训专家库首批省培专家，蒋文炜、林英、万虹、汪秀春被评为省基础教育信息化专家；刘千方获省青少年科技创新大赛（制作类）一等奖、科技辅导员成果竞赛全国二等奖，汪会喆获省中小学实验教学说课活动一等奖，黄小露获省第二届中小学优质音乐课评选一等奖，陈丹获福建卢嘉锡科技辅导员创新奖；罗文明、刘伟、林小燕、邹方云参与的“社会主义核心价值观融入中小学学科教育的实践研究的应用”课题，获省教育厅基础教育省级教学成果奖一等奖（市教科院主持）；陈巧真、殷宇虹获省电化教育馆“一师一优课、一课一名师”活动部级“优课”。在市教师教学技能大赛中，学校获评岗位练兵先进学校，尹蒿山获高中组特等奖，陈佳佳、王琳获一等奖。黄祺翔获全国中小学电脑制作比赛二等奖，张洋获数学奥赛省一等奖，陈泱宇获信息学奥赛省一等奖，郑林获福建卢嘉锡青少年科技创新奖。10月24日，中央电视台播出“我是体育教师——集美中学王琳”。

（林红晖）

【厦门市第十中学】 2017年，厦门市第十中学设教学班90个，其中初中60个、高中30个；在校学生4301人，其中高中生1442人、初中生2859人。校园占地面积66812平方米，建筑面积48208平方米。在编教职员工281人，其中专任教师254人。专任教师中，研究生28人，大学本科学历266人；中级职称112人，高级职称93人；青年教师占教师总数50%以上。高考本一上线90人，本二以上上线386人，本科上线率88.1%。初中毕业班三科和六科总分均位居集美区第一名，为全区唯一总分均值超过市均值的学校。高中会考优良率、及格率均远超一级达标校的指标要求。教师在CN类刊物发表论文21篇，参加各级各类教育教学技能竞赛获省级奖17人次、区三等奖以上103人次。王峰的《液体压强与深度、液体密度定量研究实验器》获第三十二届福建省青少年科技创新大赛三等奖。在厦门市第四届中小学中职校幼儿园教师教学技能大赛中，陈萍获高中组特等奖，马小妹、苏婷、李鹏红获二等奖，胡艳丽、王黎霞、

3月19日，厦门十中举行高三学生成年礼。（厦门十中 供图）

郑安杰、杨火灿获三等奖。杭建国获评福建省优秀教师，王阳灿获评厦门市第九批拔尖人才，邱文东获评市级管理奖，杜丽敏获评市级校际交流奖，许丽玲获评市级优秀年段长，杨峰获评市级优秀班主任。学生参加各级各类学科竞赛，获区三等奖以上205人次。初、高中男子篮球队分获省中学生篮球锦标赛初、高中组二等奖，学校获评“福建省篮球传统特色项目学校”。12月，学校获省教育厅授予的“福建省义务教育管理标准化学校”称号。

（张秀红）

【厦门一中集美分校】（灌口中学）2017年，厦门一中集美分校有教职员工317人，其中专任教师286人。专任教师中，高级教师58人，中级教师65人；研究生学历33人，专业硕士3人，本科学历246人；省学科带头人1人，市专家型教师4人，市学科带头人8人，市骨干教师54人，区教坛新秀32人。设教学班82个，在校学生4026人，其中高中班32个，学生1529人；初中班50个，学生2497人。是年，学生中、高考成绩优秀，丁如意、廖宝花、蔡琳琳分别摘取集海片区理科状元、文科状元、体育类理科状元桂冠，239人考上本科线，会考合格率99.5%，优良率94%，超过省一级达标校标准；科技创新成绩优秀，有135人次在区级以上科技竞赛中获奖，其中国家级8人、省级7人、市级115人、区级5人；学科竞赛全面开花，有187人次在区级以上学科竞赛中获奖，其中国家级9人、省级10人、市级131人、区级37人；艺术、体育竞赛成绩喜人，艺术竞赛获区级一、二、三等奖各2项，市级二等奖1项，体育竞赛获市青少年柔力球交流大赛中学组二等奖、“为马拉松喝彩”啦啦队比赛团体银奖和最佳才智奖，区级竞赛第一名3个、第二名1个、第三名2个。教师在市级以上刊物发表论文22篇，其中CN刊物10篇、省级2篇、市级10篇；获区级以上技能竞赛奖励62人次，其中国家级9人、省级6人、市级15人、区级32人。其中，陈子霞在中国教育学会2017年度课堂教学展示与观摩系列活动暨第七届全国中小学优秀体育课教学观摩展示活动中获一等奖，林芳、黄淑桂、潘琼芳在福建省2016—2017学年“一师一优课，一课一名师”活动中获省级优课称号，黄晓玲、吴国文在厦门市第四届中小学中职校幼儿园教师教学技能大赛中获二等奖，林雯、李娅、余祥辉获三等奖，陈圣琪获2017年厦门市中小学班主任专业能力大赛高中组三等奖，孙钊获2017年班主任教育故事大赛高中组二等奖，李秋娟获初中组三等奖。学校获评省青少年足球培训基地、省中小学中华优秀文化艺术传承学校培育示范校建设对象、省义务教育管理标准化学校、第十五届市级文明学校等荣誉。

（钟顺利）

中等专业职业教育

【概况】 2017年，集美辖区内有中等专业职业学校7所。其中，市属中等专业职业学校2所（集美工业学校、厦门工商旅游学校），区属中等专业职业学校1所（集美职业技术学校），民办中等专业职业学校4所，在校学生27128人，毕业生12389人。是年，集美职业技术学校再次当选福建省职业技术教育学会副会长单位，被推选为智能制造产教融合联盟副理事长单位，跻身“福建省示范性现代职业院校建设工程”2017年培育项目院校名单，成为“一带一路”暨金砖国家技能发展国际联盟（IASDBR）第一批成员单位。

（苏燕婷）

【集美工业学校】 2017年，集美工业学校分设南、北两个校区，有编制内教职工346人，其中高级职称113人、中级职称132人。学生总数6395人，在校生3924人，2017年招生1457人，毕业1457人，落实就业单位1435人，升高职就学284人。11月30日，学校闽南传统工艺传习中心、闽南传统工艺传承基地、闽南传统工艺现代学徒制基地成立，闽南传统工艺传承基地漆线雕、珠绣、剪纸三个闽南特色工艺大师工作室建成投用。DMG MORI、物联网、TEMI单晶片能力认证、移动云教学大数据中心、360数据安全实训室等项目落地。学校当选智能制造产教融合联盟副理事长单位，入选教育部国育华渔VR世界实验室项目试点学校和福建省第一批VR/AR职业教育实训基地建设项目；智能控制实训基地入选福建省职业院校专业群实训基地培育项目。学校建立“申远”校企实训基地，与飞瑞敖、天擎科技建立校外合作基地。全省首个中德AHK合作项目正式立项，拉开赴德学习交流序幕；首批招收泰国籍留学生14名，选派24名学生赴台北城市科技大学游学。学校《构建中职教育信息化"2+1+N"人才培养模式》获评教育部职业院校数字化校园建设典型案例，入选教育部第一批教育信息化试点优秀单位、首批职业院校数字校园建设实验校；学校成立"U+双创基地"创新创业中心，学生"视界工作室团队"获"和职教杯"福建省黄炎培职业教育奖创新创业大赛中职组金奖第一名。12月5日，学校承办第十一届海峡两岸中小学校长论坛职教分论坛。是年，学校组织师生参加国家、省、市各项赛事，成果丰硕。在全国职业院校技能大赛中，获3金10银7铜，总奖牌数列全国第一位；在厦门市职业院校技能大赛中，获一等奖20项、二等奖29项、三等奖47项，位列省、市各中职校前茅；在福建省职业院校技能大赛中，获一等奖3项、二等奖11项、三等奖10项；在全国职业院校教师信息化教学大赛中，获4金1银2铜，金牌数和奖牌总数均列全国第一位；在福建省职业院校教师信息化大赛中，获5金2银2铜；在福建省职业院校教师信息化大赛中，获5金2银2铜；在福建省中等职业学校教师片段教学竞赛中获4金4银4铜，列全省第一位；在厦门市第四届中小学中职幼儿园教师教学技能大赛中，获4金3银4铜，摘中职"王中王"桂冠，学校获"岗位练兵先进学校"称号，教学研究与督导室获厦门市"工人先锋号"称号。在厦门市中职学校田径锦标赛中，蝉联甲组、乙组、团体总分三项第一；在福建省中等职业学校第十五届学生篮球赛中，女篮获一等奖，男篮获二等奖；在福建省中等职业学校第二届校园足球联赛中，学生南队获银奖，泰国学生塔纳功获"金靴奖"，学校入选厦门市第三批校园足球特色学校；在海峡两岸"嘉庚杯""敬贤杯"龙舟赛中，青少年女子组分获200米、500米项目第六名；在"为马拉松喝彩"厦门啦啦队比赛中，获团体铜奖；教师代表队在第三届厦门市教育系统职工趣味运动会上，以团体总分第一成绩卫冕；在福建省中等职业学校第十三届教工健身运动会上，再次以团体总分第一的成绩获金奖。（吴锦欢）

【集美职业技术学校】2017年，集美职业技术学校开设机械制造、电光源技术、服装设计制作、物流商贸、烹饪技术等五大类专业和高职升学部，有全日制在校学生3357人，教职工280人，其中专任教师204人。是年，学校实施建设项目9个、创新项目2个，投入资金727.62万元，2016—2017年，共投入省示范校建设资金946.98万元。集产学研于一体，面向企业、高等院校、中高职学校的公共实训基地——集美区公共实训基地落户学校实训中心。与厦门金龙联合汽车工业有限公司下属子公司联合成立金龙礼宾车改装车工艺研发中心、改装车校外实训基地，双方合作共建的商务车改装实训室建设10月正式启动。学校主笔的（中职）焊接专业实训装备标准通过教育部验收，主持研究的课题《公共实训基地建设与运行实践研究》入选2016—2017年福建省职业教育重点课题成果汇编。11月，学校承办集美区人力资源和社会保障局、区总工会联合主办的集美区西式面点师职业技能竞赛，另承办省、市级中职学校职业技能竞赛4场，竞赛项目涵盖服装设计、美发、汽车车身修复、机械制造等。教师在2017年省级教师信息化比赛中，获二等奖3个、三等奖2个；在全国职业院校信息化教学大赛中职组信息化教学设计赛中获二等奖2个；在省级中等职业学校教师教学竞赛中获三等奖2个。学生获省级竞赛一等奖5个、二等奖5个、三等奖7个、优秀奖3个，市级竞赛一等奖14个、二等奖25个、三等奖33个。（洪怡鹭）

【厦门工商旅游学校】2017年，厦门工商旅游学校设空乘、幼教、旅游、汽车、商业、财会、信息工程6个专业部和1个基础教学部，开设港口与航运管理、学前教育、旅游管理、空中乘务、汽车运用与维修、汽车整车与配件营销（汽车商务）、会计、物流服务与管理、商务英语、商品经营（夏商班）、电子商务、航空服务、旅游服务与管理、导游服务、中餐烹饪（中、西餐及面

集美工业学校志愿者到霞辉老年安养中心开展义工活动（集美工业学校 供图）

厦门工商旅游学校学生钟岱炜（左二）获全国职业院校（中职组）技能大赛计算机硬件检测项目一等奖（王文华 摄）

点）、计算机网络技术、学前教育（幼儿教育）、计算机动漫与游戏制作、会计电算化、美容美体（形象设计）、数字媒体技术应用等专业，在校学生5903人。翔安分校占地5.33公顷，建筑面积1.32万平方米，设有10个专业24个教学班，在校学生842人。全校编内教工326人，其中专任教师289人。专任教师中，高级讲师92人，讲师123人。拥有校内实训基地8个，校外实训基地22个，校内实训基地建筑面积3.5万平方米，生均建筑面积5.9平方米，实训设备总值7044万元，生均实训设备值1.19万元。学校馆藏纸质图书15.78万册，生均26.7册。有信息技术设备总值2477万元，教学用计算机1665台，主干网带宽1000M，互联网接入带宽800M，数字化技能教室39间，虚拟仿真实训室2间。是年，学校通过2015－2017年度福建省文明校园评估和省示范性现代职业院校建设2016年度考核评估，获批成为具有招收外国学生资格的中职学校，毕业生就业率99.31%，对口就业率90.62%。学生钟岱炜获全国职业院校（中职组）技能大赛计算机硬件检测项目一等奖；教师蔡伟聪获评全国对口支援新疆先进个人，被中央电视台评选为最美教师并参加央视庆祝教师节晚会现场录制；王文华获评福建省优秀教师，朱灵灵获金砖国家领导人厦门会晤筹备及服务保障工作先进个人表彰。

（马荣村）

成人与校外教育

【集美区教师进修学校】2017年，集美区教师进修学校举办市级骨干教师培训班、智慧校园建设校（园）长高级研修班、“十三五”第一期小学校长任职资格培训班、教学新秀培训班等重点培训班15个，培训1509人次；其他培训项目77个，培训2968人次；组织参加国家、省、市培训项目21个，培训1013人次。开展全区性教学研讨活动，4月13—15日、5月9—11日，分别在上塘中学、康城小学开展“手拉手”校际教研活动；10月20日、12月9日、12月13—15日，分别在泉水湾小金星幼儿园、杏北小学、灌口中学，举办幼儿园（第十三届）、小学（第十三届）、中学（第十四届）教学教改经验交流暨课堂教学观摩研讨活动。开展教师岗位大练兵活动，9月23—24日，举办集美区2017年中小学、幼儿园教师教学技能大赛，从中选拔63名教师参加厦门市第四届中小学、幼儿园教师教学技能大赛，50人获奖，占全市获奖人数的9.84%，三社小学黄桢、厦门十中陈萍获特等奖，集美区教师进修学校小学教研室、三社小学教务处获厦门市“工人先锋岗”称号。是年，对厦门十中等10所中学、曾营小学等24所小学、区实验幼儿园等12所幼儿园开展教学视导；组织市、区级各学段各学科教学质量监控考试52场次。受理2014年度中长期规划课题结题申请13个，修订2015年度微型课题结题报告126个，立项2017年度微型课题87个，出版《集美教育》4期，收入文章104篇。

（李涛）

【集美区青少年宫】2017年，集美区青少年宫招生6500人次，开设春季班、暑假班、秋季班，包括写作、快乐数学、英语、电子琴、笛子、少儿舞蹈、小主持人等课程近40门。其中，春季班、秋季班为期12周，暑假班为期4周。先后承办或参与承办集美区青少年庆元宵乒乓球友谊赛、身边的道德模范故事征文比赛、“校园好声音”歌手赛、中小幼学生美术书法现场比赛、“童心向党”少儿合唱比赛、第五届少儿小主持人大赛、少儿摄影大赛、第六届少儿故事大王比赛、中小学小记者大赛等赛事。第五届少儿小主持人比赛有全区30所小学、幼儿园95名选手参赛，分幼儿园组、小学低年级组、小学高年级组；少儿摄影比赛以“厦门会晤”为主题，有85幅作品获奖，其中一等奖20幅、二等奖26幅、三等奖39幅；第六届少儿故事大王比赛有全区40所小学、幼儿园的120名小选手参与，参赛年龄4—13周岁；中小学小记者大赛有110名小记者参与比赛，比赛分为小学三四年级组和小学五六年级组。11月，集美区青少年

宫新宫主体竣工验收。（邱程亮）

招生考试

【义务教育阶段招生】 2017年，集美区小学招生继续使用积分入学系统，简化认证程序，推行网上确认、电子入学通知书凭证、微信登记平台，实现家长足不出户即可完成登记、报名、确认工作。秋季，小学招收一年级新生10722人，其中公办校9589人（本区户籍4149人、符合积分入学基本条件的非本区户籍5440人），民办校846人（均为非本区户籍）。初中招生仍实行“免试入学，就近划片入学”原则。是年，小学毕业生7392人，比2016年增加1032人，其中本区户籍生增加362人，进城务工人员随迁子女增加670人。在确保集美区户籍小学毕业生全部进入公办中学的前提下，区属各公办中学挖潜扩容，将全部空学位用来录取在集美区小学就读的进城务工人员子女。按照划片安排，有1086名非厦门市户籍公办小学毕业生参加派位，近2500名符合条件非集美区户籍公办小学毕业生按毕业学校划入对应片区中学。民办小学进城务工人员子女按空学位分片区进行电脑派位，三个片区共580人。除市直属特色校在集美区录取200余人外，初中一年级招生6777人，外来进城务工人员子女进公办中学比例在90%以上。

【高中招生】 2017年，集美区中考设考点10个，报名点12个，报名人数4908人，其中非厦门市户籍3006人。经过考试，集美区公民办中学共录取高中新生2793人，包括集美中学240人、民办英贤学校4人。总录取人数中，外来进城务工人员子女进公办中学比例为47.6%。（苏燕婷）

师资与教学条件

【教师队伍】 2017年，全区各级各类学校（不含辖区高校）共有教职工10886人（含民办），其中专任教师7972人。在专任教师中，幼儿园教师2078人，均为女性；小学教师2995人，其中女性约占80%，35岁以下占70%；初中教师1310人，其中女性占67%，35岁以下占55%；高中教师696人，其中女性占56%，35岁以下占40%；中等专业技术学校教师893人，其中女性占55%，35岁以下占34%。是年，实施农村中小学教师教学能力提升工程，组织优秀骨干教师到农村学校、一般学校、新办学校开展送教送培下乡活动，共“送教”89节，“送培”12场次；组织推选农村学校相关学科481人次参加国家、省、市级各类能力提高教育培训。实施名师动态管理，363名骨干教师通过市名师工程教师队伍动态管理考核。成立集美区名校长培养工作室。入选市第九批拔尖人才1人，获市首届基础教育教学成果奖评选一等奖1人，被确认为省学科带头人培养人选4人、省“十三五”名校长后备培养培训人选9人、为市级学科带头人14人。65人参加市第四届中小学幼儿园教师教学技能大赛，获奖50人，其中获特等奖、一等奖各2人。在省第十三届“新理念、新资源、新探索”信息技术与课程整合三优联评活动中，获一等奖2人，并选送教育部参评获奖。规范干部选任制度，通过竞争上岗选拔幼儿园负责人10人；进行校级领导绩效考核，考核174人，任职考察30人。新招聘教师260人，引进高层次教育人才2人，95名校级领导和教师轮岗交流。

2017年集美区专任教师学历、职称结构情况表

表30　　单位：人

学校类型	合计	学历					专业技术职务				
		研究生毕业	本科毕业	专科毕业	高中毕业	高中以下	高级	一级	二级	三级	未定职级
幼儿园	2078	2	344	852	815	65	1	31	126	81	1839
小学	2995	42	2269	623	61	—	40	744	1060	98	1053
初中	1310	117	1140	52	1	—	206	379	340	4	381
高中	696	107	584	4	1	—	234	221	149	—	92
其中：市属	288	55	231	1	1	—	101	81	64	—	42
中等专业技术学校	893	99	677	95	—	22	233	256	192	—	212
其中：市属	561	84	465	11	—	1	194	212	139	—	16
总计	7972	367	5014	1626	878	87	714	1631	1867	183	3577

【教学条件】2017年，集美区新建幼儿园3所，新增学位990个；新改扩建中小学2所，新增学位2070个。续建项目9个，正在施工中。办理回购、移交幼儿园项目7个，计划开工项目5个，完成固定资产投资5亿元。建成万兆骨干教育城域网，所有公办学校均以万兆光纤链路联入集美教育城域网，无线教育城域网实现公办中小学（含中职学校）、幼儿园无线网络全覆盖。建成覆盖全区各级各类学校的教育资源管理公共服务平台，提供统一门户、统一身份认证、统一接口和统一数据中心等基础支持服务。平台涵盖学校录播系统、学生集体外出审批系统、学校公文管理系统、教育资源库、学校网站管理、教育督导、数字图书馆等功能，能为学校提供教育教学所需的应用。所有中小学、中职学校均配有自动录播教室，学校通过录播教室与区级视频应用服务平台开展专递课堂教学、互动教研、在线评课、视频会议等应用。（苏燕婷）

附：驻区高校

华侨大学

【概况】2017年，华侨大学设有学院31个，一级学科硕士点27个、二级学科硕士点2个，专业学位硕士点20个，一级学科博士点8个、二级学科博士点2个，博士后流动站5个。拥有哲学、经济学、法学、教育学、文学、历史学、理学、工学、农学、医学、管理学、艺术学12个学科门类，形成文理渗透、理工结合、工管相济、协调发展的学科体系。有国家、省部级重点学科41个，工程、材料科学、化学3个学科进入ESI全球排名前100位。2017年12月，教育部公布全国高校学科评估排名，学校有16个一级学科上榜。是年，学校跻身上海软科“中国最好大学排名”百强；在泰晤士世界大学排名中，学校位列中国内地高校第59名。2017年，有全日制普通本科生23777人，硕士、博士研究生4235人，有来自50多个国家和地区的华侨华人、港澳台和外国学生4707人，是全国拥有境外学生最多的大学之一。2016—2017学年，学校招收全日制本科生6374人，招生范围覆盖全国31个省、市、自治区、港澳台地区及33个国家和地区。11月，学生参加第十五届“挑战杯”全国大学生课外学术科技作品竞赛，获全国一等奖1项、二等奖2项、三等奖3项，创近10年来最好成绩。9月29日，国务院侨办党组公布：徐西鹏任华侨大学校长。

【人才队伍建设】2017年，华侨大学新增加拿大双聘院士1人，“千人计划”入选者1人，国家高端外国专家（文教类）项目入选者10人，国务院政府特殊津贴专家3人，教育部思政司“思想政治教育中青年杰出人才支持计划”1人，福建省高校领军人才1人，福建省引进高层次创新人才7人，另有闽江学者、省高等学校新世纪优秀人才支持计划、省高校杰出青年科研人才培育计划、省“外专百人计划”等各类高层次人才41人次。至年底，学校有双聘院士6人，国家“千人计划”、国家“万人计划”领军人才、国家“百千万人才工程”、全国文化名家暨“四个一批”人才、国家高端外国专家项目、教育部“新世纪优秀人才支持计划”入选者和“国家杰出青年科学基金”获得者，以及历年享受国务院政府特殊津贴专家等各类高端人才近400人；拥有科技部“创新人才推进计划”重点领域创新团队和教育部“长江学者和创新团队发展计划”创新团队。吴季怀教授连续三年入选爱思唯尔中国高被引学者榜单，化工学院教授周树锋入选科睿唯安2017年“高被引科学家”名单。心理健康教育与辅导中心主任赵冰洁教授获福建省“最美劳动者”称号。

【科研工作】2017年，华侨大学获各类各级科技项目860项，经费13570.87万元。其中，科技纵向项目256项，批准经费6463.28万元；横向项目152项，到账经费2129.26万元。有国家级科技项目67项（含国家国际科技合作专项、中国亚太经合组织合作基金项目、国家支撑计划项目、国家重点研发计划等），省部级科技项目107项，市级项目10项，其他科研项目69项，校内项目立项79项；社科纵向项目193项，经费921.9万元；横向项目新增72项，总经费758.43万元。获国家社科基金项目24项，省部级社科项目77项，市厅级项目92项，科校内项目

7月19日，华侨大学举行2017届毕业典礼暨学位授予仪式。（吴江辉 摄）

立项113项。获市级以上科学技术奖15项、省部级以上社科奖4项。其中，获2017年度国家科学技术进步奖二等奖1项（第二完成单位），2017年度高等学校科学研究优秀成果奖（科学技术）项目二等奖1项，2016年度福建省科技奖4项（第一完成单位3项、合作单位1项），2017年度泉州市科技奖7项，2017年度泉州市专利奖1项，中国岩石力学与工程学会科学技术奖1项。此外，获福建青年科技奖3人，福建运盛青年科技奖1人。2016年发表科研论文被SCI、EI、CPCI-S收录777篇次，2017年发表科研论文被SCIE收录2887篇，被引用25276次，篇均被引8.76次。在英国自然出版集团发布的2017年度自然指数内地高校TOP100排名中，华侨大学名列第78名；社科论文在人大复印报刊资料转载量位列全国高校第52名，综合指数位列第54名。学校在2017年国家发改委发布的“一带一路”国内高校智库影响力排名中位列第9名。全校获专利授权283件，其中发明专利161件、实用新型专利119项、外观设计专利3件；获软件著作权登记26件。至2017年12月，全校拥有有效专利741件，其中发明专利427件、实用新型专利282件、外观设计专利32件。2017年，学校“脆性材料加工技术与装备”教育部创新团队入选2017年教育部“创新团队发展计划”滚动支持名单；新批准建设科技创新平台7个，新增福建省高校特色新型智库1个、校级人文社科研究培育基地4个、教育部国别和区域研究中心备案名单1个（泰国研究所）、数字福建“一带一路”服务业大数据研究所1个（现代应用统计与大数据研究中心）、福建省智慧旅游产业示范基地1个（智慧旅游研究所）。

【举办高级别学术会议】2017年，华侨大学加强学术交流，举办高级别学术会议近300场。主要会议有：2017年复杂网络前沿问题学术研讨会，第十届服务科学国际会议，第二届国际有机合成前沿研讨会，第十九届全国代数表示论研讨会，第二届数据科学与大数据技术研讨、“微分方程定性理论与分支理论”研讨会，首届化学工程、环境工程、生物工程与转化医学国际研讨会，印尼发展与智库建设研讨会，福建省社科界2017年学术年会分论坛暨福建省传播学会2017年会，中国旅游安全高峰论坛，“朱子学的新发展”国际学术会议，学术期刊与学术评价研讨会，第六届人文社会科学集刊年会，第三届饶宗颐与华学国际学术研讨会，第六届中泰战略研讨会，第二届国际华文教学研讨会暨第七届两岸华文教师论坛，金砖国家合作与“一带一路”专题研讨会，中国国际关系学会第十二届博士生论坛，福建省高校思想政治理论教学研究会2017年会，第十届全国语言文字应用学术研讨会，全国高校商务管理研究会，第二届数据科学与大数据技术研讨会，金砖国家智库国际研讨会，“中美通识教育与法治社会建设”国际论坛，第一届中国公共管理论坛，推进以马克思主义为指导的哲学社会科学学科基础理论建设座谈会，第五届科学社会主义论坛，“哲学与生活世界变迁”理论研讨会，第十一届两岸宗教学术论坛等。为服务金砖国家领导人厦门会晤，学校举办金砖国家理论培训班、金砖国家智库国际研讨会，并发布《金砖国家概览》。各学院分别举办材料与化学论坛、化工学院讲坛、机电讲坛、计算机学院学术报告会、建筑讲坛、数学讲坛系列讲座、土木讲坛、系统科学研究所学术报告、信息讲坛、制造工程研究院高端论坛等系列讲座，邀请Joseph Kost、姚建年、王跃飞、文兰院士等知名专家来校作学术报告近300场。

【校企校地合作】2017年，华侨大学大力推进产学研合作，加大科研成果转化力度，加强校企、校地合作，助推地方经济发展。学校拍摄《华侨大学文化创意产业》主题宣传片，组织参加科技成果对接会30余场，推介展示科技成果450余项，专利成果转让5项。科研人员实地走访、对接省内外企业60余家，帮助解决企业技术瓶颈问题，洽商对接与合作。“建筑工程扬尘在线智能监控系统”、“石墨烯-EVA复合功能材料”“全自动滴液机研发”“医学图像自动分析及计算机辅助诊断/手术系统”“多靶点小分子抗癌新药TW9183的开发及其关键中间体的产业化”“工程机械（农机）智能控制系统产品平台”“新能源电动汽车电机控制器”等项目，在第十届海峡两岸（厦门）文化产业博览交易会（简称“文博会”）暨海峡两岸高校设计展、第十九届中国国际高新技术成果交易会（简称“高交会”）对接并获奖，学校获文博会展览展示银奖和优秀组织奖。同时，学校联合集美区科技局举办工业设计对接会，联合厦门市科技局、产研院共同举办校企对接会。组织教师参加福建省石墨烯产业技术创新促进会会员大会、厦门市石墨烯产业技术对接会、海峡两岸（闽台）机器人与智能制造人才项目对接洽谈会泉州专场、两岸光电产业科技成果对接会、中国技术市场协会技术转移经理人培训、2017年厦门投资贸易洽谈会人才项目资本合作展、海西智能制造协同创新园开幕暨智能制造产业对接会、南平市生物产业产学研对接会、厦门国际海洋周海洋科技成果转化洽谈会、第八届龙岩海峡两岸机械博览会、科技外交官跨国技术转移专场活动、中国专利周泉州地区活动、思明/高校院所/企业/投资机构科技项目对接会、泉台生物医药产业产学研对接活动、厦门市智能制造产业协会大会、新能源汽车产业技术需求与项目成果对接会、福建省技术市场协会年度会员大会等对接活动30余场。2017年，华侨大学厦门工程技术研究院与集美区政府共建“汽车小镇”产学研基地，组织、筛选汽车小镇规划，组织与汽车零部件相关的产学研项目科研团队进驻基地开展项目孵化工作；学校机电及自动化学院与南安市政府签署共建华侨大学机电产品设计制造技术服务基地合作协议，在机械制造领域与辖区企业开展产学研合作；学校与福建万家鑫轻工发展有限公司共建“华大—万家鑫鞋材新材料联合研发中心”，与路达（厦门）工业有限公司共建“华大—路达石墨烯应用技术研发中心”，与福建华峰新材料有限公司共建“华大—华峰鞋材技术研发中心”，与厦门益东互联科技有限公司共建“华大—益东人工智能技术研发中心”，与厦门金鹭特种硬质合金有限公司共建“华侨大学—厦门金鹭联合研发中心”等，联合共建研发中心的合作经费共1000万元。（庄蕾）

4月13日，集美大学马克思主义学院成立。（集美大学 供图）

集美大学

【概况】2017年，集美大学设21个学院、68个本科专业，涵盖经济学、法学、教育学、文学、理学、工学、农学、管理学和艺术学9个学科门类，基本形成经济、法、教育、文、理、工、农、管理、艺术等综合性的专业结构体系。有省一级重点学科8个（其中特色重点学科2个），水产学科博士后科研流动站1个，水产、船舶与海洋工程一级学科博士点2个，水产、船舶与海洋工程、食品科学与工程、交通运输工程、应用经济学、体育学、数学、中国语言文学、生物学硕士学位授权一级学科点9个，农业、工程、教育、税务硕士专业学位类别4个。学校有教职工2300余人，其中专任教师1500余人。专任教师中，高级职称教师800余人，双聘院士2人，国家“百千万人才工程”人选1人，享受国务院政府特殊津贴专家5人，部、省、市各种优秀人才142人。在校生27000余人，其中全日制本科生25600余人、研究生1400余人、留学生近600人，毕业生就业率96.3%。学校拥有国家级专业综合改革试点项目3个、“卓越”人才培养计划专业6个、特色专业4个、教学团队1个、实验教学示范中心2个、虚拟仿真实验教学中心1个、大学生校外实践教育基地1个、地方联合工程研究中心2个，省级高校科技创新团队5个、教学团队7个、特色专业建设点11个、专业综合改革试点11个、服务产业特色专业8个、创新创业教育改革试点专业6个、实验教学示范中心16个、虚拟仿真实验教学中心2个、科研创新平台和人文社科研究基地13个、高校特色新型智库1个。2月17日，李清彪出任中共集美大学委员会副书记、集美大学校长。

【学科建设】2017年，集美大学港口航道与海岸工程、水生生物医学、数据科学与大数据技术专业、航海类专业群、电子信息专业群入选省级应用型试点专业群。食品科学与工程、机械设计制造及其自动化2个专业通过IEET认证。船舶与海洋工程学科群、水产与食品工程学科群入选省一流学科建设高峰学科，航运与港口物流学科群、区域经济与管理学科群、闽台体育文化学科群、数理学科群入选高原学科。机械工程、信息与通信工程、软件工程、设计学、教育学获批应用型学科立项建设，环境科学与工程获批培育学科。1门慕课课程获国家级立项，9门课程获省精品在线开放课程立项，学校成为中国高校外语慕课联盟首批理事单位。船舶与海洋工程、水产2个一级学科博士点通过评估。新增机械工程、信息与通信工程、工商管理、设计学一级学科硕士点4个，社会工作、体育、会计、艺术硕士专业学位4个。水产学企事业人才高地（福建省第一批）通过省考评。4月13日，集美大学马克思主义学院揭牌成立。

【科研工作】2017年，集美大学获科研项目627项，其中国家自然科学基金项目和社会科学基金项目23项（包括海峡联合基金项目1项），“面向新工科的电子信息专业群工程实践教育体系与实践平台构建”项目入选教育部新工科研究与实践项目。获科研合同经费11299.6万元，授权发明专利52项，省科技进步奖二等奖1项、三等奖3项，省教学成果特等奖1项、一等奖1项、二等奖2项，23个项目入选教育部2017年第二批产学合作协同育人项目，学校入选省首批深化创新创业教育改革示范高校，获推荐免试硕士研究生资格。2个项目入选省大学生思政创新示范项目，2支社会实践队伍被评为全国优秀团队。发表论文420篇，其中被SCI/EI收录183篇。水产品深加工技术国家地方联合工程研究中心通过验收，新增数字福建卫星通信与海洋监测物联网实验室、大数据建模与智能计算研究所、海洋可再生能源装备福建省高校重点实验室、闽台美术文化研究福建省高校人文社科研究中心、地方财政绩效研究中心（省高校新型特色智库项目）。学生获全国大学生英语竞赛特等奖、世界机器人大赛一等奖、全国大学生数学建模竞赛一等奖、第十三届全运会金牌等国家级奖项188项、省级奖项116项。

【师资建设】 2017年，集美大学新聘专任教师28人，其中领军人才1人、学术骨干2人，拥有博士学位教师的比例占33%，具有半年以上海外经历的教师比例占22%。35人（团队）入选14项国家、省市级优秀人才计划项目。其中，入选国务院政府特殊津贴专家1人，闽江学者特聘教授2人，闽江学者讲座教授3人，省引进高层次人才C类人选2人，省科技创新领军人才1人，省青年拔尖人才1人，省高校领军人才资助计划1人，省高等学校思想政治教育中青年杰出人才支持计划2人、第六批省引才“百人计划”1人，1个团队入选第一批省“百人计划”预备团队；台湾人才3人，交通部交通运输青年科技英才2人，交通运输行业高层次技术人才培养项目1人，农业部现代农业技术体系岗位科学家5人，市第十批“双百人才”1人。李晋玲名师工作室入选省首批高校思想政治理论课教学名师工作室。

【对外合作交流】 2017年，集美大学与美国库克大学签订新一轮合作办学协议；新增澳大利亚斯威本科技大学、亚纽卡斯尔大学等国外合作院校9所，新增与英国南安普顿大学等院校学生国际交流项目7个，选派赴国外交流学生77人。因公出访55批118人次，其中学术性出访45批82人次，同比增长34%。与他校合作举办首届ICC亚太区粮食科技大会，承办2017年IALA风险管理工具培训研讨会等国际会议。举办第三届国际航标管理人员培训班、“一带一路”沿线国家华裔学生学中文夏令营等活动；跻身厦门市“海丝”国家留学生招生校，参与筹划“海上丝绸之路大学”联盟；跻身“陈嘉庚奖学金”招生校，招收泰国、菲律宾、柬埔寨、马来西亚和印度尼西亚等“海丝”沿线国家留学生96名，是获该项奖学金学生人数最多的招生院校之一。

（周龙飞）

厦门理工学院

【概况】 2017年，厦门理工学院设院（部）19个、专业硕士学位授权领域2个（车辆工程和电气工程）、本科专业56个。全日制在校生20438人，其中研究生284人、留学生113人。专任教师1116人，其中拥有高级职称的占48.7%，硕士及以上学位的占90.7%，“双师双能型”教师占42.7%，享受国务院特殊津贴7人，入选教育部新世纪优秀人才支持计划4人，闽江学者特聘教授4人，国家级教学名师2人，省级教学名师12人，省级教学团队2个。有特色专业国家级1个、省级9个，专业综合改革试点国家级1个、省级7个，“卓越工程师教育培养计划”实施专业国家级5个、省级6个，省级高校服务产业特色专业8个，省级人才培养模式创新实验区9个，省级精品课程52门，教育部新工科研究与实践项目2项，省级教学改革试点项目9项，省级本科高校教育教学改革研究项目38项（含重大项目3项），教育部产学合作协同育人项目27项，国家级优秀教材4部，实验教学示范中心国家级1个、省级11个，省级虚拟仿真实验教学中心2个，省级公共基础课实验教学平台5个，校企合作实践教学基地国家级1个、省级5个，省级示范性校企共建职业教育实训基地1个，大学生创新创业训练计划项目国家级181项、省级540项。是年，获批国家自然科学基金19项（含参与3项）、国家社会科学基金5项，参与承担国家重点科研项目3项，获批省部级项目66项、省教育厅项目75项。科研经费9681万元。新增省部级科技奖4项，其中自然科学奖三等奖1项、科学技术进步奖三等奖3项；新增市级科技奖励7项，其中厦门市专利二等奖1项。获发明专利授权105件，同比增加54件。新获批“福建省农村污水处理与用水安全工程研究中心”“数字福建自然灾害监测大数据研究所”“福建省软件评测工程技术研究中心”“虚拟现实与三维可视化福建省高校重点实验室”省级科研平台4个，以及省高校特色新型智库（培育）——两岸文创研究院。10月16日，朱文章任厦门理工学院校长、党委副书记。12月9日，学院（鹭大）港澳校友会成立。学院获评省金砖国家领导人厦门会晤筹备和服务保障工作先进集体。

【产学研融合】 2017年，学院与美国德克萨斯大学奥斯汀分校联合共建国家级众创空间、全国高校首个国际化离岸孵化器——“中美（厦门）国际离岸孵化器”大学科技园。与玉晶光电、宸鸿科技、冠捷集团、联芯电子、麦克奥迪等企业签订战略合作协议，成立全球安卓系统研发中心、健康医疗大数据分析与应用中心、触控产品检测中心等校企合作研发中心。与厦门华联电子、中国电子标准化研究院联合申报的“家电智能控制器绿色制造关键工艺系统集成”项目获工信部批准立项，项目总投资8200万元。参与冠捷显示器和中国航天集团联合申报的“液晶电视绿色制造关键工艺开发与系统集成”项目，获批项目资助1200万元。建设福建省首个高校产学融合系统，实施“先导项目”。全年与企业签订经费50万元以上的产学研合作项目同比增长46%，横向到账经费5641万元，同比增长86%；成果转让、转化471项，金额4666.94万元，其中重大应用型成果转化17项。组织自主研发的科研成果与科技产品参加“6·18”中国·海峡项目成果交易会、文博会、工业博览会、深交会等，宣传科技成果300余项。其中，智能3D金属成型技术、数字病理图像分析技术、高精密机器视觉检测系统等项目及工业设计产品在展会上受到业界关注。

【对外交流合作】2017年，经教育部批准，学院与美国密苏里大学共建厦门理工学院密苏里学院，成为福建省首个本科学历中外合作办学机构。与加拿大不列颠哥伦比亚大学、英国克兰菲尔德大学、瑞典查尔姆斯工业大学、加拿大麦克马斯特大学、意大利米兰理工大学、英国创意艺术大学等国外高校缔结合作协议，开展校际人才联合培养、科研合作、短期学术课程班、国际交换生等项目合作。与意大利罗马大学、英国纽卡斯尔大学、挪威科技大学等8所高校建立“一带一路”国际学术联盟，共同在轨道交通领域实施国际交换生及短期学术课程项目。携手美国约翰霍普金斯大学、瑞士苏黎世大学、澳大利亚西澳大学、英国纽卡斯尔大学等世界名校，实施本科双学位、本硕连读、硕士直通校际人才联合培养等项目12个。与澳大利亚堪培拉大学、加拿大里贾纳大学等高校，实施免学费国际交换生项目。申获国家外专局高端外国专家团队项目5个，其中英国纽卡斯尔大学MarkRobinson教授作为福建省属高校唯一代表受邀赴京参加春节总理座谈会，外教Luigi获颁厦门市白鹭友谊奖。年内，获批成为厦门市“陈嘉庚奖学金”合作高校，共有42名留学生获得国家政府奖学金，14名留学生获得福建省政府奖学金。延续与港澳台高校的交流合作，与台湾“清华大学”签署联合培养人才协议，与澳门科技大学签署校际合作协议。全年到访台湾师生439人、香港师生89人，因公赴台团组58批次828人，其中闽台合作项目赴台学生702名。学校原有的部分“3+1”联合培养专业全面转型为“4+0”项目。是年，经教育部批准，学院获侨港澳台招生资质；有50名台籍教师在校授课。

【创新创业】2017年，学院用于创新创业教育教学、学生创新创业资助、基础建设等创新创业教育专项资金逾2600万元，实施国家大学生创新创业训练项目18项、省大学生科技创新项目19项，孵化创新创业项目60项，注册公司16家。学院制订《工商管理（创业管理方向）辅修专业培养方案》，首批32名学生进入工商管理（创业管理方向）辅修专班学习，学制两年半。举办国台办对台交流项目“梦想工场”双创大赛，吸引85所大陆高校、23所台湾高校的728个项目团队报名参赛。年内，获批“全国首批深化创新创业教育改革示范高校”和“全国深化创新创业教育改革特色典型经验高校”。

【学生竞赛获奖】2017年，学院学生参加省级以上各类学科竞赛重点赛事120余项，获奖801项，获奖学生2400人次。其中，国际一等奖2项、二等奖4项、三等奖3项，全国特等奖3 项、一等奖68项，省一等奖43项。在第三届中国“互联网+”大学生创新创业大赛上，获1金1银2铜及先进集体奖；在第十五届“挑战杯”全国大学生课外学术科技作品竞赛中，获一等奖、三等奖各1项；在全国大学生工程训练综合能力竞赛中，连续两年获全国一等奖。另获“外研社杯”全国英语演讲、阅读、写作大赛一等奖1项、二等奖3项，第三届中国巴哈大赛年度总冠军，中国大学生方程式汽车大赛静态赛第一名及全国一等奖，第二十八届世界健美操冠军赛2金4银3铜。关思宇获第六十七届世界小姐中国总决赛冠军。（钟然）

厦门工学院

【概况】2017年，厦门工学院新设自动化和汽车服务工程2个招生专业，共有机械与制造工程学院、电子与电气工程学院、建筑与土木工程学院、文化与传播学院、商学院、艺术学院、国际教育学院、计算机与人工智能学院、继续教育学院、国学院10个二级学院、1个直属体育系和28个本科专业。录取新生2627人，毕业2575人，有在校学生9347人，2016届毕业生总体就业率97.05%，签约率50.23%。有专任教师409人，其中拥有副高以上职称的占23.23%、硕士以上学位的占70.42%，聘任院士和长江学者5名。是年，学校启动“最佳质量年”创建活动，实施“八大质量提升计划”，强化内涵建设和特色发展，推进质量立校、特色兴校。通过对工程管理、信息管理与信息系统、工程造价、建筑学、市场营销、动画、传播学、音乐表演、投资学和风景园林10个专业的增列学士学位授权专业审核评估。在省教育评估研究中心2017年发布的评估报告中，学院跃居全省民办高校综合排行榜首位；《面向21世纪本科高校书院育人新模式的建设与实践》课题获省第八届高等教育教学成果奖一等奖；近两百名教职工获各级各类表彰，百余名学生在国际建筑设计大赛、全国大学生数学建模竞赛、全国大学生结构设计大赛、国家级英语竞赛、全国大学生广告艺术大赛、全国税务技能大赛等学科竞赛中取得佳绩。

【教育教学改革】2017年，学校启动书院制改革，将原设于学生处的书院改为学校二级单位，由学校直接领导和管理，并选派五位老教授分任各书院院长，带领书院导师担负“传道、解惑、授业”职能。改书院辅导员为书院导师，与学校专业教师享有同样的职称晋升等权益。开启“全员、全过程、全方位”育人新模式，完成部分专业教师、领导干部担任兼职导师的聘任工作。学校成立深化教育教学综合改革领导小组，制订《厦门工学院深化教育教学综合改革方案》，基本确立学校主要领域改革主题框架。持续推进博雅教育改革、专业教育改革和创新创业教育改革，初步形成“三位一体”的人才培养模式。

【教改科研成果】 2017年，学院获省第八届高等教育教学成果奖一等奖1项，新增省级实验教学示范中心2个、省级虚拟仿真实验教学中心1个、创新创业专业改革试点2个、精品资源共享课程2门，获批省级教改项目2项、创新创业教育改革项目2项。完成各级各类纵向科研项目申报63项，其中国家级3项、省部级15项、市厅级45项，批准立项29项。入选省高校杰出青年科研人才培育计划和省高校新世纪优秀人才支持计划各1人，获评省优秀教师1人，获各级各类表彰教职工近200人。全校教职工发表论文48篇，其中SCI收录9篇、CSSCI收录1篇、EI收录3篇、核心收录6篇。学生在全国大学生数学建模竞赛、全国大学生结构设计大赛、国家级英语竞赛、全国大学生广告艺术大赛、全国税务技能大赛等学科竞赛中获市级以上奖项上百项。建筑与土木工程学院学生参加第26届世界大学生设计竞赛，获最佳提名奖，实现学院在国际大赛奖项上零的突破。星辰剧社编排的话剧《留守的天空》获省高校百优社团决赛金奖。

【合作办学】 2017年，学院与西安交通大学联合培养学生70名。与北京工业大学耿丹学院、西安培华学院、西南财经大学天府学院、云南经济管理学院、广东财经大学华商学院、武汉工商学院开展未来大学联盟活动，确定9名学生来学院进行短期交流学习。闽台合作和国际化教育取得突破性进展，有15名学生赴台湾元智大学和台湾大叶大学进行一学期的交流学习；与英国哈德斯菲尔德大学签订本科“3+1”联合培养计划，与英国卡迪夫城市大学实施“3+1”硕士校际交流项目。

【科技创新成果表彰大会召开】 2017年6月13日，学院举行2017年科技创新成果表彰大会暨厦门工学院科学与技术研究院研究所成立授牌仪式。会上，中国工程院院士、博士生导师蒋庄德教授应聘出任厦门工学院科学与技术研究院首席科学家，管晓宏、梅雪松等一批长江特聘教授、博士生导师应聘担任厦门工学院科学与技术研究院项目主管科学家。成立智能机器人研究所、自动化技术研究所、车辆服务工程研究所等科研机构17个，并对在教学、科研等工作中取得优异成绩的先进个人、先进集体予以表彰，颁发科技成果奖、科研工作先进集体奖7项，获奖教职工近百人。

厦门工学院2017年开始实行全部课程集中考点考试（顾留章 摄）

【国学研究论坛暨国学院成立】 2017年4月28日，2017国学研究（厦门）论坛暨厦门工学院国学院成立揭牌仪式在图书馆报告厅举行，华侨大学国际儒学研究院、集美大学文学院、厦门理工学院文化产业学院协办，中国社会科学院哲学研究所所长、国务院政府特殊津贴获得者、博士生导师李景源担任大会执委会副主席。来自中国社会科学院、厦门大学、中国人民大学、华侨大学、山东大学、河南大学、集美大学、上海社会科学院、中华书谱学社、光明日报社、人民日报社的20余位从事中国哲学、历史学、文学方面研究的专家与会，开展学术研讨和主题讲座。集美大学文学院原院长、现学院文化与传播学院院长苏涵教授担任国学院院长，20余位参会嘉宾应聘担任国学院兼职教授和客座教授。

【“考试作弊即开除”新规施行】 2016年1月1日开始，学院施行“考试作弊即开除”新规。2017年，学院制订《杜绝考试作弊、严肃考风考纪工作实施方案》，开展“集中考试、杜绝作弊”最佳质量年活动，改革考试组织形式，全部课程集中在考点考试，考点安装全方位摄像头，从硬件上最大限度杜绝学生作弊行为的发生。新规实行后，组织考试66场，无一例作弊事件发生，真正实现考试“零作弊”。

（李文 白雪静）

集美大学诚毅学院

【概况】2017年，集美大学诚毅学院设教学院系13个、本科专业34个，自有教职工477人，在校生13255人，其中普通本科11979人、专升本1276人。面向全国29个省（市、自治区）招生，录取普通本科2851人，专升本616人。2017届毕业生4316人，获学位证书4218人，就业率93.35%。在中国高等教育学会“中国高校创新人才培养暨学科竞赛评估结果”排行榜上，2012—2016年和2013—2017年，分列全国普通本科高校第230名、第206名和独立学院第4名、第3名；在“武书连独立学院排行榜”上，2015—2017年每年递进三位，2017年位居全国独立学院第13名。1月12日，聘请中共中央政策研究室原副主任、经济学家、中国国际经济交流中心副理事长郑新立研究员为学院顾问。2月2日，诚毅学院“习近平治国理政思想诚毅读书社”入围省高校首批重点马克思主义理论读书社名单。12月16日，集美大学校友会诚毅学院分会成立，院长叶光煌任诚毅学院分会首任会长。12月21日，学院董事会召开三届五次会议，增补集美大学党委副书记、校长李清彪和副校长于洪亮为董事，推举李清彪任董事长。12月23日，学院召开第二届科研工作会议。

【本科教学工程】2017年，学院获省2017年高等学校创新创业教育改革项目试点专业2项、精品资源共享课3门，省本科高校教育教学改革研究重大项目2项、一般项目4项，大学生创新创业训练计划国家级项目9项、省级22项、院级54项。艺术设计实验教学中心获批省级实验教学示范中心，互联网+专业群获批省示范性应用型专业群。音乐学、舞蹈学、视觉传达设计三个专业通过评审，获学士学位授权。学院获批“全国大学英语四六级口语考试”考点并组织首次考试。

【对外合作交流】2017年，学院获教育部·中软国际2017年第一批产学合作协同育人项目，受邀在2016年教育部产学合作协同育人项目总结交流会上介绍合作办学经验；中软国际软件人才实践基地入选省级社会实践基地。与京东、罗普特、新东网等八家企业签订合作协议，开设“京苗班”，共建漏斗社区信息安全人才培养实践基地、福建省智慧城市软件企业工程技术研究中心——校企合作实验室、网络空间安全产业实训基地、物联网产业实训基地等。与英国哈德斯菲尔德大学联合举办“4+1”硕士直通车项目；与英国林肯大学、澳大利亚詹姆斯•库克大学新加坡校区签署战略合作协议；与福清三华学校、泉州市中新澳教育咨询有限公司共同成立中新澳英国际课程三华教育中心，有中外合作办学学生110人。遴选30名学生到台湾等境外高校短期研修、“微留学”，接待国内外来访宾客23批次。

【教师科研成果】2017年，学院制订“南胜奖教金”评选办法，首次评选获奖教职工10人。出台《“双师双能型”教师队伍建设管理办法》，首次认定“双师双能型”教师138人。学院获教育部人文社会科学研究一般项目（青年基金项目）1项，省社科规划项目3项，省教育厅高校杰出青年科研人才培育计划项目2项，省教育科学“十三五”规划2017年度重点课题2项、一般课题4项，省教育厅中青年教师科研项目（含各类专项）31项。教职工中，获评省优秀教师1人，入选2017年度省高校杰出青年科研人才培育计划2人、省高等学校思想政治教育中青年杰出人才支持计划（全省唯一入选的独立学院）1人；选派省教育厅2017年师资闽台联合培养计划12人，推荐2018年国内访问学者6人。

【学生创新创业】2017年，学院聘请14名投资人、创业基地负责人、企业高管等为学生创新创业导师。与爱特众创等5家校外众创空间达成共建协议。组建创业园管理团队，在园团队16个，其中注册公司7个。有9个项目被评为省教育厅2017年大学生创新创业优秀项目，其中2个项目获5万元资助，7个项目获3万元资助。另有4个项目入驻集美区创业大厦，已注册公司的3个项目中，1个获集美区政府8万元创业补贴，1个进入市场推广阶段。

【学生获奖】2017年，学院集美鳌园“嘉庚文化”实践基地入选第五批福建省大学生社会实践基地；诚毅青马俱乐部实践队入选全国青少年基地“井冈情·中国梦”专项实践队，同时获评国家级、省级优秀实践团队；诚毅爱故乡清源实践队获评省“河小禹”专项实践队；“青听世界”演讲十佳大赛入选2017年度市“三爱”活动重点项目。学生中，1名以GPA满分获库克大学中国校区“总状元”金钥匙奖；获各级各类学科竞赛国际级奖7项、国家级34项、省级110项，其中2017年美国大学生数学建模竞赛与交叉学科数学建模竞赛二等奖6项；2017世界机器人大赛一等奖1项；大学生数学建模竞赛国家一等奖1项、二等奖2项（为全省唯一获全国一等奖的独立学院）；全国大学生智能汽车竞赛国家一等奖2项（获奖数量与厦门大学并列省参赛高校第一名）；“艾景奖”国际园林景观规划设计大赛铜奖；第十七届全国大学生游泳锦标赛丙组（普通组）男子团体、女子团体和团体总分第一名（为唯一一次同时包揽三项团体冠军的学校）；龙舟队助力省队获第十三届全运会龙舟男子组铜牌、女子组银牌。另在各级各类文体赛事中获省级一等奖15项、二等奖12项、三等奖15项。

10月21日，集美大学诚毅学院游泳馆落成。（黄福泉 摄）

【游泳馆落成】2017年10月21日，诚毅学院举行游泳馆落成仪式暨2017年水上运动会开幕式。游泳馆总投资3100万元，占地面积4220平方米，总建筑面积7330平方米，分为地下1层、地上3层，建筑总高度17.2米。一层设6道室内恒温游泳池和8道室外标准游泳池各1个，二层、三层由健美操、瑜伽训练房、舞蹈排练房及室内羽毛球场组成，为集教学功能、健身功能和文化功能于一身的游泳馆。

【承办省系统工程学会学术年会】2017年12月9日，福建省系统工程学会2017年学术年会在诚毅学院举行。本次会议由福建省系统工程学会主办，来自厦门大学、华侨大学、集美大学、厦门理工学院、厦门市委党校、闽南师范大学、宁德师范学院、福建省物联网科学研究院、福建茂盛工程咨询设计有限公司等单位近100名学者参会。此次学术年会由诚毅学院承办，举办报告会3场。（张臻颖）

福州大学厦门工艺美术学院

【概况】2017年，福州大学厦门工艺美术学院设视觉传达设计、环境设计、工艺美术、工业设计、产品设计、服装与服饰设计、数字媒体艺术、绘画、雕塑、艺术史论10个系，公共文化教学、体育教学2部，地域建筑与环境艺术研究、人居空间设计工程研究、游戏设计研究、雕塑与公共艺术研究、工艺美术研究、艺术知识产权研究、文化创意与创新研究、服装与时尚艺术研究、闽南建筑与景观研究9个研究所及《艺术·生活》杂志社；拥有美术学、设计学两个一级学科硕士授权点（设计学为省级重点学科）和艺术硕士、工业设计工程专业型硕士两个学位授权点。有教职工209人，其中专任教师155人。专任教师中，教授14人，副教授48人，高级工艺美术师8人。在校学生3029人，其中本科生2889人、研究生140人。是年，学院成立65周年，投入建设资金1250万元，新增建筑面积5334.3平方米。与厦门建发集团达成共建鼓浪屿校区协议，校企合作共同打造高端教育及文创基地。

【学科建设】2017年8月，学院组织设计学一流学科的省高原学科申报工作，多次召开“双一流”学科建设工作部署会议，制订《设计学一流学科建设方案》，并邀请国内6名知名专家进行评议。设计学学科建设被福州大学推荐为省一流学科的高原学科。全国第四轮学科评估，学院设计学列福建省第一位，位次超过省内位列第二的985高校两个档次，美术学与省内985高校并列第二位。

【教学工作】2017年，学院获省级教学成果二等奖1项，教改项目5项。完成本科专业培养方案修订及本科专业课程大纲的编写工作，重新梳理并调整课程安排。研究生毕业论文和作品双盲评审连续两年获全部通过，3名应届研究生被他校录取为博士。工艺美术专业学士学位授权评审和工业设计工程领域硕士点通过专家评估。学院新增金牌橱柜有限公司、厦门优必德漆艺文化有限公司、德化友盛陶瓷集团有限公司等多个校外实践基地；数媒系与厦门鑫元公司、智游网安公司共建教学科研实验基地，并争取经费160万元。完成被“莫兰蒂”强台风摧毁的漆画、雕塑、工业设计和产品设计实验室的重建工作，并投入使用；新增CMF实验室、服装立裁、工艺美术琉璃车间等实践教学场所。服装系毕业生作品连续三年亮相北京中国国际大学生时装周，并获英国皇家染色学会组织的国际纺织服装设计大赛亚军；数媒系学生连续三年包揽“金海豚”国际动画作品大赛“海丝创新奖”金、银、铜奖；创研班连续三年入围中美青年创客大赛，继2016年获得金奖后再拿银奖；工艺美术系学生获海峡两岸高校工艺设计大赛金奖、中华工艺精品奖银奖；绘画系学生获第二届福建美术双年展金奖。

【科研工作】2017年，学院获各类科研平台和立项课题31项，经费537.5万元。其中，省政府重点课题1个，省级科研平台1个。教师发表论文79篇（其中核心期刊论文52篇），出版专著和画册11种，获各类奖项和参加个展54人次。承办教育部、文化部主办的中国非物质文化遗产传承人群研修研习培训班2期，省级平台“福建省工艺美术行业技术开发基地”主办高研班1期。六十五周年院庆期间，

6月11日，福州大学第四届大学生用户体验设计大赛在厦门工艺美术学院举办。图为获奖选手合影

组织举办院庆学术讲座月，邀请相关领域专家开设学术讲座10余场。

【人才队伍建设】 2017年，学院制订《进一步加强人事人才工作的若干措施》，加强师资队伍建设。召开人才招聘会10场，考察博士21名，引进博士6名，其中具有海外留学背景的博士5名。新增副教授8名，教师获博士学位1人，赴台攻读博士学位2人。全年发放引进人才安家补贴115万元，拨付科研启动费39万元。

【对外交流合作】 2017年，学院选派3名研究生前往韩国公州大学、1名研究生前往台湾科技大学访学交流，8名本科生前往同济大学意大利佛罗伦萨校区、台湾东海大学、台湾艺术大学等境外院校交流学习。2017级接收港澳台学生15人，接收韩国留学生到院研修2人。与英国创意艺术大学、英国谢菲尔德哈勒姆大学、台湾高雄师范大学签订校际合作框架协议。

【社会服务】 2017年金砖国家领导人厦门会晤期间，学院教师、校友的绘画、陶瓷作品多次亮相厦门会晤各会场，林梓波和张明设计的国礼方案入选金砖国家领导人厦门会晤礼品研制征选并获表彰，万吉欣参加厦门会晤标志制作指导工作，为“厦门会晤”增添光彩。与集美区政府共建区艺术文创园；支持集美区动漫小镇建设，两位教师主持项目的规划设计；参与同安汀溪镇美丽乡村建设工作。（郑青）

厦门医学院

【概况】 2016年3月，经国家教育部批准，厦门医学高等专科学校升格为本科高校。学校坐落于灌口中路1999号，占地33.48公顷，建筑面积19.6万平方米。学校设有临床医学系、口腔医学系、护理系、药学系、医学技术系、基础医学部、公共课教学部、思政教研部、继续教育部9个教学机构，临床医学、口腔医学、护理学、药学、中药学、生物制药6个本科专业，有针灸推拿、康复治疗技术、口腔医学技术、护理、助产、药品生产技术、药品质量与安全、中药学、药品生物技术、药品经营与管理、眼视光技术、卫生检验与检疫技术、卫生信息管理、医学美容技术、化妆品经营与管理、食品质量与安全、健康管理、临床医学、口腔医学、药学20个专科专业，有图书馆、现代教育与信息技术中心和科学实验中心3个教学辅助机构，拥有附属第二医院（三甲综合性医院）、附属口腔医院（三级专科医院）2所直属附属医院。学校有教职医护员工2254人（含直属附属医院），其中专任教师293人、正副教授104人；有在校生6341人。图书馆馆藏纸质图书44.8万册，仪器设备总值1.98亿元。

【教育教学改革】 2017年，厦门医学院申报精神医学、康复治疗学、海洋药学、医学检验技术4个本科专业。其中，康复治疗学、海洋药学、医学检验技术3个专业已通过省教育厅审批同意，报教育部备案；精神医学为国控专业，通过省厅审批同意，报教育部审查。口腔医学技术、助产2个专业均获市高职重点专业2017—2018学年建设经费25万元；临床医学、口腔医学2个本科专业获批省教育厅应用型学科培育项目。新增省级实验教学示范中心2个、省级虚拟仿真实验教学中心1个、省本科高校教育教学改革研究本科项目2项；《组织学与胚胎学》获批2017年省级精品在线开放课程建设项目。心理健康中心“基于SPOC与体验式教学混合式大学生心理健康课程改革”获省级教学成果二等奖，《临床医学专业WTBL教学模式的研究与实践》获人民卫生出版社“深化临床医学人才培养改革”相关研究成果评估和项目扶持三等奖，校本教材《临床医学概要》获省级本科特色教材。一位教师被人民卫生出版社聘为五年制本科临床医学专业全国规划教材的副主编。

【人才培养】 2017年，厦门医学院继续深化创新创业教育改革，建立和健全通识教育、实践训练和实战培养三个层次教育体系。举办厦门医学院第三届“互联网+”大学生创新创业大赛，有69个团队近400名学生参加比赛。学校设立专项经费，鼓励学生开展课外自主创新创业活动，有校级大学生创新创业项目立项40项，资助总额52万元，其中5个项目获国家级大学生创新创业训练计划资助、10个项目获省级资助。

在原有的校内创新创业训练基地基础上，新规划建设面积近1300平方米的创客空间。是年，在省职业院校技能比赛中，学生获一、二、三等奖各1项，优秀奖3项。2017届护理类大专毕业生98.50%通过全国护士执业资格考试，学校毕业生就业率99.18%。

【师资队伍建设】 2017年，厦门医学院组织春季、秋季和高层次人才招聘，全年新招聘引进41人，其中高层次人才1人；实施青年骨干教师出国研修项目，派出青年教师5名，分别到美国、韩国、新加坡等国访学研修；新增省高校“新世纪优秀人才支持计划”入选者2人，省高校“杰出青年科研人才培育计划”入选者2人。至年底，学校有专任教师293人。其中，教授30人，副教授64人，占专任教师总数的32.1%；拥有博士学位的86人、硕士学位的155人，硕士学位以上占专任教师总数的82.3%；“双师型”教师148人，占50.5%；兼职教师83人。有国务院政府特殊津贴、新世纪百千万人才工程国家级人选、教育部新世纪优秀人才、教育部省部共建重点实验室主任、国家中医药管理局学科带头人、全国“三八红旗手”、全国师德标兵、省“双百计划”人才、省杰出科技人才、省百千万工程领军人才、省“五一劳动奖章”获得者、省百千万人才各1人，省级教学名师3人，省级专业带头人2人，省高校新世纪优秀人才支持计划人才2人，省高校杰出青年科研人才8人，市台湾特聘专家1人、台湾特聘专才4人。4名台湾教师获“厦门市台湾特聘专才”称号。

【直属附属医院建设】 2017年，厦门医学院附属医院新增省科技计划引导性项目2项，省卫计委面向农村和城市推广适宜技术项目1项，市“重要重大疾病联合攻关计划”课题1项，市科技计划项目3项，市科技计划指导性项目2项，市科技惠民项目3项。附属第二医院门诊、急诊总量103万人次，床位编制数从803张增至1300张，开展新技术13项，其中单向活瓣内科肺减容治疗术为福建省首例。附属口腔医院诊疗工作总量33.4万人次，承办第一届厦门市口腔医学科研学术论坛，国内外100余名专家参加会议。

【实践教学基地】 2017年，厦门医学院附属第二医院调整学生见习流程，见习生见习更具连贯性。附属口腔医院推进“三级教学、目标管理”，以制度为目标，实行医院、科教科、临床科室三级管理，提高教学水平。学校制定《厦门医学院实践教学基地建设与管理办法》，申报龙海市第一医院、南平市第二医院、南平市建阳第一医院、厦门大学附属第一医院（杏林分院）、厦门大学附属心血管病医院5所教学医院。（厦门医学院）

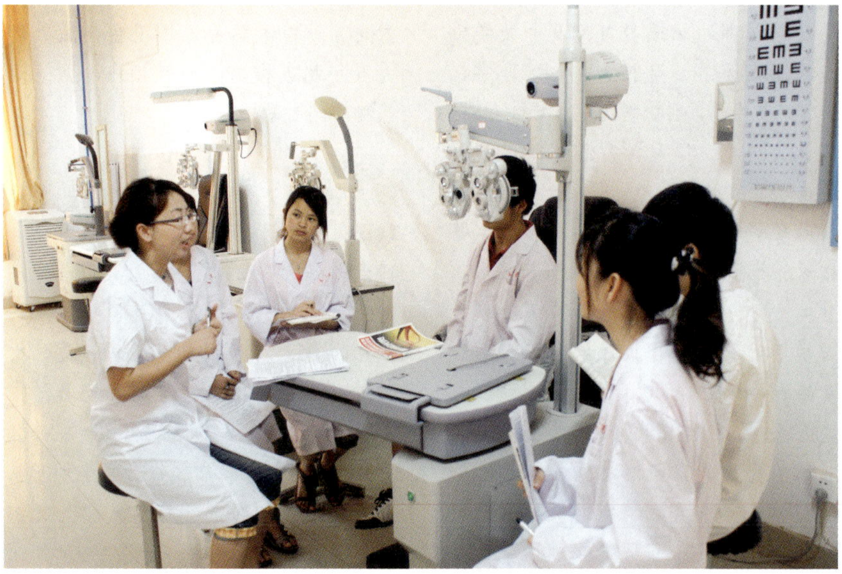

医学院老师在验光实训室讲授双眼视觉检查要点（唐洁 摄）

厦门华厦学院

【概况】 2017年，厦门华厦学院设9个系部、15个本科专业、38个专科专业。在校生6045人，年内本科招生1520人，专科招生436人，毕业生初次就业率97.56%。有教职员工382人，其中拥有正高职称的35人、副高职称95人。1月5日，中共厦门华厦学院委员会举行成立大会，选举产生中共厦门华厦学院第一届委员会。3月15日，学校举行董事会换届暨第五届董事会第一次全体会议，推举魏刚（厦门市政协原副主席）为第五届董事会董事长，增聘张健（厦门市政协主席）为名誉董事长。4月18日，美国麻省州立大学博士、复旦大学生物医学研究院常务副院长杨芃原教授接任华厦学院校长。5月9日，学校开通“微华厦”信息服务平台。11月8日，厦门华厦学院艺术团成立，下设管乐、合唱、舞蹈、国粹部。12月8日，全国供应链运营创新设计大赛暨供应链教学改革研讨会开幕式在学校明德报告厅举行。12月29日，学校召开第六届第二次教职工代表大会，首次实行工资集体协商制度和企业年金计划。是年，学校获市委、市政府授予的“金砖国家领导人厦门会晤筹备及服务保障工作先进集体”称号，市委宣传部、市委文明办、团市委颁发的“厦门市青年志愿服务实践基地”牌匾，市社会管理综合治理委员会办公室、市教育局、市公安局授予的“5A级平安校园”称号，市教育局授予的“厦门市2016年学校综治安全目标管理先进单位”称号，团市委、市青年志愿者协会授予的“厦门金砖会晤志愿服务先进集体”称号，中国青年志愿者协会授予的“2017年金砖国家领导人厦门会晤志愿服务先进集体”称号。学校学生资助管理中心标准化建设通过省教育厅验收，获“福建省学生资助管理中心标准化建设达标单位”称号。

【教科研项目】2017年，学校获国家级科研项目立项3项：学校申报的课题《地方高校延伸到县域办学的现象研究》获全国教育科学“十三五”规划2017年教育部重点课题立项，《数据库技术通识应用》和《智慧教评模式下的财务管理应用型本科专业实践教学体系构建与课程开发》2个项目获教育部2017年第一批产学合作协同育人项目立项，“智能空气质量检测仪”“基于校园数据库挖掘推荐的Yum大学生社交APP”“城互联智能APP”“被动式冷藏箱的城市配送系统运营”“柏学工作室”5个创新创业项目获2017年国家级大学生创新创业训练计划立项。获省级科研项目立项3项：学校财务管理专业、制药工程专业获省2017年高等学校创新创业教育改革试点专业立项，“管理会计”“仪器分析”“会议策划与组织”3门课程获省2017年高等学校精品资源共享课（创新创业教育与专业教育融合类）立项，《智慧财税服务产业学院的基础框架与运行设计研究——基于财务金融类应用专业群转型模式》课题获省级重大教育教学改革项目立项，学校商管系“财务与金融实验教学示范中心”和信息与机电工程系“信息工程与技术实验教学示范中心”获评2017年省级实验教学示范中心建设项目。学校承担的国家级星火计划项目《海水养殖环境质量互联网信息服务系统》通过科技部验收。“财务与审计信息化研究中心”获省教育厅批准建设，“福建省教育科研协同创新基地”举行揭牌仪式。“基于移动终端的黄页智能查询系统”“基于移动终端的后勤报

11月24日，华厦学院教师刘睿等“厦门三音客”的越剧表演《兰花吟》在中央电视台第11套节目播出。（潘艺超 摄）

修系统”和“基于移动终端的个人中心及活动管理系统”获国家版权局颁发的计算机软件著作权证书。有2名教师入选2017年度“福建省高等学校新世纪优秀人才支持计划”，2名教师入选2017年度“福建省高校杰出青年科研人才培育计划”。学生创业园和中德创新中心入选福建省众创空间，运营创业项目27个，8个项目团队注册成为市场化运营的企业实体。

【师生参赛获奖】2017年，学校学生团队参加国际、国内各项赛事，获国际奖项1项，国家级奖项1项，省级一等奖1项、二等奖2项、三等奖1项，最佳院校组织奖1项，市级特等奖1项、一等奖1项、二等奖2项、三等奖5项；学生个人获省级二等奖1项、三等奖3项，市级一等奖1项、三等奖9项。其中，数学建模团队参加美国大学生数学建模竞赛（MCM/ICM），获二等奖和成功参赛奖；参加全国大学生数学建模竞赛（本科组），获全国二等奖1项、省一等奖2项、省二等奖7项；参加2017年“高教社杯”全国大学生数学建模竞赛，获二等奖。学校会展经济与管理专业团队在2017全国高校商业精英挑战赛会展创新实践竞赛中获一等奖2项、二等奖2项及最佳院校组织奖；物流工程团队在第三届“百蝶杯”全国大学生物流仿真设计大赛福建省区赛中分获特等奖和一等奖；社区康复专业4名学生组成的校园健康管理工作室在“和职教杯”首届福建省黄炎培职业教育奖创新创业大赛中获铜奖，指导教师获优秀指导老师奖；学校2016级投资学专业的黄文宇、童阿勇等四位参赛学生在首届全国大学生投资理财规划大赛中获团体三等奖，个人一等奖、三等奖各1项，带队教师获优秀指导教师奖。学校申报的课题《基于校企融合的通信工程专业应用型创新人才培养模式的构建与实践》获2017年高等教育省级教学成果奖一等奖。学校2015、2016级财务管理专业学生组成的参赛队撰写的论文《服装C2M供应链管理模式下的全面预算管理体系研究》获2017年高等教育省级教学成果奖一等奖。

【教师参加央视节目录制】11月24日，学校艺术团指导教师刘睿等三人组成的“厦门三音客”，融合琵琶、笛子、吉他三种中西乐器，用器乐弹唱形式表演的具有越剧特色的《兰花吟》，在中央电视台第11套《一鸣惊人——

魅力 1+1》节目中播出。（苏文雅）

厦门兴才职业技术学院

【概况】2017 年，厦门兴才职业技术学院设商贸学院、管理学院、工学院、艺术与建筑学院、教育学院 5 个二级学院、1 个基础部和 1 个思政教研部。有全日制在校生 5800 余人，教职工 347 人，其中拥有高级职称者占 30%，硕士及以上学位者占 35%，“双师素质”者占 65%。学校开设机电一体化技术、数控技术、通信技术、会计、酒店管理、建筑工程管理、物流管理等 24 个适应海西和厦门市社会经济发展需要、与产业对接、市场紧缺的热门专业，形成机电信息类、建筑工程类、经管商贸类、艺术设计类等专业群。学校拥有中央财政支持实训基地 2 个，省教学成果一等奖 2 个、二等奖 1 个，省财政支持实训基地 1 个，省级高职示范专业 2 个，省创新创业教育试点 4 个，省教育改革试点项目 3 个，省高等学校教学改革研究项目 2 个，市级重点专业 3 个，市教学改革综合试验项目 1 个，省市人文科技研究项目近 70 项。是年，在福建省教育评估中心发布的全省高职院校发展潜力报告中，学校“发展质量”一级指标位居全省 50 余所高职院校前列，在 20 余所民办高职院校中排名第一。在 2017 年厦门市高职院校技能竞赛中，学校获一等奖（均为第一名）6 个、二等奖 4 个、三等奖 7 个，总分 122 分，在全市 9 所参赛高职院校中名列第二，位居民办高校之首，获团体二等奖。

【人才培养】2017 年，学校出台《关于引进优秀人才和稳定教师队伍的暂行办法》《紧缺和重点专业教师实施特殊津贴制度》等文件，加大专业带头人和骨干教师引进培养力度，提高专任教师中高职称、高学历、双师型的比例。确定会计、软件信息等 5 个专业（群）为学校重点打造的专业（群），出台《厦门兴才职业技术学院拟重点打造专业及扶持政策》，建立专业群负责人制度，按专业群制订人才培养方案。创意设计专业群入选省级服务产业特色专业群建设。4 月底，学校完成高职院校第二轮人才培养评估专家现场考察工作。

【引企入校】2017 年，学校“引企入校”行动获得新进展。引入厦门精佳工贸有限公司整体进驻，校企共建“机电一体化”和“数控技术”专业；与厦门市科技创新型龙头企业中兴通讯签署校企深度合作战略协议，双方共建中兴通讯信息学院，并设立“通信技术”专业；厦门中国青年旅行社在学校设立分支营业机构——畅途旅游工作室，校企共建“酒店管理”专业；九牧厨卫股份有限公司在学校设立客户服务中心，校企共建“电子商务”和“市场营销”专业；厦门泛钛室内设计有限公司在学校设立工作室，校企共建“建筑室内设计”专业。其中，学校和中兴通讯共建的“通信技术”专业，校企双方共同制订专业人才培养方案，共同开发课程和教学资源库，重点构建以工作岗位实际为导向、以培养职业能力为主线的课程体系；专业课教学内容和使用的教材大部取自中兴通讯研发的职业标准资料与技术文档，专业核心和职业素养课程均由中兴通讯派出的一线工程师和管理团队承担，双方共同打造双师双能型教师队伍，中兴通讯全职驻校专业团队成员 7 人；双方共建通信技术实践教学平台，总投资 1100 余万元，核心专业设备由中兴通讯提供，该平台获厦门市“校企共建实训基地”财政专项资金奖补。2017 届首届毕业生顶岗实习对口预就业率达 100%。学校与乐至尚文化产业公司共建“厦门高校嘻哈产业人才培训基地”，将街舞融入新生军训中，举办新生军训千人街舞操，为枯燥的军训生活增添一抹亮色。学校申报的“集美区公共实训基地”获批并授牌，并获集美区政府基地建设补贴 20 万元。

4 月 27 日，教育部高职院校评估专家对兴才学院工业机器人教研室进行现场评估。（吴飞燕 摄）

【兴才智谷】2017 年，兴才创业园“兴才智谷”运营状况良好，共有 21 个项目入驻，11 个项目注册公司，3 个项目孵化，获市级“众创空间”称号。心想“印”来（可视化设计服务 APP）、燕呈黄椒酱、创思恒广告设计工作室 3 个项目，分获福建省 2017 年大学生创新创业优秀项目资助 3 万元。“热血青春·筑梦未来”项目获福建省第十届大学生职业规划大赛三等奖，三维电子试衣系统、乐居-VR 互动装修、

大学生从业归属平台、3D打印定制复杂工艺品4个项目进入厦门市优秀项目库。（付蒙蒙）

厦门软件职业技术学院

【概况】2017年，厦门软件职业技术学院设专业32个，其中软件技术、动漫设计与制作、计算机网络技术、产品艺术设计为省、市示范（重点）专业。有全日制高职在校生5200人，应届毕业生“双证书”获取率98%以上，就业率100%，其中70%在厦门市就业。具有中高级职称以上专任教师占75 %以上，硕士及以上学位的占80 %以上，“双师”型教师占70 %以上。其中8名教师被聘为省教育评估专家，4人进入省级专业带头人行列。学院获评厦门市学校综治安全目标管理先进单位和“5A平安校园”称号。

【学科建设】 学院以“贴近产业设专业、依托行业建专业、校企合作强专业”为专业建设指导思想，以“IT为主，协调发展，突出重点，打造特色”为专业发展策略，以“特色（重点）专业建设为龙头、专业群为支撑、新专业为亮点”作为专业构建框架，对接厦门市软件与信息服务、文化创意、现代服务等三大产业链，构建软件与网络技术、数字创意、文化与设计创意、电子信息工程技术、经济与信息服务、国际商务与金融6大专业群。2017年，外语外贸系、经济管理系、数字传媒系成功申报省第三批现代学徒制培育项目“移动商务”“会计”“环境艺术设计”；继续教育中心申报省教育厅2017年终身教育重点建设项目：继续教育示范教学点主办院校、省农民工“求学圆梦行动”项目培养学校和项目培训基地、集美区第一批公共实训基地项目；另有院级课题10个。

【赛事获奖】2017年，在全国职业院校技能大赛中，学院获“软件测试”项目二等奖、“移动互联网应用软件开发”项目三等奖，实现国赛获奖零突破。在福建省职业院校技能大赛中，获一等奖3个、二等奖5个、三等奖17个。其中，获高校建筑信息管理应用创新大赛“建筑信息管理应用”项目一等奖1项、优秀创新创业导师1人，另获其他省级大赛一等奖2个。

（陈英）

科　技

科技管理与成果

【概况】2017年，集美区继续增加全社会科技投入，完善科技和创新体系建设，发展高新技术产业，提升自主创新能力。新认定高新技术企业89家、企业技术中心1家、工程技术研究中心7家。至年底，全区有重点实验室29家、企业技术中心37家、工程技术研究中心45家、博士后科研工作站7家、高新技术企业207家。资助授权专利1247项，兑现专利扶持资金536.1万元，国内专利申请量5274件，其中发明专利申请1237件，比2016年增长16.92%；国内专利授权量3038件，其中发明专利授权485件，同比增长43.07%。获厦门市科技进步奖11项，其中二等奖5项、三等奖6项。

【发展高新技术产业】2017年3月7日、6月21日和8月22日，区科技局在软件园三期“创＋驿站”举办高新技术企业政策培训会3次，630人参加培训。厦门吉科卫浴有限公司、厦门聚富塑胶制品有限公司、阿格特卫浴设备（厦门）有限公司、厦门华晔精密模具有限公司、厦门市南孚电子科技有限公司等89家企业通过国家级高新技术企业认定，至年底，全区共有国家级高新技术企业207家。是年，集美区规模以上高新技术产业完成工业总产值692.52亿元，占全区规模以上工业产值73.69%；完成工业增加值166.88亿元，累计增长9.9%。继续以实施科技计划项目为重点，推进高新技术产业做大做强，下达区级科技计划项目3批，路达（厦门）工业有限公司、厦门普力得汽车电子有限公司、厦门兴厦控电气有限公司、杏晖光学（厦门）有限公司等实施的18个项目获得资助，项目资金2960万元，将引导带动企业研发投入1.52亿元。

【工业设计产学研对接会】2017年6月7日，集美区在华侨大学厦门校区举办工业设计产学研对接会，集美辖区工业设计领域的厦门金龙联合汽车工业有限公司、路达（厦门）工业有限公司、厦门立林科技有限公司、厦门市派美特科技有限公司、国安达消防科技（厦门）有限公司等20余家企业，华侨大学工业设计研究院、美术学院、机电及自动化学院的专家教授近60人参会，现场校企双方达成多个合作意向。

【知识产权系列培训】2017年，集美区举办知识产权系列培训，邀请专家开设知识产权系列课程，免费为企业培训科研人员，提升企业专利运用、保护和应对知识产权纠纷的能力。3月3—4日，在创业大厦举办专利知识培训，培训内容涉及专利申请与成本控制、风险防范与控制等，近50名企业专利和研发方面人员参加培训。4月21日，在软件园三期举办知识产权培训，从软件类知识产权保护、软件著作权申请、软件类专利申请、软件类专利申请须知、APP有效保护五个方面进行分析，50余名企业代表参加学习。11月17日，在创业大厦一楼路演大厅召开涉外专利申请及侵权规避会议。

【科普宣传】2017年2月2—8日，区科技局联合文化、卫生部门，在后溪镇永祥新城安置房、后溪镇前进村、灌口镇风景湖公园、杏林街道杏林文化广场，举办科技、文化、卫生“三下乡”活动，以科学宣传展板、有奖知识问答、现场咨询等形式，向社区居民宣传科普知识，现场分发《低碳节能365》《中国公民健康素养66条》《疾病宣传》等科普书籍9种1000册。

【机器人超市暨海西智能制造创新产业园揭牌】2017年8月20日，机器人超市暨海西智能制造协同创新产业园在集美区灌中路揭牌开园。该园由厦门市智能制造产业协会、厦门思尔特机器人系统股份公司运营，园区面积逾8万平方米，展厅面积3600平方米。园区汇集机器人厂商、核心元器件供应商、系统集成商、信息软件开发商、解决方案服务商及优质用户企业等智能制造产业上下游企业，国内外知名智能制造专业厂家德国西门子、瑞士ABB、日本安川、发那科、丹麦优傲等41家企业入驻园区。机器人超市展示机械手、工业视觉相机、伺服电机、传感器、减速器及相关配套软件等代表国内智能制造产业最高水平的产品，以及工业云、产业互联网、工业大数据等。产业园为入驻企业提供免费办公、研发场所，以及技术交流、联合开发、设计验证、人才培养、军民融合、创业孵化等服务，并配套税收等优惠政策。

8月20日，厦门市机器人超市开园。（郭妮妮 摄）

2017年集美区获市科技进步奖项目表

表31

项目名称	等级	主要完成单位	授奖单位	主要完成人
双磁势多回路大功率继电器的研究与产业化	2	厦门宏发电声股份有限公司	市政府	朱艺青 谭忠华 刘金枪
纯电动轻型客车关键技术研发与产业化	2	厦门金龙联合汽车工业有限公司、厦门理工学院	市政府	谢乐敏 韩锋钢 鞠涛
金龙客车车联网与智慧运营监控科技平台	2	厦门金龙联合汽车工业有限公司	市政府	周方明 柯志达 刘强生
土壤污染原位修复与风险控制技术与应用	2	厦门理工学院、厦门市江平生物基质技术股份有限公司	市政府	黄国和 李永平 傅海燕
第二次全国地名普查云服务平台	2	厦门精图信息技术有限公司、厦门理工学院	市政府	杨 槐 朱永强 龚发芽
玻纤增强型PBT聚合物精密成型技术研究及应用	3	集美大学、厦门金越电器有限公司	市政府	林荣川 唐启洪 魏莎莎
城市公共管理物联网大数据平台	3	厦门市智联信通物联网科技有限公司、厦门理工学院、深圳市智联信通科技有限公司	市政府	查利君 朱顺痣 余小强
高阶高可靠性小间距全彩LED显示屏的关键技术研发及产业化	3	厦门强力巨彩光电科技有限公司、厦门理工学院	市政府	王素彬 朱文章 朱卫平
高水头浅覆盖层低桩承台钢板桩围堰施工技术	3	中交一公局厦门工程有限公司	市政府	黄 宇 王 禹 费志高
固态二氧化碳绿色清洗机器人研发	3	厦门理工学院、龙岩盛丰机械制造有限公司、厦门华联电子股份有限公司	市政府	陈水宣 洪昭斌 卢森加
城市绿地生态服务功能提升的关键技术研究与应用	3	中国科学院城市环境研究所、福建省顺昌埔上国有林场、厦门理工学院	市政府	任 引 左舒翟 唐立娜

（纪敦敦）

科技创新

【概况】2017年，集美区拨付众创空间扶持资金7331万元，支持众创空间事业发展。至年底，有投入运营的众创空间36家，主要集中在软件园三期、创业大厦和杏林湾商务营运中心及高等院校，共为1300多个团队、6500多名创新创业青年提供早期办公场所。其中，经认定的众创空间26家，厦门理工工业设计众创空间、一品威客众创空间被认定为国家级众创空间，极美众创空间、厦门创星谷众创空间、厦门华厦学院等8家众创空间被认定为省众创空间，百度（集美）创新中心、厦门游戏创新中心、集美大学等16家众创空间被认定为市级众创空间。

【入选厦门市“十大众创空间”】2017年4月18日，2016年度厦门市“十大众创空间”评选结果揭晓。此次评选历时两个多月，有23家候选单位进入复赛，围绕空间运营能力、服务能力、孵化成果和特色项目四个方面进行演讲和答辩，并辅以PPT、视频、产品展示等方式展示其空间优势。经评审，集美区海峡两岸青少年文创交流基地、集美区高校创新创业园、厦门游戏创新中心、厦门理工学院创新创业园4家众创空间入选2016年度厦门市“十大众创空间”。同时，厦门北站台湾青年双创基地入选省级台湾青年就业创业基地。

【企业技术中心名录】2017年，集美区有企业技术中心37家，其中国家级4家：厦门厦工机械股份有限公司技术中心、厦门涌泉集团有限公司技术中心、厦门宏发电声股份有限公司技术中心、路达（厦门）工业有限公司技术中心；省级6家：厦门金龙联合汽车工业有限公司技术中心、厦门宏发开关设备有限公司技术中心、厦门正新橡胶工业有限公司技术中心、厦门建霖工业有限公司技术中心、厦门金龙汽车座椅有限公司技术中心、中交一公局厦门工程有限公司技术中心；市级27家：厦门三圈电池有限公司技术中心、厦门宝龙工业股份有限公司技术中心、厦门虹鹭钨钼工业有限公司技术中心、厦门新凯复材科技有限公司技术中心、来明工业（厦门）有限公司技术中心、厦门银华机械有限公司技术中心、厦门宏发电力电器有限公司技术中心、厦门安妮股份有限公司技术中心、厦门厦工重工有限公司技术中心、厦门夏纺纺织有限公司技术中心、厦门宏发汽车电子有限公司技术中心、厦门聚富塑胶制品有限公司技术中心、厦门金龙汽车空调有限公司技术中心、华懋（厦门）特种材料有限公司技术中心、厦门金龙汽车车身有限公司技术中心、厦门金越电器有限公司技术中心、来奇偏光科技（中国）股份有限公司技术中心、杏光学（厦门）有限公司技术中心、厦门民兴工业有限公司技术中心、朗美（厦门）健身器材有有限公司技术中心、厦门海莱照明有限公司技术中心、奥新（厦门）轴承有限公司技术中心、厦门华锂能源股份有限公司技术中心、厦门厦杏摩托有限公司技术中心、厦门利德宝电子科技股份有限公司技术中心、华懋（厦门）新材料科技股份有限公司技术中心、厦门金汇峰新型包装材料股份有限公司企业技术中心。

【2017年海峡工业设计大奖赛】2017年10月22日，2017海峡工业设计大奖赛在集美区结束。该次赛事由厦门市政府、省经济和信息化委员会、中国工业报社、中国台湾优良设计协会主办，以“设计让生活更美好”为主题，设有智能装备、电子信息、家居用品、运动休闲用品、文创旅游产品5类，征集到作品3368件，比上届增加600余件，涵盖人类衣食住行等领域。经专家团队多轮评审，自行车车联网智能软硬件系统、Smart pn-10R陶瓷3D打印机、纤维缝合器等10个项目获金奖；BELL智能服务机器人、L1老年助力车、2017世界大学运动会圣火火炬等30个项目获优秀作品奖；隐形跑步机、智能蓝牙挂锁、弯道警示灯等5个项目获网络人气奖。

【全球创客大赛福建赛区决赛】2017年8月18日，由集美区政府、阿里巴巴创新中心（AIC）与优客工场共同主办的“阿里巴巴诸神之战”全球创客大赛福建赛区暨全球版权投资与交易论坛在集美区北海湾惠龙万达嘉华酒店举行。“阿里巴巴诸神之战”全球创客大赛起于2015年，是全球覆盖范围最广、项目含金量最高的创客大赛之一，被誉为互联网科技类创新领域的世界锦标赛。福建赛区于7月正式启动，经过BP报名、线上评分等多个环节后，16个团队项目入选决赛。“游仁VR学车平台”和“泊喜小巨蛋陶瓷”分获商业组和文创组冠军，进军全球总决赛。此次大赛配套举办全球版权投资与交易论坛，全球版权（IP）所有方及运营方、知名消费品厂商及专注IP及相关领域的投资机构，围绕影视+IP、体育+IP、玩具+IP、吉祥物IP等多种IP热门话题进行讨论。

【第六届中国创新创业大赛】2017年7月30—31日，第六届中国创新创业大赛（厦门赛区）暨第三届“白鹭之星”创新创业大赛决赛在杏林湾大酒店举行。此次赛事报名参赛团队和企业822个，经过初赛和复赛，10家成长企业、8家初创企业和10个团队的28个项目入围决赛，力品药业（厦门）有限公司、莱必宜科技（厦门）有限责任公司和大数据存储团队分获成长企业组、初创企业组、团队组一等奖。在地区决赛的基础上，大赛组委会根据国家组委会分配的名额，选拔推荐优秀作品参加全国总决赛，大赛获奖项目可获提供投融资对接、落地孵化等服务和创业投资机构支持的优先推荐权。

7月30-31日，第六届中国创新创业大赛（厦门赛区）暨第三届“白鹭之星”创新创业大赛决赛在杏林湾大酒店举行。（科技局 供图）

【世界车辆模型锦标赛】 2017年11月11—19日，2017世界车辆模型锦标赛（1/10电动越野车）在集美区厦门三圈模型科技体验基地举行。该赛事由世界车辆模型运动联合会主办，来自全球各大洲近40个国家和地区代表、约300名顶级车辆模型运动选手参赛。美国车手 Ryan Maifield 获2017世界车辆模型锦标赛(1/10电动越野车)冠军。

【厦门市青少年航空航天模型竞赛】 2017年12月16日，厦门市2017年青少年航空航天模型竞赛在厦门一中集美分校（灌口中学）举行。此次竞赛主题为“天空很辽阔，我们一起飞”，由市体育局、市教育局、市科协、共青团厦门市委主办，厦门一中集美分校、市社会体育指导中心、市航空航海车辆模型运动协会承办。来自全市106所学校的1450多名选手参赛。

【厦门市青少年趣味科学竞赛】 2017年12月23日，由市科协、市教育局主办的2017年厦门市青少年趣味科学竞赛在集美新城举行，有109所学校的117支代表队参赛，其中小学89队、中学28队，参赛选手342人，辅导老师167人。全市有近3万名中小学生参与此项竞赛及前期选拔活动。 （纪敦敦）

附：驻区科研单位

中国科学院城市环境研究所

【概况】 2017年，中国科学院城市环境研究所（简称“城市环境所”）在职职工230人，其中科技人员181人、科技支撑人员49人，包括中国工程院院士1人、研究员32人、副研究员及高级工程技术人员40人。厦门、宁波大气超级观测站基本建成，新增“智能化环境功能材料量产技术研发平台”，“城市污水与固体废弃物处理技术工程化技术实验研究平台”通过竣工验收。科研人员发表论文387篇，申请专利91件、软件著作权登记24件，出版专著3部。研究所获得科研项目164项，到位经费10594万元。“九龙江北溪流域农村生活污水处理技术应用示范”项目通过验收，“厦门市大气污染源排放清单编制”和“厦门市生态文明建设行动方案与决策咨询”两个项目结题。完成金砖国家领导人厦门会晤期间的空气质量预报预测、大气污染来源解析、会晤室内空气质量监测、水源地水质安全监测任务。全年总收入1.71亿元。

【科研重点与计划】 2017年，城市环境所围绕三个重大突破（东南沿海城市群大气灰霾污染的形成机制与调控技术、生物质废弃物资源化关键技术研究与集成示范、景感生态学与城市生态文明）、五个重点培育方向（东南地区水源水和饮用水微生物污染机理及控制技术、新兴环境污染物的健康风险和分子作用机制、城市—城郊地球关键带过程与机制、环境污染防治滤膜材料、城市系统物质能量代谢过程及生态风险评估的理论与方法），按照中国科学院“率先行动”计划的总体要求，并结合研究所自身的实际情况，针对城市化的生态环境效应，开展基础科学研究（科学发现层面）；针对城市污染源头控制与废物资源化，开展技术研发、集成与工程示范（技术创新层面）；通过环境物联网的构建与应用，为可持续城镇规划、建设与管理提供科技支撑(规划管理层面)。中国科学院城市大气环境研究卓越创新中心通过国际评审及院长办公会评议验收，正式开始运行。

【科研成果与推广】 2017年，城市环境所发表论文387篇，其中SCI论文338篇、CSCD论文49篇；申请专利91件，其中发明专利69件、实用新型专利22件，授权发明专利25件、实用新型专利4件；申请软件著作权登记24件；出版专著3部。朱永官在 Nature Microbiology 和 Science 分别发表的 Continental-scale pollution of estuaries with antibiotic resistance genes 和 Microbial mass movements 论文，领衔国际团队系统阐述微生物通过人与动物、污水及其它物质的流通，在全球范围的迁徙及其环境与生态效应。《PM2.5防护口罩国标“厦门造”》《大气环境观测超级站助力保障厦门会晤》等多篇科研成果，以及研究所举办的各大国际会议被国内外媒体报道，全年接受媒体采访20余次，发布新闻通稿6篇，媒体报道30余次。

【国际合作与交流】2017年，城市环境所因公出访131人次，涉及24个国家和地区。接待来自美国、日本、英国等23个国家和中国台湾地区的科研人员150人次。英国外交与联邦事务部阿洛克·沙马政务次官及其代表团到研究所考察访问，共同探讨建立一个由政府、科研机构、企业、金融机构共同主导的联合平台，实现中英双方合作的跨越式发展。研究所通过国际人才计划引进国际访问学者2名、国际博士后4名。举办重要国际会议5次：健康知识与行动网络国际研讨会、“未来地球框架下流域科学与可持续发展管理”中泰合作学术研讨会、国际科联城市健康与福祉计划第十一届科学委员会会议、“快速城市化对中国大城市的健康影响”国际研讨会、第一届海峡两岸城市环境青年学者研讨会。与哥伦比亚桑坦德工业大学、日本九州工业大学和印度尼西亚迪波内戈罗大学分别签署合作协议，申请举办2018年度“一带一路”暨发展中国家科技培训班获得成功。

【科研条件与基地建设】2017年，城市环境所仪器设备实验中心新增仪器价值400万元，通过院所级服务中心的复评审。新增烟气脱销催化剂和室内空气净化设备检测CMA扩项认证。所级中心设备运行整体情况良好，加入中国科学院共享网63台仪器的总开机时间104382小时，其中使用机时7715.53小时，总平均使用率76.85%；共享机时42857.94小时，共享率55.55%。2017年服务企业70余家，出具测试报告322份，总测试费用收入427万元，并多次举办仪器使用研讨培训班。

【科研队伍建设】2017年底，城市环境所共有科技人员181人、科技支撑

2月15日，英国外交与联邦事业部代表团到中科院城市研究所考察访问。（辛志龙 摄）

人员49人，进入创新岗位182人。有国家“万人计划”科技创新领军人才4人（新增1人），中青年科技创新领军人才3人（新增1人），国家海外高层次人才引进计划“青年千人计划”入选者1人，中国科学院“百人计划”入选者11人，国家杰出青年科学基金获得者4人，百千万人才工程国家级人选3人，国务院特殊津贴获得者6人。共有在学研究生278人，其中硕士生115人、博士生163人，在站博士后21人。

【科研项目进展】2017年，城市环境所获得科研项目164项，到位经费10594万元。其中，国家自然基金项目31项，经费1337万元；横向项目76项，中科院项目11项，省市级科研项目26项。①2月17日，福建省首个国家科技惠民项目《九龙江北溪流域农村生活污水处理技术应用示范》通过省科技厅专家组验收。该项目从2014年开始实施，期限3年，总投资2100万元，其中国家科技项目资金866万元。该项目对九龙江北溪流域主要污染源之一的农村生活污水，进行综合治理技术集成与示范，以削减农村生活污水排放。项目所采用的农村生活污水处理技术全部为研究所自主研发，共申请发明专利和实用新型专利各2项，获发明专利1项、实用新型专利授权2项。所采用的农村生活污水处理技术已在福建省农村生活污水处理领域得到推广应用，累计建成农村污水处理工程40个，工程日处理水量超过1万吨。②5月25日，由城市环境研究所承担，厦门市政府资助的“厦门市大气污染源排放清单编制”项目结题，并获与会评审专家的认可。该项目根据环保部颁发的大气源清单编制指南，采用基于活动水平和排放系数的方法，对厦门市大气污染源进行分类、调查、汇总和审核，获得厦门市大气污染排放数据库、排放清单及重点排放源。研究成果客观地反映厦门市大气污染源的分布状况，为该市大气污染防治、空气质量改善及重大社会活动空气质量保障提供技术支撑与决策依据。③6月15日，由城市环境研究所承担的“厦门市生态文明建设行动方案与决策咨询”项目结题，并获委托单位厦门市经济和信息化局好评。该项目在梳理当前国内外生态文明发展历程和相关技术、政策和城市案例的基础上，为厦门市在节能减排、循环经济、清洁生产、产城融合、资源综合利用等方面的生态文明建设提供决策咨询；从政策动态、管理措施和案例行动角度，围绕厦门市生态文明建设要求和业务需求，提供技术支持和决策服务。

（聂璇　卢新）

文化与体育

文 化

综 述

【概况】2017年，集美区文化部门继续实施“人文集美”发展战略，巩固全国文化先进区创建成果，强力推动“文化强区”建设。加快构建现代公共文化服务体系，统筹推进公共文化服务均衡化发展，公共文化服务水平进一步提高，杏林街道综合文化站、侨英街道图书分馆和12个村（社区）综合文化服务中心通过市基层综合性文化服务中心建设验收；举办海峡两岸龙舟文化节、集美阿尔勒国际摄影季、“人文集美·悦读季”、“听见集美”集美学村周末音乐会等特色品牌活动，文化影响力进一步提升；举办文艺演出、文化进村（居）巡演巡展近60场次，群众文化活动内涵更加丰富；加强文化市场监管与服务，依法查处三峡移民无证经营案件，首例行政执法诉讼案件胜诉，保持打击无证网吧和“扫黄打非”高压态势，文化市场整治成效显著，通过省文明城区和全国文明城市测评；组织第三批区级“非遗”项目和代表性传承人申报评审，重新布展区非物质文化遗产展示中心，继续办好闽南曲艺创作基地和中小学“闽南戏曲示范点”，实施地方戏曲振兴工程，挖掘信俗类非遗项目文化内涵，促进海峡两岸与香港、澳门信俗文化的交流与发展；召开全区文化遗产保护管理工作会议，开展全国文物安全状况大排查行动，一批红色文化遗存和革命遗址挂牌立碑；重点发展影视动漫、演艺娱乐、音乐创作、工艺美术、文化创意、摄影艺术产业，形成一个小镇、两个中心、九大版块的文化产业格局，规模以上文化企业营业收入增长率连续两年位居全市各区首位。

【基层文化服务场所建设】2017年，集美区结合市为民办实事项目，进一步完善基层综合性文化服务场所和相关配套设施。杏林街道综合文化站、侨英街道图书分馆，灌口镇三社村、坑内村，后溪镇崎沟村、岩内村，集美街道银亭社区，侨英街道东安社区、浒进社区、孙厝社区，杏滨街道马銮社区、三秀社区12个村（社区）综合文化服务中心共投入306万元，进行场馆修缮改造和完善设施设备，通过市基层综合性文化服务中心建设验收。其中，杏林街道综合文化站、侨英街道图书分馆和三社村、银亭社区、浒井社区、孙厝社区被评为优秀。

【群众文艺创作】2017年，集美区文艺创作成果丰硕。舞蹈《两岸一家亲》代表市舞协参加中国舞蹈家协会主办的2017“戴爱莲杯”群星璀璨人人跳全国舞蹈展演活动，获“魅力之星”称号（最高奖），集美区文化馆获“星级组织”和“魅力教师”奖。区文化馆创编的广场舞《四季厦门》参加“特区建设者之春”2017厦门职工春晚海选总决赛，晋级五强并获评十佳节目和海选节目“春晚之星”；唐金富作词、赵秀英作曲的歌曲《厦门人》，王明瀚作词、刘雄作曲的《砖心》分获2017“音乐厦门”城市之歌全国原创作品年度十佳作品、主题原创特别奖。前场歌仔说唱传习中心创作的荷叶说唱《学好公约迎嘉宾》获第二届福建省曲艺“丹桂奖”大赛总决赛银奖；集美区南乐社的《共君断约》获厦门市第二届南音大赛十佳节目奖和最佳组织奖。区文化馆组织曲艺骨干创作编排闽南三句半《欢庆十九大，幸福你我他》、芗曲表演唱《新时代、新征程，扬帆再起航》、荷叶说唱《新时代的航向》、芗曲演唱《社区大嫂学报告》等宣传贯彻十九大精神的戏曲节目，深入各镇街村（社区）巡演。

（苏艳琦）

文化活动

【概况】2017年，集美区先后举办“听见集美”集美学村周末音乐会、“人文集美·悦读季”系列读书活动、海峡两岸（集美）龙舟文化节、第六届“龙舟唱晚”集美学村音乐节、集美·阿尔勒国际摄影季等品牌文化活动。区文化部门先后举办2017年“行走集美”摄影展、唱响“时代楷模”陈清洲主题音乐作品巡回分享会、“军民携手铸辉煌”集美区庆祝中国人民解放军建军90周年文艺晚会、“喜迎十九大，共筑中国梦”集美区庆祝新中国成立68周年文艺晚会、“喜迎十九大，唱响嘉庚梦”嘉庚主题原创作品音乐会等活动近60场次，开办广场舞、民间舞、闽南曲艺、群众合唱、摄影、书法、国画、少儿朗诵、声乐等各种公益培训班10余期，受益1200人次。

【中国书法名家作品邀请展】2017年1月8—17日，由中国书法名城杂志社、厦门市书法家协会发起组织的中国书法名城名家作品邀请展在集美新城中影星美影视城展出，免费对市民开放。

此次展览遴选全国、省内163位书法名家创作的作品163件，其中8幅为厦门本土作品，涵盖楷书、篆书、隶书、行书、草书等多种字体。作者均来自中国书法家协会，其中不乏获全国奖、兰亭奖的名家。此次展览由中国书法名城杂志社、厦门市书法家协会、厦门赤雨影城有限公司主办，厦门日报书画院、张雄艺术网协办，学术支持单位为《中国书法报》、福州大学厦门工艺美术学院。

【全国首届中青年刻字名家作品提名展】 2017年3月11—20日，以“大美集美”为主题的全国首届中青年刻字名家作品提名展在集美新城中影星美影城举行。此次展览由福建省书法家协会刻字艺术研究会、厦门市书法家协会及厦门赤雨影城有限公司联合主办，展出来自全国各地的作品80件，其中厦门本土作品10件。创作者为中青年群体，作品多以木、竹、石为材料，在色彩、形式上呈现多样化，时代气息浓厚。

【首届两岸青年原创乐队交流展】 2017年3月29日，由音乐厦门组委会、集美区委宣传部指导的2017音乐厦门“青春号召令”首届两岸青年原创乐队交流展演在嘉庚剧院举行。厦门工学院“热键被杀手”乐队、厦门大学“隔离岛”乐队、泉州“不清新偶像团体”与来自金门的“赤后乐团”演唱原创歌曲19首，有多支歌曲用闽南语演唱。

★小资料

“音乐厦门”是厦门市委宣传部重点打造的文化品牌，旨在鼓励和推广厦门优秀原创音乐作品，以音乐形式宣传美丽厦门，以音乐语言塑造美丽厦门，打造音乐厦门城市形象。2015年年初起，陆续推出“音乐厦门”城市之歌全国原创作品大赛等一系列活动。

【2017年“行走集美”摄影展】 2017年3月30日，由集美区文体广电出版旅游局主办，区文化馆、区摄影家协会共同承办的2017“行走集美”摄影作品展在集美区文化馆一楼展厅展出。此次展览展出摄影作品80幅，拍摄对象包括闻名海内外的集美学村、嘉庚建筑、园博苑、杏林湾、马銮湾等自然与人文景观，日新月异的新城建设风貌以及富有闽南风情的民俗活动，从不同角度、不同层面诠释“行走集美”的精神内涵，寄托了摄影家对集美之美的感受。

【陈清洲主题音乐作品巡回分享会】 2016年，中共中央宣传部向全国发布“不忘初心的好民警”陈清洲的先进事迹，授予陈清洲“时代楷模”称号，公安部向陈清洲颁发“全国公安系统一级英雄模范”奖章，厦门市委、市政府作出《关于开展向陈清洲同志学习的决定》。2017年3月12日，唱响“时代楷模”陈清洲主题音乐作品巡回分享会第一站在集美大学诚毅学院举行。《不忘初心的好民警陈清洲》《轻舟》《我就等在你回来的路口》三首陈清洲主题歌曲的创作原班人马现场演唱歌曲，并与观众分享歌曲创作背后的故事，宣传陈清洲的感人事迹。此次活动由市委宣传部、市公安局指导，集美区委宣传部、集美公安分局主办，集美区文学艺术界联合会、集美大学诚毅学院承办，以青年学生喜闻乐见的文艺形式和巡回分享会方式，在高校中巡回演出。

【“听见集美”集美学村周末音乐会】 “听见集美”集美学村周末音乐会于2017年3月启动，持续至2018年1月。该系列音乐会以辖区高校大学生为主要群体，通过“多方共建、多方共赢”的校地合作共建模式，举办流行音乐、摇滚乐、闽南音乐、诗&歌、冬日的歌、毕业季、开学季、荧光夜跑等专场音乐会及高校歌手赛15场，展示节目300余个。通过这次活动，培育根植集美的特色音乐文化品牌，发掘本土文艺人才，促进“产城学人”深度融合，彰显人文集美独特魅力。此次活动由集美区委宣传部主办，集美文教区管委会、共青团集美区委员会、集美辖区各高等院校宣传部（团委、学生处）协办，厦门市天下集美文广传媒有限公司承办。

【“人文集美·悦读季”系列活动】 2017年4月23日，2017“人文集美·悦读季”系列活动在集美区文体中心篮

4月23日至12月9日，集美区举办“人文集美·悦读季”系列活动。图为学生在交换图书 （刘平 摄）

球馆启动，12月9日结束。此次悦读季由集美区委宣传部、区文体广电出版旅游局主办，厦门晚报社、集美区少儿图书馆、集美广播电视台承办，集美区作家协会协办。围绕“悦读极美、行走集美”主题，设置读书、读人、读城三大版块，开展图书交换、电子书下载、名家分享会、研学集美等系列活动，搭建多元化阅读交流平台，激发集美市民的阅读热情，营造全民读书、终身学习的良好社会氛围。活动期间，举行读书分享会2场，中国作家协会会员周锐、旅行作家黄橙应邀出席，与会者近千人。此次活动增设“读人、读城”内容，举办行走集美活动5场，倡导读者根据作家描写的集美，走出书本，深入大街小巷、田间地头寻找集美，体验集美的城市风貌和风土人情。杏东小学行走小分队、集美区自行车协会，以及读者代表、小记者、小画家、拍客走进集美鳌园、老院子、马戏城、鹰坑谷民俗文化园、三圈模型基地等，感受集美悠久的历史底蕴和厚重的文化积淀，体悟集美“一精神三文化”文化特质的深刻内涵和现实魅力。悦读季活动颁奖仪式于12月9日在集美区文体中心广场举行，现场评选出“行走集美达人”25名及优秀奖。其中，征文组为李思佳、陆鹏先、许劭洋、李筱雯、何一一、张馨澜、林莫非、陈钰灵、邓喆涵、余健安；绘画组为陈海玥、胡昊、晏子轩、郑可欣、杨承轩、张雨恬、庄田田、王鸿铭、林偌馨、连苗烨；摄影组为柯雄坚、陈英俊、康伦恩、郑志龙、黄幼霞；征文组优秀奖为陈斯斓、刘宇轩、周宇晨、林增。获奖者同时获得集美区各大景区亲子游门票。在颁奖仪式上，同时举办“行走集美”系列展览，以“行走集美”为主题，以摄影、绘画作品为主，展示“行走集美”的最美瞬间，包括最美骑行路线体验、杏东小学高浦古城文化之旅、市民体验之旅、晚报小记者和小画家的亲子游等。

【歌仔戏《陈嘉庚还乡记》演出】 2017年5月16—19日，歌仔戏《陈嘉庚还乡记》继4月22日在厦门小白鹭金荣剧场首演后，在集美福南堂连演4场。这是陈嘉庚故事首度被搬上歌仔戏舞台。全剧通过陈嘉庚在抗战初期返乡和贪腐县长进行斗争的故事，展现陈嘉庚爱国爱乡爱民的情怀，对国家、民族命运的高度责任感，以及嫉恶好善、激浊扬清的性格。《陈嘉庚还乡记》系厦门第一部获得国家艺术基金支持的大型舞台剧，由厦门大学人文学院教授陈世雄编剧，戏剧导演韩剑英执导，陈嘉庚的扮演者为曾获第七届中国戏剧节优秀演员奖的陈志明。

【首届大学生新作品展演节】 2017年5月17日，保利院线·华南区闽、粤、港、澳、台优秀剧目舞台艺术节系列之“鹭岛之声”首届大学生新作品合唱展演节在嘉庚剧院启幕。在开幕式上，厦门大学交响乐团与厦门大学合唱团演奏黄安伦的《自强交响曲——题献给伟大先贤陈嘉庚》第四乐章，合唱歌曲有鲍元恺《炎黄风情》之《太行春秋》的《走西口》与《看秧歌》。在为期五天的展演节期间，演出的节目尚有萨拉萨蒂的《卡门主题幻想曲》、任宝平的交响合唱《大学》。开幕式通过网易网向全国直播，观众11万人次。

【闽南传统文化基层巡演】 2017年5月18日，“闽南古韵、集美传承”2017年闽南传统文化下基层巡演及非遗图片展示活动在侨英街道北区文化广场举行。前场歌仔说唱中心、延平艺术团、集美区浔美芗剧社、集美区南乐社、集美大学古厝民乐团等为观众演出歌仔戏、南音、答嘴鼓、荷叶说唱、芗剧等闽南传统文化曲艺节目。晚会由区文体广电出版旅游局主办，区文化馆、区戏剧曲艺家协会、区民间文艺家协会承办，厦门尚凯利文化传媒有限公司执行。

【集美区经典诵读晚会】 2017年5月27日，由厦门市委宣传部、市委文明办指导，集美区委宣传部、区委文明办、区文体广电出版旅游局、区文学艺术界联合会主办，区文化馆、区作家协会、区朗诵艺术家协会承办的“海丝梦、端午情”2017“我们的节日——端午”集美区经典诵读晚会在集美福南堂举行。晚会分为古韵悠远、浔江潮涌、海丝情长三个篇章，以诗词朗诵为主，辅以歌曲演唱、舞蹈、古琴演奏等。演出阵容以集美本地朗诵爱好者为主，朗诵内容除了古诗和外国名篇，均为集美本土作家的原创作品。为配合即将举行的厦门会晤，还选用了印度诗人泰戈尔的《榕树》、俄国诗人莱蒙托夫的《祖国》、奥地利作家茨威格的《巴西，未来之国》节选《里约港》、南非纳尔逊·曼德拉的《为理想我愿献出生命》等金砖国家的经典名作。原创诗歌《大社》《在田头的田头》《砖心》《厦门人》首次登台亮相。

【海峡两岸龙舟文化节】 2017年6月10日，2017海峡两岸（集美）龙舟文化节在集美龙舟池举行。此次活动由国家体育总局社会体育指导中心、中国龙舟协会、政协厦门市委员会、福建省体育局主办，集美区政府、厦门市体育局、集美学校委员会、厦门广电集团承办。文化节活动包括“嘉庚杯”“敬贤杯”海峡两岸龙舟赛、中国龙舟拔河公开赛（集美站）和系列文化活动。该届龙舟文化节以“弘扬传统文化，共绘两岸亲情”为主题，举行的系列活动有传统的祭祀大典、海峡两岸诗词大会、集美诗歌日、福建省“乡愁”诗歌创作座谈会、“文学走进生活”诗歌讲座，端午习俗集市、亲子嘉年华、捉鸭子比赛、包粽子等，将传统民俗融入趣味游戏之中，游客通过投壶、射五毒、点雄黄、“线上赛龙舟”以及各种趣味亲子小游戏参与其中，在互动娱乐中感受传统文化的魅力。

【戏剧曲艺调演】 2017年6月29日，集美区2017年戏剧曲艺创作调演决赛在嘉庚剧院举行。此次戏剧曲艺创作调演通过层层选拔，有六个镇街选送的7个节目、三所高校选送的4个节目、三个文艺团体选送的3个节目通过初赛、复赛晋级决赛，节目形式有芗曲说唱、荷叶群说唱、答嘴鼓、月琴弹唱、小品、相声、越剧、京剧等，均为本土原创作品。侨英街道选送的月琴弹唱《时代楷模陈清洲》、杏林街道选送的京剧伴舞《梦北京》获镇街组节目奖一等奖，月琴弹唱《时代楷模陈清洲》并获镇街组创作奖一等奖；厦门理工学院选送的话剧片段《用爱等一生》获高校组节目奖和创作奖一等奖。此次活动由集美区委宣传部、区文体广电出版旅游局、区文学艺术界联合会主办，区戏剧曲艺家协会、区文化馆、区民间文艺家协会承办。

【庆祝建军90周年文艺晚会】 2017年8月1日，“军民携手铸辉煌”集美区庆祝中国人民解放军建军90周年文艺晚会在嘉庚剧院举行。集美区党政机关、各界群众与驻集部队官兵代表一起观看文艺演出。男声四重唱《红军不怕远征难》、歌舞《英雄赞歌》、朗诵《建军九十华诞放歌》、群舞《我家门前过大军》等节目表现了浓浓的军民鱼水情。武警水电六支队官兵代表驻集部队表演自创军歌《党旗引领冲冲冲》，月琴弹唱《时代楷模陈清洲》博得阵阵掌声。晚会由集美区委宣传部、区武装部、区双拥办、区文体广电出版旅游局、区文联联合主办。

【庆祝新中国成立68周年文艺晚会】 2017年9月28日，“喜迎十九大，共筑中国梦”集美区庆祝新中国成立68周年文艺晚会在集美区文体中心举行。晚会由区委宣传部、区文体广电出版旅游局、区文联、杏林街道办主办，区文化馆承办。原创歌舞《砖心》、舞蹈《厦门人》、答嘴鼓《感恩》、荷叶说唱《学好公约迎嘉宾》、时装表演《中华雅韵》等节目令人耳目一新。

【“大美集美”摄影作品展】 2017年9月30日至10月12日，集美区庆国庆、喜迎十九大暨“大美集美”摄影作品展在集美区文体中心一楼展厅展出。此次摄影展由集美区委宣传部、市摄影家协会、区文联主办，区摄影家协会承办。展出的百幅摄影作品，集中展现了集美区的经济社会发展成就、深厚的历史文化底蕴和美丽的城区风光，抒发了作者对“人文集美”的赞美。10月15—25日，该展览移至兑山艺术区展出。

【嘉庚主题原创作品音乐会】 2017年10月12日，集美区“喜迎十九大，唱响嘉庚梦”嘉庚主题原创作品音乐会在福南堂举行。音乐会以独唱、合唱、重唱等艺术形式，通过九首嘉庚主题原创音乐作品，重现陈嘉庚爱国爱乡倾资兴学、远下南洋实业救国、统领华侨抗日救亡的光辉事迹，展示陈嘉庚博大的家国情怀、兴教育人的执着信念和追求真理的非凡抱负，表达集美人民对陈嘉庚的敬仰和爱戴之情。九首嘉庚主题音乐作品均为“集美智造”原创作品。音乐会由区委宣传部、区文体广电出版旅游局、区文联、集美街道办事处主办，区文化馆、区音乐舞蹈家协会承办。

【交响组歌《南侨颂》在集演出】 2017年10月24—25日，根据南侨机工回国抗战史创作的交响合唱组歌《南侨颂》在集美福南堂演出。《南侨颂》由云南滇西抗战历史文化研究会南侨机工学会创作，按南侨机工回国抗战的时间顺序，分为序《守望》、第一乐章“家园沦陷”《卢沟桥》、第二乐章“民族呐喊”《海风》《离别夜》《告别南洋》、第三乐章“滇缅国魂”《滇缅路上》《母亲》、第四乐章“驱逐日寇”《还我河山》《赤子功勋》，表现沿海居民在南洋对家园故国的守望，在民族危难时组成机工回国抗战，在抗战生命线滇缅路上浴血奋战，同中国远征军、飞虎队一起驱逐日本侵略者收复祖国河山的英雄事迹。厦门市委统战部、集美区委宣传部负责人，全国各地的南侨机工后裔、陈嘉庚历史及南侨机工历史研究者、集美学村各大学的负责人及各院校的师生2000余人观看演出。此次活动由集美校委会、陈嘉庚纪念馆共同策划主办。

【音乐剧《生生不息》首演】 2017年12月22日，由集美区委宣传部和微风乐集艺术团联合出品的原创青春流行音乐剧——《生生不息》在嘉庚剧院首演。台湾音乐家杨慕携手两岸艺术家和厦门高校师生，以音乐剧的形式，诠释集美学村深厚的文化底蕴，弘扬嘉庚精神。音乐剧以大合唱《集美之歌》开场，以一曲《因为我从未离开》结束，中分5幕，23首原创流行歌曲囊括大合唱、重唱、对唱等形式，糅合民谣、嘻哈、中国风、爵士、慢摇等音乐类型。

【十九大精神戏曲宣传队走进社区】 2017年10月，党的十九大召开。集美区成立十九大精神戏曲宣传队，组织戏剧曲艺创作骨干，突击创作出答嘴鼓《感恩》、芗曲《社区大嫂学报告》、荷叶说唱《新时代的航向》、芗剧说唱《新时代，新使命，扬帆再起航》、闽南话三句半《欢庆十九大， 幸福你我他》等脍炙人口的戏曲作品，以“新时代、新征程、新集美”为主题，开展抗战戏曲宣传进社区活动。自11月10日起，先后走进社区、农村、学校、企业，演出8场，用群众喜闻乐见的乡音乡曲宣传十九大精神，讴歌新时代。

【第六届“龙舟唱晚”集美学村音乐节】 2017年11月4—5日，第十届海峡两岸（厦门）文化产业博览交易会集美分会场配套活动——第六届“龙舟唱晚”集美学村音乐节在集美学村龙舟池畔南堤公园举办。该届音乐节以“闽南·YOUNG”为主题，融合“一精神三文化”，尽显人文集美风采。现场设置闽南风格的龙舟舞台，围以集美文创和旅游内容的围挡，搭配别致的灯光效果，现场充满浓浓的闽南韵味。音乐以闽南语元素音乐为主，并邀请国内青年原创“孵化器”——“青春音乐公社”的30强学员和本土青年原创乐队同台演出。最后，九位聋哑孩子组成的“无声儿童合唱团”登台演出，感动了在场的每位观众。本届音乐节由集美区委宣传部、区文体旅游局、集美街道办事处指导，国家音乐产业基地主办。

【集美·阿尔勒国际摄影季】2017年11月25日，2017集美·阿尔勒国际摄影季在集美开展。展览分设集美新城市民广场展览馆与三影堂厦门摄影艺术中心两个主展馆，以及集美大社、思明电影院等厦门岛内外10个分展区。本届摄影季设“中国律动”单元展、青年策展人策划展和“集美·阿尔勒发现奖”，展出世界各地150多位艺术家的作品。特别设置“在地行动”单元展和“集美·阿尔勒-Madame Figaro女性摄影师奖”。展览持续至2018年1月3日，接待海内外嘉宾、观众近6万人次。该届摄影季由厦门市文联、集美区文联指导，由北京三影堂影视文化传播有限公司与厦门市天下集美文广传媒有限公司联合主办。

（苏艳琦）

文化遗产保护

【概况】2017年，集美区先后召开“非遗”工作会议和文化遗产保护管理工作会议，部署和推进文化遗产保护工作。健全“非遗”项目保护传承体系，评审确认第三批区级“非遗”项目3项、代表性传承人2人；兑现区非物质文化遗产项目和代表性传承人经费补助，扶持“非遗”项目，支持代表性传承人开展工作；举办“非遗”保护培训班，邀请“非遗”专家授课，提升基层“非遗”工作人员业务素质；重新布展区“非遗”展示中心，办好闽南戏曲示范点，开展闽南传统文化进校园、下基层巡演和“非遗”图片展示活动；为鳌园、归来园与归来堂等18处红色文化遗存和革命遗址挂牌立碑，组织专家进行文物点维修方案评审，开展文物点防火、防盗大排查，确保文化遗产安全。

【非遗项目及传承人公布和颁证】2017年3月3日，集美区“非遗”工作会议为第二批区“非遗”项目和代表性传承人授牌。集美南音、高浦高氏祭祖信俗、马銮杜氏祭祖信俗3个项目，郭韶勇、林丽春、林福成、黄明辉、黄建顺5人，获颁集美区非遗项目和代表性传承人证书。12月19日，集美区文体广电出版旅游局组织相关非遗专家对申报集美区第三批区级非物质文化遗产项目与代表性传承人进行评选，经专家组评选、确认并公示，集美区第三批区级非物质文化遗产项目为“前场陈氏传统糊纸技艺”“孙厝乐安传统舞狮”和“后溪霞城阵头”3个项目为集美区第三批非物质文化遗产代表性项目，陈赐勇、陈文革（陈赐坚）为前场陈氏传统糊纸技艺代表性传承人。

【集美学村入选福建省历史文化街区】2017年3月20日，福建省政府常务会议研究确定第二批福建省级历史文化街区11个，“厦门市集美学村历史文化街区”跻身其中。集美学村历史文化街区获专家好评，称该街区肌理体现早期中国校园规划由封闭走向敞开的变化，重视建筑与自然地形的关系，形成典型的“山—水—城”空间格局，建设于不同时期的建筑展现了“嘉庚风格”建筑的演进过程。

【集美端午龙舟赛入选省非遗名录】2017年4月，福建省政府公布第五批省级非物质文化遗产代表性项目名录，集美端午龙舟赛名列其中。集美端午龙舟赛有200多年的历史，在陈嘉庚的推动下得到巨大发展，从民间自发组织发展到以政府为主导、群众积极参与的活动，在海内外影响越来越大。2009年，集美端午龙舟赛曾入选第二批厦门市非物质文化遗产名录项目。

【非物质文化遗产进校园活动】2017年11—12月，集美区组织由答嘴鼓、歌仔说唱、闽南童谣、南音、木偶戏

11月20日，集美区非物质文化遗产进校园展演活动在英才学校举行。（冯立东 摄）

等传习中心及其传承人郭韶勇、张月萍、黄月娇、林惠真组成的非遗宣传展演轻骑队，先后在英才、杏东、康城、曾营、后溪等5所小学开展集美区非物质文化遗产进校园宣传展演活动，并与师生进行交流互动。展演项目包括答嘴鼓、歌仔说唱、闽南童谣、南音、木偶戏、五祖拳鹤阳拳等非遗项目。

（苏艳琦）

文化产业

【概况】2017年，集美区发挥侨乡集美、集美学村的区位优势、人才智力优势和文化资源优势，实施文化强区建设，把发展文化产业作为推动文化强区建设和促进经济转方式、调结构的重要举措，出台《集美区大型活动财政补助管理暂行办法》，将参加人数超过500名或实际支持超过100万元的具有重点影响的公益类活动和非公益类活动纳入补助范围，鼓励开展各类大型活动，推动文化产业聚集发展，形成影视动漫、演艺娱乐、音乐创作、工艺美术、文化创意、摄影艺术六大产业，在空间布局上形成一个小镇、两个中心、九大版块的格局。2016年，集美区有文化产业单位878家，比2015年增加185家，增长率26.7%。规模以上文化企业营业收入2015年增长239.9%，2016年增长31.2%，连续两年增长率位居全市各区首位。2017年9月，集美集影视文创园被评为福建省文化产业重点园区，厦门神游华夏大剧院有限公司入选2016年度福建省"文化企业十强"。

【集美动漫小镇初具规模】集美动漫小镇位于集美大道北侧，西北至沈海高速公路，西南临杏林湾绿道，东北至高速公路连接线，东南至杏林湾路，总规划面积3平方千米。动漫小镇以软件园三期为基底，围绕动漫产业的上、中、下游三个板块，通过中移动、中电信、数码港、电子城四大平台引入的企业和平台能量，加快文化创意、产品研发、运营推广、电子商务和资本运作建设，逐渐形成动漫文化全产业链的集聚，成为全国首个两岸动漫文化全产业链小镇。至2017年，累计实现固定资产投资逾15亿元，集美创业大厦、集美创新大厦、华夏神游园等产业项目落成，中国电信海峡通信枢纽中心、中移动咪咕手机动漫基地、中国数码港海西运营中心等进入施工阶段。

【城市演艺中心集群效应显现】"十二五"期间，集美新城嘉庚艺术中心、诚毅科技探索中心、诚毅图书馆、诚毅书城、神游华夏厦门园、灵玲国际马戏城、北大青鸟流行音乐演艺中心等文化设施先后落成并投入使用，集美区城市演艺中心初具规模。随着集美·阿尔勒国际摄影季、厦门（集美）草莓音乐节、中国（集美）世界气球艺术节、集美新城荧光夜跑、咪咕次元盛典等大型品牌文化演艺活动在此举办，集群效应开始显现，集美新城的城市形象和文化品位提升，成为集美区旅游产业新增长点。至2017年，集美城市演艺中心累计接待游客近800万人次，直接营业收入逾3.5亿元。

【影视服务产业链初步形成】2013年，厦门市影视产业服务中心落户集美。2015年，中心开始实行公司化运营，按"一园一带多区"的思路进行产业布局，以集美集影视总部园区为平台，以政策资金扶持和产业资源整合为依托，延伸上下游产业链，带动影视综合配套区、摄影棚区、外景地等区域影视产业的发展。同时，拓展影视招商、影视服务、影视文创三大核心版块业务。至2017年，园区入驻企业200余家，其中外资企业10家，规模以上企业35家，可培育扶持上市企业7家，累计实现产值2亿元。（陈威）

文化市场管理

【概况】2017年，区文体广电出版旅游局受理各类文化服务项目行政审批57件。其中，营业性演出核准42件，申请及变更娱乐经营许可证3件，互联网上网服务营业场所经营单位设立审批1件，申请出版物经营许可证11件。至年底，全区共有互联网上网服务场所43家，KTV娱乐场所41家，出版物零售经营单位89家。区文化市场综合执法大队累计发送宣传短信、微信及安全管理要点、温馨提示2000余条，出动检查2527人次，取缔无证场所73家，查处各类案件16起，查扣用于非法经营的电脑175台，罚没款58万元，收缴非法卫星地面接收设施5套，收缴盗版非法书籍1149本、光盘10片，受理文化市场各类投诉56件，全部处理完结。

【文化综合执法体系建设】2017年2月，区文化市场综合执法大队执行厦委编办关于大队内设机构设置的批复，内设执法一科、执法二科、综合科3个科室，分辖3个中队，配设科长、中队长各1名。每个科室、中队根据各自职能按片区和行业划分，将所有监管对象责任到人，构建起运转协调、行为规范、反应迅速、执法有力、办事高效的文化综合执法体系。同时，以政府购买服务方式，增配文化旅游协管员4名、报账员1名、非编工勤人员3名，执法力量与执法范围和行业发展不相适应的问题得到较好解决。

【首例行政执法诉讼案胜诉】2016年3月，区文化市场综合执法大队立案查处韩华油墨公司非法经营活动案件，对该公司做出没收用于从事印刷经营活动的相关机器设备及相关印刷品，没收违法所得，罚款102017元的行政处罚。该公司对此处罚不服，向复议机关提起行政复议，向区、市两级法院提起诉讼。2017年2月8日，厦门市中级人民法院最终裁定，区文化市场综合执法大队作出的行政处罚决定事实清楚，证据确凿，适用依据正确，程序合法；集美区文体广电出版旅游局依据行政复议法相关规定作出行政复议决定程序合法，支持对韩华油墨公司的处罚决定，驳回韩华油墨公司的上诉，维持原判。

【首例分期执行行政处罚案办结】 2016年11月3日，区文化市场综合执法大队会同杏林派出所查处取缔高浦村钟某经营的“黑网吧”，对当事人作出没收用于网吧经营的电脑37台，没收违法所得5100元，并处罚款1.2万元。后当事人提交居委会出具的经济困难证明，大队考虑当事人能够承认其违法事实并积极配合执法人员进行案件调查，依据《中华人民共和国行政处罚法》的规定，批准当事人分期缴纳罚款。2016年12月23日和2017年3月30日，当事人分两次缴清罚没款。大队首例分期执行的行政处罚案件办结。

【娱乐场所安全管理】 2017年8月，区文化市场综合执法大队开展娱乐场所安全管理和禁播歌曲查堵行动，查处各类违法案件12件，罚款5万元。其中，未建立营业日志、从业人员名簿、登记不完善的3起，在规定的禁止营业时间内营业的3起，未在营业场所显著位置悬挂未成年人禁入或者限入标志的1起，播放曲库含有违禁歌曲的5起。8月24日，大队针对整治发现的问题，在集美宝乐迪KTV召开娱乐企业负责人娱乐场所规范建设现场观摩会。

【三峡移民无证经营案件查处】 2017年，区文化市场综合执法大队开展三峡移民无证经营案件查处工作。事先做好摸排定点工作，走访片区民警、“扫黄打非”基层联络员、村居“网格员”，将三峡移民无证经营的网吧逐一定位，将业主、房东信息和网络业务号全部收集在案。在此基础上，印制有关法规宣传手册，逐户上门“讲法”；联合公安部门，发布禁止经营通告、法律法规告知书，先后八次召开经营业主法规宣讲会，两次邀请后溪镇、侨英街道、灌口镇、区公安分局、区市场监督管理局、消防大队等部门对口讲解法规条文，开展法律攻势。与此同时，做好帮难解困工作，对有意转为合法经营的业主，协调有关部门及镇（街），帮助办理相关证照，指导其按标准进行场所改造；对确有生活困难的，向有关部门反映并帮助解决，化解三峡移民的对立情绪。在行动前，再次发布“调查询问通知书”“责令改正通知书”，联合公安、消防等部门发布“严禁开设无证网吧”和“立即停止无证网吧经营”的通告，4次采取“断网”措施。4月10日、6月16日和6月22日，与公安、市场监管、消防等部门开展三次联合执法行动。6月22日，辖区23家三峡无证网吧全部关停。

【“扫黄打非”专项行动】 2017年，集美区在全区开展以出版物印刷市场整治为重点的“清源”专项行动，以治理互联网低俗之风、净化网络空间为重点的“净网”专项行动，以创造未成年人健康成长文化环境为重点的“护苗”专项行动，以打击假报、假刊、假记者以及侵权盗版现象为重点的“秋风”专项行动，以整治涉及“三股势力”、邪教出版物和非法宗教出版物为重点的“固边”专项行动。6月15日，区“扫黄打非”领导小组办公室下发《2017年“扫黄打非”行动方案》。“清源”行动中，区文化市场综合执法大队对辖区登记注册的115家印刷企业进行拉网排查，出动执法人员211人次，对证照不全或过期、承印管理五项制度不健全企业提出整改要求。“净网”行动中，协调公安、市场监管、通信等管理部门，对辖区互联网服务单位进行全面调查，督导互联网站、应用程序、微博、微信、搜索引擎等相关企业完善内容发布审核机制，增加审核人员，提升有害信息识别、屏蔽等技术手段，加强用户账号管理，及时处置发布低俗色情内容的账号，打击内容低俗的违法互联网广告、非法弹窗广告，加大对网络传播淫秽色情文学作品、信息案件的侦查打击力度。9月30日，配合公安民警查获侨英街道孙厝涉嫌网上传播淫秽视频嫌疑人1名，予以刑事拘留，并查扣电脑主机1台。“护苗”行动中，联合区教育局以“‘扫黄打非’护助少年儿童健康成长，远离和抵制有害出版物”为主题，先后在侨英小学、厦门十中开展“绿书签”签名及系列宣传活动。9月，再次联合区教育局对部分中小学校及与学校有印刷业务往来的印刷企业进行检查，抽查学校15所，总体情况较好。“秋风”行动中，共收缴非法经营书刊1000本，未发现非法、违法的“三假”情况。“固边”行动中，联合区民宗局对宗教与民间信仰活动场所展开专项检查，收缴并销毁来自香港的“佛经”“进香手册”等非法宗教出版物近100册。推进“扫黄打非”进基层工作，各镇（街）、村（社区）分别确定“扫黄打非”义务联络员1名。

【非法卫星电视接收设施专项整治】 2017年，区文化市场综合执法大队加大打击非法销售、安装、使用卫星地面接收设施专项整治力度。先后出动执法人员近百人次，向有关单位和群众发放《卫星电视广播地面接收设施管理规定》等宣传资料120份，动员群众自行拆除违规安装使用的地面卫星接收设施8套，收缴非法卫星地面接收设施5套。经检查，全区三星级以上宾馆、饭店及其他重点旅游企业均未违规使用卫星地面接收设施。11—12月，区文化市场综合执法大队联合公安、市场监管等部门，开展宾馆酒店等经营性住宿场所收听收看广播电视节目行为专项整治行动。对全区104

家宾馆、酒店、旅社等经营性住宿场所进行专项执法检查，发现安装卫星电视广播地面接收设施的住宿场所6家，其中属未经许可私自安装的4家，审批中的1家，卫星废弃的1家。有少数用户未向有关服务商索取“互联网电视集成服务许可证”“互联网电视内容服务许可证”等相关许可证明材料。至年底，除1家上报审批的未审批完结外，私自安装和废弃的卫星电视广播地面接收设施已全部拆除，其他许可手续不全的全部整改完毕。

（孙鹏云）

图书与方志

集美图书馆

【概况】2017年，集美图书馆采集入藏各类文献4408种16226册，其中少儿图书1585种6297册、期刊合订本32种435册，接受捐赠图书117册。订阅少儿报刊147种、成人报刊516种、境外报纸5种、港台期刊19种。做新书推荐31期259种，编辑发行《图书馆信息》6期，每期300册。接待读者进馆46.85万人次，其中智能区接待读者进馆18.06万人次、少儿区接待读者21.54万人次，流通可外借区接待读者7.25万人次。图书流通总外借3.70万种31.06万册次，其中少儿区借阅1.58万种23.32万册、流通可外借区9525种3.29万册、智能区6667种2.98万册、两家联网点借阅432册、现刊及其他1.47万册。联合体总借还图书5318册，本馆转出图书7754册。新办读者借阅证1750个，图书借阅证变换功能570个，退还读者证510个，IC卡升级452个。举办各类读者活动79场，参与读者近10万人次。

【嘉庚研究工作】2017年，集美图书馆编撰嘉庚研究文献5篇（其中3篇为合著），共3.49万字；收集、整理嘉庚研究外稿5篇，编印发行《图书馆信息》6期，编写《南侨回忆录》微阅读《南侨回忆录那些事儿》43篇。从《福建侨报》《南洋商报》《联合早报》收集嘉庚信息91条。更新“集美文献资料库”“嘉庚文献资料库”剪报数据378条。整理筛选《全国报刊索引》中有关陈嘉庚报道资料条目661条。

【智能借阅区投入使用】2017年4月10日，集美图书馆24小时智能借阅区投入使用。智能借阅区新增智能书架96组，二楼、三楼各配备新款自助借阅机1台，实现无人自助借还。智能书架可提供图书定位查询，指出图书所在书架层位，让读者迅速找到图书；读者还书时，只需将图书整齐排列在书架任意位置即可。

【参加第六次图书馆评估】2017年，是县级以上公共图书馆评估定级年。集美图书馆组织全馆职工对照标准，细化任务分工，严格落实责任，做好迎评工作。8月15日，福建省公共图书馆第二专家评估小组依照《县级图书馆评估标准》，逐项审核该馆电子档案与纸质材料，参观新建的24小时智能自助借还书架库，认为材料准备充分，基础业务扎实，给予该馆图书工作高度肯定。

【《南侨回忆录》阅读征文及朗读大赛】2017年8月21日至10月28日，在集美图书馆举办《南侨回忆录》阅读有奖征文及朗读大赛。共收到征文518篇，来稿读者包括公务员、企事业单位人员、个体经营者和大中小学的教师、学生，以及各行业的退休人员等。其中，年龄最大的86岁。经过专家评审团评审，结合线上投票活动，评选出获奖者105人。冯沿江获一等奖，杨晓天、林萍获二等奖，卢婧、吕晗畅、陈学新获三等奖，蓝俊强等6人获优秀奖，张煜等93人获积极参与奖。10月28日，征文朗读大赛在集美图书馆举行，9名参赛者朗诵各自获奖的作品，经专家评委点评和观众投票，冯沿江获一等奖，黄佳茵、刘怡萍获二等奖，陈学新、杨晓天、吕晗畅获三等奖。比赛结束后，三位受邀嘉宾还就征文比赛的优秀作品进行现场朗读表演，为获得征文比赛和朗读比赛的优胜者举行颁奖仪式。活动期间，集美图书馆通过海报、传单、网站、微信、微博公众号等形式，广泛开展宣传活动，在社会上引起较大反响，共有9.57万人次通过线上线

集美图书馆24小时智能借阅区一隅（刘建勋 摄）

下参与该项活动。该活动由中共厦门市委宣传部、统战部、集美学校委员会主办，集美图书馆承办，陈嘉庚纪念馆协办。

【经典诵读】2017年，集美图书馆继续携手集美大学文学院海律诗社举办经典诵读系列活动。先后举办"陪伴我，陪伴你""扬起自信的风帆""热爱我们的祖国母亲""爱的表达——礼物""爱的奉献——教师""与人分享，拥抱他人""读诗赏画——《黎明》""成长，需要认识自己"等主题经典诵读活动8场，参与300余人次。

【道德讲堂】2017年，集美图书馆主办道德讲堂3场，主题分别为"立家规、传家训、树家风——最美家庭故事分享""善念流淌在支教间——记最美天使'诚毅童行'""道德传家久，温馨满庭芳"。集美图书馆、集美学校委员会、嘉庚纪念馆等单位员工180余人次参加活动。

【公益活动】2017年，集美图书馆先后举办各种公益活动44场。其中，"悦读绘"绘画小课堂系列活动10场，活动主题有火烈鸟（油性粉彩）、蜜蜂窝（水粉）、教堂玻璃（锡纸）、印第安人（黏土）、京剧脸谱（油画棒）、鲤鱼（漆线雕）、巨嘴鸟（水彩笔）、狐狸（油画棒）、壁虎（油水分离）、泰国斗鱼（线描），吸引200余名读者参与；"4·23世界读书日"活动1场，主题为"我们仨"读书交流会，30名读者参加活动；"童声朗朗，诗韵悠悠"六一少儿朗诵比赛1场，60余名小读者参加活动。周末影院为读者放映《银河护卫队》等影片32场，1600余名读者前来观看。

【双语演讲】2017年，集美图书馆携手集美双语演讲俱乐部举办演讲活动32场，参与人数800人次。演讲内容有以"How to plan your future""Stop wishing; Start doing""Protect the environment""Special day""Housework""Emotion Management""work and life balance""你准备好了吗""Team""the National Day holiday""Winter""friendship and love""about future""reading""the past memories"等为主题的英文演讲；以"向日葵盛开的夏天""那些奋斗的日子""记忆中的童年""父爱""梦想""兴趣班""暑假""味道""收获的季节""教师节""领导力""中国式相亲""童年""我的前半生""相约在冬季""责任心"等为主题的中文演讲；以及以"Glory"为主题的中英文演讲比赛。（刘建勋）

集美区少年儿童图书馆

【概况】2017年，集美区少儿图书馆新增办证读者3757人，共有有效持证读者1.7万人，图书借阅量60.4万册次，流通总量45.9万人次。开展图书下乡、游园、讲座、征文、图片展、绘画比赛、影片展播等读者活动186场，其中优秀儿童影片展播85场、讲座21场、展览8场，共有21958人次参加各项活动。

【侨英街道图书分馆成立】2017年11月13日，侨英街道图书分馆成立。分馆位于滨水社区活动中心，配工作人员2名，置有自助借（还）书机、书架等。第一批9000余册图书上架并对外开放。

【迎新春、庆元宵系列活动】2017年1月1日至2月11日，区少儿图书馆开展迎新春、庆元宵活动15场，吸引群众3960人。主要活动有：1月3—4日，在日东社区、万科里社区开展庆元旦进社区书刊宣传活动；1月2日，在馆内二楼展览区举办为期一个月的青少年爱国主义教育图片展；1月5日，组织3名书法家到宁宝社区为群众现场书写春联600副；1月30日至2月26日，在馆内二楼展区举办"品书香、赏年俗"文化展；2月1日，在杏林文体中心广场开展飞镖、夹玻璃球、交换图书等迎新春游园活动；2月9日，到后溪镇前进村西井社开展灯谜、猜成语、投羽毛球、投乒乓球、图书赠送等庆元宵活动。

【第六届少儿读书月活动】2017年3—4月，区少儿图书馆承办以"人文集美、礼让互助"为主题的集美区少儿读书月活动，4110余名读者参与活动。3月

5月21日，区少儿图书馆举办作家周锐作品分享会。图为周锐为小读者签名（冯立东 摄）

4—16日，举办“从书中学到礼让互助”征文比赛，征集文章2166篇，评出一等奖7名、二等奖14名、三等奖21名；3月18日，举行“写作的翅膀”公益讲座，听众有中小学生及家长180人；3月25日，举办“同读一本书”读书交流会，30余名中小学生参与交流；3月26日，举办“礼让互助，从我做起”少儿演讲比赛，参赛选手25人，评出一等奖2名、二等奖6名、三等奖8名、优秀奖9名。

【图书馆服务宣传周】 2017年5月21日，图书馆举办周锐作品分享会，作家周锐与到会的200余名学生分享写作心得和技巧；6月3日，举行庆“六一”少儿绘画比赛，有62名学生参加比赛，共评出特等奖1名、一等奖2名、二等奖3名、三等奖4名；6月4日，举行庆“六一”亲子剪贴画活动，近百名学生读者和家长参加活动。

【暑期读者活动】 2017年暑假期间，区少儿图书馆面向少儿读者和家长举办主题讲座8场，共有听众691人。7月9日，邀请高级讲师银霞主讲“儿童心性教育”；7月14日，邀请林国清举办“养生先养心”公益讲座；7月15日，邀请王松举办“教子有方”课堂；7月21日，邀请吴孟恩作《兴衰流变——国学教育的前世今生》演讲；7月18日，邀请晴天社工服务中心张玲珊讲授“垃圾分类”知识；7月20日，邀请郭帅传授朗诵的语言技巧；7月25日，邀请魏光讲解“趣味围棋”；8月26日，邀请魏强作“学习方法漫谈”讲座。

【“书香鹭岛”全民读书月活动】 2017年10—12月，区少儿图书馆举办“书香鹭岛”全民读书月活动17场，参与各项活动3316人次。其中主题活动有：10月15日，邀请高级讲师银霞举办《传统文化教育——孝道》公益讲座；11月1日至12月27日，在馆内二楼举办“书香中国”和“学习宣传贯彻党的十九大精神，加快构建中国特色哲学社会科学”图片展；11月7日，邀请邹文勇举办“学习贯彻党的十九大精神”讲座；11月28日，走进纺织社区和日东社区，开展读书月宣传活动；12月9日，与厦门晚报社、集美广播电视台联合承办“人文集美·悦读季”颁奖仪式，围绕“悦读极美、行走集美”主题，开展图书交换、电子书下载、名家分享会、研学集美等系列活动；12月10日，邀请郭帅举办“人人都是大话家”讲座。

（集美区少年儿童图书馆）

地方志

【概况】 2017年，集美区地方志办公室组织编纂的《集美年鉴（2017）》由中华书局出版；为《厦门年鉴（2017）》撰写“集美区概况”2500字。发行《集美区志》《集美年鉴》等书籍190册，收集各种资料1264篇。

【《集美年鉴（2017）》出版】 2017年11月，2017年卷《集美年鉴》由中华书局出版。该卷卷首设《“莫兰蒂”风灾》图集，辑录照片68张，配以文字介绍，纪录2016年9月15日“莫兰蒂”台风过境时集美区受灾场景和军民团结防灾救灾的事迹。主体部分设区情概览、大事记、特辑、中国共产党机关、权力机构、行政机构、法治与军事、人民政协与民主党派、社会团体、农业与水利、工业与建筑业、建设与环保、交通与邮政业、电信与信息业、商贸服务与旅游业、经济与财税管理、教育与科技、文化与体育、卫生与计划生育、社会与民生、镇与街道、人物与先进名录22个栏目，下设36个类目、186个分目、1172个子目，收入图片173张、表格48张。附录辑存文献7份、要文目录49条，全书72.8万字。

【志鉴获奖】 2017年3月，《集美年鉴（2015）》获中国出版协会年鉴工作委员会颁发的“2015—2016年度年鉴编校质量检查评比二等奖”；8月，《集美年鉴（2016）》在中国地方志指导小组、中国地方志学会组织的第四届全国地方志优秀成果（年鉴类）质量评审中，被评为二等年鉴。（区志办）

新闻传媒

集美报

【概况】 2017年，《集美报》出刊50期，刊发各类稿件3000余篇（幅）。同时，配合《厦门日报》完成“区街专递”专栏的采写，全年有近千篇新闻作品被中央、省、市媒体采用，并在相关互联网上转发；有5篇作品获厦门市新闻奖，为历年获奖最多的一年；围绕《集美报》创刊20周年，出版《集美报》新闻作品选集，举办“我与集美报结缘”有奖征文，征集刊出纪念文章30余篇。

【打造全媒体舆论主阵地】 2017年，《集美报》深化与《厦门日报》的合作，结合新媒体宣传特点，在文法、用图、结构、体裁等方面推陈出新，讲好“集美故事”，探索、推动传统媒体与新媒体融合发展，助力打造“天下集美”区属媒体官方微信公众号和“人文集美”手机APP等全媒体舆论主阵地。全年为“天下集美”供稿675篇，提供新闻图片4000幅，平均每条信息点击率超过2000次。所供稿件占原创类一半以上，成为官方微信公众号最重要的内容提供方。

【扩大主题宣传影响力】 2017年，《集美报》围绕党的十九大召开、厦门会晤、深化人文集美发展战略、旅游文化产业发展以及海峡两岸龙舟文化节、荧光夜跑、阿尔勒国际摄影季、全国汽车场地越野锦标赛等大事要事，提前策划，精心组织，妥善对接，先后组织接待数百人次的采访工作，同时在报纸、电视、广播、网络等境内外各级各类媒体推出专题报道80多个版面700余篇（幅），展示集美日新月异的城市形象，提升集美城市的美誉度，扩大集美影响力。

【栏目创新】 2017年，集美报社创新合作方式，与区委文明办首创文明专刊，成为全市各区中唯一全方位报道文明城市创建的平面刊物；推出名师名校、特色校园文化、工会“娘家人”“党员之星”等特色专栏，以生动鲜活的小故事，讲述“身边人身边事”，在各行各业树立一批可学可复制的先进个人和典型事例，突出主旋律宣传，助力文明城市建设、特色党建、教育强区，弘扬社会正气，受到社会广泛关注。

【新闻数量质量“双提升”】 2017年，《集美报》拓宽新闻源渠道，增加新闻报道比重，每月由4期4张向4期6张转变，全年刊发50期，发表各类新闻报道3000篇（幅），新闻数量持续攀升；同时，提高新闻采编人员素质，有5篇作品获厦门市新闻奖，获奖率100%。其中，3篇新闻分获二、三等奖，1个新闻版面和1幅新闻图片均获三等奖。（刘德英）

集美区广播电视台

【概况】 2017年，集美区广播电视台内设办公室、时政部、技术部、播出部和广播节目部，有编辑记者、播音员主持人、工程师、技工等专业技术人员33人（编内25人，编外8人），其中新闻系列副高级及以上专业技术职务4人、中级7人。全年采编制播电视节目657档、广播节目3780小时。新闻作品和文艺类作品获省级奖项1个、市级奖项16个；台长王辉腾获福建省“金砖国家领导人厦门会晤筹备和服务保障工作先进个人”称号。

【节目设置】 2017年，区广播电视台与有关部门合作，继续办好“集美新闻”“纪实集美”“今日视区”“集美新声”“台海宽频”“集美水当当”“集美先锋视界”等栏目。全年共采编制播广播节目3780小时，“集美新闻”270档，“纪实集美”21档，“今日视区”54档，“集美新声”52档，“台海宽频”248档，“集美先锋视界”12档。

【调频广播】 2017年，集美调频广播（FM89.2MHZ）除转播中央、省、市台节目外，自办“集美新闻”（普通话、闽南语双语播出）、“集美零距离”“城市漫生活”“892上班路”“金星撞火星”“虾米大学”“经典也流行”“集美水当当”“动漫梦工厂”“High客来了”和“心灵绿洲”栏目11个。播出时间为每日6时至24时，其中自办节目7个小时、成品录播节目6个小时、音乐节目4.5个小时、转播新闻0.5个小时。

【主体宣传】 2017年，区广播电视台先后派出记者2300多人次，分赴区直部门、镇街、村居、企业、学校、军营采写新闻报道，全方位、多视角地报道集美经济、社会、人文集美建设和各项事业发展情况。自办电视节目有“集美新闻”“纪实集美”“先锋视界”等及每周一与“厦视直播室”连线直播的“今日视区”节目。“纪实集美”栏目与天下集美传媒有限公司联合创作的纪实电影《致童年》，参加第六届中国（嘉峪关）国际短片电影展展演。

【作品获奖】 2017年，由中央人民广播电台、集美区委宣传部、集美区广播电视台创作生产的广播剧《再会吧南洋——陈嘉庚与南侨机工》获福建省第八届百花文艺奖一等奖；区广播电视台制作的专题片《牢记嘉庚叮咛，守护集美生态》、长消息《珍藏80载，先生的沙发即将捐赠回国》、新闻专题《打工是为了更好地生活》获2016年度厦门新闻奖一等奖，4件广播电视作品获二等奖，9件作品获三等奖。

（王辉腾 王如意）

天下集美文广传媒有限公司

【概况】 2017年，天下集美文广传媒有限公司以塑造集美形象为己任，以提升质量效益为中心，以加快转型升级为重点，以强化精益管理为抓手，圆满完成各项任务和各项经济指标，获经济效益与社会效益双丰收。公司获评厦门市2017年度广告业先进单位，入选厦门全域推广联盟2017年度最具传播力联盟成员单位前十位；公司拍摄的集美区首部纪录电影《致童年》获福建省专项扶持奖金；纪录片《那时候我们南下》获厦门新闻奖一等奖，公益广告宣传片《知光识影》是福建省唯一获2017年全国知识产权公益广告作品大赛优秀奖的作品。

【公司部门优化重组】 2017年，公司进行部门优化重组，产品设计部与活动部合并成立创意部，广播部与影视部合并成立广播影视部，园区运营部与书院运营部合并成立园区运管部，新增战略研究与企业运管部。调整后，原有的10个部门重组为8个部门：战略研究与企业运管部、综合部、财务投资管理部、新媒体部、营销部、创意部、广播影视部、园区运管部。构建适应公司发展战略要求的组织体系和管理模式，促进组织专业化，建设轻型的、精干的组织体系。同时，重视人才战略，坚持德才兼备的用人标准，培养和引进一批资深的高素质专业人才，实现组织结构优化与人力资源结构优化相结合；按照社会效益和经济效益并重的要求优化产业布局，确定文化产业理论研究与平台建设、区属报纸电视电台媒体广告经营与管理、新媒体开发与内容生产等十个产业版块，以文化为内核，以市场为导向，以创新为手段，不断整合活动、旅游、演艺、影视、文创、会展等资源，布局内容产业，加快转型升级。

【坚持项目原创化 、品牌化】2017 年，公司在继续主办集美新城荧光夜跑、集美·阿尔勒国际摄影季等大型品牌活动基础上，新引进和策划了“听见集美”厦门集美学村周末音乐会、第九届海峡论坛·两岸特色庙会暨台湾县市经贸旅游推介交流会、海峡工业设计大奖赛等具有社会影响力的品牌活动。其中，承办的集美学村周末音乐会成为展现集美学村文化内涵的常态化品牌活动，品牌效应逐步彰显，活动口碑不断提升。

【介入影视产业市场】2017 年，公司引进一批专业领域人才组成影视团队，参投动作大电影《藏龙卧虎》，与中视传媒、东阳大唐影视联合出品中国首部网红题材电视连续剧《青春二月当艳阳》（原名《我星飞扬》），与湖南卫视合作湖南电视台电视剧频道品牌栏目《小戏骨之方世玉》福建海选，与厦门广电集团联合出品 40 集电视实景歌仔戏《顾靖尧与林湘君》等，不断为集美影视产业注入发展能量。公司拍摄的集美区首部纪录电影《致童年》作为福建省优秀国产纪录片报送国家广电新闻总局，并获福建省专项扶持奖金，受邀参加第六届中国（嘉峪关）国际短片电影展。纪录片《那时候我们南下》获厦门新闻奖一等奖，公益广告宣传片《知光识影》为福建省唯一获 2017 年全国知识产权公益广告作品大赛优秀奖的作品。

【拓宽业务领域】2017 年，公司深挖市场潜力，拓展业务领域，提升服务效益，在文化艺术提升改造、城市营销推广、文化工程设计建设、文创产品的设计制作等领域持续发力，先后承接社会主义核心价值观主题文宣布置、街道变电箱体美化、集美二小廉洁文化走廊设计建设、厦门十中廉政文化园建设等项目，打造全面业务合作架构。以迎接党的十九大召开、服务厦门会晤、迎接第五届全国文明城市评选等为契机，采用政府服务外包模式，承接集美区基础信息大排查宣传推广、集美区垃圾分类宣传推广、党的十九大宣传、侨英街道新春欢乐颂、2017 园博苑全年活动、政协全年季谈会、第十届文博会集美展团、集美区“五大发展”系列短片等项目的宣传片、汇报片、专题片拍摄，画册宣传品设计，新媒体运营等，业务领域有新的突破。

【媒体宣传】2017 年，公司服务集美区全媒体宣传阵地，天下集美微信号推送文字、图片、图文等各类消息1825 篇，勤勉度超过 98.5% 的运营者；用户订阅数 10 万户，阅读总次数 500 余万次，累计点赞数逾 6 万个，被转发分享 20 万次，后台回答读者问题 20 万个，传播力超过 90% 的运营者，阅读量不断刷新纪录。是年，创作一批点击率较高的文化、经济、文娱活动类微信，开辟“南薰晚风”专栏和信息大排查视频栏目，探索微信内容音频表现形式，举办投票、小游戏等新颖“吸粉”活动，获得较好粉丝增长量。加大与权威媒体、直播平台的深度合作，举办大型品牌活动均联系新华社、中新社、新华网、中新网、人民网、光明网等主流媒体进行新闻报道；运用厦门卫视专业电视团队参与活动录制并播出，运用厦门电视台电台现场连线直播报道新闻，还与新华网、新浪网、腾讯网、网易等权威网站合作，进行全程网络视频和图文直播。2017“听见集美”厦门集美学村周末音乐会线上直播访问量近 40 万人次。发挥本地媒体优势，在《厦门日报》《厦门晚报》《海西晨报》《海峡导报》等纸媒发表各类稿件近百篇。利用市政府、火车站、中山路等处户外 LED 屏，集美区主干道公交站牌、集美万达路口 LED 屏、路面灯杆广告等进行宣传；利用厦门电视台移动电视 XM6 五千多台终端和图文频道近千台终端全天候滚动播放宣传，覆盖全市 BRT、普通公交、政府机构、医疗系统、机场、码头、轮渡、高端写字楼、住宅楼等，日均覆盖人流量超 300 万人次。加强对外传播，利用《福建日报》《海峡都市报》、泉州《东南早报》等报刊，对各项文化活动进行宣传报道。2017 集美·阿尔勒国际摄影季活动，在《南方都市报》《中国日报》英文版刊登大篇幅报道，在 Madame Figaro 中国版 12 月刊刊登专题报道 4 版，实现全球覆盖与传播。

【文创园区发展】2017 年，公司海蛎文创空间新的服务团队探索优化服务体系，新增签约两岸文创领域专家、新锐投资人、成功企业家等创业导师 30 名，投融资、法务、财税、专利、知识产权、企业管理、品牌宣传推广等中介合作服务机构 11 家，两岸校企合作单位 6 家，创业团队 48 个，创业人数 220 人，获评“厦门市小微企业创业创新示范基地”。是年，海蛎文创空间举办 2017 厦门集美第二届全球青年大创暨丝路青年节、“翰墨书香、两岸桥梁”“创业集美、筑梦两岸”2017 年台湾青年创业分享会、明星企业家分享会——见福董事长张利、2017 厦门青年创新创业模拟路演暨双创资本对接沙龙等创业主题活动及培训 10 场，吸引 500 余名创业青年到场参与。其中，自有创业品牌活动“明星企业家分享会”入选 2017 年全国大众创业万众创新活动周系列活动。杏林书院举办“翰墨书香”海峡两岸交流笔会活动，邀请台湾和大陆近百名知名书画界人士参加，数十家境内外媒体对此活动进行报道。承接国学小戏骨和歌仔戏“顾靖尧与林湘君”拍摄活动。2017 年 12 月，杏林书院获批立项。

（林丽君　陈婧）

体　育

少儿体校

【概况】 2017年，集美区少年儿童体育学校有教职员工21人，其中专职教练员11人。专职教练员中，硕士研究生学历2人，本科学历7人，大专学历2人；中级教练员职称1人，初级教练员职称6人。另聘请兼职教练员29人。设有篮球、击剑、射箭、举重、田径、武术、游泳等运动训练项目。是年，少体校向市级训练单位输送竞技体育后备人才45名。

【专项训练与人才输送】 2017年，区少体校聘用篮球、武术、击剑、射箭、田径、举重等项目专职教练员11名，同时聘请29名小学体育教师为兼职教练员，分布在杏林文体中心体育馆、青少年校外体育活动中心体育馆及全区各中小学的27个训练网点。运动员在训总人数439人，其中田径180人、武术50人、举重21人、篮球66人、游泳39人、射箭41人、击剑42人。暑假期间，少体校田径队选拔52名优秀苗子进行集中封闭式训练，并组织选拔比赛。全年共向市级训练单位输送运动员45名，包括篮球、田径、举重、击剑、武术、拳击、射箭、柔道、跆拳道、划艇、赛艇等项目。

【体育赛事获奖】 2017年，由区少体校输送至国家队的举重运动员黄闽豪，在2017年亚洲举重锦标赛中获62公斤级抓举金牌、总成绩第三名，在全国男子举重锦标赛暨第十三届全运会预赛62公斤级比赛中获抓举金牌和总成绩银牌。由区少体校输送到市队的击剑运动员孙伟博，获全国儿童击剑赛u10组花剑个人第三、团体第五名，获省青少年击剑锦标赛个人项目花剑儿童乙组铜牌、团体冠军。区少体校篮球队在省少儿篮球比赛中获儿童组第四名，在省青少年篮球锦标赛中获乙组第四名、甲组第八名，并代表厦门十中在省中学生篮球锦标赛中获初中组第三名和高中组第八名。另外，区少体校组织运动员参加部分项目的省市级锦标赛，均取得良好成绩。在市中小学生篮球锦标赛暨省中学生篮球联赛选拔赛中，获高中组第一名、初中组第二名；在省青少年击剑锦标赛花剑儿童乙组比赛中获团体冠军；在市中小学生赛艇皮划（激流）锦标赛中，获赛艇团体总分第一名，皮划团体总分第二名；在市中小学生射击锦标赛中，获少体校组女子团体总分第二名、男子团体总分第四名，个人项目获2金1铜；在市中小学生帆船帆板锦标赛个人项目比赛中，获3金2银；在市中小学生乒乓球锦标赛暨省中学生乒乓球联赛选拔赛中，获个人项目铜牌；在市中小学生举重锦标赛中，获男子团体第二名、个人项目10金2银3铜；在市中小学生射箭锦标赛中，获女子团体第四名；在2017市青少年“三大球”联赛中，集美区获3金2银3铜。

（连玉盛）

群众体育

【概况】 2017年，集美区认真贯彻落实《全民健身条例》，进一步完善基层体育设施，引导市民参加各种健身活动。推动成立单项运动协会，发展社会体育指导员队伍，单项运动协会发展到15个，社会体育指导员发展到1197人。举办2017年集美区全民健身活动季系列比赛。是年，区下拨市体彩公益金377.46万元，用于各镇街和相关单位公共体育场地、健身路径、体育设施建设和添置体育健身器材，体育活动条件进一步改善。

【2017年集美区全民健身活动季】 2017年6月24日至9月17日，集美区全民健身活动季系列比赛在集美区青少年校外体育活动中心、杏林文体中心、集大体育学院网球场、沐宇羽毛球馆举行。该届活动季由集美区全民健身领导小组主办，区文体广电出版旅游局、区体育总会承办。比赛项目有职工广播体操比赛、拔河、气排球、游泳、乒乓球、篮球、网球、羽毛球、体育舞蹈、足球10个，共有来自各镇街、机关、企事业单位、高校、中小学的3000余名运动员参赛。

【体育队伍建设】 2017年12月，集美区健身气功协会成立。至年底，全区共有乒乓球、长跑、象棋、自行车、龙舟、体育舞蹈、太极拳、武术、气排球、网球、足球、国际象棋、游泳、羽毛球、健身气功单项体育协会15个，另有区体育总会、区老年人体育协会、区农民体育协会和集美学村体育协会，共有会员2000余人。2017年12月，举办社会体育指导员培训班，培训三级社会体育指导员124名。至年底，全区共有国家级社会体育指导员6名，一级社会体育指导员13名、二级11名、三级1167名。

【老年人体育健身活动】 2017年，集美区举办广场舞、气排球、柔力球、门球、健身球、全国老年人持杖健走和第三批创建老年人健身康乐家园等7个项目的老年人骨干培训班，培训人数逾1500人。另举办迎新春健步行、迎新春社区气排球交流、三八国际妇女节女子门球交流、乒乓球赛、中国象棋赛、地掷球赛、第六届“嘉庚杯”气排球赛、门球赛、柔力球赛、重阳千人登山等老年人活动20余次，参加人数8000余人次。

【青少年体育活动中心】 2017年，集美区青少年校外体育活动中心场馆使用人流量近10.2万人次。其中，游泳馆接待泳客2.3万人次，开设游泳培训班3期，培训学员362人。区少体校和青少年校外体育活动中心先后承办由市体育局、区文体局、区教育局主办的厦门市中小学生篮球锦标赛、厦门市青少年篮球联赛、集美区第十六届中小学生乒乓球锦标赛、集美区中小幼跳绳锦标赛、集美区青少年健美操锦标赛、集美区第十五届中小学生篮球锦标赛、2017 年集美区全民健身活动季篮球、气排球、拔河、职工广播操、游泳比赛 11 场，以及部分企事业单位的赛事活动 9 场。

【杏林文体中心体育馆】2017 年，杏林文体中心体育馆接待 7.3 万余人。8 月 8 日，全馆对外免费开放，乒乓球馆对青少年免费开放一周。全年免费为全区各企事业单位文体比赛活动提供场地服务 46 场次。协办省、市、区体育赛事 26 场，主要赛事有第六届厦门国际武术大赛暨跆拳道比赛，集美区全民健身活动季篮球、乒乓球、体育舞蹈比赛，台湾“黑松油切麦茶杯”乒乓球公开赛等。（连玉盛）

体育赛事

【概况】2017 年，集美区先后举办首届“嘉庚杯”网球混合团体赛、“迎新春”军警民乒乓球邀请赛、环青海湖自行车联赛厦门站暨“乐活骑行”两岸骑游交流活动赛、“体彩杯”厦门集美第六届海峡自行车公开赛、“嘉庚杯”“敬贤杯”海峡两岸龙舟赛、第三届世界大学生三对三篮球联赛、第六届海峡两岸“台湾黑松油切麦茶杯”乒乓球邀请赛、“中国杯”赛艇多人艇公开赛暨中国赛艇大师赛、第六届厦门国际武术大赛、厦门集美半程马拉松赛、“正新轮胎杯”厦门集美中国汽车场地越野锦标赛等重大赛事。

【首届“嘉庚杯”网球混合团体赛】2017 年 1 月 7—8 日，集美区首届“嘉庚杯”网球混合团体赛在集美大学体育学院室外网球场举行。此次比赛由集美区文体广电出版旅游局主办，集美区体育总会、集美区网球协会承办，来自区直机关、卫计局等 10 个队参加比赛，参与人数逾百人。获前三名的分别是：区直机关一队、区直机关二队、集美街道。

【军警民乒乓球邀请赛】2017 年 1 月 21 日，2017 年集美区“迎新春”军警民全民健身乒乓球邀请赛在杏林文体中心乒乓球馆举行。本次比赛由集美区文体广电出版旅游局、集美区体育总会主办，集美区乒乓球协会承办，共有来自区直机关、集美公安分局、杏滨街道、武警水电部队、海军南方局、集美消防大队等 9 个队参加比赛，参加人数 80 人。获前四名的分别是：区直机关、集美公安、海军南方局、杏滨街道。

【环青海湖自行车联赛厦门站】2017 年 3 月 26 日，2017 年环青海湖自行车联赛厦门站在厦门园博苑举行。该届比赛由青海省体育局、环青海湖国际公路自行车赛组委会办公室主办，环青海湖自行车联赛组委会承办，集美区体育总会、厦门势搏体育推广有限公司等协办。此次比赛，分为男子公路组、男子山地组、女子山地组和大众骑游组，近 300 人参加比赛。RTS-脉腾中国车队车手邱浩获男子公路组冠军，伊诺华轮胎车队车手廖彬彬获女子山地组冠军，来自广州的车手黄广章获男子山地组冠军。该届赛事设福建厦门站、四川成都站、京冀站、河南洛阳站、云南宜良站、山东蒙阴站 6 个分站赛。

【第六届海峡自行车公开赛】2017 年 5 月 14 日，2017 年“体彩杯”厦门集美第六届海峡自行车公开赛在集美正新汽车国际文化中心越野赛场举行。来自海峡两岸的 300 余名自行车越野爱好者参加比赛。该届赛事由集美区文体广电出版旅游局、集美区体育总会主办，集美区自行车协会承办。赛事设置男子山地精英组、男子山地中年组、女子山地公开组、骑跑两项体验组，并将“骑跑两项”升级为跑步 + 骑车“铁二”两项赛（跑步一圈、骑车两圈），赛事难度升级。赛事首次启用全国汽车越野赛专用赛道——正新（厦门）汽车国际文化中心越野赛场。该届赛事新增配套活动 KIDS 户外系列赛，吸引来自全国各地 180 名儿童选手参赛。熊猫竞速车队车手高良、波波自行车工作室车手刘波、泉州新骑点车队车手林炳雨分获男子山

5 月 14 日，2017 年“体彩杯”厦门集美第六届海峡自行车公开赛在正新汽车文化中心举行。（文体局 供图）

地精英组冠、亚、季军；湖南快客车队车手唐学坤、凯宇中国车队车手黎海平、顺德大良自协车手何建添分获男子山地中年组冠、亚、季军；海南琼中本格内车手何冲、海南琼中本格内车手胡汝、薛丽云分获女子山地公开组冠、亚、季军；项林车队车手项林、汤九零、陈家栋分获骑跑两项体验组冠、亚、季军。

【“嘉庚杯”“敬贤杯”两岸龙舟赛】 2017年6月10—11日，“嘉庚杯”“敬贤杯”海峡两岸龙舟赛在集美龙舟池举行。该届赛事设青少年男子组和女子组、社会男子组和女子组4个组别，共有52支队伍报名参赛，其中台湾22支、香港1支。经过两天角逐，“嘉庚杯”“敬贤杯”分别被台湾Mr.CaNoe龙舟队、集美大学龙舟女队夺得。台湾Mr.CaNoe龙舟队、集美大学诚毅学院龙舟队、海洋学院龙舟队在第四届中国龙舟拔河公开赛（集美站）竞技中，位列前三名。台湾Mr.CaNoe龙舟队获龙舟拔河公开赛第一名。此项赛事被列为第九届海峡论坛的重要配套活动，由国家体育总局社会体育指导中心、中国龙舟协会、政协厦门市委员会、福建省体育局主办，集美区政府、厦门市体育局、集美学校委员会、厦门广电集团承办。

【第三届世界大学生三对三篮球联赛】 2017年9月14—17日，世界大学生三对三篮球联赛总决赛在华侨大学厦门校区举行，来自五大洲23个国家和地区的29所高校的男、女各16支球队参赛。本届赛事由国际大学生体育联合会主办，中国大学生体育协会、华侨大学承办。蒙古体育大学战胜塞尔维亚克拉克耶瓦茨大学队，成为本届男篮冠军。中国文化大学力克加拿大里贾纳大学，摘得女篮冠军。作为东道主的华侨大学男篮闯进八强，取得在该项赛事中的最好成绩。扣篮大赛，马来西亚泰莱大学的WING JETTAN加冕“扣篮王”；女子投篮大赛，日本拓殖大学的KANNA ARITA夺冠。

【第六届海峡两岸乒乓球邀请赛】 2017年11月4—5日，第六届海峡两岸“黑松油切麦茶杯”乒乓球邀请赛在集美杏林文体中心篮球馆及乒乓球馆举办。此次比赛，有成人团体38队、小学生团体27队，近300名运动员参赛，其中有广东省、江西省、台湾地区台中市和桃园县、金门县的球队，马来西亚首次应邀参赛，王博、孙闻、林晨、陈曦、蔡伟、叶明辉等国乒队队员亦前来参赛。此次大赛，由集美区体育总会、黑松商贸（苏州）有限公司主办，集美区杏林街道办、集美区杏滨街道办、厦门万荟贸易有限公司协办，集美区乒乓球协会承办。经过比赛，获得成人团体赛前四名的是：福建安井一队、晋江俊通建设公司、厦门伟合控股湖里乒协队、智欣集团；获得小学团体赛前四名的是：金铸乒博一队、福建少年队、石井中心小学二队、厦门竞体中心二队。比赛期间，还在杏林文体中心广场开展以“垃圾分类、变废为宝”环保公益宣传为主题的街头文化节活动。

【“中国杯”赛艇多人艇公开赛】 2017年11月11—12日，“中国杯”赛艇多人艇公开赛暨中国赛艇大师赛在集美区杏林湾海域举行。赛事设双人双桨、四人双桨、八人单桨3个项目，距离有500米和1000米，来自国内外的40支队伍500余人参赛。该届赛事由国家体育总局水上运动管理中心、中国赛艇协会、福建省体育局、厦门市体育局、集美区政府主办，集美城市发展有限公司、厦门文广传媒集团有限公司承办，福建省皮划赛艇运动管理中心、福建省船艇运动协会协办，厦门文广体育有限公司独家运营。南京金帆、河北益奥特、厦门深浅等22支队伍分获22个项目的冠军。

【第六届厦门国际武术大赛】 2017年11月18—20日，第六届厦门国际武术大赛在集美区嘉庚体育馆和杏林文体中心举办。该届赛事由国家体育总局武术运动管理中心、中国武术协会、福建省体育局、厦门市体育局、集美区政府主办，福建省社会体育指导中心、武术运动管理中心、武术协会，集美区文体广电出版旅游局、厦门市武术协会承办。参加本届大赛的有来自美国、俄罗斯、巴西、南非、印度

11月18日，第六届厦门国际武术大赛在嘉庚体育馆举行。图为武术套路比赛（林志杰 摄）

5国和北京、上海、浙江、广东、新疆等22个省、市、自治区的337支队伍4356名选手。该届赛事以武术套路为主要比赛项目，跆拳道、武术段位制考试为配套比赛项目。武术套路比赛分为个人项目、对练项目和集体项目，主要有南拳类、太极拳类、其他拳术类的传统拳术、传统器械。获团体总分前六名分别是厦门市同安区武术协会、厦门市乐安中学、云南省清一书院队、厦门市鹭福武术俱乐部、厦门鑫子龙武馆、广东省普宁市武术队。

【2017厦门集美半程马拉松赛】2017年11月19日，国内首个二次元马拉松—厦门集美半程马拉松赛在集美新城市民广场举行。该次赛事由厦门市体育局、集美区政府、咪咕文化科技有限公司主办，咪咕互动娱乐有限公司、咪咕动漫有限公司承办，集美区文体广电出版旅游局、共青团厦门市集美区委员会、厦门市集美城市发展有限公司、厦门市动漫协会、厦门国际园林博览苑协办。赛事分为半程马拉松、COSPLAY半程马拉松接力赛、迷你马拉松、厦门集美线上赛4个项目，来自全国各地的3000名跑友参赛。陈海洋、卢衍涛、谢伟获男子组前三名，胡开美、卓小琛、吴金珠获女子组前三名，野性呼唤、极美组合、追风队获接力组前三名。

【中国汽车场地越野锦标赛】2017年11月25—28日，“正新轮胎杯”厦门集美中国汽车场地越野锦标赛暨首届海峡两岸越野邀请赛在集美灌口双龙潭景区正新汽车国际文化中心举行。该届越野赛由中国汽车摩托车运动联合会、厦门市体育局、集美区人民政府主办，厦门市集美城市发展有限公司、北京中汽摩运动发展公司承办。来自全国各地的26支车队68台赛车近百名车手参赛。经过四天的角逐，众泰T600越野车队车手王翔获汽油厂商组冠军，江淮瑞风S7·长泰漂流赛车队车手王爱生获柴油厂商组冠军，河南大森机电赛车队车手马淼获汽油改装组冠军，大庆老窖赛车队车手田凤军获柴油改装组冠军，科马仕轮胎迅驰车队车手孙昊获公开组冠军，福建长泰漂流赛车队车手荣盼盼获女子组冠军，辽宁沟帮子熏鸡集团车队车手刘欢获UTV组冠军，厦门中嵩驾校赛车队车手李晖华获开放组冠军，北京汽车越野世家·长泰车队车手乔旭获“飞车王”，河南大森机电赛车队获汽油改装组“俱乐部杯”冠军，大庆老窖赛车队获柴油改装组“俱乐部杯”冠军，科马仕轮胎迅驰车队获公开组“俱乐部杯”冠军，辽宁沟帮子熏鸡集团车队获UTV组“俱乐部杯”冠军，厦门中嵩驾校赛车队获开放组“俱乐部杯”冠军，众泰T600越野车队获汽油厂商组“厂商杯”冠军，江淮瑞风S7·长泰漂流赛车队获柴油厂商组“厂商杯”冠军。（连玉盛）

附：驻区体育单位

福建省皮划赛艇运动管理中心

【概况】2017年，福建省皮划赛艇运动管理中心核定编制133人，其中管理人员12人、专业技术人员23人、在编运动员98人，国家级教练1人、高中级教练12人、在训运动员174人。是年，中心获“国际级运动健将”称号15人、“国家级运动健将”称号66人、国家一级运动员123人。组织参加全国性比赛12次，获全国性比赛赛场体育道德风尚奖17人次。

【比赛成绩】2017年，省皮划赛艇运动管理中心以备战第十三届全运会为重点，一手抓管理，一手抓竞赛训练。运动员获世界锦标赛第五名1人，“世界杯”赛铜牌1枚、第六名1人，亚洲锦标赛金牌4枚、银牌2枚、铜牌1枚；获第十三届全运会金牌4枚、银牌2枚、铜牌2枚，全国锦标赛和冠军赛金牌14枚、银牌19枚、铜牌10枚。

8月17日，省皮划赛艇运动管理中心运动员叶泳涛（右一）、黄永泽（左一）在天津全运会上获皮划艇激流回旋男子双人划艇首金。（皮划赛艇运动管理中心 摄）

2017 年福建省皮划赛艇运动管理中心国际比赛成绩表

表 32

时间	地点	比赛名称	参赛项目	姓名	名次
2017 年 2 月	泰国	皮划艇激流回旋亚洲锦标赛	男子单人划艇团体	郑家欣	1
2017 年 2 月	泰国	皮划艇激流回旋亚洲锦标赛	男子双人划艇团体	郑家欣	1
2017 年 2 月	泰国	皮划艇激流回旋亚洲锦标赛	男子单人划艇	郑家欣	2
2017 年 2 月	泰国	皮划艇激流回旋亚洲锦标赛	女子单人皮艇团体	许燕茹	1
2017 年 2 月	泰国	皮划艇激流回旋亚洲锦标赛	女子单人皮艇	许燕茹	3
2017 年 2 月	泰国	皮划艇激流回旋亚洲锦标赛	女子单人划艇团体	吕敏贞	1
2017 年 2 月	泰国	皮划艇激流回旋亚洲锦标赛	女子单人划艇	吕敏贞	2
2017 年 6 月	波兰	赛艇世界杯第二站	女子 2000 米单人双桨	段静莉	3
2017 年 6 月	德国	皮划艇激流回旋世界杯第二站	男子双人划艇	叶泳涛　黄永泽	6
2017 年 9 月	法国	皮划艇激流回旋世界锦标赛	混合双人划艇	许燕茹　郑家欣	5

2017 年福建省赛艇队全国比赛成绩表（1–3 名）

表 33

项目	姓名	名次
一、全国冠军赛，时间：2017 年 3 月；地点：江苏镇江		
女子 2000M 单人双桨	段静莉	1
女子 2000M 双人单桨	王　欢　夏珂珂	1
女子 2000M 双人单桨	吴雪滢　邹紫童	2
女子 2000M 八人单桨有舵	王佳音　侯正华　范沣莹　韩香悦　冀梦可　夏珂珂　王欢　胡思宇　韩雨昕	2
男子 2000M 双人双桨	陈弦峰　陈弦恒	2
男子 2000M 四人单桨	林亚楠　王国栋　刘　洋　苏睿豪	2
男子轻量级 2000M 单人双桨	关　新	2
男子 2000M 单人双桨	李雨晗	3
男子 2000M 双人单桨	齐英立　乔博博	3
男子 2000M 四人双桨	侯皓瀚　郝　鑫　周佳琪　许　超	3
二、全国赛艇锦标赛，时间：2017 年 7 月；地点：北京顺义		
男子成年组轻量级 2000 米四人单桨	王浩宇　李天旗　郝　鑫　王凯普	1
男子成年组 2000 米单人双桨	许　超	1
男子成年组 2000 米单人双桨	田　月	2
男子成年组 2000 米双人双桨	周佳琪　李雨晗	2
男子成年组 2000 米四人单桨	孙天雨　侯皓瀚　刘明洋　谢　鹏	3
女子成年组 2000 米四人双桨	申　奥　黄家欣　吴　优　孟淑欣	3
三、全国第十三届全国运动会，时间：2017 年 8 月；地点：天津		
女子 2000M 单人双桨	段静莉	1
男子 2000M 双人单桨	包永智　陈弦恒	3

2017年福建省皮划艇（静水）队全国比赛成绩表（1–3名）

表34

项　目	姓　　名	名次
一、全国冠军赛，时间：2017年3月；地点：上海		
男子1000M双人皮艇（河北联合配艇）	黄志鹏　赵　荣	1
男子1000M双人皮艇	闫　峰　闫　东	2
男子1000M四人皮艇（河北联合配艇）	闫　峰　闫　东　黄志鹏　赵　荣	2
女子200M双人划艇	林文君　陈汪婷	1
男子5000M单人皮艇	闫　东	1
女子200M单人划艇	林文君	2
男子200M双人划艇	胡宗鹏　林宇涵	2
女子1000M双人划艇	林文君　陈汪婷	2
女子500M双人划艇	林文君　陈汪婷	3
二、全国锦标赛，时间：2017年5月；地点：上海		
女子200M双人皮艇（河北配艇）	康佳美　霍丽伟	2
男子200M双人划艇	林宇涵　刘　洋	2
三、全国第十三届全国运动会，时间：2017年9月；地点：天津		
女子200M单人皮艇	孙琳娜	2

2017年福建省皮划艇（激流回旋）队全国性比赛成绩表（1–3名）

表35

项　目	姓　　名	名次
一、全国冠军赛，时间：2017年10月；地点：贵州		
男子单人划艇	郑家欣	1
女子单人皮艇	郭琳珑	3
女子单人划艇	许燕茹	2
男子单人划艇团体	郑家欣　陈芳佳　叶泳涛	1
女子单人皮艇团体	许燕茹　郭琳珑　吕敏贞	1
二、全国锦标赛，时间：2017年5月；地点：河南		
男子单人皮艇	全鑫	1
男子双人划艇	叶泳涛　黄永泽	1
男子双人划艇	王晓东　谢远聪	2
男子单人划艇	郑家欣	2
男子单人划艇	黄存光	3
女子单人划艇	许燕茹	3
男子单人皮艇团体赛	全　鑫　黄存光　苏剑艺	1

续表 35

项　目	姓　名	名次
男子单人划艇团体赛	陈芳佳　王晓东　郑家欣	1
男子双人划艇团体赛	叶泳涛　黄永泽　王晓东　谢远聪　苏剑艺　陈芳佳	2
女子单人皮艇团体赛	许燕茹　郭琳珑　陈　琳	2
女子单人划艇团体赛	许燕茹　郭琳珑　吕敏贞	3
三、全国第十三届全国运动会，时间：2017 年 8 月；地点：河南		
男子双人划艇	叶泳涛　黄永泽	1
男子单人皮艇	全　鑫	1
女子单人划艇	许燕茹	1
男子单人皮艇	黄存光	2
男子单人划艇	郑家欣	3

（高艳华）

福建省帆船帆板运动管理中心

【概况】2017 年，福建省帆船帆板运动管理中心人员编制 97 名，其中管理人员 8 人、专业技术人员 16 人、运动员 73 人。运动员代表国家队、福建省参加各类国际性、全国性重大比赛，获奖牌 197 枚，其中金牌 19 枚、银牌 36 枚、铜牌 24 枚、第 4 ~ 8 名奖牌 118 枚。

【比赛成绩】2017 年，福建省帆船帆板运动管理中心 4 名运动员参加国际帆联举办的世界杯帆板比赛，叶兵获世界锦标赛男子帆板场地赛 RS: X 级别第一名，卢云秀获女子第三名；卢云秀获世界杯分站赛帆板场地赛 RS: X 级别第一名、第二名。2017 年西班牙世界杯总决赛，卢云秀获女子帆板场地赛 RS: X 级别第二名，黄先婷获世界锦标赛女子帆板 21 岁以下级别第二名；黄先婷获日本世界杯帆板比赛第三名、日本亚洲杯帆板比赛第五名，林志伟获日本亚洲杯男子帆板场地赛 RS: X 级别第八名。在第十三届全运会上，获一金二银一铜，帆板队获建队以来第一块全运会金牌，并获日本东京世界锦标赛帆板金牌。

2017 年福建省帆船帆板运动管理中心运动员参加国际比赛成绩表

表 36

姓　名	性别	项　目	地　点	名次
卢云秀	女	世界杯分站赛女子帆板场地赛 RS:X 级别	美国	1
卢云秀	女	世界杯分站赛女子帆板场地赛 RS:X 级别	法国	2
卢云秀	女	世界杯帆船帆板总决赛	西班牙	2
叶　兵	男	世界锦标赛男子帆板场地赛 RS:X 级别	日本	1
卢云秀	女	世界锦标赛女子帆板场地赛 RS:X 级别	日本	3
黄先婷	女	世界锦标赛 21 岁以下组别	日本	2
黄先婷	女	世界杯帆板比赛	日本	3
黄先婷	女	亚洲杯帆板场地赛 RS:X 级别	日本	5
林志伟	男	亚洲杯男子帆板场地赛 RS:X 级别	日本	8

2017年福建省帆船帆板运动管理中心运动员参加全国比赛成绩表

表37

姓　名	性 别	项　　目	名 次
一、全国帆船冠军赛，时间：2017年3月8—14日，地点：海口			
刘武威 林益强	男 男	男子470级长距离	2
王智刚 吴　霖	男 男	男子470级长距离	5
石诗情	女	女子雷迪尔级长距离	8
陈惠超	男	男子激光级长距离	2
邱钰龙	男	男子激光级长距离	5
林桂坤	男	男子激光级长距离	6
罗仁焕	男	男子芬兰人级长距离	2
念　龙	男	男子芬兰人级长距离	5
黄彬斌	男	男子芬兰人级长距离	7
陈和池 吕东武	男 男	男子470级场地赛	8
石诗情	女	女子雷迪尔级场地赛	5
邱钰龙	男	男子激光级场地赛	5
陈惠超	男	男子激光级场地赛	6
李买华	男	男子芬兰人级场地赛	3
杨　斌	男	男子芬兰人级场地赛	6
罗仁焕	男	男子芬兰人级场地赛	7
二、全国翻波板锦标赛，时间：4月8—13日；地点：北海			
吴　侠	男	男子RS:X级长距离	2
王雅妮	女	女子RS:X级长距离	1
黄依丹	女	女子RS:X级长距离	2
陈秋斌	女	女子RS:X级长距离	4
吴　侠	男	男子RS:X级场地赛	4
林志伟	男	男子RS:X级场地赛	6
陈秋斌	女	女子RS:X级场地赛	1
王雅妮	女	女子RS:X级场地赛	2
黄依丹	女	女子RS:X级场地赛	3
蔡荣耀	男	男子T293级场地赛	3
蔡荣耀	男	男子T293级障碍赛	8
黄依丹	女	女子RS:X级障碍赛	1
王雅妮	女	女子RS:X级障碍赛	6
林志伟	男	男子RS:X级障碍赛	6
黄　震	男	男子RS:X级障碍赛	7

续表 37

姓　名	性 别	项　　目	名 次
三、全国 OP 帆船锦标赛，时间：4 月 17—23 日，地点：合肥			
郑伟强	男	男子甲组	5
陈泓锦	男	男子乙组	5
许伯成	男	男子乙组	7
倪世梁	男	男子丙组	4
欧宏滨	男	男子丙组	5
蔡雅婷	女	女子甲组	3
肖湘湘	女	女子乙组	3
雷文茜	女	女子丙组	2
陈淑馨	女	女子丙组	3
苏仙仙	女	女子丙组	5
张秋兰	女	女子丙组	6
郑伟强	男	男子组团体	4
余龙涛	男	男子组团体	4
王宝鑫	男	男子组团体	4
曹亮伟	男	男子组团体	4
王广发	男	男子组团体	4
苏羽航	男	男子组团体	4
陈泓锦	男	男子组团体	4
许伯成	男	男子组团体	4
郭烨斌	男	男子组团体	4
曹宇皓天	男	男子组团体	4
江升隆	男	男子组团体	4
蔡雅婷	女	女子组团体	2
郑佳怡	女	女子组团体	2
肖湘湘	女	女子组团体	2
郑惠玲	女	女子组团体	2
四、第十三届全运会，时间：4 月 17—23 日，地点：阳江			
苏　涓	女	OP 帆船预赛	7
蔡雅婷	女	OP 帆船预赛	7
郑伟强	男	OP 帆船预赛	7
王宝鑫	男	OP 帆船预赛	7
曹亮伟	男	OP 帆船预赛	7
郑佳怡	女	OP 帆船预赛	7
五、第十三届全运会，时间：5 月 25—31 日，地点：瓦房店			
叶　兵	男	帆船帆板预赛男子 RS:X 级	4
林志伟	男	帆船帆板预赛男子 RS:X 级	5

续表37

姓　名	性 别	项　　目	名 次
吴　侠	男	帆船帆板预赛男子 RS:X 级	6
卢云秀	女	帆船帆板预赛女子 RS:X 级	2
黄先婷	女	会帆船帆板预赛女子 RS:X 级	3
陈河池 吕东武	男 男	帆船帆板预赛男子 470 级	3
陈惠超	男	帆船帆板预赛男子激光级	2
邱钰龙	男	帆船帆板预赛男子激光级	6
李买华	男	帆船帆板预赛男子芬兰人级	4
罗仁焕	男	帆船帆板预赛男子芬兰人级	5
杨　斌	男	帆船帆板预赛男子芬兰人级	6
六、全国青年帆船锦标赛，时间：6月15—21日，地点：秦皇岛			
林敏成 孙宏鑫	男 男	男子 470 级场地赛	3
李　澍 蔡昇锦	男 男	男子 470 级场地赛	5
许栋栋 林维岳	男 男	男子 420 级场地赛	2
李　微 王俊鸿	女 男	男子 420 级场地赛	3
邱晓明 余雪彬	女 女	女子 420 级场地赛	1
杨　颖 李　洁	女 女	女子 420 级场地赛	3
王俊龙	男	男子激光级场地赛	1
林炜琪	男	男子激光级场地赛	2
陈华奇	男	男子激光级场地赛	4
郭震亚	男	男子激光级场地赛	5
李文浩	男	男子激光级场地赛	7
李子鹤	男	男子激光级雷迪尔场地赛	4
黄　辉	男	男子激光级雷迪尔场地赛	6
黄珑婉	女	女子激光级雷迪尔场地赛	4
罗海燕	女	女子激光级雷迪尔场地赛	5
林诗怡	女	女子激光级雷迪尔场地赛	6
许栋栋 林维岳	男 男	男子 420 级长距离	3
李　微 王俊鸿	女 男	男子 420 级长距离	4

续表 37

姓　名	性 别	项　　目	名 次
邱晓明 余雪彬	女 女	女子 420 级长距离	1
杨　颖 李　洁	女 女	女子 420 级长距离	3
林炜琪	男	男子激光级长距离	1
陈华奇	男	男子激光级长距离	2
王俊龙	男	男子激光级长距离	3
郭震亚	男	男子激光级长距离	6
李文浩	男	男子激光级长距离	7
李子鹤	男	男子激光级雷迪尔长距离	4
黄　辉	男	男子激光级雷迪尔长距离	5
黄珑婉	女	女子激光级雷迪尔长距离	4
罗海燕	女	女子激光级雷迪尔长距离	5
林诗怡	女	女子激光级雷迪尔长距离	6
七、第十三届全运会，时间：8 月 28 日至 9 月 6 日，地点：天津			
郑伟强	男	帆船决赛 OP 队赛	7
王宝鑫	男	帆船决赛 OP 队赛	7
曹亮伟	男	帆船决赛 OP 队赛	7
蔡雅婷	男	帆船决赛 OP 队赛	7
陈河池 吕东武	男 男	帆船帆板决赛男子 470 级	6
陈惠超	男	帆船帆板决赛男子激光级	3
邱钰龙	男	帆船帆板决赛男子激光级	5
李买华	男	帆船帆板决赛男子芬兰人级	2
叶　兵	男	帆船帆板决赛男子 RS:X 级	1
刘春壮	男	帆船帆板决赛男子 RS:X 级	5
卢云秀	女	帆船帆板决赛女子 RS:X 级	2
八、全国 OP 帆船冠军赛，时间 11 月 2—8 日，地点：西昌			
郭烨斌	男	男子乙组场地赛	5
肖湘湘	女	女子乙组场地赛	2
郭烨斌	男	男子团体	6
肖湘湘	女	女子团体	3
欧宏滨	男	男子丙组场地赛	1
倪世梁	男	男子丙组场地赛	4
陈淑馨	女	女子丙组场地赛	2
雷雯茜	女	女子丙组场地赛	5

续表 37

姓 名	性 别	项 目	名 次
九、全国帆船帆板锦标赛，时间：11 月 11—19 日，地点：珠海			
林维岳 吕东武	男 男	男子 470 级长距离	6
邱晓明 许少芸	女 女	女子 470 级长距离	5
罗仁焕	男	男子芬兰人长距离	1
黄彬斌	男	男子芬兰人长距离	2
李买华	男	男子芬兰人长距离	3
杨 斌	男	男子芬兰人长距离	6
陈惠超	男	男子激光级长距离	1
林炜琪	男	男子激光级长距离	4
邱钰龙	男	男子激光级长距离	6
石诗情	女	女子雷迪尔级长距离	5
王智刚 吴 霖	男 男	男子 470 级场地赛	8
邱晓明 许少芸	女 女	女子 470 级场地赛	8
陈华奇	男	男子芬兰人场地赛	2
林 鑫	男	男子芬兰人场地赛	5
李买华	男	男子芬兰人场地赛	6
杨 毅	男	男子芬兰人场地赛	7
李 澍	男	男子芬兰人场地赛	8
陈惠超	男	男子激光级场地赛	1
邱钰龙	男	男子激光级场地赛	5
郭 凡	女	女子雷迪尔级场地赛	8
叶 兵	男	男子 RS:X 级长距离	4
林志伟	男	男子 RS:X 级长距离	5
黄依丹	女	女子 RS:X 级长距离	2
戴燕芬	女	女子 RS:X 级长距离	3
黄先婷	女	女子 RS:X 级长距离	4
蔡荣耀	男	男子 T293 级长距离	5
叶 兵	男	男子 RS:X 级场地赛	5
林志伟	男	男子 RS:X 级场地赛	6
卢云秀	女	女子 RS:X 级场地赛	2
黄先婷	女	女子 RS:X 级场地赛	4
黄依丹	女	女子 RS:X 级场地赛	8
蔡荣耀	男	男子 T293 级场地赛	7

续表 37

姓 名	性 别	项 目	名 次
叶 兵	男	男子障碍赛	2
林志伟	男	男子障碍赛	8
卢云秀	女	女子障碍赛	2
黄先婷	女	女子障碍赛	5
黄依丹	女	女子障碍赛	6
十、全国帆板冠军赛，时间：12 月 4—11 日，地点：深圳			
林志伟	男	男子 RS:X 级场地赛	2
刘 凌	男	男子 RS:X 级场地赛	6
杨敏海	男	男子 RS:X 级场地赛	8
黄先婷	女	女子 RS:X 级场地赛	1
黄依丹	女	女子 RS:X 级场地赛	2
戴燕芬	女	女子 RS:X 级场地赛	3
蔡荣耀	男	男子 T293 级场地赛	4
江 薇	女	女子 T293 级场地赛	2
谢梦琳	女	女子 T293 级场地赛	7
杨敏海	男	男子 RS:X 级长距离	1
林志伟	男	男子 RS:X 级长距离	5
刘 凌	男	男子 RS:X 级长距离	7
黄依丹	女	女子 RS:X 级长距离	1
黄先婷	女	女子 RS:X 级长距离	2
戴燕芬	女	女子 RS:X 级长距离	3
蔡荣耀	男	男子 T293 级长距离	8
江 薇	女	女子 T293 级长距离	5
林志伟	男	男子 RS:X 级障碍赛	1
刘 凌	男	男子 RS:X 级障碍赛	2
肖垒业	男	男子 RS:X 级障碍赛	7
黄依丹	女	女子 RS:X 级障碍赛	1
戴燕芬	女	女子 RS:X 级障碍赛	2
黄先婷	女	女子 RS:X 级障碍赛	3
蔡荣耀	男	男子 T293 级障碍赛	2
钟良炜	男	男子 T293 级障碍赛	5
江 薇	女	女子 T293 级障碍赛	2
谢梦琳	女	女子 T293 级障碍赛	5

（张娅芬）

卫生与计划生育

卫　生

医政管理

【概况】2017年，集美区以建设人民满意的卫生事业为目标，深化医药卫生体制改革，提升基层医疗卫生服务能力，完成厦门会晤医疗卫生保障和“三大创建”任务，被评为省级妇幼健康优质服务示范区、全国慢性病综合防控示范区和全国基层中医药先进单位；集美街道社区卫生服务中心获“全国百强社区卫生服务中心”称号，集美街道社区卫生服务中心家庭医生签约团队获2017年度厦门市“工人先锋号”称号。至年底，全区累计注册医疗卫生机构256家，其中二级及以上医疗机构4家（市第二医院、市第一医院杏林分院、厦门百姓妇产医院、厦门锦园中医院），市、区两级公共卫生机构5家，社区卫生服务中心4家，卫生院2家，共有医务人员1795人、病床1706张，每万人拥有卫技人员27.62人、每千人拥有床位2.62张。

【公共医疗服务】2017年，集美区基层医疗卫生机构门诊总量88.98万人次，比上年增长17%。与福建中医药大学附属康复医院、市第二医院和市第一医院杏林分院结成医联体协作医院，44名医疗专家下基层“传帮带”1452次，接诊26449人次。2015—2017年，投入专家坐诊费用199.27万元。至2017年年底，全区共建立家庭医生服务团队70个，完成家庭医生签约86645人，其中普通人群签约66400人，高血压病签约18467人，糖尿病签约7308人，65岁以上老年人签约15187人；签约覆盖率32.38%，其中高血压45.88%，糖尿病40.64%，65岁以上老年人64.03%，三类重点人群续签率均超过90%。通过“厦门i”健康平台，绑定签约居民微信22421人，占签约总人数的26.28%，共推送健康咨询指导37539次，接收及回复居民咨询11233次。

【医疗卫生信息化建设】2017年，集美区全面推广“厦门i”健康手机APP使用，实现家庭医生签约、随访、咨询、慢性病病人处方的续方等在线完成，结合开通集美特色家庭医生签约呼叫系统。创建市第二医院与集美、侨英街道社区卫生服务中心、后溪镇卫生院的智业系统协同平台；投入12万元，启动杏滨社区卫生服务中心与康城社区卫生服务站远程会诊视频系统试点建设；投入21万元，建成预约基层医疗挂号系统，完成电话、诊间传统预约渠道和网络、微信、“厦门i”新兴预约渠道相融合；投入169万元，启用医疗费用自助结算系统，并开通微信、支付宝快捷支付平台。

【中医药专科医联体】2017年，区卫生局打造中医药专科医联体，组成家庭医生签约中医服务团队。开展“三伏贴”等热门中医药服务项目，全年累计贴敷4000余人次。开发“医疗＋药企＋物流＋患者”的中药饮片服务流程，利用“大数据”管理技术，为患者提供“中药代煎＋配送到家”服务，全年累计代煎配送金额161.76万元。是年，全区出具中药处方38.77万张，占总处方数的56.77%，其中中药饮片处方5.3万张、中医非药物处方3.53万张，占总处方数的7.76%和5.16%。

【公共卫生服务】2017年，全区医疗卫生机构建立健康档案50.26万份，建

5月18日，集美区开展家庭医生宣传日活动。图为社区居民与家庭医生签约（冯立东 摄）

档率 76.62%。发放健康宣传资料 13.53 万份，举办讲座等健康宣传活动129次，参加健康宣传活动及接受健康教育咨询 7291 人次。加强预防接种工作，建预防接种证 18489 人，建证率 100%。开展结核病、艾滋病等传染病防治知识宣传和咨询服务，协助管理结核病 627 人。全年无甲类传染病报告，乙类、丙类传染病报告发病率继续保持在较低水平。调查处置聚集性传染病疫情和食源性疾病暴发疫情 37 起，调查排除传染病预警信号 295 条。搭建公共场所委托检测微信自助预约平台。有严重精神障碍在册患者 2346 例，在册患者管理率 92.88%。完成厦门会晤期间辖区病媒生物防制、媒介传染病防控、严重精神障碍患者集中访查定级收治、公共场所及生活饮用水监测等卫生应急保障任务。全年开展打击无证行医监督检查 150 余次，取缔无证行医 15 起（立案8起），巡查公共场所894家次、二次供水 126 家次，完成厦门市双随机抽检 29 家。辖区 4 家酒店、6 家单位进行初评督导，通过市检查组评审，成为“无烟酒店”与“无烟单位”。孕早期建卡率 94.51%，孕产妇系统管理率 93.01%，产后访视率 97.52%，3 岁以下儿童系统管理率 95.25%，7 岁以下儿童健康管理率 97.01%，6 个月母乳喂养率 94.88%。对辖区高危孕妇进行追踪管理，高危孕妇管理率 100%。“两癌”筛查完成 6142 例，完成率 100%；发放住院分娩补助 3975 人，完成率 283.9%；增补叶酸 3353 人，完成率 166%。（季卫星）

2017 年集美区卫生防疫单位基本情况表

表 38

单位名称	年末职工人数	固定资产（万元）	门诊数（万人次）	病床（张）	业务用房面积（平方米）
合计	2614	105186	270	1508	211174
集美区疾病预防控制中心	44	1054	—	—	5239
集美区妇幼保健院	69	1158	5	—	4638
厦门第二医院	1338	65379	103	1000	120974
厦门第一医院杏林分院	639	27377	64	428	48070
灌口镇中心卫生院	116	3081	15	50	11180
后溪镇卫生院	84	2531	14	30	7950
集美街道社区卫生服务中心	45	970	14	—	1664
杏林街道社区卫生服务中心	55	63	14	—	1650
侨英街道社区卫生服务中心	82	1220	18	—	5659
杏滨街道社区卫生服务中心	75	1983	22	—	3400
集美区卫生与计划生育监督所	67	370	—	—	750

疾病防控

【概况】 2017 年，集美区疾病预防控制中心编制 35 人，在岗 31 人。其中，正高职称 2 人，副高 3 人，中级 10 人，初级13人；研究生学历4人，本科 18 人，大中专 8 人。儿童疫苗接种率：卡介苗 100%，脊灰糖丸 99.88%，百白破三联苗 99.92%，麻风疫苗 99.92%，乙肝疫苗 99.96%，乙脑疫苗 99.94%，流脑疫苗 99.91%，甲肝疫苗 99.92%。收到预警信号 295 条，经核实均为非疑似事件。全年无甲类传染病报告；乙类传染病发病率 217.21/10 万，比上年增长 21.93%；丙类传染病发病率 515.98/10 万，同比上升 3.03%。健康小屋共 67 家，率先实现全区村（居）健康小屋全覆盖。集美区被国家卫计委确定为第四批国家慢性病综合防控示范区，华侨大学医讯志愿者服务队获中国疾病预防控制中心百千万志愿者结核病防治知识传播活动优秀团体奖。

【重点疾病监测】 ①霍乱监测。2017 年，全区各级医疗单位肠道门诊报告腹泻病例 992 例，粪检 126 例，未检出霍乱弧菌，未发现霍乱病人和带菌者。5—10 月，在农贸市场、水产品养殖场等场所采集水产品 240 份、养殖水 180 份，均未检出霍乱弧菌。②人感染高致病性禽流感监测。3 月 23 日，开展禽流感职业暴露人群血清学监测，采集后溪活禽养殖户血清学标本 25 份送市疾控中心检测；12 月 5—19 日，分别采集白泉市场、杏滨果蔬批发市场、灌口菜市场及后溪综合市场禽类外环境标本 30 份，检出标本人感染 H7N9 流感病毒阳性 2 份，未接到本地人感染 H7N9 流感疫情报告。③疟疾监测。6—10 月，在灌口镇双岭村开展蚊媒监测 10 次。4 月，在灌口中心卫生院开展“三热”病人血检疟原虫 250 人，无阳性病例。④登革热监测。3—12 月，在 4 个街镇开展登革热媒介伊蚊滋生地监测，登革热防控属中度传播风险。⑤碘缺乏病监测。上半年，在 5 个镇街开展 8 ~ 10 岁儿童合格碘盐食用率、碘营养和甲状腺发育状况、孕妇合格碘盐食用率、碘营养水平、水碘含量水平调查；下半年，在杏林街道完成孕妇、哺乳妇和 20 ~ 49 岁人群的碘营养水平监测采样工作，样品送省疾控检测。⑥艾滋病防治与管理。报告 HIV 感染者、艾滋病病人首次流调率、现存活病人随访率均为 100%，cd4 细胞检测率 94.1%、现存活病例配偶 HIV 抗体检测率 88.9%，病例完成结核病筛查率 94.2%。完成发廊、桑拿、按摩店等重点人群干预 972 人次，抽血检测 HIV 抗体 360 份；男性行为人群干预 364 人次，抽血检测 HIV 抗体 209 份；完成自愿者咨询检测 HIV 抗体检测 685 人。⑦结核病防治。非结防机构报告肺结核患者转诊到位率 98.2%，追踪到位率 100%，督导免费治疗肺结核病 308 人，新涂阳病人治愈率 85.1%，新涂阳病人治疗满 2 个月转阴率 76.0%，系统管理率 96.4%。⑧计划免疫相对传染病监测。未发现 15 岁以下乙肝、新生儿破伤风、乙脑、流脑、白喉、百日咳等疫情。⑨严重精神障碍患者管理。年在管患者管理率 92.88%，规范管理率 83.21%，服药率 83.50%。2017 年精神卫生知识知晓率调查结果：知晓度好占 58%；基本知晓占 35%；知晓度低占 7%。⑩死因监测。完成辖区 2016 年户籍居民死因漏报调查，漏报率 1.23%，远低于全国漏报率水平（16%）；⑪健康素养监测：对 24 个村居的 600 名 15 ~ 69 岁调查对象开展居民健康素养监测问卷调查，调查结果：集美区居民健康素养水平 24.48%，其中城市居民健康素养水平 26.43%、农村居民健康素养水平 19.51%；居民基本知识和理念素养水平 40.53%，健康生活方式与行为素养水平 25.78%，基本技能素养水平 35.42%。六类健康问题素养水平由高到低依次为：安全与急救 64.42%，科学健康观 53.82%，健康信息 38.75%，传染病防治素养 25.35%，基本医疗素养 22.14%，慢性病防治素养 19.89%。⑫中国成人烟草调查。在集美、杏林、杏滨 3 个街道的 6 个村居开展成人烟草调查，完成问卷 360 份，成人吸烟率 22.82%，其中男性 42.07%、女性 0%，工作场所、餐厅和大学二手烟接触率分别为 32.95%、49.12%、11.80%。⑬健康危害因素监测。完成公共场所委托监测 609 家次，合格 511 家次，合格率 93.9%，检测项目 3649 项，合格 3539 项，合格率 97.0%；监督抽检 56 家次，合格 44 家次，合格率 78.57 %。检测项目 846 项，合格 829 项，合格率 98.0%。生活饮用水采集 52 点次，合格 49 点次，合格率 94.2%。采集末梢水 32 份，合格率 100%；采集二次供水 20 份，合格 17 份，合格率 85%。完成食品安全风险监测采样 30 类次 136 份、中小学教学环境卫生监督抽检 14 所、食源性疾病病例报表审核 97 份、有毒有害作业工人健康监护汇总表审核 61 份。处置食源性疾病暴发事件 3 起，均未达到突发公共卫生事件级别。

【免疫预防接种】2017 年，集美区儿童常规免疫接种：卡介苗实种 13179 人，接种率 100%；脊髓灰质炎疫苗实种 15595 人，接种率 99.88%；百白破三联苗实种 15318 人，接种率 99.92%；麻风疫苗接种 15820 人，接种率 99.92%；乙肝疫苗实种 15669 人，接种率 99.96%；乙脑疫苗实种 15388 人，接种率 99.94%；流脑疫苗实种 14999 人，接种率 99.91%；甲肝疫苗实种 13537 人，接种率 99.92%。加强免疫接种人数：百白破 12839 人，麻腮风 13228 人，乙脑（1.5 ~ 2 岁）12920 人，流脑 A + C（3 岁）13568 人，流脑 A + C（6 岁）11226 人。开展 2012—2016 年出生未按免疫程序完成接种儿童的查漏补种活动，调查适龄儿童 82835 人，目标儿童 5689 人，其中含麻类疫苗应种 915 人，实种 901 人，补种率 98.47%；脊灰疫苗应种 1502 人，实种 1461 人，补种率 97.27%。快速接种率评估，抽查适龄儿童 80 名，发现目标儿童 12 人，其中含麻类疫苗应种 11 人、实种 11 人，脊灰疫苗应种儿童 4 人、实种 4 人，快速评估接种率 100%。

【公共卫生事件处置】 2017 年，集美区报告传染病聚集性疫情 34 起，导致发病 270 人，均及时规范处置，未新增病例。其中，发热 8 起，水痘 12 起，感染性腹泻 6 起（其中 2 起分别为诺如病毒、札如病毒引起感染性腹泻疫情），手足口病 7 起，风疹 1 起；1 起水痘和 1 起诺如病毒引起的感染性腹泻达到Ⅳ级突发公共卫生事件报告标准，中心按规范要求网络直报。

【传染病疫情信息管理】 2017 年，中心收到预警信号 295 条，经核实均为非疑似事件。无甲类传染病报告。乙类传染病发病率 217.21/10 万，比上年增长 21.93%；发病数前五位依次为肺结核、梅毒、肝炎、淋病、猩红热。丙类传染病同比上升 3.03%，发病数前五位依次为手足口病、其他感染性腹泻、流行性腮腺炎、流行性感冒、风疹。

【健康促进与健康教育】2017 年，区疾病预防控制中心围绕健康教育日常工作召开例会 4 次；协调基层医疗机构举办骨质疏松防治技能培训班 6 场，培训覆盖率 100%，社区家庭医生服务团队培训率 70%，帮助各镇街组建骨质疏松高危人群和患者自我管理小组 6 个，并协助开展相关活动；培训镇街、村居基层健康教育工作人员 60 余人；围绕世界帕金森日、爱国卫生月、世界无烟日、全民健康生活方式日、全国高血压日等开展健康教育活动，发放宣传手册8种30410份、折页37种191993份、书签8种6900份；举办讲座181场，受益15040人；健康咨询81场，受益18459人。创建“无烟单位”81家、健康社区19个，健康食堂、健康餐厅、健康单位、健康学校各8个（所）。举办“三减三健”专项行动培训4场，培训318人；向健康学校、健康单位、健康食堂、餐厅提供“三减三健”倡议书、戒烟手册等宣传材料10种171000份。提供镇街卫生机构“三减三健”、健康素养66条电子版和宣传材料模板3类13种。举办“三减”从我做起讲座49场、口腔义诊活动13场，受益5846人次，发放折页8种16919份。配合有关单位指导创建“无烟酒店”4家、“无烟单位”6家；联合50所中小学举办“拒吸第一支烟，做不吸烟新一代”签名活动，签名学生2万余名；创建健康社区6家，指导社区开展健康家庭评选活动，评选健康家庭100户。开展集美区首届“万步有约”职业人群健走激励大奖赛活动，16个单位22支小队301人参赛，历时100天。其中，有91人万步率达到100%、156人万步率达到95%以上，获全国万步先锋奖50个、征文大赛奖2篇、减重达人奖10人，此外有3支队伍获全省优秀团队奖。

【厦门会晤保障】 2017年9月，金砖国家领导人在厦门会晤。5—7月，区爱卫会、区疾病预防控制中心，每月对城市区域鼠、蟑、蝇、蚊“四害”密度、侵害状况、种群构成和季节消长规律进行一次监测和评估，8月增至每旬一次。加强蚊媒传染病疫情监测，下发关于加强输入性登革热等蚊媒传染病防控工作的通知，要求各医疗单位提高疫情监测的敏感性，做到早发现、早报告、早治疗。同时，协调区科协在各广场LED显示屏播放登革热防控动漫宣传片，提高民众自我保护意识。

（李标雄）

妇幼保健

【概况】2017年，集美区妇幼保健院在编人员64人，其中卫生专业技术人员59人。卫技人员中，副高及以上职称5人，中级28人，初级26人；本科学历42人，大专17人。全区妇女孕早期检查率94.51%，孕妇建卡率99.76%，孕产妇系统保健管理率93.01%，住院分娩率100%，产后访视率97.52%，剖宫产率37.72%，6个月母乳喂养率94.88%；7岁以下儿童健康管理率97.01%，3岁以下儿童系统管理率95.25%；妇女常见病筛查率95.83%，婚前医学检查率96.03%，新生儿死亡率0.63‰，婴儿死亡率1.57‰，5岁以下儿童死亡率2.19‰，孕产妇死亡率0，孕产妇艾滋病病毒、梅毒、乙肝病毒检测率均为99.62%，孕产妇产前筛查率95.94%，新生儿访视率98.35%。婚检率96.03%。孕前优生健康检查任务数3900人，完成4620人，完成率118.5%。

【妇幼健康教育】2017年，区妇幼保健院坚持定期举办孕妇宣教班，每周1～2次，开设孕期营养、母乳喂养、优生优育、孕期糖尿病预防等课程，采取授课与播放录像相结合，发放各种宣传资料人手一份。定期开办婴幼儿喂养及早期教育宣教班，每月1次，医生直接授课，讲解婴幼儿喂养的基本知识及早期教育的基本技能。编印发放《集美区免费孕前优生健康检查宣传手册》，介绍优生优育的知识，并附集美区建卡单位名称、地址、电话号码、周边公交线路、标志性建筑和服务项目的免费、收费情况，为居民提供方便。在妇幼保健院网站开设健康知识栏目，宣传母婴保健知识；开设妇幼保健院微信平台，发布妇幼健康信息。利用“三下乡”（文化、科技、卫生下乡）、母乳喂养宣传周等时间，进行义诊咨询活动。全年印发孕前优生健康检查彩页、孕妇建卡指南、增补叶酸预防神经管缺陷、预防艾滋病母婴传播、母乳喂养、围绝经期保健、预防乳腺癌、宫颈癌等健康教育宣传材料5万余份。

【孕产妇系统保健管理】2017年，区妇幼保健院根据《国家基本公共卫生服务规范·孕产期保健规范》及《厦门市孕产妇系统管理规范》要求，以中国妇幼保健中心开展“孕产妇及新生儿健康监测和母婴健康动态追踪研究监测项目”为契机，开展孕产妇系统保健工作，按照系统保健规范项目、内容，做好孕妇建卡、产前检查及高危孕妇筛查、高危孕妇转诊追踪管理工作。全年完成孕产妇系统保健建卡15468人，高危孕妇筛查7825人，高危孕妇筛查率50.59%。按照《厦门市高危孕产妇转诊救治网络建设实施方案》要求，与市妇幼保健院签订高危孕妇双向转诊协议，转诊高危孕妇524例，同时做好转诊登记、辖区高危孕妇专案管理及跟踪随访工作，高危孕妇管理率100%。

【儿童系统保健管理】2017年，区妇幼保健院执行福建省新的《儿童保健系统管理办法》规定，加强对儿童生长发育的监测。开展听力筛查，做好医院筛查未通过婴儿的听力筛查，筛查452人，对39例筛查未通过的婴儿，及时转厦门市听力筛查诊断中心确诊，对29例确诊听力障碍婴幼儿进行追踪随访。做好新生儿疾病筛查阳性病例召回随访工作，对160例疑似甲低病例和苯丙酮尿症召回进一步检查。开展儿童心理保健门诊，做儿童神经发育筛查和行为发育评估2211人。开展集体儿童视力筛查，对在园儿童进行验光检查及眼外疾病筛查，共筛查26827人；对入园儿童进行眼外疾病心理发育筛查，完成入园入托体检20866人，把好入园、入托体检关。开展托幼机构儿童行为发育筛查，在公办幼儿园

集美妇幼保健院医生为幼儿进行视力筛查（集美妇幼保健院 供图）

大班开展感觉统合筛查儿童2100名，筛查发现感觉统合失调率40.9%。加强卫生保健培训，举办托幼机构保健老师卫生保健培训班2次，召开卫生保健例会4次，举办卫生保健讲座3次，完成新上岗保健教师体检3605人。

【计划生育技术服务】2017年，区妇幼保健院根据《福建省人口与计划生育条例》精神及《计划生育技术服务质量管理规范》，提供计划生育免费服务。按照母婴保健技术许可及《计划生育技术服务诊疗常规》有关规定，开展人流、上环、取环手术，未出现手术并发症。做好避孕药具管理工作，开展药具管理人员培训2期。全区设置免费发放网点234个、自动发放机51台，增加免费避孕套发放机13台，发放避孕套124万只。

【落实公共卫生项目】2017年，区妇幼保健院继续落实农村妇女“两癌”检查工作。全年筛查6142人，筛查率102.4%；对细胞学异常对象进行随访，在院做阴道镜检查67人，发现CIN1级43例、CIN2–3级8例、炎症13例、宫颈癌3例、乳腺癌0例，转上级医院进行治疗。落实孕产妇住院分娩补助项目，发放辖区户籍产妇分娩补助4200人，完成率300%。落实免费增补叶酸预防神经管缺陷项目，通过一站式婚育服务中心、6个社区卫生服务中心和卫生院，免费发放叶酸4165人，完成率208.3%。开展预防艾滋病、梅毒、乙肝病毒筛查，做HIV筛查15096人，梅毒筛查15056人，乙肝病毒筛查15055人。开展孕期产前筛查，完成产前筛查早期623例，中期2911例，孕前优生健康检查4402人，完成率112.9%。

【出生医学证明管理】2017年9月开始，按照市卫生计生委关于出生医学证明实行属地化管理的要求，区妇幼保健院受卫计局委托，承担辖区出生医学证明的申领、发放，遗失补发及机构外出生人员出生医学证明发放，报表统计上报、培训等工作，制订出生医学证明管理制度、领证和发放流程，组织人员培训。至年底，补办出生医学证明24张。（蒋惠端）

卫生监督

【概况】2017年，集美区卫生和计划生育监督所开展各类公共场所、二次供水单位、医疗机构卫生监督检查工作，共监督检查公共场所574家次、二次供水单位232家次、医疗机构130家次，督促证件临近到期单位换证224家次，出具各类执法文书322份。出动执法人员1365人次、车辆373台次，监督抽检住宿场所62家、游泳场所29家、生活饮用水单位27家、影剧院24家、车站等公共场所142家，抽检各类样品942份，检测3433项次。受理并办结行政许可件和公共服务件1355件。

【卫生行政许可】2017年，区卫生和计划生育监督所以建设群众满意服务窗口为目标，履行行政审批服务各项职责。共接受并回复咨询件1860件，受理并办结行政许可件和公共服务件1355件。其中，医疗机构放射诊疗许可12件，公共场所卫生许可382件，供水单位卫生许可84件，医疗机构设置许可34件，医疗机构执业许可193件，医师执业注册294件，护士执业注册208件，母婴保健技术服务人员资质许可96件，母婴保健技术服务机构资质许可2件，医疗广告审查8件，放射工作人员证发放5件，二次供水设施设计卫生审查33件，医师多机构执业备案4件。按照“缩短办理时限”的要求，重新明确各事项的承诺时限，当场办结的“即办件”由原11项增至33项，涉及人员的许可项目全部当场办结。对申请材料齐全、符合法定形式，且不需要现场审核等特殊环节的申请事项，由承诺件改为即办件，即来即办件35项，占所有事项的62%；有55项审批或服务事项可采取网上申报方式，占所有事项的96%；57项审批和服务事项全部实行快递受理快递送达服务。

【医疗服务市场整治】2017年，区卫生和计划生育监督所对全区重点无证行医高发场所进行巡查，开展打击无证行医监督检查150余次，取缔无证行医15起（其中立案8起），没收药品12箱、医疗器械2台、违法所得1.17万元，罚款4万元。在打击“两非”专项行动中，立案14起，结案9起；罚款15.3万元，没收B超机13台。

【卫生监督稽查】2017年，区卫生和

12月15日，集美区在杏滨街道某工厂进行食品安全事件应急演练。图为卫生监督所工作人员检验留样食品（冯立东 摄）

计划生育监督所继续规范文书领用制度及案件交接工作，进一步完善文书领用登记制度，制作文书分类目录，做好简易程序、违规记分的文书交接登记工作。至9月30日，立案41起，当场行政处罚1起，拟罚款28.6万元，没收违法所得17860元、B超诊断仪10台、牙床5张、牙模工具2箱、其他医疗器械13件、药品7箱。其中结案23起，追交罚款15.9万元，没收违法所得7800元。全年受理投诉件135起，其中公共场所19起、医疗机构86起、其他30起。举报投诉件均及时处理，做到事事有落实，件件有反馈。

【公共场所卫生】2017年6—10月，区卫生和计划生育监督所开展迎接创文明城市公共场所专项督查工作，共出动人员112人次，检查424家次。全年共巡查公共场所894家次、二次供水126家次，下发办证通知87份、监督意见书259份、现场检查笔录246份、宣传材料750份。电话通知年审378家，信息录入和完善602家。全年共处理投诉12起，立案6起，其中美容美发店3起，处罚金4000元；酒店1起，处罚金1000元；其他公共场所2起，处罚金3000元。

【厦门会晤卫生保障】2017年，区卫生和计划生育监督所在厦门会晤前集中开展食品安全隐患排查整治工作。抽检餐具117套，对生产存在感官指标不合格餐具的3家企业处以罚款9000元，完成4家集中式餐具消毒企业的量化分级评审，对2家消毒产品生产企业及30家消毒产品使用单位进行预防性卫生监督检查。并抽调5名卫生监督员参与接待酒店的会晤保障工作。

（周文君）

镇街卫生机构

【灌口镇中心卫生院】2017年，灌口镇中心卫生院有编内职工95人，编外顶岗21名。医疗业务：全年门诊149358人次（校正后比上年增长4.75%），化验检查183609人次，B超心电图检查21303人次，放射检查16501人次，住院352人次，出院322人次，抢救急、重、危病人12人次，业务收入1743万元。健康教育：设置健康教育宣传栏21个，更新内容126期，举办讲座等健康宣传活动123场次，接受健康教育咨询6755人，发放常见病、多发病防治宣传资料79950份。累计建立居民健康档案112566份，规范建档111578份，规范电子建档率86.67%，健康档案使用率50%。儿童保健：新建儿童保健卡3619人，建卡率95.4%；3岁以下系统管理3473人，占91.6%；5岁以下和7岁以下儿童体检率分别为95.9%和95%。高危儿管理1770人，集体儿童龋齿预防14828人次。建预防接种证5607人，建证率100%，常规免疫接种一类苗48445针次、二类苗3809针次，接种率大于95%。妇女保健：全镇总活产数1865人，其中本地户籍1062人，省内流动289人，省外流动514人。本地建卡率、早建卡率、产后访视率、42天健康体检率、产检5次率均为90%，产检筛查高危孕妇1260人，临产高危并住院分娩1260人，孕管规范化管理率90%，育龄妇女死亡6人，孕产死亡0人。办理分娩补助862人，计344800元。叶酸服用623人。“两癌”普查1092人。老年人保健：建立65岁以上老年人健康档案并规范管理4905份，65岁以上老年人体格检查3438人，体检率70.03%。慢性病管理：高血压病建档4893人，健康管理率25.27%，随访34339人次；糖尿病患者建档1696人，健康管理率16.98%，随访14957次。重性精神疾病管理：重性精神疾病患者建卡567例，规范管理率87.83%，完成精神疾病知识问卷调查100份。传染病管理：填报传染病报告卡227人，死因管理207人，协助管理非住院结核病人57人。中医药健康管理：为65岁以上老年人提供中医药健康管理服务2146人次，覆盖率43.72%。为0～3岁儿童提供中医药健康管理服务6308人次，覆盖率77.47%。（张淑斌）

【后溪镇卫生院】2017年，后溪镇卫生院设内、外、妇、儿、骨伤、中医、口腔、五官、皮肤、医技、预防保健等科室，下设永祥、英村、新村、三兴、黄地5个卫生站（室）。核定人员编制74名，在职职工84人，其中卫技人员72人，其他专业技术人员4人，管理人员8人。卫技人员中，高级职称5人，中级27人，初级40人。开放病床30张，使用率50%以上，门诊人次141418人，比上年增长15.25%，业务总收入1726.4万元，同比增长30.73%，各项医疗业务均创历史新高。是年，医院参与集美区“全国慢病综合防控示范区”“福建省妇幼优质服务示范区”和“全国基层中医药先进工作单位”创建工作，均通过上级部门验收；与厦门大学附属心血管病医院签订建立医疗联合体协议。医生黄霖获“中国基层医生好声音”全国大赛“优秀奖”，护士林亚芬获厦门市计划免疫“先进个人”称号。（黄禾庚）

【集美街道社区卫生服务中心】2017年，集美街道社区卫生服务中心在岗人员45人，其中副高职称2人、中级15人、初级20人、乡医3人。医疗业务：全年门诊144361人次，总收入1960.98万元；预防接种17686人次，二类疫苗收入104.11万元。健康教育：设置健康教育宣传栏5个，更新内容30期，举办健康讲座18次、宣传活动25次、院内健康教育讲座12次、义诊12次，发放常见病、多发病防治宣传材料23415份，接受健康教育咨询9874人；新建居民健康档案4436人份，累计建档47215人份，建档率87.5%。儿童保健：新生儿家庭访视1434人次，健康管理（0～3岁）5954人次，学前管理（3～6岁）2048人次，儿童健康管理率98.52%，儿童系统管理率92.92%，建卡率、建证率均为100%，甲肝接种率100%。妇女保健：孕妇建卡811人，产前体检938人次，叶酸发放1546瓶，“两癌”筛查210人，分娩补助发放370人，产后随访1415人次。老年人保健：65岁以上老年人3048人，应体检2133人，体检2367人，体检率77.65%；管理高血压患者3832人，管理率48.15%，体检2376人，规范管理率62%；管理糖尿病患者1350人，管理率34.51%，体检1009人，规范管理率74.1%。重性精神疾病管理：在册严重精神障碍患者223人，在册率4.1‰，规范管理203人，管理率90.6%，服药率80.5%。传染病管理：传染病17例，无突发公共卫生事件，协助管理非住院结核病人9人，管理率、服药率均为100%。中医药健康管理：儿童中医保健3901人，65岁以上老年人中医体质辨识1682人，服务率55%。家庭签约：签约9184人，签约率31.27%，其中高血压签约率87.54%，糖尿病签约率88.22%，65岁以上老年人签约率61.40%。80岁以上行动不便的老年人上门服务388人次。同时对签约的家庭提供B超、心电图、生化、血常规、血糖、血脂等服务，免费体检6569人次，免费发放慢病药品1035人次，免费慢病药品金额6.77万元。中医科、理疗科为中心特色科室，有主治中医师3名，能开展针灸、推拿、穴位贴敷、拔罐、艾灸、刮痧、小针刀、放血、药膳、三伏灸等疗法，年中医门诊23920人次，理疗门诊12022人次，中药饮片处方占比8.98%，非药物处方占比7.78%。与福建中医药大学附属康复医院建立医联体，省康复医院专家到中心坐诊66人次。与鹭燕医药有限公司签订配送中药合作协议，年配送中药18335贴。中心搭建信息化平台，设立预约系统，开通门诊全预约服务；开辟检验、心电、DR通道，实时上传图像并及时接收二院下传的诊断报告，年上传心电图708人次，送检1193人次，上传DR数据757人次。推广厦门“e健康APP”，关注“厦门e健康”的辖区居民3356人，咨询量2524条，推送健康指导12074条，代预约966人次。为慢性病患者提供线上续方、续药、医保移动结算惠民便民服务，减少病人跑医院次数。2017年，中心获评国家级百强社区卫生服务中心、国家级优质示范社区卫生服务中心及“厦门市工人先锋号”。（黄慧玲）

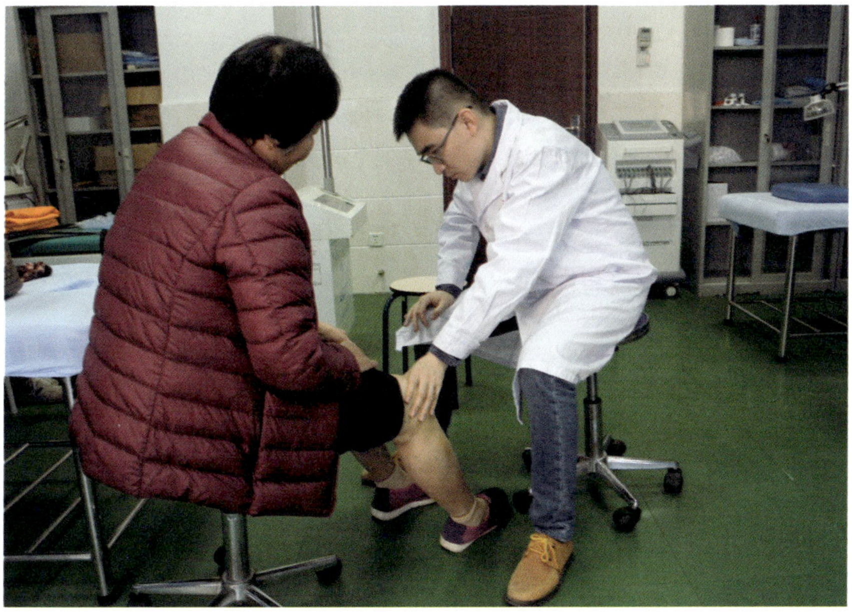

12月27日，福建省康复医院医生到集美街道卫生社区服务中心坐诊。（冯立东 摄）

【杏林街道社区卫生服务中心】2017年，杏林街道社区卫生服务中心门诊量142720人次，比2016年增长31.48%；家庭医生签约量18110人，签约率30.73%；厦门“i健康”绑定率20.58%，老人体检4696人次，小学生体检9662人，中学学生体检4326人，检验科完成标本量47599人次，B超检查3444人次，放射科检查879人次（包括67人次免费肺结核筛查）。全年雾化4622人次，注射1213人次，心电图7418人次。建居民电子健康档案92834人份，建档率97.67%。印发健康教育资料 18 种 22700 份，播放健康教育音像资料 5 种 101 次计 218 小时；更换健康教育宣传栏内容 9 个 12 次；举办健康教育讲座 19 次，听讲 1490 人次；举办健康教育咨询活动 12 次，参与活动 2197 人次。登记管理并提供随访高血压患者 6018 人，按照规范要求进行健康管理 5349 人，管理率 86.34%。户籍七岁以下儿童 5642 人，体检 5501 人，儿童保健率 97.5%；高危儿管理 233 人，高危筛查率 4.23%，管理率 100%。三岁以下儿童管理 2904 人，管理率 95.84%；新生儿访视 1564 人，访视率 98.7%。幼儿园管理 52 所，儿童 8598 人，体格检查 7495 人，实检 7419 人，检查率 98.98%；龋齿防治应做 16675 人次，实做 16229 人次，防治率 99.72%。全区有产妇 1560 人，新生儿活产数 1583 人，接受产前检查 1555 人，产前检查率 98.23%；孕早期建卡 1495 人，孕早期检查率 94.44%；产后访视 1543 人，产后访视率 97.47%；高危孕产妇 1218 人，管理率 100%。孕产妇系统管理 1483 人，管理率 93.68%；孕产妇全部实行住院分娩，未出现新生儿破伤风和孕产妇死亡。发放分娩补助 581 人 35.56 万元，免费领取叶酸 712 人。登记管理 65 岁以上老人 2820 人，接受健康管理 1907 人，健康管理率 37.78%，建立健康档案的 4810 人。登记确诊严重精神障碍患者 395 人，按照规范要求管理的 319 人，管理率 80.76%。管理的肺结核患者 71 人，管理率 100%；完成治疗 71 人，按规则服药的 69 人，服药率 97.18%。接受中医药健康管理服务 65 岁以上老年人 1899 人，管理率 37.9%；应管理的 0 ～ 36 个月儿童 9948 人，接受中医药健康管理服务的 8071 人，管理服务率 81.13%。

（李婉婷）

【侨英街道社区卫生服务中心】 2017 年，侨英街道社区卫生服务中心在岗职工 82 人。其中，编内 64 人，编外 18 人；医师 28 人，护士 25 人，健康管理师 16 人；副高级以上职称 6 人，中级职称 22 人。设全科、外科、妇科、儿科、口腔科、中医科、康复理疗科、检验科、放射科、B 超室、健康体检中心、预防保健科、儿童保健科、妇女保健科 14 个业务科室，综合科、医务科、公共卫生科、护理部、社区管理科 5 个职能科室，下设集安、滨水、浒井、兑山 4 个社区卫生服务站。全年门诊 18 万人次，业务收入 2100 万元。累计建立居民健康电子档案 12.67 万份，建档率 89.25%，其中 65 岁以上老年人健康档案 3102 份。入户随访 7927 人次，电话随访 3650 人次。有高血压患者 5638 人，规范管理 3524 人，管理率 62.5%；糖尿病患者 2253 人，规范管理 1392 人，管理率 61.78%；糖尿病精细化管理 206 人，糖化血红蛋白达标率 62.5%。儿童入托体检率 100%，规范管理 0 ～ 6 岁儿童 2331 人，覆盖率 96.1%，儿童体检 31018 人次，幼儿龋齿防治 9775 人。妇女“两癌”普查 1153 人，发现异常 76 例次。孕妇产后随访 3130 人，访视率 91.86%；孕妇建卡 2851 人，建卡率 84.5%，新生儿访视 2600 人。辖区常住老年人 4523 人，老年人建档 3102 人，管理率 68.6%，规范管理老年人 2220 人，规范管理率 71.6%。计划免疫预防接种 81025 人次，接种率 95% 以上。传染病报告 54 例次，其中肺结核报告 9 例次。中医保健体质辨识 6515 人，其中儿童中医体质辨识 5029 人，中医适宜技术推广达标；下乡举办健康教育讲座 74 次，现场义诊、健康宣传 25 次，发放健康宣教资料 2 万份，义诊健康咨询 2100 人次。中小学学生体检 9815 人，为居民免费办理健康证 13546 个，老年人体检 2420 人。有效管理重性精神病 362 人，管理率 81.49%；残疾人建档评估 432 份，进行各类康复训练 1571 人次。组建家庭医生服务团队 14 个，签约居民 14297 人，覆盖率 36.3%。其中，高血压 2396 人，占 40.69%；糖尿病 995 人，占 37.82%；65 岁以上老人 1820 人，完成 80.92%。重点人群续签率 95% 以上。

（官德平）

【杏滨街道社区卫生服务中心】 2017 年，杏滨街道社区卫生服务中心编制 78 人，有职工 75 人，其中卫生技术人员 67 人。在卫技人员中，中级以上职称 20 人，副高 3 人，正高 1 人，全科医师 17 人。全年门诊量 222796 人次，预防接种 67769 人次。累计完成居民健康档案 132358 人，建档率 89%，当年上门入户 4021 人次，电话随访 28451 人次。中医药健康管理 9600 人次，其中 0 ～ 3 岁儿童 7033 人次，65 岁以上老年人 2562 人次。举办讲座等健康教育宣传活动 40 场次，累计参加活动及接受健康教育咨询 4953 人次，发放宣传材料 13.8 万份，更新宣传栏 12 次。建立预防接种证 6541 人次，常规免疫接种 67767 人次。新生儿访视 2477 人，共计 4954 人次，0 ～ 6 岁应管儿童 119199 人，纳入规范管理 16546 人，儿童体检 21609 人次；应管孕产妇 5761 人，其中规范管理 2309 人，按规范要求在孕期接受相应频次产前随访 2687 人，产后 28 天访视 2457 人，产前随访 26531 人次，产后随访 4914 人次。65 岁以上老年人 4305 人，建档 4300 人，其中规范管理 2585 人，65 岁以上老年人免费体检 2585 人；高血压病管理 6568 人，其中高血压规范管理 3946 人，随访 53967 人次；糖尿病管理 2989 人，其中糖尿病规范管理 2106 人，随访 30161 人次。登记并填报传染病报告卡 92 人，协助开展传染病调查、随访及死因调查等 194 人次，协助管理非住院结核病人 511 人；登记重性精神疾病患者 461 人，纳入规范管理 376 人，管理率 81.48%。完成辖区 10 所中小学、61 所幼儿园学生体检 25308 人次，为幼儿进行口腔保健、龋齿防治 117766 人次。

（李丽璇　李拓江）

附：驻区医院

厦门医学院附属第二医院

【概况】 2017年9月13日，厦门市第二医院更名厦门医学院附属第二医院。年末，医院有职工1338人，其中医疗技术人员1136人，占全院职工总数的84.9%。卫技人员中，高级专业人才191人，博士17人，硕士226人，本科学历437人。拥有福建省规模最大的呼吸系统疾病专科——厦门呼吸病医院和慢性肾病诊疗、泌尿结石诊疗、妇科腔镜、职业病中毒救治、脑卒中预警综合诊治、肿瘤放射诊断6个市级规划重点专科。全年门急诊量103.15万人次，出院3.67万人次，住院手术9245例，门诊手术14417例，病床使用率93.17%。

【医疗新技术】 2017年，医院开展医疗新技术13项。其中，查理畸形合并脊髓空洞症手术1例，腹腔镜超低位保肛手术1例，单向活瓣内科肺减容治疗术1例，经口内镜下食管括约肌切开术（POEM术）2例，颅内动脉栓塞支架取栓术1例，腹主动脉闭塞腔内开通术1例，脾动脉部分栓塞术治疗脾功能亢进1例，肝肿瘤射频消融术3例，门静脉癌栓放射性粒子植入术2例，二尖瓣置换术1例，急性主动脉夹层（stanfordA型）1例，食管癌全腔镜切除术1例，填补医院病种和技术的空白。单向活瓣内科肺减容治疗术为福建省首例。

【改善医疗服务】 2017年，医院推出查房新举措，组织对急诊科一位顺产后八天尿潴留8800毫升的泌尿外科患者多学科协作（MDT）医护联合查房，探索多学科协作查房的做法，提高查房的水平和效果。扩大预约诊疗渠道和比例，通过医联体平台、电话96166、现场、诊间、社区、微信APP、广电等多种方式、多种途径，为患者提供预约服务；实行预约优先，对预约患者、转诊患者优先安排就诊；实行实名制分时段预约，合理安排患者就诊、检查时间，缩短患者在医院候诊时间。增加门诊预约号源，为患者提供初诊、复诊、双向转诊等预约诊疗服务。建设医院移动支付结算平台，门诊和住院患者手机端微信移动支付投入使用。打造星级卫生间，设立隐私隔断和残疾人专用卫生间，增设残疾人无障碍通道，安装扶手、干手机、电子吹风除臭器等设备，改变卫生间脏、乱、臭形象，营造温馨就医环境。完善医疗纠纷调解机制，修订医疗事故、医疗纠纷处理及责任追究制度，实行“三调解一保险”机制，公开医疗纠纷的解决途径和办理流程，引导患者依法维权，通过调解、诉讼等途径妥善解决纠纷，医院重大医疗纠纷发生次数明显减少。

【医疗信息化建设】 年初，医院落实2016年公立医院评价专家提出的整改建议，选择部分临床科室开展电子门诊病历试点，对运行过程中出现的问题召开部门联席会议协调解决，总结经验。12月，电子门诊病历系统在全院推行。推进远程会诊医疗，与解放军总医院（301医院）远程医学中心完成远程会诊病例23例；通过厦门市医联体平台，为基层医疗卫生机构进行心电会诊、检验检查2500余例。8月24—25日，医院首次采用手机移动端“e答考试系统”，对N1、N2级护士进行无纸化分层级考试，开启医院护士考核“微时代”。

【医疗科研教学】 2017年，医院申报各级科研项目19项，其中国家级项目1项、省部级项目2项、市厅级项目13项、校级科研课题3项。8月2日，在市中山医院举行的厦门市护理学会首届护理科研擂台赛中，医院选送的《病区护士站繁忙时段噪音来源分析及干预研究》（负责人高艳琴）和《PBL教学法在新护士规范培训的时间与效果评价》（负责人蔡金英）获得科研立项。其中高艳琴负责的《病区护士站繁忙时段噪音来源分析及干预研究》项目获总分第二名，获资助8000元，实现医院护理科研立项零突破。创新用品“硬镜密闭套装”获2016—2017年度厦门市护理学会首届护理用品创新奖。

【继续医学教育】 2017年，全院有760名职工申报远程网络继续医学教育。医院获立项的省级继续医学教育项目5项，先后举办肺癌微创介入诊疗新技术学习班、支气管镜相关并发症的预防与处理学习班、风湿免疫学的基础理论与诊疗技术新进展学习班、护士长管理实践与创新培训班、呼吸内镜护理技术学习班、围手术期——麻醉全期护理研讨班。申报2018年省级继续医学教育项目9项。完成2015年省卫生计生委下达的面向农村和城市社区推广的技术项目《超负荷量运动应用于脑血管病恢复期》，申请学分参会学员1436人。完成2016年全院医技人员继续医学教育年审工作。2016年，全院应做年审478人，通过年审469人，其中高级职称132人，年审通过率94.28%；中级职称192人，年审通过率99.48%；初级职称145人，年审通过率100%；年审总通过率98.11%。

【协作支援】 2017年，医院与集美区卫计局联合举办“基层卫生服务能力提升系列讲座”，医院安排专家授课，每月1期，共办12期，有1200余名基层卫生人员参加听课。是年，派出4名中、高级职称医师，帮扶漳州市华安县医院，接收对方进修医务人员2人；帮扶灌口中心卫生院、后溪卫生院和集美、杏林、侨英、杏滨4个社区卫生服务中心20人次。

【医疗保障】 2017年金砖国家领导人厦门会晤期间，医院派出400余人次参加各类应急演练，以及酒店、机场、动车站等处医疗保障任务，收治会晤参战人员600余人次。7月23日，医院重症医学科收治一名重症热衰竭濒临死亡的参战公安干警，组织多学科会诊，全力救治，患者转危为安，痊愈出院。是年，医院抽调医务人员600余人次，参加厦门会晤、国际马拉松比赛、龙舟赛、海峡两岸论坛、国际铁人三项赛、征兵体检、高招体检等医疗保障工作，完成与市第一拘留所、市公安局第二收容教育所协作的指令性任务。（李晓兰）

2017年厦门医学院附属第二医院医疗业务情况表

表39

年度	门急诊量（人次）			住院手术（例）	血液透析（例）	消化内镜检查（例）	出院病人	出院病人治愈好转率（%）	危重病人抢救成功率（%）	病床使用率（%）	床位周转次数	出院患者平均住院日
	门诊	急诊	合计									
2016	705101	348692	1053793	8223	28737	11591	33132	95.4	80.19	79.49	31.56	9.19
2017	665063	366458	1031521	9245	30706	13924	36722	96.11	85.14	93.17	39.91	8.75
对比（%）	−5.68	5.10	−2.11	12.43	6.85	20.13	10.84	0.74	6.17	17.21	26.46	−4.79

厦门大学附属第一医院杏林分院

【概况】2017年，厦门大学附属第一医院杏林分院在职职工641人，其中医生242人，护理 287人。医护人员中，拥有副高职称以上的134人，硕士、博士 58 人。另有临时工 115人，返聘6人。全年门急诊诊疗694497人次，出院17143人次，平均住院日8.26日，手术5701台次。新增实习生30人次，见习生76人次，举办实习生岗前培训1次。全院医护人员在各种业务刊物发表SCI论文4篇、国家级论文9篇、省级论文99篇。

【分级诊疗工作】 2017年，杏林分院开展分级诊疗工作，内科、儿科、中医科与杏林街道卫生服务中心、杏滨街道卫生服务中心、灌口镇中心卫生院三家基层医疗单位对应科室进行对接，接收其医务人员来分院进修、学习、参加业务讲座等。分诊转诊总监在上述三家社区推进分级诊疗，协助社区做好管理、质控、教学等工作。同时，建立医院双向转诊绿色通道，门诊预约、双向转诊和心电平台开始运行。1—11月，组织专家22人到杏林、杏滨、灌口社区卫生服务中心坐诊716次，接诊6829人次，上转115人，下转58人。进行结对帮扶，组织专家下社区义诊服务14人次，对基层单位全科医师进行糖尿病、高血压等慢病诊疗培训。分院分级诊疗小组下基层指导工作61人次，举办讲座、培训6次。与社区患者互动，发放糖尿病和高血压保健宣传手册80册。

【血透二区、BE临床研究中心开业】2017年4月7日，杏林分院BE（Ⅰ期）临床研究中心进行预试验，4月21日开始正式试验。至11月，完成临床试验项目7个，筛选739人，入组347人。5月10日，分院血透二区正式开业。至年底，日透析患者由开始时的3人增至32人，累计1924 人次。其中，普通透析1204人次，高通量透析559人次，血液透析滤过156人次，血液灌流4人次，连续性血液净化11例66人次，合计治疗时间472小时。11月23日，省血液透析治疗质控中心专家对分院血透二区进行质控检查，获得8A（优秀）成绩。

【医疗安全管理】 2017年，杏林分院严格落实医疗质量和医疗安全的核心制度。开展抗菌药物专项检查，实行药品用药“双十排名”情况通报，改进医疗质量。完善科室医疗质量控制登记本制度，详细记录质控存在问题及整改情况。每月组织院内专家对在架病历及归档病历、死亡病例进行病历质量检查，共检查病历534份，其中甲级病历210份，甲级率100%；每季度对输血病历进行检查，并及时反馈检查中存在的问题。组织多科室病例讨论9次，举办全院医护人员业务讲座10次，协调、安排会诊4361次。开展“健康促进医院”工作，举办慢病管理讲座2次；成立慢性病一体化防治管理工作领导小组及专家小组，下设办公室，挂靠在医务科，制订慢性病一体化防治管理工作制度、心脑血管事件报告制度及肿瘤随访登记报告制度；每月上报心脑血管病例及肿瘤报告病例，并自查自纠，查重查漏；组织和邀请相关专家，进行慢病专业培训2次，巡回医疗咨询、义诊及健康教育等活动20余次。

【厦门会晤传染病定点医疗保障】2017年，杏林分院被确定为厦门会晤传染病定点医疗保障单位。医院重新规划发热门诊、肠道门诊、结核门诊及HIV门诊，对传染病流程及其配套建设进行改造。遴选参与医疗保障工作专家7

名，其中急诊专业2名、呼吸专业1名、呼吸道传染病专业2名、其他传染病专业2名。成立分院病区工作小组，科室预留出保障用床位，加装纱窗防蚊，开通绿色通道。成立院区应急领导小组，制订医疗保障传染病病例救治方案及相关流程图和分院生物恐怖袭击医疗保障应急处置预案。拟定模拟演练脚本，组织院内实战演练3次（H7N9、登革热、黄热病），参加全市传染病演练1次（登革热）。组织英语培训3次，制作各项双语标识牌。组织全院手卫生培训考核761人次，穿脱防护服、隔离衣培训考核346人次，心肺复苏、AED培训考核601人次，院感、传染病知识讲座4次。完善院区反恐档案，配齐反恐装备，对院区监控系统进行增容，邀请杏林派出所警官对保安进行反恐培训、演练。完成与市卫计委的远程会诊项目、急救中心视频会议项目、与301医院远程会诊项目、ICU视频对讲项目，保障厦门会晤期间医院网络安全。（医院办公室）

计划生育

【概况】 2017年（计生统计年度），集美区总人口742549人（厦门会晤前流动人口大清查数据），其中户籍人口275638人、流入人口466911人；出生17910人，其中户籍人口5898人、流入人口12012人；户籍人口出生人口政策符合率98.39%，比市下达指标高5个百分点，流入人口出生人口政策符合率94.20%；户籍人口出生人口性别比111.02，流入人口出生人口性别比111.33，均控制在市下达指标113以下。全区立案调查涉嫌“两非”案件14起，结案9起，其中1起移交公安机关追究刑事责任。

【计生宣传教育】 2017年，集美区依托“天下集美”“集美区卫计局”“集美妇幼保健院”微信公众号，与集美电视台签署协议，每周二、周四晚上播放健康知识视频。以集美大学理学院计生协会为示范单位，继续推进高校青春健康学生社团建设，开设青春健康专题知识讲座20场次，发放青春健康知识宣传册5000余册，举办青春健康图片展8次，组织青春健康知识问卷调查4次，直接参与人数6000余人次。投入10万元，新建园博社区和前场社区婚育新风园；投入14万元，维护更新现有婚育新风园；投入6万元，更新后溪溪西村计生一条街和后溪社区、英村、新村及龙山社区4个新家庭文化屋，实现每个镇街至少有1个婚育新风园或含有人口文化元素的休闲公园。

【计生奖扶体系建设】 2017年，集美区出台《关于进一步完善计生奖励扶助政策的通知》。全年兑现奖金和扶助资金1050.42万元，各类计生奖励扶助政策全部兑现到位；救助失独家庭16户，发放救助金34.5万元；帮扶计生困难女孩家庭55户，发放帮扶资金25.3万元。为全区计生特殊家庭投保计生意外伤害险，与8家医疗单位签订就医绿色通道协议，为260个计生特殊家庭办理个人VIP便民就医卡，享受先诊疗、后结算服务。为全区160个计生特殊家庭建立联系人制度，将计生特殊家庭纳入医疗救助范围，按照二类群体标准的85%给予报销自费部分。

【流动人口计生服务管理】 2017年，集美区做好金砖国家领导人厦门会晤期间的安保基础排查和流动人口清查工作，实现流动人口动态化管理。区财政拨付专项经费1.8万元，确保流动人口动态监测工作顺利开展；流动人口社会融合经费由6万元增至11万元，卫生所（卫生服务站）、健康小屋被列为各村居评价均等化示范点建设的重要指标；将流动人口纳入公共服务体系，为638名外来育妇提供免费孕前优生健康检查，为1506名企业外来已婚育妇进行健康体检，生育关怀紧急救助、计生帮扶等覆盖到外来人口。集美街道银亭社区、杏滨街道康城社区参加国家卫计委流动人口司组织的全国100个流动人口社会融合示范社区评选活动。

【妇幼健康服务能力建设】 2017年，集美区完善婚姻登记、婚检和孕前检查“一站式”服务，孕产妇系统保健建卡11901人，高危孕妇筛查6382人，婚检率96.03%，孕前健康检查覆盖率84.77%。设立优生咨询门诊，为1576名符合条件的育龄群众免费提供取环、复通等计生技术服务。健全避孕药具免费发放网络，各社区医院配备专职避孕药具管理人员，全区设发放网点234个，避孕药具免费自助发放机51台，药具获得率85%以上，群众满意率90%以上。（李卫星）

2017年集美区计划生育情况表

表40

项 目	计量单位	合计	灌口镇	后溪镇	集美街道	杏林街道	侨英街道	杏滨街道
一、全年出生人数	人	5898	1157	889	566	1252	987	940
男	人	3103	597	471	289	665	527	497
女	人	2795	560	418	277	587	460	443
出生率	‰	22.19	21.99	23.17	20.88	21.75	27.5	22.29

续表 40

项 目	计量单位	合计	灌口镇	后溪镇	集美街道	杏林街道	侨英街道	杏滨街道
（一）一孩数	人	1795	311	240	180	409	330	285
一孩率	%	30.43	26.88	27	31.8	32.67	33.43	31.32
计划内出生人数	人	1788	311	236	180	408	328	285
（二）二孩数	人	3912	796	609	371	808	638	623
二孩率	%	66.33	68.8	68.5	65.55	64.54	64.64	66.28
计划内出生人数	人	3900	793	608	370	806	636	620
（三）多孩数	人	191	50	40	15	35	19	32
多孩率	%	3.24	4.32	4.50	2.65	2.80	1.93	3.40
计划内出生人数	人	115	29	16	13	21	14	22
（四）计划外出生人数	人	95	24	29	3	17	9	13
计划生育率	%	98.39	97.93	96.74	99.47	98.64	99.09	98.62
二、全年死亡人数	人	1003	215	153	100	229	98	181
死亡率	‰	3.77	4.09	3.99	3.69	3.98	2.73	4.29
三、全年自然净增人口数	人	4895	942	736	466	1023	889	759
自然增长率	‰	18.41	17.90	19.18	17.19	17.77	24.77	18.00
四、领证数	人	12834	2327	1952	1673	2931	1373	2253
已婚育龄妇女数	人	61832	11977	8794	5998	14180	9314	10529
领证率	%	20.76	19.43	22.2	27.89	20.67	14.74	21.40
五、女性初婚数	人	1401	231	203	100	337	250	243
女晚婚数	人	1214	181	170	94	301	221	213
晚婚率	%	86.65	78.35	83.74	86.65	89.32	88.40	87.65
六、15-49 岁妇女数	人	79023	14722	10502	7571	17624	11283	12835
已婚育龄妇女数	人	61832	11977	8794	5998	14180	9314	10529
其中：生二孩	人	21460	5120	3549	1431	4321	2919	3753
生多孩	人	1690	354	251	116	399	224	328
已落实节育措施人数	人	47913	9954	7096	4995	11841	4324	8878
节育率	%	77.49	83.11	80.69	83.28	83.50	46.42	84.32

社会与民生

劳动就业

【概况】2017年，集美区实现城镇失业人员再就业14052人，完成市下达任务数的286.78%，其中城镇就业困难人员再就业2610人，完成市下达任务数的186.43%。实现农村富余劳动力转移就业2447人。开发公益性岗位336个，完成市下达任务数的129.23%，征集创业项目51个，完成市下达任务数的127.5%，累计核发各项奖补1.45亿元。

【落实企业人才房租补贴】2017年1月，区政府办下发《关于印发集美区企业人才房租补贴办法的通知》，对与集美区“4+x”产业导向的规上企业或高新技术企业建立劳动关系的技能型人才、学历型人才、复合型人才，按照第一层次人才每人每月2000元、第二层次每人每月1200元、第三层次每人每月600元的标准，给予最长5年的房租补贴，累计发放企业人才房租补贴1972.28万元，惠及企业100家2461人。

【承办校企合作对接会】2017年2月28日，厦漳泉第六届暨厦门市第十四届校企合作对接会在集美区召开。区人劳局组织辖区84家企业（其中重点用工企业40多家）报名参会，促成企业同各院校签订合作协议109份，涉及工种项目105项。

【就业服务百日行动】2017年4月中下旬至7月底，集美区开展“就业服务百日行动”专项活动，建立“一人一企”挂钩循环走访制度、“一企一场”定制专场招聘制度、“一企一议”精准帮扶制度，实现对企业发展的精准帮扶；督促指导企业开展就业失业登记，规范用工管理，优化用工环境；创新劳务对接机制，打造人才输转交流平台，与云南会泽、巧家、楚雄等3县人社部门签订劳务交流合作协议书，与云南楚雄技师学院签订技能人才培养引进合作协议书，建立楚雄州人力资源和社会保障局驻集美区农村劳动力转移就业劳务工作站，更好地服务企业，促进劳动力转移就业；组织157家（次）企业的227名中高层和基层管理人员参加金蓝领主题培训、“HR训练营”公益讲座、团队拓展训练等活动，提升人力资源管理水平。活动期间，共举办各类招聘会38场，发放各类宣传资料6000份，发布招聘信息36万条，服务各类劳动者1万余人，提供就业岗位逾1万个次。

【引进台湾人力管理与服务经验】2017年6月18日，区人社局在第九届海峡论坛·第二届两岸人才机构合作洽谈会上，就“精准就业帮扶”合作项目，与中国海峡人才市场厦门分部、台湾1111人力银行签订战略合作框架协议，引进台湾科学系统的人力资源管理与服务的先进工作理念和经验，建立试点，逐步推广，共同打造集美区科学化、规范化的就业服务体系，有序开展精细化就业帮扶，实现就业持续稳定，打造高质量的充分就业城区。

【东西部对口帮扶】2017年，区人社局与甘肃和政县人社局接洽和协商，成立集美区·和政县劳务合作站，签订《集美区·和政县人力资源合作协议》，选择厦门新凯复材科技有限公司、厦门优力播休闲用品有限公司、厦门正新橡胶工业有限公司三家企业，作为吸纳、接收临夏州到集务工人员的劳务输入基地。组织辖区企业在和政县与临夏市举办两场专场招聘会。通过现场招聘与推荐，招聘临夏籍员工366名，完成市下达任务数的122%。发放建档立卡贫困对象及就业困难务工人员就业补助32.45万元，惠及649人次；发放和政县劳务合作基地运作与管理费9万元；向新凯公司发放清真食堂

10月16日，区人劳局认定厦门软件职业技术学院为集美区公共实训基地。图为软件学院学生在创新创业基地实习（林志杰 摄）

与餐厅开办费补贴20万元。2017年，共培训临夏州、和政县劳动力802人，完成市下达任务数的187%，其中和政职校培训560人，新凯复材科技有限公司培训242人。

【打造15分钟便民服务圈】 2017年，区人社局配合市局做好就业援助服务、创业项目奖励、创业指导与服务等12项公共服务事项的承接工作，组织各业务科室经办人员参加市局组织的业务培训以及厦门市人社业务综合管理平台系统培训，打造集公益性岗位、职业介绍、专场招聘、就业援助等人社服务为一体的“15分钟便民服务圈”。

【认定集美区公共实训基地】 2017年，区人社局认定厦门兴才职业技术学院、厦门软件职业技术学院、厦门建霖健康家居股份有限公司、厦门市集美智能制造产业与教育研究院有限公司为集美区公共实训基地，发放公共实训基地经费补助80万元。

【新增3家市级技能大师工作室】 2017年，集美区新增吴荣锋钳工市级技能大师工作室、厦门英仕卫浴有限公司市级技能大师工作室、厦门建霖家居股份有限公司市级技能大师工作室。至年底，共有市级技能大师工作室4家，省级技能大师工作室6家。与宏发、路达、厦工、正新等企业签订技能大师工作室或技师研习中心协议约定书，推动高技能人才的培养工作。

（人社局）

2017年集美区城镇非私营单位在岗职工及工资情况表

表41

行　业	单位	全部单位	国有单位	集体单位	其他单位
年末从业人数	人	179269	25922	928	152419
年平均人数	人	181483	25198	1001	155284
年工资总额	万元	1264247	282782	9102	978460
年平均工资	元	69662	112224	90928	63011
1. 农林牧渔业					
年末人数	人	293	261	—	32
年平均人数	人	291	259	—	32
年工资总额	万元	1369	1250	—	119
年平均工资	元	47055	48274	—	37188
2. 制造业					
年末人数	人	101234	82	26	101126
年平均人数	人	106606	82	26	106498
年工资总额	万元	692818	554	89	692175
年平均工资	元	64989	67610	34269	64994
3. 电力、燃气及水的生产和供应业					
年末人数	人	322	—	—	322
年平均人数	人	317	—	—	317
年工资总额	万元	2566	—	—	2566
年平均工资	元	80959	—	—	80959
4. 建筑业					
年末人数	人	26261	934	94	25233
年平均人数	人	25390	946	94	24350
年工资总额	万元	154144	6173	503	147468
年平均工资	元	60710	65255	53511	60562
5. 批发零售贸易业					
年末人数	人	4559	42	30	4487

续表 41

行　业	单位	全部单位	国有单位	集体单位	其他单位
年平均人数	人	4397	39	30	4328
年工资总额	万元	30552	198	124	30230
年平均工资	元	69483	50795	41200	69848
6. 交通运输、仓储和邮政业					
年末人数	人	1882	5	—	1877
年平均人数	人	1907	5	—	1902
年工资总额	万元	13523	38	—	13485
年平均工资	元	70912	76200	—	70898
7. 住宿和餐饮业					
年末人数	人	1996	938	—	1058
年平均人数	人	1946	924	—	1022
年工资总额	万元	9684	4797	—	4887
年平均工资	元	48765	51918	—	47818
8. 信息传输、计算机服务和软件业					
年末人数	人	2152	—	—	2152
年平均人数	人	2031	—	—	2031
年工资总额	万元	20319	—	—	20319
年平均工资	元	100042	—	—	100042
9. 金融业					
年末人数	人	9	—	—	9
年平均人数	人	10	—	—	10
年工资总额	万元	115	—	—	115
年平均工资	元	114500	—	—	114500
10. 房地产业					
年末人数	人	2880	315	—	2565
年平均人数	人	3038	418	—	2620
年工资总额	万元	30655	4099	—	26556
年平均工资	元	100905	98067	—	101358
11. 租赁和商务服务业					
年末人数	人	5403	3447	7	1949
年平均人数	人	4189	3428	7	754
年工资总额	万元	18757	15266	28	3463
年平均工资	元	44778	44534	40429	45924
12. 科学研究、技术服务业					
年末人数	人	664	440	34	190
年平均人数	人	673	432	34	207
年工资总额	万元	8450	6890	311	1249

续表 41

行　业	单位	全部单位	国有单位	集体单位	其他单位
年平均工资	元	125553	159488	91411	60333
13. 水利、环境和公共设施管理业					
年末人数	人	3053	2632	205	216
年平均人数	人	2499	2016	279	204
年工资总额	万元	15111	11339	2882	890
年平均工资	元	60467	56245	103297	43613
14. 居民服务、修理和其他服务业					
年末人数	人	8310	534	52	7724
年平均人数	人	8187	581	51	7555
年工资总额	万元	37960	5013	293	32653
年平均工资	元	46366	86284	57510	43221
15. 教育					
年末人数	人	14669	11512	245	2912
年平均人数	人	14513	11366	245	2902
年工资总额	万元	170546	166339	2514	26693
年平均工资	元	117513	146348	102604	91983
16. 卫生和社会工作					
年末人数	人	2483	2248	235	—
年平均人数	人	2442	2207	235	—
年工资总额	万元	21862	24504	2358	—
年平均工资	元	89524	111028	100336	—
17. 文化体育和娱乐业					
年末人数	人	1002	435	—	567
年平均人数	人	962	410	—	552
年工资总额	万元	9330	3809	—	5521
年平均工资	元	96983	92907	—	10011
18. 公共管理、社会保障和社会组织					
年末人数	人	2097	2097	—	—
年平均人数	人	2085	2085	—	—
年工资总额	万元	26487	26487	—	—
年平均工资	元	127037	127037	—	—

劳动管理

【概况】2017年，集美区共受理劳动仲裁案件998件，审限结案率100%；新成立300人以上企业劳动争议调解委员会98家，组建率94.23%。共受理各类举报投诉信访件1237件，涉及劳动者4231人，金额5283.46万元。其中，突发事件159起，同比减少16.1%，涉及劳动者2708人，金额3387.9万元；群体性纠纷139起，同比减少3%，涉及劳动者1583人，金额2532.6万元；建筑领域劳资纠纷案件339起，同比上升11.6%，涉及劳动者1635人，金额3099.1万元。移送公安、检察机关涉嫌拒不支付劳动报酬罪案件2起，对非法使用童工的用人单位进行行政处罚4

起，处罚款55000元，遣送童工5名。

【清理职业中介市场秩序】 2017年2月20日至4月5日，集美区劳动保障监察大队在全区开展清理整顿职业中介机构市场秩序专项行动，共出动工作人员50人次，对人力资源市场的职业中介机构、从事职业中介活动的组织和个人、各类招工用人单位进行清理整顿。共检查职介机构35家，开展规范用工宣传2场，发放宣传材料1000余份，取缔非法职介摊位2处。同时，开展每天不少于两次的重点巡查，发现问题及时整改，规范职介市场。

【推行双随机一公开机制】 2017年，集美区劳动保障监察大队落实对市场主体的事中事后监督工作，制订工作方案，建立"一单两库"。随机抽取执法队员12名和市场主体210家，按工作方案和时间节点开展执法检查工作。检查发现，其中有16家单位搬离辖区，7家单位停产，3家单位信息变更，无法联系。对检查中发现的用人单位与劳动者订立劳动合同、超时加班、工资支付不足等违法违规行为，开出限期改正指令17份，并跟踪检查整改结果，分批上网公示。"双随机"监督工作做到全程留痕，确保责任可追，从制度上保障事中事后监管的公正、公开。

【构建和谐劳动关系】 2017年，集美区推广灌口镇、后溪镇和谐劳动关系创建工作经验，继续在全区开展"1118"（即一个街道、一个社区、一栋商业楼宇和8家小微企业）和谐劳动关系示范工程创建活动，要求每个街道创建和谐劳动关系社区1个、小微企业8家，并纳入年底区政府对镇街绩效考评的内容。是年，杏滨街道办事处、杏林街道宁海社区居民委员会、杏林街道金铸创意产业园大厦和厦门固特友橡胶有限公司、全兴交通器材（厦门）有限公司、际诺思（厦门）轻工制品有限公司分别被市协调劳动关系三方委员会确认为"2017年市级和谐劳动关系单位"。 （人社局）

社会保险

【概况】 2017年，集美区职工"五险"（基本养老保险、医疗保险、失业保险、工伤保险和生育保险）单位费率由原来的24.48%降至19.54%，降低4.94个百分点，全年为企业减负40700.20万元。是年，职工"五险"参保人数同比持续增长，全区社会保险参保549540人，同比增长9.90%。其中，城乡居民养老保险参保15810人，同比下降2.71%；城镇职工基本养老、医疗、失业、工伤、生育保险参保人数分别为292523人、300834人、281973人、282218人、266969人，同比分别增长10.61%、9.88%、10.49%、10.11%、11.12%，全区社会保险综合增长率9.30%。5月，区社会保险管理中心获省总工会、省委文明办、省委宣传部、省经济和信息化委员会授予的"福建省第十二届职工职业道德建设先进单位"称号。

【企业职工养老保险】 2017年1月1日起，集美区企业退休及退养人员基本养老金调整按照市政府关于2017年调整企业退休及退养人员基本养老金的通知精神，继续采用"定额调整、挂钩调整与适当倾斜相结合"的方法，月增加标准由定额调整部分与挂钩调整部分构成，对符合条件的人员予以适当倾斜。定额调整部分，企业退休人员、被征地退养人员、未安置就业上山下乡退养人员，每月增发100元；外来员工退休人员，每月增发60元。挂钩调整部分，上述人员在定额调整的基础上，按本人2015年12月基本养老金标准的3%调整增加。适当倾斜部分，对2016年12月31日前办理退休手续的企业军转干部，其2016年12月的基本养老金（不含军转补贴和各类代发项目）低于3291元的，补齐至3291元后再参加本次基本养老金调整。2017年度，全区办理企业职工退养1179人，比上年增长21.42%。至年底，全区企业职工平均养老金为每月3422元。

【机关事业单位基本养老保险】 至2017年12月，集美区机关事业单位养老保险参保登记单位390个，参保登记在职人数9696人，退休登记人数1665人，总人数11361人。机关事业单位基本养老保险基金收入23751.29万元，职业年金3864.08万元，合计27615.36万元。机关事业单位养老待遇发放单位141个，人员1692人，发放养老待遇总金额13068.36万元。

【被征地人员基本养老保险】 2017年，集美区新增被征地人员办理养老保险参保手续2161人（其中贷款参保325人），同比增长25.71%；新增被征地人员办理退养手续1736人，同比增长54.17%。落实被征地人员参保财政补助3107.97万元。至年底，全区有26237人享受养老待遇，人均月退养金1521元，有29964人参加被征地人员养老保险，区级财政累计补助3.94亿元。

【城乡居民养老保险】 2017年，集美区加大对厦门市户籍居民参加城乡居民养老保险的扶持力度，区财政当年补助164.11万元。至年末，全区城乡居民参加养老保险累计15810人，同比下降2.71%。45周岁以上目标人群参加城乡居民养老保险参保率100%。按照厦门市人民政府办公厅关于印发厦门市城乡居民养老保险丧葬补助办法的通知精神，从2017年1月1日起，厦门市城乡居民养老保险参保人员在领取城乡居民养老金期间死亡的，其城乡居民养老保险丧葬补助金标准为2500元。该制度填补了城乡居民养老保险参保人身故后无丧葬待遇的政策空白。

【基本医疗保险】 2017年，集美区落实"全民社保工程"，完善城乡居民医疗保险配套政策，进一步提高城乡居民医疗保险水平。全区户籍人员参加城乡居民基本医疗保险114948人，同比增长9.55%，财政补助个人缴费部分1149.50万元。全区城乡居民医保及未成年人、大学生基本医保参保233493人，同比增长3.95%。城乡居民基本医疗保险参保率达到100%。落实《厦门市公立医院综合改革试点实施方案》，推进分级诊疗和改革医保支付方式改革，进一步减轻群众医药费用负担。全区转外就医、异地工作异地安置医疗报备219人次，年度审核支付医疗报销6638人次，审核支付金额893.05万元。审核本区个人自付医疗费困难补助1780人次，同比增长3.07%，支付个人自付医疗费困难补助513.74万元。

【失业、工伤、生育保险】 2017年，集美区审核本市失业人员保险2161人，发放失业保险金1340.04万元；人工受理外来员工领取生活补助金484人，发放一次性生活补助67.66万元。做好企业稳岗补贴审核发放工作，发挥失业保险基金稳定岗位作用，年度审核发放4114家企业补贴金额1989.88万元。按时足额发放工伤保险待遇，年度审核工伤保险待遇2090人次，同比增长11.41%，核发工伤待遇金额3519.56万元；落实“二孩”生育配套政策，审核生育保险待遇6020人次，同比增长36.49%，发放生育待遇金额5143.69万元。（人社局）

2017年集美区社会保险基本情况统计表

表42

项目		2016年（人/万元）	2017年（人/万元）	同比（%）	区财政补助（万元）
各险种参保总人数		500035	549540	9.90	—
企、事业“五险”参保情况	职工参保总人数	274919	301783	9.77	—
	基本养老保险	264460	292523	10.61	—
	基本医疗保险	273793	300834	9.88	—
	失业保险	255214	281973	10.48	—
	工伤保险	256293	282218	10.11	—
	生育保险	240249	266969	11.12	—
被征地人员参加基本养老保险	参保人数	1719	2161	25.71	3107.97
	退养人数	1126	1736	54.17	—
城乡居民及未成年人基本医疗保险	参保人数	224613	233493	3.95	1149.84
城乡居民养老保险	参保人数	16251	15810	−2.71	164.41
	退养人数	108	119	10.19	—
企业人员领取退休金	退休人数	971	1179	21.42	—
医保享受退休待遇	总人数	772	1250	61.92	—
社会保险关系转移	总人数	5080	6644	30.79	—
本市户籍领取失业金	人数	2183	2161	−1.01	—
	领取金额	1563.70	1340.04	−14.30	—
外来人员领取一次性生活补助	人数	564	484	−14.18	—
	领取金额	63.90	67.66	5.88	—
工伤保险待遇	人数	1876	2090	11.41	—
	支付金额	3519.56	4430.59	25.88	—
基本医疗费用报销	人数	3934	6638	68.73	—
	支付金额	508.93	893.05	75.48	—
生育保险待遇支付	人数	6020	8217	36.50	—
	支付金额	5143.69	5756.16	11.91	—
个人自付医疗费困难补助	人数	1727	1780	3.07	—
	支付金额	513.74	522.11	1.63	—

住房保障

【概况】2017年，集美区出台《厦门市集美区安置房建设与管理暂行规定》《集美区公共租赁住房管理办法》《关于加快保障性住房建设的实施意见》，从建设、配售、产权证办理、后期物业管理等方面对安置房进行规范管理，提升安置房建设管理水平。至年底，新开工安置房项目18个，全区共有安置房项目37个，总建筑面积467.45万平方米。其中，交付使用17个，部分交付使用2个，共15707套，总建筑面积218.75万平方米，总住宅面积180.78万平方米；分配房源18902套，面积209.5万平方米；剩余房源7570套，面积80.6万平方米。竣工交付使用的安置房已办理入住手续的6326套，完成个人产权证办理1990套，完成率31.5%。

【安置房建设】2017年，集美区在已建安置房的基础上，按照总量控制、统筹规划、布局合理的原则，按需规划新建安置房建设。7月，厦门火车（新）站安置房2号地块、西客明珠安置房、井城安置房陆续开工建设。至年底，全区共有安置房项目37个，总建筑面积467.45万平方米。其中，交付使用17个，部分交付使用2个。分别是宝华花园、许庄安置房、幸福家园、铁山安置房、永祥新城、华雅花园、广科花园、文康花园、上塘安置房、滨海花园、集安广场、同集路集美段旧城改造安置房和兑山、英村、奇立、泽周、锦福安置房，共15707套，总建筑面积218.75万平方米，总住宅面积180.78万平方米，完成投资45亿元。在建项目：碧溪花园，厦门火车（新）站1号、2号、3号、5号地块安置房，西亭安置房，西客明珠安置房，井城安置房，总建筑面积165万平方米，住宅面积123.17万平方米，共12036套，总投资48.27亿元。15个新建项目：岩内安置房1号、2号、3号、4号、5号、6号、7号、8号地块，后溪窗内安置房，后溪东厝寨安置房，杏滨内茂安置房1号、2号地块，集美北部新城安置房，灌口三社安置房，侨英（华大）安置房，总用地面积33.23万平方米，总建筑面积99.59万平方米。至年底，15个新建项目正在办理前期手续。

【安置房配售管理】2017年，集美区建设行政主管部门以“效率提升年”活动为契机，牵头对安置房配售流程进行重新梳理，并多次召开会议，讨论影响安置房配售审批的主要原因和关键环节，优化安置房配售流程，压缩办理时限。7月，区建设局联合财政局、重点办印发《关于提升安置房配售工作效率的通知》，明确安置房申请材料、安置房购房资金缴交可容缺受理，开通安置房配售快捷通道。同时，压缩办理时限，将配售工作流程由原来的20～30个工作日压缩到9个工作日，提升工作效率和服务水平。至年底，全区22个安置房项目，总建筑面积383.71万平方米，总住宅面积303.84万平方米，共27743套，分配18902套，面积209.5万平方米。剩余房源7570套（其中在建3814套，竣工3756套），面积80.6万平方米。办理入住手续6146套。拨付物业管理服务费、公维金、土头清运费等1332.41万元。

【安置房灾后恢复重建】2017年，集美区做好2016年“莫兰蒂”台风灾后恢复重建工作，对已交付入住的17个安置房项目进行灾损情况摸底，投资3370万元，对受损的树木、电梯、电子围栏、监控设备、led显示屏、灯具（含路灯、庭院灯、吸顶灯等）、发电机、潜水泵、道闸、康体设施、标示标牌、石桌石凳、宣传栏、信报箱、雨棚、停车棚、消防栓、垃圾桶、岗亭、门窗、围墙、伸缩缝、墙面装饰层、屋顶瓦片、吊顶等进行修复。至年底，灾后恢复重建工作基本完成。

【产权办理】2017年，集美区继续推进安置房产权办理工作。至年底，竣工的安置房项目中，除兑山安置房因环评无法通过尚未办理项目权属初始登记外，其余的均办理项目权属初始登记。西亭安置房采取分割办法，先行办理竣工交付使用的A1-1、A1-2地块项目权属初始登记。竣工交付使用的安置房项目办理入住手续的6326套，完成个人产权证办理1990套，剩余4336套，完成率31.5%。

【保障性住房】2017年，集美区建设行政主管部门运用住房保障职能，负责辖区保障性住房首次申请的受理、审核和使用监管工作，受委托承担续租申请的受理和审核工作，逐步解决辖区居民的住房困难，促进和谐社会建设。至年底，完成保障性租赁房申请审核180户，保障性商品房申请审核126户，变更审核40户，续租审核48户。审核拨付租金补助409.4万元，受惠家庭1100余户。（张永桥）

民　政

【概况】2017年，集美区继续实行“绿洲计划”，推出惠民措施69项，支出23899.5万元，惠及959479人次。城乡最低生活保障标准由每人每月610元提高至720元，全年发放保障金512.87万元，惠及7315人次，兜住民生底线。发放残疾人两项补贴资金1415.21万元、临时救助金115.08万元、医疗救助金797.6万元、教育救助金36.34万元。为全区26.47万人缴交巨灾保险费140.72万元，灌口镇双岭村、田头村，后溪镇后溪村3个社区获评“全国防灾减灾示范社区”。新成立灌口镇安仁社区、杏林街道莲亭社区。探索“医养结合”“院会结合”“养护结合”养老模式，采用政府购买服务、专业社工机构运营方式，建立社区居家养老服务站6个。实现“福建省双拥模范区”七连冠，杏滨街道获评“福建省爱国拥军模范单位”。

【实施“绿洲计划”】2017年，集美区继续实行“绿洲计划”，推出惠民措施69项，涉及就业、养老、医疗、教育诸多方面。全年支出23899.5万元，较上年增长17.35%，惠及95.95万人次，同比增长76.70%。其中，贫有所济11项，救济8943人次，支出1018万元；学有所教6项，惠及6993人次，支出882.2万元；病有所医10项，惠及31.63万人次，支出2830.89万元；老有所养10项，惠及61123人次，支出4450.6万元；住有所居3项，惠及2300人，支出498.66万元；灾有所救1项，惠及26.47万人次，支出140.72万元；难有所帮13项，惠及3466人次，支出1057.4万元；劳有所得8项，惠及26.13万人次，支出11300.39万元；残有所助7项，惠及34389人次，支出1720.64万元。

【救助救济】2017年，集美区加大对各类困难群众的救助力度，涵盖更多救助对象，救助标准、比例提高。两次提高城乡最低生活保障标准，即由原来每人每月610元首次提高至650元，再次提高至720元，兜住民生底线。全年共有5029户次7315人次享受最低生活保障，累计发放保障金512.87万元。提高特困人员供养标准，细化供养项目，新标准为每人每月基本生活费1080元，照料护理全自理260元，半护理510元，全护理850元；散居特困对象23人，集中供养特困对象29人，发放供养金138.71万元。做好困难残疾人生活补贴和重度残疾人护理补贴衔接工作，全年发放残疾人两项补贴资金1415.21万元。落实《医疗救助实施细则》和《临时救助实施细则》，全年临时救助1074人次，支出临时救助金115.08万元。加强医疗救助与基本医疗保险和大病补充医疗保险有机衔接，实现资源共用、信息共享、结算同步，住院救助标准年累计限额由2万元提高至10万元，门诊救助标准由1万元提高至2万元，全年累计救助3.8万人次，支出医疗救助资金797.6万元。实施教育救助219人次，发放救助资金36.34万元。

【防灾减灾】2017年，区民政局以“全国综合减灾示范社区”创建工作为抓手，完善防灾减灾体系建设，开展以“减轻社区灾害风险，提升基层减灾能力”为主题的防灾减灾宣传周活动，印发宣传手册1000份。引入蓝天救援队，组建飞鹰救援队，充实救灾队伍。修订《厦门市集美区自然灾害救助应急预案》，签订“巨灾保险”，为全区26.47万人缴交巨灾保险费140.72万元。是年，灌口镇双岭村、田头村，后溪镇后溪村3个社区获评“全国防灾减灾示范社区”。

【社区建设】2017年，集美区出台《关于调整城市社区“两委”干部等人员工资福利待遇的通知》和《关于调整农村社区“两委”干部误工补贴的通知》，进一步提高社区工作人员工资福利待遇，并首次规范城乡社区工作站其他工作人员的待遇标准。完成全区65个村（居）委会在民政系统的数据对比和61个村（居）统一社会信用代码证书的发放工作。新成立灌口镇安仁社区、杏林街道莲亭社区，同时做好杏林街道园博社区规模调整工作；协助区农林水利局做好后溪镇新村社区集体资产改制验收，指导该社区实现向城市社区的过渡。开展政府购买社会工作服务，至11月，政府购买金额692.65万元，比2016年增长107%。

【养老工作】2017年，区民政局稳步推进养老工作。区社会福利中心、爱欣老年公寓和厦门兴锦园老年公寓三处养老机构，核定养老床位778张。探索“医养结合”“院会结合”养老模式，由民间资本投资的厦门兴锦园养老公寓与厦门市锦园中医院合作，推进医养护结合。牵头18个村（居）农村幸福院建设，建成运营8个，总投资472万元。完成居家养老社会工作服务试点工作，共投入资金72万元，采用政府购买服务、专业社工机构运营方式，建立社区居家养老服务站6个。在浔江、银亭、三秀和杏北4个社区开展信息化助老项目试点，通过公开招投标方式，采购国太亚医、智宇信息、和欣

2017年，集美区稳步推进养老工作。图为爱欣老年公寓的工作人员为客人介绍入住养老机构相关政策（林志杰）

社工、爱欣公寓4家专业养老服务机构的养老服务，对接全市养老信息化平台，实行社区居家养老服务站专业化、信息化服务。继续落实《集美区老年人入住养老机构补助实施办法》，符合政策的对象入住养老院，每人补助500～1000元，全年受理入住补助申请69人，补助金额35.85万元，补助人次、补助金额分别比2016年增长46.80%和56.25%。高龄养老津贴发放对象扩大至全区户籍80岁以上老年人，全年累计发放305万元。

【双拥支前】2017年，区民政局继续落实《集美区现役立功受奖军人奖励实施办法》和军人子女教育优待政策，协调解决军人子女入学、入园131人；奖励驻集部队立功官兵220人，发放奖金23万元。开展双拥支前工作，支持部队建设55.4万元，春节、八一建军节，区领导带队慰问部队单位80个，慰问金额112万元。是年，集美区再获“福建省双拥模范区”称号，实现“七连冠”；杏滨街道获评“福建省爱国拥军模范单位”。

【优抚安置】2017年春节、建军节期间，集美区慰问优抚对象1164人次196.16万元。发放残疾军人伤残抚恤金166.25万元、重点优抚对象生活补助金364万元、大学生入伍奖励金104.5万元、义务兵家属优待金430.47万元、农村籍60周岁以上退役士兵老年生活补助金49.54万元、重点优抚对象医疗救助54.62万元。接收退役士兵95人（含复员干部1人），其中退伍义务兵66人、复员士官28人。发放94名退役士兵自主就业补助金583.07万元，增发47名立功受奖退役士兵义务兵家属优待金8.54万元。

【社会组织登记管理】2017年，全区依法登记注册的各类社会组织共606家，其中社会团体79家（原81家，注销2家）、民办非企业单位191家、备案

工作人员在安装二维码门牌（林志杰摄）

社区社会组织336家。民政综合窗口共受理并按时办结社会组织类业务325件。出台《关于改革社会组织管理制度，促进社会组织健康有序发展的实施意见》，放宽社区社会组织准入门槛，简化登记程序。稳步推进去行政化改革。组织开展行业协会商会与行政机关脱钩工作，成立集美区行业协会商会与行政机关脱钩联合工作组，制定并印发《集美区行业协会商会与行政机关脱钩工作方案》，指导各业务主管单位完成与所管行业商协会在机构、职能、资产、人员、党建外事等五方面的脱钩任务。按照“突出重点、分类指导、强化措施、全面覆盖”的原则，加强社会组织党建工作。区民政局主管及直接登记11家，组建党支部3个，覆盖率100%。增设社会组织党群活动室，开展政府购买服务，确认具备承接政府职能转移和购买服务资质的社会组织15家。开展《中华人民共和国慈善法》宣传和慈善组织认定工作，组织辖区内的社会组织多批次参加“慈善法”的相关培训，对有可能达到慈善组织认定资格的单位重点进行指导。

【婚姻与殡仪服务】2017年，区民政局办理内地居民结婚登记2262对、离婚登记792对，补领婚姻证书319份，出具婚姻记录证明11份。7月31日开始实行周末轮班制度，实现婚姻登记窗口周末无休。清明节期间，接待祭祀者3.3万人次、车辆2200部。全年收运尸体908具，迁坟720座。落实丧葬费用减免政策，惠及321人次，减免费用28.76万元。

【区划地名管理】2017年，区民政局加强地名和地址信息标准化、数字化管理工作，完成二维码地址排查、数据采集任务，形成标准地址成果数据14.24万条，安装二维码门牌14.4万块，实现全区房屋地址门牌全覆盖。

（陈霖）

居民生活

【城镇居民收入】2017年，据城镇居民家庭抽样调查，集美区城镇居民人均可支配收入44777元，比2016年增长8.9%。工资增长是城镇居民增收的

主要来源，持续提升的社会工资水平推动居民工资性收入稳步增长。城镇居民人均年工资性收入 31955 元，同比增长 7.7%，占家庭总收入的 71.4%。经营收入较快增长。近年，政府陆续出台创业就业新政策，通过扩大扶持对象面、提高补贴和奖励标准、延长奖励补贴年限等方式，加大对个体工商户和自主创业者的扶持力度，个体私营经济得到快速发展。城镇居民人均年经营净收入 4797 元，同比增长 13.7%，增速排名四项收入第二位。房屋租赁收入增加。2017 年，厦门房屋租赁价格稳中有升，集美区居民家庭住房"由购转租"和"以租养贷"者趋多，城镇居民房屋出租收入同比增长 40.9%。城镇居民人均年财产净收入 4435 元，同比增长 14.7%。居民转移净收入增长。随着社会保障体系建设步伐加快，保障机制逐步完善，最低生活保障范围逐步扩大，城镇居民养老金标准、低保标准不断提高。城镇居民人均年转移净收入 3590 元，同比增长 7.2%。

【城镇居民消费】 2017 年，据城镇居民家庭抽样调查，集美区城镇居民人均消费支出 27805 元，同比增长 5.2%。八大类消费支出"七涨一跌"，其中居住类增长 12.2%、医疗保健类增长 8.9%、生活用品及服务类增长 8.6%、其他商品及服务类增长 7.9%、衣着类增长 7.2%、教育文化娱乐服务类增长 4%、食品类增长 2.9%、交通和通信类下降 0.1%。食品和居住依然是城镇居民消费支出的主要组成部分。居民人均年食品烟酒支出 9365 元，同比增长 2.9%，居民恩格尔系数 33.7%；居住支出 5019 元，同比增长 12.2%，分别占生活消费支出总额的 33.7% 和 18.1%，拉动生活消费支出增长 2.9 个百分点。医疗保健日益受重视。城镇居民人均年医疗保健消费支出 1551 元，同比增长 8.9%，仅次于居住类增幅。生活用品及服务消费增长较快。城镇居民人均生活用品及服务年支出 1872 元，同比增长 8.6%。居民购买首饰等其他商品和服务消费支出大幅增长，增幅居八大消费第四位。人均其他商品和服务消费年支出 625 元，增长 7.9%。衣着消费稳定增长。城镇居民人均年衣着支出 1985 元，同比增长 7.2%，占消费支出的 7.1%，是仅次于食品、居住、交通和教育的第五大消费类别。教育文化娱乐消费仍是消费亮点。近年，城镇居民消费观念不断更新，旅游、休闲、健身活动成为生活中不可缺少的内容，节假日和闲暇时去电影院、健身房，进酒吧、茶楼等成为消费潮流；同时，居民对于孩子综合素质教育日益重视，外语、音乐、舞蹈等培训支出增长迅速。城镇居民人均教育文化娱乐消费年支出 3051 元，同比增加 118 元，同比增长 4%。

【农村居民收入】 2017 年，据农村居民家庭抽样调查，集美区农村居民人均可支配收入 24681 元，同比增长 7.3%。收入构成中，工资性收入依然占主体地位，人均收入 17635 元，占人均可支配收入的 71.45%；在新增的 1682 元人均可支配收入中，工资性收入贡献 676 元，贡献率 40.2%，直接拉动人均收入增幅 2.7 个百分点。经营净收入次之，人均 3918 元，占 15.88%，同比增长 11.2%，对增收的贡献率为 23.4%，重要性仅次于工资性收入。由财产净收入和转移净收入组成的非经营性收入人年均 3128 元，占 12.67%，同比增长 24.3%。其中由利息、集体分配股息和红利、其他股息和红利、租金、其他投资收益等组成的财产净收入人均 1770 元，同比增长 23.9%。由农村亲友支付赡养费、各项补贴收入、其他收入等组成的转移净收入人年均 1358 元，增长 24.9%。

【农村居民消费】 2017 年，据农村住户抽样调查，集美区农村居民全年人均消费支出 23426 元。其中，食品消费 8441 元，占全部消费支出的 36.03%；居住类消费 5445 元，占 23.24%；交通和通信消费 4149 元，占 17.71%；教育文化娱乐服务消费 1668 元，占 7.12%；衣着消费 1377 元，占 5.88%；生活用品及服务消费 1315 元，占 5.61%；医疗保健消费 613 元，占 2.62%；其他商品及服务消费 418 元，占 1.78%。全年人均消费支出同比增长 7.6%，八类消费中前七类增长，增长率从高到低依次为：生活用品及服务消费增长 13.1%，居住类消费增长 9.5%；衣着消费增长 8.4%，教育文化娱乐服务消费增长 8.1%，医疗保健消费增长 7%，食品消费增长 6.9%，交通和通信消费增长 5.6%；唯其他商品及服务消费同比下降，降低 2.3%。（高凌）

镇与街道

灌口镇

【概况】2017年，灌口镇新成立安仁社区。至年底，下设行政村12个、社区居委会7个，镇域面积70.2平方千米；常住人口145307人，其中户籍人口55636人、流动人口89671人。是年，实现工业总产值258.8亿元，其中规模以上工业103家，工业总产值242.5亿元。有规模以上服务业8家，完成营业额3.2亿元；限额以上贸易业33家，完成销售额55.6亿元；资质以上建筑业9家，完成建筑业产值16.6亿元。财政总收入13.52亿元，其中镇级收入1.79亿元；完成国内招商66.38亿元，合同利用外资9280万美元，实际到资3360万美元；完成固定资产投资项目119个，投资额102.2亿元。灌口镇跻身2017年度“全国综合实力千强镇”（第51名），获评2015—2017年度福建省文明镇，连续五年获“厦门市征兵工作先进单位”称号。

【农业】种植业：2017年，灌口镇种植水稻160.53公顷（2408亩），总产1011.4吨，平均亩产420千克；种植花生71.47公顷(1072亩),总产176.88吨，平均亩产165千克；种植蔬菜553.07公顷（8296亩，不含复种指数），总产8544.9吨，平均亩产1.03吨；种植花卉205.07公顷（3076亩），其中草皮面积107公顷（1605亩），绿化苗木、室内观叶植物花卉91公顷（1365亩）；种植水果626公顷（9390亩），其中荔枝、龙眼产量1960吨。畜牧业：家禽存栏22890羽，出栏736230羽（其中肉鸽652300羽），产鸭蛋2586.3吨。水产业：养殖面积200.67公顷（3010亩），放养鱼苗750万尾，虾苗1000万尾。生产水产品980吨，其中鱼928吨、南美白对虾52吨。是年，继续加强溪流整治，推进家禽规模养殖退养工作，完成饲养户家禽清点和建筑物测绘工作，清点饲养户127户、家禽75.31万羽，测绘面积74742.46平方米。以许溪流域（346.67公顷）为试点，以生产基地为重点，推广生物防治措施，使用黏虫板3万片、配方化肥35吨。做好禽流感、重大动物疫病防疫工作，用药450千克，消毒面积44.45万平方米，完成夏季消毒灭源任务。抽检蔬菜产品580份，均无药残；采集动物血清样品180份、棉拭子158份、环境样品22份，均检测合格。抽检水产品药残6批次64个样品，均检测合格。有水产监测点24个，开具水产品产地证明125份。办理农资综合补贴4117户104.67万元。组织科普和实用技术培训10期，受众152人，发放实用技术材料320份。

【工业】2017年，灌口镇落实招商项目261个，实现国内招商66.38亿元。深青工业组团有12家企业进驻投产，2家厂房出租（三江盛达、力兴工贸），亚南机电厂房主体建成，其他配套设施建设中；正新集美新厂一期投产，二期用地征地拆迁进行中。新兴海峡物流园办公楼建成投入使用。中马供应链项目与普洛斯合作开发项目有序建设。灌口2007GJ01（阳光城•文澜府）项目、禹洲房地产J2016P01项目进展顺利，龙湖首开•景粼原著项目建设中，联发欣悦湾项目累计投资17.43亿元，厦门汽车工业城部件配套中心（四期）累计投资3.76亿元。招商莱顿小镇、湖畔学府项目销售中。

【征地拆迁】2017年，灌口镇征地拆迁项目60个，其中省、市重点项目14个，区重点项目46个。完成征地214.85公顷，拆迁面积28.09万平方米，分别占全区完成量62.3%和36.11%。软件园三期6号地块、C11地块、C16地块、机械工业集中区二期通利彩印、厦晖地块等项目全部完成交地；灌口东部新区招拍挂地块、马銮湾新城基础设施及配套工程地块征地拆迁进入扫尾阶段；前场铁路特大型货场、体育中心等重点建设项目地块征地拆迁工作有序推进。

【基础设施建设】2017年，灌口镇39个分散式污水处理管网项目和34个分散式污水处理设施主体工程全部完工，进入运行调试阶段；27个集中纳管项目中，23个基本完成。实施农村发展用地项目，三社村、李林村与集美城发公司建设三李城项目签约。美丽乡村建设，安排建设项目10个，三社村村部建设开工。四线沿线建筑立面整治，324线、319线、高速沿线、铁路沿线分别完成167栋、38栋、60栋、30栋，完工率均为100%。完成四家机砖厂拆除整治。集美物流园杏美路、前潮路、前场七路、灌口中路（三南路至纵四路段）道路建设进展顺利，安仁干道建设基本完成，集美北大道三南路至杏锦路退线提升工程基本完成。

【民生保障】低保工作：2017年，灌口镇发放城镇低保金25.88万元，惠及270户344人；发放农村低保金74.19

万元，惠及 745 户 1036 人。供养“三无”“五保”人员 181 人，补助 29.16 万元；供养孤儿 24 人，补助 4.32 万元。镇爱心超市发放物资价值 5.35 万元，惠及 314 户 416 人。残疾人救助：新办残疾证 151 个，发放重度残疾人护理补助 303.05 万元，惠及 646 人次；发放困难残疾人生活补助102.86万元，惠及 247 人次。救助残疾 119 人次，慰问残疾人 3397 人次 40.67 万元，发放残疾人用品 54 份。老年人关爱：发放高龄老人津贴 134.62 万元，惠及 11821 人次；发放政府购买服务费 7.14 万元，惠及 548 人；下拨老年活动经费 25.5 万元。办理丧葬补贴 5 人。协助异地退休认证 103 人。办理老年人优待证 590 个，审核失能老人服务需求 154 人，慰问老人 937 人次 21.4 万元。临时救助：临时救济 430 人 58.05 万元，医疗救助 9508 人 218.08 万元，教育救助 198 人 20.88 万元。慰问困难对象 795 人次 44.12 万元。就业扶持：开设富余劳动力转移培训班 14 个，培训 257 人。提供公益性就业岗位 115 个，组织 2718 家企业提供就业职位 9872 个、岗位 32545 个，应聘 10838 人，成功就业 3029 人。认定就业困难人员 379 人、灵活就业人员 224 人、自由职业者灵活就业 261 人。复核灵活就业 439 人。实施创业奖励 54 人，补贴 28.78 万元；发放各类就业补贴 12642 人 798.52 万元。慰问退管人员 9396 人 127.1 万元。补助残疾人自主创业 73 人，发放残疾学员午餐劳动津贴 10.5 万元，完成手工件 195 万个，金额 4.07 万元。办理小额创业担保贷款 64 人，企业担保贷款 1 家。社会保障：办理基本医疗保险参保 32675 人，补助 31347 人 313.47 万元，办理社保卡业务 3101 人。新增失地养老保险参保 680 人、城乡养老保险参保 6542 人，补助 33.13 万元。失地退休人员移交社会化管理 688 人，累计社会化管理 8239 人、抚恤人员 46 人。优抚安置补助：办理优抚对象医疗补助 24 人 9.08 万元；发放病故军人家属、在乡复员军人、退役参战军人补贴 2408 人 259.27 万元；发放 60 周岁以上复员人员一次性生活补贴 147 人 25.77 万元；组织享受定补优抚对象免费体检 120 人；发放 32 人 2015—2016 年入伍参军义务兵家属优待金 60 万元，发放 14 人自主择业一次性补助 105.4 万元。慰问烈军属、残疾军人、在乡老复员军人和带病回乡退伍军人 348 人 72 万元。

7 月 2 日，灌口镇顶许村社区书院揭牌。（范玉兰 摄）

【文化事业】 2017 年，灌口镇投入 200 余万元，支持篮球赛、门球赛、木偶戏、3D 电影下村（居）、曲艺专场表演等活动。全年举办各种文艺会演 30 余场，举办“智欣杯”乒乓球赛 2 场、篮球赛5场、门球赛3场、元宵趣味活动6场、电影放映 2 场。投入 25 万元，支持市歌仔戏研习传承中心送戏下村（居）演出 10 场。组织 17 队 789 人，参加区全民健身运动会。在田头民俗文化园搭建乡村大舞台，每周六、日举办非遗演出及教学活动。投入 40 万元，修复顶许村、双岭村、三社村部分体育设施。区体彩公益金支持 170 万元，提升改造顶许村羽毛球场、浦林村多功能运动场、李林村鱼孚社篮球场。坑内村、三社村文化站通过检查验收。

【教育事业】 2017 年，灌口镇有完中、普通中学、特殊教育学校和民办小学各 1 所，小学 4 所，公办幼儿园 3 所（含分园），民办幼儿园 26 所，在校生 18645 人，教职工 2312 人。2017—2018 学年，3—5 周岁户籍人口 2850 人，学前三年教育入园率 97.5%，公办幼儿园幼儿占 46.8%，公办园和普惠性民办幼儿园占 95.2%，各级示范幼儿园就读比率 34.9%。6—14 周岁残疾人口 17 人，三类残疾儿童入学率 100%。全年投入 250 万元，用于辖区学校配套设施及特色文化建设。

【卫生事业】 2017 年，灌口镇有 13 个村（居）完成村镇卫生服务一体化建设，3 个村采用租用民房方式解决场所问题。投入 60 万元，为 4057 位 60 岁以上老年人进行健康体检。投入 36 万元，支持家庭医生签约工作，家庭医生签约 16913 人，签约率 33.72%。其中，高血压人群签约 3044 人，签约率 40.36%；糖尿病人群签约 1090 人，签约率 28.01%；独生子女家庭、农村计划生育双女家庭和 65 岁以上老年人家庭医生签约188人，签约率74%；独生子女死亡伤残特殊扶助签约9人，签约率100%；独生子女死亡伤残特殊家庭精神抚慰签约20人，签约率100%。全年采集居民健康信息11.26万份，开展健康教育讲座72场，受众3600余人。

【计划生育】 2017年，灌口镇总人口145307人，其中户籍人口55636人、流动人口89671人。育龄妇女40888人，其中已婚33765人。户籍人口女性初婚231人，落实节育术175例。户籍人口出生1157人，其中政策内1133人，出生政策符合率97.93%；户籍人口出生中男婴597人，女婴560人，出生性别比106.61。流入人口出生1722人，其中政策内出生1601人，出生政策符合率92.97%。全年办理独生子女父母光荣证47本，一孩生育登记287对，其中流动人口登记1对；二孩生育登记670对，其中流动人口登记5对；办理再生育服务证29本。参加优检780人，其中流入人口133人。审核外来务工人员子女计生状况证明2405份，审核电子婚育证明39885份。查处涉嫌非法鉴定胎儿性别行为3例。发放避孕药具83280只。组织育妇随访8616人次。发放各类宣传品8.2万份，义诊500余人次，发送宣传短信30万条。办理计生家庭意外伤害险6423户，补助64.23万元。审批幸福工程小额贴息贷款12户。帮扶、慰问计生户337户。立案调查违法生育案件64例，结案27件；审核计生“一票否决”852人次，否决28人；审核“增加一人份额”591例，兑现到位414例2073.46万元。办理“失地农民养老保险”计生审核627人。发放长效节育奖励141人5.13万元、独子奖励费37对3.87万元，兑现升学奖励16人11.5万元。

【社会综合治理】 2017年，灌口镇受理各类信访件522件，办结510件，办结率97.7%；领导接访8起43人次。化解矛盾纠纷181起。辖区刑事接报警总警情同比下降47%，“两抢”警情下降90%，“两车”盗窃警情下降62%，入室盗窃警情下降44%。排查324、319国道、集美北大道等路段安全隐患32处，整改30处。开展摩托车、大货车道路交通违法行为整治，发挥8个劝导站、16名专职农村劝导员作用，纠违14382起。开展客货车、土方车、校车、危化品运输车“点对点”排查建档工作。分发各类平安宣传材料1.5万份，通过“灌口派出所”官方微博、“平安灌口”微信公众号等发布宣传信息100余篇。组织红袖标志愿者950人、网格员309人，开展“四实”基础登记摸排工作。全镇安装各类探头870路，实现重点区域全覆盖。全年发生交通亡人事故9起，同比下降40%。

【安全生产】 2017年，灌口镇健全安全生产“党政同责、一岗双责、齐抓共管、失职追责”工作机制，下达安全生产目标责任书和预算经费727万元。招录镇专职消防队员15人，召开专题会议48次，制发各类安全生产文件49份。检查企业2693家、餐饮场所1701家，督促整改隐患5983处，签订承诺书1936份。打击非法生产危化品企业14家，查扣危化品33.8吨；取缔非法电镀作坊1处；打击“黑气”窝点6处，查扣“黑气”464瓶，行政拘留1人；处罚堵塞消防安全出口、“三合一”场所企业21家。打击非法储存、销售烟花爆竹4起，收缴烟花爆竹247件，治安拘留4人。30家用人单位完成职业卫生基础建设，80家企业完成职业病危害因素检测，22家大中型企业和21家小微企业全部完成网上申报。配合有关部门，整改中石化油气长输管道安全隐患3处，参与灭火行动94起。开展燃气安全检查24588户，安装独立式感烟火灾探测报警器516个、悬挂式超细干粉灭火器1466个。投入17.2万元，改造隐患点38个，在324国道新建中央隔离道7.8千米，增设违章自动抓拍系统8处。排查特种设备246家2601台。做好防范未成年人溺水工作，排查水体1040处，制作警示牌2001个。投入宣传培训经费25.1万元，印发宣传材料5万份，发送短信5.8万条，悬挂横幅57条，制作展板14块，开展集中宣传3次，播放安全教育电影19场，举办安全培训58场，培训5000余人。参加企业法人及安全管理人员资格取证（复审）培训170人。向上级报送安全生产信息112篇，采用90篇。全年发生工矿商贸类安全生产事故2起，死亡2人。

【汽车小镇建设】 2017年，灌口镇汽车小镇建设完成投资6.67亿元，完成年度计划125.9%，项目进展顺利。4月，成立由21家成员单位组成的集美汽车小镇建设领导小组。完成赴江浙考察，与汽车行业协会、吉林大学、同济大学、华侨大学、厦门理工学院等汽车专业高校会商，与中交海西、海翼集团、厦门国贸、金都集团等企业商谈合作等事宜，确定“一个引擎，四轮驱动”发展思路。汽车小镇核心街区选址灌九路和旧324线交叉地块，利用市土地开发总公司收储用地开发建设综合体项目。与海翼集团签订打造海翼智创园协议，新能源车整车控制器研发中心、新页智能供电科创中心、厦大硅碳研究院等科研机构达成入驻意向。与环球车享汽车租赁有限公司、华夏出行有限公司签订战略合作协议，建设正新文化中心卡丁车赛道、儿童轮胎游乐园。累计投入1000余万元，提升园区周边道路景观，打造汽车产业展示街。引进百度金龙商用级无人驾驶微循环车、厦工与中航工业合作项目、厦晖气门嘴、厦钨金鹭项目，新页科技电动车无线充电项目、海拉汽车电子项目进展顺利。

【精神文明建设】 2017年，灌口镇开展思想意识形态学习教育60次，组织十九大精神进村（居）宣讲21场，开展“人文集美、添彩金砖”“家园清洁行动”等活动40余场，举办“做有精神讲文明的新灌口人”和“闽南戏曲进村居”文艺会演等活动20余场，更新各种主题宣传栏120余版，发放《厦门会晤市民文明公约》《遵守八不规范，做文明公民》《文明礼仪手册》等4万余份。开展学习弘扬“时代楷模”陈清洲先进事迹活动，申报身边好人、最美村干部等道德模范2人。完成顶许、双岭、田头、黄庄4家社区书院建设，采取社会购买服务方式开展志愿服务活动。向《福建日报》《厦门日报》等媒体投稿296篇。（王小杰）

后 溪 镇

【概况】2017年底，后溪镇有常住人口39522人，流动人口31220人。实现工业总产值91.18亿元，比上年增长28.8%；财政总收入9.55亿元，镇本级财政收入1.71亿元；限额以上批零销售额38.52亿元；实现国内招商42.28亿元，合同外资4990万美元，实际到资4984万美元，位居全区第二名；完成固定资产投资116.87亿元，位居全区第一名。农民人均纯收入18955元，同比增长11.1%。与和政县新营镇签订结对帮扶合作协议，援助帮扶资金100万元，扶持山城村、三坪村群众发展种养殖业。是年，后溪镇蝉联“全国文明村镇”称号。

【农业生产】2017年，后溪镇主要农作物播种面积657.5公顷（9862.5亩），总产量12004吨；水果种植面积1115.4公顷（16731亩），总产量10443吨；种植花卉23.33公顷（350亩）、绿化苗木33公顷（495亩）、草皮19.67公顷（295亩）。家禽存栏14490羽，出栏95634羽，其中蛋鸭存栏7937羽，禽蛋产量71.4吨。水产养殖面积70.55公顷（1058.28亩），产量299.2吨，产值257.3万元。养殖蜜蜂蜂王3550只，其中中蜂2957只、意蜂593只，产蜂业春夏两季产值248.24万元。推广“企业+合作社+农户”经营模式，通过推广应用无公害现代农业管理技术，培植特色农产品基地，提高规模化生产水平，扶持壮大“一村一品”（新村的蜜柚、黄地村的脐橙、前进村的鲜切花）特色农产品品牌，通过良种引进、品种改良、品种提纯、水果套袋、疏花疏果等技术，促进农业结构由粗耕粗放型向精细集约型转变。继续抓好农业无公害生产技术培训和农作物优良品种引进工作。承担区农业局下达的“马铃薯3414”测土配方试验工作，选择不同的地块和不同的施肥配方，通过试验得出最佳的施肥方式，指导农民合理施肥。组织农民和重点专业户参加远程实用技术培训4期，参加550人次；组织重点专业户、农技员和防检员参加市级举办的农业专业培训4期，参加人数111人次。

2017年，厦门北站出发层平台的路面拓宽改造，交通标志全部更新。（林志杰 摄）

【基本建设】2017年，后溪镇承接省、市、区重点项目47个。动漫小镇建设总体规划制订完成，并纳入省级第二批特色小镇培育名单。长泰枋洋水利枢纽一期工程通水，厦门“第二水源”经许庄出水口入厦。征地拆迁有序推进，完成征地105.67公顷（1585亩）、拆迁26.4万平方米，其中住宅拆迁13.8万平方米，排名全区第一。碧溪花园安置房、许庄搬迁、西客明珠、厦门理工二期、软件园三期等一批历史遗留的住宅拆迁项目全面完成。开展“五线一片”市容环境整治工作，拆除各类建筑815栋（处），面积20.85万平方米；完成提升整治改造346栋（处），面积12.5万平方米，完成投资4008万元，均超额完成区下达任务。轨道一号线集美大道站、天水路、岩内站绿化提升改造工程竣工，厦门北站片区景观焕然一新。全镇列入整治范围的地质灾害点15处，总投资841.47万元，其中后溪村浦边社、崎沟村田头社整治工程完工。完成道路硬化项目8个，长5.27千米，总投资516.43万元；完成排水沟改造工程4个，长1.94千米，总投资278.96万元；完成危房加固整治确认审批13户，保障性住房16户。黄地村湖内社、后垵村后垵社被列为省级美丽乡村建设项目。

【许庄搬迁攻坚战】2017年，后溪镇全面完成因石兜水库扩容而导致的许庄整体搬迁任务。镇委、镇政府成立两位主官挂帅、由3名副职领导和28名干部组成的工作组，下设三个攻坚小组和一个基础工作组，攻坚组负责动员、商谈、签约，基础组负责现场附属物清点及配合相关部门做好手续办理工作。三位副职领导分别负责一个攻坚组，社区两委小组长9人、拆迁公司约20人对应安排至4个小组，实行分片包干、责任到人，形成“人人身上有压力，每天工作有进展，齐心协力求突破”的推进机制。在攻坚商谈中，镇两位主官和工作组人员实行“5＋2”“8＋N”工作制，放弃周末和晚上休息时间，以“吃不下、坐不住、睡不着”的紧迫感和“咬定青山不放松”的韧劲，不厌其烦地向群众宣传水源地建设的重要意义、征拆的相关政策，做被拆迁群众的思想动员工作。在转入搬拆阶段后，工作组会同社区两委、执法和应急处突人员，按照许庄、崎沟、大枋三个村庄分成三组，6月20—26日，连续六天，深入到田间地头协助村民进行物品整理搬迁，创造出10天完成141户协议签订、3天完成全部村民搬迁、6天完成6.5万平方米房屋拆除的工作实绩。

【民生保障】2017年，后溪镇有失地养老保险参保人员503人，比2016年增长168.79%；城乡居民医疗保险参保22019人，参保率100%。全年累计给各类困难群众发放各类生活保障金及补贴共325.87万元。崎沟村、英村、岩内埔中央农村幸福院建成，新村社区外口公寓、文教区后勤服务中心实现收益，圣果院商业中心完成招商，溪西人才公寓项目签约，民生保障事业有序推进。实施创业就业工程，全年承办各类培训11场次，实现失业人员再就业521人，农村富余劳动力转移培训247人，均超序时完成年度任务。辖区创业青年29人次申请区级青创贴息贷款770万元。

【生态环境保护】2017年，后溪镇配合中央环境保护督查工作，关停机砖厂5家；开展道路一体化保洁工作，整治露天烧烤、渣土车沿途抛撒、机砖厂环境差等问题，清理主次干道土头垃圾2777吨。在溪西村、龙山社区开展垃圾分类试点工作，并在全镇分步推进实施，村居生活环境改善。落实河长制，开展苎溪、后溪、许溪3条溪流周边“三乱”整治工作，共出动人员120人次，动用铲车及各类车辆50台次，清理垃圾75处100吨，杂草水葫芦31万平方米。加大打击非法采砂、洗砂巡查力度，取缔岩内水库、许庄采沙厂4个。46个分散式及集中式纳管污水收集处理项目全部完工，并完成验收工作。完成生猪养殖回潮和水域周边家禽养殖整治工作，关闭生猪养殖场7个，流域周边200米范围内家禽养殖专业户退养9户，退养家禽38451羽，拆除禽舍7298.58平方米；流域周边200米外家禽养殖专业户退养187户，退养家禽338609羽，拆除禽舍79281.71平方米。

【社会治安重点整治】2017年，后溪镇强化综治责任和“最具安全感城区”建设。成立群防群治“红袖标”组织，有志愿者7300余人。开展基础信息大排查，完成“一标四实三清”和二维码门牌更换工作。实施“雪亮工程”，中小学周边新增高清视频监控398路，村居路口新增治安监控233路。以厦门会晤安保维稳、厦门北站片区平安创建为重点，全面开展综合治理，辖区社会治安形势明显好转。2017年，全镇发生刑事案件461件，比上年下降38.50%。其中，“八大类”案件和“两抢”案件分别下降63.41%和50%。发生治安案件905件，同比下降26.96%；涉黄涉赌案件22件，同比下降31.25%，群众的安全感、满意率提升。全年受理市长专线345件、信访件124件，均按规定及时答复。后溪调委会受理矛盾纠纷308起，涉及人数642人、金额600余万元，化解成功率100%。防止群体性上访4起，涉及人数100余人。

（何凌）

集美街道

【概况】2017年，集美街道下辖岑东、岑西、浔江、盛光、银亭5个社区居委会，总面积4.6平方千米。年末总人口35228人，其中常住人口27470人、流动人口7758人。全年实现税收总收入49278万元，同比减收19818万元，下降28.68%，完成任务的100.57%；街道本级税收总收入6573万元，同比减收3545万元，下降35.03%，完成任务的102.55%。固定资产投资11.99亿元，完成任务的79.93%；合同内资29.44亿元，完成任务的98.09%。新注册企业424家（不含自贸区），注册资金14.11亿元。是年，集美街道获评金砖国家领导人第九次会晤筹备和服务保障工作省级先进单位，蝉联省级文明单位，被省侨办和省住建厅确定为福建省侨乡文化名镇名村创建试点。银亭社区蝉联全国文明单位。集美街道社区卫生服务中心获评全国百强社区卫生服务中心。

【征地拆迁】2017年，集美街道旧城改造征地拆迁做到人员、责任、保障和监督“四到位”。街道成立集美旅游商城拆除领导小组，采取周一例会、挂图作战、对标作战、倒排时间进度等方式推进拆迁工作。将商城26家商户分为招商引资商户、国企租户、小租户三种，厘清历史遗留问题，一户一策，包户到人，细化拆除保障方案，责任到人。全程聘请律师参与征拆商谈工作，律师驻点商城，解答商户疑问，以法服人；邀请清华大学生命科学学院、厦门大学生命科学学院、福建省水产研究所等专家，对南顺鳄鱼园拆迁中鳄鱼活体搬迁及鳄鱼标本赔偿等技术进行反复论证，组织律师、水产专家和评估公司、拆迁公司人员，就鳄鱼园业主的疑问进行现场解答，化解矛盾，推进鳄鱼园拆迁工作；邀请宗亲理事会参与做商户、承租户、二房东等不同人群的思想工作，解决拆迁户后顾之忧。2月28日，商城B、C区21户搬离；5月31日，南顺鳄鱼园搬迁结束；6月6日，商城拆除完毕，拆除面积19566平方米。

【招商引资】 2017年，集美街道加大招商引资工作力度，改进招商方式，狠抓责任落实，进一步改善和优化投资环境。全年新注册企业424家，注册资金14.11亿元；固定资产投资11.99亿元，完成任务的79.93%。其中，5000万元以上项目完成投资额61242万元，5000万元以下项目完成投资额57990万元，其他项目投资900万元。集美集影视园区新增企业200余家，新增注册资本9亿元，完成产值2.19亿元，获评福建省文化产业重点园区。厦门理工学院大学科技园正式挂牌，园区完成产值2.6亿元。万达商圈全年累计客流量1806.54万人次，同比增长6%，累计销售额9.2亿元，同比增长21%。7月，联发集团正式进驻集美大社文创旅游街区。至年底，签订正式租赁合同商户17户，其中6家正式营业。

【基础设施和重点项目建设】 2017年，集美街道继续做好“莫兰蒂”台风灾后重建工作，投入3000万元，完成片区绿化提升2.8万平方米。拆除“两违”建筑85处，面积30105.24平方米，完成年度3万平方米拆违任务。拆除老火车站片区、集美大学科学楼前、石鼓路86号原华润燃气公司等历史违规建筑，完成主干道沿线建筑立面整治93栋和污水集中纳管改造。与厦门海洋局执法大队协调处理违建面积300平方米，与杏林建设公司协调修复海岸线2千米。投资2000万元，实施银江路、浔江路立面整治提升工程，整治银江路楼房立面39栋、浔江路楼房立面54栋。原星集制衣厂旧址改建停车场竣工并投用，旅游商城A区临时停车场建成，轮机学院地下停车场开工建设。地震局生活小区获评厦门市老旧小区改造项目示范点。

【民生保障】 2017年，集美街道办理医疗救助系统补助3175人，金额47.05万元；发放临时救济补助19户64人，金额6.41万元。采集189家用人单位信息736条，参加社会保险457人，签订劳动合同240人。失业人员再就业957人，城镇困难人员就业95人，开发公益性岗位31个，创建达标充分就业社区5个，申报创业项目5个，认定自由职业者132人。举办就业技能培训3期，培训美甲师53人、微信营销19人、高级计算机技术人员13人。申请保障性租赁房16户、保障性商品房21户。全年发放防灾减灾资金4.04万元。

【民生救济】 2017年，集美街道办理最低生活保障27户34人，发放低保补助金23.15万元，惠及285户356人。发放特困人员（1户1人）补助金2.89万元，低保户、特困户（28户35人）电费补贴1838.44元，低保户、特困户、“五老”和重点优抚对象（48户55人）临时价格补贴7700元，“五老人员”（1户1人）生活补助金19992元。推动社区助老员制度落地，每个社区配备助老员2人。全区享受高龄津贴的户籍老年人797人，发放高龄津贴106.6万元。春节、五一、中秋、重阳、国庆期间，向低保户、特困人员、五老人员、40%精减人员88户115人发放节日慰问金67300元。与集美学校委员会联合资助高考贫困生35人，合计64500元。

【平安创建】 2017年，集美街道着力做好群防群治工作，形成街道、社区、居民结合的综治维稳体系。街道设一级网格5个、二级网格31个、以居民小组和楼宇为单位的小网格30个，配备专兼职网格长和网格员85人，实行定网、定人、定责，形成“横向到边、纵向到底”的安全监管网络。全年办理政民互动和市长专线143件、来访85件，办结成功率100%；办理上级转办件14件，办结13件，正在办理1件；办理督办件10件，督查督办到位，按时办结。调解民间矛盾纠纷7起，调处成功率100%。召开各类安全生产工作会议20场，发放告知书、明白卡222份，签订承诺书、责任状222份，签订重大活动期间安全生产管理责任承诺书的生产经营单位100家，签订企业安全生产大检查自查自改承诺书的生产经营单位99家。共出动检查组82次、检查人员468人，检查生产经营单位326家，查处隐患81处，督促整改79处，2处正在整改中。街道成立应急抢险分队（42人），建立一类社区微型消防站2个、二类微型消防站3个。为161家沿街店面安装独立式烟感报警器210套，为35家餐饮店安装悬挂式超细干粉灭火器70个，为49户群租房配置灭火器384个，为大社路、渡南路、祠前路、祠后路室外消防栓配置消防箱15套，为老旧居民楼配置灭火器2129个，维修消防箱104个，补充消防水带101条、水枪93支，更换破损消防箱玻璃219块。下拨群防群治经费75.45万元，发放群众参与打击犯罪奖励金13.68万元。（王乐凉）

杏林街道

【概况】 2017年，杏林街道下辖宁宝、纺织、曾营、杏北、宁海、园博、高浦7个社区居委会和杏林、西亭、内林3个“村改居”社区居委会，总面积24.7平方千米，总人口14.22万人，其中常住人口6.37万人，流动人口7.85万人。辖区22家规模以上企业完成工业总产值81.57亿元，比上年增长10.07%；实现财政总收入23.56亿元，同比下降3.15%，其中街道本级收入2.21亿元，同比下降4.22%。完成国内招商50.30亿元，外资实际到资581万美元。软件园三期13家纳税百万以上企业实现税收1亿余元。全区限额以上批零销售额38.67亿元，同比增长

29.25%。辖区接待旅游220万人次，旅游收入11.3亿元。

【征地拆迁】2017年，杏林街道累计完成征地26.65公顷、拆迁12.36万平方米。至年底，7个攻坚扫尾项目中，服务业集中区7号地块、诚毅大街西侧用地、亭北小学及幼儿园用地、海翔大道（庵内招拍挂）、中交和美新城2号地块及轻工学校与化工学校提升整合6个项目，全部交付用地；余下第一医院杏林分院扩建签约，用地交付办理中。

【基础设施建设】2017年，杏林街道10个社区策划生成项目38个，安排资金2700余万元，实施市政道路设施修缮、外立面市容市貌提升、道路及排污改造、文体设施场所改造、电力系统改造等工程。至年底，集灌路、杏锦路、杏滨路、铁路沿线灾后重建景观提升工程全部竣工，完成投资1400万元。推进集中式污水纳管在建项目，7个社区27个项目计划投资15688万元，至年底，全部完成。

【市容环境整治】2017年，杏林街道开展“六线六片”整治工作，共拆除建筑物和非法广告牌119223平方米，63栋建筑物立面整治全部竣工。大桥下环境整治提升，处理违法堆放、卫生死角36处，转移非法占地集装箱24个，清理废弃船只55艘，清理违法占地1.8万平方米，清理土头、垃圾等2万立方米，建设绿化面积7万平方米、停车场1万平方米。海岸线整治，高浦海岸线餐饮船、砂场等的整治全面完成，共拆除餐饮船12艘5235.05平方米、大排档2家516.82平方米、砂场1家1787.64平方米、花圃1家142.93平方米。宁海片区整治，组织杏林执法中队、新城保障组、新城机动中队、杏林派出所、交警杏林中队持续开展联合整治行动120多次，纠正烧烤摊贩及占道经营2000余起，暂扣经营工具600余件，处置违章停车2500余起。

【生态文明建设】2017年，杏林街道建立网格化环保监管体系，巡查处理环保事件236起，联合多部门开展垃圾露天焚烧、露天烧烤等专项整治活动，生活垃圾无害化处理率100%，27个溪流周边区域截污纳管工程全部完成。清退生猪养殖回潮9户、生猪129头，50羽以上的家禽养殖户全部退养，并形成长效监管机制。重视中央环保督察组巡视工作，对18件信访协办件从严从实、不折不扣抓好落实，确保突出环境问题整改落实见效，生态环境全面提升。

【民生保障】2017年，杏林街道下辖的3个村改居社区有集体经济项目13个，年底有7个产生效益，年收益1512万元。高浦生鲜超市建成投用，西亭集体发展项目签约并开工建设；诚毅幼儿园、新城幼儿园、杏林中心幼儿园寰宇分园等5所幼儿园落成，新增学位840个；杏林大桥桥下停车场投用，新增停车位400余个。落实民生政策，发放灵活就业补贴4293人次863万元、就业补助金34.77万元、残疾人各项补助274.88万元，办理养老保险2085人次，安排公益性岗位就业51人；扩大社会救助体系，帮助各类困难群众245人57.61万元；安排118万元，实施居家养老服务站信息化运营项目；投入180万元，改善辖区学校的教学设备、办学条件，杏苑中学、杏苑小学、杏苑幼儿园、亭北中学和、亭北小学和集美工业学校征地拆迁工作如期完成。下拨文体工作经费180万元，举办群众性文体活动170多场。

【平安建设】2017年，杏林街道开展基础排查工作，累计核实标准地址150410条，访查率100%；核查实有人口185948人，实有房屋144283栋，登记率100%；核查实有单位9633家，从业人员采集69181人，物品采集95656个。对被列为中高级管控的52名重点人员，成立稳控专班，实现重点人员100%稳控到位。健全矛盾纠纷多元化解决机制，街道、村居两级综治维稳中心共调处矛盾纠纷31起，调处成功31起，调解率100%；办理政民互动和市长专线431件、来访20件、上级转办件17件。继续加强平安网格建设，全年辖区共发生刑事警情1064起，比上年下降41.01%。加大对不放心区域和不放心单位的管控，关停针织企业5家，整治三合一场所200余家，处置突发事件6起。（石新香）

10月30日，杏林街道西亭人才公寓项目开工建设。（刘平 摄）

侨英街道

【概况】2017年，侨英街道设浒井、叶厝、凤林美、孙厝、东安、兑山、乐海、滨水、海凤9个社区居委会，常住人口233315人，其中户籍人口40323人，流动人口192992人。街道经济以工业为主，辖区有企业1500多家，其中规模以上工业企业100家，产值上亿元工业企业33家。实现规上工业总产值316.82亿元，完成任务的110%，同比增长18.2%；完成国内招商105.82亿元，完成任务的211.6%，同比增长172%；合同外资9769万美元，完成任务的244.2%，同比增长18.8%；实际利用外资9909万美元，完成任务的145.7%，同比增长486.7%；完成固定资产投资37.43亿元，完成任务的149.7%；实现财政总收入35.92亿元，完成任务的105.6%，同比增长26.03%；实现街级财政收入2.32亿元，完成任务的105.5%，同比增长23.91%；实现限额以上批零企业销售额71.95亿元，完成任务的110.6%，同比增长36.6%。

【工业生产】2017年，街道实现规上工业总产值316.82亿元，完成任务的110%，同比增长18.2%。100家规模企业中，33家企业产值过亿元，完成产值240亿元，占规模工业总产值的87.4%；有28家企业实现同比增长，涨幅连续数月均位列前茅的有宝宸光学、际诺思、英仕卫浴，分别增长102.1%、100.5%、77.7%。

【基础设施建设】2017年，街道基础设施建设项目27个，涉及社区道路硬化拓宽改造、路灯安装、给水管道建设、绿化景观提升等内容，总投资2447.9万元。推进美山中学、莲花小学、曾厝小学、浒井幼儿园、东安幼儿园、凤林幼儿园和东安、乐海、孙厝、浒井4个社区综合服务中心建设，进展顺利。继续推动村改居社区污水管网改造，25个自然村截污纳管工程完成24个，完成96%。91栋街道立面建筑整治提升项目全部完工，田集连接线隔音屏建设完成，15栋田集线二次立面整治全部完成。兑山村集体项目完成初步方案设计，喜盈门家居广场东侧地块完成租金评估。

【征地拆迁】2017年，街道有区级以上征地拆迁项目11个，其中征地项目6个，征地任务量2.97公顷，征地3.23公顷，完成任务的109%；拆迁项目6个，拆迁任务量1.49万平方米，拆迁2.73万平方米，完成任务的183%。同集路（集杏海堤—同安城区段）提升改造工程、乐安中学艺术楼室内体育馆及地下防空设施（地下停车场）、集美东安片区磁瑶村西南侧收储地块、同集路与曾厝路交叉口东南侧收储地块、同集路与叶东路交叉口东南侧收储地块、孙厝社区综合服务中心6个征地项目，同集路（集杏海堤—同安城区段）提升改造工程、同集路（银湖中路–印斗路）改造工程（集美段）、华侨大学、天马种猪场、集美北部新城区市政道路5个拆迁项目全部完成。年度征拆任务提前完成后，梳理出浒井幼儿园、白石市政道路三期、环珠路孙坂互通H匝道桥和同集路与曾厝路交叉口东南侧储备用地4个攻坚扫尾项目，交地任务全部完成。

【计划生育】2017年，街道常住人口出生928人，政策符合率98.82%，性别比为122.54；流动人口出生3650人，政策符合率94.57%，性别比为110；省内人口出生2307人，政策符合率94.71%，性别比为111。办理失地保险补助218户，保险金291.5万元；办理全国、省、区、街等各类奖扶894人；申请计划生育困难女孩家庭帮扶9人；落实985、211高校和大陆地区全日制研究生的升学奖励24人，发放升学奖励金14.5万元。开展流动人口社会融合工作，乐海社区通过社会融合市级示范点验收，慰问计划生育流动人口贫困家庭5户，为300名外来育妇免费提供优生健康检查。

【民生保障】2017年，街道发放低保、社会救助、优抚、老龄、残疾人等各类补助金、生活补贴和慰问金699万元。失业人员再就业2838人，城镇困难对

6月26日，位于侨英街道境内的国贸商城·美岁天地对外营业。图为集美北部商贸区一隅。（侨英街道办 供图）

象再就业 436 人，开发公益性岗位 42 个，报送创业项目 8 个，排查劳资隐患企业 126 家，企业信息采集 425 家，协助处理劳资纠纷案件 15 件。进街道人力资源市场招聘的企业 1924 家，提供职位 7962 个，岗位 38568 个，促成就业 871 人。街道辖区 46 ~ 60 周岁以及 60 周岁以上符合参加城乡居民养老保险条件居民全部参保，3000 多名老人由街道统一购买老年人幸福安康险。

【社会综治】2017 年，街道辖区接报刑事警情 1418 起，同比下降 41.43%。开展基础信息大排查和“一标四实”工作，参加入户排查工作 468 人，排查常住人口 38889 人，流动人口 182394 人，登记信息数百万条，推进居住证办理，推广普及房东使用“厦门百姓APP”。处理信访件 289 件，接收市长专线 229 件，政民互动 21 件，来信来访及省网系统转办 39 件，全部办结。化解群体性事件 6 件，列入重点管控对象 82 人。

【安全生产】2017 年，街道两次召开护航金砖国家领导人厦门会晤安全生产大排查大整治动员大会，发放“两书一卡一状”500 份，检查危险化品仓库 43 家，查处超量储存烟花爆竹违法行为 1 起，完成常住居民燃气用户瓶装燃气入户调查 12497 户。街道、派出所、消防大队、社区等多部门联合整治，检查出租屋、沿街店面、三合一场所 1196 家，消除各类不安全因素 1289 处，查扣“黑气”1400 千克，回收醇基燃料 1000 升。建成微型消防站 9 个，配备消防车 2 部，安装感烟灭火器 7061 个、悬挂式灭火器 13456 个。

【精神文明建设】2017 年，街道以迎接第五届全国文明城市评选为契机，开展文明城区、文明单位、文明家庭等群众性精神文明创建活动。围绕“做文明有礼厦门人，当好厦门会晤东道主”主题，推动厦门会晤服务保障和文明创建有机结合；开展“集美文明再提升，大家一起再努力”百日行动，着力提升市民文明素质；加强社会主义核心价值观等主题公益广告宣传，投入 50 余万元制发张贴宣传小册页和倡议书 2 万份、宣传栏图片和挂画 200 张；弘扬嘉庚精神，推进志愿服务活动，辖区在“志愿厦门”系统注册的志愿者队伍 10 支，注册人数 3000 余人。推动乐海、兑山社区书院建设，以书院为载体开展活动，促进新老居民融入融合、共治共享，促进文明市民与文明城市共同成长。

（简琛华）

杏滨街道

【概况】2017 年，杏滨街道下辖马銮、西滨、前场、锦园、三秀、日东、锦鹤、康城 8 个社区，总人口 19.2 万人，其中流动人口 14.5 万人，占 75.52%。完成工业总产值 207.2 亿元，其中规模以上工业产值 195 亿元，比 2016 年增长 3.76%。合同利用外资 952 万美元，外资实际到位 2730 万美元。实现限额以上批零销售额 13.67 亿元，同比下降 3.80%。完成财政总收入 10.79 亿元，同比下降 19.81%；实现街道级财政收入 9706 万元，同比下降 30.58%（因基本无一次性税源收入）；城镇居民人均可支配收入 41416 元，同比增长 8.14%。

【工业发展】2017 年，杏滨街道 119 家规模以上工业企业完成总产值 195 亿元，同比增长 3.76%。68 家企业产值增加，厦杏摩托公司、春保森拉天时精密钨钢制品（厦门）有限公司、客贝利（厦门）休闲用品有限公司、新凯复材科技有限公司等企业产值增长超亿元。四大主要产业之一机械行业恢复上行，工业总产值同比增长 11.49%。厦门必诚包装有限公司、厦门碳帝复核材料科技有限公司、厦门辉聚电子科技有限公司等 7 家新转规模以上企业后续发展势头强劲，企业产值同比增长 45.6%。

【招商引资】2017 年，杏滨街道国内招商 36 亿元，同比增长 111.46%，合同利用外资 952 万美元。辖区新注册工商企业 603 家，注册资本共 9.4 亿元，其中注册资本 1000 万元以上的 52 家。注册企业中，从区外迁入的 161 家，增资企业 85 家。其中，汉富（北京）资本管理有限公司注册合伙企业 8 家，注册资金 16 亿元。厦门天驰食品有限公司注册资金 5000 万元，厦门安妮股份有限公司增资 1.2 亿元，厦门宇山力

杏滨街道辖区企业——新凯复材科技有限公司网球拍生产车间（王进法摄）

消毒有限公司增资4500万元，厦门群腾电气有限公司增资3518万元。

【征地拆迁】2017年，杏滨街道辖区共有马銮湾起步区市政公建项目、轨道6号线、杏林水厂等征地拆迁项目16个，需征地33.69公顷，拆迁面积57872.56平方米。其中年初区委、区政府下达任务项目11个（含市对区考核项目5个），征地任务25.45公顷，拆迁面积43479.95平方米。全年完成征地46.41公顷，占计划征地任务的182.37%；完成拆迁面积11.26万平方米，占计划拆迁面积的258.97%。

【固定资产投资和基础设施建设】2017年，杏滨街道完成固定资产投资20亿元，其中房地产项目4项，投资额2.57亿元；基础设施项目50项，投资额11.4亿元。主要有马銮湾新城片区生态修复（一期）工程、轨道六号线、杏滨果蔬批发市场等。投入2520万元，用于各社区池塘、篮球场、道路、路灯等整治改造项目15个，至年底有5个项目竣工验收并投入使用；投入3740.07万元，实施农村自来水管网改造，3个社区农村自来水管网改造竣工；投入10850万元，改造5个社区污水管网，基本实现生活污水集中收集排放；投入4338.2万元，新建前场、锦园、西滨、马銮4个社区综合服务中心。推进荣坪新村和日东新村老旧小区提升改造，实施蔡林村景观整治提升工程，打造保留村庄更新改造示范点。推进美丽乡村建设，前场社区市头、官林头、柿树、前场4个自然村，锦园社区亭宅、寨内2个自然村，西滨社区山后张自然村，通过2014—2016年度美丽乡村建设审核验收。

【生态环境建设】2017年，杏滨街道继续整治“两违”现象，重点抓好“六线六片”辖区范围内立面整治提升工作，共查处“两违”案件164起，违法占地面积22万平方米，拆除违建面积14.6万平方米，完成年度工作任务的132.13%。开展垃圾分类试点工作，5个社区10个小区18个住宅区15070户居民参加垃圾分类试点工作。加强水污染防治，配合完成日东公园城市黑臭水体整治任务，检查流域小作坊6家，查处涉及产生黑臭水企业3家。落实河长制，建立瑶山溪养护长效机制，完成家禽退养55户，清退家禽30546羽。持续整治黄标车，加强餐饮油烟污染整治，落实工地文明施工绿色管理，制止露天焚烧垃圾20起，关停机砖厂1处。

【社会事业】2017年，杏滨街道推进分级诊疗与家庭医生签约服务工作，共签约14952人。投入11.26万元，与杏滨街道社区卫生服务中心联合建设远程会诊视频系统，购置TE30（1080）P高清终端设备、TE30（720）P高清终端设备、系统平台各1套，视频、音频输出设备各2台，传输线路2条。设立康城社区卫生服务站，建筑面积488.4平方米，购置设备价值16.25万元，配设医生3名，解决社区医疗服务“最后一公里”问题。加强计生协会组织建设，获评一流村（居）计生协会5个、合格村（居）计生协会3个。打造前场社区“婚育新风文化园”，建设日东公园健康步道，营造健康生活氛围。推动流动人口均等化服务，姚明织带公司创建市级企业协会流动人口服务示范点。加大教育投入，推进中锐双语学校、蔡林小学、马銮幼儿园和新纪元幼儿园建设，弥补公办教育资源不足。推动荷叶说唱、碟子说唱地方文化传承工作，为迎接厦门会晤创作的荷叶说唱《学好公约迎嘉宾》入围第二届福建省曲艺“丹桂奖”大赛决赛。结合“我们的节日”等活动，深入社区、企业开展文艺活动30余场。

【民生保障】2017年，杏滨街道继续实施“绿洲计划”，完善城市低保救助体系，累计投入民生保障事业资金270.56万元，办理城乡居民医疗保险26873人。发展社会养老服务业，建设前场村瑶山、锦园社区幸福院工程。前场村瑶山幸福院建筑面积443.38平方米，投资97.67万元；锦园社区幸福院建筑面积457.84平方米，投资105.4万元。两个幸福院均设有老人休息室、棋牌室、阅览室、餐厅厨房、多功能活动室。建立河长制，确定厦门万嘉生态科技有限公司为瑶山溪前场段养护责任单位，实现河道养护全覆盖，落实养护经费46.8万元，年内55户家禽养殖户全部退养，清退家禽30546羽，清退面积1.11万平方米。

【平安杏滨建设】2017年，杏滨街道落实“一案两组”（化解组、稳控组）机制，加强重点人员管控，妥善化解聚镇小区居民因周边空气污染悬挂“臭”字等问题，防止群体性事态恶化。做好基础大排查工作，实现“一标四实”数据采集100%。动员辖区机关事业单位、社区和企业的党、团、工、青、文教人员参与社会治安管理，组织志愿者1.5万人，组建专职平安志愿者巡逻队、民兵应急处突队各1支，4个村改居社区分别组建专职巡逻队，加强社会面和重点部位的防控，维护辖区社会和谐稳定。投入423万元，建立勤务高峰站点执勤制度，加强隐患排查和道路安全整治，将酒驾、摩托车、货车等事故高发的违法行为纳入重点管理，确保辖区道路安全。落实安全生产监管责任，按“一企一档”要求，辖区927家企业全部建立基础台账，动态跟踪企业生产情况。完成对607家餐饮经营场所及23589户燃气居民用户的信息登记和安全检查，端掉“黑气”窝点2处，收缴液化气瓶142瓶。提升末端火灾防控水平，建立微型消防站一类站5个、二类站3个，接警48起，扑救火灾41起，挽回财产损失110余万元。日东、三秀、康城3个社区通过消防安全示范社区创建检查。

（苏晓玲）

人物与先进名录

新任区级干部履历

李大出 男，汉族，福建翔安人，1965年1月出生，1984年8月参加工作，1993年1月加入中国共产党，中央党校大学学历。1981年9月至1984年7月，福建省龙溪地区农业学校农学专业学习。1984年8月至1986年3月，厦门市郊区农业局种子公司干部。1986年3月至1993年7月，厦门市郊区（集美区）劳动人事局干部。1988年9月至1992年1月，厦门工人业余大学经济管理专业大专班学习。1993年8月至1994年3月，厦门市海沧镇政府干部。1993年8月至1995年2月，中央党校函授学院本科班经济管理专业学习。1994年4月至1996年6月，厦门市集美区劳动人事局干部。1996年6月至1997年3月，厦门市集美区编委办副主任、区人才交流咨询服务中心主任（1996年7月确定为副处级）。1997年3月至1999年8月，厦门市集美区人事劳动局副局长。1997年12月至1999年12月，厦门大学研究生院马克思主义哲学专业研究生课程班学习。1999年8月至1999年12月，厦门市集美区灌口镇镇长助理。1999年12月至2001年3月，厦门市集美区灌口镇副镇长。2001年3月至2005年5月，厦门市集美区侨英街道党委（党工委）委员、办事处副主任。2005年5月至2005年7月，厦门市集美区杏滨街道党工委副书记。2005年7月至2011年10月，厦门市集美区杏滨街道党工委副书记、办事处主任。2011年10月至2017年4月，厦门市集美区杏滨街道党工委书记。2017年4月至2017年6月，厦门市集美区政府副区长、杏滨街道党工委书记。2017年6月至今，厦门市集美区政府副区长。（组织部）

逝世人物

谢钦锡 男，1932年10月生于安溪县，2017年1月逝世，享年86岁。历任厦门师范学校专职团干、团委书记、集美小学校长，1983年任区侨联第三届秘书长兼任区侨办副主任，1987年起主持集美区侨联工作，1992年退休后赴泰国与家人团聚，受聘任泰国乍仑企业机构（TCC集团）顾问，先后应聘为集美区侨联第四届委员会顾问、第五届委员会名誉主席、第六届和第七届委员会永远名誉主席。谢钦锡在区侨联工作期间，心系侨胞，情系侨联，视侨联工作为自己人生事业的归宿，兢兢业业，勤勤恳恳，发起并建成2500多平方米的集美侨联大厦，为集美侨务工作做出突出贡献。退休后，仍一如既往关心支持家乡建设，倾心公益，热心捐助。身居异国，不忘故里，撰写散文近300篇40余万字，描绘厦门和集美的人文风貌，介绍海外侨胞眷恋故乡、热爱祖籍国、关心支持参与乡国建设和社会发展的事迹，有200余篇作品发表在泰国、香港、内地的报刊上，《春光》一文收入香港散文诗学会《中外华文散文诗作家大辞典》（修订本），出版有《鹭岛湄江两地情》《情怀》等著作。（王昌泽）

卢建端 男，泉州市安溪县人。1953年3月生，2017年5月28日逝世，享年65岁。福建省作家协会会员，厦门市作家协会委员会委员，集美区文学艺术界联合会副主席。卢建端1969年初中毕业后，赴宁化山区插队，开始写作，作品不时见诸报端。1976年，招工至厦门新华玻璃厂任采购员，足迹所至皆化为一篇篇作品，陆续在《杏林文艺》等杂志发表，其间曾应邀担任《杏林文艺》编辑。1996年，调杏林区文化馆，担任《杏林文艺》主编。2003年集美、杏林两区合并后，先后担任集美区文联刊物《新海湾》和《集美风》主编。2013年退休后返聘，继续担任《集美风》编辑工作。卢建端自幼受父亲影响，爱好文学创作，用他自己的话说，就是“没事我就写，这是一种休闲娱乐”。五十年笔耕不辍，出版有小说集《情感边缘》、散文诗集《走入森林》、散文集《血脉流动的灵魂》、小说集《异城之恋》等，主编有《雅集至美——厦门集美作家作品选》《集美映像——纪念厦门经济特区建设30周年文学作品集》。其作品多次获国内外文学奖，中短篇小说《情感边缘》获北京长篇小说杂志社最佳小说二等奖，《九寨沟的海子》获中国作家杂志社优秀奖，散文《高处不胜寒》《绵山悬空游》《绿色沉幽的意蕴》入选《中国散文大系》；散文《飞返的白鹭，是故乡翱翔的翅膀》入选《2014中国散文排行榜》；散文《壶口瀑布》获中国当代散文奖，并入选《中国散文家代表作集》；《街旁一

排润泽的木椅》入选《百年散文名家》第七卷。个人入选《中国散文家大辞典》，2015 年获散文名家贡献奖。卢建端为人宽厚，谦虚谨慎，爱岗敬业，默默奉献，2014 年被评为福建省“敬业奉献好人”。（张洪波）

翁信辉 男，1963 年 7 月出生，漳州人，集美大学体育学院副教授、硕士生导师。1986 年，福建师范大学体育系毕业；1995 年，东京学艺大学研究生院毕业，从事日本武道论研究，获教育学硕士学位；2007 年，上海体育学院毕业，从事民族传统体育学•武术研究，获教育学博士学位；2008 年，在日本早稻田大学体育科学科从事体育人类学博士后研究；并多次出国访学研究。主持国家社科基金课题 1 项，参与多项国内外重大课题研究，出版专著 1 部，参编教育部主干课程教材 1 部。在《上海体育学报》《体育学刊》《体育文化导刊》等中外刊物发表论文 10 余篇，多次参加国际学术会议和发表论文。为中国大学生体育协会空手道分会科研学术委员会主任、国际南少林五祖拳联谊总会副主席等。翁信辉从小师从翁荣南、许金民、曾谋尧等，学习五祖鹤阳拳。1990—2002 年，赴日本留学及旅居，在东京学艺大学教育学研究科学习，师从贝濑辉夫教授，从事日本柔道及武道论研究。其间，发现日本空手道与中华武术的套路运动形式、福建南拳的攻防原理和技术内容均有诸多相似之处，空手道中“刚柔流”“上地流”等套路名称均是福州的方言发音。在研读大量日本空手道专著后认为，琉球“唐手”缘起于 1875 年前后。琉球人读“唐手（DOTI）”，“唐”是中国的意思。1922 年，“唐手”从冲绳传到日本本岛，被日本人读成“唐手（KARATE）”。1935 年，在日本侵华的历史背景下被篡改为“空手（KARATE）”（日语“唐”和“空”为同音异字）。多年来，翁信辉四处奔波参加研讨会，开展田野调查，为“唐手”寻根溯源。2015 年，翁信辉立项申报国家社科基金课题《从福建南拳到琉球唐手、空手道的文化变容研究》，引经据典，实证考查，根据史料及中日有关学者研究，证实福建才是“唐手（空手道）”的发源地，琉球只是“唐手”的传播地。2009 年，在翁信辉的倡议下，集美大学体育学院开设唐手（空手道）专项理论与实践课程。近年，翁信辉与同事在实验小学、厦门六中、金尚小学、群惠小学、湖滨小学、大同小学等开设空手道兴趣班或夏令营，培养了一批“唐手”（空手道）人才。2015 年，在全国大学生空手道锦标赛上，集美大学队获冠军 1 项、亚军 1 项、季军 4 项。2016 年 6 月，翁信辉发起的福建省“唐手”（空手道）协会成立。2017 年 7 月 14 日，翁信辉因高血压脑梗医治无效不幸逝世，终年 55 岁。（周龙飞）

先进人物

陈清洲 男，汉族，福建厦门人，大学学历，1970 年 12 月出生，1995 年 3 月参加公安工作，2000 年 12 月加入中国共产党，现任厦门市公安局集美分局指挥情报中心教导员。2017 年，陈清洲家庭获全国“最美家庭”、福建省第一届（2015—2017 年度）“文明家庭”称号。2016 年 9 月 24 日，陈清洲被检查出罹患肝癌，住院治疗。从警二十多年，陈清洲始终忠诚于党、忠于人民，把公安工作当做毕生的事业，呕心沥血，勇于创新，无私奉献，始终将群众的利益摆在首位、装在心里，竭尽全力为群众办实事、解难事，在平凡的岗位上践行着一名共产党员和人民警察的铮铮誓言。2016 年 12 月 26 日，中宣部授予陈清洲“时代楷模”称号，社会人力资源保障部、公安部向陈清洲颁发“全国公安系统一级英雄模范”奖章和荣誉证书。陈清洲工作繁忙，一有时间，他就帮助妻子做家务，给家人做顿好吃的。陈清洲不幸罹患肝癌后，妻子不离不弃，一直守护在陈清洲身边。看着日渐消瘦的妻子，陈清洲用手机拍下了妻子的背影，在微博上心疼地说：“这段时间老婆辛苦了，我一定尽快好起来，不许你再瘦下去了。”陈清洲与妻子，以爱为基石，互相理解，互相支持，共同构建充满爱心的和谐家庭，心怀大爱，心怀感恩，共同为公安事业做出了贡献。（蔡樱思）

贺 泓 中国工程院院士，中国科学院生态环境研究中心研究员，博士生导师。现任中国科学院生态环境研究中心副主任、中国科学院城市环境研究所副所长。中国科学院百人计划入选者，国家杰出青年科学基金获得者，区域大气环境研究卓越创新中心首席科学家。1994 年，在日本东京大学获得化学专业理学博士学位。先后在日本、美国、加拿大留学和工作 11 年，2000 年入选中国科学院百人计划，2001 年底回国工作。回国后主要研究方向为环境催化和非均相大气化学过程，系统研究大气复合污染形成机理、催化剂与催化反应体系设计和大气污染物催化净化新原理、新方法及其应用，取得柴油车排放污染控制、室内空气净化和大气灰霾成因研究方面的系列成果，以第一完成人获国家技术发明二等奖和国家科技进步二等奖各 1 项。发表《环境催化——原理及应用》专著 1 部，学术论文 320 余篇（SCI 论文

290余篇），其中以第一作者或责任作者在国内外著名学术刊物包括 PNAS, Angew. Chem. Int. Ed., Chem.Commun. 上发表论文240篇。共被引用7000余次，H指数51。位列爱思唯尔发布的2015年、2016年化学工程领域中国高被引学者榜单前十名。回国后申请国家发明专利60余项，其中已授权41项，有近半数专利技术转让企业应用。2004年，在中国科学院百人计划终期评估中被评为优秀，同年获国家杰出青年基金资助；2005年，获GM（通用）中国科技成就奖；2006年，入选新世纪百千万人才工程国家级人选；2008年，获科技奥运先进个人称号；2011年，获国家技术发明二等奖；2014年，获国家科学技术进步奖二等奖，同年领衔入选科技部创新人才推进计划重点领域创新团队；2017年，获何梁何利基金科学与技术创新奖。主要学术兼职：京津冀协同发展专家咨询委员会委员；中国科学院区域大气环境研究卓越创新中心首席科学家；中国科学院大学岗位教授；中国化学会催化委员会委员，中国化学会环境化学专业委员会委员；Catalysis Surveys from Asia 共同主编，《环境工程学报》副主编，Catalysis Letters、Topics in catalysis、Journal of Environmental Sciences、Journal of Energy Chemistry、《催化学报》（Chinese Journal of Catalysis）《环境化学》《工业催化》等国际、国内学术期刊编委、顾问编委。多次组织国际和双边会议，6次客座编辑 Catalysis Today 国际会议特刊。

（聂璇 卢新）

先进名录

2017年集美区先进集体表

表43

单位名称	荣誉称号	授予单位	授予时间
集美区	中国人居环境奖·范例奖	住房城乡建设部	2017.1
集美法院	全省十佳法院	省高院	2017.2
集美法院	集体二等功	省高院	2017.2
集美法院立案庭	巾帼文明岗	省妇联	2017.3
厦门海莱照明有限公司灯管分厂绷丝车间	福建省工人先锋号	省总工会	2017.5
厦门宏发电力电器有限公司金工部束焊班	福建省工人先锋号	省总工会	2017.5
厦门士林电机有限公司	福建省五一劳动奖状	省总工会	2017.5
厦门市集美区社会保险管理中心	福建省职工职业道德建设先进单位	省总工会等4单位	2017.5
灌口派出所	全省优秀公安基层单位	省人社厅 公安厅	2017.5
灌口派出所	全省公安机关“暖警”工程建设成绩突出集体	福建省公安厅	2017.5
集美法院	“两会”期间驻京接访工作先进集体	省高院	2017.7
集美法院	案件繁简分流机制改革示范法院	省高院	2017.8
集美区文体广电出版旅游局	2013—2016年全国群众体育先进单位	国家体育总局	2017.8
市公安局集美分局	集体二等功	福建省公安厅	2017.9
市公安局集美分局人口管理科	空军招收飞行学员政治考核工作先进单位	省公安厅政治部 东部战区空军政治工作部	2017.9
集美区安全生产监督管理局	金砖国家领导人第九次会晤筹备和服务保障工作先进集体	省委 省政府	2017.9
杏林街道办事处	金砖国家领导人厦门会晤筹备和服务保障工作先进集体	市委 市政府	2017.9
厦门市环境保护局集美分局	金砖国家领导人厦门会晤筹备和服务保障工作先进集体	市委 市政府	2017.9

续表 43

单位名称	荣誉称号	授予单位	授予时间
集美区委宣传部	金砖国家领导人厦门会晤筹备和服务保障工作先进集体	市委　市政府	2017.9
集美区城市管理行政执法局	金砖国家领导人第九次会晤筹备和服务保障工作先进集体	省委　省政府	2017.9
厦门市园博园景区管理处	金砖国家领导人厦门会晤筹备和服务保障工作先进集体	市委　市政府	2017.9
集美街道办事处	金砖国家领导人第九次会晤筹备和服务保障工作先进集体	省委　省政府	2017.9
集美区建设局	金砖国家领导人第九次会晤筹备和服务保障工作先进集体	省委　省政府	2017.9
侨英街道办事处	金砖国家领导人第九次会晤筹备和服务保障工作先进集体	省委　省政府	2017.9
中城投集团第八工程局有限公司工程部	福建省工人先锋号	省总工会	2017.10
集美法院刑一庭	省法院刑事审判工作先进集体	省高院	2017.10
市公安局集美分局刑侦大队	福建省五一先锋号	福建省总工会	2017.11
集美区市场监督管理局	全省工商行政管理系统先进集体	省人社厅　省工商局	2017.11
杏林街道工会	福建省示范镇街工会	省总工会	2017.12
厦门美科安防科技有限公司工会委员会	福建省会员评议职工之家示范单位	省总工会	2017.12
集美街道银亭社区居委会	福建省社区服务老干部工作示范点	省委老干部局	2017.12
集美法院	十九大和金砖国家领导人厦门会晤期间全省法院涉诉信访安保维稳工作先进集体	省高院	2017.12
厦门市杏南中学	福建省文明校园	省教育厅	2017.12
致公党集美区综合支部	中国致公党坚持和发展中国特色社会主义学习实践活动基层组织先进集体	致公党中央	2017.12
厦门姚明织带饰品有限公司	全国厂务公开民主管理先进单位	全国厂务公开协调小组	2017

注：表中单位按获奖时间先后排序。

2017 年集美区先进人物表

表 44

姓名	性别	荣誉称号	工作单位	授予单位	授予时间
马呈润	男	金砖国家领导人第九次会晤筹备和服务保障工作先进个人	园博园景区管理处	省委　省政府	2017.9
王元兴	男	金砖国家领导人第九次会晤筹备和服务保障工作先进个人	侨英街道办事处	省委　省政府	2017.9
王元震	男	金砖国家领导人第九次会晤筹备和服务保障工作先进个人	集美街道综治办	省委　省政府	2017
王玉静	女	全省法院文明行业创建先进个人	区法院	省高院	2017.9
王光锋	男	个人二等功	区公安分局	省公安厅	2017.9
		金砖国家领导人第九次会晤筹备和服务保障工作先进个人		省委　省政府	2017.9
王兆军	男	金砖国家领导人第九次会晤筹备和服务保障工作先进个人	区公安分局	省委　省政府	2017.9

续表 44

姓名	性别	荣誉称号	工作单位	授予单位	授予时间
王志巍	男	厦门市劳动模范	蓝保水处理科技有限公司	市委 市政府	2017.4
王明福	男	金砖国家领导人第九次会晤筹备和服务保障工作先进个人	杏林街道	省委 省政府	2017.9
王金勇	男	厦门市劳动模范	力巨自动化科技有限公司	市委 市政府	2017.4
王　波	男	厦门市劳动模范	宏远达电器有限公司	市委 市政府	2017.4
王梅黎	女	福建省优秀巾帼志愿者	集美街道盛光社区居委会	省妇联	2017
王辉腾	男	金砖国家领导人第九次会晤筹备和服务保障工作先进个人	区委宣传部	省委 省政府	2017.9
牛守启	男	十九大和厦门会晤期间全省法院涉诉信访安保维稳工作先进个人	区法院	省高院	2017.12
方政晴	女	厦门会晤保障工作先进个人	杏林街道	市委 市政府	2017.9
叶赛秋	女	厦门市劳动模范	中端电器有限公司	市委 市政府	2017.4
兰润生	男	2015−2017 年度福建省优秀教师	集美大学诚毅学院	省人社厅 教育厅	2017.8
冯立东	男	厦门会晤保障工作先进个人	区委宣传部	市委 市政府	2017.9
吕嘉扬	男	“金砖会晤”环保工作先进个人	集美环保分局	省环境保护厅	2017.9
刘传林	男	厦门市劳动模范	区环境卫生管理处	市委 市政府	2017.4
江栋恒	男	厦门市劳动模范	集美城市发展有限公司	市委 市政府	2017.4
许文华	男	厦门会晤保障工作先进个人	区检察院	市委 市政府	2017.9
许明茹	女	金砖国家领导人第九次会晤筹备和服务保障工作先进个人	区法院	省委 省政府	2017.9
阮群斌	男	金砖国家领导人第九次会晤筹备和服务保障工作先进个人	集美街道综治办	省委 省政府	2017
李艺忠	男	全省“飓风肃毒”会战突出个人	区公安分局	省公安厅	2017.2
李石磊	男	厦门会晤保障工作先进个人	区城市管理行政执法局	市委 市政府	2017.9
李　乐	男	全省法院系统先进工作者	区法院	省高院	2017.2
李志胜	男	金砖国家领导人第九次会晤筹备和服务保障工作先进个人	集美环保分局	省委 省政府	2017.9
李秀卿	女	福建好人榜“孝老爱亲”好人	叶厝社区	省委文明办	2017.3
李彩真	男	厦门会晤保障工作先进个人	区市场监督管理局	市委 市政府	2017.9
吴旭芳	女	厦门会晤保障工作先进个人	区审计局	市委 市政府	2017.1
吴荔青	女	全省机构编制工作先进工作者	区事业单位登记管理局	省人社厅 省委编办	2017.8
吴振凤	男	金砖国家领导人第九次会晤筹备和服务保障工作先进个人	区公安分局	省委 省政府	2017.9
何秀芬	女	省公安“暖警”建设突出个人	区公安分局	省公安厅	2017.5
邱胜辉	男	金砖国家领导人第九次会晤筹备和服务保障工作先进个人	区城市管理行政执法局	省委 省政府	2017.9
邱薛莲	女	福建省优秀教师	杏南中学	省教育厅	2017.9
余丽穗	女	厦门市劳动模范	味友闽食风味文化有限公司	市委 市政府	2017.4
余　采	男	金砖国家领导人第九次会晤筹备和服务保障工作先进个人	区公安分局	省委 省政府	2017.9

续表 44

姓名	性别	荣誉称号	工作单位	授予单位	授予时间
汪立强	男	厦门会晤保障工作先进个人	侨英街道办事处	市委 市政府	2017.9
张炜鹏	男	金砖国家领导人第九次会晤筹备和服务保障工作先进个人	园博园景区管理处	省委 省政府	2017.9
张泽群	男	金砖国家领导人第九次会晤筹备和服务保障工作先进个人	区城市管理行政执法局	省委 省政府	2017.9
张继斌	男	全省检察机关先进个人	区检察院	省检察院	2017.7
张惠敏	女	厦门市劳动模范	集美街道岑东社区居委会	市委 市政府	2017.4
陈于婧	女	全省优秀法官	区法院	省高院	2017.2
陈小姝	女	金砖国家领导人厦门会晤筹备及服务保障工作先进个人	集美街道办事处	市委 市政府	2017
陈立康	男	金砖国家领导人第九次会晤筹备和服务保障工作先进个人	区公安分局	省委 省政府	2017.9
陈进佳	男	厦门市劳动模范	区重大项目建设办公室	市委 市政府	2017.4
陈志鑫	男	全身法院执行工作先进个人	区法院	省高院	2017.7
陈丽卿	女	金砖国家领导人厦门会晤筹备及服务保障工作先进个人	集美街道浔江社区居委会	市委 市政府	2017.9
陈季玉	男	金砖国家领导人第九次会晤筹备和服务保障工作先进个人	区委宣传部	省委 省政府	2017.9
陈 佳	女	金砖国家领导人第九次会晤筹备和服务保障工作先进个人	区检察院	省委 省政府	2017.9
陈服良	男	金砖国家领导人第九次会晤筹备和服务保障工作先进个人	区教育局	省委 省政府	2017.9
陈家如	男	金砖国家领导人第九次会晤筹备和服务保障工作先进个人	区城市管理行政执法局	省委 省政府	2017.9
陈清洲	男	中国好人榜“我推荐我评议身边好人” 2017 年度福建省“最美家庭”	公安分局	中央文明办 省妇委会 省文明办	2017.1 2017.5
陈晓海	男	金砖国家领导人第九次会晤筹备和服务保障工作先进个人	园博园景区管理处	省委 省政府	2017.9
范昌朝	男	金砖国家领导人厦门会晤筹备及服务保障工作先进个人	区法院	市委 市政府	2017.9
林志兴	男	省“两违”综合治理先进个人	区公安分局	省公安厅	2017.1
林丽玉	女	金砖国家领导人第九次会晤筹备和服务保障工作先进个人	集美街道办事处	省委 省政府	2017
林俊赏	男	个人三等功	区法院	省高院	2017.1
林颖菲	女	金砖国家领导人厦门会晤筹备及服务保障工作先进个人	侨英街道办事处	市委 市政府	2017.9
杭建国	男	福建省优秀教师	厦门市第十中学	省人社厅 省教育厅	2017.8
赵国锋	男	金砖国家领导人第九次会晤筹备和服务保障工作先进个人	侨英街道办事处	省委 省政府	2017.9
胡晓薇	女	福建省优秀少先队辅导员	宁宝小学	团省委等 3 单位	2017.9
柯伟平	男	厦门会晤环保工作先进个人	市环境监察支队集美大队	省环境保护厅	2017.9
柯俊龙	男	荣誉天平奖章	区法院	省高院	2017.2

续表 44

姓名	性别	荣誉称号	工作单位	授予单位	授予时间
钟俊杰	男	厦门市劳动模范	捷圣生态农业种植园	市委 市政府	2017.4
钟乾华	男	全省法院系统先进工作者	区法院	省高院	2017.2
洪交通	男	金砖国家领导人第九次会晤筹备和服务保障工作先进个人	杏林街道	省委 省政府	2017.9
洪丽霞	女	荣誉天平奖章	区法院	省高院	2017.2
高双双	女	金砖国家领导人第九次会晤筹备和服务保障工作先进个人	区直机关党工委	省委政府	2017.9
郭玉盆	女	厦门市劳动模范	杏林建设开发有限公司	市委 市政府	2017.4
郭碧琴	女	福建省优秀教师	内林小学	省人社厅 省教育厅	2017.8
黄旺君	男	全省优秀人民警察	区公安分局	省人社厅 省公安厅	2017.5
黄桂枝	男	金砖国家领导人厦门会晤筹备及服务保障工作先进个人	侨英街道办事处	市委 市政府	2017.9
梅 峰	男	金砖国家领导人厦门会晤筹备及服务保障工作先进个人	区城市管理行政执法局	市委 市政府	2017.9
曹国臣	男	金砖国家领导人第九次会晤筹备和服务保障工作先进个人	区安全生产执法大队	省委 省政府	2017.9
梁 静	女	厦门市劳动模范	侨英街道社区卫生服务中心	市委 市政府	2017.4
韩嵩松	男	全省工商行政管理系统先进个人	区市场监督管理局	省人社厅 省工商局	2017.11
彭福生	男	金砖国家领导人第九次会晤筹备和服务保障工作先进个人	集美新城建设指挥部办公室	省委 省政府	2017.9
粟忠毅	男	金砖国家领导人第九次会晤筹备和服务保障工作先进个人	侨英街道办事处	省委 省政府	2017.9
谢 礼	男	十九大和厦门会晤期间全省法院涉诉信访安保维稳工作先进个人	区法院	省高院	2017.12
谢传禄	男	厦门市劳动模范	航天思尔特机器人公司	市委 市政府	2017.4
谢锦育	男	福建省五一劳动奖章	美科安防科技有限公司	省总工会	2017.5
赖朝晖	男	金砖国家领导人第九次会晤筹备和服务保障工作先进个人	区委宣传部	省委 省政府	2017.9
詹满昌	男	金砖国家领导人第九次会晤筹备和服务保障工作先进个人	杏林街道	省委 省政府	2017.9
蔡良军	男	非公企业党建工作先进个人	区市场监督管理局	省工商行政管理局	2017.6
管义枝	女	厦门市劳动模范	顺峰包装材料有限公司	市委 市政府	2017.4
潘文华	男	金砖国家领导人厦门会晤筹备及服务保障工作先进个人	集美街道办事处	市委 市政府	2017
潘琼芳	女	福建省优秀教师	灌口中学	省教育厅	2017.9
魏安南	男	金砖国家领导人厦门会晤筹备及服务保障工作先进个人	杏林街道	市委 市政府	2017.9

注：表中人物按姓氏笔画顺序排列。

附 录

文献辑存

在区委八届十次全会上的工作报告

（2017年11月28日）

李钦辉

一年来，在市委的坚强领导下，区委常委会深入学习宣传贯彻党的十九大会议精神，以习近平新时代中国特色社会主义思想和习总书记对福建、厦门工作的重要指示精神为指导，坚持稳中求进工作总基调，强化创新驱动，狠抓改革攻坚，突出环境提升，优化民生保障，全力服务保障厦门会晤，推动经济、政治、文化、社会、生态文明和党的建设等各项工作取得新进展、新成效。

一、喜迎党的十九大，迅速兴起学习宣传贯彻党的十九大精神热潮

党的十九大，是在全面建成小康社会决胜阶段、中国特色社会主义进入新时代的关键时期召开的一次十分重要的大会。十九大召开前，区委召开常委会会议暨中心组学习会，传达学习习总书记在省部级主要领导干部专题研讨班上的重要讲话精神，进一步坚定“四个意识”，特别是核心意识、看齐意识，增强同以习近平同志为核心的党中央保持高度一致的思想自觉、政治自觉和行动自觉。同时，精心组织做好迎接十九大宣传工作，紧密联系党和国家的历史性变革和历史性成就，宣传广大干部群众奋发有为的精神面貌，营造积极向上、团结奋进的政治、思想、舆论氛围，动员各级各部门坚决落实好党中央的各项决策部署，扎实做好各项工作，以优异成绩为十九大胜利召开增光添彩。十九大召开期间，区委组织广大党员干部第一时间收听收看大会实况。十九大胜利闭幕后，区委把学习宣传贯彻十九大精神作为首要政治任务，及时召开常委会会议进行传达学习，提出贯彻意见；印发《集美区关于认真学习宣传贯彻党的十九大精神的通知》，对全区学习宣传贯彻工作作出具体部署。区委常委同志以身作则、引领示范，分头深入基层一线宣讲十九大精神，与干部群众面对面交流学习体会。各级各部门组织开展形式多样、丰富多彩的学习宣传贯彻活动，在全区上下迅速兴起了学习宣传贯彻的热潮。目前，全区各级党组织和广大党员干部正按照中央和省市区委的部署要求，不断把学习宣传贯彻十九大精神引向深入，切实把思想和行动统一到十九大精神上来。

二、全力服务保障厦门会晤，开启“后金砖”时代发展新征程

办好第九次金砖会晤具有特殊重要意义，区委把服务保障好厦门会晤作为今年的重大政治任务，专门召开筹备部署会议，动员全区各单位树牢东道主思想，号召广大市民群众增强东道主意识，以最高的标准、最实的举措、最严的作风和最佳的效果，全力做好各项筹备和服务保障工作。数十万集美人民以强烈的使命感和责任感，在方方面面的大力支持下，以大局利益为重，全力支持、广泛参与、无私奉献，出色地完成我区承担的各项任务，为厦门会晤的圆满成功增光添彩，也充分展现了集美作为嘉庚故里、现代新城的卓越风采和独特魅力，向中外来宾展现了一个最好的集美，受到了广泛好评和高度赞誉。厦门会晤结束后，区委迅速召开常委会会议传达学习习总书记在厦重要讲话精神，动员全区各级各部门切实把总书记对厦门的勉励和关怀转化为建设“五大发展”示范区的强大动力，紧抓“后金砖”效应机遇，乘势而上、顺势而为，在更高水平上推进各项工作。

三、全面深化改革扎实推进

坚持对标一流、坚持问题导向，把试点探路同推动面上改革结合起来，把破除体制机制顽疾同解决新出现的矛盾问题结合起来，深入推进各领域各环节的改革，改革方案更加完善，各项举措有力开展。区委及时调整充实全面深化改革领导小组及其办公室和10个专项工作小组；研究并出台《进一步推进全面深化改革工作的意见》；建立并实行区深改领导小组例会制度、各专项工作小组每月例会制度，推进改革督察常态化，改革成效亮点纷呈。“多规合一”体制机制进一步优化，投资项目并联审批，流程优化，效率提高；利用“多规合一”平台统筹开展2017年集美区规划编制49项，强化项目策划生成、空间协调和可研论证，提高项目前期工作质量。以供给侧结构性改革为主线，出台《工业转型升级奖励办法》，修订《实施标准化及品牌发展战略奖励办法》，支持龙头企业和优质上市公司开展兼并重组，宣传贯彻落实市级减轻企业兼并重组成本负担财政扶持政策。完善住房供应体系，科学制定2017年经营性用地供应计划，加快用地收储，提高土地供应节奏；制定区级公共租赁住房管理办法；出台《企业人才房租补贴办法》。深化招商引资体系改革，修订《工业招商引资工作方案》，按“谁招商，谁受益”原则，合理分配招商主体与项目所属地招商任务及税收分成，充分调动各镇街积极性。加快国有企业改革，加强和改进区属国有企业党的建设，修订完善区属国有企业负责人经营业绩考核办法。实施分类监管、考核，推动区属国有企业同市场经济深入融合，促进经济效益和社会效益有机统一。司法改革稳步推进，全国首创刑事案件认罪认罚从宽“321”量刑机制，获得最高法院刑事庭认罪认罚专刊专题采用。

四、经济发展稳中向好

把发展经济的着力点放在实体经济上，把提高供给体系质量作为主攻方向。加快发展先进制造业，着力推动互联网、大数据、人工智能和实体经济深度融合，在中高端消费、创新引领、绿色低碳、现代供应链、人力资本服务等领域培育新增长点。全区经济总体呈现稳中趋好的态势，1-10月GDP增长6.2%；财政总收入增长6.1%，实现96.53亿元，完成非税收入7.14亿元，同比增长25.9%；实现全社会固定资产投资325.83亿元，位居全市第三。规模以上工业产值、限额以上批发零售、招商引资等主要经济指标超额完成全年任务。入围2017全国综合实力百强区，排名第58位。

1. 持续完善“4+X”现代产业体系。突出供给侧改革和项目带动，经济发展质量和效益进一步增强，工业龙头企业转型升级成效凸显。1-10月规模以上工业总产值765.62亿元，同比增长12.5%（按现价计算），比上年同期提高7.9个百分点。《中国制造2025》行动计划深入实施，“工业4.0”和“机器换工”加快推动。整合出台工业转型升级奖励办法，汇集增产增销、开拓市场、技术改造、智能制造、增产用电、规下转规上和小微企业“专精特新”等奖励措施。引进立辉弹簧设立公司，筹备上市；推进奥佳华集团设立新公司，计划总投资10亿元；宏发先科项目成功摘牌；厦钨能源新材料中心、艾思珂冷链、厦晖金属、姚明织带、模具园一期、纳丝达无纺布等项目启动挂牌出让程序。现代服务业加快壮大。1-10月全区77家规模以上服务业企业实现营业收入80.66亿元，同比增长28.94%。尚柏奥特莱斯项目落地并启动前期工作；国贸商城美岁天地部分商业运营投产；出台新的杏林湾商务营运中心商业扶持办法，签约节奏者、悦鼎会等项目。软件信息业快速突破，软件园三期已建成交付115万平方米研发楼和公寓商业配套，另有43万平方米研发楼及公寓楼已基本完成工程验收及外部环境整治。首个自建项目雅马哈信息研发大楼投入使用；中移动一期、中电信一期预计明年上半年入驻；吉比特、数码港、罗普特正加快建设。2017年新增注册企业356家、入驻企业285家，入驻企业员工逾万人，已交付研发楼入驻率达80.3%，已落地企业注册资本金41.2亿元。1-10月累计营收94.8亿元，同比增长73.9%，预计全年营收达120亿元。依托集美物流园、厦门北站片区和前场铁路大型货场等载体，辖区物流企业达400余家。

2. 产业自主创新能力持续提升。建立以企业为主体、市场为导向、产学研深度融合的技术创新体系，加强对中小企业创新的支持，促进科技成果转化。开办全市首家“机器人超市”（协同创新产业园），吸引德国西门子、发那科等41家企业正式入驻。搭建两岸工业设计产业的交流合作平台，推进工业设计创新发展，成功举办第三届海峡工业设计大奖赛，11个国家和23个省市代表参赛，共征集到3368件作品。大力推进高新技术产业发展。1-10月，全区规模以上高新技术产业增加值136.4亿元，占全区规上工业增加值70.8%，同比提高10.7个百分点；增速11.4%，同比提高9.4个百分点，高出全市增速2.9个百分点。共计拨付众创空间扶持资金4547万元，其中给予192家创新创业企业启动扶持资金1159万元。目前，我区已投入运营的众创空间36家，主要集中在软件园三期、创业大厦和杏林湾商务营运中心及高等院校，累计为1300多个团队、6500多名创新创业青年提供早期办公场所。

3. 一流营商环境建设成效凸显。深入实施国际一流营商环境建设三年行动计划，落实《重大行政决策六项制度》和《行政执法五项制度》。实施市场准入负面清单制度，清理废除妨碍统一市场和公平竞争的各种规定和做法，支持民营企业发展，激发各类市场主体活力。深化商事制度改革，放宽服务业准入限制。完善促进消费的体制机制，增强消费对经济发展的基础性作用。深化投融资体制改革，发挥投资对优化供给结构的关键性作用。深化行政审批制度改革，审批服务进一步提速增效。目前共有58个市、区属单位108个窗口，486名工作人员进驻区行政服务中心，可办理事项970项。1-10月，区行政服务中心累计受理事项80.9万件，同比增长1.2%，日均办件量3947件，即办率为75.07%。创新工作机制，针对群众“上班时间没空办事、休息时间没处办事”的问题，7个部门17个窗口115个事项实行周末轮班，7-10月办件17357件。梳理三批行政许可和公共服务即办事项，实现“一趟不用跑”事项281项，“最多跑一趟”事项1037

项，共占总事项的86%。重点项目服务保障更加有力。全区累计完成征地5170.42亩，完成拆迁71.51万平方米；市对区考核项目完成征地2877.01亩，完成序时进度134.25%，完成拆迁36.4万平方米，完成序时进度235.17%，按完成序时进度排名征地全市第三、拆迁全市第二。

五、城市品质显著提升

借势借力筹备厦门会晤，全力推进高颜值生态花园城市建设，重点实施“六线六片”城市环境整治提升，打造跨岛发展新市区。

1. 集美新城人气商气更加集聚。1-10月完成投资169.8亿元，完成年度任务113.2%，预计全年完成投资超过200亿元。策划生成新项目36项，新增开工项目36项，竣工项目36项。入库“五个一批”项目234项，总投资1483亿元。以办公楼宇为载体，积极引入高端商务企业，杏林湾商务营运中心入驻企业474家，入驻率85.01%；北站营运中心、创新创业大厦已入驻企业191家。车驾管办证服务中心正式投用；引入网上销售、网上购车及新能源汽车品牌，汽车城经营更加多样化，9家4S店完成汽车销售收入18亿元，比增28%。环杏林湾旅游景区共接待410万人次，实现营收21.78亿元。市环境监测综合大楼、中科院二期、稀土研究所等社会事业项目基本建成；诚毅图书馆二装工程、集美新城公交首末站、集美区青少年宫等项目进入收尾；软件园三期体育馆主体施工；公共租赁房珩琦、园博公寓开工建设；移交启用园博等5个社区服务中心。

2. 城市形象和品位进一步提升。持续巩固新城生态优势，全面完成九天湖综合整治工程和环湾截污工程，杏林湾湿地工程一期开工建设；杏林湾国家级湿地公园作为全市唯一入选我省首批重要湿地名录项目。完成海翔大道、集美大道、杏锦路、杏林湾路等12个灾后重建和环境提升工程；策划建设核心区、白石片区等环村道路。轨道1号线计划12月底正式通车。各站口周边一公里范围22个道路提升改造及绿化项目全部动工。马銮湾新城规划修编入库，生态修复和道路工程完成投资6.85亿，54个项目，年底可完成14个。新增、优化、调整7条公交运行线路，完成公交候车亭建设79座，停车场建设4个。启动5个老旧小区改造提升工作。完成21个绿化、彩化、香化提升项目。新增和改造提升园林绿地107公顷，垂直绿化完成8处，绿道完成14公里。围绕城市环境整治、“两违”治理强化落实网格化管理责任，完成“两违”治理2617起，拆违总面积100万m2，超额完成市下达全年任务，位居岛外各区前列；渣土车等各类城市管理顽症的综合整治持续加强，“六线六片”及“城区重要街区”市容环境得到显著提升。

3. 城乡一体化加快推进。积极开展宜居环境建设，提升城乡生活环境的承载力和宜居度。按照省、市提出的“千村整治、百村示范”目标，扎实推进4个省级美丽乡村建设。加快推进环卫设施建设，新建清洁楼2座，年底可完成省宜居办下达的60座公厕建设指标。生活垃圾分类已覆盖44个小区、2个村，到年底建成区生活垃圾分类“三到位”覆盖率可达56.4%。出台《关于支持农村集体发展建设项目的六项措施》，推进区属国企与村（居）集体发展项目开发运营合作模式试点工作。目前，杏林西亭村人才公寓和灌口邻里中心项目分别与杏林建设、集美城发签订合作协议，杏林西亭村人才公寓开工建设。汽车小镇建设完成总体规划和各个专项规划，策划生成50多个项目，累计实现固投8.95亿元。

六、民生保障和公共服务不断加强

常委会始终坚持以人民为中心的发展思想，持续深入推进民生和社会事业建设，着力维护社会和谐稳定，人民群众获得感和幸福感进一步增强。

1. 民生补短板工作扎实推进。认真贯彻落实省委、市委补齐民生短板工作部署。召开区委八届九次全会，研究出台《关于加快补齐民生短板确保全面建成小康社会的决定》，以及补齐教育、医疗卫生、养老、住房、交通、城乡民生基础设施短板等6份配套文件。动员全区上下深入践行以人民为中心的发展思想，紧紧围绕建设“五大发展”示范区目标，紧盯薄弱、对接需求、突出重点、精准发力，加快补齐民生短板。策划整合民生项目211个，总投资高达716亿元。1-10月，全区用于民生领域支出43.1亿元，占一般公共预算支出的82.6%。坚持教育优质均衡发展，投资4亿元完善中小学、幼儿园建设，将新增幼儿园学位990个，中小学学位2070个。深化合作办学，扶持中科院幼儿园、外国语学校与西亭学校、五缘实验学校与园博学校开展新一轮合作办学。医疗卫生事业显著进步，已通过全国基层中医药工作先进单位考评。新城医院招商取得新进展，灌口卫生院、后溪卫生院、集美街道社区卫生服务中心均获国家级荣誉。医药卫生体制改革持续深化，分级诊疗模式稳步推进，累计组建71个家庭医生服务团队，完成家庭医生签约数8.03万人，签约覆盖率达到30%，全面完成市级下达指标任务。建成居家养老服务站61个，农村幸福院7家，在建3处老年人日间照料中心、11家农村幸福院，实现城区居家养老全覆盖和农村基本覆盖。新增一家融医、养、护为一体的锦园中医院，开放照料床位300张。

2. 民生福祉持续改善。持续完善“绿洲计划”救助体系，两次提高城乡居民最低生活保障标准，1-10月向4249户次6198人次发放低保445.94万元；临时救助886人次，实施医疗救助2.89万人次，共支出708.79万元；兑现计划生育各项奖扶资金1604.7万元。扎实开展东西部扶贫协作，区委主要领导亲自带队赴临夏州和政县考察，落实帮扶资金1000万元，挂牌成立厦门市集美区—临夏州和政县劳务合作站。就业保障体系不断健全，今年来实现城镇失业人员再就业13432人；对用人单位吸纳重点群体就业核发奖励补助1.45亿元；开发公益性岗位320个，开展各类职业培训12483人。实施全民社保工程，全区社会保险参保总数 55.7 万人，比增 14.44%；落实被征地人员参保财政补助 2439.03 万元；对 3608 家企业兑现失业保险支持企业稳岗补贴 1901.58 万元。基本公共卫生均等化有效落实，全区累计建立健康档案 502646 份，建档率 76.62%。全力推进保障性安居工程，交付使用 218.70 万平方米，15707 套，完成投资 45 亿元。

3. 文明创建成果丰硕。开展“集美文明再提升，大家一起再努力”百日行动，全市首创“摩托车待行区”，增设违规停车自动抓拍系统；改造提升一批志愿服务驿站，集源路驿站被确立为省级志愿服务驿站；打造集源路文明示范街，推动成立集源路商家自律协会，设置诚信驿站。有机结合厦门会晤服务保障和文明创建，组织 12 场志愿服务培训，2000 多名志愿者参训；依托志愿者开展 123 场金砖会晤有关活动，服务 11540 余人次，有效凝聚全区人民当好厦门会晤东道主的共识。组建文明志愿者宣讲团，开展“礼让斑马线、文明集美行”“十九大精神戏曲宣传队到基层”活动，以市民喜闻乐见的形式深度宣传党的十九大精神。新建社区书院 17 家，组建师资库 471 人，开设课程 1555 门，开展活动 2033 场，受益群众超过 8 万人次。坚持共同缔造理念，发挥社会组织、社区书院的桥梁纽带作用，以“以奖代补”社区治理类项目为抓手，促进居民融合，和谐邻里关系，将文明创建引向深入。

4. 社会大局保持平安稳定。扎实开展“一标四实三清”基础大排查，在摸清辖区底数的基础上实现隐患全部清零。紧盯辖区突出治安问题，落实打防管控各项措施，深入开展集中打击“盗抢骗”“打黑恶·缉枪爆”等专项行动，1-10 月刑事警情同比下降 43%。完善社会治安立体化防控体系，投入 8912.1 万元完成 4110 路视频监控系统的建设和安装调试。进一步推进城市公共安全管理平台建设，联动 186 家机关、企事业单位，实现 40 余种业务无缝对接，城市管理信息化水平大幅提升。全面织牢基层平安网格，各镇街形成“一组四队”（镇街群防群治工作组和治安巡逻队、防范宣传队、访查防控队、应急处置队）群防群治组织指挥体系，全区群防群治队伍注册 89951 人。安全生产形势持续稳定，未发生较大以上安全生产事故。全力维护国家安全和社会稳定，确保了厦门会晤和党的十九大等重大活动期间的绝对安全。

七、强化各项事业组织保障，管党治党全面从严

常委会坚持党的领导、人民当家作主、依法治国有机统一，持续完善坚持党的领导的体制机制。坚持把抓好党建作为最大政绩，切实担当起全面从严治党主体责任，大力倡导真抓实干的工作作风，以党建促发展、聚合力。

1. 安定团结政治局面更加巩固。切实加强对人大工作的领导，确保人民代表大会制度区镇（街）两级的贯彻落实。支持和保证人大依法行使监督、决定、任免等职权，更好发挥人大代表作用，使人大及其常委会成为同人民群众保持密切联系的代表机关。支持区政协把协商民主贯穿政治协商、民主监督、参政议政全过程，完善协商议政内容和形式，重点办好高校委员季谈会，着力增进共识、促进团结。巩固和发展爱国统一战线，支持民主党派更好履行职能。全面贯彻党的宗教工作基本方针。加强党外知识分子工作，做好新的社会阶层人士工作，发挥他们在各项事业中重要作用。构建亲清新型政商关系，促进非公有制经济健康发展和非公有制经济人士健康成长。团结联系海外侨胞和归侨侨眷，共同致力于中华民族伟大复兴。持续抓实群团改革工作，老干部和工、青、妇等群团组织作用得到新发挥。人民武装等工作取得新成绩。深入实施“七五”普法工作，法治集美建设扎实推进，新增 3 个法治教育基地，“村村设法律顾问”工作成效明显。

2. 宣传思想文化工作取得新成效。贯彻落实意识形态工作责任制，牢牢把握意识形态工作主动权，将意识形态工作责任制落实情况纳入全面从严治党、文明创建考评中。围绕中心，服务大局，突出重点，探索创新，扎实推进宣传思想文化工作。加强理论武装，区委中心组带头学习党的十九大精神、十八届六中全会精神等内容，持续打造领导干部理论学习高端平台“集美讲堂”。成立区委十九大精神宣讲团、十九大精神戏曲宣传队，采取宣传宣讲、图文动漫、戏剧曲艺等形式，组织全区党员干部群众认真学习领会十九大精神、习近平新时代中国特色社会主义新思想。坚持正确舆论导向，打造区全媒体宣传阵地，围绕贯彻党的十九大、十八届六中全会、“砥砺奋进的五年”、“喜迎厦门会晤，建设人文集美”、实施人文集美发展战略和跨岛发展战略、第四批百日行动、全面从严治党、生态文明建设等主题开展宣传，尤其是精心策划迎接厦门会晤系列新闻宣传报道，举办“一座城·一个人——嘉庚精神·厦门故事”系列主题活动，展现了一个高素质、高颜值的人文集美，不断扩大对外宣传，新闻舆论传播力、引导力、影响力、公信力不断提高。坚持把弘扬嘉庚精神作为培育践行社会主义核心价值观的特色载体，组织道德模范故事汇基层巡演和宣讲，开展向“时代楷模”陈清洲、廖俊波、厦门市道德模范周育辉等先进典型的学习宣传活动。深入开展心理健康知识宣传教育活动，持续打造“心灵绿洲”品牌。坚持文化惠民，组织各类文艺展演进农村、进社区、进企业、进军营，群众性文化活动形式多样、丰富多彩。加强优秀传统文化保护传承，开展戏剧曲艺创作调演，扶持一批民间文艺团队，对我区第二批非遗项目和代表性传承人进行授牌，对首批 18 个红色文化遗存和革命遗址进行挂牌立碑，编写出版我区红色文化资源汇编书籍《浔江红潮》。紧扣时代主题，打造文艺精品，组织创作嘉庚题材系列广播剧第三部《一座城·一个人》、图书《嘉庚弟子》、大型交响合唱《嘉庚组歌》、情景音乐剧《百年学村》等，广播剧《再会吧，南洋——陈嘉庚与南侨机工》、电影《侨女日记》分获福建省百花文艺奖一等奖和二等奖。成功举办海峡两岸龙舟文化节、2017 集美·阿尔勒国际摄影季、“听见集美”集美学村周末音乐会、2017 中国(集美)AEMI 世界气球艺术节、第二届“人文集美·悦读季”等一批品牌文化活动。大力推动文化产业发展，影视产业、动漫产业、演艺产业发展势头良好，北大青鸟国家音乐产业基地等项目建设持续推进，一批文化企业落户集美，“集美集”影视文创园、厦门神游华夏大剧院有限公司分别获评福建省重点文化产业园区、重点文化企业。

3. 干部队伍活力增强。围绕落实“好干部”标准，把事业需要、岗位要求与干部人选条件紧密结合起来，以事选人、因事择人。围绕人文集美发展需求，今年来提任处级干部 22 人，科级干部 61 人。注重在实践中检验干部，在一线锻炼和发现干部，根据各镇街、征拆指挥部和重点项目用人需求，选派 14 名优秀年轻干部挂职担任镇长（主任）助理、重点项目组组长等，按项目管理模式培养能到基层一线打硬仗的“项目经理”；制定《集美区一线考察干部实施办法》，组建 7 个考察小组，采用实地走访、交流访谈等形式开展专题考察，从镇街、征拆、综治维稳等基层一线提拔处级干部 9 人，科级干部 32 人。加强干部多岗位锻炼，安排干部交流 33 人，激发干部干事创业积极性，缓解专业干部供需矛盾。落实经常性谈心谈话制度，及时掌握干部思想动态、现实表现和工作实绩，帮助干部排忧解难、整改不足。贯彻落实《新形势下加强和改善党校工作实施意见》，区委党校全年共举办培训班 7 期，培训轮训学员 700 余人次。加强干部监督，强化绩效管理，各级领导班子和干部的协调力、执行力进一步增强。

4. 人才引进力度持续加大。聚焦我区“4+X”重点产业体系，着力构建人才发展新优势。着力补齐人才引育扶持短板，针对重点产业制定人才扶持实施细则，探索创新先兑现、后补助的重点产业人才“配额制”，创造性地将薪酬标准纳入评判依据，与政策兑现政策挂钩。今年全区新增落户 1 名国家“千人计划”专家、10 名省“百人计划”人才、18 名省高层次人才、41 名市“双百计划”人才、7 名台湾特聘专家、5 名拔尖人才。率先全省出台突破学历限制的《企业人才房租补贴办法》，向 2461 人发放补贴金额 1972.28 万元，为我区引才留才提供有力支撑。强化人才落地保障服务，兑现 45 家“双百”企业人才扶持资金 1640 万元、各类补助 502 万元，教育、卫生人才各类奖励 70 万元，新建成人才公寓 1800 多套，辖区人才公寓总量达 3798 套，在建 5059 套，建成后全区人才公寓群总量将达到约 8857 套，规模位居全市前列。

5. 基层组织建设全面进步。构建纵向到底、横向到边的“一体化”组织体系，纵向形成“区委领导小组—4 个街道大党工委—21 个社区大党委—36 个小区党支部”四级组织架构，横向将 413 家驻区（共建）单位纳入各层级区域化党建范围，实施各级党组织“书记项目”447 个。注重发挥党组织领导核心作用，建立“思想共做、组织共建、活动共办、资源共享”的“四共”互联互动机制，驻区单位签订共建协议 127 份，梳理需求清单 457 项，收集服务清单 637 项，对接认领清单 516 项；各级党组织牵头成立社区“微自治”组织 21 个，解决社区安全、物业管理等问题 89 个。全面推进非公领域党建，新建创业大厦党建综合服务中心等 3 个党群活动服务中心，成立创业大厦党委，采取“1+N”模式、区域联建、挂靠组建等方式，实现入驻的 32 家小微企业、7 个众创空间、169 个创业团队、3 家中介服务机构党的组织全覆盖，党建引领带动力不断增强。区非公办选送的节目《大山里的婚纱照》在全市非公领域党务工作者学习贯彻十九大精神专题诵读活动中荣获一等奖。

6. 全面从严治党纵深推进。深入推进反腐败斗争和党风廉政建设，区委常委带队检查 14 个区委直属党组织全面从严治党责任制落实情况，并亲自约谈被检查单位“一把手”；区委主要领导与各直属党组织书记签订全面从严治党“责任书”，层层压实责任。严格落实意识形态工作责任制，坚持属地管理、分级负责和谁主管谁负责原则，把各镇街、区直部门落实情况纳入全面从严治党责任制检查和绩效考评中。坚持挺纪在前，注重抓早抓小，建立 250 名区管干部廉政档案；出台《关于进一步规范谈话函询工作相关问题的通知》，强化“红脸出汗”效果，今年来全区运用“四种形态”198 人，其中第一、第二形态占比 90.4%。认真学习贯彻《中共中央政治局贯彻落实中央八项规定的实施细则》，建立落实中央八项规定精神“1+X”专项督查制度，紧盯重要时段、关键环节开展各类检查 86 次，查处违反中央八项规定精神问题 15 起 27 人。强化政治巡察，已开展四轮五批次，对 16 个单位开展巡察，移交问题线索 72 件，立案 16 人，处分 9 人；率先将大数据比对技术引入巡察，该经验获上级肯定并在全市推广。完成区纪检监察机构综合派驻改革，设立 6 个综合派驻纪检组，实现全区 59 家单位派驻全覆盖。出台《集美区监察体制改革试点工作实施方案》，扎实推进纪检监察体制改革。

在充分肯定成绩的同时，我们也要清醒地看到存在的问题和不足：区域经济实力还不够强，与人民群众提高生产生活水平的要求相比还有差距；经济转型和产业结构调整优化步伐不快，服务业总量还偏小；各级党组织的执政能力，尤其是创新发展能力还有待提高，党员干部作风建设还有待于进一步加强等等。这些问题必须引起我们高度重视，采取有效措施，切实加以解决。希望同志们对区委常委会的工作提出意见和建议，帮助我们不断把工作做得更好。

政府工作报告
——2017年12月26日在厦门市集美区第十二届人民代表大会第二次会议上

区长 何东宁

一、2017年工作回顾

2017年，新一届区政府在市委、市政府和区委坚强领导下，以习近平新时代中国特色社会主义思想为指导，以迎接十九大、贯彻十九大精神为动力，扎实推进稳增长、调结构、促改革、惠民生，全面开展“效率提升年”活动，举全区之力服务保障厦门会晤，各项工作有力有序，经济社会健康协调发展。

全年预计完成地区生产总值630亿元，增长6.2%；固定资产投资375亿元，与去年基本持平；财政总收入112.3亿元，增长5.3%，其中，区级财政收入31.2亿元，增长4%；城镇居民人均可支配收入44687元，农民人均可支配收入24724元，分别增长8.7%和7.5%，城乡居民收入增速超过经济增速。上榜“2017全国综合实力百强区”，获评国家慢性病综合防控示范区、全国计生基层群众自治示范区、全国群众体育先进单位等荣誉，实现省双拥模范区“七连冠”。

（一）突出优质高端，经济发展稳中向好

稳中提质，传统产业加速升级。“集美制造”焕发新活力。规上工业增加值完成241亿元，增长10%，创三年来最高增速。工业利润增长34.3%，高出全市5.4个百分点。国家级高新技术企业突破200家，规上高新技术产业增加值占规上工业77.5%，高出全市6个百分点。修订出台7项工业转型升级扶持奖励政策措施，兑现近9000万元扶持奖励资金。深化与台湾中国生产力中心合作，推动建霖工业等10余家企业降低成本约2700万元。市级总部企业增至6家，杏林湾商务营运中心入驻企业483家，入驻率86.3%。商贸物流发展态势强劲。国贸美岁天地建成试运营，尚柏奥特莱斯签约落地。13家4S店完成汽车销售28.1亿元，增长24.8%。集美物流园、前场铁路大型货场等载体集聚物流企业400余家。嘉晟供应链、海翼工业物流中心等4个物流项目一期试投产，中马（普洛斯）冷链物流等3个项目开工。

稳中有进，新兴产业加速崛起。软件信息产业加快发展。软件园三期东片区基本成型，已建成投用115万平方米研发办公楼、公寓楼，累计入驻企业616家，新增86.1%，入驻员工逾万人，预计实现营收120亿元，增长60%；雅马哈信息研发中心投用，吉比特科技、罗普特（厦门）科技园等4个项目启动建设，软件百强企业宇信科技、人工智能领军企业云知声等签约落户。推动互联网和零售业、生活服务业紧密融合，好慷家政实现营收约4.2亿元，成为全国家政领军企业。全域旅游加快推进，鳌园景区免费开放，灵玲马戏大酒店开业，举办尼斯国际嘉年华等活动，全年旅游接待总人数预计突破1200万人次，增幅全市第一。“集美集”影视产业总部园区获评省级重点文化产业园区。基金聚集效应凸显，引进128家股权投资类企业，注册资本94.1亿元；区产业引导基金累计投资45个项目，撬动57.7亿元社会资本，参股子基金数量及规模全市第一。

稳中增效，“两化”融合加速推进。新型工业化领跑全市。全区获工信部“两化”融合管理体系评定证书企业11家，占全市28%。金龙客车产品全生命周期管理入选工信部制造业与互联网融合试点示范项目，金越电器入选省级智能制造试点示范企业，福大厦门工艺美院服务型制造公共服务平台入选首批省级平台。代表国内智能制造产业最高水平的“机器人超市”落户，吸引西门子、ABB等41家企业入驻。产学研一体化加快推进，全省首个国际化离岸孵化器落户，新设立5家校企联合实验室与中试基地，承办第三届海峡工业设计大奖赛。强化人才要素支撑，新引进国家“千人计划”等各类高层次人才70人，新增2家市级院士专家工作站，中科院城环所研究员贺泓获评中国工程院院士。中科院厦门稀土研究所建成投用。36家众创空间成功孵化微沃时刻等340多家企业。

（二）突出生态宜居，城市品质日益提升

城市配套日趋完善。“一心四片”加速融合，城市建成区超过80平方公里。推进集美新城161个基础设施、社会事业及产业项目建设，预计全年投资超200亿元。马銮湾新城规划修编入库，投资8.3亿元推动54个公建项目建设。集美汽车小镇超额完成年度投资计划，集美动漫小镇列入省级第二批特色小镇创建名录。重大项目稳步实施。轨道1号线试运营，轨道4、6号线加快建设，福厦客专开工。同集路、集灌路、杏滨路等“两环八射”城市快速路完成改造。长泰枋洋水利枢纽一期工程通水，成为厦门第二水源。杏滨小学地下停车场建成，集美大学印斗校区、宁宝公园等公共停车场项目加快推进。征地拆迁强力推进，攻克国道新324线、许庄村整体搬迁、西客明珠等征拆难点，全年完成征地5495亩，

拆迁75.5万平方米。

城市生态持续向好。全面做好中央环保督察整改工作。打响蓝天保卫翻身仗，累计投入大气污染治理资金近9000万元，近三个月空气质量跃居全市前列。全面完成锅炉整治任务，实现对28家大型餐饮单位油烟在线监控，关停拆除全区机砖厂。加强水环境治理和水资源保护，饮用水源地水质稳定达标。全面推行“河长制”，遏制生猪养殖回潮，清退流域200米范围内的养殖场，55个分散式污水治理工程建成投用，138个自然村实现污水集中纳管。深化城市黑臭水体治理，日东湖生态修复工程成为全省黑臭水体整治成功案例。强化土壤污染防控，在57个小区和7个行政村推行生活垃圾分类工作，建成区垃圾分类覆盖率达56.4%。

城市面貌显著提升。重点实施“六线六片”景观提升工程，绿化提升320万平方米，立面改造967栋房屋，岛外第一高楼、月光环“灯光秀”等216处夜景工程建成投用，嘉庚建筑景观获中外游客点赞，在厦门会晤报道中倍受关注。厦门大桥、集美大桥、杏林大桥三大桥头片区完成整治提升，景观焕然一新。“大城管”格局全面形成，持续高压推进“两违”治理工作，全年拆违104万平方米；引进“无人机航拍+地面跟拍”模式，全面梳理市容市貌问题；农贸市场占道经营、渣土运输污染等城市顽疾得到有效治理。拆除集美旅游商城，取缔学村无牌证三轮车，整治杏滨铁路沿线、杏林片区海岸线餐饮船及砂场，破解了一批群众关注的热点难点问题。

（三）突出均衡兜底，民生福祉不断改善

社会保障更加有力。加大民生投入，全年民生支出42.6亿元，占一般公共预算支出的78.1%。坚持创业带动就业，补贴新创经营实体340个，核发就业补助奖励约1.5亿元，城镇失业人员再就业1.3万余人，职业技能培训1.2万余人次。扩面提质全民参保工作，全区社保参保总数55.7万人，增长14.4%。加快发展养老服务，开展社区信息化助老服务试点，在34个社区实施居家养老专业化服务，11家农村幸福院投入运营。加大“三农”扶持力度，支持国企参与村居集体发展项目，西亭人才公寓、三李城商业中心等集体发展项目开工，溪西村项目签约。在全省率先基本完成农村土地承包经营权确权登记工作。

社会事业更加均衡。教育强区建设进一步深化，高分通过全国中小学校责任督学挂牌督导工作创新县（区）省级验收。新改扩建中小学2所，新开办3所公办幼儿园，与中科院合作举办幼儿园，新增中小学学位2070个、幼儿园学位990个。出台义务教育阶段民办学校扶持补助政策。健康集美建设进一步提升，市妇幼保健院集美院区、第一医院杏林分院新项目开展前期工作，家庭医生签约覆盖率达30%，集美街道社区卫生服务中心获评全国百强，我区获评省计生工作创新奖。人文品牌更加彰显，集美学村获评省级历史文化街区，厦门（集美）对台研学旅行基地获评福建省首批对台交流基地，首次举办海峡论坛两岸特色庙会，举办集美·阿尔勒国际摄影季、2017中国综艺峰会等大型活动。

社会管理更加精细。持续推进社会稳定。围绕服务保障厦门会晤，开展基础信息大排查，实现“一标四实三清”。实施“雪亮工程”，推行“小案快打”，刑事警情下降43%，降幅全市第一。高标准建成城市公共安全管理平台，为平安集美建设提供“最强大脑”。抓紧抓实安全工作。开展“黑油黑气”、“三合一”场所等专项整治，实现社区微型消防站全覆盖，全区未发生较大以上生产安全事故。积极创建国家食品安全示范城市，保障人民群众“舌尖上的安全”。全面深化文明创建，后溪镇蝉联全国文明乡镇，银亭社区、鳌园景区再次获评全国文明单位，在册志愿者占户籍人口10%。提高防灾减灾能力，田头等3个社区入围全国综合减灾示范社区，民间公益救援组织“福建省蓝天救援防灾减灾中心”挂牌，救灾志愿者组织“飞鹰救援队”成立，财政出资实现“巨灾保险”全覆盖。

（四）突出务实高效，政府建设持续加强

强化改革创新。转变政府职能，深化简政放权，加大“放管服”改革力度，权责清单全面公布，取消行政审批事项19项，承接下放事项68项。创新监管方式，实现“双随机一公开”监管全覆盖，全面落实“一单两库一细则”。修订《区政府工作规则》，建立和完善土地开发管理、第三方评议等机制，机制创新纳入政府各单位年度效能工作要点和绩效考评。

强化作风建设。加强政府党组建设，推进“两学一做”学习教育常态化制度化。全面开展政府系统“效率提升年”活动，效能约谈19人次、效能问责51人次，干部队伍精神面貌持续向好，执行力有效提升。推进“互联网+政务服务”，实现“一趟不用跑”和“最多跑一趟”事项1318项，占总事项86%。在全市率先实现自助终端一体机在镇街、村居全覆盖，推动67项区级便民服务事项向基层延伸。严格落实中央八项规定，完成首批公车拍卖。

强化依法履职。出台法治政府建设实施方案和学法普法相关实施意见，扎实推进法治政府建设。充分发挥政府法律顾问作用，严格落实重大行政决策合法性审查等六项制度，完成区政府规范性文件清理。持续强化信访复查、行政复议和行政应诉工作。办理区人大代表议案1件、建议125件，区政协提案140件。代表关注的安置房产权证办理取得新进展，新办安置房个人产权证459套。加强审计监督和预算绩效管理。

同时，我们积极开展友好城市合作交流，扎实做好山海协作、对口支援帮扶等工作。外事侨务、港澳台事务、民族宗教、国防动员、慈善、老龄、关心下一代等工作都取得了新发展，工会、共青团、妇联、残联、科协、侨联、红十字会等群团组织为推动政府工作发挥了重要作用。

各位代表，一年来，我们牢固树立并坚决贯彻落实新发展理念，坚持稳中求进，攻坚克难，在“五大发展”示范区建设中迈出了坚实的步伐。这是市委、市政府和区委正确领导，区人大和区政协大力支持，全区人民齐心协力、团结奋斗的结果。在此，我谨代表区人民政府，向全区人民，向各位人大代表和政协委员，向老领导、离退休老同志、各民主党派、工商联、各人民团体，向各驻区单位、驻集部队、公安干警、在集高校院所，向关心支持集美建设发展的港澳同胞、台湾同胞、海外侨胞及各界人士，表示衷心的感谢，并致以崇高的敬意！

同时，我们也清醒地认识到，当前发展仍面临一些困难和问题：一是经济增长压力较大，地区生产总值、财政收入、城乡居民可支配收入等指标低于年度预期；二是经济发展对房地产的依赖程度仍较高，新产业、新业态尚处培育发展阶段，新增长动能还未完全形成支撑；三是水资源保护和水污染防治力度有待加强，流域、湖泊污染等顽疾尚未根治；四是公共服务供给滞后于群众的期盼和要求，教育、医疗、文体、养老等资源供给不足、分布不均，优质资源较为缺乏；五是城市建设与管理精细化水平有待提升，停车难、交通拥堵等顽疾亟待解决；六是政府作风建设仍须加强，部分干部缺乏担当与思考，不想干、不敢干、不会干的问题仍不同程度存在。我们要正视这些问题，着力加以解决。

二、2018 年工作任务

2018 年时逢改革开放 40 周年，是贯彻党的十九大精神的开局之年，也是实施“十三五”规划承上启下的关键一年。面对新形势、新任务、新要求，我们要不忘初心、砥砺前行、稳中求进，抓紧抓好抓实全年各项工作。

政府工作的总体思路是：全面贯彻落实党的十九大、中央经济工作会议及省、市、区全会精神，坚持以习近平新时代中国特色社会主义思想为指导，深入贯彻习近平总书记对福建、厦门工作的重要指示精神，按照“五位一体”总体布局和“四个全面”战略布局，深入贯彻新发展理念，以供给侧结构性改革为主线，推动质量变革、效率变革、动力变革，以实施创新驱动发展战略为动力，大力推进改革开放，以增进人民福祉为根本，全力推动集美率先高水平全面建成小康社会，奋力开创新时代“五大发展”示范区建设新局面。

综合各方面因素，2018 年经济社会发展主要预期目标是：地区生产总值增长 8.1%；固定资产投资与 2017 年持平；财政总收入、区级财政收入分别增长 5.5% 和 5%；城乡居民人均可支配收入增长与经济增长保持同步。

实现上述目标，必须突出六个“坚持”，扎实做好以下工作：

（一）坚持创新驱动，加快打造高素质的区域创新中心

*强化创新引领发展。*突出创新引领这一战略支撑，加快平台建设、要素集聚。加快厦门国际创新中心、中国数码港海西运营中心、云创漫谷产业园等项目建设，推动中科院知识产权运营管理中心、教育部科技发展中心等技术转移促进机构落户。打造软件园三期“智慧园区”，建设集创客工厂、孵化器、加速器、产业园于一体的综合创新园区。力促新增国家级高新技术企业、创新型企业各 20 家。深化产学研、产教融合，推进华侨大学－路达（厦门）石墨烯项目中试基地建设，举办区产学研科技合作项目成果对接会，鼓励支持拔尖人才创新创业，促进科技成果转化与应用。加强区校战略协作，共享资源、共建研发平台、协同创新，鼓励骨干企业与高校组建实训基地及创新战略联盟。

*持续推动“两化”融合。*深化机器人及数控技术应用研发等公共技术服务平台建设，实施宏发汽车继电器自动化生产线等 47 个技改项目，引进华为工业智造云和软件开发云，扶持思尔特海西智能制造协同创新产业园等一批工业互联网行业协同平台。继续实施 20 家企业“两化”融合贯标辅导，及时兑现企业贯标奖励金。建立健全双创优胜劣汰机制，借助微软、百度、腾讯等优质众创空间，促进双创和实体经济深度融合。

*全面优化创新环境。*深化建设小微企业双创基地城市示范、科技与金融结合试点城市、国家知名品牌示范区，做好国家园区循环化改造示范试点中期验收。提升金融服务实体经济水平，吸引一批优秀基金落户杏林湾基金聚集区。深化与台湾中国生产力中心合作，促进快速制造国家研发中心厦门分中心为企业转型发展服务。大力引进海内外高层次创新团队和领军人才，鼓励社会力量创办专业化科技中介服务机构，拓展科技担保、投贷联动等新业务。加强社会信用体系建设，推进诚信建设制度化。倡导创新文化，强化知识产权创造、保护、运用。

（二）坚持项目带动，加快打造升级版“4+X”现代产业体系

*力促经济质效提升。*建设现代化经济体系，把发展经济的着力点放在实体经济上。重点发展先进制造业。做好 49 家 3 亿元以上重点工业企业跟踪服务，支持新凯、吉顺芯等企业增资扩产，确保稻兴科技、宸展光电等企业竣工投产，推进姚明织带、华懋二期等项目开工建设，推动来奇偏光、宝姿等企业向服务型制造转型。壮大软件信息服务业。力争新增限额以上企业 12 家，软件信息服务业收入超过 160 亿元；力促网宿科技、卓翼科技等项目投入运营，推进中移动一期、中电信一期顺利入驻，启动二期建设。进一步繁荣商贸物流业。加快推动王府井购物中心等商贸项目开业，推进世茂、棕榈城等大型商业体及二手车交易市场等项目建设，保障尚柏奥特莱斯顺利施工，集聚北站、新城核心区等片区商圈人气；确保嘉晟供应链二期完工、典泰新兴海峡物流园投产。做精做强文化旅游业。加快熊猫科普馆、北大青鸟流行音乐

演艺中心等项目进展，力促月美池酒店、集美湖大酒店等开业，推动集美旅游码头开工建设、集美旧火车站改造提升；扩大全域旅游宣传营销，开通铛铛车旅游专线，打造亲子、研学等旅游品牌，做强节庆旅游，提升旅游拉动经济贡献度。加快汽车小镇和动漫小镇建设。

力促空间拓展再造。以厦门新一轮总体规划编制为契机，优化全区空间规划和“一张蓝图”。推进机械工业集中区三期、后溪工业组团等园区建设。推动鹭燕、革新塑胶等企业实施“工改工”，加快奥佳华、厦晖气门嘴、厦工军民融合项目落地。完善工业用地收储新机制，强化闲置工业用地收储力度及存量利用，加快安仁产业园建设，推出一批产业地块出让。强化软件园三期平台载体作用，全面启动西片区建设，进一步完善东片区市政、商业等公共配套，加快企业入驻。抓好杏林湾商务营运中心、厦门北站商务楼宇等商业空间的梳理及利用，引进教育、培训等生产、生活服务业项目落户。借力轨道1号线开通运营，规划建设官任、集美大道等轨道站点特色街区。

力促招商提档升级。着力强化软件信息、新材料两条百亿产业链。做好海云汇创国际智慧教育等项目的落地服务，抓牢抓紧厦钨电机产业园、金鹭特种金属等重大项目落地建设，力争中软国际等软件信息项目签约落地，推进宜家、顺丰等在谈项目。加快培育发展总部经济，力争新增2家以上市级总部企业。进一步密切与火炬管委会、自贸试验区（厦门片区）、北京厦门商会等联合招商合作，探索与知名咨询机构、审计师事务所合作招商模式。充分调动各部门各镇街招商与服务的主动性和积极性，建立覆盖各级的责任分解机制、协调落地机制、企业服务机制。加快厦门海关在我区设办事处，支持企业拓展国内外市场，组织企业参与“一带一路”沿线国家和高铁沿线城市展会。

（三）坚持和谐共生，加快打造高颜值的跨岛发展新市区

加强基础设施建设。启动集美新城城市品质提升年建设，实施生态环境提升、产业规模壮大、民生配套完善、城市管理精细等四大工程，进一步彰显跨岛发展新形象。围绕国际化生态海湾新城目标，推动马銮湾新城继续完善各项规划，全面启动骨干路网、管廊等项目，拉开建设框架。加快编制“城市双修”和集美大桥至新阳大桥滨海岸线规划。完成海绵城市专项规划编制并加快建设。推进福厦客专、轨道4、6号线等重点项目建设。完善“两环六横六纵”内部路网体系，确保国道新324线、灌新路全线通车，加快灌口中路、杏锦路延伸段建设。实施交通疏解工程，着力推动同集路与集源路交叉口、厦门大桥桥头等堵点改善工程，打通灌口东部新区、白石片区等一批断头路。

完善城市配套与管理。实施新一轮绿化景观改造提升，做好地铁沿线绿化恢复工作，充分利用边角地、街头小绿地建设社区公园。基本建成集美大学印斗校区地下停车场，加快推进中央公园等在建停车场，筹建嘉庚纪念馆等一批停车场，新投用991个停车位；完善公交场站建设，加密公交线路，方便地铁换乘；继续推进公共自行车系统建设，拓展集美新城慢行系统。加快杏林水厂扩建，为全区稳定供水提供更有力的保障。加强部门联动，继续保持查违、控违、拆违的高压态势，疏堵结合，分类处置存量“两违”，新增“两违”一律拆除。有效治理占道经营、油烟烧烤、共享单车无序摆放等突出问题，推进农贸市场综合治理，完成集美市场、杏西市场2.0标准改造。加大城市道路机械化作业设备投入，全区主次干道机扫率达到100%。实施“厕所革命”，推动公共场所和社会服务单位厕所对外开放，新改建一批公厕。

实施乡村振兴战略。按照产业兴旺、生态宜居、乡风文明、治理有效、生活富裕的总要求，加快推进农业农村现代化。推动美丽乡村建设，完善村庄建设规划，创建5个省级农村社区建设示范单位。加快推进马銮湾新城保留村庄提升改造。确保11条农村公路改造及交通完善工程全面开工。加快培育农业农村发展新动能，创新设施农用地管理与建设机制，推进果乐园、白虎岩等休闲农业项目建设。千方百计促进农民增收，加快西亭人才公寓、三李城商业中心等村居集体发展项目建设，力促溪西村等签约项目开工，推进孙厝、东安等村居在谈项目签约落地。有序开展农村集体产权制度改革，推进国有农场改革发展。深化供销合作社综合改革，进一步发挥其为农帮农服务功能。加强农村基层基础工作，选拔培养一支懂农业、爱农村、爱农民的“三农”工作队伍。

提升生态环境质量。着力治理水污染，综合施策、系统集成，工程措施、生态保护和强化执法并举，打好水环境保卫战。在全面实施“河长制”基础上推行“湖长制”，全面实施水污染防治行动计划和“三溪一库”未达标水体治理方案，开展安全生态水系建设。完成敬贤公园等20处受污染水体治理，开工建设月美池整治工程。全面开展污水管网和排放源头排查，加大城中村、老旧城区和城乡接合部雨污分流改造力度，打通“断头管”，完成污水管网新建改造20公里。加快集美、杏林污水处理厂提标扩容。全区农村分散式生活污水治理设施实现常态化运行。巩固大气污染防治成果，持续实施大气污染防治行动计划，强力整治垃圾随意倾倒、焚烧污染，强化工地、道路扬尘管控，新建20个空气质量微监测站。强化土壤污染管控和修复，推进实施土壤防治行动计划方案，开展涉重金属行业污染整治、工业固体废物处置等工作，推进城市和农村生活垃圾分类全覆盖。构建政府为主导、企业为主体、社会组织和公众共同参与的环境治理体系。

（四）坚持共享发展，加快打造民生幸福典范城区

实现教育强区新发展。发展素质教育，推进教育公平，进一步提升教育教学质量和水平。加强学校常规管理和教师队伍建设。实施农村义务教育质量提升计划，提高民办校、

薄弱校、新办校教学水平，打造多样化、有特色的高中。招收引进一批优秀教师，稳步推进教师校际交流。扩增教育资源，推动学校、幼儿园与住宅同步规划、同步建设、同步使用。规划建设中小学、幼儿园项目44个，筹备开办初中2所、小学1所、幼儿园8所，新增学位初中3600个、小学1890个、幼儿园2880个。提供多层次优质教育，筹建教育集团，启动外国语学校集美校区建设，推动中锐双语等一批优质民办学校落地，加快厦门首家区级中小学生社会实践基地建设。加快发展职业教育，形成独具特色的“现代学徒制”人才培养模式。推进特殊教育，开展随班就读资源教室师资培训。

推动健康集美新突破。优化医疗卫生资源布局，力促市妇幼保健院集美院区开工，推动集美新城医院、第一医院杏林分院新院区、区妇幼保健院住院部，以及北部新城等社区卫生服务中心前期工作。将灌口卫生院提升为二级医院。扎实推进分级诊疗制度，加快医联体建设，改革完善全科医生培养与使用激励机制，提升家庭医生签约服务水平。深入开展爱国卫生运动，倡导健康文明生活方式，预防控制重大疾病。坚持中西医并重，持续推进全国基层中医药工作先进单位建设工作。推进计生服务管理改革，全面提升妇幼健康服务能力。深化国家食品安全示范城市建设，加强从“农田到餐桌”全过程监管，让市民吃得放心。加快养老事业发展，推动居家养老专业化、信息化，推进医养结合，发展民办养老机构，建成6家农村幸福院，力争3家日间照料中心开工，全面提升养老服务质量。

提升社会保障新水平。坚持兜底线、织密网、建机制，全面完善覆盖全民、城乡统筹、权责清晰、保障适度、可持续的多层次社会保障体系。坚持就业优先战略和积极就业政策，鼓励实现就业的多样性和灵活性。加大对大学生创业基地的扶持，为高校毕业生、农村富余劳动力、就业困难人员等群体提供多元细致的服务。深化全民参保计划，进一步扩面提质，健全城乡居民医保筹资和重大特大疾病保障机制。完善以最低生活保障制度为基础，以特困人员救助供养、医疗救助、教育救助等专项救助制度为支撑的社会救助体系，精准帮扶困难群众。加强粮食工作，保障粮食安全。深化实施保障性安居工程，配合推进地铁社区建设，推动岩内等13个新增安置房项目落地开工。

开创社会治理新局面。打造共建共治共享的社会治理格局，提高社会治理社会化、法治化、智能化、专业化水平。加强预防和化解社会矛盾机制建设，运用法治思维和法治方式处理信访问题。牢固树立安全发展理念，严格落实安全生产责任制，持续深化隐患排查治理、安全风险管控，确保全区安全生产形势持续稳定好转。提升气象监测预警能力，提高防灾减灾水平。固化厦门会晤经验做法，以打造最具安全感城区为目标，依托城市公共安全管理平台，建设更高水平的平安集美。加强社会心理服务体系建设，持续培育“心灵绿洲”心理健康服务品牌。加强社区治理体系建设，提高网格化管理效率，推动社会治理重心向基层下移，确保顺利完成新一届村居级组织换届选举。完善政府购买社工服务机制，发挥社会组织作用，实现政府治理和社会调节、居民自治良性互动。

（五）坚持文化自信，加快打造“一精神三文化”特色品牌

讲好嘉庚故事。打造嘉庚精神领航基地，使嘉庚精神创新发展、薪火相传，成为引领人文集美发展的一面旗帜。筹办第二届嘉庚论坛，构筑对接东盟、辐射“海丝”的综合性交流平台。纪念集美中学建校100周年，建设嘉庚纪念馆网上展览馆，举办嘉庚精神宣传月，深入推进嘉庚精神主题宣传活动。支持辖区院校办学和建设，支持华侨大学、集美大学推进一流大学和一流学科建设，支持高校赴“海丝”沿线国家开展学术交流及开设分校，动员海内外一切力量，以诚毅之心续写集美学村新百年的不朽篇章。

弘扬特色文化。实施传统文化传承发展工程，加强华侨文化、闽南文化、学村文化的挖掘整理、研究阐释和保护传承。倾听海外同胞续写嘉庚精神新百年辉煌的呼声，加快侨乡博物馆筹建，保护和修缮特色侨房，建设中国最美侨乡。深化闽南文化生态保护实验区建设，办好省级闽南曲艺创作基地，保护和促进“非遗”传承。推进研学旅行基地为主的对台交流基地建设，办好海峡论坛配套活动，加强两岸文化交流。提升学村品味，推进集美学村历史文化街区建设，办好集美学村周末音乐会，支持大社文创旅游街区建设，稳妥推进古村落活化工作。

丰富文化供给。深入实施文化惠民工程，推进基本公共文化服务标准化均等化建设，加快建成现代公共文化服务体系。做好全国文化先进区复评迎检工作，健全覆盖城乡的公共文化服务设施网络体系。持续扩大集美节品牌影响，丰富春节、元宵、端午、中秋、重阳等传统节日文化内涵，办好“嘉庚杯”“敬贤杯”海峡两岸龙舟赛、全国汽车场地越野赛等一系列在海内外有较大影响力的品牌活动。举办2018（厦门）国际电影科技与虚拟体验展。积极融入国家全域旅游示范区创建，提升“游购娱”经济效益。加强文化平台建设，建成投用区青少年宫，推动新城核心区大型文化公建投用，推进灌口文体中心建设，加快集美新城体育中心前期工作。丰富群众性文体活动，组织第七届集美区运动会暨全民健身运动会，促进全民健身活动开展。

（六）坚持干净担当，加快打造人民满意政府

持续加强政治建设。牢固树立“四个意识”，坚定“四个自信”，坚决维护以习近平同志为核心的党中央权威和集中统一领导，在政治立场、政治方向、政治原则、政治道路上同以习近平同志为核心的党中央保持高度一致，不折不扣地把上级党委政府和区委各项决策部署落到实处。认真组织

开展好“不忘初心、牢记使命”主题教育，落实全面从严治党要求，严格遵守政治纪律和政治规矩，严格执行新形势下党内政治生活若干准则。巩固拓展落实中央八项规定精神成果，驰而不息整治“四风”。严查重点领域和关键岗位腐败，严惩群众身边腐败问题，促使广大公务人员心存敬畏、手握戒尺、干净干事。

持续深化“放管服”改革。积极主动做好市级下放事项的衔接工作，确保接得住、管得好。强化执法改革，深入推行“双随机”机制，探索开展部门内部执法事项联合执法和跨部门联合执法，建立“一次抽查、全面体检、综合会诊”监管模式，提高执法检查效率。运用互联网技术和信息化手段开展行政审批服务工作，让“群众少跑腿，信息多跑路”。构建亲清新型政商关系，营造促进企业健康发展环境。

持续打造法治政府。严格落实法治政府建设实施方案，以及党政主要负责人履行推进法治建设第一责任人职责规定，把法治政府建设摆在更加突出的位置，推进依法行政、严格执法、全民守法。全面落实“七五”普法规划，认真抓好规划实施情况中期检查督导。强化行政决策改革，修订完善重大行政决策规定。实施权责清单动态管理，规范行政权力运行。自觉接受人大法律监督、政协民主监督，健全与人大代表、政协委员的沟通联络机制，高质量办好建议提案。

持续夯实队伍建设。巩固“效率提升年”活动成果，完善督查督办机制，健全决策部署执行、重点工作落实的责任倒逼机制。坚决整治慢作为、不作为，严肃监督问责，提升执行力。强化作风建设，贯彻落实中央八项规定《实施细则》。强化责任担当，推动出台改革创新容错纠错机制，健全激励机制，给干事者鼓劲，为担当者撑腰。

百舸争流，奋楫者先；千帆竞发，勇进者胜。让我们更加紧密地团结在以习近平同志为核心的党中央周围，在市委、市政府和区委的坚强领导下，凝聚起同心共筑中国梦的磅礴力量，不忘初心、牢记使命，一件接着一件办，一年接着一年干，为深化打造人文集美、开创新时代“五大发展”示范区建设新局面而努力奋斗！

附件：

政府工作报告相关注解

（按名词在《报告》中出现先后为序）

1. 全域旅游：指在一定区域内，以旅游业为优势产业，通过对区域内经济社会资源尤其是旅游资源、相关产业、生态环境、公共服务、体制机制、政策法规、文明素质等进行全方位、系统化的优化提升，实现区域资源有机整合、产业融合发展、社会共建共享，以旅游业带动和促进经济社会协调发展的一种新的区域协调发展理念和模式。

2.“两化”融合：即信息化和工业化的高层次的深度结合，以信息化带动工业化、以工业化促进信息化，走新型工业化道路。

3. 新型工业化：即坚持以信息化带动工业化，以工业化促进信息化，走出一条科技含量高、经济效益好、资源消耗低、环境污染少、人力资源优势得到充分发挥的新型工业化路子。

4. 机器人超市：该园区聚拢了一批智能制造产业上下游的优秀企业，包括机器人厂商、核心元器件供应商、系统集成商、信息软件开发商、解决方案服务商、优质用户企业等，目标是建成全国最有代表性的机器人应用转化方案集中解决平台，为企业解决机器人应用最后一公里问题。

5. 一心四片：指区委六届十七次全会提出的集美城市发展格局，“一心”指杏林湾核心区，“四片”指后溪片区、集美片区、杏林片区、灌口片区。

6. 两环八射：“外环”为海翔大道—翔安大道—翔安隧道—仙岳路—海沧大桥—马青路—灌新路；“内环”为马青路—新阳大桥—杏滨路—集杏海堤—跨东海域通道—滨海东大道—第二东西通道；“八射”指从“两环”向外围辐射的八条重要交通干道，分别是：西向马青路、厦成高速、集灌路至长泰通道；北向厦沙高速、同集路、同翔大道；东向海翔大道东段、翔安南路。

7. 河长制：2016 年 12 月，中办、国办印发了《关于全面推行河长制的意见》，以保护水资源、防治水污染、改善水环境、修复水生态为主要任务，在全国江河湖泊全面推行河长制，全面建立省、市、县、乡四级河长体系。

8. 六线六片：“六线”即集美大道至孙坂北路沿线、集灌路沿线、国道 324 线沿线、高速公路沿线、田集连接线、铁路沿线。“六片”即集美大桥桥头片区（含桥头至华侨大学段、浔江路）、杏林大桥桥头片区（含桥头至内茂立交段、桥头至杏林湾路段、桥头至新阳大桥段）、厦门大桥桥头片区（含桥头至乐海路段、区政府周边、老火车站片区）、集美学村片区、鳌园片区、集美新城片区。

9. 一标四实三清：即基础大排查的目标要求，“一标”是统一地址信息和房屋编码，“四实”是全面掌握实有人口、实有房屋、实有单位、实有物品等基础信息底数，“三清”是实现情况清底、问题清理、治安清平。

10. 雪亮工程：即社会治安视频防控系统。

11.“放管服”改革：即简政放权、放管结合、优化服务改革。

12. 双随机一公开、一单两库一细则：“双随机、一公开”，即在监管过程中随机抽取检查对象，随机选派执法检查人员，抽查情况及查处结果及时向社会公开。“双随机、一公开”监管工作的核心是“一单两库一细则”，“一单”指随机抽查事项清单；“两库”指市场主体名录库、执法检查人员名录库；“一细则”是指规范“双随机”抽查工作细则。

13.“两化”融合贯标：指 2014 年，工信部发布“两化”融合管理体系要求、贯标工作方案及试点企业，此后每年公布一批贯标试点、认证企业。

14.“4+X”现代产业体系：即软件信息服务、机械装备制造、商务商贸物流、文化演艺传媒 4 大支柱产业，“X”指新材料、水暖厨卫、纺织服装、体育休闲等优势特色产业和现代都市农业。

15. 工改工：指通过政策优惠、手续简化等手段，支持拆除重建的旧工业区项目升级改造为鼓励发展的工业产业园区的模式。

16. 一带一路：指 2013 年 9 月和 10 月，中国国家主席习近平在出访中亚和东南亚国家期间，先后提出的共建“丝绸之路经济带”和“21 世纪海上丝绸之路”的重大倡议。

17. 城市双修：即生态修复、城市修补。2017 年厦门成为全国第二批“城市双修”的试点城市之一。

18. 两环六横六纵：指规划建成的我区内部主干路网体系。“外环”为国道新 324 线 - 灌新路 - 海翔大道 - 西滨路 - 杏滨路 - 集杏海堤 - 银江路 - 同集南路 - 天马路 - 圣岩路 - 天水路。“内环”为灌口中路 - 孙霞路 - 天水路 - 杏林湾路 - 杏林北路 - 杏林北二路 - 锦园南路。“六横”为横一：灌口大道 - 后溪大道（国道 324 线）；横二：灌口中路 - 孙霞路；横三：集美北大道；横四：海翔大道；横五：杏林南路 - 杏林北路 - 杏林湾路；横六：银江路 - 同集南路。“六纵”为纵一：灌口南路；纵二：安仁大道 - 杏前路；纵三：灌口北路 - 锦园南路 - 杏林北二路；纵四：杏锦路；纵五：新山路 - 孙坂北路 - 集美大道；纵六：天马路。

19. 厕所革命：原指从 2015 年起全国旅游系统实施的为期 3 年的“厕所革命”，实现旅游景区、旅游线路沿线、交通集散点、旅游餐馆、旅游娱乐场所、休闲步行区等的厕所全部达到标准。2017 年底，习近平总书记再次就“厕所革命”作出批示，指出厕所问题不是小事情，是城乡文明建设的重要方面，不但景区、城市要抓，农村也要抓，要把这项工作作为乡村振兴战略的一项具体工作来推进，努力补齐这块影响群众生活品质的短板。

20. 市场 2.0 标准改造：指依照《厦门市农贸市场建设改造标准》（2.0 版）对农贸市场的布局、设施和管理等进行标准化改造提升，以建设更具超市化、人性化、功能化的公益性智慧型农贸市场。

21. 湖长制：2017 年 11 月 20 日，中央全面深化改革领导小组会议推出一项改革新举措“湖长制”，即在全面推行河长制的基础上，在湖泊实施湖长制，要坚持人与自然和谐共生的基本方略，遵循湖泊的生态功能和特性，严格湖泊水域空间管控，强化湖泊岸线管理保护，加强湖泊水资源保护和水污染防治，开展湖泊生态治理与修复，健全湖泊执法监管机制。

22. 医联体：指区域医疗联合体，是将同一个区域内的医疗资源整合在一起，通常由一个区域内的三级医院与二级医院、社区医院、村医院组成一个医疗联合体。

23. 一精神三文化：即嘉庚精神和华侨文化、闽南文化、学村文化。

24. 海丝：即 21 世纪海上丝绸之路。

25. 古村落活化：保护和传承文化遗产，让古村落重焕生机与活力。

26. 四个意识：指政治意识、大局意识、核心意识、看齐意识。

27. 四个自信：道路自信、理论自信、制度自信、文化自信。

中共集美区委办公室　集美区人民政府办公室
关于印发集美区全面推行河长制实施方案的通知

各镇党委、政府，各街道党工委、办事处，文教区管委会，区直各部、委、办、局，各人民团体，区属各企事业单位：

《集美区全面推行河长制实施方案》已经区委、区政府研究通过，现印发给你们，请遵照执行。

中共集美区委办公室　集美区人民政府办公室

2017 年 3 月 17 日

集美区全面推行河长制实施方案

为贯彻中办、国办《关于全面推行河长制的意见》，落实绿色发展理念，提升河流保护管理水平，促进我区生态文明建设工作，根据《福建省全面推行河长制实施方案》（闽委办发〔2017〕8号）、《厦门市全面推行河长制实施方案》（厦委办发〔2017〕7号），结合集美区实际，特制定本实施方案。

一、总体目标

认真落实党中央、国务院决策部署，坚持节水优先、空间均衡、系统治理、两手发力，大胆探索、先行先试，以更高要求、更严标准、更实举措全面推行河长制，实现组织体系全覆盖、保护管理全域化、履职尽责全周期，做到有专人负责、有监测设施、有考核办法、有长效机制，进一步构建责任明确、协调有序、监管严格、保护有力的河流保护管理机制，维护河流健康生命，实现河流功能永续利用，为再上新台阶，建设“五大发展”示范区，提供支撑保障。

二、基本原则

（一）**坚持生态优先，绿色发展**。牢固树立尊重自然、顺应自然、保护自然的理念，妥善处理河流保护管理与开发利用的关系，促进河流休养生息，维护河流生态功能。

（二）**坚持党政领导，统筹协调**。严格落实党政领导负责制，实行党政同责，构建组织体系，明确工作责任，加强部门联动；遵循生态系统整体性、系统性及其内在规律，将流域作为管理单元，统筹上下游左右岸，提高综合治理成效。

（三）**坚持问题导向，属地管理**。针对区域和流域实际，加强分类指导，突出“一河一策”，建立健全长效机制，着力解决河流保护管理突出问题；按照“谁主管、谁负责”的要求，协调各方力量，落实属地责任。

（四）**坚持强化监督，全员参与**。依法治水管水，加强督察考核，严肃责任追究，强化社会监督；把绿色发展新理念纳入村规民约、文明守则，广泛动员社会参与，营造全社会关心保护河流的良好氛围。

三、主要任务

（一）**增强空间管制能力**。进一步强化河道水系空间管控，细化河道水系空间规划一张图，构建科学合理岸线格局，加强河流水域岸线管理保护，依法划定河流管理范围、生态保护蓝线，保障河道水系行洪、生态空间，严禁侵占河道、非法采砂、随意调整和侵占河道岸线等行为。注重河道自然岸线的保护、恢复，以保障防洪安全、河势稳定、供水安全、保护水生态环境和维护河流健康为前提，合理开发利用岸线资源，发挥岸线的经济社会服务功能。

配合市有关部门在2017年底前完成全区三条主要溪流、重要湖库水系生态保护蓝线划定工作。

（二）**加强水资源保护**。落实最严格水资源管理制度，强化水资源开发利用控制、用水效率控制、水功能区限制纳污三条红线的刚性约束，实行水资源消耗总量和强度双控行动，严格水功能区管理监督，控制排污总量和污染项目审批，进一步加强取水许可和水资源有偿使用等制度的落实，推进规划水资源论证、加强节水型城市的建设和管理。

2017年，全区用水总量控制在1.20亿立方米以内，万元工业增加值用水量下降到12.42立方米以下。到2020年，全区用水总量控制在1.40亿立方米以内；农田灌溉水有效系数提高到0.56以上；万元工业增加值用水量下降到11.23立方米以下，工业用水重复利用率提高到70%以上，其中规模以上工业企业达到85%；公共供水管网漏损率控制在12%以内，保持国家节水型城市称号；全区水功能区水质达标率提高到87%以上。

（三）**加强水污染防治**。落实《水污染防治行动计划》，明确防治目标和任务，实行水陆统筹，强化联防联控，加强综合治理和入河污染源排查，优化入河排污口布局，严格环境准入，主要流域上游区域严控新建、扩建水污染物排放量大或排放有毒有害污染物的项目，取缔不符合产业政策、严重污染水环境的“十小”企业，推进工矿企业、城镇生活、畜禽养殖、水产养殖、农业面源、船舶港口等污染防治，改善水生态环境质量。

到2020年，防止生猪养殖回潮；主要农作物化肥、农药使用量实现零增长并力争减量化，化肥、农药利用率均达到40%以上；城市建成区污水处理率达到90%以上，达到相关排放标准或再生利用要求；重点工业污染源监测实现与国家级、省级污染源监测数据管理信息系统连接，重点污染源自动监测和异常报警机制基本建立。

（四）**加强水环境治理**。按照水功能区确定各类水体的水质保护目标，建立健全水环境风险评估排查、预警预报与响应机制；加强黑臭水体治理、生活污水垃圾处理、饮用水水源保护区内违法建筑和排污口清理，开展饮用水源规范化建设，推进小流域及农村水环境整治。

到2020年，全区流域水质达到或优于Ⅲ类的比例总体达到90%以上，区级以上集中式饮用水水源水质达到或优于Ⅲ类比例总体高于95%，主要湖泊水库水质达标率总体达到60%以上；全区建成区黑臭水体控制在10%以内，地下水质量极差的比例控制在10%以内；所有乡镇镇区生活污水处理设施实现全覆盖，行政村（居）生活垃圾治理常态机制基本建立，70% 以上行政村（居）生活污水得到有效治理，乱占乱建、乱排乱倒、乱采砂、乱截流等“四乱”现象得到有效遏制。

（五）加强水生态修复。推进河流生态修复与保护，开展河流健康评估，强化山水林田湖系统治理，加强水源涵养林和湿地公园建设，加强小流域治理，加强水土流失预防监督和综合治理，推进安全生态水系建设，完善生态保护补偿机制。

到2020年，集中式饮用水水源地全部实现水质自动监测；全区建成安全生态水系 49 公里，水土流失率控制在 8% 以内，森林覆盖率达到 38.15%，完成海绵城市建设面积 25.30 平方公里。

（六）河道养护实现全覆盖。按照“政府组织、市场运作、合同管理”模式，建立河道养护长效机制。以“四无”（河面无漂浮物、河中无障碍物、河岸线无污水直排和无垃圾）为标准，通过政府购买社会化服务，专业承担河道保洁养护，实现河道养护全覆盖，全区河道保洁率达到 95% 以上，河道保洁工作基本实现“四有”（有责任主体、有专人负责、有经费保障、有相应设施）。

四、组织形式

（一）河长设立。

1. 区级河长。设总河长，由区政府主要领导担任，负责领导全区河长制工作；设副总河长 2 名，由区政府分管领导担任，协助领导全区河长制工作。在后溪流域、深青溪、瑶山溪各设河长 1 名，由副总河长兼任，负责领导后溪流域、深青溪、瑶山溪保护管理工作。

2. 镇（街）河（段）长。后溪镇、灌口镇、杏滨街道分别设立镇（街）级河长，由政府主要领导担任，负责领导本行政区域内河长制工作。所有河道还应分级分段设立河（段）长，由同级党委政府相关领导担任，具体负责组织领导相应流域的治理和保护工作，协调解决突出问题，对相关部门和河道专管员履职情况进行督导。

区、镇（街）二级河长分别由同级党委政府发文明确，在集美报、集美广播电视台向社会公布，并在河道显著位置竖立河长制公示牌。

3. 河道专管员。镇（街）根据辖区内河道数量、大小和任务轻重等实际情况，招募并管理河道专管员。专管员分片负责河道日常巡查与信息反馈、涉河工程管护、配合相关部门现场执法和涉水纠纷调处、引导公众参与等工作。

4. 河长制办公室。区、镇（街）二级设置河长制办公室，负责河长制组织实施的具体工作，开展综合协调、政策研究、督导考核等日常工作，协调组织执法检查、监测发布和相关突出问题的清理整治等工作。

5. 区级河长制办公室。区级河长制办公室设置在区农林水利局。设主任 1 名，由区农林水利局局长兼任；区农林水利局、环保分局各抽调 1 位副局长级干部担任专职副主任，区建设局明确 1 位副局长级干部担任兼职副主任；成员由区委办、区政府办、发改局、经信局、卫计局、财政局、规划分局、国土分局、环保分局、建设局、农林水利局、执法局组成。

区河长制办公室日常工作由区农林水利局水利科承担，从区环保分局、建设局、农林水利局和经信局各选派 1 名业务骨干到该办公室挂职，集中办公。

设立由区农林水利局管理的河务管理中心。

（二）明确工作职责

1. 区、镇（街）党委政府职责。区、镇（街）党委政府履行属地管理职责，负责开展辖区内水资源保护和水环境综合整治工作，全面负责开展河长制各项工作。

2. 河长职责。区级河长对本行政区域河长制工作负总责，各级河（段）长是所负责河道治理、保护的直接责任人，负责组织领导河道整治、水污染防治、水生态修复和养护保洁，协调解决突出问题，检查督导下级河长和相关部门履行职责。

3. 河长制办公室职责。承担河长制日常工作，负责协助河长履行指导、协调和监督职责。组织河长制办公室成员单位的联席会议，制订河道综合治理工作方案和年度工作计划，协调开展水环境监测工作，收集和反映河长制实施工作的各种信息，提出决策建议，组织实施河长制考评工作。

4. 区级河长制办公室成员单位职责。各成员单位按照职责分工，加强协调配合，形成工作合力，共同推进河长制工作。

区发改局负责协调推进河道保护管理有关重点项目，协调河流保护管理相关的重点产业规划布局。

区经信局负责推进工业企业去产能和产业结构提升的节能减排技术改造和工业节水提升改造，协同处置河道保护管理有关问题。

区卫计局负责指导农村卫生改厕。

区财政局负责落实区级河长制专项经费，协调河道保护管理所需资金，监督资金使用。

区规划分局负责河道水系空间管控，编制“多规合一”，协助河道生态保护蓝线划定，协助推进规划水资源论证，严格按规定开展河道生态蓝线规划管理。

区国土房产分局负责做好河道治理项目用地保障，协助做好重要水利工程确权划界工作；监督指导做好地下水环境监测、矿产资源开发整治过程中地质环境保护和治理工作。

区环保分局负责水污染防治的统一监督指导，组织实施水污染防治规划，严格落实国家水污染物排放标准，加强涉水建设项目环保监管，指导协调推进小流域水环境治理，开展涉水建设项目的调查执法和达标排放监督，组织实施地表水水环境质量监测，负责做好农业面源、畜禽养殖污染防治。

区建设局负责组织城市节水，牵头开展农村生活污水分散式治理和农村生活垃圾治理，推进美丽乡村建设；指导、监督城市建成区范围内水域环境治理工作，负责城市排水、污水处理、中水回用等的规划建设管理，负责城镇集中式生活污水截污纳管工作；

区农林水利局负责生猪回潮排查并抄告区执法局，推进农业废弃物综合利用，加强畜禽养殖环节病死动物无害化处理监管，协助做好农业面源、畜禽养殖污染防治；负责贯彻落实最严格水资源管理制度，负责水资源管理保护和水功能区水质监测，做好安全生态水系、节水型社会和水生态文明建设，加强河流划界确权、河道采砂管理、水土流失治理、堤防工程管护和河道水工程建设，开展河道生态补水，依法查处水事违法行为，强化水资源管理系统建设；负责协调督促陆域水产养殖污染防治工作，依法查处水产养殖污染及电毒炸鱼等违法行为；指导、监督生态公益林保护管理、造林绿化、湿地保护与修复工作。

区执法局负责协调查处城市河道管理范围内的违章建筑、渣土倾倒和涉河违法洗砂场，巩固生猪养殖整治成果，严防生猪养殖回潮。

五、工作机制

（一）建立集中统一的协调机制。镇（街）党委政府要比照省、市、区级河长制办公室设置办法，相应设置河长制办公室。各级河长制办公室要强化集中办公，使协调工作日常化，改善当前不同程度存在的部门各自为战、“九龙治水”情况，切实形成综合治水格局；要定期召开成员单位联席会议，研究解决重大问题；要及时汇总情况，研究对策，明晰责权，提出建议，下达指令，监督落实。

（二）建立全域治理的责任机制。区、镇（街）党委政府是本辖区内流域整治的责任主体，要制定综合治水年度工作计划，明确治理任务、进度要求、完成时限、责任单位和责任人。区职能部门要各司其职、各负其责，密切配合、协调联动，依法履行流域保护管理的相关职责。对各流域要突出重点，细化任务，实行“一河一档”，“一河一策”，加强源头治理、系统治理、生态治理，提高综合治理的针对性和有效性。

（三）建立共享共融科学严密的监测机制。坚持统一规划、优化整合、合理布局，环保、水利等部门要按职责开展流域水环境质量、水功能区水质等水环境监测，实现数据共享。对行政区域交界面、干支流交界面、功能区交界面和主要入河排污口，要科学设置监测点，做到点位互补，细化加密监测。依托省水环境统一监测平台，构建省、市、区三级监测数据有效汇聚和相关部门监测数据互联共享共融机制，健全数据库。对监测发现的情况，由河长制办公室和相关职能部门同时向有关方面通报发布，对相关部门提供的监测数据加强会商研判、科学分析，发现问题，督促有关部门查找根源、整改落实。

（四）建立齐抓共管的督导机制。每年年底编制次年河长制责任清单、任务清单，明确责任主体，落实责任单位和责任人员。组织相关部门定期开展责任落实情况的督导检查，重大涉河项目专项稽查，对督察稽查情况进行通报，对发现的重大问题进行重点督办、限期整改、验收反馈。建立“智慧河流”平台，推进河务监管网格化，运用明查暗访、“河长微信群”，借助第三方监察，鼓励“企业河长”、“民间河长”、“社会监督员”、“河道志愿者”、“巾帼护水岗”等，对河流保护管理效果进行监督和评价。

（五）建立协同联动的执法机制。河长制办公室要科学统筹、协调部署相关部门，对涉河涉水重要事件联合开展综合执法或专项行动，严厉打击涉河涉水违法犯罪行为。相关部门要坚持执法主体不变、执法权能不变、执法体系不变的原则，加强河流日常动态监管，开展专项执法行动。研究制定河长制法规规章，进一步完善行政执法与刑事司法衔接机制。

（六）建立奖惩分明的考评机制。建立河长制工作考评制度，制定河长年度考核考评和奖惩办法，区、镇（街）逐级开展年度考核，考核结果与生态补偿、以奖代补等挂钩，并纳入政府绩效考评和领导干部自然资源资产离任审计。对于不履行或不正确履行职责造成环境污染和生态环境破坏，以及无故未能完成年度工作任务的，依据有关规定进行问责。

六、工作要求

（一）落实组织机构。严格照省、市政府确定的时间节点，3 月中旬区级河长到位，组建区级河长制办公室；3 月底前镇（街）级河（段）长到位，组建镇（街）河长制办公室；配备专职人员，落实管理责任；4 月底前河道专管员全部聘任到位。

（二）落实目标任务。3 月 20 日前制定出台区级全面推行河长制实施方案，3 月底前各相关镇街制定出台镇（街）全面推行河长制实施方案，分解年度工作计划，细化目标任务，确定进度安排，明确责任到人，确保每条溪流各项指标、治理任务保质保量按时完成。

农林水利、环保、建设和经信等区直部门要根据各自职责编制部门工作计划，加强分类指导，督促指导各项任务落实到位。

（三）落实工作责任。区对镇（街）、镇（街）对村（居）要层层签订河道管理保护工作责任书，把每条河流、每个河段的管理责任落实到河（段）长，形成一级抓一级、层层抓落实的责任体系。

（四）落实资金保障。区财政要保障水质水量监测、规划编制、信息平台建设、河湖划界确权、突出问题整治及技术服务等工作经费。加大城乡水环境整治、水污染治理、黑臭水体整治、河道管养、生态保护修复等项目资金投入，积极探索引导社会资金参与河道环境治理与保护。

中共集美区委　集美区人民政府
关于印发《集美区法治政府建设实施方案》的通知

各镇党委、政府，各街道党工委、办事处，文教区管委会，区直各部、委、办、局，各人民团体，区属各企事业单位：

《集美区法治政府建设实施方案》已经区委、区政府研究同意，现印发给你们，请结合实际认真贯彻执行。

中共集美区委员会　集美区人民政府

2017 年 3 月 27 日

集美区法治政府建设实施方案

为深入贯彻落实党的十八届四中全会通过的《中共中央关于全面推进依法治国若干重大问题的决定》、《中共中央、国务院关于印发〈法治政府建设实施纲要（2015 ~ 2020 年）〉的通知》（中发〔2015〕36 号，以下简称《纲要》）和《中共福建省委、福建省人民政府关于印发〈福建省法治政府建设实施方案〉的通知》（闽委发〔2016〕26 号）、《中共厦门市委、厦门市人民政府关于印发〈厦门市法治政府建设实施方案〉的通知》（厦委发〔2016〕29 号）的精神，积极推进我区依法行政，加快建设法治政府，确保如期完成法治政府建设各项工作任务，结合我区实际，制定本实施方案。

一、法治政府建设总体要求

（一）指导思想

全面落实党的十八大、十八届三中、四中、五中、六中全会精神和省第十次党代会、市第十二次党代会及区第八次党代会精神，深入学习贯彻习近平总书记系列重要讲话精神和对福建、厦门工作的重要指示，不断强化“四个意识”，牢固树立和贯彻“五大发展”理念，按照“五位一体”总体布局和“四个全面”战略布局，深入推进依法行政，加快建设法治政府，培育和践行社会主义核心价值观，弘扬社会主义法治精神，推进我区治理体系和治理能力现代化，为建设“五大发展”示范区提供强有力的法治保障。

（二）工作目标

2019 年底前，基本完成《纲要》确定的各项任务，率先基本建成职能科学、权责法定、执法严明、公开公正、廉洁高效、守法诚信的法治政府，力争把集美建成法治中国的典范区。

（三）基本要求

加强党的领导，坚持党总揽全局、协调各方，发挥党委领导核心作用，把党的领导贯彻到法治政府建设各方面。各级政府及其部门要自觉接受党的领导，扎实谋划和落实好法治政府建设的各项任务。坚持服务大局，立足集美实际，运用法治思维和法治方式深化改革、推动发展、化解矛盾、维护稳定，发挥法治对经济社会的引导、推动、促进和保障作用。突出问题导向，增强法治政府建设的针对性和实效性，提高各级政府及其部门依法行政能力，全面正确履行政府职能。坚持依宪施政、依法行政、简政放权，全面落实《纲要》要求，实行法治政府建设与创新政府、廉洁政府、服务型政府建设相结合，推进法治政府建设不断取得新成效。

（四）核查方法

区委办公室、区政府办公室要加强对法治政府建设进展情况的督促检查，结合法治政府建设年度重点工作任务，每年开展定期检查和专项督查，区法制办每年提出督促检查建议方案，报区委办公室、区政府办公室。各镇街和各有关部门要结合实际，对照实施方案的任务清单和时间进度安排，加强组织领导，特别是主要领导要亲自抓，强化工作责任，切实抓好任务落实。

（五）责任落实

责任牵头部门要统筹协调有关分工任务，加强沟通协商，切实负起责任，及时向区委、区政府报告工作情况；其他责任部门要积极配合，发挥主动性、创造性，形成工作合力。落实分工任务需要增加参加单位的，由牵头单位商有关单位确定。各镇街和各有关部门在实施本方案过程中，要做到有布置、有督促、有检查，确保工作任务不折不扣地完成。要把贯彻实施分工任务同推动当前工作紧密结合起来，注意研究法治政府建设的新情况新问题，尤其是发现有普遍性问题的，要及时向区委、区政府报告。要解放思想，大胆实践，开拓进取，运用法治思维和法治方式引领改革发展破障闯关、推动民生改善和社会公正，扎实推进法治政府建设。

二、依法全面履行政府职能

（一）深化行政审批制度改革

1. 加大放权力度，全面清理精简行政审批事项，进一步下放含金量高、有利于激发创业创新活力的审批事项，对相同、相近或相关联的审批事项，要一并下放。由基层实施更方便有效的行政审批事项，直接下放基层管理。

责任单位：区审改办牵头，区法制办、区效能督查办参加，各镇街，区直各有关部门按职责分别负责。

进度安排：持续推进行政审批事项清理、下放工作，到2019年取得重大进展。

2. 进一步精简投资审批事项，减少对生产经营活动的许可，缩小投资项目审批、核准的范围，减少对各类机构及其活动的认定。取消不符合行政许可法规定的资质资格准入许可。加大取消束缚企业生产经营、影响群众就业创业行政许可事项的力度，鼓励大众创业、万众创新。

责任单位：区发改局、区人社局分别牵头，区审改办、区法制办、区效能督查办参加，各镇街，区直各有关部门按职责分别负责。

进度安排：持续精简投资审批项目，继续取消不合法的资质资格准入许可，到2019年取得重大进展。

3. 做好已取消和下放行政审批事项的落实和衔接。及时做好国务院及省、市取消、下放事项的衔接工作，对确需下放给基层的审批事项，要在人才、经费、技术装备等方面予以保障，确保基层接得住、管得好。

责任单位：区审改办牵头，区效能督查办参加，各镇街，区直各有关部门按职责分别负责。

进度安排：持续推进，2016年对区级取消、下放事项落实情况和承接国务院、省、市下放事项情况组织检查评估，到2019年取得重大进展。

4. 根据市里部署，参与对作为审批事项设定依据、当前已不适应改革发展的需要修改的市级地方性法规、市政府规章的修订工作。

责任单位：区法制办牵头，区人大法制内司工委参加，各镇街，区直各有关部门按职责分别负责。

进度安排：根据市里部署推进。

5. 各级政府及其部门制定规范性文件一律不得设定行政许可。严禁以备案、登记、注册、年检、认证等形式变相设定行政许可。

责任单位：区法制办牵头，区人大法制内司工委、区效能督查办参加，各镇街，区直各有关部门按职责分别负责。

进度安排：持续推进，严格控制新设行政许可，到2019年取得重大进展。

6. 推进网上办事大厅应用，实现市、区联动协同办理。对保留的行政审批事项，推进行政审批服务标准化管理，推进事项名称、申报材料、办理环节、办理时限和审查工作细则的标准化，建立环节标准、时限标准、材料标准，推行编码管理，促进行政审批服务公平、公正、高效。不断完善“一个窗口”办理、并联办理、限时办理、规范办理、透明办理、网上办理的体制机制，持续推动“多规合一”工作的开展，进一步优化审批流程，提升审批效率。建立健全“一单两库一细则”的双随机抽查机制，加强行政审批事项的事中事后监管。

责任单位：区审改办、区行政服务中心管委会、区政务信息中心分别牵头，区效能督查办参加，各镇街，区直各有关部门按职责分别负责。

进度安排：持续推进全区政务服务平台、网上办事大厅建设。

7. 加快全区投资项目在线审批监管平台建设，实施在线监测并向社会公开，实现省、市、区的纵向覆盖和涉及投资项目管理各职能部门的横向联通。对非涉密的投资项目审批事项要全部纳入投资项目在线审批监管平台，推动项目审批各环节信息全流程联网共享。进一步精简投资项目前置审批条件，加快推进投资项目并联审批，缩短审批流程和审批时间，推进投资审批提速增效。

责任单位：区发改局、区经信局牵头，各镇街，区直各有关部门按职责分别负责。

进度安排：持续推进全区投资项目在线审批监管平台建设，到2019年基本完善。

8. 探索开展相对集中行政许可权改革试点。

责任单位：区委编办、区法制办牵头，各镇街，区直各有关部门按职责分别负责。

进度安排：按照省、市的部署推进相关工作。

9. 全面清理规范行政审批中介服务，进一步精简行政审批中介服务项目，对必须保留的行政审批中介服务实行清单管理并向社会公布，坚决切断行政机关与中介服务机构之间的利益链，推进中介服务行业市场健康有序发展。

责任单位：区审改办、区市场监管局、区发改局牵头，各镇街和区直各部门按职责分别负责。

进度安排：持续调整规范行政审批中介服务事项清单。

（二）大力推行权责清单、负面清单制度并实行动态管理

10. 在我区已公布的权力清单、责任清单和公共服务事项清单的基础上，根据法律法规规章规定、职责配置或上级取消下放等调整情况，及时对权力清单、责任清单和公共服务事项清单作动态调整并向社会公开。指导推动镇（街）权责清单的编制公布工作。根据省、市部署，全面推进市、区政府部门权力清单和责任清单的衔接，统筹推进两单融合。

责任单位：区审改办牵头，区法制办参加，各镇街，区直各有关部门按职责分别负责。

进度安排：持续推进。

11. 试行市场准入负面清单制度，严格执行国家公布的

负面清单，放宽市场准入，各类市场主体可以依法平等进入清单之外领域。

责任单位：区发改局、区商务局牵头，区市场监管局参加，各镇街，区直各有关部门按职责分别负责。

进度安排：按照省、市的部署推进相关工作。

12. 实行行政事业性收费和政府性基金清单制度，严格执行收费目录清单，清理取消不合法、不合规、不合理的收费基金项目，公布行政事业性收费、政府性基金目录清单，清单之外的行政事业性收费和政府性基金一律不得执行。

责任单位：区财政局、区发改局分别牵头，区经信局参加，各镇街，区直各有关部门按职责分别负责。

进度安排：2017 年区政府公布本级收费基金目录清单。

13. 没有法律法规依据且未按规定批准、越权设立的收费基金项目，没有法定依据的行政审批中介服务项目及收费，一律取消；擅自提高征收标准、扩大征收范围的，一律停止执行。重点整治各种涉企乱收费现象，对企业反映强烈、社会影响恶劣的乱收费行为，开展专项监督检查，强化举报、查处和问责机制。

责任单位：区财政局、区发改局分别牵头，区审改办、区民政局、区监察局参加，各镇街，区直各有关部门按职责分别负责。

进度安排：持续推进，到 2019 年取得重大进展。

（三）优化政府组织结构

14. 深化行政体制改革，按照精简、统一、效能的原则，稳步推进大部门制改革，加大机构职责整合力度，优化政府机构设置、职能配置、工作流程，清晰合理确定政府部门职责权限，加快形成精干高效的政府组织体系。

责任单位：区委编办牵头，各镇街，区直各有关部门按职责分别负责。

进度安排：按照中央和省、市的部署推进。

15. 推进区政府、各镇街事权规范化、法制化。创新行政管理方式，完善政府绩效管理。

责任单位：区委编办、区效能督查办分别牵头，区法制办参加，各镇街，区直各有关部门按职责分别负责。

进度安排：按照中央和省、市的部署持续推进。

（四）完善宏观调控

16. 根据国家、省、市企业投资核准备案管理相关规定，建立我区相应的企业投资核准备案管理制度。

责任单位：区发改局牵头，各镇街，区直各有关部门按职责分别负责。

进度安排：按照中央和省、市的部署持续推进。

（五）加强市场监管

17. 清理、废除妨碍统一市场和公平竞争的各种规定和做法，打破地区封锁和行业垄断，引入竞争机制，放开自然垄断性行业竞争性业务。

责任单位：区商务局、区市场监管局、区发改局牵头，各镇街，区直各有关部门按职责分别负责。

进度安排：持续推进对各种规定和管理措施的清理，到 2019 年取得重大进展。

18. 继续深化商事制度改革，进一步推进工商注册登记便利化，巩固和完善“五证合一”、“一照一码”登记制度改革成果。推行电子营业执照和全程电子化登记，实行“一址多照”和“一照多址”。

责任单位：区市场监管局牵头，区统计局、区国税局、区地税局参加，各镇街，区直各有关部门按职责分别负责。

进度安排：持续推进。

19. 加强事中事后监管，全面推行“双随机”监管方式，建立随机抽查事项清单、检查对象名录库和执法检查人员名录库，制定工作细则。创新市场监管方式，完善市场监管体系，建立透明、规范、高效、协同监管机制，实行综合监管，探索信用监管、智能监管。

责任单位：区审改办、区市场监管局分别牵头，区发改局、市质监局二分局参加，各镇街，区直各有关部门按职责分别负责。

进度安排：2017 年健全完善相关制度，到 2019 年取得重大进展。

20. 加强社会信用体系建设，实施《厦门市社会信用体系建设规划（2015 — 2020 年）》，建立健全统一的社会信用代码制度和信用信息共享交换平台，积极参与国家企业信用信息公示平台建设，依法保护企业和个人信息安全。

责任单位：区市场监管局、区发改局牵头，各镇街，区直各有关部门按职责分别负责。

进度安排：按照中央和省、市的部署推进。

21. 完善外资管理规范性文件，保持外资政策稳定、透明、可预期。健全对外投资促进制度和服务体系，支持企业扩大对外投资，推动装备、技术、标准、服务走出去。

责任单位：区商务局牵头，各镇街，区直各有关部门按职责分工分别负责。

进度安排：持续推进，到 2019 年取得重大进展。

（六）创新社会治理

22. 加强社会治理体制机制、能力、人才队伍和信息化等建设，提高社会治理科学化和法治化水平，明晰政府管理与社会治理的权力边界和职责范围。

责任单位：区综治办、区法制办牵头，区民政局、区人大法制内司工委参加，各镇街，区直各有关部门按职责分工分别负责。

进度安排：持续推进，到 2019 年取得重大进展。

23. 推进行业协会商会与行政机关脱钩，按照政社分开、管办分离的原则，实现社会组织与政府部门人员、机构、财务、资产、职能“五分开”，适合由社会组织提供的公共服务和解决的事项，交由社会组织承担。完善政府向社会组织购买服务的操作办法和监督机制。

责任单位：区民政局牵头，各镇街，区直各有关部门按职责分别负责。

进度安排：2017年建立健全社会组织登记管理相关制度。

24. 大力支持和发展社会工作服务机构和志愿服务组织。规范和引导网络社团社群健康发展，加强监督管理。

责任单位：区民政局牵头，集美公安分局、区法制办参加。

进度安排：2018年完善相关制度和机制。

25. 深入推进平安集美建设，健全落实社会治安综合治理领导责任制。完善立体化社会治安防控体系，有效防范管控影响社会安定的风险，保护人民生命财产安全。

责任单位：区综治办、集美公安分局牵头，各镇街，区直各有关部门按职责分工分别负责。

进度安排：持续推进，到2019年取得重大进展。

26. 提高突发事件防范处置和防灾救灾减灾能力。完善应急管理体制机制和预案建设，提高应急管理科学化和法治化水平。全方位强化防灾减灾、安全生产和卫生防疫，全过程保障食品药品安全。

责任单位：区应急办、区卫计局、区安监局、区市场监管局牵头，区发改局、区民政局、集美土房分局、区农林水利局、区建设局、区气象局、区人大法制内司工委、区法制办参加，各镇街，区直各有关部门按职责分别负责。

进度安排：2017年健全相关制度和机制，2019年取得重大进展。

27. 推进社会自治，发挥市民公约、乡规民约、行业规章、团体章程等社会规范在社会治理中的积极作用。

责任单位：区民政局、区文明办牵头，各镇街，区直各有关部门按职责分别负责。

进度安排：2017年建立健全相关制度和机制，到2019年取得重大进展。

（七）优化公共服务

28. 创新基本公共服务供给方式，加快形成政府主导、可持续的基本公共服务体系。完善公共财政体制，依法保障基本公共服务支出。着力促进教育、卫生、文化等社会事业健康发展，鼓励和引导社会力量投资兴办社会事业，强化政府促进就业、调节收入分配和完善社会保障职能，实现基本公共服务标准化、均等化、法定化。

责任单位：区发改局、区财政局、区民政局、区教育局、区卫计局、区文体广电出版旅游局、区人社局分别牵头，各镇街，区直各有关部门按职责分别负责。

进度安排：按照中央和省、市的部署推进相关工作。

29. 建立政府购买公共服务的制度体系，明确政府购买服务范围，公开政府购买服务目录，完善购买服务实施办法，推动政府部门规范购买服务。行业主管部门要进一步完善购买服务的绩效评价办法，积极推动形成提供主体多元化、提供方式多样化的公共服务新格局。

责任单位：区财政局牵头，区委编办、区民政局参加，各镇街，区直各有关部门按职责分别负责。

进度安排：2017年建立健全政府购买服务相关制度。

30. 推进公共服务提供主体和提供方式多元化，凡属事务性管理服务，原则上都要引入竞争机制向社会购买。确需政府参与的公共服务领域，推广政府和社会资本合作模式，设立政府和社会资本合作引导基金。

责任单位：区财政局、区发改局牵头，各镇街，区直各有关部门按职责分别负责。

进度安排：持续推进，2020年前形成有效促进政府和社会资本合作模式，规范政府和社会资本合作市场及健康发展的制度体系。

（八）强化生态环境保护

31. 认真贯彻落实《国家生态文明试验区（福建）实施方案》，制定具体工作方案和推进计划，确保试验区建设和福建方案落到实处。认真实施《厦门经济特区生态文明建设条例》，不断完善有效约束开发行为和促进绿色发展、循环发展、低碳发展的生态文明相关配套政策等制度措施，认真实施《厦门市环境教育规定》。落实上级用能权和碳排放权交易制度，完善资源有偿使用和生态保护补偿、自然资源统一确权等制度，为建设国家生态文明试验区提供法治保障。

责任单位：区发改局、区经信局、集美环保分局、集美土房分局、区农林水利局牵头，区人大城建环资工委、区法制办参加，各镇街，区直各有关部门按职责分别负责。

进度安排：按照中央和省、市的部署推进相关工作，到2020年取得重大进展。

32. 改革生态环境保护管理体制，建立和完善监管机制。

责任单位：区委编办、集美环保分局牵头，各镇街，区直各有关部门按职责分别负责。

进度安排：按照中央和省、市的部署推进相关工作。

33. 健全生态环境损害责任追究制度和生态环境损害赔偿制度，对领导干部实行自然资源资产离任审计。认真落实《福建省环境保护督察实施方案（试行）》、《厦门市环境保护督察实施方案（试行）》，促进环境保护责任落实到位。

责任单位：区委组织部、集美环保分局、区审计局分别牵头，各镇街，区直各有关部门按职责分别负责。

进度安排：按照省、市的部署推进相关工作。

三、完善依法行政制度体系

（九）参与上级完善立法工作。

34. 积极参与市里完善政府立法体制机制、重点领域政府立法、提高政府立法公众参与度等工作。

责任单位：区法制办牵头，区人大法制内司工委、各镇街，区直各有关部门按职责分别负责。

进度安排：按照市里部署推进相关工作。

（十）加强规范性文件监督管理

35. 严格执行厦门市、集美区关于行政机关规范性文件管理的有关规定，落实规范性文件制定程序和备案审查制度，实行制定机关对规范性文件统一登记、统一编号、统一印发制度。

责任单位：区法制办牵头，各镇街、区直各有关部门按职责分别负责。

进度安排：纳入常态化管理。

36. 严格实行规范性文件公开制度，涉及公民、法人和其他组织权利义务的规范性文件，必须按照法定要求和程序予以公布。未经公布的不得作为行政管理的依据。健全规范性文件建议审查制度，公民、法人和其他组织对规范性文件向政府备案工作机构提出审查申请的，备案工作机构应按规定予以答复。

责任单位：区法制办牵头，各镇街、区直各有关部门按职责分别负责。

进度安排：2017 年建立健全相关制度和机制。

（十一）建立规范性文件清理长效机制

37. 根据经济社会发展需要以及上位法的立改废，建立定期清理和专项清理规范性文件相结合的长效清理机制，建立统一的信息平台，及时公开各类清理结果。

责任单位：区政府办公室、区人大法制内司工委、区法制办牵头，各镇街、区直各有关部门按职责分别负责。

进度安排：2017 年，区政府、区直各部门、各镇（街）要完成对现行规范性文件的清理，清理结果向社会公布。

38. 建立规范性文件动态管理制度。实行规范性文件目录和文本动态化、信息化管理，建立统一的公众网络查询平台，向社会免费提供有关查询服务。

责任单位：区政府办公室、区法制办牵头，各镇街、区直各有关部门按职责分别负责。

进度安排：纳入常态化管理。

四、推进行政决策科学化、民主化、法治化

（十二）健全依法决策机制

39. 健全集美区重大行政决策程序制度，明确决策主体、事项范围、法定程序、法律责任，规范决策流程，强化决策法定程序的刚性约束。

责任单位：区政府办公室牵头，区法制办参加，各镇街，区直各有关部门按职责分别负责。

进度安排：按照中央和省、市的部署推进。

（十三）增强公众参与实效

40. 完善重大行政决策公众参与机制。事关经济社会发展全局和涉及群众切身利益的重大行政决策事项，应当听取广大群众、利害关系人、人大代表、政协委员、人民团体、基层组织、社会组织的意见。对社会关注度高的决策事项，应当公开信息、解释说明及意见反馈。

责任单位：区政府办公室牵头，区法制办参加，各镇街，区直各有关部门按职责分别负责。

进度安排：2017 年健全完善相关制度。

41. 加强公众参与重大行政决策平台建设，健全公众意见反馈机制。完善重大民生决策事项民意调查机制，推行文化教育、医疗卫生、资源开发、环境保护、公用事业、社会保障等重大民生决策事项民意调查制度。

责任单位：区政府办公室、区教育局、区民政局、区人社局、区文体广电出版旅游局、区卫计局、集美土房分局、集美环保分局、区建设局分别牵头，各镇街，区直各有关部门按职责分别负责。

进度安排：2018 年建立健全相关制度和机制。

（十四）提高专家论证和风险评估质量

42. 完善专家咨询论证制度，制定专家参与论证重大行政决策程序规则，明确专家论证重大行政决策事项清单。探索推行专家意见采纳情况说明制度。

责任单位：区政府办公室牵头，各镇街，区直各有关部门按职责分别负责。

进度安排：2018 年健全完善相关专家咨询论证制度和机制。

43. 推行重大行政决策第三方评估论证机制。制定重大行政决策风险评估程序规则。建立健全部门论证、专家咨询、公众参与和专业机构测评相结合的风险评估机制。

责任单位：区委政法委、区政府办公室牵头，各镇街，区直各有关部门按职责分别负责。

进度安排：2018 年健全完善相关制度。

（十五）加强合法性审查

44. 建立健全行政机关重大决策合法性审查机制，未经合法性审查或经审查不合法的，不得提交上会讨论、作出决策。积极推行法律顾问和公职律师制度，落实《集美区政府法律顾问工作规定》，建立政府法制机构人员为主体、吸收专家和律师参加的政府法律顾问队伍，保证法律顾问在制定重大行政决策、推进依法行政中发挥积极作用。

责任单位：区政府办公室牵头，区司法局、区法制办参加，各镇街，区直各有关部门按职责分别负责。

进度安排：2016 年，建立和实行政府法律顾问制度。

（十六）坚持集体讨论决定

45. 完善重大行政决策集体讨论制度，重大行政决策应当经政府常务会议或者全体会议、部门领导班子会议讨论，由行政首长在集体讨论的基础上作出决定。行政首长拟作出的决定与会议组成人员多数人的意见不一致的，应当在会上说明理由。建立集体讨论情况和决定记录、存档制度。

责任单位：区政府办公室牵头，各镇街，区直各有关部门按职责分别负责。

进度安排：2017年健全完善重大行政决策集体讨论相关制度。

（十七）严格决策责任追究

46. 健全跟踪重大行政决策执行情况和实施效果的后评估制度，采取抽样检查、跟踪调查、综合评估等方式，主动了解利益相关方和社会公众对决策实施的意见建议，及时发现并纠正决策存在的问题，根据实际需要进行决策调整。

责任单位：区政府办公室牵头，各镇街，区直各有关部门按职责分别负责。

进度安排：2018年建立健全行政决策后评估等相关制度和机制。

47. 完善行政决策责任追究制度，明确追责程序。严格实施重大行政决策终身责任追究制度及责任倒查机制。对决策严重失误或者依法应当及时作出决策但久拖不决造成重大损失、恶劣影响的，严格追究相关领导干部及责任人员的党纪政纪和法律责任。建立先行先试容错免责制度，营造勇于改革、敢于创新、允许试错的社会氛围。构建“可溯源、可追责”的重大行政决策档案制度和信息公开制度。

责任单位：区政府办公室、区委组织部、区监察局分别牵头，区法制办参加，各镇街，区直各有关部门按职责分别负责。

进度安排：2018年建立健全重大行政决策责任追究等相关机制和制度。

五、坚持严格规范公正文明执法

（十八）改革行政执法体制

48. 根据区政府的事权和职能，按照减少层次、整合队伍、提高效率的原则，合理配置执法力量。

责任单位：区委编办牵头，区法制办参加，各镇街，区直各有关部门按职责分别负责。

进度安排：按照中央和省、市的部署推进。

49. 完善区政府行政执法管理体制机制，推进综合行政执法，加强统一领导和协调。大幅减少区政府执法队伍种类，重点在食品药品安全、工商质检、公共卫生、安全生产、文化旅游、环境资源、农林水利、交通运输、城乡建设、海洋渔业、商务等领域内推行综合执法，在有条件的领域推行跨部门综合执法，重点在市场监管、城市管理、农业、交通运输、文化旅游等领域整合组建执法队伍，加大关系群众切身利益的重点领域执法力度。

责任单位：区委编办牵头，区法制办参加，各镇街，区直各有关部门按职责分别负责。

进度安排：按照中央和省、市的部署推进。

50. 按照中共中央、国务院关于深入推进城市执法体制改革和深化文化市场综合执法改革等部署，加强城市管理、文化市场等领域综合执法机构和队伍建设，提高执法和服务水平。

责任单位：区委编办、区执法局、区文体广电出版旅游局、区法制办牵头，各镇街，区直各有关部门按职责分别负责。

进度安排：按照中央和省、市的部署推进。

51. 严格依法行使行政强制权，提高行政强制执行效率。

责任单位：区委编办、区法院、区法制办牵头，各镇街，区直各有关部门按职责分别负责。

进度安排：按照中央和省、市的部署推进。

52. 健全行政执法和刑事司法衔接机制，完善案件移送标准和程序，深入推进行政执法与刑事司法衔接信息共享平台建设，建立健全行政执法机关、公安机关、检察机关、审判机关信息共享、案情通报、案件移送制度。

责任单位：区法院、区检察院、集美公安分局、区法制办、区政务信息中心分别牵头，各镇街，区直各有关部门按职责分别负责。

进度安排：2018年健全完善相关制度，到2019年取得重大进展。

（十九）完善行政执法程序

53. 按照《厦门市行政执法责任规定》和《厦门市行政处罚自由裁量权规定》的相关要求，并根据所依据的法律、法规、规章和职权变动情况，对行政裁量标准实行动态管理。

责任单位：区法制办牵头，各镇街，区直各有关部门按职责分别负责。

进度安排：持续推进。

54. 按照福建省行政执法规定，进一步健全规范行政处罚、行政强制、行政许可、行政征收、行政收费、行政检查等执法行为。

责任单位：区法制办牵头，各镇街，区直各有关部门按职责分别负责。

进度安排：持续推进。

55. 健全行政执法立案、调查取证、告知、罚没收入管理等制度，明确听证、集体讨论决定的适用条件。开展执法案卷评查、案件质量跟踪评判。

责任单位：区法制办牵头，各镇街，具有行政执法权的区直各有关部门参加按职责分别负责。

进度安排：2017年建立健全相关制度。

56. 建立重大行政执法决定法制审核制度，未经法制审核或者审核未通过的，不得作出决定。

责任单位：区法制办牵头，各镇街，区直各有关部门按职责分别负责。

进度安排：2017年建立健全相关制度。

（二十）创新行政执法方式

57. 区政府要根据各自的事权和职能，按照突出重点、依法有序、准确便民的原则，推行行政执法公示制度。加强行政执法信息化建设和信息共享，加快推进行政执法平台升级改造建设，完善网上执法办案及其他执法业务办理信息查询系统。推广实现行政执法案卷电子化、生成自动化、智能化。

责任单位：区法制办、区政务信息中心牵头，各镇街，区直各有关部门按职责分别负责。

进度安排：按照市里部署推进。

58. 推广运用说服教育、劝导示范、行政指导、行政奖励等非强制性执法手段。实行行政执法案例指导制度，每年遴选公布一批典型行政执法案例。推进行政执法诚信体系建设。

责任单位：具有行政执法权的区直部门（事业单位）牵头，区法制办参加，各镇街，区直各有关部门按职责分别负责。

进度安排：2018 年建立健全相关制度和机制。

59. 根据市里部署，积极参与运用大数据、云计算、互联网等信息技术，建立健全市场主体诚信档案、行业“红黑名单”制度和市场退出机制等工作。

责任单位：区市场监管局牵头，各镇街，区直各有关部门按职责分别负责。

进度安排：按照市里部署推进。

（二十一）全面落实行政执法责任制

60. 依法明确不同部门及机构、岗位执法人员的执法责任事项，建立健全常态化的责任追究机制。

责任单位：区委编办牵头，区法制办参加，各镇街、区直各有关部门按职责分别负责。

进度安排：2018 年健全完善相关制度和机制。

61. 加强执法监督，建立健全投诉举报、情况通报等制度，坚决排除对正常执法活动的干预，防止和克服部门利益和地方保护主义，查处执法工作中的不作为、乱作为，惩治执法腐败现象。

责任单位：区监察局、区法制办牵头，各镇街、区直各有关部门按职责分别负责。

进度安排：2017 年建立健全相关制度和平台。

（二十二）健全行政执法人员管理制度

62. 严格执行《厦门市行政执法证件管理办法》，全面实行行政执法人员持证上岗和资格管理制度。2016 年底完成全区行政执法主体和执法人员清理工作。

责任单位：区法制办牵头，各镇街，区直各有关部门按职责分别负责。

进度安排：按照市里部署推进。

63. 规范执法辅助人员管理，建立健全执法辅助人员的编制、招聘、管理、奖惩、退出等制度。依法界定和规范执法辅助人员从事执法辅助事务的职责。

责任单位：区人社局、集美公安分局、区财政局、区执法局、区法制办分别牵头，各镇街，区直各有关部门按职责分别负责。

进度安排：2018 年建立健全相关制度。

（二十三）加强行政执法保障

64. 推动形成全社会支持行政执法机关依法履职的氛围。对妨碍行政机关正常工作秩序、阻碍行政执法人员依法履责的违法行为，坚决依法处理。

责任单位：集美公安分局、区司法局、区法制办、区法院、区检察院分别牵头，各镇街，区直各有关部门按职责分别负责。

进度安排：持续推进，到 2019 年取得重大进展。

65. 行政机关履行执法职责所需经费，由市、区政府纳入本级财政预算予以保障。改善执法条件，加大执法装备配备、科技建设、基础建设等方面的投入。

责任单位：区财政局牵头，各镇街，区直各有关部门按职责分别负责。

进度安排：2017 年完善相关制度。

66. 严格执行罚缴分离和收支两条线管理制度，严禁下达或者变相下达罚没指标，严禁将行政事业性收费、罚没收入同部门利益直接或者变相挂钩。

责任单位：区财政局、区发改局牵头，各镇街，区直各有关部门按职责分工分别负责。

进度安排：持续推进，到 2019 年取得重大进展。

六、强化对行政权力的制约和监督

（二十四）健全行政权力运行制约和监督体系

67. 坚持用制度管权管事管人，决策权、执行权、监督权相互独立、相互制约又相互协调，完善各方面监督制度。

责任单位：区委办公室、区政府办公室牵头，区人大法制内司工委、区法制办、区监察局参加，各镇街，区直各有关部门按职责分别负责。

进度安排：2017 年建立健全相关制度。

68. 加强政府诚信建设，建立政府守信践诺制度。建立公务员诚信档案，依法依规将公务员个人有关事项报告、廉政记录、年度考核结果、相关违法违纪违约行为等信用信息纳入档案，将公务员诚信记录作为干部考核、任用和奖惩的重要依据。

责任单位：区人社局（公务员局）牵头，区委组织部参加。各镇街，区直各有关部门按职责分别负责。

进度安排：2017 年建立健全相关制度。

（二十五）自觉接受党内监督、人大监督、民主监督、司法监督

69. 认真贯彻落实《关于新形势下党内政治生活的若干准则》和《中国共产党党内监督条例》，自觉接受党内监督，坚持党委对党员廉政建设和反腐败工作的统一领导，各级政府及其部门党组（党委）要切实履行主体责任，主要责任人是第一责任人，对本级、本部门党风廉政建设负总责，严格落实党风廉政建设责任制。

责任单位：区纪委、区委办公室、区政府办公室牵头，各镇街，区直各有关部门按职责分别负责。

进度安排：持续推进。

70. 认真执行向本级人大及其常委会报告工作制度，接受询问和质询制度，报备规范性文件制度。认真研究处理人大及其常委会对政府工作提出的有关意见，及时研究办理人大代表和政协委员提出的意见和建议，切实改进工作。定期向政协通报有关情况。为人大代表、政协委员履职提供便利，创造条件。聘请人大代表和政协委员作为行政执法监督员参加行政执法专项监督检查活动，增强人大监督和政协民主监督的成效。

责任单位：区政府办公室、区政协办公室、区法制办牵头，区人大常委会办公室、区人大常委会人事代表工作室参加，各镇街、区直各有关部门按职责分别负责。

进度安排：持续推进。

71. 依法接受法院的司法监督、检察院的法律监督。支持人民法院依法受理行政案件，尊重并执行人民法院生效裁判。积极配合检察机关在履行职责中对违法行政行为的监督。加强与司法部门的沟通联系，定期召开政府与法院、检察院联席会议，共同研究依法行政和司法实践中出现的难点问题。

责任单位：区政府办公室、区法院、区检察院、区法制办牵头，各镇街、区直各有关部门按职责分别负责。

进度安排：持续推进，定期召开府院、府检联席会议，建立和落实工作沟通机制。

72. 规范行政机关依法出庭应诉工作，贯彻执行新修改的《行政诉讼法》和国务院办公厅《关于加强和改进行政应诉工作的意见》，认真落实《厦门市人民政府深入推进依法行政加强和改进行政应诉工作的意见》。

责任单位：区政府办公室、区法制办牵头，各镇街、区直各有关部门按职责分别负责。

进度安排：持续推进。

（二十六）加强行政监督和审计监督

73. 完善政府内部层级监督，改进上级行政机关对下级行政机关的监督，建立健全常态化、长效化监督机制。加强政府内部权力的制约，实行分事行权、分岗设权、分级授权、定期轮岗，强化内部流程控制，防止权力滥用。强化监察、审计等专门机关的监督作用。各级监察机关要切实履行监督责任，健全完善行政监察制度，确保廉政建设各项任务落实。完善审计监督制度，对公共资金、国有资产、国有资源和领导干部履行责任情况，实行有重点、有步骤、有成效的审计全覆盖。

责任单位：区监察局、区审计局分别牵头，各镇街、区直各有关部门按职责分别负责。

进度安排：2017 年健全完善相关长效监督制度，到 2019 年取得重大进展。

74. 深化“马上就办”机制，督促各部门创新服务、精准服务、人文服务。结合机关效能建设，推动管用、有效的载体和平台建设，通过督查、考评、问责等，推进“马上就办”机制落到实处。

责任单位：区效能督查办牵头，各镇街、区直各有关部门按职责分别负责。

进度安排：持续推进和实施“马上就办”机制，到 2019 年取得重大进展。

（二十七）完善社会监督和舆论监督机制

75. 区政府要建立对行政机关违法行为投诉举报登记制度，充分发挥“政民互动”、政府门户网站等公众参与平台的作用。发挥报刊、广播、电视等传统媒体舆论监督作用，重视运用和规范网络舆论监督，推动网络舆论监督规范化、法治化，依法及时调查处理违法行政行为。

责任单位：区政府办公室、区委宣传部、区委网信办分别牵头，集美公安分局、区监察局、区信访局、区效能督查办、区法制办参加，各镇街、区直各有关部门按职责分别负责。

进度安排：2017 年健全完善相关制度和机制。

（二十八）全面推进政务公开

76. 完善政府信息公开制度，拓宽政府信息公开渠道，进一步明确政府信息公开范围和内容，推进决策公开、执行公开、管理公开、服务公开、结果公开。重点推进财政预算、公共资源配置、重大建设项目批准和实施、社会公益事业建设等领域的政府信息公开。

责任单位：区政府办公室牵头，区财政局、区发改局、集美土房分局、区建设局、集美规划分局、区民政局参加，各镇街、区直各有关部门按职责分别负责。

进度安排：持续推进政府信息公开工作，到 2019 年取得重大进展。

77. 完善政府新闻发言人、突发事件信息发布等制度，做好对热点敏感问题的舆论引导，及时回应人民群众关切。

责任单位：区政府新闻办牵头，各镇街、区直各有关部门按职责分别负责。

进度安排：2017 年完善相关制度。

78. 创新政务公开方式，健全互联网政务信息数据管理制度，加快便民服务平台的建设，提高政务公开信息化、集中化水平。

责任单位：区政府办公室、区政务信息中心牵头，各镇街、区直各有关部门按职责分别负责。

进度安排：按规划分阶段建设各类网络平台，到 2019 年取得重大进展。

（二十九）完善纠错问责机制

79. 完善问责制度，加大问责力度。健全和完善责令书面检查、公开道歉、停职检查、引咎辞职、罢免等问责方式和程序，增强行政问责的针对性和时效性。

责任单位：区监察局、区委组织部、区人社局（公务员局）牵头，各镇街，区直各有关部门按职责分别负责。

进度安排：2017 年健全完善相关机制和制度。

80. 对“四风”问题突出、发生顶风违纪问题或者出现区域性、系统性腐败案件的地方、部门和单位，既要追究主体责任、监督责任，又要严肃追究相关领导责任。

责任单位：区监察局牵头，各镇街、区直各有关部门按职责分别负责。

进度安排：按中央和省、市的部署推进。

七、依法有效化解社会矛盾纠纷

（三十）健全依法化解纠纷机制

81. 建立健全社会矛盾预警、利益表达、协商沟通、救助救济等机制，引导和支持公民、法人和其他组织依法表达诉求、维护权益、解决纠纷。

责任单位：区综治办、区信访局牵头，区法院、区检察院、集美公安分局、区司法局参加，各镇街、区直各有关部门按职责分别负责。

进度安排：2017 年健全完善相关制度。

82. 建立健全社会救助机制，规范和加强最低生活保障、特困人员救助供养、医疗救助、教育救助、住房救助、就业救助、临时救助等社会救助工作，确保社会救助制度公平实施。

责任单位：区民政局牵头，区财政局、区卫计局、区教育局、区建设局、区人社局参加，各镇街、区直各有关部门按职责分别负责。

进度安排：健全完善社会救助机制，到 2019 年取得重大进展。

83. 加强重点领域社会治理，强化依法应对和处置群体性事件机制和能力。依法加强对影响或危害食品药品安全、安全生产、社会安全、生态环境、网络安全等方面重点问题的治理。

责任单位：区综治办、区应急办、集美公安分局、区市场监管局、区安监局、集美环保分局、区委网信办分别牵头，区司法局、区民政局、区农林水利局、集美土房分局、区法院、区检察院参加，各镇街、区直各有关部门按职责分别负责。

进度安排：持续推进，到 2019 年取得重大进展。

84. 深入开展法治宣传教育，落实集美区“七五”普法规划。严格落实“谁执法谁普法”的责任，建立行政执法部门以案释法制度。

责任单位：区委宣传部、区司法局牵头，区法制办参加，各镇街，区直各有关部门按职责分别负责。

进度安排：完善相关普法机制和制度，到 2019 年取得重大进展。

（三十一）加强行政复议工作

85. 不断完善行政复议工作机制，提高行政复议办案质量。

责任单位：区法制办牵头，各镇街、区直各有关部门按职责分别负责。

进度安排：持续推进。

86. 有关行政机关要依法加强行政复议能力建设，相关机构设置、人员配备应与所承担的工作任务相适应。行政复议人员应当具备与履行行政复议职责相适应的专业知识和业务能力。

责任单位：区委编办、区法制办牵头，各镇街、区直各有关部门按职责分别负责。

进度安排：根据省、市的部署推进相关工作。

87. 加强行政复议保障能力建设，根据办案需要，落实行政复议办案场所、车辆等相关装备保障。行政复议经费列入本级财政预算。

责任单位：区财政局、区机关事务管理局、区法制办牵头，各镇街、区直各有关部门按职责分别负责。

进度安排：2018 年建立健全相关机制和制度。

（三十二）完善行政调解、仲裁制度

88. 建立健全行政调解制度，贯彻落实国家、省、市有关行政调解文件要求和《厦门市行政调解程序规定》，推进我区行政调解工作。加强行业性、专业性调解组织建设。

责任单位：区法制办牵头，区综治办、区司法局参加。各镇街、区直各有关部门按职责分别负责。

进度安排：持续推进。

89. 充分发挥仲裁解决经济纠纷、化解社会矛盾、促进社会和谐的作用。

责任单位：区政府办、区司法局牵头，区法院参加，各镇街、区直各有关部门按职责分别负责。

进度安排：按照中央和省、市的部署推进，到 2019 年取得重大进展。

（三十三）加强人民调解工作

90. 认真执行《厦门经济特区多元化纠纷解决机制促进条例》，不断完善人民调解、行政调解、司法调解联动工作体系，广泛动员社会各方力量积极参与矛盾纠纷化解工作。

责任单位：区委政法委、区综治办、区司法局牵头，区法院、区法制办参加，各镇街、区直各有关部门按职责分别负责。

进度安排：持续推进。

（三十四）改革信访工作制度

91. 深入贯彻《信访条例》，把信访纳入法治化轨道，规范信访工作程序，完善信访听证、案件评审评议、信访群众依法引导、案件依法终结备案等制度，畅通群众诉求表达、利益协调和权益保障渠道，依法维护信访秩序，运用法治思维和法治方式解决信访涉及的问题、化解社会矛盾。

责任单位：区信访局牵头，区法院、区检察院、集美公安分局参加，各镇街、区直各有关部门按职责分工负责。

进度安排：2016 年健全完善相关制度和机制，到 2019 年取得重大进展。

92. 完善网上受理信访制度，加快网上信访信息系统建设步伐。完善信访信息发布制度，公开信访工作规程规范。

责任单位：区信访局牵头，区法院、区检察院、集美公安分局、区政务信息中心参加，各镇街、区直各有关部门按职责分别负责。

进度安排：2017 年健全完善相关机制，到 2019 年取得重大进展。

93. 对依法应当通过复议、仲裁、诉讼等法定途径解决的事项，及时引导群众通过法定途径解决。严格实行诉访分离，推进通过法定途径分类处理信访投诉请求，完善涉法涉诉信访依法终结制度。

责任单位：区信访局、区综治办牵头，区法院、区检察院、集美公安分局参加，各镇街、区直各有关部门按职责分别负责。

进度安排：2017 年健全相关制度，到 2019 年取得重大进展。

八、全面提高政府工作人员法治思维和依法行政能力

（三十五）树立重视法治素养和法治能力的用人导向

94. 抓好“关键少数”，把法治观念强不强、法治素养好不好作为衡量干部德才的重要标准，把干部遵法守法、依法办事能力纳入考核指标体系，作为考察干部的重要内容。在相同条件下，优先提拔使用法治素养好、依法办事能力强的干部。

责任单位：区委组织部牵头，区法制办、区人社局（公务员局）参加，各镇街，区直各有关部门，按职责分别负责。

进度安排：2017 年健全完善干部考核指标体系。

95. 对特权思想严重、法治观念淡薄的干部要批评教育、督促整改，问题严重或违法违纪的，依法依纪严肃处理，并形成长效机制。

责任单位：区委组织部、区纪委、区监察局、区人社局（公务员局）牵头，各镇街，区直各有关部门按职责分别负责。

进度安排：2018 年健全完善相关机制。

（三十六）加强对政府工作人员的法治教育培训

96. 严格落实领导干部学法制度，区政府、区直各部门、各镇街要制定领导干部学法计划，明确学法方式和主要内容，通过常务会（委、办、局务会）坚持学法，切实提高领导干部法治素质和法治能力。每年至少举办一期领导干部法治专题培训班，每年应当举办两期以上政府领导班子法治专题讲座。

责任单位：区司法局、区委组织部、区法制办牵头，各镇街，区直各有关部门、区委党校、区行政学院按职责分别负责。

进度安排：持续推进领导干部学法机制建设，到 2019 年取得重大进展。

97. 加强行政机关工作人员法律知识培训，区委党校、区行政学院等要将宪法法律列为干部教育的必修课。通过集中培训、法治讲座、网上学法等多种形式，推动政府工作人员强化法治意识、系统掌握法律知识。

责任单位：区委组织部、区人社局（区公务员局）、区法制办、区委党校、区行政学院牵头，各镇街，区直各有关部门按职责分别负责。

进度安排：持续推进法律知识培训，到 2019 年取得重大进展。

98. 健全行政执法人员岗位培训制度，组织开展行政执法人员通用法律知识、专门法律知识等专题培训。强化行政执法人员资格考试制度，提高行政执法人员法律知识培训质量。

责任单位：区法制办、区直各有关部门分别牵头，各镇街按职责分别负责。

进度安排：持续推进。

99. 完善公务员任职培训体系，加大对公务员初任培训、任职培训中法律知识的培训力度，培训情况统一纳入公务员管理，作为考核、奖励、晋升的重要依据。

责任单位：区人社局（公务员局）牵头，区委组织部参加。各镇街，区直各有关部门按职责分别负责。

进度安排：持续推进公务员任职培训等机制建设，到 2019 年取得重大进展。

（三十七）完善政府工作人员法治能力考查测试制度

100. 推行领导干部任职前法律知识考查和依法行政能力测试机制，将考查和测试结果作为领导干部任职的重要参考，促进政府及其部门负责人严格履行法治建设职责。

责任单位：区委组织部、区人社局（公务员局）、区依法治区办牵头，区法制办参加，各镇街，区直各有关部门按职责分别负责。

进度安排：2017 年建立健全相关制度，到 2019 年取得重大进展。

101. 建立公务员晋升依法行政考核制度，将公务员依法行政纳入晋升考核范围。

责任单位：区人社局（公务员局）牵头，各镇街，区直各有关部门按职责分别负责。

进度安排：2018 年健全完善相关制度。

（三十八）注重通过法治实践提高政府工作人员法治思维和依法行政能力

102. 要努力营造办事依法、遇事找法、解决问题用法、化解矛盾靠法的良好法治环境。政府工作人员特别是领导干部想问题、作决策、办事情必须守法律、重程序、受监督。要自觉运用法治思维和法治方式深化改革、推动发展、化解矛盾、维护稳定。

责任单位：区依法治区办、区委组织部、区司法局、区法制办牵头，各镇街，区直各有关部门按职责分别负责。

进度安排：持续推进，到 2019 年取得重大进展。

103. 注重发挥法律顾问和公职律师咨询论证、审核把关的作用。

责任单位：区法制办、区司法局牵头，各镇街，区直各有关部门按职责分别负责。

进度安排：持续推进，到2019年取得重大进展。

九、落实法治政府建设保障机制

（三十九）加强党对法治政府建设的领导

104. 坚持党总揽全局、协调各方，发挥各级党委领导核心作用，把党的领导贯彻到法治政府建设各方面。各级政府要在党委统一领导下，谋划和落实好法治政府建设的各项任务，向党委报告法治政府建设中的重大问题，及时协调解决，消除制约法治政府建设的体制机制障碍。

责任单位：区委办公室、区政府办公室牵头，各镇街，区直各有关部门按职责分别负责。

进度安排：持续推进，到2019年取得重大进展。

105. 区政府、区直各单位、各镇街要将法治政府建设纳入经济社会发展、全面深化改革总体规划，要结合本地区实际，每年制定法治政府建设重点工作要点，有序推进各项工作深入开展，发挥法治的引领和保障作用。

责任单位：区政府办公室、区法制办牵头，各镇街，区直各有关部门按职责分别负责。

进度安排：持续推进，每年出台法治政府建设工作要点。

106. 加强区政府及其部门、各镇街法治力量建设，特别要注重加强区政府、各镇街法制工作力量建设，不断提升政府法制机构在推进依法行政和建设法治政府过程中的组织、协调和保障能力。

责任单位：区委编办、区法制办、各镇街牵头，区直各有关部门按职责分别负责。

进度安排：按照省、市的部署推进。

（四十）落实第一责任人责任

107. 党政主要负责人要履行推进法治建设第一责任人职责，将建设法治政府摆在工作全局的重要位置。对不认真履行第一责任人职责，本地区本部门一年内发生多起重大违法行政案件、造成严重社会后果的，依法追究主要负责人的责任。

责任单位：区纪委，区委办公室、区政府办公室、区监察局、区法制办牵头，各镇街，区直各有关部门按职责分别负责。

进度安排：持续推进，到2019年取得重大进展。

108. 坚持建立法治政府建设情况报告制度。区政府、各镇街每年第一季度要向同级党委（党工委）、人大常委会（人大主席团或人大工委）和上一级政府报告上一年度法治政府建设情况，政府部门每年第一季度前要向本级政府和上一级政府有关部门报告上一年度法治政府建设情况。报告要通过报刊、政府网站等向社会公开。

责任单位：区政府办公室、区法制办牵头，各镇街，区直各有关部门按职责分别负责。

进度安排：持续推进，每年形成工作报告，向上一级政府、同级党委、人大常委会报告法治政府建设情况。

（四十一）强化考核评价和督促检查

109. 各级党委要把法治建设成效作为衡量各级领导班子和领导干部工作实绩的重要内容，纳入政绩考核指标体系，充分发挥考核评价对法治政府建设的重要推动作用。

责任单位：区委组织部牵头，区法制办、区效能督查办参加，各镇街，区直各有关部门按职责分别负责。

进度安排：2017年建立健全相关制度。

110. 加强对法治政府建设进展情况的督促检查。区政府及其部门要结合法治政府建设年度重点工作，开展定期检查和专项督查。坚持问题导向，对工作不力、问题较多的，要及时约谈、责令整改、通报批评。

责任单位：区委办公室、区政府办公室、区法制办牵头，区效能督查办参加，各镇街，区直各有关部门按职责分别负责。

进度安排：持续推进，到2019年取得重大进展。

（四十二）加强理论研究、典型示范和宣传引导

111. 加强法治政府建设理论研究，推进政府法制研究机构建设，强化理论创新、制度创新、实践创新。以问题为导向，与高等院校、科研机构交流合作，通过委托研究、合作研究等方式，加强事关法治政府建设全局性、战略性、前沿性课题的研究，为法治政府建设提供理论支撑和决策参考。

责任单位：区法学会、区法制办牵头，各镇街，区直各有关部门按职责分别负责。

进度安排：持续推进，到2019年取得重大进展。

112. 大力开展推进依法行政、建设法治政府宣传工作，充分运用传统媒体和新媒体等多种形式，广泛宣传法治政府建设目标、工作部署、先进经验、典型做法，定期通报和曝光违法行政典型案例，分析原因、吸取教训、改进工作，正确引导舆论、凝聚社会共识，营造全社会关心、支持和参与法治政府建设的良好氛围。

责任单位：区委宣传部、区法制办、区司法局分别牵头，各镇街，区直各有关部门按职责分别负责。

进度安排：持续推进，到2019年取得重大进展。

113. 继续完善依法行政和法治政府建设示范单位创建活动，大力培育建设依法行政和法治政府建设先进典型，着力在重点领域和关键环节取得突破性进展。充分发挥示范点的示范、引领和典型带动作用，推动法治政府建设水平整体提升。

责任单位：区政府办公室、区法制办牵头，各镇街，区直各有关部门按职责分别负责。

进度安排：持续推进，到2019年取得重大进展。

中共集美区委办公室
关于印发《集美区全面从严治党主体责任全程纪实工作实施方案》的通知

各直属党委（党工委）：

为切实落实全面从严治党主体责任，根据市纪委十二届二次全会关于“探索、推进领导干部落实主体责任全程纪实”的工作安排，近期，市落实党风廉政建设责任制工作领导小组办公室下文决定在我区开展领导干部落实全面从严治党主体责任全程纪实工作试点，经区委研究同意，现制定《集美区全面从严治党主体责任全程纪实工作实施方案》并印发给你们，请认真遵照执行。

中共集美区委办公室

2017年5月26日

集美区全面从严治党主体责任全程纪实工作实施方案

根据《中国共产党章程》、《关于实行党风廉政建设责任制的规定》等党内法规和《中共福建省委办公厅印发〈关于深化落实党风廉政建设党委主体责任的暂行规定〉的通知》（闽委办发〔2015〕52号）、《厦门市落实党风廉政建设责任制工作领导小组办公室关于开展领导干部落实全面从严治党主体责任全程纪实工作试点的通知》（厦廉责办〔2017〕3号）、《中共集美区委印发〈关于实行党风廉政建设责任落实信息化监管制度的意见〉的通知》（厦集委〔2016〕9号）要求，为深化落实全面从严治党主体责任，结合我区实际情况，特制订本方案。

一、指导思想

按照全面从严治党要求，进一步细化主体责任清单，利用信息化平台加强对主体责任清单落实的督查督办，实现主体责任任务落实进系统、留痕迹，可查询、可督办，方便核查考核，推动全面从严治党主体责任落到实处。

二、工作目标

按照“谁主管，谁负责”原则，通过全面从严治党主体责任全程纪实，着力解决“不会抓、不想抓、不敢抓”问题，推动各级党委（党工委）主动承担主体责任；借助信息化平台，建立“责任明晰、过程管理、动态监督”的监管体系，探索党委自觉接受同级纪委监督的有效方式，通过履责情况留痕记录，为检查考核、评先评优和责任追究提供依据。

三、纪实范围

区委各直属党委（党工委）作为纪实单位，以班子成员为纪实对象，按照各党委（党工委）制定的班子和主要负责人主体责任清单，细化具体措施相应分解到各班子成员，形成各班子成员的纪实目录。

四、主要措施

（一）建设平台

依托政务内网，在2016年开发建设的党风廉政建设责任监管平台基础上，按照主体责任全程纪实试点工作的要求加以改进，建设全面从严治党责任监管平台，以主体责任清单纪实单位专门指定的政务内网账户作为登陆用户，按照安全保密原则设置访问和登陆权限，非法用户不能访问、非授权用户不可登陆。

（二）制作清单

各党委（党工委）班子、党委（党工委）书记参照《中共集美区委办公室关于推动党风廉政建设党委主体责任清单建设的通知》（厦集委办〔2016〕99号）制定的班子和主要负责人主体责任清单所列的清单项目、工作内容和具体措施，结合贯彻落实中央和省委、市委、区委关于党风廉政建设和反腐败工作部署要求，结合单位特点和岗位职责，细化具体措施，分别制定年度任务清单，同时，对每项具体措施进行责任分解，明确责任部门、责任人和完成时限。各单位要召开党委（党工委）会议专题研究，并以党委（党工委）名义正式印发，主要负责人要切实履行党风廉政建设第一责任人责任，对各项任务清单严格审核把关，不符合要求的，要坚决退回重新制定。

（三）工作纪实

1. 录入纪实目录。各党委（党工委）将班子主体责任清单具体措施相应分解到各班子成员，形成各班子成员纪实目录，连同主要负责人的主体责任清单，全部录入到监管平台。

2. 录入履责情况。各责任人完成工作任务后，要在完成时限内向监管平台提交完成情况，上传佐证材料（涉密资料除外），佐证材料由各纪实单位建档备查。任务分阶段开展的，要设置节点时限。为提高任务进展的均衡性，原则上要按月进行纪实。任务完成后，有进一步深化工作落实措施的，可追加纪实。纪实资料上传后不可修改，永久留痕。

3. 预警提醒。平台系统对任务完成情况进行自动预警提醒，对即将到期的任务，于到期前 15 日进行黄牌预警，并对任务责任人进行短信提醒；任务到期仍未完成的，进行红牌告诫，监管平台对任务责任人发送“红牌督办单”。

（四）检查督办

1. 承办部门跟踪督查。各党委（党工委）指定专门的承办部门负责日常督查，督促清单纪实任务及时落实。建立日常监管台账，对黄牌预警任务要组织开展跟踪督查，将未按要求落实的任务形成“问题清单”，梳理责任人员，及时上报党委（党工委）并负责跟踪督促落实。

2. 纪检监察机构再监督。同级纪委（纪工委）开展定期、不定期抽查，并对抽查发现问题及时督促整改，对多次提醒仍不整改或整改不到位的，适时向党委（党工委）提出问责建议。区纪委不定期对各党委（党工委）纪实工作开展情况、各纪委（纪工委）监督情况进行监督检查。

3. 党组织监督。承办部门及纪委（纪工委）及时向党委（党工委）报告跟踪监督情况，党委（党工委）主要负责人每半年主持召开专题会听取班子成员履责情况汇报，针对存在的问题，通过提醒谈话、责令检查、诫勉等方式督促整改。

（五）结果运用

1. 考核评价。对各单位主体责任纪实情况进行考核，考核总分 70 分，其中党委（党工委）班子主体责任 40 分，党委（党工委）书记主体责任 30 分。考核实行扣分制，对不按要求制定任务清单以及未按期保质完成任务的进行扣分，同时，为鼓励创新创优，另设 10 分奖励加分。其中，被平台系统红牌告诫的，由平台系统自动扣分，该项分数一旦扣除即不能补回，以切实督促按时完成任务。

考评结果纳入年度党风廉政建设工作考核，计入绩效管理考评成绩，作为对领导班子和领导干部业绩评定、奖励惩处、选拔任用的重要依据。每年第一季度，由区委全面从严治党主体责任检查组，对各党委（党工委）落实全面从严治党主体责任情况进行检查考核，对上一年度任务清单完成情况被扣分的单位和个人存在的问题提出整改意见并跟踪落实。

2. 问责追责。对首次被红牌告诫的任务责任人，党委（党工委）视情形开展谈话提醒或批评教育，并报备区落实党风廉政建设责任制工作领导小组办公室（以下简称“区廉责办”）；当年被二次以上红牌告诫（含二次），或经督办仍不按要求整改的任务责任人，按规定程序进行问责。对落实全面从严治党主体责任不到位、且年度综合考评结果排名靠后的党委（党工委、党组）、纪委（纪工委）主要领导，分别由区委主要领导和区纪委主要领导进行约谈，责令整改。

3. 报告通报。各党委（党工委）每半年要对主体责任纪实工作开展情况进行总结，各纪委（纪工委）要切实履行监督责任，每半年向党委（党工委）报告监督工作开展情况，对年度考评结果以及主体责任清单落实方面存在的典型问题，区纪委将定期、不定期进行全区通报。

五、组织保障

（一）工作分工

在区委的领导下，区廉责办负责全面从严治党主体责任全程纪实制度的整体设计安排和督促推动；区政务信息中心负责平台的开发建设、日常监控、技术维护和操作培训；各党委（党工委）班子及其成员负责编制、填报主体责任清单，形成纪实目录并开展全程纪实；各纪委（纪工委）负责定期、不定期进行抽查督办，加强监督检查。

（二）工作安排

2017 年 5 月底前，制定全程纪实工作实施方案，改进纪实平台；各纪实单位制定主体责任清单，形成纪实目录，录入到监管平台；2017 年 5 月至 12 月，各党委（党工委）按本实施方案要求开展工作纪实，7 月和 12 月开展半年分析，各党委（党工委）向区廉责办报送试点工作进展情况，由区廉责办汇总上报区委和市纪委。

中共集美区委办公室　集美区人民政府办公室
印发《关于加强科学普及促进全民科学素质跨越提升的实施意见》的通知

各镇党委、政府，各街道党工委、办事处，文教区管委会，区直各部、委、办、局，各人民团体，区属各企事业单位：

现将《关于加强科学普及促进全民科学素质跨越提升的实施意见》印发给你们，请结合工作实际，认真组织实施。

中共集美区委办公室　集美区人民政府办公室

2017 年 6 月 23 日

关于加强科学普及促进全民科学素质跨越提升的实施意见

为深入贯彻落实习近平总书记在全国科技创新大会、两院院士大会和中国科协第九次全国代表大会上的重要讲话、《中共福建省委办公厅、福建省人民政府办公厅印发〈关于加强科学普及促进全民科学素质跨越提升的意见〉的通知》（闽委办发〔2016〕50号，以下简称《意见》）和《中共厦门市委办公厅、厦门市人民政府办公厅印发〈关于加强科学普及促进全民科学素质跨越提升的实施意见〉的通知》（厦委办发〔2017〕18号，以下简称《实施意见》）精神，推动我区科学普及，提升公民科学素质，结合我区实际，提出以下意见。

一、深刻领会，切实做好学习宣传和贯彻落实工作

《实施意见》的出台是市委、市政府总揽全局，审时度势，为贯彻落实习近平总书记在全国科技创新大会、两院院士大会和中国科协第九次全国代表大会上的讲话精神，推进新形势下科学普及工作的重要战略决策，对进一步完善科普工作体制，加大科普工作支持保障力度，推进重点人群科学素质行动，夯实科普工作基础，提升科普工作服务能力，促进科普事业科学发展所作出的全面部署。因此认真学习宣传、贯彻落实好《实施意见》，具有重要的现实意义和历史意义。

全区各部门要认真学习、进一步统一思想、提高认识，深刻领会《实施意见》主要精神和部署要求，增强做好科普工作的责任感和使命感。要结合本单位工作实际扎实推进国务院《全民科学素质行动计划纲要》、福建省政府办公厅印发的《福建省全民科学素质行动计划纲要实施方案（2016-2020年）》（闽政办〔2016〕128号）、厦门市政府办公厅印发的《厦门市全民科学素质行动计划纲要实施方案（2016-2020年）》（厦府办〔2016〕223号）及集美区政府办公室印发的《集美区全民科学素质行动计划纲要实施方案（2016-2020年）》（以下简称《实施方案》）贯彻实施，为提高全区公众科学素质，推进创新驱动发展，加快建设“五大发展”示范区做出新贡献。

二、结合实际，明确指导思想和基本要求

（一）指导思想。深入贯彻党的十八大、十八届三中、四中、五中和六中全会和习近平总书记系列重要讲话精神，特别是习近平总书记在全国“科技三会”上的讲话精神，牢固树立创新、协调、绿色、开放、共享的发展理念，以《实施方案》为主线，始终坚持“政府推动、全民参与、提升素质、促进和谐”工作方针，以“一精神三文化”为激发，围绕“加快产城学人深度融合，打造区域创新中心，加快经济、城市、社会转型”中心工作，充分发挥全民科学素质在统筹推进经济、政治、文化、社会、生态文明和党的建设中的基础作用，以形成新常态下的科普工作长效机制为目标，以党委政府关注和人民群众关切为导向，以改革创新创业为动力，以信息化建设传播为重点，以构建社会化科学素质工作格局为保障，充分激发科技工作者的积极性创造性，合力推进全民科学素质工作，逐步形成普惠共享的现代科普体系，实现新形势下科普转型升级，进一步提升科普覆盖面和实效性，为推动人文集美建设迈向新阶段和率先全面建成小康社会奠定坚实的公民科学素质基础。

（二）基本要求。一是要注重内容创新。坚持与时俱进，进一步加强科普工作内容创新，特别是要结合集美区情，打造具有集美特色的科普品牌；二是要注重体制创新。加强科普工作体制创新，突出实效机制，完善科普工作长效机制；三是要注重科普人才队伍建设。按照专兼结合的原则，加强科协工作者、科普内容创作者、科普宣传员、科普讲师团、科普志愿者等人才队伍的建设；四是要注重优秀科普作品创作。发挥我区动漫文化创意、文创工作室、天下集美等文创机构的作用，突出人文集美优势，加强优秀科普作品创作；五是要注重科普工作组织协调。坚持“政府推动、全民参与、提升素质、促进和谐”的工作方针，努力形成党政各部门、社会各方面齐抓共管、相互配合，共同开展科普宣传的生动局面；六是注重全面实施《实施方案》。以青少年、农民、城镇劳动者以及领导干部和公务员等人群为重点，把全国科技工作者日、全国科普日、全国科技活动周和科普进社区、进农村、进学校、进机关、进企业及科技下乡等活动组织好、开展好，实现科普由“三下乡”到“常下乡”的转变，努力形成社会化大科普的工作格局。加大科普载体建设，拓展城市“第三空间”，因地制宜建设一批社区市民学校、市民科普公园等多元共享的开放空间。

三、突出重点，把握科普工作的主要目标

不断健全科普事业和科普产业发展的体制机制，推动科普公共服务产品供给能力，拓宽公众获取科技知识的渠道和参与科普活动的途径，注重五大重点人群的科普工作实效，完善适应创新发展需求的现代科普体系，为建成创新型城市和率先全面建成小康社会提供科技支撑。到2020年将达到以下目标：

（一）全民科学素质整体水平跨越提升。我区科学技术教育、传播与普及工作得到长足发展，形成比较完善的公民科学素质建设的组织实施、基础设施、条件保障、工作机制、监测评估等体系，科普公共服务能力大幅提升，公民科学素质整体水平有较大幅度提高，公民具备科学素质的比例力争超过 12%。

（二）科普信息化建设取得显著成效。一是充分发挥互联网等信息技术在科技教育和科普活动方面的作用，推进学校科技教育和校外科普活动的信息化建设。进一步推动校园 e 站的建设，并逐步规范和发挥 e 站在校园科普宣传的作用；二是积极推进“互联网 +”现代农业行动，推动促进农村电子商务发展，推动农村 e 站的建设，开展农民科学素质网络竞赛等线上科普活动，构建线上线下融合的农村科普信息化新路径。三是发挥互联网、移动通信、移动终端等新媒体在社区科普服务中的功能作用，推动社区 e 站、科普信息网络、科普网络书屋等服务平台的建立和使用，面向基层群众广泛开展党员教育、体育健身、文化宣传、卫生健康、食品药品、防灾减灾等各类科普活动，实现基层科普服务深度融合发展。四是发挥人文集美的优势，开展科幻、动漫、视频、游戏等科普创作，加大科普游戏传播推广力度，加强科普创作交流与合作。五是强化科普信息精准推送服务。依托大数据、云计算等技术手段，采集和挖掘公众需求数据，做好科普需求跟踪分析，通过“科普电子读本定向分发和手机、电视、广播、电影院线、多媒体视窗推送”等定制性传播方式，定向、精准地将科普信息资源送达目标人群，促进科普活动线上线下结合，满足公众对科普信息的个性化需求。加大对边远地区及青少年等重点人群的科普信息服务定制化推送力度。

（三）科普基础设施更加健全完善。一是加强基层科普设施建设。依托现有资源，因地制宜建设一批具备科技教育、培训、展示等多功能的开放性、群众性科普活动场所和科普设施，同时加快社区科普基础设施建设，扩大社区科普活动室、图书室、阅览室、社区科普画廊（宣传栏）等的覆盖面。二是大力推进科普教育基地建设。整合各类科技资源，创建集知识性、趣味性、参与性于一体的国家级、省级、市级科普教育基地。充分利用我区诚毅科技探索中心等科普教育基地的科普资源，组织开展校外科技知识普及教育活动，培养学生的科学兴趣，丰富学生的课余活动。完善科普教育基地资源的共享、整合机制，建立完善相关管理制度。充分发挥各行业部门优势，利用国家级科普教育基地的示范作用，继续挖掘行业科普资源，增加科技教育内容，建设一批特色鲜明、富有创意的科普教育基地。鼓励和支持各类科普教育基地实行定期或不定期对公众免费或优惠开放。三是推动优质科普资源开发开放共享。大力推动华侨大学、集美大学、厦门理工学院等高等院校、科研机构和企事业单位的实验室、研发基地、生产线、产品展示中心向公众免费开放，广泛开展社会公益科普活动，探索科普资源开发开放共享的有效模式。充分发挥区养蜂协会、农民合作社等社团组织的网络、人才和技术优势，搭建大联合大协作的科普资源共建共享平台，向社会推送优质科普资源。四是推动行业（企业）科普场馆平台建设。围绕我区优势产业的转型升级、成长型产业的加速发展和战略性新兴产业的培育发展，鼓励具备条件的企事业单位，结合企事业单位品牌塑造和社会形象树立，创办专业性特色科普场馆，集中展示高新技术成果和产品，让公众了解和感受高新技术及其产业对经济社会发展的巨大作用。

（四）建立健全基层科普组织。要切实加强各级科协干部队伍建设，配好配强科协领导班子。健全完善街镇科协组织，落实街镇分管科技工作的领导兼任科协主席要求。进一步健全社区、行政村科协组织机构。社区、行政村应成立科协组织（科普工作领导小组）社区（行政村）党委（支部）书记、社区（行政村）主任任科协组织一把手（组长）。努力实现科普组织在镇街、社区、行政村全覆盖，并做到“五有”即：有机构、有人员、有办公场所、有科普经费、有科普工作计划和总结，使基层科普组织进一步发展壮大。

（五）优化科普人才队伍结构。一是加强城镇社区科普人才队伍建设。结合科普进社区、社区科普大讲堂等各类社区科普活动，大力发展街道科协和社区科普协会等基层组织，发展壮大社区科普工作者队伍和科普志愿者队伍。依托大学、科研机构、科普组织、科普场馆、科技团体等建设社区科普人才培训基地。鼓励高等院校、科研机构、企业、科技社团、科普场馆、科普教育基地等企业事业单位和专业人才积极参与社区科普活动。二是加强农村科普宣传员队伍建设。按照福建省委、省政府《关于进一步加强和改革新时期科协工作的实施意见》，落实村级农技员、社区文化与食品安全协管员兼任科普宣传员的制度，明确科普职责，加大培训和考核力度。依托科普宣传员做好科普活动站、科普画廊（宣传栏）的管理、更新，向群众传递科技信息，组织群众参与科技教育、传播与普及活动。三是加强科技教育师资培养、培训和研修，大力提高科技教师的科学素质。鼓励有条件的高等院校开设科技教育专业或相关课程，培养更多科技教育师资人才。根据实施科学课程的需要，配齐配足中小学科学课程教师。加大对科学教师的培训力度，建立区级骨干科学教师、骨干科技辅导员培训制度，每年开展科学教师和科技辅导员的业务交流，举办科学实践能力提升研修活动，提高教师科技教育的教学能力和水平。加强校内外专兼职科技教育队伍建设，建立健全青少年科技辅导员继续教育、评价、考核、激励机制。“十三五”期间每年区级培训一定数量的科学教师和骨干科学教师，每年组织 50 名骨干科普科技指导教师进行科学实践能力提升的区级研修活动。四是加强企业科普人才队伍建设。充分发挥企业科协、团委、职工技协、研发中心等的作用，结合职工技能培训、继续教育和各类科普活动，培养和造就企业实用科普人才。五是大力发展科普志愿者队伍。依托我区人文集美建设和集美动漫产业园等有效平台，推动建立科普志愿者社团组织，开展科普志愿者交流、培训、经验推广等工作。建立完善科普志愿者组织管理制度，建立科普志愿者的选聘、激励、考核和淘汰机制。建立健全应对重大突发事件的科普志愿者动员机制，发展应急科普志愿者队伍。六是推动高端科普人才的培养。加大对科普创作的支持力度，鼓励和支持科技人员积极投入科普创作，推动有条件的科研机构、高等院校、科普场馆、传媒机构建设科普创作与设计培训实践基地。发挥诚毅科技探索中心、三圈日化等科普场馆、科普教育基地、科技媒体、科技社团的作用，在实践中培养一批科普活动策划、组织和宣传人才。

四、夯实基础，提升科普工作服务能力

（一）加强科普人才培养和继续教育。深入推进高层次科普专门人才培养试点工作，加大高层次科普专门人才培养力度。充分发挥高校、科研院所、区科协及学术团体等各种教育资源的优势，分工合作，各司其职，共同做好科普人才培训工作。发挥社会团体的资源力量，落实培训基地基础设施建设。采用实体培训与网络培训相融合的方式，实现规模化培训。采取创新人才激励机制等方法，引进学术水平高、教学经验和科普活动经验丰富的培训师资，提高教学与培训水平。建立完善教育培训质量评估体系，坚持以人为本，遵循科普人才成长规律，以科普工作者综合实践能力提升为核心，制定培训目标、计划和考核方法。

（二）加大大众传媒科普宣传力度。区全民科学素质工作领导小组成员单位要加大科普工作力度，丰富科普宣传内容。集美报、集美电视台、广播电台应刊登（播出）科技、科普相关版面（节目）。大众传媒科普产品的制作、写作，应采取引进与创新并重的方式，提供更多内容健康、形式活泼、群众喜闻乐见的优秀节目、文章。发挥集美科普微信公众号的作用，区科协要对集美科普微信公众号的内容进行审核，并及时向公众发送，特别是要增设民生科普、应急科普、实效科普等内容，不断提升精准科普能力。

（三）发挥科普工作者的积极作用。领导干部和公务员要大力支持科普工作，积极参与科普活动，起到带头引领作用；教师、医务人员、科技人员和企事业科研人员等都应结合本职工作，切实履行科普教育的社会责任，开展力所能及的科普活动；媒体工作者、科普作家要积极参与科学普及，为提升全民科学素质贡献力量；社区和农村科普员要在制度上激励、工作上认可等方面上下功夫，让他们有获得感，逐步实现由“专兼职”到“专职”的转变；并针对不同类型的科普工作者，组织开展形式多样的培训和进修活动，不断提高专兼职科普人员的专业化、职业化水平。

五、强化保障，完善科普工作支撑体系

（一）加强组织领导。区全民科学素质工作领导小组负责领导《实施方案》的实施工作。各成员单位、各有关部门按照《实施方案》的要求，将有关任务纳入相应工作规划和计划，充分履行相关工作职责，发挥各自优势，密切配合，形成合力。各牵头部门要履行牵头组织职责，参与单位要协调配合，共同落实任务。区科协要充分发挥综合协调作用，会同各部门、社会各界共同推进全民科学素质建设。

各镇人民政府、街道办事处、区直有关单位，领导本单位《实施方案》的实施工作，要结合各地实际将全民科学素质建设工作纳入当地国民经济和社会发展总体规划，把《实施方案》的重点任务列入年度工作计划，纳入目标管理考核范围；要因地制宜，制定工作方案；要加大投入，继续完善工作机制，确保方案的顺利实施。

（二）加强政策激励。加强《科普法》的宣传，提高全社会依法开展科普工作的意识，依法保障科普事业的健康发展。制定面向科普研究、科普创作、科普宣传的专项激励政策，定期表彰在科普工作中取得突出成效的先进集体和个人。加强科普成果的知识产权保护工作。全面落实科普政策，推动科普事业公益化程度的评估，放宽利用民间资金发展科普产业的准入限制，推进科普事业的市场化。

（三）引导社会各界对科普工作的参与。发挥科协科普工作的主渠道作用，依靠广大科技工作者和科普工作者，集智聚力，依法开展各种群众性、社会性和经常性的科普活动，利用广泛的科普组织网络，集思广益，为政府科普规划、科普政策的制定提供意见和建议。动员全社会力量，多形式、多层次、多渠道地开展科普工作，促进全区科普事业健康、有序地发展。鼓励社会力量设立多种形式的科普奖项，形成全社会重视科普、关心科普、投身科普事业的良好氛围。

（四）加大科普事业投入。加大政府对科普经费的投入力度，将科普经费列入财政预算，不断提高科普投入水平，进一步加强经费保障。逐步建立多层次、多渠道的科普投入体系。强化科普经费的使用和管理，有效运用政府的引导资金，促进全社会参与科普工作。加大科普基础设施建设支持力度。各社区、行政村要根据实际需要和相关建设标准，将科普学校、青少年科学工作室和科普画廊（宣传栏）等基础设施建设所需资金列入财政预算。

中共集美区委
关于加快补齐民生短板确保全面建成小康社会的决定

（2017年8月17日中国共产党集美区第八届委员会第九次全体会议通过）

为深入贯彻习近平总书记系列重要讲话精神和治国理政新理念新思想新战略、中央关于保障和改善民生的重大决策部署，全面落实省委十届三次全会和市委十二届五次全会精神，中共集美区委八届九次全体会议就加快补齐民生短板，确保全面建成小康社会，进行了深入讨论，并作出如下决定。

一、重要意义和总体要求

1. *重要意义*。党的十八大以来，以习近平同志为核心的党中央坚持以人民为中心的发展思想，坚持人民主体地位，把保障和改善民生放在更加突出的位置。加快补齐民生短板，是实现全面建成小康社会的需要，也是建设“五大发展”示范区和打造跨岛发展新市区的内在要求，对于促进社会公平正义、增进人民福祉，让人民群众有更多的获得感、更公平地分享发展成果，具有十分重要的意义。

2. *指导思想*。全面贯彻党的十八大和十八届三中、四中、五中、六中全会精神，深入学习贯彻习近平总书记系列重要讲话精神和治国理政新理念新思想新战略以及对福建、厦门工作的重要指示，统筹推进“五位一体”总体布局和“四个全面”战略布局，牢固树立和贯彻五大发展理念，深入践行以人民为中心的发展思想，紧紧围绕建设“五大发展”示范区和打造跨岛发展新市区目标，抓住人民最关心最直接最现实的利益问题，着力提升教育、医疗卫生、养老、住房、交通、城乡民生基础设施水平，明确目标、突出重点、补齐短板，完善政策体系、创新体制机制，不断增进民生福祉，努力提升人民群众的获得感、公平感、安全感和幸福感，确保全面建成小康社会。

3. *发展目标*。到2020年，建立与经济社会发展水平相适应、基本满足人民群众合理预期、水平和质量明显提升的公共服务体系，民生保障水平持续提升，实现“学有优教、病有良医、老有颐养、生态宜居”，教育、医疗卫生、养老、住房、交通、城乡民生基础设施等主要指标总体超过东部地区平均水平。

——实现学有优教。学前教育全面普及，义务教育巩固率达99.9%以上，职业教育和高等教育优质创新发展，劳动年龄人口平均受教育年限达到12.63年，基本满足市民获得更好教育的愿望。

——实现病有良医。分级诊疗格局基本形成，千人医疗床位数力争达到6张，建成集美新城综合性三甲医院，提升灌口医院为二级综合医院，人均期望寿命达到82.14岁。

——实现老有颐养。每千名老年人拥有养老床位数提高到40张，实现街（镇）级老年人日间照料中心全覆盖，居家养老医疗服务便利性显著提升。

——实现生态宜居。国家级生态区创建成果进一步巩固提升，城市公共交通机动化出行分担率达到55%，空气质量优良天数比率达到98%，建成区绿化覆盖率达到45%以上，垃圾无害化处理率达到100%。

4. *基本原则*

——问题导向，精准施策。立足实际，切实解决人民群众关心关注的难点热点问题，紧盯薄弱、对接需求，突出重点、精准发力，加快补齐民生短板，不断提升公共服务供给质量和水平，有效保障人民群众日益增长的多样化多层次需求。

——改革创新，激发活力。扎实推进社会重点领域和关键环节改革，消除体制机制障碍，创新供给方式、丰富服务模式，不断增强社会事业发展的动力活力。

——统筹资源，协调推进。统筹运用各领域各层级公共资源，突出重点、分清轻重缓急，尽力而为、量力而行，促进公共服务跨岛发展，推进科学布局、均衡配置和优化整合。

——共享发展，全民普惠。坚持发展为了人民、发展依靠人民、发展成果由人民共享，营造“人人参与、人人尽力、人人享有”的浓厚氛围，使全体人民有更多获得感。

二、全力补齐教育发展短板，实现学有优教

1. *全面普及学前教育*。实施学前教育“工程包”，新建、配建一批幼儿园，到2020年，建设幼儿园项目18个，新增幼儿园学位6210个，适龄幼儿毛入园率达98%以上。严格落实配套幼儿园与城镇住宅小区“同步规划、同步建设、同步使用”的政策，确保配套幼儿园建设与住宅建设首期项目同步建设、同步交付使用。扩大普惠性学前教育资源，鼓励利用闲置资源改建普惠性幼儿园。加大政府购买服务力度，提高参与分级限价管理的民办普惠性幼儿园财政补助标准，吸收更多优质幼儿园参与政府分级限价收费管理，逐步缩小普惠性民办幼儿园与同质公办幼儿园的收费差距。

2. *优质均衡发展义务教育*。实施“加快义务教育学校建设三年行动计划”，到2020年，建设义务教育项目20个，新增小学学位15840个、初中学位10200个，义务教育巩固率稳定在99.9%以上。健全城乡一体化的义务教育发展机制，在财政拨款、基本建设、教师配备等方面，向农村和薄弱学校倾斜。推动城乡教师交流，促进城乡教育教学质量整体提升，提升厦门实验小学集美分校办学水平，推进岛内优质名校集美校区建设，实现优质教育资源共享。改善民办义务教育学习设施，健全政府购买服务机制，完善进城务工人员随迁子女积分入学政策。实施义务教育阶段农村学生营养改善工程，提高营养餐补助标准。

3. *促进高中教育高品质特色发展*。高中阶段教育毛入学率达到100%。到2020年，建设高中教育项目1个，新增高中学位3000个，现有普通高中资源配置满足高考综合改革新要求。到2020年80%以上的普通高中学生在省一级达标高中就读。高中阶段入学实施综合素质评价与统一招生录取相结合的办法。积极对接全市的优质教育资源，全面开展合作办学，加快岛内名校集美新校区建设步伐，提升灌口中学与厦门一中高位嫁接。推动灌口中学争创普通高中教育国际化试点学校。对建档立卡的家庭经济困难学生实施普通高中免除学杂费。

4. *促进职业教育与高等教育优质创新发展*。大力发展职业教育，继续实行中等职业教育免学费制度。全面推行订单式人才培养、工学结合、校企合作、顶岗实习的职业教育人才培养模式，实行学历证书和职业资格证书“双证书”制度，到2020年职业学校毕业生“双证书”获得率达到90%以上。提高职校学生综合素质，争创国家示范性学校。深化区政府与高校战略共建机制，推动华侨大学、集美大学在国内综合排名上升，扶持厦门理工学院、厦门医学院、华夏学院、厦门工学院加快应用型本科院校建设，重点支持辖区高校跻身国内外前列的优势学科建设，提升辖区高校服务地方能力。

5. *鼓励社会力量参与办学*。提高普惠性民办幼儿园补助标准，降低民办幼儿园准入门槛，奖励、规范社会力量举办面向不同人群需求的多层次幼儿园。加快推进国际化双语学校建设，支持国有企业组建教育集团开展办学模式，扩大优质教育资源供给。

三、全力补齐卫生医疗发展短板，实现病有良医

1. *优化医疗卫生资源配置*。不断优化医疗卫生资源布局，提升区域医疗能力。重点加快推进集美新城医院项目，引入知名医学高校管理团队运营管理集美新城医院。支持第一医院杏林分院做大做强，推动灌口镇中心卫生院提升为二级医院并努力为提升为三级医院创造条件。积极应对全面两孩政策，抓紧解决产科、儿科供给不足问题，启动区妇幼保健院住院部等区级妇幼健康服务机构建设，积极争取市妇幼保健院新院区落户集美。到2020年，千人医疗床位数力争达到6张。加大社会资本办医力度，按照每千常住人口不低于1.5张床位为社会力量办医预留规划空间，同步预留大型医用设备配置空间，到2020年社会资本办医机构开放床位数和服务量占比达到25%以上。开展购买公共医疗卫生服务试点。结合健康医疗大数据中心建设大力发展医疗服务、保健养生、健康信息等健康医疗产业。

2. *完善分级诊疗体系建设*。以“强基层”为重点，加快构建布局合理、分工协作的分级诊疗新格局，到2020年基层医疗卫生机构诊疗量占比比2015年提高10个百分点以上。深化医联体建设，持续开展区域紧密型医联体建设试点，探索组建专科专病防治医联体，让群众在家门口享受优质医疗卫生服务。做实做好家庭医生签约服务，充分利用互联网信息化手段，提升重点人群签约服务便利感，鼓励和引导居民基层首诊。到2020年，实现家庭医生签约服务全覆盖。

3. *加强基层医疗卫生服务能力*。全力实施基层医疗卫生机构提升建设，加快推进北部新城社区卫生服务中心、锦园社区卫生服务中心、杏滨街道社区卫生服务中心改扩建等项目前期工作。扎实推进镇村卫生服务一体化，按照“一村一所”建设要求，推进每个行政村设置卫生所。优化基层医疗卫生人才队伍，重点加强基层全科医生人才的培养、引进和使用，提高全科医生地位和待遇，完善住院医师、全科医生规范化培训制度，到2020年全区每万人口拥有4名全科医生。

4. *完善公共卫生服务体系*。全面实施国家基本公共卫生服务项目，逐步提高人均基本公共卫生服务经费标准，到2020年全区居民健康档案电子建档率达到90%以上，中医药健康管理目标人群覆盖率达到60%，孕产妇死亡率控制在12/10万人以下，婴儿死亡率控制在5‰以下。建立健全以区级疾控机构为主体，以镇卫生院和社区卫生服务中心为基础，各级医疗机构为依托的疾病控制体系。加快卫生应急体系建设，完善以“政府主导、卫生主责、部门协调、社会参与”的卫生应急工作网络，全面提升突发公共卫生事件预警监测应急处置能力。进一步发挥中医药在基本公共卫生服务中的作用，继续创建全国基层中医药工作先进单位。

四、全力补齐养老服务发展短板，实现老有颐养

1. *完善居家社区养老服务体系*。建设完善区级社会福利中心、镇（街）级日间照料中心、村（居）级幸福院（居家养老服务站）三级一体的养老服务设施体系。推动区社会福利中心二期扩建工程，每年改造1-2处闲置公房用于养老机构或老年人日间照料设施建设，到2020年，新增养老机构3所，新增床位1000张，总数达1500张，完成六个镇（街）老年人日间照料中心建设，日间照料床位达180张。推动老旧小区适老化改造，推进坡道、加装电梯等项目建设。建立“互联网+养老”信息化平台，完善老年人安全、生活、医疗保障、养老等信息共享服务。对80岁以上的老人发放高龄津贴，将符合条件的农村老人全部纳入农村“五保”供养范围，实行分散供养与集中供养相结合。

2. *提高机构养老服务品质*。推进公办养老机构改革，公办养老机构优先保障本区居民尤其是五保户、孤寡老人等特困供养人员和高龄、失能老年人需求。有效整合改善现有养老服务资源，推进我区养老机构标准化、管理规范化，建成为老年人提供养护、康复、托管等服务的具有多功能、综合性的社会福利中心。认真贯彻落实全省养老工作“双十条”文件精神，创新经济型养老机构用地与监管举措，推动民办经济型养老机构发展，鼓励发展集医疗、文化、生活、娱乐等功能于一体的现代养老综合体、医养结合型养护中心等高端养老模式，满足有经济能力老年人的个性化需求。通过税收优惠、资金补贴等途径大力支持社会力量、民间资本参与养老产业发展，有效解决养老床位不足的问题。到2020年，实现每千名老人养老床位数达到40张。

3. *积极推动医养结合发展*。鼓励机构养老院与医疗机构的有效整合，发展健康养老，加强医护人员配备，满足老年人预防保健、医疗卫生、康复护理等方面需求，到2020年所有养老机构能够以不同形式为入住老年人提供医疗卫生服务。创新社区医养结合，社区卫生服务机构为居家老年人建立家庭病床，对高血压、糖尿病等慢病高危老年人群进行全程干预，实现对老年人群体的有效健康管理。推动厦门医学院等院校增设养老服务专业，鼓励社会力量举办老年护理院，为老年人提供医疗护理、康复、临终关怀等服务，将符合条件的老年护理院纳入基本医疗保险定点范围。构建居家、社区、机构“三位一体”的老年人长期照护服务体系，发展多种形式的长期护理保险。

4. *大力发展老年文体教育*。加强老年文体活动设施建设，盘活、利用闲置资源因地制宜地扩建老年活动站点，加大投入支持镇（街）、村（居）老年活动中心（室）和室外健身活动场地建设。加强对群众性及各类专业性老年群众文体组织的支持引导，丰富老年人文体活动。创新基层老年教育模式，加大对基层校规范化建设，到“十三五”期末，村（居）办校率达100%，60%的基层老年学校达到“八有”的规范化要求。

五、全力补齐住房保障发展短板，实现住有所居

1. 增加有效供给。积极配合推进华玲花园二期三期、园博公寓、软件园三期A13公寓和岩内保障性地铁社区建设，到2020年配合建设各类保障性住房2万套以上，保障性安居工程覆盖面超过25%。将保障性住房建设用地纳入年度土地供应计划并优先保障，加大保障性住房项目征地拆迁力度，确保按时交地。多渠道解决租赁房源，积极探索农村集体预留发展用地建设租赁住房。

2. *强化配套建设*。健全以市场为主满足多层次需求、以政府为主提供基本保障的住房供应体系，逐步建立租售并举的保障性住房供给体系，有效解决本区居民和城镇稳定就业的外来务工人员的住房需求。2017年底确保完成灌口机械工业集中区配套公租房建设。积极开展园区及周边保障性住房规划编制，完善商业业态和交通出行，同步建设医疗、文化、体育等社会事业项目。

六、全力补齐交通基础设施发展短板，实现便捷出行

1. *完善综合交通枢纽布局*。推进铁路通道及厦门北站枢纽等重要对外交通枢纽建设，推动交通基础设施互联互通。2017-2020年建成前场大型铁路货场一期工程、动车运用所和普速客车整备所（集美段），推动福厦客专早日建成投入运营，推进城际轨道交通规划与建设，实现全区由“通过式的交通停靠点”向“东南沿海综合性交通枢纽”转变。协调配合完善厦门北站综合枢纽集疏运体系，实现城市内外交通的高效转换。

2. *构建便捷高效路网体系*。充分发挥地理几何中心优势，围绕打造市域“半小时交通圈”和厦漳泉“一小时交通圈”目标，基本形成区域“环射线为骨干、六横六纵”的路网体系，力争2020年城市建成区平均路网密度达到8公里/平方公里，道路面积率达到15%。加快协调推进高快速路网建设，建成辖区“两环八射”快速路网，完成新324国道集美段、灌新路（集美段）项目，开工建设仙棋路，形成集美与岛内外各区之间便捷、快速通达通道。完善重要片区主干路网，加快推进集美新城、马銮湾片区等区域周边市政道路建设，尽快形成各片区串联互通的路网格局。树立“窄马路，密路网”的理念，强化城市次支路建设，加快城市次干道、支路建设和改造，推动打通三南路等断头路，加快全区微循环路网建设。实施交通疏解工程，推进交通拥堵综合治理，加快同集路与集源路交叉口等若干堵点改善工程。加快信息化平台建设，挖潜提高现有道路通行能力，规范辖区停车秩序。

3. *实施公共交通优先发展战略*。推行“轨道、公交+慢行”的出行模式，建设轨道交通、公交场站、慢行系统、公共停车场等一批项目。2017年轨道1号线开通运营，2020年前建成轨道交通4号线后溪至翔安机场段，加快推进轨道6号线建设，高标准实施轨道站点周边市政改造及景观提升工程，完善站点与周边现状道路、慢行系统、公共自行车系统、公交线路（公交车站）及交通指引系统建设。完善公交基础设施，着力推进公交枢纽、停车换乘场站、公交专用道、公交场站以及充电桩等公共交通基础设施建设。策划推动公交专用道网络研究和实施，到2020年力争开工建设公交专用道约5公里，建成软件园三期等3座交通枢纽和深青工业组团等3座首末站，新改建公交港湾式站点30座以上。持续优化常规公交线网，做好与轨道交通及其他方式的衔接，提升新城、灌口、杏东等人口密度增长较快片区的公交覆盖面，提高公共交通出行分担率，实现城市交通结构优化和服务提升。规划建设多条舒适、休闲、健康的慢行绿道，形成“公共交通+自行车+步行”的低碳出行方式。完善自行车停车点设置，规范共享单车停放。加快公共停车设施建设，引导和推进政府机关、学校、医院、公园、大型商场等利用符合条件的地下空间或地下人防工程新改扩建公共停车设施，符合利用土地资源，加快推进立体停车库建设。提高车位智能化管理水平和使用效率。到2020年新增公共停车泊位8000个以上。

4. *提升交通信息化水平*。加快“互联网+交通”的深度融合，实施综合交通运行信息指挥中心提升工程，推动交通大数据融合，加强挖掘、深化应用，到2020年，力争形成面向政府、企业和公众，以综合交通信息数据互联互通、运行动态监测、应急协调指挥调度、决策支持和综合交通信息服务为核心的全区智慧交通发展格局，以信息化带动行业转型升级，提升行业可持续发展水平。

七、全力补齐民生服务保障发展短板，实现宜居便民

1. 全面提升生态环境质量。深入开展空气清洁行动，大力推进重点工业大气、汽车尾气、挥发性有机污染物、道路扬尘、餐饮油烟污染、垃圾焚烧等污染源防治，2017年底前基本淘汰黄标车，积极推广清洁能源、发展绿色交通，确保空气质量综合指数在全市保持前列。结合环境热点逐步完善区域规划。全面推行河长制工作，加大黑臭水体整治力度和杏林湾等湖、库巡查力度，建立河道养护长效机制，2018年底前完成瑶山溪、深青溪及后溪三大流域综合整治工程，到2020年全区流域水质达到或优于Ⅲ类的比例达到90%以上，饮用水源水质达到考核要求。持续推进马銮湾等海域生态修复。严守生态控制线，大力推进节约型、生态型和功能完善型的绿地建设，重点对城区中心、集美新城、地铁沿线、郊野公园等进行绿化景观提升改造，使绿地系统更加完善，城市建成区绿化覆盖率达45%以上，提高公园绿地服务半径覆盖率。

全面开展生活垃圾分类和减量工作，扩大垃圾分类覆盖范围，不断提升村（居）民生活垃圾分类知晓率和生活垃圾无害化处理率。全面完成杏林湾截污整治工程。推动集美、杏林两个污水厂提标改造，加强新城、灌口和后溪工业组团的污水管网和污水处理站建设，2018年底前完成农村分散式生活污水治理常态化运行。重点补齐城中村生活垃圾设施、设备和人员短板，推进公厕改造建设，2020年前新增环卫公厕110座，基本满足每万人3-4座公厕的配备标准。推进固体废物再生资源回收体系建设，继续深化循环经济改造。

2. 提升市政保障能力。持续推进集美新城、马銮湾新城等地下综合管廊建设。完善路面可视化标记、供水管网数字化管理和燃气管网改造建设，加快完善覆盖城乡的水、电、气联网保障体系。建成枋洋水库引水工程。推进辖区市政道路及背街小巷管线缆化、排水管网、“多箱合一”、“多杆合一”等综合提升改造，到2020年供水管网漏损率控制在10%以内，管道燃气占燃气使用比例力争达到60%，城镇供水保证率达到95%以上。推动杏东纺织片区、杏西电厂片区城市更新，加快美丽乡村建设，做好旧村改造。

加快流域防洪治理，提升杏林湾、马銮湾片区的防洪保障能力。加快内涝防治监控信息化管理平台建设，完善应急抢险队伍和设施设备，2017年底前基本完成城市易涝点整治，加快杏林湾排涝泵站、月美池整治工程建设。结合老旧小区改造、洪涝隐患点改造等，加快推进海绵型建筑与小区、道路、广场及排水设施的达标建设，构建良性水循环系统，2020年底前完成城市建成区20%面积达到海绵城市建设目标。完善自然灾害预警监测系统，大力提升城市高影响天气及气象次生灾害专项预报预警能力。加强综合应急救援体系建设，提升应急救援能力。

3. 加快完善文化、体育、就业、助残等公共服务设施。深入实施文化惠民工程，加快集美塔侨乡博物馆建设，积极推动集美新城大型公建设施全面投用，加快覆盖区、镇街、村居三级公共文体设施服务网络建设，推动由政府举办的各级文化服务设施的基本公共文化服务项目向社会免费开放。推进区青少年宫、灌口体育中心和后溪文体中心，加快建设大型体育场馆和全民健身设施，提升现有体育场馆和学校体育设施层次，建成可承办国际高水平单项体育赛事的体育场馆。继续办好全国汽车场地越野锦标赛、中国大学生篮球联赛等品牌体育赛事，构建“15分钟体育生活圈”。到2020年人均体育场地面积达到2.3平方米。

推进公共就业服务平台“全程网办”。全区各镇街建立至少一个仲裁派驻庭或劳资纠纷调解点，完善法律援助制度。深化实施“乐业富民工程”、“金蓝领人才培养工程”。推行多层次社会保险制度，实施精准扶贫，完善困难、高龄、空巢、失独、失能等重点群体“一对一”救助帮扶机制，进一步提高社会保障覆盖面。

4. 提升民生服务智能化水平。推动民生领域信息化建设，深入推进“三网融合”，加快完善新一代宽带网络，实现无线局域网在重要区域和公共场所全覆盖。充分运用物联网、大数据、云计算、人工智能、空间感知等新技术的发展成果，不断加快信息技术与民生领域应用的深度融合，加快社会保障、医疗卫生、教育、养老服务、就业服务、公共安全、社区服务、家庭服务等领域信息化建设。深化电子政务、民生集美、数字城管等特色信息应用示范，整合优化行政网上审批服务，实现公共服务事项和社会管理服务的全人群覆盖、全天候受理和“一站式”办理，推动城市治理体系和治理能力现代化。

八、保障措施

1. 强化责任落实。补齐民生社会事业短板，是全面建成小康社会，建设“五大发展”示范区的内在要求，也是增进民生福祉、提升群众获得感幸福感的迫切需要。各镇（街）、各部门要加强领导，提高认识，把加快补齐民生短板摆上重要位置。认真组织实施教育、医疗卫生、养老、保障性住房、交通基础设施、城乡民生基础设施等专项实施意见，明确工作职责、细化工作计划、工作措施和支撑项目。各责任单位要各司其职、积极配合，共同推动各项工作任务落实。要强化问题导向，把补短板惠民生工作纳入区绩效考核评价指标体系，确保责任落到实处。

2. 强化规划引领。充分发挥规划的引领和龙头作用，以

“十三五”规划和各领域专项规划为抓手，切实搞好顶层设计，明确城市发展方向，找准制约城市发展的教育、医疗卫生、养老、住房、交通、城乡民生基础设施等各类民生事业问题，下大力在“短板”上求突破，并按照量力而行、轻重缓急的原则，科学合理、有计划、有步骤地推进项目实施，确保项目按计划有序推进。

3. *强化改革创新*。深化推进“放管服”改革，进一步放宽市场准入，推动供给方式多元化，积极引导社会力量参与教育、医疗卫生、养老、住房、交通、民生基础设施等领域，鼓励采取招标等方式确定举办或运营主体，推动基本公共服务领域民办非营利性机构享受与同行业公办机构同等待遇。鼓励通过合资、合作等方式，支持合作办医、共建养老和残疾人托养机构。大力发展社会组织，提升社会组织承接政府购买服务能力。鼓励发展志愿和慈善服务，发挥慈善组织、专业社会工作服务机构补充作用。借鉴国际先进管理和服务经验，提升公共服务供给质量和水平。规范准入条件，创建监管机制，强化事中事后监管，推进公共服务制度化规范化，有效维护各方主体的合法权益。

4. *强化项目带动*。建立健全项目策划、储备和实施工作机制，精确瞄准民生短板，对照发展目标，加强项目策划生产和招商引资，按照“五个一批”和“投资工程包”模式建立和完善民生补短板项目库，明确项目建设时序，逐年滚动实施。用好“多规合一”平台，做好空间规划统筹，确保项目可落地、可实施。创新可量化、可操作性、可考核的推进机制，强化项目全生命周期跟踪管理，全面加快项目建设，确保补齐民生短板各项工作落到实处。

5. *强化要素支撑*。健全民生投入保障机制，建立与财政收入增长相匹配的财政投入增长机制。综合运用投资补助、以奖代补、财政贴息、地方政府债券资金、基金投资等方式加大民生领域建设项目投入。强化用地保障，优先将教育、医疗卫生等民生保障项目用地需求列入土地利用年度计划和建设用地供应计划，在旧村改造中腾出更多土地用于民生项目。加大对民生保障项目正向激励支持力度，积极争取用好国家和省有关优惠支持政策。强化人才保障，加强教育、医疗卫生、养老服务等民生重点领域专业人才队伍建设，实施专业人才培养计划。创新民生领域人才引进政策，吸引更多优秀人才进入民生保障领域。探索实行总量控制、同岗同酬、流动时按事业编制办理等改革措施，克服编制依赖。提高基层一线人员待遇，推动各类人才合理流动，引导公共服务和管理人才向基层发展。

中共集美区委办公室 集美区人民政府办公室
关于印发《集美区进一步深入推进全面深化改革工作的意见》的通知

各镇党委、政府，各街道党工委、办事处，文教区管委会，区直各部、委、办、局，各人民团体，区属各企事业单位：

《集美区进一步深入推进全面深化改革工作的意见》已经区全面深化改革领导小组会议研究同意，现印发给你们，请认真贯彻落实。

中共集美区委办公室　集美区人民政府办公室

2017 年 10 月 9 日

集美区进一步深入推进全面深化改革工作的意见

为认真贯彻落实中央、省委、市委关于全面深化改革工作的新任务新要求，全面推动我区各项改革举措早落地、见实效，根据《厦门市进一步深入推进全面深化改革工作的意见》（厦委办发〔2017〕35 号），结合集美实际，现就进一步加强全面深化改革工作提出如下意见：

一、进一步强化全面深化改革的责任担当

1. *切实提升改革新认识*。全面深化改革，是以习近平同志为总书记的党中央带领全国各族人民在新的历史起点上进行的最广泛、最深刻的一场变革。总目标是完善和发展中国特色社会主义制度，推进国家治理体系和治理能力现代化。随着向纵深推进，必将给中国带来新的重大突破，推动经济社会发展全面提升。全区各级各部门要认真学习领会习近平总书记关于全面深化改革的一系列重要论述，在掌握改革的认识论和方法论上下功夫，着力强化改革定力、改革韧劲和改革担当。

2. *切实强化担当意识*。全区各级领导干部要进一步提高站位，从战略和全局出发，从讲政治、顾大局的高度，深刻认识改革的重要性和紧迫性，坚持在大局下谋划、在大势中推进、在大事上作为。进一步增强使命意识，增强在全面深化改革上求先行、作示范的责任感，增强探索试验、攻坚碰硬的勇气和锐气，敢于破除改革阻力，抓好改革试点工作，体现改革的责任担当。

3. *切实鼓励改革创新宽容改革失误*。认真贯彻习近平总书记“三个区分开来”的重要论述，把各级干部抓改革攻坚和落实的情况作为考核评价干部能力作风和效能业绩的重要依据。区纪委商同区委组织部加快研究并出台我区关于宽容改革失误鼓励担当有为的工作意见，形成允许改革有失误、不允许不改革的鲜明导向。

二、进一步健全全面深化改革的推进机制

1. *健全联席会议制度*。一是实行区深改领导小组例会制度，及时传达学习上级改革精神，立足我区实际加强对重要改革事项的通盘谋划和及时部署，切实保持与中央和省市全面深化改革重大决策部署“同频共振”，有效协调解决存在的困难和问题。二是强化区改革办统筹协调职能，完善各专项工作小组每月例会制度，全面掌握工作进展，及时汇总需提交领导小组会议研究的事项。三是健全各专项工作小组全体成员会议制度，及时研究制订中央、省市和区改革任务在本组（领域、镇街）的具体落实方案，推动有关改革举措落到实处。

2. *加强整体谋划设计*。围绕中央、省市重大改革部署，进一步完善我区改革方案的谋划设计。区改革办协调各专项小组，梳理中央、省市近年重大改革部署落实情况，认真盘点改革当中存在的问题和不足，进一步完善改革措施，细化落实标准和责任分工。建立完善改革调研机制。建立重大改革课题调研制度，围绕全区中心工作和影响经济社会发展的热点、难点问题，提出我区重点改革选题，加快推动一批具有集美特色的改革事项。完善改革方案研究出台程序，各领域拟出台的改革方案及配套文件、实施细则，须经本专项工作小组全体成员会议研究后提交区深改领导小组会议审议通过，以促进各项改革举措在政策取向上相互配合，在实施过程中相互促进，在改革成效上相得益彰。

3. *加快建立总结推广机制*。建立完善改革经验总结制度，注重从改革一线、试点现场和群众首创中及时发现改革先进典型，注重对重点领域和重大改革任务进行系统的经验总结。区改革办定期召开经验总结会，定期汇编改革典型经验材料，形成改革经验可复制推广的长效机制。

4. *探索创新改革成效评估和监督机制*。借鉴推广我区打造国际一流营商环境的经验做法，探索扩大引入“第三方评估”来评价改革成效。梳理条件成熟、适合公开的改革任务，主动公开推进过程，公开监督方式，发挥社会和群众监督作用，形成长效监督机制。

5. 完善机构人员配置。按照市里提出的“调整充实全市改革工作队伍”要求，加强改革队伍配备。区改革办和各专项小组适当增补专兼职人员，确保各项改革任务有人承担，有人落实。强化改革干部的培训，提升谋划改革、推进改革的能力和水平。加快新型智库建设，加强与区内高校科研院所以及民间智库的交流互动，通过定期组织改革座谈交流、专题培训、实地考察等多种形式，培养比较稳定的改革研究力量。

三、进一步推进全面深化改革的重点攻坚

1. *推进供给侧结构性改革*。持续开展“降成本优环境”专项行动，优化完善减负政策，健全降低实体经济企业成本的长效机制。进一步清理涉企收费，全面实施涉企收费清单管理，完善清单公示制度。创新优化制造业重点企业扶持政策，引导支持优势产业、重点行业企业围绕提高产业集中度、延伸产业链开展兼并重组，整合品牌资源和创新资源，积极参与全球资源整合配置。继续深化国企国资市场化改革，加强国有企业党建工作，完善现代企业制度，完善国有资产监管机制。推动区属国有企业同市场经济深入融合，积极探索国有企业资产整合和业务转型。

2. *建设区域创新中心*。认真贯彻实施《关于加快人文集美建设打造区域创新中心的实施意见》（厦集委〔2016〕77号），加快实施产业升级、创新主体培育、创新载体建设、产学研一体化、知识产权示范、科技金融结合、创新人才支撑、创新环境优化等八大工程，主动融入、主动服务省市推进创新型省份、国家创新型城市建设大局，推动集美经济社会发展向更高水平迈进。尤其是创新健全人才引进、评价、激励等政策体系，加快引进和培育一批领军型创新、创业人才。健全完善支持创新创业的投融资体系，鼓励发展各类风险投资、天使投资基金等，营造良好创新创业环境。

3. *营造国际一流营商环境*。大力推进一流营商环境营造与实施人文集美战略、建设五大发展示范区有机融合，扎实抓好市场、政府、社会、开放、法治、要素、设施等七个环境建设，争取跻身国际一流营商环境城区行列。深化“放管服”改革，全面清理整合权力清单、公共服务事项清单、责任清单，扎实推进“双随机一公开”监管工作。大力推进一站式、标准化服务，深化商事登记制度改革，全面推行“一照一码”，实施全程电子化登记。健全“多规合一”工作推进机制，创新审批管理方式，提升并联审批工作，加大网上审批系统建设力度，推进“互联网＋政务服务”工作。加快推行综合执法改革，加大违法违规行为惩处力度，不断完善事中事后监管，推动建立公平竞争的市场秩序。

4. *扎实推进民生领域改革*。围绕补齐民生领域短板，创新公共服务供给机制，提升基本公共服务均等化水平，更好满足市民群众对美好生活的向往。深化教育体制改革，加快建立普惠性学前教育发展机制，推进城乡义务教育学校管理标准化，支持社会资本举办优质民办学校，探索国企集团化办学模式，推动教育主要指标达到全国先进水平。深化医药卫生体制改革，创新实施机构优化、龙头提升、基层基础、中医固本、公共卫生促进、人才队伍建设和智慧健康等七大工程，加快推进公立医院绩效考核和薪酬制度、医疗服务价格定价方式等改革，切实优化医疗卫生资源的供给，满足人民群众的医疗需求。完善住房供应体系，加大居住用地供应，加快公租房、保障性商品房等保障性住房建设，着力建设一批交通便捷、配套完善的“地铁社区”，大力培养和发展住房租赁市场，健全住房供应体系。进一步健全完善基本养老服务制度，大力发展社区居家养老服务和农村幸福院养老服务，同时鼓励引导社会力量投资养老服务业，推进医养融合，支持发展高端健康养老产业，拓展新型业态，加快形成统一开放、竞争有序的养老服务市场体系。

5. *深化社会治理体制改革*。将美丽厦门共同缔造行动与深化文明创建紧密融合，把群众参与、共建共享、培育共同精神等理念和方法融入深化文明创建和社会治理创新实践的各领域，结合推进垃圾分类处理、创新城市基层党建、建设社区书院等工作重点，探索完善以群众为主体、以社区为基础的文明创建机制，进一步提升市民文明素质。推进以城市基层党建引领社区治理创新，切实完善城市治理体系，增强城市治理能力。完善矛盾纠纷多元化解机制，强化“诉调对接、检调对接、警民联调”等机制有机衔接，积极稳妥推动“互联网＋调解”、商事调解等。建立现代信息技术与巡逻防控、应急处置等相结合的实战应用机制，加快构建网上网下一体的立体化治安防控体系。完善基层平安创建体系，推进“互联网＋群防群治”信息平台建设，实现群防群治工作纵向贯通和横向互联。推进城市公共安全管理平台实战化应用，完善公共安全监管机制，构建全区公共安全大联动的防范处置工作格局。

6. *持续推进城乡统筹和生态文明体制改革*。加快推进小城镇综合改革建设，持续推进城乡基础设施一体化、公共服务配套设施均等化、城乡社会保障制度有效衔接，深入实施“城乡文明融合工程”，促进农业转移人口市民化。加快农业结构转型升级步伐，大力推进与二、三产有机融合，创新推进“生态资源＋合作社＋农庄”发展模式，推动传统农业向现代都市农业转型。以争创“国家循环化改造示范园区”为抓手，强化环境准入，严格污染物排放总量控制、污染物排放标准，支持绿色清洁生产，促进企业向绿色低碳转型。加快美丽乡村建设，结合生态控制线和小流域综合整治，推进实施生态补偿。创新环境管理机制，完善环境风险评估和生态补偿机制，推进环境监管网格化建设，加大环境执法力度，提升环境监管水平。

四、进一步强化全面深化改革的压力传导

1. *在区深改领导小组成员层面，与领导干部主体责任挂钩*。明确由区效能督查办跟踪督查中央和省委、市委领导批示、区深改领导小组会议议定、区委主要领导批示及交办的专项改革任务，由区政府办跟踪督查区政府主要领导批示及交办的专项改革任务。改革办不定期形成专项改革督查报告，每季度形成综合性改革督查报告，以《督查通报》形式呈报区深改领导小组组长、副组长、成员，将督查情况与领导小组成员的主体责任挂钩。

2. *在各专项工作小组层面，与职能部门及各镇街绩效考评挂钩*。明确区改革办、区效能督查办、区政府办与各专项工作小组联络员、督查员每月召开一次联席会议，及时沟通反馈改革进展情况。区改革办联合区效能督查办，每季度开展一次改革督察问效专项巡查，并将督查情况与职能部门及各镇街绩效考评挂钩。

3. *在改革办日常督查层面，与各专项工作小组督查员岗位责任挂钩*。由区改革办根据区委领导指示或工作需要，围绕中央、省市明确的改革任务、区委中心工作、区深改领导小组关注的重点改革问题，以及各专项工作小组涉及全局的问题，建立“全区改革事项督察清单”，明确改革重点任务、完成目标、工作时限、进度要求以及责任单位、协作单位等，实行闭环管理，环环相扣、持续跟踪、一件不漏，把督察问效落到实处。加大问责力度，对推进改革不力，以及不作为、慢作为、庸懒散等行为坚决问责，推动全面深化改革各项任务落地生根。

区全面深化改革领导小组负责对工作意见落实的总协调。各专项工作小组结合本组改革工作实际，具体承担工作意见落实工作，认真完成有关任务。区改革办、区效能督查办、区政府办根据职责划分，负责对工作意见落实情况进行跟踪督察，确保落到实处。

中共集美区委　集美区人民政府
关于深入推进农业供给侧结构性改革加快
培育农业农村发展新动能的实施意见

（2017 年 11 月 13 日）

2016 年，我区认真贯彻中央、省、市决策部署，落实新发展理念，大力推进都市现代农业发展，扎实开展社会主义新农村建设，农业农村各项事业取得新的成效。全区农民人均可支配收入达到 23154 元，同比增长 10%，农民收入连续保持较快增长；农业产业产品结构不断优化，农业科技信息水平有效提升，农产品质量安全监管体系逐步完善，碧溪农业公园建设加快推进，农村一二三产业加快融合；农村基础设施建设加快推进，城乡公共服务协调发展，防灾减灾成效显著，农村环境持续改善；农村改革深入推进，为进一步推进农业转型升级、农民持续增收、农村繁荣发展打下了坚实基础。

深入推进农业供给侧结构性改革，加快培育农业农村发展新动能，实施乡村振兴战略是党中央在我国农业农村发展进入新的历史阶段作出的重大决策，为我区做好新时期农业农村工作指明了方向。2017-2020 年全区农业农村工作，要全面贯彻落实党的十八大及各次全会以及十九大精神，以邓小平理论、“三个代表”重要思想、科学发展观、习近平新时期中国特色社会主义思想为指导，和对农业农村工作的重要指示精神，贯彻落实和深入实施乡村振兴战略，按照省委、市委、区委全会部署，坚持新发展理念，围绕发展都市农业、建设现代农村、培育新型农民，以推进农业供给侧结构性改革为主线，加强科技创新引领，加快结构调整步伐，加大农村改革力度，推动社会主义新农村建设，为我区全面建成高水平小康社会、开创新时代“五大发展”示范区建设新局面贡献力量。主要预期目标是：农村居民人均可支配收入增长 8.5%。

一、优化农业产业产品结构，促进农业提质增效

1. *强化粮食等重要农产品安全保障能力*。完善粮食安全保障体系建设。加强粮食安全行政首长责任制考核。优化粮食品种品质结构，制定全区粮食生产指导性计划，推动粮食生产。强化引粮入集工作，不断拓宽引粮入集渠道。加强储备粮轮换管理，按计划完成储备粮轮换和增储任务。强化粮食市场监管，严把粮油质量安全关。优化“菜篮子”产品结构。调整蔬菜种植结构，加快蔬菜生产调控基地建设，提高蔬菜产量和品质，实现蔬菜生产与需求协调发展。重点在后溪镇、灌口镇生产根茎类、茄果类、豆类、瓜类等优势产品，增加淡季水叶菜类生产供给。鼓励和支持水叶菜本地生产和供应，完善“菜篮子”蔬菜调控基地的有关扶持管理办法。培育和支持一批规模化、集约化和现代化的供应链企业，创新发展产销渠道，构建稳定产销合作关系，提升本地供给能力。建立应急联动机制，提升整体保障应急能力。

责任单位：市粮食二分局，农林水利局，商务局，发改局，财政局

2. *做强优势特色产业*。优化农业区域布局。立足当地资源禀赋，打造休闲观光农业产业带，大力发展蔬菜、水果、花卉、中药材等优势特色产业，加快发展柑橘、龙眼、荔枝等地方特色水果产品，金线莲、铁皮石斛等中药材产业。大力发展品牌农业。充分发挥黄地脐橙、益庄杨梅、禾旺无核荔枝、东锦凤梨穗龙眼等已有品牌商标的带动作用，努力打造区域优势品牌，带动优势特色产业壮大。推进农产品商标注册，强化品牌保护，支持新型农业经营主体开展“三品一标”认证，加强“三品一标”认证及管理工作，计划在 2020 年前新增“三品一标”认证 4-5 个。继续配合办好 2017-2020 年厦门名优特农产品展销会，积极参与“闽茶海丝行”“闽货海丝行”“闽货中华行”“闽货网上行”活动，加大集美名优特农产品的宣传推介和市场营销力度，提高集美农业品牌的影响力。

责任单位：农林水利局，商务局，市场监督管理局，市质监二分局

3. *全面提升农产品质量安全水平*。加强农业标准化建设，突出优质、安全、绿色导向，健全农产品质量安全标准体系，2020 年底前新建农业标准化生产基地 4 个。加强农资监管信息平台建设，建立和完善农资经营诚信档案、购销台账制度和高毒农药定点经营、实名购销制度。完善农产品质量安全可追溯管理信息平台，将涉及本地农业生产的市级以上龙头企业，以及取得“三品一标”认证且列入省级规范社名录的农民合作社生产的食用农产品纳入监管范围。加强水产品质量安全宣传指导。定期走访水产养殖户开展生产指导，宣传正确使用渔药、水产品质量安全相关知识；组织村级渔技员、测报员、养殖大户等开展水产品质量安全相关培训；开展我区水生动植物病害疫情测报，每月做好 10 个市级南美白对虾测报点及 12 个区级测报点病害测报工作，收集渔情动态。加强动物疫病防控，规范畜禽屠宰管理，推进病死畜禽无害化处理建设。提高重大有害生物监测预警水平，做好日常病虫

测报工作，2020年前建立新型测报工具试验示范点1个，及时发布病虫害发生预警信息，指导科学防控。探索建立食用农产品产地准出与市场准入管理衔接机制，推进农产品质量监管从产地到餐桌全程无缝对接。

责任单位：农林水利局，商务局，市质监二分局，市场监督管理局

4. *积极发展适度规模经营*。引导农户依法自愿有序流转土地经营权，鼓励农户通过互换承包地、联耕联种等多种方式，实现打掉田埂、连片耕种，解决农村土地细碎化问题，提高机械化水平和生产效率。支持通过土地流转、土地托管、土地入股等多种形式发展适度规模经营，加强典型经验总结和推广。对流转集中连片30亩以上的经营主体，按照市农业局、市财政局《关于做好农村土地经营权流转补助资金申报工作的通知》（厦农[2015]146号）有关规定，给予每年每亩200元以上补助。对村（居）基层组织协调推进土地流转达到一定规模的，区级财政给予适当的工作经费补助。规范提升新型农业经营主体。推进农民合作社规范化建设，积极创建和培育省、市、区示范社，支持发展农民合作社联合社，鼓励供销合作社领办创办农民合作社。落实鼓励家庭农场发展的政策措施，积极创建和培育省、市、区级示范场。培育农业经营性服务组织。不断完善产前、产中、产后农业社会化服务，提高农业规模效益，降低农业生产成本。扶持培育农机作业、农田灌排、统防统治、烘干仓储等经营性服务组织，建设一批集收储、烘干、加工、保鲜、冷藏、配送、销售等于一体的农业综合服务实体。支持供销、邮政、快递、农机等系统发挥为农服务综合平台作用，促进传统农资流通网点向现代农资综合服务商转型。

责任单位：农林水利局，商务局，供销联社，邮政管理分局

5. *提升农业开放合作水平*。积极参与“21世纪海上丝绸之路”核心区建设，提升与“一带一路”沿线及周边国家和地区农业科技交流合作与农产品贸易水平，拓展东盟、俄罗斯、中东欧等新兴市场，稳定扩大欧美日等农产品传统出口市场。鼓励农业走出去。继续推进国际项目合作，强化与东盟、以色列、荷兰等国家在现代农业领域的合作。加强对台合作交流。扶持辖区内台资农业企业发展，拓展两岸农产品流通渠道，引进推广台湾农作物新品种、新技术、新理念、新模式，学习借鉴台湾农产品产前、产中、产后运营模式，提升现代农业发展水平。

责任单位：商务局，发改局，农林水利局，科技局，台办

二、坚持绿色生态，促进农业可持续发展

6. *推进农业清洁生产*。积极推广减量化、清洁化农业生产模式。鼓励农民增施有机肥，推广使用高效缓（控）释肥等新型肥料。制定和完善测土配方施肥技术推广方案，加快推广配方肥应用技术工作。推行精准施药、水果套袋和科学安全用药，降低农药使用量，减少农药污染，降低农药残留，2020年底前每年建立病虫害绿色防控示范点2个。提高农业废弃物资源化利用，继续推广开展秸秆还田利用，发展生态循环农业。加快推广应用可降解农膜。加快建成农膜、农药包装废弃物收集处理系统。完善建立以绿色生态为导向的农业补贴机制。

责任单位：农林水利局，环保分局，财政局，各镇街

7. *加大农业环境突出问题整治*。加强畜禽养殖污染治理。加快落实《集美区生猪养殖污染防治专项行动计划》，加强畜禽养殖回潮治理工作，制定畜禽养殖回潮长效监管工作机制及举报奖励办法，设立畜禽养殖回潮举报奖励电话，加大对养殖回潮的打击整治力度。开展土壤污染防治专项行动。落实《集美区土壤污染防治行动计划实施方案》，安排使用好中央土壤专项资金，加快推进土壤污染防治工作。有序推进耕地、园地土壤环境质量类别划定工作，研究制定受污染耕地安全利用实施方案，支持开展土壤改良，加快形成较为完善的土壤污染防治工作机制。制定西海域整治养殖整治历史遗留养殖设施拆除工作计划，计划于2019年12月31日前完成杏林湾至宝珠屿周边海域遗留约373公顷水产养殖遗留设施的拆除整治。

责任单位：环保分局，农林水利局，国土房产分局，发改局，财政局，各镇街

8. *全面推进小流域综合治理*。将小流域综合治理作为推进“五位一体”“五大发展”的重要平台和抓手，总结推广先行示范经验，统筹制定小流域综合治理工作方案，明确小流域综合治理主要任务与具体措施，强化年度绩效考核和日常工作督查，加快推进截污纳管、农村分散式污水治理、畜禽养殖退养及改造提升、安全生态水系、美丽乡村、农村生活垃圾治理提升专项行动等项目建设，着力改善流域水质，逐步推动景观提升、产业升级和农民转产就业，打造流域带状公园、美丽景观，提升综合治理效果。重点在2017-2020年前先后完成许溪支流、瑶山溪等综合治理及相应的工程建设。

责任单位：农林水利局，环保分局，建设局，各镇街

9. *加强重大生态工程建设*。落实最严格的水资源管理制度，强化水资源管理“三条红线”刚性约束，实行水资源消耗总量和强度双控行动。推进水生态修复和水环境改善，实施“河长制”管理，建立溪流养护机制，计划在2020年前完成安全生态水系建设工作，实现干支流保洁率100%。全面落实《厦门市水土保持规划（2016-2030年）》，持续开展水土流失治理。修订完善生态公益林补偿基金管理办法，开展商品林划转为生态公益林试点工作。大力开展森林生态修复重建提升行动，特别是做好重点生态区位植树造林、森林抚育等林相改造修复工作。致力实施海洋生态修复、渔业资源保护行动。

责任单位：环保分局，农林水利局，发改局，财政局

三、培育新产业新业态，加快农村一二三产业融合发展

10. *大力发展乡村休闲旅游产业*。以建设国家全域旅游示范市为契机，充分发挥乡村各类物质与非物质资源富集的独特优势，利用“旅游+”“生态+”等模式，推进农业、林业、渔业与旅游、教育、文化、康养等产业深度融合。丰富乡村旅游业态和产品，打造各类主题乡村旅游目的地和精品线路，发展富有乡村特色的民宿和养生养老基地。在做好生态环境保护的基础上，鼓励供销合作社、农民集体经济组织创办乡村旅游合作社，或与社会资本联办乡村旅游企业，鼓励国有企业参与休闲农业和乡村旅游业示范项目建设，打造乡村旅游精品工程，推动建设休闲农业示范项目，计划在2020年完成果乐园、白虎岩山地休闲农业、灌口镇休闲农业三个休闲农业项目。改善旅游配套基础设施，完善休闲农业、乡村旅游行业标准，改善服务设施条件，在重点村优先实现光纤宽带全覆盖，支持创建“互联网+乡村旅游”电商平台，形成较为完善的旅游服务体系。支持有条件的乡村建设以农民合作社为主要载体、让农民充分参与和受益，集循环农业、创意农业、农事体验于一体的田园综合体。加大休闲农业和乡村旅游业宣传推介，通过示范引领，提升产业整体发展水平。

责任单位：文体旅游局，农林水利局，规划分局，国土房产分局，财政局，环保分局，市质监二分局，商务局，电信分公司，各镇街

11. *加快发展农产品加工业*。围绕特色优势产品延伸上下游关联产业，大力发展农产品产后处理、精深加工业，延伸农业产业链价值链供应链。加大对食品加工业技术改造的支持，鼓励食品企业设立研发机构，开发市场适销对路的新产品。大力推广“生产基地+中央厨房+餐饮门店”“生产基地+加工企业+商超销售”等产销模式。开展主食加工提升行动，巩固烘焙食品、米面制品、特色小吃等优势主食加工业。支持农产品营养与生物功能活性物质加工利用，发展营养餐加工产业。优先发展海洋战略性新兴产业，重点推进海洋新药物研发、海洋功能性食品和生物材料开发、海洋药源生物高值化养殖和活性成分提取等生物医药产业，推动海洋经济发展。

责任单位：经信局，农林水利局，市粮食二分局，商务局，市场监督管理局，科技局

12. *完善农产品流通体系*。大力推进“互联网+”现代农业，鼓励互联网企业建立农业服务平台，加强产销衔接。提升供销合作社农产品服务水平，促进新型农业经营主体、加工流通企业与电商企业全面对接融合，推动线上线下互动发展。加快建立健全适应农产品电商发展的标准体系，强化供应链完善配套，支持发展农产品包装、监测、配送等农业服务业。鼓励传统的农产品批发市场积极开展电子商务交易，支持农超对接、农批对接、农邮对接，建设农村电子商务物流配送网络。大力发展生鲜农产品冷链物流以及第三方配送和共同配送，并视成效对企业投入农村带有统一标识的货运车辆等固定资产新增投资额给予最高10%的补助，单个企业最高不超过100万元。推动商贸、供销、邮政、快递、电商互联互通，以厦门电子商务产业园和阿里、京东、亚马逊等知名电商在我区的运营机构及全国供销总社“供销e家”、省供销社“网上供销社”等平台为载体，发挥供销合作社经营网络作用，建设区域性农村电商物流配送中心，完善村邮站和寄递末端网点，加强从村到乡镇的物流体系建设。

责任单位：商务局，农林水利局，市质监二分局，经信局，供销联社，邮政管理分局

13. *推进农村集体发展用地建设运营管理*。探索国有企业参与农村集体发展用地开发建设新路子，鼓励农村集体发展用地开发建设商业、酒店、办公、工业、仓储物流、通用厂房、租赁住房等各类项目，提高村民收入，稳定农村社会秩序。同时为城市、产业发展提供配套。加快出台扶持村（居）集体预留发展用地的相关政策。加强村（居）集体发展项目的管理，规范区级财政资金补助拨付流程。通过项目带动，资产量化，股份分红，集体发展项目回购模式等方法促进被征地农民持续稳定收益。统筹全区村（居）集体发展项目策划及开发建设工作。开设绿色通道，力争做到项目“成熟一个，建设一个”。以点带面，重点推进西亭人才公寓、灌口邻里中心、溪西人才公寓、侨英兑山西门町商业小镇等4个村（居）集体发展项目建设。

责任单位：发改局，农林水利局，财政局，各镇街，杏林建设公司，集美城发公司。

四、强化农业科技创新，提升现代农业发展水平

14. *加强农业新品种选育推广*。实施种业创新发展战略，支持企业开展商业化育种体系建设，鼓励开展农作物新品种选育，加强海峡种苗产业对接，积极培育海峡种苗品牌，着力培育一批具有核心竞争力的骨干种苗企业。大力发展林木花卉种苗业。

责任单位：农林水利局，科技局

15. *加强农业新技术的研发和应用推广*。健全农业科技创新激励机制，积极培育农业高新技术企业，强化企业在技术创新和应用的主体地位，鼓励农业企业等新型经营主体承担各类科技项目，壮大农业高新技术产业。适应农业调结构转方式的新要求，调整农业科技创新方向和重点，鼓励建立现代农业产业科技创新中心和农业科技创新联盟，发展面向市场的新型农业技术研发、成果转化和产业孵化机构。加强种养业、疫病虫害防控、加工、设施农业和生物等技术研发和组装，着力突破地方优势特色产业技术。创新公益性农技推广服务方式，引入项目管理机制，推行政府购买服务，鼓励建立农科教产学研一体化农业技术推广联盟，支持农技推广人员与家庭农场、合作社、龙头企业开展技术合作。深入

推行科技特派员制度，打造一批星创天地。加快推进农业机械化，积极推广适合我区农业发展需要的农机装备。

责任单位：科技局，农林水利局

16. *提升农业科技园建设水平*。着手研究推动区级现代农业园区创建，促进资金、技术、人才等各类现代生产要素向园区集聚，统筹使用相关涉农资金。强化园区基础设施、科技创新和服务配套体系建设，着力建设一批高起点、高标准的现代农业示范园（区），增强科技引领示范功能和效应，打造现代农业创新高地。

责任单位：科技局，农林水利局，财政局

17. *壮大农业农村人才队伍*。整合社会培训资源，建立政府主导、部门协作、统筹安排、产业带动的培训机制，加快新型职业农民培育。优化农业从业者结构，加快培育现代青年农场主、林场主，加大对新型农业经营主体带头人的培训轮训力度，探索培育农业职业经理人，培养适应现代农业发展需要的新农民。完善村级农技员队伍体制机制建设，加强农技员人才培养，提高补贴标准，充分调动农技员的积极性。加快建立公益性农民培养培训制度，完善中等职业教育涉农专业免学费制度，继续采取免费培养方式选送农民到大中专院校参加学历教育或农业职业技能培训，加强农民继续教育力度，提升农民素质。鼓励高校毕业生在集兴办新型农业经营主体，并给予适当的财政补助或奖励。鼓励高等院校、职业院校开设乡村规划建设、农业装备应用技术、农村经营管理、农村金融、市场营销、电子商务等相关专业或课程，培养更多的农业农村专门人才，更好地服务“三农”发展。开展村级渔技员培训及总结交流会，提高渔技员综合素质；做好我区新型农民大专学历教育的宣传、选送工作。

责任单位：农林水利局，财政局，教育局，人社局

五、补齐农业农村短板，加快城乡一体化发展

18. *持续加强农田水利基本建设*。加大高标准基本农田建设力度。整合完善建设规划，统一建设标准、监管考核和上图入库。统筹各类农田建设资金，做好项目衔接配套，形成高标准农田建设合力。创新投融资方式，通过委托代建、先建后补等方式支持新型经营主体和工商资本加大高标准农田投入，引导政策性银行和开发性金融机构加大信贷支持力度。加快在建项目建设，挖掘各镇高标准农田建设潜力，做好新项目的立项等前期工作。加强农业设施项目建设。鼓励新型农业经营主体和“菜篮子”调控基地建设温室大棚等现代农业设施，着重抓好农业设施灾后重建和新建项目筹划工作。持续推进重大水利工程建设。推进杏林湾排涝泵站建设，提升杏林湾水库防洪排涝能力，加快实施本地水库的清淤扩容增蓄工程，改善水库水质、增加有效供给，形成适度超前的水资源配置格局。

责任单位：国土房产分局，农林水利局，建设局，发改局，财政局

19. *完善农村基础设施*。完善城乡交通体系。积极推进通镇（街）、建制村公路提级改造和区镇（街）路网连通完善，促进路网结构优化升级，2020 年前建设改造农村公路 18 公里，推进通景区路线道路建设。优化公交网络布局，2020 年新增和优化公交线路 15 条。建设覆盖城乡的市政设施。加快燃气基础设施建设，配合市政道路建设（或改造）燃气管道；大力推进一批污水处理、环卫设施建设，开展分散式处理设施建设，推动一批自然村开展集中纳管污水处理设施建设，力争实现农村生活污水治理覆盖率达到 40% 以上；结合小城镇建设，完善供水、电力、燃气、通讯管网、污水处理设施，实现试点小城镇污水全处理，市政综合配套水平全面提高。

责任单位：交通运输局，农林水利局，建设局，发改局

20. *提高农村基本公共服务水平*。促进城乡教育均等化。持续实施“加快学校建设三年行动计划”并形成长效机制。到 2020 年，建设义务教育项目 20 个，新增小学学位 15840 个，初中学位 10200 个。实施幼儿园建设“工程包”，到 2020 年，建设幼儿园项目 18 个，新增幼儿园学位 6210 个。开展农村幼儿园专项规划编制，力争在普惠性幼儿园就读的适龄幼儿比例达到 80% 以上。加大对农村教师信息技术应用能力的培训，提高农村教师的信息素养；加大农村中小学的信息建设投入，通过教育信息技术的手段实现城乡优质教育均衡发展。加快推进集美新城医院项目；积极配合推进市第一医院杏林分院提升建设，加强与市第一医院沟通，结合辖区内群众就医需求，保持综合性，发展特色专科；完善区妇幼保健院住院部、灌口医院、锦园社区卫生服务中心和北部新城社区卫生服务中心等项目规划，加快建设计划落地。加强镇村卫生服务一体化管理，落实一村一所建设，补充村卫生所（社区卫生服务站）医务人员队伍。完善城乡公共文化建设。加强基层综合文化服务中心建设，推进图书馆总分馆制建设；引导基层特色文化品牌建设，弘扬农村传统文化，挖掘地方特色文化资源；培养农村文化带头人，健全完善文化服务队伍配置。

责任单位：教育局，卫计局，文体旅游局，发改局

21. *建设宜居宜业现代农村*。完善镇村规划体系。统筹编制村庄空间布局规划、建设规划、发展用地规划和拟申报历史文化名镇名村、传统村落的专项规划，提出不同区位、不同条件村庄环境改善的类型和时序。创建特色小镇。培育和打造一批产业文化旅游三位一体、生产生活生态同步改善、一二三产深度融合的特色小镇，加强特色村镇产业支撑、基础设施、公共服务、环境风貌等建设。推进美丽乡村建设。全面推进村庄人居环境整治，2017-2020 年建设美丽宜居村庄 19 个。推动城乡环卫建设管理一体化。建立农村环境管护长效机制，将村镇两级环卫队伍、作业人员统一由区接管使用，实行专业化、城乡一体化管理，统一劳动报酬、统一工作要求、统一考核标准，强化村庄风貌保护，突出乡情乡愁，

展现绿水青山。

责任单位：规划分局，发改局，建设局，环保分局，农林水利局，文体旅游局，国土房产分局

22. **实施精准帮扶**。注重对困难群众和弱势群体的精准帮扶，持续提高城乡低保对象、特困人员救助供养标准。加大对城乡低收入群众（低保户）就业帮扶力度，实行免费职业培训，提供公益性就业岗位，拓展就业机会和渠道。建立教育、民政、残联等部门信息共享制度和“家庭经济困难学生数据库”，准确认定各学段特困、低保、低收入等家庭经济困难学生，为“精准资助”提供可靠保障。加大对各个教育阶段城乡低保、低收入等家庭经济困难学生（儿童）资助力度，将各项资助政策措施落实到每个家庭经济困难学生（儿童）身上，确保“一个不能少”和“帮扶不遗漏”。加大对农村二女户家庭和遭遇重大变故返贫的农村家庭、五保户、残疾人等群体的帮扶救助力度，发挥社会保障托底功能。

责任单位：民政局，人社局，教育局，财政局，农林水利局，卫计局，妇联，残联

六、全面深化农村改革，增强农业农村发展活力

23. **创新财政支农强农机制**。坚持把农业农村作为财政支出的优先保障领域，确保农业农村投入适度增加，着力优化投入结构、创新使用方式、提升支农效能。发挥规划统筹引领作用，整合涉农资金，推进专项转移支付预算编制环节源头整合改革，探索实行“大专项＋任务清单”管理方式。继续实施现代农业信贷风险补偿政策，建立风险补偿机制，撬动金融和社会资本更多投向农业农村。支持社会资本以特许经营、参股控股等方式参与农林水利等项目建设运营，支持水利工程建设采用 PPP 模式。鼓励和社会资本设立各类农业农村发展投资基金。区财政支持的各类小型项目，优先安排农村集体经济组织、农民合作组织等作为建设管护主体，强化农民参与和全程监督。完善农业“三项补贴”、农机购置补贴发放、兑付工作，完善农业生态补偿相关配套政策，促进农业补贴向适度规模经营、增加农民收入、倡导绿色生态农业等项目倾斜。

责任单位：财政局，农林水利局，科技局

24. **促进农村金融服务创新**。强化激励约束机制，促进“三农”贷款投放持续增长。建立健全政策性担保体系，坚持政策性、普惠性和可持续性的功能定位，为“三农”融资提供增信服务。支持农村商业银行、村镇银行、小额贷款公司等农村中小金融机构立足县域，加大服务“三农”力度。优化村镇银行设立模式，支持民间资本参与发起设立村镇银行。鼓励金融机构积极利用互联网技术，为农业经营主体提供小额存贷款、支付结算和保险等金融服务。支持金融机构开展适合新型农业经营主体的订单融资和应收账款融资业务。推进信用户、信用村、信用镇（街）建设，开展信用评级，建立覆盖所有农户、家庭农场、农民合作社、农村小微企业等信用信息档案，构建完善的农村信用体系，为解决“三农”贷款问题提供便利和保障。加快农村各类资源资产权属认定，推动部门确权信息与银行业金融机构联网共享。持续推进农业保险扩面、增品、提标，研究推进露天蔬菜种植、设施食用菌种植、设施蔬菜大棚附属电力水利等设施、猪舍等固定构筑物保险，探索开展蔬菜、生猪等主要农产品目标价格保险试点，丰富渔船互助险种，探索天气指数保险产品。扩大金融机构间合作，发展保证保险贷款产品。

责任单位：财政局，农林水利局，国土房产分局，发改局

25. **推进农村集体产权制度改革**。深化土地房屋征收和农村土地管理制度改革，完善多元补偿安置模式。继续推进农村地籍调查以及农村宅基地和农村房屋确权登记工作，率先建立和实施覆盖城市和农村的不动产统一登记制度。总结推广推行“四统一”农村住宅集中建设模式，探索建立宅基地有偿使用制度和有偿自愿退出机制。允许多渠道筹集资金，按规定用于村集体对进城落户农民自愿退出的承包地、宅基地的补偿。有序实施农村土地集体所有权、农户承包权、土地经营权“三权分置”。全面推进农村土地承包经营权确权登记颁证，确保 2017 年底基本完成确权工作。全面开展农村集体资产清产核资，稳妥有序、由点及面推进农村集体经营性资产股份合作制改革。探索发展集体经济有效途径，鼓励探索开展资源变资产、资金变股金、农民变股东等改革。

责任单位：国土房产分局，农林水利局，建设局

26. **完善农业用地政策**。新型经营主体用于经营性畜禽养殖、工厂化作物栽培、水产养殖以及规模化粮食生产的生产设施、附属设施和配套设施的用地，可按设施农用地管理。支持新型经营主体将集中连片整理后新增加的部分耕地，按规定用于完善规模经营配套设施。

责任单位：国土房产分局，规划分局，农林水利局，发改局

27. **健全农民就业创业创新机制**。支持有条件的地方和中介组织探索建立农民创业创新基金。搭建农民创业创新平台，选择一批区级以上农业龙头企业、农民合作社示范社、家庭农场示范场作为农民创业创新见习基地。建立农民创业创新辅导制度，从有经验的企业家、职业经理人、电商辅导员、天使投资人、科研院校专家中，筛选培养一批创业辅导师。支持进城农民工返乡创业，带动现代农业和农村新产业新业态发展。鼓励高校毕业生、企业主、农业科技人员、留学归国人员等各类人才回乡下乡创业创新，将现代科技、生产方式和经营模式引入农村。鼓励建立返乡创业园、创业孵化基地、农村创业大本营、创客服务平台，加强农业创业项目推介，引导有条件农民自主创业，整合落实支持农村创业创新的市场准入、财政税收、金融服务、用地用电、创业培训、社会保障等方面优惠政策，开设开放式服务窗口，提供一站式服务。在被征地农民和海域退养渔民家门口建基地带动就业，

开发适合农渔民从业的行业、工种，促进农村富余劳动力转岗转业。

责任单位：人社局，农林水利局，财政局，民政局，团区委，妇联

28. *统筹推进农村各项改革*。加强对农村各类改革试点试验的谋划、指导和督查，完善激励机制和容错机制，鼓励基层和群众大胆创造、大胆实践，允许试验、宽容失败。及时总结提炼、整合组装，复制推广成功经验。继续深化供销合作社综合改革，增强为农服务能力。深化集体林权制度改革，推进国有林场改革，激发林业发展活力。推进渔船管理体制改革，落实海洋渔船编队编组生产管理制度，建立完善捕捞作业分区管理制度。扎实做好第三次全国农业普查工作。

责任单位：农林水利局，发改局，商务局，供销联社

七、强化责任意识，全面加强和改进党对“三农”工作的领导

29. *坚持把“三农”工作摆在重中之重*。必须坚持把解决好“三农”问题作为全党工作的重中之重，主要领导亲自抓，分管领导全力以赴。各有关部门要自觉加强对“三农”工作的支持。坚持重农强农调子不能变、力度不能减，切实把认识和行动统一到中央、省委省政府、市委市政府和区委区政府的决策部署上来，把农业农村工作的重心转移到推进农业供给侧结构性改革上来，扎扎实实抓好各项决策部署和改革措施落实，确保粮食等主要农产品保障能力不降低、农民增收势头不逆转、农村稳定不出问题。

责任单位：区直各部门，各镇街

30. *筑牢基层组织基础*。深入贯彻党的十九大、十九届一中全会及省、市、区党代会精神，将全面从严治党的要求落实到农村基层，推进“两学一做”学习教育常态化制度化，加强农村基层党员队伍建设。严格落实农村基层党建工作责任制，全面规范农村基层党组织生活，选好管好用好农村基层党组织带头人，实行村党组织书记区级备案管理，强化村级组织运转经费保障，确保村主干在职有收入、退后有保障。继续推进“党建富民强村”工程，发展农村集体经济，增强基层党组织服务群众的能力。加强农民负担监管。完善村党组织领导的村民自治有效实现形式，加强村务监督委员会建设，健全务实管用的村务监督机制。全面推进社区综合服务中心建设，基本实现农村社区建设全覆盖，网格化新型管理体制全面建立。各级纪检部门要把查处侵害群众利益的不正之风和腐败问题作为主要工作任务。

责任单位：组织部，纪委，民政局，审计局，财政局，农林水利局

31. *促进农村全面发展*。大力推进平安镇（街）、平安村（居）建设，构建农村立体化社会治安防控体系，加大农村地区公共安全视频监控建设联网应用力度，加强农村治安巡防，深入开展区域性治安稳定突出问题排查整治，全面加强农村道路交通、消防安全管理，全面提升对农村各类风险预测预警预防水平。加强农村精神文明建设，充分发挥农村宣传文化阵地作用，培育与社会主义核心价值观相契合、与新农村建设相适应的优良家风、文明乡风和新乡贤文化。提升农民科学文化素质，加强农村移风易俗工作，引导群众抵制婚丧嫁娶大操大办、人情债等陈规陋习。引导农民发扬艰苦奋斗、自强不息的优良传统，推动形成团结互助、扶贫济困、平等友爱、融洽和谐的农村社会新风尚。

责任单位：宣传部，政法委，文明办，公安分局，司法局，文体旅游局，民政局，发改局

中共集美区委办公室　集美区人民政府办公室
转发区委政法委关于《集美区争创“最具安全感城区”工作方案》的通知

各镇党委、政府，各街道党工委、办事处，文教区管委会，区直各部、委、办、局，各人民团体，区属各企事业单位：

现将《集美区争创“最具安全感城区”工作方案》转发给你们，请各单位结合工作实际，认真抓好贯彻落实。

中共集美区委办公室　集美区人民政府办公室

2017 年 12 月 12 日

集美区争创“最具安全感城区”工作方案

为全面贯彻落实区委八届十次全会关于“打造最具安全感城区”的部署要求，进一步加强和创新社会治理，结合我区工作实际，特制定本方案。

一、指导思想

全面贯彻落实习总书记对政法工作的重要指示以及厦门会晤重要讲话精神，认真贯彻中央、省委、市委政法工作会议的部署要求，在区委、区政府的统一领导下，坚持稳中求进工作总基调，以“集美平安人人共建·平安集美人人共享”为目标，以扎实推进集美区城市公共安全管理平台建设为抓手，不断巩固和扩大厦门会晤安保工作经验做法，强化组织领导，明确职责分工，落实“保安全·护稳定”各项工作措施，用2年时间的努力，把集美区建成“最具安全感城区”，为推进人文集美转型发展、建成“五大发展”示范区营造更加安全稳定和谐的社会环境。

二、总体目标

通过2年创建工作，进一步夯实维护社会治安秩序和社会稳定的基础，整治一批影响社会稳定的突出问题和影响群众安全感的治安问题，排查化解一批社会矛盾纠纷，解决一批群众关注的民生问题，努力实现辖区社会安定和谐、公共安全最佳、治安秩序良好，社会治安总体水平和城市安全指数在全省居领先地位，人民群众安全感和满意度位居全省前列。

三、组织领导

（一）成立“创建最具安全感城区”工作领导小组，由区委常委、政法委书记杜刚任组长，副区长林声群，区政府党组成员、集美公安分局局长王嘉兴任副组长，其他区综治责任单位分管领导任成员。领导小组负责全区创建工作的组织领导与督导落实。

领导小组下设办公室，挂靠区综治办，由区委政法委副书记、区综治办主任郭明标任办公室主任，各相关单位分管领导为成员。创建工作办公室具体负责创建活动的牵头协调、组织推动、指导检查和考核验收等工作。

（二）各责任单位主要领导为创建工作第一责任人，要切实履行“最具安全感城区”创建工作的政治责任和工作责任，对照各项目标任务召开工作部署会，重要事项重点抓、具体抓，认真研究解决事关创建工作的重大问题，督导各项工作的落实到位。

（三）各责任单位在思想上务必高度重视，将创建工作作为当前工作的重中之重来抓好落实，要确保方案详实可行、责任分工明确、台账清晰完备、措施落实见效。

四、实施步骤

（一）宣传发动阶段（到2018年3月底）：巩固和扩大厦门会晤安保维稳经验成果，全面启动创建“最具安全感城区”工作，规划实施一批创建项目，创建工作机制基本建立，创建指标体系基本形成，治安安全状况稳中向好，人民群众安全感有所增强。

（二）组织实施阶段（到2019年6月底）：党委领导、政府负责、社会协同、公众参与、法治保障的社会治理格局基本形成，集美区城市公共安全管理平台运行体系基本完备，维护公共安全能力明显提高，影响社会稳定和社会治安的突出问题得到较好解决，人民群众安全感明显增强。

（三）巩固提高阶段（到2019年底）：创建体系全面建成，防范违法犯罪、化解社会矛盾、消除安全隐患的各项工作制度化、常态化，各类矛盾和问题得到积极预防和有效治理，经济建设与社会建设协调发展，人民群众安居乐业，维护社会稳定和社会治理工作成效居全市前列，集美区成为全市乃至全省最稳定、最安全城区之一。

五、任务分工

（一）社会稳定工作方面

1. 健全完善反恐处突机构和专业力量，落实反恐主体责任，加强情报会商，优化预警研判，完善联勤联动常态化工作机制，全面提升我区反恐工作能力水平。（牵头单位：区反恐办；责任单位：集美公安分局、相关联动单位）

2. 以集美区城市公共安全管理平台为依托，健全情报信息搜集网络，建立以区维稳办为龙头，派出所社区民警为纽带，信息员、联络员为辅助的情报信息搜集体系，形成多层次、全方位的情报搜集网络，及时收集深层次、内幕性、预警性情报信息，及时掌握各种不稳定因素和苗头隐患；密切关注文教区各高校校园动向，加强安全防范管理，确保校园稳定。（牵头单位：区维稳办；责任单位：集美公安分局、各镇街、相关联动单位）

3. 依法打击、有效防范各类潜在的渗透破坏活动，提升预知预警、预防预控水平，严防发生严重影响政治稳定的重大案事件，有效维护辖区社会稳定和国家安全。（牵头单位：区维稳办；责任单位：集美公安分局、国安二分局、各镇街）

4. 继续开展调查摸排、掌握现实动态，及时发现、依法打击各类邪教势力的违法犯罪活动。完善教育转化和帮教工作机制，深化反邪教警示教育，坚决筑牢基层反邪教工作首道防线。（牵头单位：区委610办；责任单位：集美公安分局、各镇街）

5. 建立完善应急处突工作机制，制定应对和处置各类突发性事件、群体性事件处置工作预案，定期组织处突演练，及时处置化解矛盾纠纷。重大维稳信息排查、预警、上报率达到 85% 以上，先期处置率达到 100%，群体性事件处置成功率达到 85% 以上，处置过程中力争做到矛盾不激化、事态不升级。（牵头单位：区维稳办；责任单位：各镇街、各综治责任单位）

6. 完善创新信访工作机制，及时受理、化解初信初访，做好息诉、息访和稳控工作，适时组织开展涉法涉诉信访积案排查、清理、化解工作，确保及时将信访事项解决在基层，有效化解进京赴省到市越级上访事件。对涉稳、涉恐等“九类人员”日常在控率要达到 99% 以上，重大活动和敏感节点期间在控率要达到 100%。（牵头单位：区信访局；责任单位：各镇街、集美公安分局）

7. 强化网络安全管理，密切关注、广泛收集、准确掌握各类网上涉稳涉恐舆情，及时开展落地查证、核查处置工作；注意掌握重大案件、事件和涉及执法司法焦点信息的舆情动向，强化导控，对涉及执法司法舆情要及时正面澄清事实，消除负面影响。（牵头单位：集美公安分局、区委宣传部；责任单位：各综治责任单位）

8. 加大政法综治工作宣传引导力度，进一步强化人民群众对社会治安防控和维护公安安全工作成果的深度感知，在省、市城调部门调查中人民群众的安全感达到 95% 以上，力争进入全省先进行列。（牵头单位：区综治办、集美公安分局；责任单位：各镇街、各综治责任单位）

（二）社会面治安管理工作方面

9. 强化打防管控各项措施，有效控制刑事发案数，年刑事警情数要低于前三年平均数；“盗抢骗”等侵财类案件实现逐年下降；八类严重暴力案件占比低于全省平均水平，破案率达到 75% 以上；现行命案、涉枪涉爆等大要案件及有影响的案件破案率力争达到 100%。（牵头单位：集美公安分局）

10. 巩固厦门会晤安保维稳活动期间基础排查管控工作成果，持续开展基础信息动态排查管控，紧紧抓住流动人口、出租房屋、中小旅馆、行业场所等排查重点，加大治安要素管控力度，广泛开展“无盗社区”、“无诈骗社区”等创建活动，预防和减少各类治安问题和公共安全问题的发生。（牵头单位：区综治办、集美公安分局；责任单位：各镇街）

11. 强化涉恐、枪爆、剧毒、放射性、易制爆等危险物品管控，落实企业主体责任，消除各类涉恐涉稳安全隐患，辖区不发生有影响的涉危、涉爆案件。（牵头单位：集美公安分局；责任单位：区安监局、区经信局）

12. 持续开展社会治安重点整治和“打黑恶·缉枪爆”、禁娼禁赌等专项整治行动，强化对娱乐业、旅馆业、洗浴按摩、网吧等行业场所管理，加大对“城中村”治安隐患排查整治力度，集中排查化解一批“黄赌毒”治安问题，及时清除治安安全盲点“死角”，有效净化辖区治安环境。（牵头单位：区综治办、集美公安分局；责任单位：区文体广电出版旅游局、区禁毒办、各镇街）

13. 强化校园及周边治安综合治理，积极推进校园技防系统与公安机关视频监控系统的联网工作，城区校园及周边 200 米范围内联网率要达到 100%；加强校园及周边治安巡逻和治安乱象整治，梳理排查涉校高危人员并落实管控，确保校园安全稳定。（牵头单位：区教育局、区综治办；责任单位：集美公安分局、各镇街）

14. 完善涉医案件快速反应机制，强化医患矛盾纠纷排查化解，依法严厉打击发生在医疗机构的伤医杀医、聚众滋事、职业“医闹”等各类违法犯罪活动，坚决维护医疗机构正常工作秩序。（牵头单位：区卫计局；责任单位：集美公安分局、区司法局）

15. 强化特殊人群服务管理，健全完善严重精神障碍患者救治管理长效工作机制，落实“以奖代补”政策，落实监管责任；强化刑满释放人员、社区矫正人员日常监管及教育帮扶工作，推进“回归社会工程”；持续巩固提升毒品问题专项治理工作成效，完善吸毒人员网格化管理制度，落实帮扶机制，积极探索特殊人群帮扶管理新模式。（牵头单位：区综治办；责任单位：集美公安分局、区卫计局、区司法局、区禁毒办、各镇街）

16. 深入推进“平安和谐厦门北站片区”创建活动，加大专项整治力度，确保北站片区平稳有序。（牵头单位：区综治办；责任单位：集美公安分局、团区委、厦门北站铁路派出所、后溪镇）

17. 强化辖区重点项目施工保障工作，主动跟进人文集美建设战略规划，充分发挥领导小组的组织协调作用，健全完善重大产业发展项目及集美新城重点工程建设的驻点执勤、安保指导和联勤联动工作机制，依法严厉打击阻挠施工、强买强卖、涉黑涉恶行为，预防和严查重大工程建设中的贪污贿赂、渎职等职务犯罪，保障经济建设顺利推进。（牵头单位：区委政法委；责任单位：集美公安分局、区打黑办、区检察院、集美新城指挥部、各镇街）

（三）公共安全管理工作方面

18. 积极推进智能化交通指挥中心建设，全面强化道路交通秩序专项整治，完善交通标识标牌、设施，“畅通工程”实施工作力争达到全国优秀管理水平；大力整治路面交通秩序，严厉整治超速超员、超限超载、疲劳驾驶、酒驾、毒驾等违法行为，主干道机动车乱停乱放现象得到有效控制，道路交通亡人事故数明显降低。（牵头单位：区道交办、集美交警大队；责任单位：区交通运输局、区公路局、各镇街）

19. 深入推进“微型消防站”实体化运行，落实消防安全网格化管理，加强火灾防控基础工作，全区火灾隐患整改率达到 70% 以上，村（居）、企事业单位“无火患”达标率达到 80% 以上，重大隐患得到及时治理整改。（牵头单位：集美消防大队；责任单位：各镇街、各综治责任单位）

20. 建立健全食品药品安全风险监测评估预警、安全事故快速反应机制和劣质产品召回、质量追溯、事故责任追究制度；开展食品药品安全集中整治，依法严厉打击制贩伪劣食品药品违法犯罪活动；建立完善食品药品安全问题举报奖励制度。（牵头单位：区市场监管局；责任单位：集美公安分局、各镇街）

21. 建立环境安全科学监测体系，完善环境风险源常规性排查和综合治理机制，严厉查处环境违法犯罪行为，着力解决危害群众身体健康的突出环境问题。（牵头单位：集美环保分局；责任单位：集美公安分局、各镇街）

22. 推进安全生产事权制度改革，建立高危行业安全风险社会保险制度，落实安全生产行政许可制度，推进安全生产系统化、标准化、科学化建设；建立重点领域安全生产隐患常态化排查整治工作机制。（牵头单位：区安监局；责任单位：区经信局）

23. 严格大型活动报备、审批和管理制度，压实大型活动主办方主体责任，确保辖区举办的各类大型活动及群众自发聚集活动安全有序，杜绝发生踩踏、骚乱等安全事故。（牵头单位：集美公安分局；责任单位：区文体广电出版旅游局、各镇街、相关责任单位）

（四）基础保障体系建设方面

24. 加强和创新社会治理，以集美区城市公共安全管理平台为依托，构建集美区社会治理综合平台及网格化管理体系，进一步汇聚政府相关职能部门的信息数据，根据社会治理各方面工作需求研发功能模块，将平台向各部门延伸覆盖；建立公共安全指挥调度体系、运行机制和议事规则，统一指令下发、反馈和评价；建立各部门、镇街、社区和网格员的值班备勤与应急响应机制，制定责任清单，做到有序、高效、规范地处置公共安全事件。（牵头单位：集美公安分局、区政务信息中心；责任单位：区直各部门、各镇街）

25. 积极推进视频建设联网应用“雪亮工程”建设项目，至 2019 年底，集美辖区重点行业、领域的重要部位视频监控覆盖率达到 90% 以上，重点公共区域视频监控覆盖率达到 100%，视频监控探头在线率达到 98% 以上。制定实施行业、小区、商家店铺等社会视频资源有偿接入奖励政策，充分调动社会团体和人民群众参与社会治理的积极性，有效降低社会治理成本。（牵头单位：区视频办；责任单位：集美公安分局、各镇街）

26. 继续开展智能“门禁通”系统安装推广活动，有效提升出租房屋技防建设和等级化管理水平，构筑更加严密的社区治安防控体系，为基础防控、打击破案、社区服务提供强劲动力和长远支撑。（牵头单位：区综治办；责任单位：集美公安分局、各镇街）

27. 组织规划好由干道与支路组成的路网通行系统，重视推动支路、小街路建设，使支路有效承担整个路网体系中集散交通的功能，有效减少交叉口、出入口形成的冲突点，有效分流主干道交通压力，提高路网自身调节拥堵的综合效能。（牵头单位：区畅通办；责任单位：集美规划分局、区建设局、区交通运输局、各镇街）

28. 强化全区群防群治队伍建设，以“厦门百姓”平台为基础，以“红袖标”平安志愿者为标识，通过做实专职、壮大兼职、动员志愿者等形式，按照群防群治队伍“线上注册厦门百姓 APP 用户、线下佩戴红袖标”的思路，梯次发展、不断壮大群防群治队伍，确保注册总人数达到实有人口 8.5% 的目标；深入推进群防群治信息平台、组织架构、运行机制“三项建设”，形成网上网下群防群治工作相互融合、相互促进的新局面。（牵头单位：区综治办、集美公安分局；责任单位：各镇街、综治各责任单位）

29. 持续深化社区网格化管理，整合强化各部门、镇街网格员队伍，优化、完善和固定基层网格员队伍的职责职能、编制经费和管理机制，提升基层社会管理服务、数据采集、隐患排查、治安防控和公共安全应急响应的综合能力。（牵头单位：区综治办、区民政局、区政务信息中心；责任单位：集美公安分局、区编办、区人社局、区财政局）

30. 坚持以人民为中心的发展思想，落实中央《关于新形势下加强政法队伍建设的意见》精神和全国政法队伍建设工作会议精神，深入推进从严治党、建设过硬政法队伍，不断强化执法司法公信力建设和能力建设，切实维护群众合法权益，彰显司法人文关怀，提升群众获得感和执法满意度。（牵头单位：政法各部门）

六、工作要求

（一）统一思想，提高认识。开展“创建最具安全感城区”工作，维护良好社会治安秩序，事关人民群众福祉和社会和谐稳定。近年来，我区党政各级各部门在维护社会稳定、打造文明城区等方面做了大量工作，取得了明显成效。同时，必须清醒地看到，当前我区城市化进程不断加快，社会矛盾多样多发，治安安全形势仍然严峻复杂，侵财类发案量仍在高位运行，各类矛盾纠纷导致的群体性事件、扬言个人极端案件时有发生。各镇（街）、各牵头单位和责任单位要充分认清当前治安安全形势的严峻性、复杂性，切实增强责任担当意识，将深入推进创建工作作为维护镇街、村居、路面、单位良好秩序、完善社会治安防控体系、维护社会治安大局稳定的重要举措来抓，确保各项措施落实到位、取得实效。

（二）加强组织，宣传发动。各单位明确创建工作一把手的主要责任和分管领导的具体责任，要以各个层面的平安创建活动为引领，通过逐级分解创建目标、明确创建任务、细化创建措施、落实创建责任，使每个部门、每个单位、每个岗位都有清晰具体的工作内容和标准，全力抓好平安创建工作的贯彻落实。各单位要充分发挥职能优势，积极主动参与平安创建活动，形成齐抓共管，共创共建的工作格局。要定期委托权威调查机构开展群众安全感率专项调查，主动与专业及权威测评机构沟通联络、征求意见，及时调整工作方向。要组织不同社会群体、不同层面的民意调查活动，了解群众对创建工作的意见和建议，接受广大群众的监督和评议，从中发现问题，抓好整改落实。要把政法综治宣传工作始终贯穿创建全过程，借助各种新闻媒体、新媒体，穷尽各种宣传手段，大力宣传“最具安全感城区”的做法和成效，努力营造家喻户晓、人人皆知、广泛关注、全民参与的浓厚创建氛围。

（三）强化督导，落实保障。组建不同层面的督导检查机构，对创建工作开展情况进行全程跟踪督察，健全责任追究和倒查机制，确保各项任务得到有效落实。要采取条块结合、以块为主的方式，以“统筹兼顾、突出重点、因地制宜、整体推进、注重实效”为原则，坚持“哪里治安不好就重点整治哪里，群众对什么问题反映突出就集中解决什么问题”的方针，将群众最关心、最直接、最实际的安全期待和治安需求及时转化为创建工作的目标。要牢牢抓住综治责任制这一龙头，发挥好综治考评的“指挥棒”作用，把创建工作成功与否作为对各镇（街）和责任单位综治考评的主要依据，强化结果导向，确保高效推进。同时，积极协调和争取上级相关部门的支持，在人员、经费、政策上给予充分保障，推动创建工作向纵深发展。

（四）立足实际，务求实效。要充分考虑到不同区域治安情况不尽相同的特点，在准确理解和把握创建工作重要内涵、总体要求的基础上，紧密结合本辖区实际，抓重点、破难点、补弱点、扫盲点，科学谋划，按时推进，创造性地开展工作，在实践中不断创造经验、提升能力水平。创建领导小组、办公室和各牵头单位要深入调研指导，及时解决突出问题，总结推广先进经验，指导各责任单位不断提高工作能力和工作水平。

中共集美区委　集美区人民政府
关于深化供销合作社综合改革的实施意见

为全面贯彻落实《中共中央、国务院关于深化供销社综合改革的决定》(中发〔2015〕11号)、《中共福建省委、福建省人民政府关于深化供销合作社综合改革的实施意见》(闽委发〔2016〕6号）和《中共厦门市委、厦门市人民政府关于深化供销合作社综合改革的实施意见》（厦委发〔2017〕11号）精神，更好地发挥供销合作社在推进农业现代化，促进农民增收致富中的重要作用，现结合我区实际，就深化供销合作社综合改革提出以下实施意见。

一、深化供销合作社综合改革的总体要求和目标任务

（一）指导思想。认真贯彻落实党的十九大和十八届三中、四中、五中、六中全会精神，深入贯彻习近平总书记系列重要讲话和对福建、厦门工作重要指示精神，围绕“三农”工作大局，以密切与农民利益联结为核心，以提升为农服务能力为根本，以强化基层社和创新联合社治理机制为重点，大力推进组织创新、服务创新、经营创新、管理创新，加快建成适应社会主义市场经济需要、适应城乡经济发展一体化需要、适应中国特色农业现代化需要的组织体系和服务机制，努力开创我区供销合作事业发展新局面。

（二）目标任务。到2020年，合作制、规范化的基层组织体系健全巩固，联合社机关主导的行业指导体系和社有企业支撑的经营服务体系的双线运行机制基本建立。把供销合作社打造成为与农民联结更紧密、为农服务功能更完备、市场化运行更高效的合作经济组织体系，成为服务农民生产生活的生力军和综合平台，成为党和政府密切联系农民群众的桥梁纽带。

（三）基本原则。坚持为农服务根本宗旨，把为农服务成效作为衡量工作的首要标准；坚持合作经济基本属性，推动多种形式的联合与合作；坚持社会主义市场经济改革方向，正确处理市场改革取向与履行社会责任的关系；坚持问题导向，鼓励基层大胆探索创新；坚持因地制宜、分类指导、试点先行，确保改革积极稳妥有序推进。

二、拓展经营服务领域，履行为农服务职责

（四）创新农业生产服务体系。支持供销合作社积极参与省、市供销合作社组织实施的农业社会化服务惠农工程。支持供销合作社组建综合性农业服务公司，改变以购销为主的经营模式，推动供销合作社由流通服务向全程农业社会化服务延伸，为农民和各类新型农业经营主体提供信息咨询、农资供应、配方施肥等产前、产中、产后系列化服务。支持供销合作社整合资源，组建跨区域连锁配送经营的农资流通龙头企业，提升农业生产资料供给能力，促进农业增产，农民增收。继续打造我区供销社“放心农资”供应服务体系。推动农资销售与“庄稼医院”技术服务有机结合，加强“庄稼医院”升级改造，力争用三年时间，将农资公司后溪“庄稼医院”培育为省社示范“庄稼医院”。积极举办农业技术推广和农民技术培训，为农业增产增收创造条件。鼓励供销合作社积极承担政府向社会力量购买的公共服务。鼓励供销合作社参与农业综合开发项目建设，推动农业适度规模经营。支持区供销联社农资公司参与承担区政府市政园林、苗木、

绿化施工与管护等用肥用药的组织供应。2020年前，区农资公司要扩大经营项目，转变经营模式，建成综合性农业服务公司，为我区“三农”发展做贡献。

（五）提升农产品流通服务水平。支持供销合作社流通网络建设。支持供销合作社发挥闽台和福建自贸区（厦门片区）优势，探索建立具有合作社性质的两岸农产品流通合作机制，加强与台湾农会等合作经济组织的联系与协作，促进海峡两岸农产品融合发展。扶持供销合作社参与城市社区生鲜超市建设和零售终端服务。支持供销合作社参与承接政府出资的公益性农产品批发市场建设，鼓励供销合作社参与政府控股农产品批发市场的运营管理。支持供销合作社继续实施新农村现代流通服务网络工程建设，加快改造灌口、后溪、杏林基层社原有经营网点设施，改善和提升基层社经营设施和服务水平，增强为农服务功能和能力。2020年前，区供销社系统经营服务网点设施面积比2016年增加25%以上。

（六）打造城乡社区综合服务平台。围绕我市岛内外一体化发展战略，适应新型城镇化和新农村建设需要，支持供销合作社拓展服务新领域，打造综合维修、信息服务、生态养生、乡村旅游、养老幼教和各种代办等便民服务为一体的城乡社区综合服务平台。鼓励供销合作社充分利用闲置设施、网点等，试点改造建设社区综合服务中心，规划、建设、土地、民政等政府相关部门及镇街、村（社区）应予以支持。鼓励供销合作社参与乡村旅游等新型休闲农业服务。

三、加强基层组织建设，密切社农利益联结

（七）强化基层社合作经济组织属性。通过多种途径采用多种合作形式，广泛吸纳农民和各类新型农业经济主体入社，形成经营利益共同体。按照合作制原则加快完善治理结构，落实基层社社员代表大会、理事会、监事会制度。加强基层社内部民主管理、民主监督，维护农民利益，让农民受益。

（八）加快推进基层社改造。基层社的改造要以办成农民为主体的综合性合作社为标准，保障和满足农民生产生活需要。鼓励经济实力较强、基础较好、管理较规范的基层社要多元化发展，做大做强。扶持经济实力较弱、经营设施落后的基层社，采取政策引导、财政资金扶持等多渠道筹资方式加以改造。

（九）加强对基层社发展的扶持力度。政府各相关部门要继续加大对供销合作社综合改革的支持力度，在项目报批、网点建设、专项资金、工商登记、税务减免等方面继续给予优惠扶持。财政部门要继续扶持供销合作社新农村现代流通服务网络工程建设。税务部门要落实有关税收优惠政策，供销合作社纳税有困难的，可按法定程序申请减免房产税和城镇土地使用税。金融部门要积极落实有关惠农政策，加大对供销合作社企业及基层社的支持力度。支持供销合作社作为相关涉农政策和项目的实施主体，承担公益性服务和政府购买服务。支持符合条件的基层社作为农民专业合作社进行工商登记注册。允许财政补助扶持形成的资产转交基层社持有和管护。农资储备贴息（补贴）列入同级财政预算，及时足额拨付到位。

四、创新联合社治理机制，增强服务“三农”综合实力

（十）强化联合社职能。抓紧构建区供销联社主导的行业指导体系和社有企业支撑的经营服务体系，形成层级密切，上下贯通，体系健全，整体协调运转的双线运行机制。区供销联社要贯彻落实党和政府对“三农”工作的方针政策，研究制定规划和战略，指导服务本系统改革发展。强化对本系统内各基层供销社的行业管理、政策协调、资产监管、教育培训，贯彻落实上级社和区委、区政府的决策部署。区供销联社理事会要落实社有资产出资人代表职责，监事会要强化监督职能。要完善出资人制度，建立社有资产运营监管主体，制定社有资产管理办法，担负社有资产的运营管理职责，行使社有资产监督权和收益权。要落实区供销联社对本级社属企业和基层社的资产监管职责，发挥行业指导职能。根据市场化原则，可在本系统内统筹社有企业和基层社资源，以融资、协作、股份投资等多种合作形式，开展经营项目及仓储网点等设施建设。基层社改革后剩余资产由区供销联社代为行使所有权和管理权，并用于当地服务网络建设。基层社改造、资产处置等重大事项应报请区联合社审批。政府有关部门征收基层社及社有资产的，应征得区供销联社同意。

（十一）完善区供销联社治理结构。区供销联社应于2018年底前设立理事会、监事会，建立健全理事会、监事会制度，推进依法依章治社。加快理顺区供销联社体制，核定为全额拨款科级事业单位，经费由区财政全额核拨，配齐充实区供销联社领导班子和工作人员，切实发挥供销联社职能。

（十二）研究完善设立供销合作社合作发展基金。推动区供销联社将部分社有资产收益注入合作发展基金，统筹用于基层社建设和为农服务。研究供销合作社合作发展基金运行和管理办法，确保基金运行公开透明、规范高效。

五、理顺关系强化管理，激发社有企业活力

（十三）理顺联合社与社有企业关系。供销合作社资产是集体所有制资产。区供销联社机关要切实把好社有企业为农服务方向，加强对社有资产监管，确保社有资产保值增值；社有企业要面向市场自主经营，自负盈亏。区供销联社理事会是本级社属资产和所属企事业单位资产的所有权代表和管理者，行使本级社有资产出资人代表职能，享有资产收益、重大决策和选择企业经营管理者的权力。

区供销联社要认真履行指导、协调、监督、服务、教育培训等职能，加强对社属企业的指导。区供销联社机关设立社有资产管理机构，按照理事会授权，建立社有资本经营预算制度。以管理资本为主加强社有资产监管，并接受审计机关和区财政部门监督。区供销联社可采取委派法人代表管理，探索组建社有资本投资公司，优化社有资本布局，重点投向为农服务领域。

（十四）加强社有企业经营管理。加快完善现代企业制度，健全法人治理结构。大力推动社有企业人事制度、产权制度和分配制度改革。积极探索内部选拔和外部引进相结合的选人用人机制，努力推行经营层及骨干员工持股，建立健全与绩效挂钩的激励约束机制，促进企业管理规范化。社有企业改革要公开透明、规范操作，防止社有资产流失。支持社有企业（基层社）承担化肥、农药等国家和地方储备任务。

六、加强组织领导，确保改革成效

（十五）落实党委政府领导责任。各级党委、政府要站在加快推进农业现代化、巩固党在农村执政基础的战略高度，树立重视供销合作社就是重视农业、扶持供销社就是扶持农民的理念，把深化供销合作社综合改革纳入全面深化改革大局统筹谋划，给予政策及财政支持。政府职能部门要明确责任主体，建立督查机制，确保政策落实；要深入开展调查研究，及时发现和纠正改革过程中不符合政策规定的倾向性问题，确保供销合作社的综合改革按照党中央、国务院和省委、省政府、市委、市政府的要求顺利推进。

（十六）依法维护供销合作社合法权益。保持供销合作社组织体系和社有资产完整性，任何部门单位不得违法违规平调、侵占供销合作社财产，不得将社有资产纳入政府融资平台，不得改变供销合作社及其所属企事业单位的隶属关系。供销合作社在计划经济时期为保障当地农村生产生活供给建设和使用的网点设施，属地镇（街）和村（社区）“两委”要尊重历史事实给予保护；为繁荣市场、提升服务功能，消除存在安全隐患的老、旧、危经营场所、网点进行修缮改造的，城管、建设等部门、镇（街）及村（社区）“两委”要给予支持。要加快办理供销合作社土地确权工作，国土房产等部门、镇街及村（社区）“两委”要根据《福建省国土资源厅福建省供销合作社联合社转发国土资源部、中华供销合作总社关于加快供销合作社土地确权登记工作的通知》精神，抓紧落实办理供销合作社土地确权登记，力争2018年底前基本完成登记发证任务。为保障供销合作社有必要的经营服务场所，政府征收供销合作社及其下属单位房屋的，补偿形式应以就地或就近且不少于原面积的房屋置换为主；政府仅收回国有土地使用权的，补偿形式应以就地或就近且不少于原面积的土地置换为主。属于国有划拨建设用地的，在符合城乡规划且不改变土地用途前提下，除经营性商品住宅外，经有权机关批准，允许供销合作社土地资产按规划要求自行改造或吸纳社会资本联合改造，并按规定缴交土地出让金，国土、规划和建设等部门及所在镇（街）、村（社区）要予以支持，依法办理相关许可手续。

（十七）加大综合改革政策资金支持力度。政府各部门要大力支持供销合作社综合改革并按照职能分工，落实好相关配套措施，形成推进供销合作社综合改革的合力。供销合作社使用的原国有划拨建设用地，经批准可采取出让、租赁方式处置，收益实行“收支两条线”，优先用于支付供销社破产和改制企业职工安置补偿费用，改善农村流通基础设施。区财政给予财政资金支持，用于新网工程、基层社改造和综合服务社等惠农工程建设。

（十八）加强供销合作社自身建设。供销合作社要切实增强深化综合改革的自觉性和主动性，转变行政化的思维方式和工作方法，以高度的责任感和使命感，把供销合作社事业发展积极融入特区经济建设中；要规划发展战略，发挥系统资源优势，改善和提升基础设施，健全村镇服务网络，推进经营服务网络恢复与建设；要破解体制机制难题，着力在城乡一体化和新农村建设领域取得突破。加强供销合作社人才队伍建设，采取多种途径引进和培养各类经营管理和专业技术人才，优化干部职工的知识和年龄结构，打造一支高素质干部职工队伍。巩固供销合作社系统党的群众路线教育实践活动成果，积极践行“三严三实”要求，深入开展“两学一做”学习教育，切实加强和改进作风。推进供销合作社文化建设，汇聚起推动供销合作事业发展的强大精神力量。

要文选目

区委、区政府要文目录选辑

文 件 名 称	发 布 文 号	发 布 机 关	发布日期
关于全面加强安全生产监管执法的通知	厦集府办〔2017〕1号	区政府办	2017.01.04
关于印发集美区企业人才房租补贴办法的通知	厦集府办〔2017〕2号	区政府办	2017.01.04
关于印发集美区全民健身实施计划（2016—2020年）的通知	厦集府〔2017〕14号	区政府	2017.01.23
中国共产党集美区委员会工作规则的通知	厦集委〔2017〕2号	中共集美区委员会	2017.01.25

续表

文 件 名 称	发布文号	发布机关	发布日期
关于印发集美区瓶装燃气安全管理工作意见的通知	厦集府办〔2017〕11号	区政府办	2017.02.07
关于进一步完善计划生育奖励扶助政策的通知	厦集府办〔2017〕24号	区政府办	2017.03.15
关于印发《集美区进一步完善镇村卫生服务一体化管理实施办法》的通知	厦集府办〔2017〕30号	区政府办	2017.03.20
关于兑现2016年度综治领导责任书奖励的决定	厦集委〔2017〕5号	区委 区政府	2017.03.24
关于印发厦门市集美区食品安全突发事件应急预案的通知	厦集府办〔2017〕34号	区政府办	2017.03.24
关于表彰2015—2016年度集美区综治和平安建设先进集体和先进个人的决定	厦集委〔2017〕6号	区委 区政府	2017.03.24
关于印发《集美区法治政府建设实施方案》的通知	厦集委〔2017〕8号	区委 区政府	2017.03.27
关于印发集美区体育工作发展“十三五”规划的通知	厦集府〔2017〕57号	区政府	2017.03.28
关于印发“效率提升年”活动实施方案的通知	厦集府办〔2017〕36号	区政府办	2017.03.28
关于印发《集美区2017年地质灾害防治方案》的通知	厦集府办〔2017〕40号	区政府办	2017.03.30
关于划定家禽养殖禁养区的通告	厦集府〔2017〕62号	区政府	2017.04.07
关于深化社区（村）微型消防站建设工作的通知	厦集府办〔2017〕45号	区政府办	2017.04.07
关于印发集美区流域周边家禽养殖退养实施方案的通知	厦集府办〔2017〕46号	区政府办	2017.04.07
关于印发集美区创建全国文明城市工作交通专项整治行动实施方案的通知	厦集府办〔2017〕49号	区政府办	2017.04.18
关于印发厦门市集美区安置房建设与暂行管理规定的通知	厦集府〔2017〕69号	区政府	2017.04.19
关于发挥品牌引领作用推动供需结构升级的实施意见	厦集府办〔2017〕53号	区政府办	2017.04.26
关于印发集美区防止畜禽养殖回潮长效监管工作机制的通知	厦集府办〔2017〕51号	区政府办	2017.04.27
关于印发集美区鼓励物流业发展扶持办法的通知	厦集府〔2017〕91号	区政府	2017.05.12
关于印发集美区防止畜禽养殖回潮举报奖励办法的通知	厦集府〔2017〕94号	区政府	2017.05.19
关于印发全面从严治党主体责任清单的通知	厦集府〔2017〕100号	区政府	2017.05.23
关于下达2017-2020年动物防疫工作目标责任的通知	厦集府办〔2017〕66号	区政府办	2017.05.23
关于成立灌口镇安仁社区居委会的批复	厦集府〔2017〕107号	区政府	2017.05.26
关于兑现2016年度人口和计划生育工作奖励的决定	厦集委〔2017〕23号	区委	2017.05.27
2017年集美区卫生计生工作意见	厦集委〔2017〕24号	区委 区政府	2017.05.27
关于表彰集美区2015-2016年度文明村、文明单位（学校、社区）的决定	厦集委〔2017〕25号	区委 区政府	2017.06.05
关于印发集美区公共租赁住房管理办法的通知	厦集府〔2017〕114号	区政府	2017.06.05
关于印发2017年集美区绩效管理工作方案的通知	厦集委〔2017〕30号	区委 区政府	2017.06.08
关于进一步做好社区居家养老服务工作的通知	厦集府办〔2017〕74号	区政府办	2017.06.12
关于印发集美区工业转型升级奖励办法的通知	厦集府〔2017〕121号	区政府	2017.06.15
关于印发集美区实施标准化及品牌发展战略奖励办法的通知	厦集府〔2017〕122号	区政府	2017.06.15
关于成立杏林街道莲亭社区居委会的批复	厦集府〔2017〕	区政府	2017.06.15
关于表彰2016年度“纳税大户”企业的决定	厦集府〔2017〕128号	区政府	2017.06.19
关于印发食品安全有关问题治理方案的通知	厦集府办〔2017〕80号	区政府办	2017.06.22
关于印发2017年集美区治理“餐桌污染”建设“食品放心工程”工作方案的通知	厦集府办〔2017〕81号	区政府办	2017.06.22

续表

文件名称	发布文号	发布机关	发布日期
关于下达2017年度消防工作主要责任目标的通知	厦集府〔2017〕140号	区政府	2017.07.10
关于厦门市集美区2017年度松材线虫病防控实施方案的批复	厦集府〔2017〕142号	区政府	2017.07.14
关于印发集美区创建全国客车及零配件知名品牌示范区工作方案的通知	厦集府办〔2017〕92号	区政府办	2017.07.25
关于加快推进农村危房改造工作的通知	厦集府办〔2017〕106号	区政府办	2017.08.16
关于兑现2016年度招商引资考核奖励的决定	厦集府〔2017〕167号	区政府	2017.08.22
关于印发集美区耕地质量保护与提升实施方案的通知	厦集府办〔2017〕117号	区政府办	2017.08.23
关于印发集美区全面提升行政服务效能不断增强群众获得感实施方案的通知	厦集府办〔2017〕120号	区政府办	2017.08.27
关于印发促进建筑业加快发展实施办法的通知	厦集府〔2017〕171号	区政府	2017.08.29
关于印发全区高层建筑消防安全综合治理工作方案的通知	厦集府办〔2017〕122号	区政府办	2017.08.31
关于印发集美区生态环境损害赔偿工作实施方案的通知	厦集委〔2017〕41号	区委 区政府	2017.09.06
关于印发推行“一趟不用跑”和“最多跑一趟”办事清单实施方案的通知	厦集府办〔2017〕127号	区政府办	2017.09.11
转发中共厦门市委关于认真学习贯彻习近平总书记在厦门会晤期间的重要讲话和对厦门工作的重要指示精神的通知	厦集委〔2017〕43号	区委	2017.09.14
关于公布继续有效、废止和失效的规范性文件目录的通知	厦集府〔2017〕186号	区政府	2017.09.28
关于完善集体林权制度实施方案的通知	厦集府办〔2017〕135号	区政府办	2017.09.28
关于印发集美区生产安全事故灾难应急预案的通知	厦集府办〔2017〕138号	区政府办	2017.09.28
关于印发集美区危险化学品事故灾难应急预案的通知	厦集府办〔2017〕139号	区政府办	2017.09.28
关于加快补齐民生短板确保全面建成小康社会的决定	厦集委〔2017〕49号	区委	2017.09.29
关于印发加强村(居)统计工作的实施方案的通知	厦集府办〔2017〕141号	区政府办	2017.10.09
关于印发集美区贯彻落实“菜篮子”市长负责制实施方案的通知	厦集府办〔2017〕145号	区政府办	2017.10.17
印发《关于加快教育事业发展的实施意见》的通知	厦集委〔2017〕51号	区委 区政府	2017.11.02
印发《关于加快医疗卫生事业发展的实施意见》的通知	厦集委〔2017〕52号	区委 区政府	2017.11.02
印发《关于加快养老事业发展的实施意见》的通知	厦集委〔2017〕53号	区委 区政府	2017.11.02
印发《关于加快城乡基础设施建设的实施意见》的通知	厦集委〔2017〕54号	区委 区政府	2017.11.02
印发《关于加快保障性住房建设的实施意见》的通知	厦集委〔2017〕55号	区委 区政府	2017.11.02
印发《关于加快区交通基础设施建设的实施意见》的通知	厦集委〔2017〕56号	区委 区政府	2017.11.02
关于认真学习宣传贯彻党的十九大精神的通知	厦集委〔2017〕58号	区委 区政府	2017.11.07
关于进一步加强职业健康监督管理工作的意见	厦集府〔2017〕218号	区政府	2017.11.23
关于印发《集美区民俗活动大操大办专项整治实施方案》的通知	厦集委〔2017〕65号	区委	2017.11.29
关于深入推进农业供给侧结构性改革加快培育农业农村发展新动能的实施意见	厦集委〔2017〕66号	区委 区政府	2017.11.29
关于深化供销合作社综合改革的实施意见	厦集委〔2017〕71号	区委	2017.12.12
关于进一步完善中小学校责任督学挂牌督导工作的通知	厦集府〔2017〕236号	区政府	2017.12.12
关于印发做好群众温暖过冬和基本生活保障工作实施方案的通知	厦集府办〔2017〕187号	区政府办	2017.12.28

索　引

说　明

（1）本索引分设条目索引、图片索引和表格索引。

（2）为便于图片和表格检索，对图片的说明文字和表格标题稍作提炼和改造，删除有关限制词。

（3）索引按主题词首字的汉语拼音字母排列，首字相同按第二字的汉语拼音字母顺序排列。主题词后的数字为所在页码。

（4）大事记、附录不做索引。

条目索引

A

B

C

D

G

H

J

K

L

M

N

P

Q

R

S

T

W

X

Y

Z

图片索引

L

M

Q

S

T

W

X

Y

Z

表格索引

缩略语注释

1545：坚持“一个总基调”，即坚持稳中求进工作总基调；突出销量、结构、质量、管理、文化“五个关键”；强化“四项能力”，即保持定力、找准发力、激发活力、凝聚合力；抓好经济运行、专卖监管、企业管理、党建文明、风险防控五项工作。

178号文新人：按厦府〔2004〕178号文规定领取企业职工退休待遇标准的原编内人员。

“1+3”模式：法院院部设立诉调对接中心与三个派出法庭设立诉调对接分中心相结合的模式。

1+N+1：一个书院主课堂，学校场地、各个物业业主活动中心、户外活动场地、商业中心活动广场等N个分课堂，一个以社区微信公众号、社区书院公众号、物业公众号、业务群等为基础的虚拟课堂。

1+X：“1”指区纪委对区直各职能部门履行落实中央八项规定精神职责情况的督查，“X”指区直各职能部门根据职能作用和管理权限，在职责范围内对区直各部门落实中央八项规定精神情况进行督查。

一个引擎，四轮驱动：以汽车产业为引擎，带动创新创业、服务配套、文体旅游、人文宜居四轮驱动。

一心四片：以集美新城为核心，集美、杏林、灌口和后溪四大片区。

一迎双争：迎接厦门会晤，争创先锋基层党组织，争当先锋共产党员。

一单、两库、一方案：“一单”指随机抽查事项清单，“两库”指执法人员名录库和市场主体名录库，“一方案”指推广随机抽查规范事中事后监管实施方案。

一单、两库、一细则：随机抽查事项清单，随机抽查对象库、执法检查人员名录库，随机抽查工作细则。

一标四实三清：“一标”是统一地址信息和房屋编码；“四实”指全面掌握实有人口、实有房屋、实有单位、实有物品等基础信息底数；“三清”指实现情况清底、问题清理、治安清平。

一精神三文化：陈嘉庚精神、闽南文化、学村文化、华侨文化。

两个“一次”、三个“一批”：开展一次全面摸底，开展一次风险排查，抽检一批工地食堂，整治一批重点隐患，约谈一批违规企业。

两车：盗抢汽车、摩托车。

两书一卡一状：“两书”指安全生产责任书、安全生产告知书，“一卡”指安全生产责任卡，“一状”指安全生产责任状。

两违：违法占地、违法建设。

两抢：抢夺、抢劫。

两非：非法行医、非法鉴定胎儿性别或非医学需要鉴定胎儿性别和非医学需要选择性别的终止妊娠。

两学一做：学党章党规、学系列讲话，做合格党员。

两统一：刑事案件统一审核、统一出口。

“321”阶梯式工作机制：按照犯罪嫌疑人和被告人认罪阶段的不同，建议减少的刑罚量也不同，认罪阶段越早，从宽的幅度越大，具体为：在公安阶段减少基准刑的30%、在审查起诉阶段减少基准刑的20%、在法院审理阶段减少基准刑的10%。

三大一严：大抽检、大排查、大整治、严打击。

三大创建：创建卫生城市、卫生单位、卫生示范乡（镇）村。

三大职能、四个方向、五大体系：“三大职能”即对各职能部门数据汇聚、智能分析、预警生成、指令下达的实质性功能；区级平台个性化、定制化及实战化功能；可升级拓展、对全区其他职能部门起基础支撑作用的功能。“四个方向”即构建覆盖全区的公共安全管理和社会治安防控体系；建立领导架构，支撑措施处置；管理和完善队伍建设；汇集各部门数据，研发定制化功能模块。“五大体系”即智能化的指挥调度体系，智能化的管理体系，智能化的案件管理体系，基层实战化平台体系，移动联动体系。

三大职能：系统需要实现实质性的功能，系统需要赋予集美区级平台个性化、定制化及实战化的功能特点，发挥平台筑巢引鸟的基础支撑平台作用。

三个不发生：不发生暴恐案事件，不发生重大公共安全案事件，不发生在全国有重大影响的大规模群体性事件。

三个必须：管行业必须管安全、管业务必须管安全、管生产经营必须管安全。

三无：无劳动能力、无生活来源、无法定赡养扶养义务人或虽有法定赡养扶养义务人，但无赡养扶养能力的老年人、残疾人和未成年人。

三进四同：三进”即进支部、进庭室、进家庭，“四同”即共同分析、共同管理、共同分享、共同缔造，推进队伍思想作风建设。

三合一：住宿与生产、仓储、经营一种或一种以上使用功能违章混合在同一空间内的建筑。

三会一课：支部党员大会、党支部委员会、党小组会、党课。

三红资源：红色传人、红色文化、红色基地。

三声三办：来有迎声、问答有声、走有送声；能办的事马上办，一切事情依法办，特殊情况急事急办。

三乱：乱堆垃圾、乱种植、乱搭建。

三级五覆盖：区、镇街、村居三级；党政同责全覆盖，一岗双责全覆盖，政府主要负责人任安委会主任全覆盖，将安全生产责任目标完成情况抄报组织部门全覆盖，落实三个必须全覆盖。

三知四会一联通：知道单位内部消防设施位置，知道疏散通道和出口，知道建筑布局和功能；会组织疏散人员，会扑救初起火灾，会穿戴防护装备，会操作消防器材；要与最近消防队和本单位负责消防安全的人员保持通信联络畅通。

三供一业：企业的供水、供电、供热和物业管理。

三侨生：归侨青年、归侨子女、华侨在国内的子女。

三品一械：药品、保健品、化妆品和医疗器械。

三类前科人员：严重暴力犯罪前科、涉毒犯罪前科、侵财犯罪前科。

三类警情：刑事警情、十类案件警情、黄赌警情。

三调解一保险：院内调解、人民调解、司法调解，医疗风险分担机制有机结合、相互衔接的制度框架。

三停：停产、停业、停止施工。

三减三健：减盐、减油、减糖，健康口腔、健康体重、健康骨骼。

三龄两历：年龄、工龄、党龄，学历与工作经历。

4+2+1+X：根据居民基础需求设置的4个常设课程，整合市、区两级资源设置2个流动讲堂，结合社区特点、特色文化打造深受居民喜爱的1个精品特色课程，和书法兴趣班、四点钟学校等x系列课程。

4+X：“4”指软件信息服务、机械装备制造、商务商贸物流、文化演艺4大支柱产业，“X”指新材料、水暖厨卫、纺织服装等优势特色工业和现代都市农业。

四个方向：构建管理机制；建立领导架构，支撑措施处置；队伍建设的完善和管理；构建公共安全管理定制化功能。

四个配套：指四个配套办法，即《环境保护主管部门实施按日连续处罚办法》《环境保护主管部门实施查封、扣押办法》《环境保护主管部门实施限制生产、停产整治办法》《企业事业单位环境信息公开办法》。

四个能力：提高社会单位检查消除火灾隐患的能力，提高社会单位组织扑救初起火灾的能力，提高社会单位组织人员疏散逃生的能力，提高社会单位消防宣传教育培训的能力。

四个满意：人民群众满意、党委政府满意、上级机关满意、公安民警满意。

四无：河面无漂浮物、河中无障碍物、河岸线无污水直排和无垃圾。

四共：思想共通、组织共建、活动共办、资源共调。

四有：有责任主体、有专人负责、有经费保障、有相应设施。

四讲四有：讲政治、有信念，讲规矩、有纪律，讲道德、有品行，讲奉献、有作为。

四步法：即收集保险公司要素意见、收集其他当事人要素意见、整理各方要素意见、主审法官就争议要素逐项调解。

四品一械：食品、药品、保健品、化妆品和医疗器械。

四种形态：第一种形态，病在腠理，医之以“烫熨”。对出现苗头性、倾向性问题的，及时点刹、叫停，以发挥预防功能，防止越过纪律底线。第二种形态，病在肌肤，医之以“针石”。对存在小毛病、小问题的，及时给予党纪轻处分或组织处理，及时纠偏，以发挥惩戒功能，防止小错变大错。第三种形态，病在肠胃，医之以“火齐”。对严重违纪的，及时予以党纪政纪重处分，作出职务调整，以发挥挽救功能，防止滑为“阶下囚”。第四种形态，病在骨髓，医之以“猛药”。对严重违纪涉嫌违法立案审查的极少数“害群之马”，必须坚决清除，以发挥震慑功能，防止查不胜查。

四害：老鼠、蟑螂、苍蝇、蚊子。

四联合四建立：联合推荐质量提升工作，联合推进品牌战略和标准化战略，联合推进“同线同标同质”，联合推进“质量月”活动；建立质量信息通报机制，建立日常联系机制，建立联合打假机制，建立应对质量安全突发事件机制。

四联创：区、镇街、村居、小组联合创建。

四就近：就近学习，就近活动，就近得到关心照顾，就近发挥作用。

“5·12”干部：1949年10月1日至1950年5月12日参加革命工作、脱产享受供给制待遇的退休干部。

五大发展：创新、谐调、绿色、开放、共享的发展理念。

五大体系：智能化的指挥调度体系，智能化的管理体系，智能化的案件管理体系，基层实战化平台体系，移动联动体系。

五个坚决防止：坚决防止发生危害国家安全和社会稳定的重大政治事件，坚决防止发生严重暴力恐怖事件，坚决防止发生大规模群体性事件，坚决防止发生大规模进京上访活动和重大个人极端事件，坚决防止发生重大公共安全事件。

五见四知：见人、见住地、见证件、见随身物品、见效能工具，知基本情况、知来历、知去向、知所行目的。

五失：失亲、失管、失学、失足、失业。

五老：老干部、老教师、老战士、老教授、老模范。

五好：领导班子建设好、“五老”作用发挥好、制度健全执行好、活动经常效果好。

“五好”协会小组：带头作用好、宣传服务好、信息掌握好、国策落实好、活动开展好。

五位一体：规划设计、重点行业、生产工艺、特殊场所、从业人员；通过医患调解、保险调解、行政调解、人民调解、法院调解五种方式，优势互补、互相融合，共同化解医患纠纷的机制。

五证合一：营业执照、组织机构代码证、税务登记证、社会保险登记证、统计登记证。

五项机制：分局领导包案机制、重点案件评查机制、疑难案件会诊机制、人文关怀救助机制、跟踪自查督办机制。

五线一片：集美大道至孙坂北路沿线、国道324沿线、高速公路沿线、田集连接线沿线、铁路沿线、新城片区。

五线并进：经济运行主线、专卖监管防线、企业管理基线、党建文明高线、风险防控底线。

五保：对丧失劳动能力和生活没有依靠的老、弱、孤、寡、残的农民实行保吃、保穿、保住、保医、保葬；保销量、保税利、保状态、保规范、保稳定。

五类：酒驾醉驾毒驾、超员超载、超速、涉牌涉证、城市重点违法行为。

五部：应急应战指挥部、地方党委军事部、后备力量建设部、同级政府兵役部、军民融合协调部。

六个一：每季度确定1名轮值主席、召开1次联席会议，每月推出1个活动主题，每个成员单位挂钩指导1个小区党支部，建立1个工作落实机构，每年考核1次成员单位。

六进：进社区、进农村、进学校、进企业、进机关、进家庭。

“六好”示范村（居）：组织建设好、制度规范好、村（居）务公开好、宣传服务好、计生诚信好、文明建设好。

六线六片：铁路沿线、高速公路沿线、田集连接线、国道324沿线、集灌路沿线、集美大道—孙坂北路沿线，厦门大桥北垵片区、集美大桥北垵片区、杏林大桥北垵片区、集美新城片区、集美学村片区、鳌园片区。

六项重点任务：宣传教育、生殖健康咨询服务、优生优育指导、计划生育家庭帮扶、权益维护和流动人口服务。

7+1：消防安全评估细则表、消防安全责任告知书、消防安全责任承诺书、建筑消防设施维保报告书、电气检测报告、油烟管道清洗表、消防安全培训记录表、微型消防站培训演练记录表。

九大版块：动漫版块：软件园三期、动漫小镇；影视板块：集美影视基地；演艺版块：新城城市演艺中心；音乐版块：北大青鸟国家音乐产业基地；艺术品版块：东盟文化艺术交流中心项目；美术版块：兑山艺术区；特色街区版块：大社文创旅游街区、汽车小镇；摄影版块：阿尔勒国际摄影季、三影堂摄影艺术中心；活动版块：尼斯嘉年华、两岸特色庙会节。

九个一：一个条件较好的活动阵地，一个党建品牌，一份汇报，一份PPT，一条参观路线，一个解说人，一份解说词，一套台账，一次有较大影响力的总结推广宣传。

九小场所：小学校、小医院、小商场、小餐饮场所、小旅馆、小歌舞场所、小网吧、小美容洗浴场所、小生产加工企业。

“十、百、千”企业：按照北京市委市政府的要求，重点支持一批未来收入达到十亿元、百亿元、千亿元的创新型企业，形成具有全球影响力的创新型企业群体，决定在中关村国家自主创新示范区实施“十百千工程”。

十项：酒驾，醉驾，毒驾，营运客车、摩托车和其他车辆超员，货车超载30%以上，车辆超速、涉牌、涉证，未按规定使用安全带，摩托车驾驶人未按规定戴安全头盔，机动车加塞、乱掉头、闯红灯、闯禁行，驾车打电话、违规使用远光灯、乱停车。

放管服：简政放权、放管结合、优化服务的简称。

附：基层武装部建设缩略语注释

1.基层人武部“三职责”“四制度”“一表”“一图”“一板”：基层人武部职责、基层人武部长职责、基层专职（兼职）武装干部职责；基层人武部工作制度、战备值班制度、请示报告制度、民兵活动制度；民兵预备役基本情况表，辖区行政区划图，民兵预备役工作活动图板。

2. 民兵营（连）部“二职责”“三制度”“一园地”：民兵营（连）长职责、民兵营（连）教（指）导员职责，民兵活动制度、外出民兵双向联系制度、政治教育制度，国防教育园地。

3. “七有”：有办公场所、有牌子、有印章、有旗子、有资料柜、有青年民兵之家、有规章制度。

4. 基层武装部“四案”“五簿”“八册”“九表”“十盒”。“四案”：兵员动员预案、反恐维稳等应付突发事件预案、抢险救灾预案、防空炮袭应急行动预案。“五簿”：民兵活动登记簿、民兵干部会议记录簿、民兵政治教育登记簿、外出民兵请销假登记簿、物资器材登记簿。“八册”：民兵干部花名册、基干民兵花名册、民兵应急分队花名册、出入转队人员花名册、退伍军人预备役人员花名册、地方与军事专业对口人员花名册、兵役登记人员花名册、预征对象花名册。“九表”：民兵组织实力统计表、基干民兵数质量统计表、基干民兵政审表、兵役登记统计表、国防动员潜力调查统计表、退伍军人预备役登记统计表、服预备役退伍军人核对情况统计表、地方与军队专业对口人员登记表、预征对象登记表。“十盒”：收发文资料盒、民兵组织建设资料盒、基干民兵政审资料盒、军事训练资料盒、征兵资料盒、退伍军人资料盒、国防动员资料盒、战备方预案资料盒、政治教育资料盒、民兵活动资料盒。

5. 民兵营（连）部“四表”“四簿”“六类资料盒”“七册”。“四表”：民兵组织实力统计表、基干民兵数质量统计表、兵役登记统计表、国防动员潜力调查统计表。“四簿”：外出基干民兵请销假登记簿、会议记录簿、民兵活动登记簿、民兵政治教育登记簿。“六盒”：上级来文资料盒、民兵组织建设资料盒、兵役资料盒、战备训练资料盒、政治教育资料盒、国防动员资料盒。“七册”：民兵干部花名册、基干民兵花名册、普通民兵花名册、出入转队人员花名册、退伍军人花名册、地方与军事专业对口人员花名册、预征对象花名册。

图书在版编目（CIP）数据

集美年鉴．2018/ 厦门市集美区地方志办公室 编
——北京：方志出版社，2018.12
ISBN 978-7-5144-3543-6

Ⅰ．①集… Ⅱ．①厦… Ⅲ．①区（城市）- 厦门 - 2018- 年鉴 Ⅳ．① Z525.74

中国版本图书馆 CIP 数据核字（2019）第 013597 号

集美年鉴（2018）

编　　者： 厦门市集美区地方志办公室
责任编辑： 冯　松
出 版 人： 冀祥德
出 版 者： 方志出版社
地址　北京市朝阳区潘家园东里 9 号（国家方志馆 4 层）
邮编　100021
网址　http://www.fzph.org
发　　行： 方志出版社图书经销中心
电话（010）67110500
经　　销： 各地新华书店
印　　刷： 深圳中华商务安全印务股份有限公司
开　　本： 889 × 1194　1/16
印　　张： 24.125
字　　数： 805 千　28 彩插
版　　次： 2018 年 12 月第 1 版　2018 年 12 月第 1 次印刷
印　　数： 0001~1000 册
ISBN 978-7-5144-3543-6　定价：280 元